夏基松文集

第三卷 波普哲学述评及其他

夏基松 著

浙江大学哲学文存

中国社会科学出版社

目　录

引言 …………………………………………………………………（1）

上篇：波普哲学述评

第一章　波普的生平及其哲学思想的演进 ………………………（3）
　一　早熟的少年时期 ……………………………………………（3）
　二　世界观形成的关键性一年 …………………………………（5）
　三　创建批判理性主义的科学哲学时期 ………………………（8）
　四　建立批判理性主义的社会哲学时期 ………………………（12）
　五　转向本体论研究时期 ………………………………………（15）

第二章　科学哲学：科学方法论 …………………………………（18）
　一　否定归纳法 …………………………………………………（18）
　二　理论先于观察 ………………………………………………（25）
　三　理论是大胆的猜测 …………………………………………（32）
　四　科学开始于问题 ……………………………………………（38）
　五　理论的提出依赖于"灵感" …………………………………（41）
　六　理论不能证实，只能证伪 …………………………………（45）
　七　证伪理论与约定主义 ………………………………………（53）
　八　科学与非科学的分界标准 …………………………………（56）
　九　形而上学的实在论 …………………………………………（61）
　十　可证伪度 ……………………………………………………（64）
　十一　理论进步的标志 …………………………………………（69）
　十二　"确认"和"确认度" ………………………………………（71）

十三　不能认识真理，只能探索真理 …………………………………（74）
　　十四　批判真理论的相对主义与绝对主义 ……………………………（82）
　　十五　从错误中学习 ……………………………………………………（87）
　　十六　"试错法"与辩证法 ……………………………………………（93）

第三章　社会哲学：反历史决定论 ………………………………………（104）
　　一　社会意识决定社会存在 ……………………………………………（104）
　　二　"社会历史没有规律，不能预言"吗？ …………………………（111）
　　三　反对"本质主义""总体主义""乌托邦主义" …………………（116）
　　四　逐步的社会工程 ……………………………………………………（122）
　　五　"开放社会"与"封闭社会" ……………………………………（128）
　　六　关于国家和民主、自由、平等的理论 ……………………………（133）
　　七　"资本主义的本性改变了"吗？ …………………………………（142）
　　八　批判理性主义的道德观 ……………………………………………（148）

第四章　本体论：突现进化论 ……………………………………………（155）
　　一　反对还原论 …………………………………………………………（155）
　　二　突现进化论 …………………………………………………………（159）
　　三　关于"三个世界"的理论 …………………………………………（165）

结束语 ………………………………………………………………………（179）

关于波普哲学的主要参考文献 …………………………………………（184）

中篇：古代朴素的唯物主义

第一章　古代朴素的唯物主义 ……………………………………………（187）
　第一节　古希腊的伊奥尼亚唯物主义 ……………………………………（188）
　　米利都学派的朴素唯物主义 ……………………………………………（189）
　　赫拉克利特的朴素的唯物主义 …………………………………………（192）
　第二节　古希腊的德谟克利特的原子论唯物主义 ………………………（197）
　　从伊奥尼亚唯物主义向原子论唯物主义的过渡 ………………………（197）
　　德谟克利特的原子论唯物主义 …………………………………………（200）
　第三节　伊壁鸠鲁和卢克莱修对原子论唯物主义的发展 ………………（207）
　　伊壁鸠鲁对原子论唯物主义的发展 ……………………………………（207）

卢克莱修对原子论唯物主义的系统化和发展 …………………（209）
第二章　近代的机械唯物主义 ……………………………………（215）
　第一节　机械唯物主义产生的历史条件及其主要特征 …………（215）
　　机械唯物主义产生的历史条件 …………………………………（216）
　　机械唯物主义的主要特征 ………………………………………（220）
　第二节　16世纪末到17世纪的机械唯物主义 …………………（223）
　　弗兰西斯·培根的机械唯物主义 ………………………………（224）
　　霍布斯的机械唯物主义 …………………………………………（229）
　　洛克的机械唯物主义 ……………………………………………（232）
　　斯宾诺莎的机械唯物主义 ………………………………………（235）
　第三节　18世纪法国的机械唯物主义 …………………………（238）
　　拉美特利的机械唯物主义 ………………………………………（240）
　　爱尔维修的机械唯物主义 ………………………………………（242）
　　狄德罗的机械唯物主义 …………………………………………（244）
　　霍尔巴赫的机械唯物主义 ………………………………………（247）
　第四节　19世纪德国的机械唯物主义 …………………………（250）
　　19世纪德国机械唯物主义产生的历史条件 …………………（250）
　　费尔巴哈的机械唯物主义 ………………………………………（251）
第三章　辩证唯物主义与历史唯物主义 …………………………（258）
　第一节　辩证唯物主义与历史唯物主义产生的历史条件和
　　　　　理论来源 …………………………………………………（258）
　　辩证唯物主义与历史唯物主义产生的历史条件 ………………（258）
　　辩证唯物主义与历史唯物主义的理论来源 ……………………（260）
　第二节　辩证唯物主义与历史唯物主义在斗争中形成和发展 …（261）
　　辩证唯物主义与历史唯物主义的创立 …………………………（261）
　　辩证唯物主义与历史唯物主义的发展 …………………………（264）
　第三节　辩证唯物主义与历史唯物主义的基本原理 ……………（265）
　　世界的物质统一性 ………………………………………………（265）
　　物质运动及其规律性 ……………………………………………（267）
　　空间时间是物质存在的形式 ……………………………………（270）
　　意识是物质高度发展的产物 ……………………………………（271）

意识是对客观存在的能动反映 (273)
　　唯物主义历史观是唯一科学的历史观 (274)
第四节　辩证唯物主义与历史唯物主义区别于旧唯物主义的根本特点 (276)
　　无产阶级革命人民的哲学 (277)
　　实践基础上科学性和革命性的统一 (277)
　　唯物主义与辩证法的有机结合 (279)
　　自然观与历史观的完整统一 (280)

结束语 (282)

中篇后记 (285)

下篇：论文

孔子思想的历史渊源和阶级实质 (289)
物质可以穷尽的形而上学观点的破产
　　——关于物质是否无限可分的争论 (308)
当前流行的西方马克思主义之一
　　——法兰克福学派 (315)
当代西方哲学概述 (325)
美国奎因的逻辑实用主义述评 (345)
美国劳丹的"研究传统理论述评" (359)
努力搞好哲学改革，更好地为改革服务 (376)
夏佩尔科学哲学思想述评 (379)
充分发挥哲学在两个文明建设中的世界观方法论的职能 (407)
赫歇尔和惠威尔的科学哲学思想初探 (412)
三百多年来西方科学发现大论战 (423)
人与自然：当代中西方哲学对话的逻辑起点 (446)
谈中西哲学的差异性与融通性 (452)
论后现代主义哲学的时代特征 (457)
从伦理学反思新自由主义 (469)
哲学是生活的时代晴雨表 (471)

建设社会主义现代化强国离不开哲学社会科学 …………………（475）
普通语义学 ………………………………………………………（477）
西方马克思主义 …………………………………………………（479）
法兰克福学派 ……………………………………………………（482）
新托马斯主义 ……………………………………………………（485）
结构主义 …………………………………………………………（488）
存在主义 …………………………………………………………（491）
塞拉斯的自然主义 ………………………………………………（494）
附录：夏基松教授主要著作和论文 ………………………………（497）

引　言

卡尔·莱曼德·波普（Karl Raimuud Popper）（或译为鲍波尔）是当前西方最著名的科学哲学家和社会哲学家之一。他的哲学——批判理性主义为全世界哲学界、自然科学界和社会科学界所关注。他的关于"三个世界"的理论引起了西方哲学界的热烈争论。我国哲学界和自然科学界也开始关心和研究他的哲学。1980年11月中国自然辩证法研究会筹委会主办了关于他的科学哲学的学术讨论会，会后还发表了不少评论文章。

波普哲学的理论体系庞大。它包括科学哲学（科学的认识论或科学的方法论）、历史哲学、社会政治哲学、伦理哲学和宇宙论等，并用比较严密的逻辑把各个部分融为一体。它是黑格尔哲学以后西方哲学中少有的庞大理论体系之一。

波普哲学的内容十分复杂，不彻底的唯物主义思想与经验主义、理性主义、非理性主义、不可知论的因素兼收并蓄；辩证法因素与形而上学思想错综交融；合理的科学思想与错误的、反马克思主义的社会政治观点芜菁混杂。它的许多论点给人以重大启发，有不少论点又令人迷惘困惑。

波普的批判理性主义哲学是一个影响很广的哲学流派。它对西方的科学哲学影响甚大，有人认为它占有"继往开来"的地位：继逻辑实证主义衰落以后，开创出了一个新的历史主义科学哲学流派。

波普哲学对西方的自然科学界也有相当大的影响。西方许多著名科学家（如英国著名生物学家、诺贝尔奖获得者梅多沃，英国著名天文学家邦迪，澳大利亚著名生理学家、诺贝尔奖获得者艾克尔斯等）都很推崇他的哲学。有些科学家自称在科学探究中深受他的哲学的教益（如艾克尔斯等），但是也有一些科学家反对它（如英国生物学家哈尔斯蒂德等）。尽管毁誉不一，但是他的哲学对现代科学的影响是大家所公认的。因此有人把他的科学哲学称作"爱因斯坦—波普的科学哲学"。

波普哲学对西方的社会、历史、政治观点也有很大的影响。他的反历史主义观点对西方历史学界有当大的影响。他的"资本主义本性已经改变"的谬论在西方曾经流行一时;他的"逐步社会工程"的社会改良主义理论对西方的政治影响也较深。

长期以来由于种种历史原因,我国学术界与西方学术界彼此隔绝。现在,我国哲学界已开始关心和研究西方各个哲学流派的理论。西方哲学各流派,都各以不同的立场、观点和从不同方面、不同程度地反映了当前西方的自然科学和社会科学的新特点或新成就;反映了当前西方社会政治的新形势和新情况。了解、研究现代西方哲学各流派的理论,不仅有助于了解当前西方学术界的情况,并且通过对它们的分析和批判,也将有利于丰富、发展马克思主义。

研究西方哲学,必须以马克思主义理论为武器对它们做出科学的评论;对其中合理的因素予以实事求是的肯定,对错误的东西给予恰如其分的批判。不予分析,一概否定的做法是不对的;盲目肯定一切的态度也是错误的。对于波普的哲学理论,我们也应采取这样的态度。我国著名科学家钱学森说:"西方的卡尔·波普和托马斯·库恩的许多思想对我们科学技术工作者是有启发的,就像恩格斯把黑格尔哲学倒过来一样,现在西方科学哲学中很多思想也可以倒过来立正,为我所用。"[1]

本书试图根据上述原则,力求如实地介绍波普哲学的各个方面的观点,并对它们做出实事求是的评价。在方法上,则采取先述后评的方式。在叙述波普的哲学观点时尽量引用他的原则,力求反映原貌;在评论中发表笔者的浅见,以供读者参考。为了节省文字,书中引文的出处都用简称,书后附有主要参考文献。限于作者水平,欠妥甚至错误的地方一定不少,希望广大读者指正。

---

[1] 《中国自然辩证法研究通信》第73期。

上篇：波普哲学述评

第一章 波普的生平及其哲学思想的演进

一 早熟的少年时期

波普（Karl Raimund Popper）1902年7月28日出生于奥地利维也纳的一个犹太血统的知识分子家庭。他的父亲是一位学识渊博的律师，政治上属自由民主派，积极参加社会政治活动，并酷爱哲学，特别是穆勒的实证主义。他的母亲也受过良好教育，在音乐方面有较深的造诣。波普深受家庭的影响，从小养成了关心社会、勤奋好学的习惯。他对哲学、数学、物理学和音乐艺术都有广泛兴趣。波普自述，他的父亲有一个图书室，藏有柏拉图、培根、笛卡尔、斯宾诺莎、洛克、康德等著名哲学家的著作；达尔文等科学家的著作；马克思、恩格斯、拉塞尔、考茨基等人的社会主义方面的著作；庞—巴维克（Röbm—Bawerk）、门杰（Garl Menger）等人的反马克思主义的著作。早在少年时期，他就在父亲的图书室里涉猎了这些书籍。

波普的幼年时代是一个动荡不安的革命年代。当时欧洲社会已进入帝国主义阶段，社会矛盾尖锐复杂。在他出生的第二年，即1903年，发生了世界性经济危机，这给欧洲带来了大动乱。1905年至1907年俄国爆发的二月革命揭开了欧洲无产阶级革命的序幕。1914年爆发了第一次世界大战。1917年爆发了十月社会主义革命。十月革命的胜利在全欧洲掀起了无产阶级革命的大风暴。自1918年至1920年，欧洲先后在芬兰、德国、匈牙利、波兰等地发生了多次无产阶级夺取政权、建立苏维埃的革命斗争。这种形势，对波普的幼小心灵有较深的影响，造成了他对社会政治问题的关心。就在这时（1912年），他遇到了一位对他毕生有影响的朋友——阿瑟·阿恩特（Arthur Arndt）。

阿恩特是一个出生于莫斯科的德国青年，比波普大二十岁，曾在沙皇俄国的里加大学学习过工程；1905 年二月革命时参加过学生运动，并是领导人之一。他自称是一个"社会主义者"，但反对布尔什维克及其所领导的无产阶级革命运动。后来阿恩特离开俄国来到奥地利学习。1912 年与波普相识时，波普仅十岁。当时正值第一次世界大战前夕，奥地利上空战云密布，政局动荡。出于对政治的关心，波普在阿恩特的指导下阅读了许多马克思主义与反马克思主义的书籍，并通过阿恩特的"介绍"，知道了布尔什维克。他回忆，当时阿恩特恶毒攻击布尔什维克及其所领导的俄国革命，污蔑"布尔什维克的领导人都是一些社会主义的阴谋家"。这些言论，对于波普有深刻的影响。

阿恩特不仅在政治方面，而且在哲学思想方面影响了波普。阿恩特是一个马赫主义者，他醉心于当时风靡奥地利的马赫主义哲学，积极参加过由马赫、奥斯特瓦尔等人发起的"中性一元论"运动。他向波普介绍了实证主义哲学，并带他参加过这方面的一些集会。

波普的少年时期正是自然科学发生深刻革命的时期。当时，自然科学研究开始从宏观世界深入微观世界。原子内部的奥秘开始揭开：1900 年居里夫人发现放射性元素镭；1905 年爱因斯坦发表狭义相对论并提出光量子理论；1910 年卢瑟福发现原子核，并提出最初的"行星式"原子结构模型；1913 年玻尔在量子论的基础上提出了原子新"行星"模型；1916 年爱因斯坦发表广义相对论；等等。这些促进了自幼勤奋好学的波普对自然科学，特别是现代物理学的关心和兴趣。

1918 年第一次世界大战结束时，波普正在维也纳中学学习。不久，他进入维也纳大学学习，开始是旁听生，直至 1922 年才被录取为正式生。为了经济自立，波普在大学学习期间，曾在一家家具工厂当过学徒。当时奥匈帝国因战败而瓦解，奥地利发生资产阶级民主革命，局势动荡。波普在《自传》中追述了当时的情况："那时，各种革命口号、革命思想以及新的但又往往是狂妄的理论到处出现，简直多得满天乱飞。在我感兴趣的那些理论中，爱因斯坦的相对论是最重要的一种。我关心的另外三种理论是：马克思的历史理论、弗洛伊德的性心理分析和阿德勒的个体心理学。"

当时奥地利有三大政党：主张"社会主义"的社会民主党、反对社会主义的罗马天主教党和极右的德意志国家主义党（后被纳粹党所吸收）。

此外，还有一个人数较少的共产主义政党：奥地利共产党。各党派之间斗争激烈。波普是当时奥地利中学学生协会的通员，后来参加了奥地利大学生协会，出席过各种会议，听过一些社会民主党人和共产党人的报告。他倾向于社会民主党，对共产党则持怀疑态度，这无疑与阿恩特对他的影响有关。

二 世界观形成的关键性一年

1919年是波普的政治思想和哲学思想发生重大变化的一年。他自称在这一年里认清了马克思主义的历史理论、爱因斯坦的科学思想与弗洛伊德主义的伪科学的性质及其根本区别。

在这一年的春天，波普在革命潮流推动下向左靠拢：从拥护社会民主党的立场进而拥护共产党。他自述：当时他认为共产主义是一个经济平等、政治自由的理想社会，愿意为它的实现而奋斗。因此，他拥护奥地利共产党的纲领和主张，参加了一些活动。用他的话说，当时他信仰共产主义已"着魔"了，以至于"大约有两三个月的时间，自认已经是一个共产主义者了"。但是不久，他的思想发生向右的变化，产生这种变化的导因是反动统治阶级对革命的镇压；而根本原因则是他的资产阶级民主主义思想与马克思主义思想的不一致。

1919年夏天，许多革命青年和工人群众在奥地利共产党的领导下示威游行，遭到反动统治者的血腥屠杀。波普自述：他"深为此事感到震惊和恐惧"，从而离开了革命。当时他所抱怨的，主要不是反动统治阶级的镇压，而是共产党人的"轻率"。他说："我认为作为一个马克思主义者至少在原则上应对这件惨案负责，而我也应负部分责任。"[①] 从此，他开始怀疑马克思主义，并对马克思主义理论进行了"全面的审查"。通过"审查"，他得出的结论是：马克思主义理论的"中心错误"是"宣扬暴力革命和无产阶级专政"；而态度或方法方面的"错误"是"教条主义"。他认为正是这些错误，"导致了这次生命的牺牲"。他说："这件事使我感情上发生

---

① Popper Karl, "Intellectual Autobiography", in Paul Arthur Schilpp, ed., *The Philosophy of Karl Popper*, Chicago: Open Court, 1974, p. 25.

了毕生的转变","我开始从着魔状态中解脱出来,转向反对共产主义,从而离开了马克思主义,这是我生涯中一件重大的事件,它发生在我十七岁生日前的不久"。①

波普自述,他的思想的这一转变,除告诉了少数至亲好友外,并没有公之于众,更没有公开发表反马克思主义的言论。他说,这是出于他的民主主义立场:"我不愿公开反对马克思主义,因为这样做只能有利于当时的专制主义""只会帮助那些可怕的残暴敌人"。② 直至十六年后,他才在两部著作《历史决定论的贫困》和《开放社会及其敌人》中系统地发表了这些反马克思主义的观点。

在这一年,对波普的世界观形成有决定性影响的另一件大事,是他对爱因斯坦科学思想的认识。

自维也纳发生上述屠杀事件以后,波普对科学和科学哲学的兴趣逐渐增浓。早在中学时期他就对数学很感兴趣,认为数学是一门"颇有启发性"的课程。进入维也纳大学后,他更关心于数学和理论物理学,同时也选修了历史、文学、心理学和哲学等课程。他说:"我之所以要学习数学,是想从数学中知道有关真理的标准;同样理由,我也有兴趣于理论物理学。"③ 在理论物理学中他最感兴趣的是相对论。爱因斯坦的狭义相对论与广义相对论是当时理论物理学的最新成就。特别是该年五月,著名天文学家爱丁顿率领两个英国观测队,通过观测日食以检验广义相对论的新引力理论而获得成功,爱因斯坦的成就更轰动了全世界。年轻好学的波普当时深深为这个理论所吸引。他说:"当时我们一小群年轻学生,全都对爱丁顿于1919年第一次确认爱因斯坦引力理论的日食观测结果,感到惊喜万状。……这对我的智力产生了持久的影响。"④ 波普在数学系同学的帮助下,不畏艰难地学习了这一深奥的理论。当时恰逢爱因斯坦来维也纳讲

---

① Popper Karl, "Intellectual Autobiography", in Paul Arthur Schilpp, ed., *The Philosophy of Karl Popper*, Chicago: Open Court, 1974, p. 25.

② Popper Karl, *The Philosophy of Karl Popper*, Edited by Paul Arthur Schilpp, Chicago: Open Court, 1974, p. 1173.

③ Popper Karl, "Intellectual Autobiography", in Paul Arthur Schilpp, ed., *The Philosophy of Karl Popper*, Chicago: Open Court, 1974, p. 31.

④ Popper Karl, *Conjectures and Refutations: The Growth of Scientific Knowledge*, London: Routledge, 1963, p. 34.

学。波普如饥似渴地聆听了这次演说，他后来回忆："在听讲时，我感到眼花缭乱，许多是我所不能释解的。"① 但他还是领会了它的基本内容。当爱因斯坦讲到科学理论是在否定中前进，相对论也要接受实验的严格检验，并指出假如没有"向位移"现象，他将放弃广义相对论时，他深深为爱因斯坦的这番言论所感动。他认为爱因斯坦与其他思想家最大的不同之处在于不以"教条主义"态度对待自己的理论，不把自己的理论看成是永远不可推翻的绝对真理。爱因斯坦在一片赞扬声中竟然否定自己的理论，这是真正的科学精神，自此，爱因斯坦成了波普最崇拜的思想家。波普说："爱因斯坦对我的思想影响是极大的，甚至可以说我所做的工作主要仅是蕴含在他的工作中的某些观点的明确化。""没有爱因斯坦永远不可能有我的观点。"② 波普后来建立起来的批判理性主义的科学哲学，就是以爱因斯坦的科学思想为基础的，不过他以自己的哲学观点歪曲了爱因斯坦的思想。

第三件对波普的哲学思想有决定性影响的是他对弗洛伊德和阿德勒的心理学的否弃。

弗洛伊德是奥地利的著名医生和心理学家。他创立的"性分析"心理学当时风行于欧洲。根据弗洛伊德的理论，每个人在婴幼时期都性爱过自己的母亲，并企图仇杀过自己的父亲（女性则性爱父亲，仇杀母亲），只是后来随着意识的发展，这种本能被抑制，以至于最后完全遗忘了。阿德勒是弗洛伊德的学生，他的"个体心理学"本质上与弗洛伊德学说类似，当时也在奥地利流行。波普少年时期在父亲的图书室里接触过弗洛伊德的著作，后来曾对它产生浓厚兴趣，并在阿德勒所设立的维也纳工人区儿童诊疗所里义务服役过，与阿德勒本人有所接触。他开始对这些学说迷惘困惑，因为它们无法根据事实检验其真伪。后来，经过反复思考，特别是受爱因斯坦科学思想的启发，他得出结论：这种无法以事实检验其真伪的理论应视为伪科学，而予以否弃。

马克思主义革命学说、爱因斯坦相对论和弗洛伊德性分析心理学是当

---

① Popper Karl, "Intellectual Autobiography", in Paul Arthur Schilpp, ed., *The Philosophy of Karl Popper*, Chicago: Open Court, 1974, p. 28.
② 怀劳特：《爱因斯坦对我的科学观的影响——波普尔访问记》，《自然科学哲学问题》1980年第3期。

时流行于西方世界的三大思潮。年轻的波普从他的立场和观点出发，对这三大思潮进行了全面的哲学探讨，从而奠立了他的哲学思想的核心内容。他首先考虑的是科学与非科学（包括伪科学、形而上学即玄学等）的分界标准问题。他认为：理论能否受经验的检验，有无可能被经验所证伪，应该是科学与非科学的分界线。一种理论只有可能被经验证伪的才是科学的，否则就是非科学的。根据这个准则，他认为爱因斯坦的相对论是科学的，它随时接受实验的证伪；弗洛伊德与阿德勒的心理学是伪科学，因为它们根本无法用经验证伪，"它们对于自己领域内所出现的任何现象，几乎都能解释"。那对于马克思主义理论呢？他认为在马克思创立时期是科学的，因为它是可以被事实证伪的。他认为，后来的历史事实就"证伪"了它。那就是十月革命的胜利"证伪"了马克思关于社会主义革命必定在先进国家胜利的预言，因为发生十月革命的俄国是当时欧洲一个落后的国家。他认为，马克思的后继者企图逃避这种证伪，对它千方百计做了种种逃避证伪的再解释，因而使它变成了一种永远不可证伪的"伪科学"。不言而喻，这是他对马克思主义理论的污蔑和歪曲。

三 创建批判理性主义的科学哲学时期

1928 年波普大学毕业，获得哲学博士学位。他的博士论文的内容是心理学方面的，题目是"思维心理学中的方法问题"。但他对这篇论文很不满意。他说："我的论文是草率的，我认为它是不好的。后来我再也没有看过它。"[①] 1929 年波普向维也纳当局上交了一篇关于几何公理化的论文，取得了中学数学和物理学教师的资格。自此，他在维也纳中学任教。在授课之余，波普把精力全部集中在科学哲学的研究上，进一步丰富、发展了他的哲学思想。早在 1923 年，波普就开始关心归纳法问题，但当时他没能把这个问题与科学分界问题联系起来，虽然二者是有紧密联系的。到 1928 年，他进一步研究归纳法问题，并把它与科学分界问题结合起来考察，从而比较系统地建立起他的科学哲学思想。这些基本思想后来成了他的科学

---

① Popper Karl, "Intellectual Autobiography", in Paul Arthur Schilpp, ed., *The Philosophy of Karl Popper*, Chicago: Open Court, 1974, p.61.

哲学名著《研究的逻辑》的主要内容。

波普的哲学思想与维也纳小组的逻辑实证主义的哲学思想是既有联系，又有区别。因此了解波普与维也纳小组的历史关系，对于理解他的哲学思想会有一定帮助。

逻辑实证主义是马赫的实证主义与现代数理逻辑相结合的产物。维也纳是马赫主义的故乡。早年马赫在维也纳大学任教，并在那时建立了马赫主义哲学流派。当时维也纳大学设有"归纳科学哲学讲座"，马赫是这个讲座的第一任主讲人。马赫死后，这个席位由他的后继人石里克继任。石里克原受马赫主义影响，后来受罗素和维特根斯坦的思想影响，以这个讲座为核心，团结了一批志同道合的人组成了维也纳小组，创立了逻辑实证主义的哲学流派。石里克是波普在大学时期的哲学老师，参加过他的博士考试，但波普不是维也纳小组的成员。据波普自述，他是在 1926 年或 1927 年才从报纸上得悉维也纳小组的。后来读了该小组的纲领和卡尔纳普等人的文章，才对逻辑实证主义有所了解。波普的哲学思想与逻辑实证主义有内在联系，但又有明显区别。在许多重大问题上，他不同意逻辑实证主义的观点，有的甚至针锋相对，特别是在如何看待归纳法以及科学分界标准这两个问题上。逻辑实证主义肯定归纳法，波普哲学否定归纳法；逻辑实证主义坚持"证实原则"的分界标准，波普哲学则坚持"证伪原则"的分界标准。此外逻辑实证主义坚持马赫主义的"中性一元论"，波普哲学则坚持肯定客观世界存在的"实在论"，等等。这些都是它们不同的地方。当时，波普根据自己的观点反复研究了逻辑实证主义的哲学思想，认为自己的见解比逻辑实证主义正确；自己的科学分界标准也远比逻辑实证主义的更高明。经过冈培茨（Heinrich Gomperz）的介绍，他主动结识了维也纳小组的一位成员——克拉夫特（Victor kraft），并向克拉夫特表明了自己的哲学见解，以及与逻辑实证主义的分歧。他在与克拉夫特初遇时，就批判了逻辑实证主义，并预言"维也纳小组的哲学最终必将导致新的经院哲学和烦琐主义"[①]。克拉夫特听了深感震惊。约在 1929 年或 1930 年，波普经过他的亲戚——维也纳大学统计和经济学教授希夫（Walter Schiff）的

---

① Popper Karl, "Intellectual Autobiography", in Paul Arthur Schilpp, ed., *The Philosophy of Karl Popper*, Chicago: Open Court, 1974, p. 64.

介绍，结识了另一位著名的维也纳小组成员菲格尔（Herbert Feigel）。当时菲格尔是一位持有异议的逻辑实证主义者，波普自称与菲格尔相识是他毕生中有决定意义的一件大事。因为菲格尔不仅赞赏他的哲学见解，而且鼓励他把它们写成著作发表，而这原是他"连做梦也不敢想的"。后来，在菲格尔的大力鼓励和支持下，波普写出了第一部哲学著作《知识论的两个基本问题》。

波普在该书的写作过程中得到了维也纳大学镭研究所实验物理学家乌尔巴赫（Franz Urbach）的许多指导和鼓励，并与维也纳小组的成员克拉夫特、菲格尔、魏斯曼（Fritz Waismaun）、弗兰克（Philip Frank）和卡尔纳普等人进行过多次讨论。他经常参加克拉夫特、弗兰克等人主持的讨论会，在会上发表见解，宣读论文。但他从未参加过当时维也纳小组每星期四晚进行的学术讨论会，因为他不是该小组的正式成员。

1932年，波普三十岁时写成了《知识论的两个基本问题》一书的第一卷，次年完成第二卷。该书的手稿曾经在菲格尔、卡尔纳普、石里克、弗兰克、哈恩、纽拉特等维也纳小组的成员中间传阅过，得到的反映不一：菲格尔、克拉夫特等人表示赞赏；纽拉特、石里克等人表示反对。后来，经过石里克和弗兰克的同意，该书作为"科学世界观丛书"出版。由于篇幅过长，出版社要求压缩，他的亲戚希夫替他做了大量删节，书名为《研究的逻辑》，于1933年出版。波普每提及此事就颇感伤心，责怪"无情地把书砍去一大半"，并深为惋惜地说："我实在舍不得这样做。"[①]《知识论的两个基本问题》一书分上、下两册，全书很晚才付印问世。

波普在《研究的逻辑》出版前夕，为了表明自己的观点与维也纳小组观点的区别，特地给《知识》杂志一封信，这封信以"理论系统经验性质的一个准则"为题在该刊上发表。信中强调：他不能同意逻辑实证主义关于"形而上学"没有意义的观点。

但是由于波普与维也纳小组成员有广泛交往，他的处女作又作为维也纳小组的丛书出版，在长时期里人们都把他看成是一个逻辑实证主义者，或者是一个持有异议的逻辑实证主义者。对此，波普曾多次公开否认。至

[①] Popper Karl, "Intellectual Autobiography", in Paul Arthur Schilpp, ed., *The Philosophy of Karl Popper*, Chicago: Open Court, 1974, p. 67.

今波普的哲学是否属逻辑实证主义，在西方哲学界仍有争论。其实，如果全面分析他的哲学就可以看出：他的哲学与逻辑实证主义是既有联系，又有区别的，而且他还是最早批判逻辑实证主义的西方哲学家之一，因此应该认为他不是一个逻辑实证主义者，但是如果因而否定两者的内在联系也是不恰当的。维也纳小组许多成员都支持过他的著作的出版，并对他是否属自己学派的成员有所争论，这就从另一个方面说明了这个问题。波普对于逻辑实证主义的批判态度也有一个演变过程。在处女作《研究的逻辑》的序言中，他并未明确表明这种态度。在1956年出版的该书英译本《科学发现的逻辑》的《序言》中，才比较明确地表明这种立场，但仍称逻辑实证主义是"盟友"，只是后来随着逻辑实证主义的日渐衰落，他的批判态度才更加明朗化。

在这一段时期里，波普在政治上日渐右倾。但仍自以为是"社会主义者"。他在《自传》中说："我拒绝马克思主义以后的几年里还没有放弃社会主义。我认为假如社会主义能与个人的自由相结合，我是愿意做一个社会主义者的。因为没有比自由地生活在平等的社会里更好的了。"但是后来他由于嫌恶暴力革命和无产阶级专政而背弃了社会主义，并从此以"自由主义者"自居。[①] 当时，奥地利的左派和右派力量斗争激烈。作为纳粹前身的国家主义党蠢蠢欲动，波普则站在资产阶级民主主义的中间立场，对左派和右派都加指责。1927年7月在维也纳发生了一起右派镇压革命力量的"最大的枪杀事件"，波普当时以旁观者目睹了这场大屠杀。但是他在指责右派的同时也竭力责怪左派，说："这使我看清楚了社会民主主义者领导人的政策。他们的意图虽好，但行动是不负责的。这是自取灭亡，……给奥地利带来了民主的终结。"[②]

《研究的逻辑》一书出版后，得到当时西方报刊和学术界的好评，波普的名声从此大振。欧洲一些大学和学术团体纷纷邀请他去各地访问、讲学。

1935年和1936年，波普两次应邀去英国讲学。他先后在贝德福德学

[①] Popper Karl, *Conjectures and Refutations: The Growth of Scientific Knowledge*, London: Routledge, 1963, p. 6.

[②] Ibid., p. 85.

院（Bedford College）、帝国学院和牛津、剑桥等大学做学术报告或宣读论文，他在牛津大学宣读的论文是《历史决定论的贫困》。这是他后来两部重要著作《历史决定论的贫困》与《开放社会及其敌人》的写作基础。此外，他还应邀参加了英国亚里士多德学会的会议，会上听取了英国著名哲学家罗素的题目为"经验主义的范围"的演说。罗素在演说中强调人的知识来自归纳法，波普即席发表相反的见解，否定归纳法，宣扬批判理性主义理论。他的发言受到了与会者的重视或好评。

在访问英国期间，波普还会见并结识了英国许多其他著名哲学家和科学家，其中有物理学家薛定锷。他俩进行了多次长时间交谈，讨论现代物理学中的哲学问题，双方的意见虽然不同，但都感到有益。

1936年7月，波普离开英国去丹麦的哥本哈根出席科学哲学会议。会上与著名物理学家、哥本哈根学派创始人玻尔相识，并交换了哲学观点。会后途经纳粹德国返回奥地利，当时他仍在维也纳中学任教，但不久接到新西兰坎特伯雷大学的聘请书，于是他离开奥地利去新西兰开始了大学教书生涯。

四　建立批判理性主义的社会哲学时期

1937年初，波普在新西兰任教时，正值第二次世界大战的前夕，欧洲上空战云密布，德、意法西斯在英法等国"绥靖政策"的怂恿下，对内疯狂镇压革命，对外拼命扩张侵略。1938年2月希特勒吞并奥地利，10月占领捷克。1939年9月终于爆发了第二次世界大战。从此波普长期侨居于新西兰，无法回奥地利了。

在新西兰和后来在英国的长期旅居中，波普十分赞赏这两个国家的资产阶级民主制度，夸奖两国是"世界上最好、最容易统治的国家"。这就进一步加深了他的民主主义立场。作为一个资产阶级民主主义者，他谴责希特勒法西斯的反动，但同时也反对社会主义和人民革命。他曾为纳粹德国企图入侵英国而"终日忧虑"；而当获悉希特勒挥戈入侵苏联时"感到宽慰"。当时，他如同在科学上崇拜爱因斯坦一样，在政治上崇拜英国保守党领袖丘吉尔。他把丘吉尔和爱因斯坦推崇为"当代两位最伟大的人物"。

波普自《研究的逻辑》于1933年出版后，开始考虑把他的哲学思想贯彻应用于社会、历史和政治领域。他说："我虽主要关心的是物理学的方法，……但多年来我也关心社会科学，特别是看到社会哲学的基础不能令人满意的状态。"又说："我的方法对所有社会科学，包括历史科学在内，都是普遍适用的。"[①] 但是，由于考虑到发表他的社会政治观点就会涉及对马克思主义的批判，这使他犹豫不决。他自述，当时他"不愿出版任何反马克思主义的作品，因为欧洲大陆的社会主义者还面临着抵抗专制主义的斗争"[②]。从1938年希特勒吞并奥地利后，他改变了态度，认为社会民主主义的终于失败是马克思主义的"过错"，他必须总结这方面的"历史教训"以"清除"马克思主义的影响。他说："我不能再长期踌躇下去了，我决定把我在1919年得到的政治方面的知识公之于众。"[③]

波普原理以访英期间在牛津大学宣读的《历史决定论的贫困》那篇论文为大纲，写出一部社会哲学专著。但是在写作过程中感到内容庞大，一部书无法容纳，于是改写为两部。第一部书名"历史决定论的贫困"，着重批判马克思主义的历史决定论，于1944年和1945年分期发表在英国的《经济学》杂志上。另一部书名"开放社会及其敌人"，分上、下两卷。上卷的副标题为"柏拉图的魅力"，下卷的副标题为"预言的高潮：黑格尔、马克思及其后果"（下卷德文本的副标题改为"错误的预言家：黑格尔、马克思及其后果"）。其主要内容是通过对马克思关于社会主义—共产主义理论的批判，阐明他的资产阶级民主、自由的观点，这两部反马克思主义的著作的出版在西方资本主义世界引起巨大的反响，被翻译成多种文字，多次再版。波普的声望因此得到进一步提高。

波普在侨居新西兰期间，除撰写上述著作外，继续关心自然科学的发展和对科学哲学方面的研究，特别是对概率论和量子力学中的哲学问题做了许多探讨。这时他又结识了许多著名科学家，如物理学家怀特（Frederick White）、物理化学家帕顿（Hugh Parton）、辐射物理学家罗特（George Roth），以及神经生理学家艾克尔斯（John Eccles）等。他们后来都成了波

---

① Popper Karl, *The Open Society and Its Enemies* (2 Volumes), London: Routledge, 1962, p. 2.
② Popper Karl, "Intellectual Autobiography", in Paul Arthur Schilpp, ed., *The Philosophy of Karl Popper*, Chicago: Open Court, 1974, p. 90.
③ Ibid..

普毕生的朋友，尤其是艾克尔斯，后来还与他合作撰写哲学著作。

1945年第二次世界大战结束前夕，波普受聘于英国伦敦大学，翌年1月离新西兰抵英，任伦敦经济学院讲师。从此他定居英国。这时波普虽在社会科学的学院任教，教育工作偏重于社会哲学，但仍不放松对科学哲学的研究，尤其在科学哲学与社会哲学的结合方面做了大量工作。

波普初抵英国任教时，维特根斯坦的日常语言哲学统治着英国哲学界。维特根斯坦是当代西方著名的哲学家，他的哲学思想早期和后期不一致。维特根斯坦在早期是逻辑实证主义的先驱，他的名著《逻辑哲学论》被逻辑实证主义者奉为经典，石里克等人就是在他和他的这本著作的直接影响下，创立起逻辑实证主义哲学流派的。但是维特根斯坦自离奥赴英后，在新实在论创始人穆尔的影响下，哲学思想发生了重大变化，后来终于成为另一个重要哲学流派——日常语言哲学的创始人。日常语言哲学开始盛行于剑桥，后又流行于牛津（人称牛津—剑桥学派），当时独霸英国哲学讲坛。维特根斯坦本人几乎成了当时英国哲学界的一个至高权威。

维特根斯坦的日常语言哲学与波普的批判理性主义是不一致的。维特根斯坦根本否认有哲学问题，认为任何哲学问题都是日常语言的误解；波普则反对这种见解。为此，两人曾在一次学术会议上激烈争吵，成为西方哲学界的一件趣闻。事情发生在1946年秋天，维特根斯坦以剑桥道德科学俱乐部的名义召开了一次题为"哲学疑难"的讨论会，邀请波普参加。"哲学疑难"本是维特根斯坦日常语言哲学的专门术语，意思是没有哲学问题，任何哲学问题仅是语言的"疑难"。波普在会上反对这种见解，并指责维特根斯坦确定这个讨论题目本身就有偏见，因而引起维特根斯坦的勃然大怒。他手执拨火棍与波普大声争辩，以至于最后怒不可遏地退出会场。当时有人夸奖波普敢于向权威挑战，是"唯一敢于打断维特根斯坦讲话的人"。1948年波普提升为伦敦大学逻辑与科学方法教授，不久又被任命为伦敦经济学院哲学、逻辑与科学方法系主任。自此，他的哲学继维特根斯坦的日常语言哲学之后，在英国流行起来。

1950年2月波普应哈佛大学的邀请赴美国讲学。他在哈佛大学发表了一系列演说，演说的总题目是"自然和社会研究"。这时，美国已成为逻辑实证主义的中心。原与波普在奥地利相识的不少维也纳小组成员如菲格尔、弗朗克、克拉夫特等都已先后迁居美国。他们在美国久别重逢，畅叙旧谊。波普在美国还结识了许多其他著名哲学家，如操作主义者布里奇曼（William Bridgman）、实用主义者刘易斯（Clarence Lewis）等，但最使他引以为荣的是他与爱因斯坦的会见。当波普在普林斯顿讲学时，爱因斯坦和玻尔亲临会场，聆听了他题为"经典物理学和量子物理学中的非决定论"的演说。会后爱因斯坦和他交换了意见，此后又进行了多次长谈。爱因斯坦在谈话中向他坦率承认早年曾受马赫主义影响，但很快放弃而坚信唯物主义了。爱因斯坦的这种立场与波普的"实在论"（承认客观世界存在）的观点是接近的，但在决定论问题上存在分歧。谈话中波普企图说服爱因斯坦放弃决定论，但未成功。

波普在普林斯顿还与著名数学家哥德尔会见，共同讨论了数学和物理学中的哲学问题。

波普在美国对美国资产阶级民主制度印象极深。他对当时盛行的麦克锡主义虽表不满，但对当时美国的一般政治生活却赞赏备至。他称赞美国是世界上"最自由的国家"，并说他"一开始就爱上了美国"等等。回英国后，他曾为此事与罗素展开辩论，因为和平主义者罗素对当时美国的国内外政策是深表不满的。

波普自美返英后，继续研究科学方法论问题。1952 年他发表了一篇题为"跋二十年以后"的长文，在这篇文章中他比较系统地论述了他自 1933 年发表《研究的逻辑》以来，二十余年中有关科学哲学方面的新见解。1959 年将这篇文章与《研究的逻辑》的英译本合在一起，以"科学发现的逻辑"为书名出版。

五 转向本体论研究时期

自 20 世纪 50 年代以后，波普除继续关心科学方法论问题外，他的研究重点转向本体论。用他自己的话说，转向了"捍卫客观性，反对主观主义"的立场。这是与当时西方哲学界情况的变化有关的。

自 50 年代以后，在科学哲学中占统治地位的逻辑实证主义开始衰退。1951 年美国著名逻辑实证主义者奎因（Willard Quine）发表了题为"经验主义的两个教条"的重要文章。他在这篇文章中把逻辑实证主义的两个最基本原则："经验证实"的原则和"逻辑真理与事实真理严格区分"

的原则，斥为"经验主义的两个教条"而予以废弃。这标志着逻辑实证主义衰落的开始。

逻辑实证主义的衰落，导致了波普哲学地位的提高，因为他是最早批判逻辑实证主义的西方哲学家之一，同时也促使他坚持"捍卫客观性，反对主观主义"。他写了许多这方面的文章。如1958年发表的《论科学与形而上学的状况》一文，对当时流行的非理性主义、意志主义和海德格尔的虚无主义都进行了不同程度的批判。

1963年波普的另一部重要著作《猜测与反驳：科学知识的成长》分别在伦敦和纽约出版。这部书汇集了他多年来已发表的重要文章。

20世纪50年代以后，波普还深入研究了达尔文主义进化论。波普的科学方法论是与达尔文的进化论思想密切相联系的。50年代以后随着新达尔文主义的兴起，他对这方面的兴趣和研究更加深了。他发表了不少有关这方面的演说和文章，如1961年发表了《进化与知识之树》这篇重要文章。

逻辑实证主义在衰落过程中分化出一个名为"科学唯物主义"的新的西方哲学流派。"科学唯物主义"的成员有阿姆斯特朗（David Armstrong）等。他们坚持唯物主义，反对主观经验主义，但走上了另一个极端，否定意识的能动作用，宣扬把意识归结为物理运动的"还原论"。波普在批判逻辑实证主义的同时批判了"科学唯物主义"的"还原论"；强调科学知识的客观性和意识的能动性；在本体论方面提出一种新的理论"突现进化论"。

近年来波普进一步阐发了他的"客观知识"的思想，并大胆地提出了"三个世界"的理论。他认为存在着三个世界："第一世界"——"客观的物理世界"；"第二世界"——"主观的精神世界"；"第三世界"——"客观的精神世界"。他的这种思想集中体现在1972年出版的《客观知识、进化论观点》以及1977年与澳大利亚著名神经生理学家艾克尔斯合著的《自我及其脑》等书中。这些著作的发表，引起了西方哲学界和科学界的热烈争论。

波普常以不同的名称称呼自己的哲学思想，如"证伪主义""可错主义""批判理性主义""理性批判主义""批判经验主义"，等等。但自1959年和1961年两次发表《批判理性主义》这篇文章后，人们一般都称他的哲学为"批判理性主义"。

波普在西方哲学界的声望随着他的成就而日益提高，20世纪70年代他已是举世闻名的科学哲学家和社会哲学家。1965年，英国因他发表《开放社会及其敌人》而授予他爵士称号。他现在是英国科学院院士和美国艺术与科学院院士。1962年，波普六十寿辰时有29位西方著名科学家和哲学家发表文章评述他的思想。物理学家和哲学家邦格推崇他是"当代思想最深刻，治学最严谨，最富有才华和独创精神的思想家"。这当然有些言过其实，但他的哲学思想对西方学术界的影响，却是无可否认的。

波普的批判理性主义哲学已成为当代具有重大影响的西方哲学流派之一。近几年来从这个流派中还分化出一个被称为"历史主义"的科学哲学流派（或称"历史学派"）。它的代表人物是美国著名哲学家库恩（Thomas Kuhn），和匈牙利籍英国哲学家、波普的学生拉克托斯（Imre Lakatos）等人，他们经常与波普展开争论。1970年后波普年迈退休，1990年他住在英国柏金汉郡风景秀丽的蓬镇，平时深居简出，很少参加公开活动，但并没有停止他的哲学创作，仍为捍卫他自己的学说而努力不懈。

第二章　科学哲学：科学方法论

波普的哲学思想的发展过程是：他首先在科学哲学领域中提出科学的认识论或方法论；然后把这种科学方法论应用于社会领域，建立其社会、历史、政治哲学；而后把这种科学方法论应用于解释整个宇宙的进化，建立了"突现进化论"和关于三个世界的学说。这三个部分是彼此联系的，它们互相结合构成一个庞大、完整的世界观体系。现在先评述它的第一部分：科学哲学——科学方法论。

在波普看来，科学的认识论与科学的方法论是同一的。他的科学方法论的核心是互相密切相关的两个问题：科学的分界问题和归纳问题。从波普哲学思想的发展过程来说，他首先（1919 年）考虑的是分界问题，而后（1923 年）考虑归纳问题。但是在他的科学方法论的名著《科学发现的逻辑》中，先阐述归纳问题，后阐述分界问题。因此现在根据该书的逻辑顺序，先从归纳问题开始，阐述他的哲学思想。

一　否定归纳法

归纳或归纳法问题是近代西方哲学界长期争论不休的一个重要问题。历史上的演绎主义者都片面夸大演绎法的作用，贬低或否定归纳法的意义；归纳主义者则相反，贬低或否定演绎法的作用，片面夸大归纳法的意义。由于他们把归纳和演绎这两种互相依存的逻辑方法形而上学地对立起来，因而对归纳法和演绎法都不能做出科学的说明，形成了所谓"归纳问题"和"演绎问题"。由于休谟曾经对归纳问题做过比较系统的探讨，康德称此问题为"休谟问题"，波普继康德之后也称这个问题为

"休谟问题"。①

波普的整个哲学思想是建立在否定归纳法的基础上的。他在《科学发现的逻辑》的开始就讨论了这个问题。他提出了许多否定归纳法的论点,其中不少都是历史上流行过的论点,甚至举的一些例子也是西方哲学史上大家所熟悉的。波普指出:过去许多科学家和经验主义哲学家都认为,科学是"经验的科学",科学知识来自对经验事实的归纳,因此归纳法是科学发现的方法。他认为这种说法是没有根据的。因为这里存在一个严重问题,即归纳问题。波普的所谓"归纳问题",就是能否证明归纳推理正确的问题,也就是能否在经验事实的基础上建立普遍真理的问题,波普对于这个问题的回答是否定的。他解释说:人们都认为科学知识来自经验事实,其实经验事实告诉我们的是个别的知识,如"这朵花是红的""那片叶子是绿的"等等;用逻辑的术语说,它们都是单称陈述(或具体陈述)。但是科学知识不是这类个别知识,而是普遍知识,即不是单称陈述,而是普遍陈述(或全称陈述)。因为任何一个科学原理或科学定律都必须具有普遍的有效性,如开普勒定律不仅适用于过去和今天的行星运动,而且适用于未来的行星运动;自由落体定律不仅适用于这个、那个自由落体,而且适用于所有的自由落体;等等。这种普遍有效的普遍陈述,能用归纳法从个别事实或单称陈述中获得吗?波普认为不能。

波普否定从单称陈述中能归纳出普遍陈述的理由有下面两点:

第一个理由,有限不能证明无限,过去不能证明未来。历史上欧洲人曾因为看到过的天鹅都是白的,而归纳出"凡是天鹅都是白的"这个普遍陈述。但是后来在澳大利亚发现了黑天鹅而被否定了。他说:"从逻辑观点看来,无论从多少个别的陈述中,都不能推论出一般陈述来。因为用这种方法得出的结论总是有可能错误的。不管我们看到过多少只白天鹅,也不能证明这样的结论:所有的天鹅都是白的。"②

这类例子是很多的。波普还举出了三个典型的例子:1."二十四小时(约脉搏9万次)内太阳升落一次",已被马赛人在比戴阿发现"半夜的太

---

① Popper Karl, *The Logic of Scientific Discovery*, translation of *Logik der Forschung*, New York: Basic Books, 1959, p. 43.

② Ibid., p. 27.

阳"所推翻；2. "凡人必死"或"每一个生物必死"，已被"细菌分裂繁殖而不死"这一新发现所否定；3. "面包给人营养"，由于"法国农村发生麦角中毒"而遭到反驳。因此，他做出结论说："不可能有令人信服的论据来证明在经验中尚未遇到的事情与我们在经验中已经熟悉的东西相似。"①

波普否认从单称陈述中能归纳出普遍陈述的第二个理由是"归纳原则""没有根据"。我们知道，归纳法就是一种从过去推知未来的方法。因此，要承认归纳法就必须首先承认一个原则——"归纳原则"。"归纳原则"就是承认从过去可以推论出未来的原则。它是归纳法的前提，归纳主义者都十分重视它。如逻辑实证主义赖欣巴哈说："这个原则决定科学理论的真实性，从科学中排除它，就等于剥夺了科学判定科学理论真假的权力。"但是波普认为这个原则是无法论证的。因为论证这个原则的一般根据是：我们过去的经验告诉我们从过去能推论出未来。但是这种论证方法是荒谬的。因为它是用一个自身尚待证明的论据以论证其自身，即用"过去能推论出未来"这个自身尚待证明的论据，以论证"过去能推论出未来"，因而陷入了无穷的循环论证的错误。

波普否定归纳法的上述第一个论据，逻辑实证主义者是完全同意的。例如赖欣巴哈在《科学哲学的兴起》一书中就做了同样的论证，不过逻辑实证主义者是归纳主义者，他们并不根本否定归纳法，而只是用这些论据以否认归纳知识的必然性，论证归纳知识的或然性。他们认为，诚然用归纳法不能推知未来知识的必然性，但是却能推知未来知识的或然性。例如从过去的"摩擦生热""日出于东"，虽不能推知未来必然"摩擦生热""日出于东"，却可以推知未来有可能"摩擦生热""日出于东"。而且过去重复的经验愈多，今后发生的可能性也就愈大。因此他们认为，归纳法虽然不是必然推理，但却是概率推理（或然推理）；它们所获得的真理虽然不是必然真理，但却是或然真理。赖欣巴哈说："归纳推理是'概率'推理，……我们应该说它是用来决定概率的。"②

波普反对逻辑实证主义的这种见解，认为这是他们对待归纳问题上的

---

① Popper Karl, "Replies to My Critics", in Paul Arthur Schilpp, ed., *The Philosophy of Karl Popper*, Chicago: Open Court, 1974, pp. 1022 – 1023.

② Reichenbach H., "Kausalität und Wahrscheinlichkeit", *Erkenntnis*, Vol. 1, No. 1, 1930, pp. 158 – 188.

不彻底性的表现。事实上归纳法既不能获得必然真理，也不能获得或然真理。其理由仍是上述两点：1. 过去既不能证明未来的必然性，也不能证明未来的或然性；因为过去的多次重复，并不能保证今后就一定有可能重复，也许可能今后就不再发生了。再则，从数学的观点来说，过去观察的重复次数不论如何多，总是一个有限数，而未来是无限的。一个有限数与一个无限数之比所构成的概率，永远只能是零。2. 他们的论据依然是建立在上述"归纳原则"之上的，而这个原则是错误的。

正如波普所承认，上述否认归纳法的论据不是他首先提出的，而是休谟早在一百余年前就详细论述过的。他说："我是通过休谟接触到归纳问题的"，"休谟对归纳主义的责斥是既清楚，又完备"。[①] 不过，波普指出，休谟虽然清楚地看到了归纳法缺乏根据，但是他并没有因而否定归纳法；相反，由于他是归纳主义者，他仍然十分推崇归纳法。休谟论证归纳法不是从认识论或逻辑出发，而是从心理学出发的。他认为归纳法虽然没有认识论根据或逻辑根据，却具有心理学的根据。这就是说，它是由人的主观心理上的"联想"或"习惯"所产生的。由于事件在过去经验中多次重复，人的心理就产生一种联想、习惯或信念，认为今后将必然如此重复下去，从而在认识中"归纳"出这种必然知识。因此休谟认为，归纳法以及用归纳法所获得的必然知识，虽不能以逻辑阐明，却可以用心理学阐明。同时，它对人的行为也是十分有用的。因为人们正是根据这种心理的信念，才做出果断的行动，以对付环境的变化，否则遇事将无所适从，人也就无法在自然界生存了。逻辑实证主义也持类似的见解。赖欣巴哈说："可以证明归纳法为正当的理由，就在于它是我们所知道的最好的行动工具。"[②]

波普对休谟和逻辑实证主义的这种见解进行了批判。他说："休谟用重复论把归纳的逻辑学说排除掉后，又与常识妥协，温顺地容许归纳法以心理学理论为伪装，又通过重复而卷土重来"，这是"令人十分不满的"。[③]

---

① Popper Karl, *Conjectures and Refutations: The Growth of Scientific Knowledge*, London: Routledge, 1963, p. 42.

② Reichenbach H., *The Rise of Scientific Philosophy*. Berkeley: University of California Press. 1954, p. 246.

③ Popper Karl, *Conjectures and Refutations: The Growth of Scientific Knowledge*, London: Routledge, 1963, p. 46.

首先，波普认为，应该把逻辑问题与心理学问题分开。归纳问题是一个认识论问题或逻辑问题，而不是心理学问题，它不应该用心理学给予说明。他说："我们必须首先分清关于处理经验事实的知识心理学和仅仅关系于逻辑关系的知识逻辑学。因为对于归纳逻辑的信奉很大程度上就是由于把心理学问题混同于认识论问题的结果。"①

其次，波普认为，休谟的上述心理学解释，就是从心理学方面考察也是错误的。因为不是经验的重复产生心理的信念，恰恰相反，是心理的信念（或预期）产生经验的重复。为什么呢？波普分为两点说明：1. 事情的重复是相对的，而不是绝对的。即世界上没有绝对的重复，只有相对的重复。因为任何两个事件之间总有相似的一面，又有区别的一面。

"事件 B 重复事件 A，B 并不与 A 同一，而只是或多或少与 A 相似。"因而从它们的相似方面来看，它们是重复的；从区别方面来看，又不是重复的。所以决定经验是不是重复的关键，不在经验自身，而在于观察者的观点或信念。他写道："休谟想象的那种重复永远是不完整的，他心目中的事例不可能是完全相同的事例，只能是类似的事例。因此它们只是从某种角度看来算是重复（对我起重复效应的事情，对一只蜘蛛就可能不起这种效应）。但是根据逻辑的理由，这意味着一定先有一种见解，诸如一个期望、假定或兴趣，才会产生重复感。"②

2. 没有经验的重复，仅一次性的观察也能给人以必然的信念。如 1919 年爱丁登对日食的观察，仅一次就验证了广义相对论的普遍性和必然性。反之，人们虽然有"白天鹅"的无数次经验重复，却不能给人以"凡天鹅皆白"的心理上的信念。据此，他得出结论说："我建议把休谟的这种学说翻一个身。我们不把规律性的信念解释为重复的结果，而把重复解释为我们的信念或期望的结果。"③

波普还指出，在西方哲学史中康德还提出过"归纳原则"合理性的另一种论证，这就是"先验综合判断"的论证。康德认为归纳原则是"先验

---

① Popper Karl, *The Logic of Scientific Discovery*, translation of *Logik der Forschung*, New York：Basic Books. 1959，p. 30.

② Popper Karl, *Conjectures and Refutations：The Growth of Scientific Knowledge*, London：Routledge，1963，p. 40.

③ Ibid. .

的"，与经验无关的。康德的这种先验论是以欧几里得几何的公理为根据的。他认为这类几何公理就是"先验的综合判断"。但是波普指出：这种理论已被非欧氏几何的出现所推翻，康德的这种理论已失去根据了。①

波普就这样否定了归纳法的合理性，并把它逐出于科学方法论的领域。

波普否定归纳法是错误的。这个错误导致他的整个哲学理论的错误。

马克思主义教导我们，"由特殊到一般，又由一般到特殊"，如此循环往复是认识运动的一般进程，归纳法是"由特殊到一般"的推理形式；演绎法则是"由一般到特殊"的推理形式，两者是辩证统一的。历史上的归纳主义者与演绎主义者各自割裂了这种统一，分别强调一方，否定另一方，从而陷入了错误的泥潭而不能自拔。近代和现代西方科学哲学中流行的是归纳主义。它起源于英国。从休谟到罗素，后来又为逻辑实证主义所继承的归纳主义，长期统治了西方哲学界。波普的反归纳主义则是对这种传统的归纳主义的挑战，因而它不能不引起西方哲学界的十分关注。

波普否定归纳法的许多论点，假如用来批判传统的归纳主义的片面性，那无疑是正确的，因为离开演绎法的归纳法，确实不能成为科学的方法。从过去经验中归纳出来的事实，怎么能保证必然适用于未来；过去多次重复的经验怎么能保证今后必然重复呢？这单凭归纳法是不能解决的。恩格斯说："我们用世界上一切归纳法都永远不能把归纳过程弄清楚。"②列宁说："以最简单的归纳方法所得到的最简单的真理总是不完全的，因为经验总是未完成的。"③

那么能否因而就根本否定归纳法，能否说波普上述否定归纳法的观点是正确的呢？不，他的观点是错误的。因为归纳法是认识"由特殊到一般"所必需的推理形式。科学发展的历史事实证明它是不可缺少的。大量的科学理论与定律，如关于行星至太阳距离的波德定律、关于气体的压强、体积与温度关系的波义耳定律、盖—吕萨克定律和查理定律；关于元素组成的定比定律；关于地磁相互作用的奥斯忒定律、法拉第定律；等

---

① Popper Karl, *The Logic of Scientific Discovery*, translation of *Logik der Forschung*, New York: Basic Books, 1959, p. 29.
② 《马克思恩格斯选集》第 3 卷，第 548 页。
③ 列宁：《哲学笔记》，第 191 页。

等，它们的发现都与运用归纳法分不开，否定归纳法就切断了认识从特殊上升到一般的必由之路，就不可能有科学的真理。

波普的错误在于将归纳与演绎绝对分离。解决问题的关键是把二者辩证地结合起来。恩格斯说："归纳和演绎正如分析和综合一样是必然相互联系着的。不应当牺牲一个而把另一个捧到天上去，应当把每一个都用到应当用的地方，而要想做到这点，就只有注意它们的相互联系，它们的相互补充。"①

原来归纳法是从个别中归纳出一般的科学方法。个别与一般是辩证统一的。一般寓存于每一个别之中，任何个别中寓存着一般。因此，假如运用归纳法，能够从个别事物中归纳出一般性（普遍性）的因素，那就获得了不仅适用于今天，而且适用于未来的普遍真理了。恩格斯说："事实上一切真实的、详尽无遗的认识都只在于：我们在思想中把个别的东西从个别性提高到特殊性；然后再从特殊性提高到普遍性；我们从有限中找到无限，从暂时中找到了永久，并且使之确立起来。"② 反之，假如归纳所得的并不是一般性因素，而仅是个别因素，那么它就不能成为必然适用于未来的科学真理了。例如"白"并不是"天鹅"的一般性因素，它与"天鹅"之间并不存在必然的本质联系，因此"凡天鹅皆白"并不是科学真理；反之"热"是"摩擦"的一般性因素，"热"与"摩擦"之间存在着必然的本质联系，因为"热"就是分子运动，"摩擦"能产生分子运动，因此"摩擦生热"就是科学真理。但是一般因素与非一般因素，本质联系与非本质联系，不是单凭归纳法所能最后确定的，这就必须如恩格斯所教导那样，把归纳法与演绎法结合起来，并把认识与实践结合起来（包括通过实践检验），才能得以解决。

波普关于经验的重复来源于主观信念的观点，也是错误的。他认为事物之间没有绝对的重复性，只有相对的重复性，这是正确的。他认为事物的重复性是相对于一定方面而言的，两个事物从一个方面来说是重复的，从另一个方面来说可以是不重复的，这一观点也是对的。但是他因此而否认事物重复的客观性，把它们说成是人的主观信念的产物则是完全错误

---

① 《马克思恩格斯选集》第 3 卷，第 548 页。
② 《马克思恩格斯选集》第 3 卷，第 544 页。

的。因为只有客观事物之间存在着一定的重复性或相似性，人的主观认识才能感到这种相对的或一定方面的重复，否则就不可能产生这种认识。这就是说：事物的相对重复性中又有其绝对性。波普只肯定其相对性，而否定其绝对性，就陷入了相对主义或主观主义的错误。

二 理论先于观察

从培根以来的自然科学家和唯物主义哲学家都从不怀疑观察和实验是科学知识的来源和基础，认为科学研究必须从观察和实验开始。近代的经验主义者（包括主观经验主义者）虽然对来自观察和实验的感觉经验有所歪曲，但是对于科学开始于观察和实验却坚认不疑。但是波普却对此极力反对。他说："知识不能从一无所有开始，即不能从心灵白板（tabula rasa），也不能从观察开始。"[①] 他嘲笑培根的"科学开始于观察"的观点是一种"科学方法的神话""古老的神圣原则""实验物理学方法的流行的信仰"。[②] 他认为这是一种流行于"前达尔文时期"，而"现在已经过时"的见解。因为他认为"近代物理学的理论，特别是爱因斯坦的理论是一种高度思辨、高度抽象的理论，它们是与所谓'观察基础'的东西相去甚远的。因而所有试图证明它们或多或少直接以'观察为基础'的努力，都必定是无法令人信服的"。波普的这种反对科学始于观察的观点是与他的反归纳主义观点密切联系的，因为所谓归纳，就是对来自观察和实验的经验事实的归纳。

波普反对科学开始于观察的理由是：没有纯粹的观察，观察总是在一定的理论或观点的指导下进行的。他说："观察总是依据理论的观察"[③]，"观察本身是要以理论为指导的"[④]，"我们总是按照一定的预想或理论去观

[①] Popper Karl, *Conjectures and Refutations: The Growth of Scientific Knowledge*, London: Routledge, 1963, p. 28.

[②] Popper Karl, *The Logic of Scientific Discovery*, translation of *Logik der Forschung*, New York: Basic Books, 1959, p. 749.

[③] Ibid., p. 51.

[④] Popper Karl, *Conjectures and Refutations: The Growth of Scientific Knowledge*, London: Routledge, 1963, p. 118.

察一切事物的"，"单纯从观察出发，而不带有一点点理论的东西是荒唐的"。① 因此他认为：不是"先有观察，后有理论"，而是"先有理论，后有观察"。

波普从下列三方面论证他的这个观点：

第一，人们不是为观察而观察，而是为生活、为科学研究而观察，因而很少有随便的观察，通常观察总是具有一定的"目的性"和"选择性"的。这种目的性和选择性是人的理论、观点和兴趣所决定的。他说："理论指导我们的观察，并帮助我们从无数观察对象中做出我们所关心的选择。"② 因此他认为，对于同一种情况在不同理论或兴趣的指导下，可以有不同的选择，从而得出不同的观察结果。他比喻说："我们的观察不是随机摄影，更多地像是一个有选择的作画过程。"③ 他还举例说："比方我现在正在书房里写作，假如你命令我'记录现在正在经历的经验'，我将不知道怎样执行你这含混不清的命令。我是不是要报告我正在写作，或我听到窗外的铃响，或一个报童在呼喊'卖报'，或汽车喇叭在嗡嗡作响？我是否要报告这个噪声扰乱了我？等等。总之情况是无限复杂的，我将不知道如何选择和集中这些情况。"④ 他指出，至于科学的观察和实验，那就更有其明确的目的性和选择性了。例如1919年爱丁顿对日食的观察，其目的仅是检验广义相对论（光线在引力场中弯曲）；1887年迈克尔逊－莫雷利用干涉仪所做的实验，其任务就是为了检验以太理论；"甚至地理发现也是带着检验理论的目的而进行的"。⑤ 波普承认科学研究中确有意外的偶然发现。但他认为这也只有在科学理论的指导之下，才能真正成为科学的发现。他说："譬如在考古学中我们可能通过偶然的观察而有所发现，但这种发现的重要意义也必定依赖于它能修改我们的前人的理论的力量。"⑥ 波

---

① Popper Karl, *Conjectures and Refutations*: *The Growth of Scientific Knowledge*, London: Routledge, 1963, p. 118.

② Popper Karl, *The Poverty of Historicism 2nd edition*, London: Routledge, 1961, p. 134.

③ 波普:《自然选择和精神出现》,《自然科学哲学问题》1980年第1期。

④ Popper Karl, *The Logic of Scientific Discovery*, translation of *Logik der Forschung*, New York: Basic Books, 1959, p. 106.

⑤ Popper Karl, *Conjectures and Refutations*: *The Growth of Scientific Knowledge*, London: Routledge, 1963, p. 118.

⑥ Ibid., p. 28.

普嘲笑那些否认理论指导观察的人而讲了一个故事。他说:"有一个人为了献身于科学而把他的一生所观察到的尽量都写下来献给皇家科学院,但这对科学有什么意义呢?"其实这也是不可能的。他说:"虽然可以把甲壳虫很有成效地收集来,但观察是无法全部收集起来的。"①

第二,人们对于观察的材料不仅必须有所选择,而且必需有所理解。科学的观察是理解中的观察,而理解必然是一定理论、观点之下的理解。波普举格式塔心理学中的例子:格式塔心理学关于"鸭兔图"的实验告诉我们,一张显有似鸭非鸭、似兔非兔的黑白方格图案,对于有不同预想的人可以观察出不同的结果,被预想为兔的人看起来它就像兔,被预想为鸭的人,看起来就像鸭了。波普认为:"眼睛和脑的神经生理学提出的,与身体的视觉有关的过程,不是被动的过程,而是对编码的输入的主动解释。"② 又说:"我们的一切实验是在理论指导下进行的,除了用理论理解外,不可能有别的解释。"③

第三,科学的观察和科学的实验的结果必须记录为资料,而这种记录或表述必然有一定的理论性,这是因为,首先,这种记录或表述必须有一定的理论指导。对于同一个观察或实验,由于指导的理论、观点不同,它的记录或表述也就不同。他引用冈培茨(B. Gomperz)所举的例子:对于"一只麻雀胆怯地飞了"这样一个十分简单的观察,在不同的理论或观点的指导下就可以有各种不同的描述。例如可以做如下各种描述:"这只鸟飞了""一只麻雀逃跑了""这是一只飞禽""物质正在运动""能量已经转化了""这不是一种永恒运动""可怜的家伙受惊了""……,要完成这种举例是不科学的,因为它们是无限的"。④ 其次,在记录或表述科学观察和实验的结果时必须使用概念,而概念,特别是科学的概念,就是高度理论性的东西。例如在"这是一杯水"这一记录陈述中,"水"这个概念,

---

① Popper Karl, *The Logic of Scientific Discovery*, translation of *Logik der Forschung*, New York: Basic Books, 1959, p. 46.

② Popper Karl and J. C. Eccles, *The Self and Its Brain: An Argument for Interactionism*, London: Springer International, 1977, p. 45.

③ 怀劳特:《爱因斯坦对我的科学观的影响——波普尔访问记》,《自然科学哲学问题》1980年第3期。

④ Popper Karl, *The Poverty of Historicism 2nd edition*, London: Routledge, 1961, p. 134.

在不同科学发展阶段和不同知识水平的人的理解中就不一样。几千年以前原始人的"水"的概念与现代人的"水"的概念,孩子们的"水"的概念与化学家的"水"的概念都是不相同的。他写道:"每一个描述都要使用普遍名词,每一个陈述都具有它的理论性。""这里有一杯'水'这个陈述……它所使用的'杯子'和'水'这些词,就展示了普遍或规律一类的性质","这种普遍性是与任何感性经验无关的"。①

波普总结以上的论述说:"总之,我相信理论先于观察和实验,是因为它们只有在理论的关系中才有意义。"②

波普进一步指出,也许有人会反驳,观察虽然必须以理论为指导,从这个意义说理论先于观察,但是理论又必须以观察为前提,因为理论是对观察和实验的解释,没有观察和实验也就不会有什么理论;因而从这个意义上说观察又先于理论。这就像"蛋生鸡、鸡生蛋"一样,二者是互为前提,永远循环的。波普反对这种见解。他认为二者看来似乎互为前提,互相循环,但它们并不是无限延续的。假如我们一直往前追溯,追到最后,就能正本清源,清楚地看到理论毕竟先于观察。他写道:"哪个在先,是假设(H)还是观察(O)?"这是可以解决的,"就像鸡(H)和蛋(O)哪个在先一样。对于后一问题的回答是'蛋在先',对于前一个问题回答是'假设,即理论在先'"③。

波普从两个方面论证这个观点。

一方面,从个人方面说,这可以追溯到初生的婴儿。当婴儿刚脱离母胎出世时,他们可以没有观察,但已有知识,这种知识就是先天的本能,即对母亲喂奶等的期望。他说:"我觉得天生观念的理论是荒唐的;但是任何生物都有天生的反应;而且这些反应里面有些反应是适应即将到来的事件的。我们可以把这类反应描述为'期望'。……新生婴儿就具有这种意义上的喂奶等期望(甚至可以争论说,期望得到保护和爱)。鉴于期望

---

① Popper Karl, *Conjectures and Refutations*: *The Growth of Scientific Knowledge*, London: Routledge, 1963, p. 119; Popper Karl, *The Logic of Scientific Discovery*, translation of *Logik der Forschung*, New York: Basic Books, 1959, p. 106.

② Popper Karl, *The Poverty of Historicism 2nd edition*, London: Routledge, 1961, p. 98.

③ Popper Karl, *Conjectures and Refutations*: *The Growth of Scientific Knowledge*, London: Routledge, 1963, p. 47.

和知识之间的这种密切关系,我们甚至可以在相当合理的意义上谈论'先天的知识'。"①

另一方面,从整个人类来说,可以追溯到前科学时期的原始人。原始人虽然没有科学理论,却已有神话。他说:"神话就是原始的理论。"② 神话对于原始人的观察具有指导性意义,它是科学理论的前身或萌芽。如果再往前追溯,还可追溯到生物。他认为:"所有的动物以至所有的植物都有先天的知识。"③ 这就是动植物的本能。他认为在婴儿以至生物的先天本能中有一种十分重要的本能(期望),那就是"相似性"或"规律性"的期望。他说:"这些先天的期望里的最重要的一种就是期望找到规律性。它是和期望规律性的天生倾向,或寻找规律性的需要联系在一起的,这一点我们可以从婴儿在这些需要得到满足而快乐时看得出来。"④ 这就是说:规律性是不存在于自然界中的,它是"先天的期望"加之于自然界的,而这种"先天的期望"就是科学产生和发展的基础。他写道:"把相似性强加于世界的期望,在逻辑上先于相似性的观察。……我觉得这个程序也可应用于科学领域之中;科学理论并不是观察的总汇,而是我们编制的。"⑤ 就这样,他走上了康德的"知识先验论"或"先验理性主义"的道路。他说:"我认为,主张我们的知识是被'给予'的观点是错误的;它们是由我们'编制'的,是我们主动活动的结果。"⑥ 他明确同意康德的"理性为自然立法"的观点,说:"当康德说,'我们的理性并不从自然引出规律,而是把它的规律强加于自然'时,他是对的。"但是他与康德的观点又有不同。康德认为:"先天知识"必定是正确的,波普认为不然,它们有可能不正确。他说:"但是认为这些规律必然正确,或我

---

① Popper Karl, *Conjectures and Refutations: The Growth of Scientific Knowledge*, London: Routledge, 1963, p. 47.

② Popper Karl, *Objective Knowledge: An Evolutionary Approach*, Oxford: Clarendon Press, 1975, p. 146.

③ Popper Karl, *Conjectures and Refutations: The Growth of Scientific Knowledge*, London: Routledge, 1963, p. 28.

④ Ibid., p. 48.

⑤ Ibid., p. 46.

⑥ Popper Karl and J. C. Eccles, *The Self and Its Brain: An Argument for Interactionism*, London: Springer International, 1977, p. 49.

们必然会成功地把这些规律加诸自然,他就错了。自然常常有效地拒绝我们,迫使我们放弃那些被否定的规律。"因此他认为,对于先天的理性必须采取批判的态度。为此他称自己的理性主义为"批判理性主义"。

波普的"理论先于观察"的观点犯了"先验论"的错误,但是他用以论证这个观点所提出的一些论据,如观察必须以理论为指导,观察必须有目的性和选择性等则是正确的,它给人以一定的启发,不能一概否定。

首先,观察必须以理论或观点为指导。列宁说:"观察的客观性(不是实例,不是枝节之论,而是自在之物本身)。"[1] 这就是说:观察,是以理论为指导的观察。因为观察属于感性认识,理论属于理性认识;感性与理性是认识过程中两个不同的,但又互相依存、彼此渗透的阶段。感性认识必须以理性认识为指导;理性认识必须以感性认识为基础。诚然,有时也有不在一定理论、观点指导下的感性认识,但这只是"视而不见""听而不闻"的消极、被动的感知,而不是科学的观察。科学的观察必定是以一定理论和观点为指导的能动性活动。科学的观察必须有一定理论的指导是显而易见的。最好的例子是超导隧道效应的发现。早在20世纪30年代、50年代和60年代,科学家霍尔姆、迈斯纳、迪特里希以及贾埃佛等人都先后在实验中观察到过类似超导隧道效应的现象,但是均视而不见,只有到1973年瑟夫森在一定理论的指导下才发现了这种效应。后来有人问贾埃佛,过去对这种效应视而未见,现在是否感到后悔,他回答说:"不,光靠观察某一事物是不够的,人们还必须能理解这种观察的重要性。"爱因斯坦也说:"正是理论才决定人们能够观察到什么。"

其次,观察必然有目的性和选择性。因为观察,特别是科学的观察,不同于消极的感知,它的任务在于寻求对科学或实验有一定意义的东西。例如一般人仰观夜空,只见星罗棋布,而天文学家却对天空做出各种有目的有选择的观测。但是能否因而就可得出"理论先于观察"的结论呢?回答是否定的,这是因为:

1. 感性认识与理性认识虽然互相渗透、互为前提,但并不能因而就断言理性先于感性,理论先于观察。恰恰相反,从知识的来源来说仍然是感

---

[1]《列宁全集》第14卷,第238页。

性先于理性,观察先于理论。因为一个闭目塞听与外部世界完全绝缘的人,是不可能有所认识,因而也就不会有任何理论的。

2. 观察虽然有一定的目的性和选择性,但不能因而就否定观察的对象的客观性。科学观察的选择是对客观事实的选择,而不是对客观事实的无中生有的捏造或任意歪曲。捏造和歪曲绝不是科学的观察,而只是主观唯心主义者的胡思乱想。

观察先于理论的唯物主义观点已为现代心理学的科学实验所证明。瑞士心理学家皮亚杰的实验表明,婴儿在出生十八个月内处于"感知—运动"时期。在这个时期里,婴儿不能区分主体和客体,而处在一种无意识的状态中,那时根本谈不上有任何观点或理论。至于波普把生物适应环境的本能说成是科学理论的前身,那是荒唐的。他把高度抽象的能动的科学思维与生物的无意识的刺激—反应的本能混同在一起了。

马克思主义认识论告诉我们,认识世界与改造世界是辩证统一的,观察与实践是辩证统一的。人们总是在改造世界的过程中观察、认识世界。而在有意识地控制自然条件,改变自然的过程中,观察自然的科学活动就是实验。观察和实验是科学理论的来源和基础,这已为科学发展的历史所证实。众所周知,没有第谷和开普勒的数十年如一日的天文观测,就不可能有行星定律;没有达尔文从欧洲、南美、澳洲、亚洲等地区的生物和地质构造的大量观察,就不会有生物进化论。

波普认为,"科学开始于观察"的观点在"达尔文以前时期是有用的","现在已经过时了",这种看法也是错误的。诚然,现代科学的认识已深入物质结构更深层次,微观粒子的运动变化已不再能为人的感官所直觉感受。但是这不能成为否定观察和实验是理论的前提的根据。恰恰相反,它向观察和实验提出了更高的要求,没有以现代化仪器装备的科学实验和周密、精确的科学观测,是不可能有现代自然科学的。众所周知:没有能量为八百万电子伏特以上的回旋加速器,就不会有"中能物理学";没有更高能量的高能加速器,就不可能有"高能物理学";没有现代化的实验和对宇宙线的观察,就不会发现正电子、μ子、λ超子、ε超子等基本粒子;没有空间技术、宇宙航天技术、超高压、超高温、超低温、强磁场、超高真空、超强磁场强流辐射等现代科学技术的实验与观察,就没有各种各样的现代尖端性学科。现代科学理论的高度思辨性与现代化的实验和观测是辩证统一的。爱因斯坦相对论的创立绝不是波普所想象的那样,是一种毫无事实根据的狂想,而是严格地以前人的,如迈克尔逊—莫雷等人的实验与观察为依据的。我们知道,狭义相对论是以"匀速运动相对性"和"光速不变"这两个普遍的经验事实为依据的。广义相对论的等效原理则是以惯性质量等于引力质量这一实验事实为依据的。爱因斯坦说:"理论所以能够成立,其根据就在于它同大量的单个观察关联着,而理论的'真理性'也正在此。"① 这是对波普上述错误观点的有力驳斥。

三 理论是大胆的猜测

波普否认理论来源于观察,因而他反对唯物主义的反映论。他认为,科学知识并不是客观现实的反映,反映论是一种"错误的""常识认识论",它是"古老的教条"和过了时的"偶像"。它不适于现代的自然科学,特别是理论物理学的发展,它在"达尔文以前"虽流行一时,但是今天"已经失时了"。

波普有时形象地称常识的反映论为"心灵水桶论"。他认为这种理论把人的心灵看成是一个盛水的水桶。它原来是空的,后来外部世界的知识,即感性经验像流水一样通过眼耳鼻舌身等感官的反映而流入心灵水桶,从而逐渐积累了外部知识。②

波普认为常识知识论的反映论是"错误"的,它的"错误"有以下两点:

第一,它错误地追求"正确无误"的知识。常识认识论的反映论认为,感觉是"知识的元素",知识是"感觉元素的综合";而感觉则是外部世界的"映象"。因而以感觉为元素的知识必然是"正确无误"的知识。他反对这种看法,认为反映论是一种"原始、幼稚的观点"。感觉并不反映现实,"正确无误"的知识是没有的。他的理由是:

---

① 《爱因斯坦文集》,许良英、范岱年译,商务印书馆1976年版,第115页。
② Popper Karl, "Replies to My Critics", in Paul Arthur Schilpp, ed., *The Philosophy of Karl Popper*, Chicago: Open Court, 1974, p. 1017.

1. 感觉是外部世界作用于人的"信息",认识是一种"译码",是对外部世界所"输入的编码的解读"。① 它对人的认识只起"唤起"作用,而不起"教导"作用,因而不是"反映""映象",而是一种"探索或猜测"。

2. 一切观察或感觉都是在一定理论、观点、期望、兴趣、倾向指导下的活动,它不可避免地具有主观性。

他还认为:常识反映论的错误有导致反"实在论(承认客观实在的理论)的危险。因为如果认识或知识只来自感觉,而感觉是知识的唯一正确无误的元素,那么我们就没有理由相信除感觉之外,还有其他任何东西存在了。……这就必然导致贝克莱和休谟的立场"②。

第二,波普认为常识反映论的另一个错误,是把知识增长过程看作一个简单的量的积累过程,就像水桶积累来自外部世界的知识之水一样。波普坚决反对这种观点,认为人的认识不是反映,知识的进步也不是一个平稳的逐渐的积累过程。

那么什么是科学的知识或科学的理论,它又是怎样产生的呢?波普回答:理论是一种猜测,是对实在的大胆的猜测。它是一种假设,是为了对付实在的一种尝试性假设。他说:"我把人类知识看作由我们的理论、假设、猜测组成的;看作我们的理智活动的产物。"③ 又说:"理论不是别的,它仅是我们解决问题的各种尝试。"④ "这些大胆的猜测或尝试是用来帮助我们在无知中探索的工具"⑤ 等等。

为什么说理论是"猜测""假设""尝试"呢?他的论据主要有以下几点:

首先,科学知识是普遍陈述,它具有普遍性与无限性。人只能接触有限、具体的事物,而无法认识这种无限性,因此它们不可能是对实在的认

---

① Popper Karl and J. C. Eccles, *The Self and Its Brain: An Argument for Interactionism*, Londo Springer International, 1977, p. 48.

② Popper Karl, "Replies to My Critics", in Paul Arthur Schilpp, ed., *The Philosophy of Karl Popper*, Chicago: Open Court, 1974, p. 1018.

③ Popper Karl, *The Philosophy of Karl Popper*, Edited by Paul Arthur Schilpp, Chicago: Open Court, 1974, p. 67.

④ Popper Karl, *Conjectures and Refutations: The Growth of Scientific Knowledge*, London: Routledge, 1963, p. Ⅶ.

⑤ Ibid., p. 28.

识，而只能是理智的"猜测"。他写道："根据我的观点，所有的普遍性都是随意设想的。"① 因此"科学并非由确凿无疑、完美无缺的陈述所构成的一个体系，……我们的科学绝不是认识。我们绝不能认识，我们只能猜测"②。

其次，波普认为理论所以是"猜测"，因为它们都具有不确定性、暂时性，最终都必将被科学的发展所否定，被严格的检验所推翻，被后来的新的理论所代替。他说："由于科学的理论是尝试性、猜测性的假说，所以任何理论不管它曾经多么成功，也不管它曾经受过何等严格的检验，都是可以被推翻的。"③ 他以牛顿理论为例说："不可能有比牛顿理论更有惊人成功的理论了，然而爱因斯坦的工作表明，甚至牛顿的理论也不过是一种猜测。"他认为"爱因斯坦的理论也是一种猜测，有一天也要被推翻的。""因此即使是那些已经充分确认的科学理论也总归还是一种假说，一种猜测。""这可以教导哲学家们懂得，科学不是别的，而仅是包括实验在内的，被无情批判所控制的、大胆的、思辨的猜测的组成物。"④

在波普看来客观实在是没有普遍性、规律性的，但是人为了应付环境，为了在实在世界中行动，就必须做出这种普遍性的假设或猜测。这就是科学知识或理论的实质。他写道："大胆的设想，没有证明的预言和思辨的思维，是我们解释自然的唯一途径；这就是我们掌握自然的唯一方法和唯一工具。"⑤ 又说："我们总是不能觉察到这样一个事实：我们是用假设或理论而活动的，因此我们常常误把我们的理论模式当作真实的东西。"⑥

波普由于把科学理论看作一种为了应付环境而做出的大胆猜测，因而

---

① Popper Karl, *Conjectures and Refutations: The Growth of Scientific Knowledge*, London: Routledge, 1963, p. 118.

② Popper Karl, *The Logic of Scientific Discovery*, translation of *Logik der Forschung*, New York: Basic Books, 1959, p. 278.

③ 怀劳特：《爱因斯坦对我的科学观的影响——波普尔访问记》，《自然科学哲学问题》1980年第3期。

④ 怀劳特：《爱因斯坦对我的科学观的影响——波普尔访问记》，《自然科学哲学问题》1980年第3期。

⑤ Popper Karl, *Conjectures and Refutations: The Growth of Scientific Knowledge*, London: Routledge, 1963, p. 28.

⑥ Popper Karl, *The Poverty of Historicism 2nd edition*, London: Routledge, 1961, p. 136.

他有时也把科学活动比作一种"冒险"行动,把科学家说成是一种"科学游戏"中的"冒险家"。他说:"我们必须用冒险取得我们的收获,我们中那些不敢冒险而害怕思想受到驳斥的人是不可能参加这种科学游戏的。"①

波普反对反映论的观点是错误的。

应该指出历史上有两种反映论:形而上学的机械反映论与辩证唯物主义的能动反映论。波普上述批判反映论的某些论点,如用以批判机械反映论,那无疑是正确的。机械反映论否认意识的能动性,否认理性认识与感性认识的质的区别性,把理论归结为感性经验,把认识的发展看作反映外界事物的感性知识的量的积累,这无疑是错误的。但机械反映论的错误在于它的机械性,而不在于它的反映论。波普在反对它的机械性同时,进而否定它的反映论,这是完全错误的,因而他不可避免地陷进不可知论的泥潭。

波普反对反映论的论点可以归纳为二:1. 外界作用于感官所产生的感觉仅是"信息",而不是"映象";2. 观察必须以各人的理论、观点为指导,因而感觉有主观性。这两种论点都是错误的。

首先,外界作用于感官所产生的感觉是信息,是"映象",而不是符号。它们都生动地反映了客观事物,是客观事物的外部现象的"模写"。"不容争辩,模写不会和原型完全相同,但模写是一回事,符号、记号是另一回事。模写定要而且必然是以'被模写'的东西的客观实在性为前提的。'记号'、符号、象形文字是一些带有完全不必要的不可知论成分的概念。"② 至于错觉,它的产生也是有物质原因的,是完全可以科学地检定并予以纠正的。诚然,人的认识不能停留在感性阶段,还必须上升到抽象的理性阶段。但是抽象并不是主观对客观的任意歪曲,而是反映的深化,是客观事物的内在本质和规律的反映。列宁说:"自然规律的抽象、价值的抽象及其他等等,一句话,那一切科学的(正确的、郑重的、不是荒唐的)抽象都更深刻、更正确、更完全地反映着自然。"③ 因此把理论的抽象性与它对外部世界的反映性对立起来是错误的。

---

① Popper Karl, *The Logic of Scientific Discovery*, translation of Logik der Forschung, New York: Basic Books, 1959, p. 280.

② 《列宁全集》第14卷,第247页。

③ 《列宁全集》,第181页。

其次，正如前面所分析，观察虽必须以一定的理论或观点为指导而具有某种目的性和选择性，但这只表明观察的反映的选择性，并不能因而抹杀观察内容的客观性。

应该指出，由于认识是对客观事物的能动的反映，它总有一定的近似性和简化性。正如列宁所教导："物理学家的理论原来是我们之外和不依赖于我们存在的物体、液体、气体的反映，这个反映当然是近似的，可是把这种近似或简化叫作'随意的'那是不正确的。"①

波普由于否认反映论而陷入了不可知论（或具有不可知论的色彩）。不可知论是现代西方哲学的时代病，对现代科学迅速发展的歪曲理解则是这个时代病的根源。恩格斯说："对缺乏逻辑和辩证法修养的自然科学家来说，互相排挤的假说之多和替换之快，很容易引起这样一个观念：我们不可能认识事物的本质。"②

波普把理论说成是临时性假设的观点，明显地暴露了他的哲学的不可知论色彩。

假说在科学发展中所起的重要作用是无可怀疑的。这是因为科学的任务，在于透过事物的纷繁复杂的外部现象，深入内部，以把握它的本质和规律。这是一个十分艰难复杂的过程，往往需要采用假说的方法。这种方法是：根据当前已经掌握的有限事实，做出某种假定；然后根据继续发现的事实，进而修改或完善这个假定；最后在实践中检验它。假如假说得到证实，就转化为科学的理论；反之，它就被抛弃或修改。科学史上许多重大理论的建立，都采用了假设的方法。例如物质的原子理论，原来只是一种科学的假说，直至19世纪后半期，才被许多科学的新发现所证实，从而转化为科学理论。又如门捷列夫的元素周期律，原来也只是假说，是被一系列新元素的发现所证实后，它才成为科学的理论。

由于现代科学的研究深入到物质结构的新层次，假说的作用就显得更重要，现代物理学的许多新发现，如中子的发现、中微子的发现、宇宙不守恒的发现等等，无不是采用了假说的方法。恩格斯说："只要自然科学在思维着，它的发展形式就是假说。一个新的事实被观察到了，它使得过

---

① 《列宁全集》，第55页。
② 《马克思恩格斯全集》第20卷，第584页。

去用来说明和它同类的事实的方式不中用了。从这一瞬间起，就需要新的说明方式了——它最初仅仅以有限数量的事实和观察为基础。进一步的观察材料会使这些假说纯化，取消一些，修正一些，直到最后纯粹地构成定律。如果要等待构成定律的材料纯粹化起来，那么这就是在此以前要把运用思维的研究停下来，而定律也就永远不会出现。"[1]

但是假说不等于理论，二者是有原则区别的。波普把假说与理论混为一谈是错误的。他在这方面的错误主要有以下几点：

首先，他对科学假说的理解是错误的。科学假说不同于毫无事实根据的主观臆测，它是严格地以实验材料和经验事实为依据的。波普由于坚持理论先于观察的错误观点，就把假说归结为不依事实为根据的主观臆想的东西。他常以爱因斯坦的相对论论证他的这个观点，这也是徒劳的。爱因斯坦早年提出相对论的假说，并不像他所理解的那样是任意猜想，而是严格地以迈克尔逊—莫雷实验以及其他大量的观察和实验为依据的。科学的发现需要丰富的想象力，但它必须以事实为依据，正如鸟儿在天空中飞翔，它的双翅必须以空气为依托一样。没有观察和实验，绝不可能有科学的假说。

其次，波普关于理论是临时性假设的两个论据都是错误的。1. 理论是普遍性陈述，但这种普遍性是可以从个别事物的分析中得到的。因为一般与个别是辩证统一的。2. 旧理论经常被新的理论所代替，这是科学发展的规律性现象。在科学技术飞速发展的今天，这种现象尤为明显。但是绝不能因而把理论等同于假说，因为假说是有待检验的假设，而理论是已经证实了的假说。诚然，由于客观事物内部联系的复杂性及其结构的多层次性，科学理论反映客观事物的本质和规律不是一次性的，而是不断深化的，这就是旧理论不断取代新理论的客观原因。旧理论被新理论所取代，有许多并不是后者否弃了前者，而是丰富发展了前者。爱因斯坦相对论并不否弃牛顿理论，而是发展了牛顿理论。相对论和牛顿力学都不是临时性假设，而是反映客观世界的科学理论。不过前者比后者反映得更全面、更深入而已。

把科学理论等同于临时性假设的观点并不是波普的首创，而是实证主

---

[1] 《马克思恩格斯选集》第3卷，第561页。

义各流派，如马赫主义、逻辑实证主义所共有的。这都是他们的不可知论的必然后果。波普把科学荒唐地等同于"游戏"，把科学家比喻为"冒险家"，这不禁令人想起逻辑实证主义者赖欣巴哈的类似言论。赖欣巴哈把科学活动等同于"赌博"，把科学家比喻为"赌棍"，① 真是"何以相似乃尔"。无怪对波普哲学是否属逻辑实证主义这个问题，连维也纳小组成员们也争论不休了。

四 科学开始于问题

波普否认科学开始于观察，并认为理论先于观察。那么科学开始于理论吗？不，他认为科学不是开始于理论，而是开始于问题。"科学开始于问题"是波普哲学的重要命题之一。

波普认为，单纯从时间上或历史上考察，应该是理论先于问题，因为他认为理论在本质上是一种"先天的预期"，它是与生俱来的。但是他又认为，如果从科学的发展来考察，则不能说科学开始于理论，而是开始于问题。他写道："我们的预期即理论，在历史上总是先于问题。然而科学仅是从问题开始的。"② 他的这种观点的论据主要有以下两点：

第一，问题促使理论的产生。波普认为理论的任务在于试图解决问题。他认为：说理论是一种尝试，是由于它是解决问题的尝试；说它是一种假设，是因为它是试图解决问题的假设；说它是一种猜测，则在于它是对问题的猜测。他写道："一种科学理论是一种对问题的解释，是一种解决科学问题的尝试。这就是说一个问题它直接关系到一种解释（理论）的产生。"又说："一个科学的问题，产生一种解释（理论）的需要，这看来是一个规则。"③ 因此他认为，如果没有问题，也就不会有对问题的解释即理论。从这个意义上说，科学的开始不能说是理论，而应该说是问题。

第二，问题促进科学的发展。波普认为问题是促进科学发展的力量。

---

① Reichenbach H., *The Rise of Scientific Philosophy*, Berkeley: University of California Press, 1954, p. 249.

② Popper Karl, *Conjectures and Refutations: The Growth of Scientific Knowledge*, London: Routledge, 1963, p. 20.

③ Popper Karl, *The Poverty of Historicism 2nd edition*, London: Routledge, 1961, p. 122.

因为问题促使人们不能停留于理论的现状,促使人们进一步思索,从而发展理论,发展科学。他写道:"只有通过问题我们才能自觉地掌握理论。正是问题迫使我们学习以发展我们的知识,并进行观察和实验活动。"① 又说:"理论对科学知识增长所能做出的最永恒的贡献就在于提出新问题。问题导致我们科学知识的发展。科学开始并终结于问题。问题不断增进科学的深度及其丰富性。"因此他的结论是:"问题始终是第一性的。"②

波普从"科学开始于问题"的观点出发,认为科学史不仅是一部理论发展史,而且也是一部问题的进步史。他说:"我真正想要提出的是:应该把科学的发展看成是从问题到问题而不断进步的。随着这种进步,问题的深度也不断增加。"③

有人反对波普的这些观点,认为不能说科学开始于问题,因为观察先于问题。没有观察也就不会有问题。波普反驳说:观察总是有目的的观察,总是为了解决问题而观察,实验也是这样。因此不是观察和实验在问题之先,恰恰相反,而是问题在观察和实验之先。他说:"观察和实验是帮助我们解答问题的。""在我们期望观察和实验帮助我们提供解答以前,应该先有一个问题。"④ "是问题促使我们自觉地实验和观察。"⑤ 这方面的例子是俯拾即是的,例如爱丁登 1919 年对日食的观察,是为了解决光线在引力场是否弯曲的问题;吴健雄的低温下极化钴 60 原子核的 β 衰变的实验,是为了解决宇称是否守恒的问题;等等。

波普承认有时在观察和实验中也会发现"不期而遇"的问题,但是他认为,这种观察和实验仍然是为了解决一定问题的观察和实验:"总是理论家把某些确定的问题交给实验家,实验家则通过他的实验以力求引出解决该问题的答案。"⑥ 因此仍然是问题在先,而不是观察和实验在先。

波普认为科学的问题有各种类型:"有的产生于一个理论的内部,有

---

① Popper Karl, *Conjectures and Refutations*: *The Growth of Scientific Knowledge*, London: Routledge, 1963, p. 222.

② Ibid..

③ Ibid..

④ Popper Karl, *The Poverty of Historicism 2nd edition*, London: Routledge, 1961, p. 98.

⑤ Popper Karl, *Conjectures and Refutations*: *The Growth of Scientific Knowledge*, London: Routledge, 1963, p. 222.

⑥ Ibid..

的产生于两种不同理论之间,有的产生于理论与观察之间的冲突,等等。"① 它们对于科学的发展同样都起促进作用,都是促进科学发展的力量。

波普有时还把"问题"与"矛盾"直接联系起来,把"问题"明确地说是"矛盾",从而肯定矛盾是科学和智力发展的"动力"。例如他在《猜测与反驳》中说:"矛盾在思想发展中是最重要的。它就像批判一样的重要。因为批判必然要指出矛盾,不论是被批判理论中的矛盾,或是这一理论与其他理论之间的矛盾,或是理论与确定事实之间的矛盾,或确切些说是理论与一定的事实陈述之间的矛盾。批判不是别的,而是指出矛盾。"② 又说:"没有矛盾,没有批判,就没有改变我们理论的理性的动力,也就不会有理智的发展。"③

但是波普并没有承认辩证法,相反,他对矛盾和辩证法的理解是错误的。关于这一点在后面第十六节中将有专题论述。

波普在科学理论开始于问题还是开始于观察的议论中,混淆了认识论中两个不同的问题:一是感性认识是理论认识的来源和基础问题,二是科学认识发展的动力问题。前一个是认识论的唯物主义问题;后一个是认识论中的辩证法问题。否定前一个问题必定陷入唯心主义;否定后一个问题就会陷入机械论或形而上学。波普否定前一个问题是错误的,但肯定后一个问题是正确的,问题是科学或认识发展的动力。在科学的进展中会出现各种各样不同性质的问题或矛盾,但是最根本的矛盾是认识与实践的矛盾。实践、认识;再实践、再认识,……是认识发展的无限进程。科学的实践向前发展了,它与原来的认识水平发生矛盾,产生出各种各样问题。问题推动人们进一步思索,促进科学的新发展。如 16 世纪航海实践和天文观测的发展,与当时的天文知识——托勒密日心说发生矛盾,产生了许许多多问题,这些问题促进了哥白尼地心说的建立;又如 19 世纪末科学技术的发展,与以太理论发生矛盾,产生出许多新问题,这些新问题促进了爱因斯坦相对论的建立等。应该指出:问题即矛盾是认识发展的动力的观点,在马克思主义认识论中早有论述。但是在当代西方哲学界中如此明确

---

① Popper Karl, *Conjectures and Refutations: The Growth of Scientific Knowledge*, London: Routledge, 1963, p. 222.

② Ibid..

③ Ibid..

肯定这个问题的,恐怕就是波普了。

近代的一些资产阶级哲学家,把科学的发展看作仅是观察和实验所提供的感性经验的积累,从而把一部科学发展史看成仅是材料的累积史,这是错误的。波普对这种观点的批判是正确的,但是他因而否定观察和实验是科学理论的基础则是错误的。

波普认为科学史是一部从问题到问题的进步史,这是正确的。自 19 世纪下半期以来,由于现代科学技术的迅速发展、新问题的出现,往往成为否定旧理论,建立新理论的标志,这明显地表明了认识论的辩证法。问题对科学发展的促进作用已表现得如此明显,以至许多卓越的科学家也都看到这种作用。爱因斯坦说:"提出一个问题比解决一个问题更重要,因为解决问题也许仅是一个数学上或实验上的技能而已;而提出新的问题、新的理论,从新的角度去看旧的问题,却需要有创造性的想象力,而且标志着科学的真正进步。"[①] 法国著名物理学家朗之万说:"理论预测和实验结果之间时常发生矛盾,这就往往要求对理论的阐述加以彻底的修正,甚至完全予以推翻。"[②]

波普的观点就是对科学家的这种看法的哲学总结。

五 理论的提出依赖于"灵感"

波普认为理论是一种猜测,是对问题的尝试性解释。那么理论是怎样提出来的,或者说这种尝试性解释是如何做出的呢?这里首先涉及理论的来源问题。波普在《知识与无知的来源》等文章中,对此做了比较详细的论述。

波普把历史上关于知识来源的见解分为"悲观主义"与"乐观主义"两大类。他认为前一类的代表是中世纪的经院哲学。经院哲学家们把知识的来源归之于神和少数宗教权威,从而悲观主义地否定个人有独立获得知识的可能性;后一类代表则是培根等经验主义者和笛卡尔等理性主义者。波普认为,经验主义与理性主义对于知识来源的看法虽不相同(前者认为

[①] A. 爱因斯坦、L. 英费尔德:《物理学的进化》,周肇威,上海科学技术出版社 1962 年版,第 59 页。

[②] 保罗·朗之万:《思想与行动》,上海三联书店 1957 年版,第 59 页。

知识来源于观察或经验；后者认为来源于理性），但是在反对悲观主义、坚信每个人有获得知识（真理）的能力这一乐观主义态度上却是相同的。波普认为，它们对于近代科学技术的发展都起过积极的促进作用："不论以培根为代表，还是以笛卡尔为代表的乐观主义的认识论，都教导人们寻求真理无须求助于权威，……鼓舞了近代科学技术的进步。"①

波普自称是反对悲观主义的。他说："我发现我是一个乐观主义者。"②因为他相信每一个人都有获得知识的能力。但是在知识来源问题上他既反对经验主义，又反对理性主义，认为它们的共同错误是把"知识的来源"与"知识的可靠性"这两个不同的问题混淆在一起了。经验主义者认为知识来源于经验，因而经验知识一定是绝对可靠的；理性主义者认为知识来源于理性，因而认为理性知识（即"自明真理"）一定是绝对可靠的。其实"来源"与"可靠"这是两个完全不相干的问题。

波普认为知识的来源是多方面的。它既来自经验，又来自理性，还来自历史传统，更来源于一种非理性的灵感。它们都是科学家对问题做出尝试性猜测，即建立理论时的依据，它们中间没有一个是"绝对权威"，它们所提供的知识也都不一定是绝对可靠的，它们都必须经受检验和批判。他说："知识有各种来源，但没有一个是权威性的。""不存在知识的最后来源。每一个来源，每一种启发都应该受欢迎；并且每一种来源，每一种启发都应接受批判性审查。"③

波普对传统知识的重要性做了论证。他认为科学家在做出新理论时，前人的传统知识往往是他的重要依据。因为一个科学家不能脱离历史，脱离传统，孤立地提出自己的新见解。"他们的知识不能从虚无开始。"④他们的进步只能建立在前人的基础上。他说："无论在量的方面与质的方面，我们知识的最重要来源是传统（除了先天知识）。许多事情我们是通过例证、被告知、读书，通过学习如何批判与接受批判，如何尊重真理而

---

① Popper Karl, *Conjectures and Refutations: The Growth of Scientific Knowledge*, London: Routledge, 1963, p. 5.
② Ibid., p. 6.
③ Ibid., pp. 27 – 28.
④ Ibid., p. 28.

得知的。"① 因此"没有传统知识无论如何是不行的"②。

但是波普认为,"这不是说传统主义是正确的",因而"就可以支持传统主义了"。③ 相反,传统主义的"因循守旧"是应该反对的。科学家对于前人的理论,应该坚持"批判的态度",应该严格检验,努力发现它的问题。因为只有批判前人的理论,努力寻找出新问题,才能创立新理论,推动科学的前进。他说:"传统知识应该向批判开放。"④"在寻求真理中我们最好的措施是以批判我们的最珍爱的信念开始。"⑤

波普认为知识虽然有多种来源,但是有一种来源特别重要,那就是"灵感"。他认为一个卓越的有创造才能的科学家,在创立一种理论时,不仅需要丰富的经验、高度的思辨能力和传统知识,而且更需要一种神秘的灵感。因为理论的最初提出就是依赖这种"莫名其妙"的灵感。他说:"我们应该承认我们的探索常常是灵感的。"⑥ 在波普看来灵感有以下几个特点:

第一,作为"智慧的激发"的"灵感"是"突如其来"的,"不可预测"的。他说:"我承认一场思想革命往往如同一次新的顿悟一样,它是闪电般倏息而至的。"⑦ 灵感对"假设的提出……是不可预测,无规律可循的"。

第二,灵感是非理性的,它的产生及其"闪电般"的过程是无法逻辑分析,或用理性做出解释的。他说:"灵感的激起和释放是不能逻辑说明的。""构思或发明一种理论的最初行为,对它是不能做出逻辑分析的。""每一个科学发现都包含着这种非理性的因素。"⑧

第三,由于灵感在理性和逻辑之外,因而它不是一个认识论问题,而

---

① Popper Karl, *The Logic of Scientific Discovery*, translation of *Logik der Forschung*, New York: Basic Books, 1959, p. 280.
② Popper Karl, *Conjectures and Refutations: The Growth of Scientific Knowledge*, London: Routledge, 1963, p. 28.
③ Ibid..
④ Ibid..
⑤ Ibid., p. 6.
⑥ Ibid., p. 39.
⑦ 波普:《常规科学及其文危险》,《自然科学哲学问题》1980 年第 3 期。
⑧ Popper Karl, *The Logic of Scientific Discovery*, translation of *Logik der Forschung*, New York: Basic Books, 1959, p. 31.

是心理学问题。他说:"我拒绝把它当作知识的逻辑过程,它关系到的是经验的心理学而不是知识的逻辑学。"①

波普认为,由于灵感具有以上几种特点,它是一种不可理解的"神秘的"因素,它"具有某种神的权威"。他并且把灵感与柏格森的"创造性直觉"等同起来,说:"灵感这种非理性因素就是柏格森的'创造性直觉'。"②从而在这个问题上他与柏格森的非理性主义站在一起。

波普认为灵感不仅是科学发现的必需,而且也是文学创作和艺术创作的必需。"不管一个音乐主题,还是一场戏剧冲突或一个科学理论的构思",都是这样。③

波普认为灵感在创造中的作用,是许多科学家、文学家和艺术家所深深体验到,而且深信不疑的。他引用爱因斯坦的言论:"高度普遍的定律寻求是没有逻辑途径的。""它只有通过一种建立在对经验客体的理解上的直觉才能达到的。"④

波普自称在知识来源问题上是一个多元论者,但是实际上他仅承认理论来源于灵感;而传统知识、理性和经验,在他看来都不过是灵感提出理论时的参考依据,和提出后的论证和检验罢了。显然这是一种非理性主义的和神秘主义的观点。

马克思主义的认识论认为,认识来源于实践,理性来源于感性。传统知识则是一种间接知识,它并不来源于亲身的实践,却来源于他人的实践。科学家在制定理论时,既应重视自己的感性经验和理性知识,也应重视间接知识,包括传统知识。但是就最后来源来说,应该是认识来源于实践,理性来源于感性,这是没有问题的。波普在论证中,把人类知识的来源问题与科学家建立理论的依据问题混淆在一起了。他的许多混乱就是从这个错误中产生的。

但是波普在这方面的最根本错误,是对灵感的非理性主义的歪曲。

应该承认,在科学的创作过程中,灵感是十分重要的。波普肯定灵感

---

① Popper Karl, *The Logic of Scientific Discovery*, translation of *Logik der Forschung*, New York: Basic Books, 1959, p. 31.

② Ibid..

③ Ibid..

④ Ibid., p. 32.

在创造过程中的重要性无疑是正确的。他的错误是把灵感神秘主义化或非理性主义化了。

科学的认识是一个艰苦的创造性的思维过程。"灵感"或"直觉",是创造性思维的一个重要环节。著名物理学家、波动力学创立者德·波罗伊说:"想象力使我们立即把物理世界的一部分作为显示其细节的直观图画而提出来。直觉则在与烦琐的三段论完全不同的顿悟中突然给我们点破。……想象力和直觉本质上都是智慧所固有的。"因此,灵感或直觉并不是神秘的非理性力量,它是理性的,是可以用逻辑分析和阐明的,如同分析和阐明认识过程的其他环节一样。不过不仅是用形式逻辑,而且还要用辩证逻辑。辩证逻辑告诉我们,事物的发展必然要经历量变到质变的过程,思维的发展也不例外。灵感和直觉就是认识的长期的量的积累所引起的质的飞跃,因此它是"智慧的火花"。由于它的明显的辩证性,因而仅用形式逻辑是无法分析和阐明的,这恰好说明了形式逻辑的局限性,和肯定辩证逻辑的必要性。

由于灵感或直觉是认识的飞跃,它的出现必须具备下列条件:1. 长期、大量的材料的积累;2. 高度兴奋和集中的苦思冥想。这是因为:首先,科学的发现本质上是事物内在的本质联系的发现,而这种本质联系是多方面的。不具备丰富的材料是不能发现它的。其次,本质联系被现象所掩盖着,不充分发挥思维的能动作用,不做集中精力的苦思冥想,就不能"去伪存真,去粗存精,由此及彼,由表及里"。而科学家的灵感必然是在这两个必备条件的结合下实现的。因此它不是什么"神秘的非理性过程",而是辩证的思维过程;它不能用形式逻辑分析和阐明,而可以用辩证逻辑分析和说明。

应该指出,人们在认识论的研究中对于灵感的研究还很不够,这就有利于柏格森的直觉主义、胡塞尔的现象学以及存在主义等等非理性主义流派在西方的流行,波普在这方面的错误,也是与这些流派的思想影响有关的。

六 理论不能证实,只能证伪

波普认为理论是来源于灵感的一种大胆的猜测,因而它并不可靠。那么怎样来检验这些猜测或假设的正确和错误呢？波普的回答是依靠经验，即依靠由观察和实验所提供的经验的检验。波普认为所谓理论的正确（即真理），就是理论与事实相符合（关于这个问题后面将有专节论述），因此要考察一个理论是否正确，就只能把它与观察和实验所提供的经验事实相比较，看它们是否一致。如果一致，就是真的，否则就是假的。因此他认为经验在科学认识中的作用，不是如一般人所认为的那样，是替理论提供材料的源泉作用，而是证明理论是否错误的检验作用。他说："观察不是提供知识，而是帮助我们批判地检验这些猜测。"①

波普认为理论不能证实，只能证伪，即观察和实验所提供的经验事实只能证明一个理论是假，却不能证明一个理论是真。他说："观察与实验检验的主要作用，在于说明我们的一些理论是假的，从而刺激我们去提出更好的理论。"②

为什么呢？这就涉及了他的"证伪"理论。

我们知道，逻辑实证主义的理论是建立在一个重要原则基础上的，这个原则就是"证实原则"。"证实原则"的基本内容可以分为两部分：一是知识只能用经验事实才能证实或证伪；二是凡不能为经验所证实或证伪的知识（陈述）都是没有意义的陈述，因而不是科学知识，而是形而上学（即玄学或纯思辨之学）。前一个问题是知识的确证问题；后一个问题是科学与形而上学的分界标准问题。后一个问题我们在后面有专节讨论，这里的讨论只涉及前一个问题。

波普与逻辑实证主义相反，认为科学知识或科学理论是不能用经验证实而只能用经验证伪的。他的理由是：一个个别的或单称的陈述是能够用经验证实或证伪的。如"这朵花是红的""那只天鹅是白的"，它们都能与经验事实相比较得以证实或证伪。但是科学理论则不然，因为它们不是单称陈述，而是普遍陈述。它们具有普遍（无限）的有效性。具体、有限的经验事实是无法证实这种普遍、无限的科学理论的。如前面已多次指出，不论有多少关于白天鹅的具体经验，都不能证实"凡天鹅皆白"这个普遍

---

① Popper Karl, *Conjectures and Refutations: The Growth of Scientific Knowledge*, London: Routledge, 1963, p. 28.

② Popper Karl, *Objective Knowledge: An Evolutionary Approach*, Oxford: Clarendon Press, 1975, pp. 257–265.

陈述。因为只要发现有一个例外，它就成为谬误，而单凭经验是无法保证不发生这种例外的。因此他写道："理论是永远不能以经验证实的"，"理论要得到经验的证实在逻辑上是不可能的。"① "我永不断言我们能够从单称陈述的真理去论证理论的真理，我永不断言通过结论的'被证实'，能够断定理论是'真的'或者甚至是'或然的'。"②

不言而喻，波普的这个见解是与他的反归纳主义立场相联系的。因为归纳的方法就是以个别证明一般的方法，否定了归纳法自然也就否定了普遍陈述可以证实。

波普认为理论虽不能为经验所证实，但能够为经验所证伪。为什么？他的回答是：作为科学理论的普遍陈述虽不能为大量经验事实所肯定，但却能被个别经验事实所否定。例如"凡天鹅皆白"这个普遍陈述，虽不能因曾看到过大量白天鹅的经验而加以肯定，但却能因曾看到过一二只黑天鹅这个经验而予以否定。波普在这里使用的是"证伪的演绎推理方法"。众所周知，"演绎推理"就是以普遍陈述为前提推论出单称陈述的逻辑方法。根据演绎推理："从一个普遍陈述的真理可以推论出单称陈述的真理。"③ 那就是说：如果前提（"凡天鹅皆白"）是真的，那么它的结论（"这只天鹅必白"或"那只天鹅必白"）也一定是真的。反之，如果结论是假的（如这只或那只天鹅并不是白的）那么它的绝不是前提（"凡天鹅皆白"）也一定是假的，即它被经验证伪了。上述演绎推理的后一部分，就是"证伪的演绎推理方法"，也就是"从结论的被证伪而导致该整个理论系统的被证伪的方法"。④ 波普又称这种方法为"演绎检验法"。⑤ 波普把这种演绎证伪方法的逻辑过程以公式表示如下：

$$[(t \to p) \cdot \sim p] \to \sim t$$

在这里"t"表示普遍陈述，"p"表示单称陈述，"～"表示否定。这

---

① Popper Karl, *The Logic of Scientific Discovery*, translation of *Logik der Forschung*, New York: Basic Books, 1959, p. 40.

② Ibid., p. 33.

③ Ibid.

④ Ibid., p. 76.

⑤ Ibid., p. 32.

个公式可以读出如下：如果从 p 可以得出 t，并且如果 p 是假的，那 t 必定是假的。换句话说：如果普遍陈述（"凡天鹅皆白"）为真，则单称陈述（"这只天鹅必白"或"那只天鹅必白"）必真；若单称陈述为假，则普遍陈述必假了。① 波普称这种理论不能证实、只能证伪的原则为"证伪原则"，或"经验证伪原则"。

波普认为他的证伪原则是建立在逻辑不对称之上的。如前所述，证实是归纳问题，证伪是演绎问题。由于否定归纳法，他认为即使数量极大的个别也不能证实一般；同时由于肯定演绎法，他认为只要有数量极小，甚至仅仅一个个别就能否定一般。如只要见到一只黑色或其他色彩的天鹅就能证伪"凡天鹅皆白"这个普遍陈述。波普企图通过这种"不对称性"以表明证实与证伪在科学研究中的重要性是不相等的。他认为一个证实仅只能证实一个经验事实，而一个证伪却有可能否定整个科学原理或科学定律。

为了进一步阐明科学理论的不能证实而只能证伪，波普还讨论了全称陈述（普遍陈述）和存在陈述（具体陈述）的分类问题。

波普把逻辑学的全称陈述分为严格的（或纯粹的）全称陈述与数字的全称陈述两大类。所谓严格的全称陈述，就是在数量上无限的全称陈述，如"一切物体都运动""所有原子都有质量"，等等。它们使用的都是普遍名词：如"物体""原子""质量"，等等。他说："凡仅使用普遍名称而没有出现个别名称的陈述就是'严格的'或'纯粹的'陈述。"② 严格的全称陈述无论在时间或空间方面都是无限（普遍）有效的。这种严格的普遍有效性，决定了它们是不能通过个别陈述的证实而证实的。他说："'严格的全称陈述'是一种'包罗陈述'（allstatement），就是一种关于无限数目的个体的普遍断定。"③ "因为不能搜寻遍整个世界以期建立现在不存在，过去不存在，将来也不存在的某些东西。正是这个理由，严格的普遍的陈述才是不可证实的。"④

---

① Popper Karl, *The Logic of Scientific Discovery*, translation of *Logik der Forschung*, New York: Basic Books, 1959, p. 75.
② Ibid., p. 68.
③ Ibid., p. 63.
④ Ibid., p. 70.

波普所称的数字的全称陈述是一种不严格的全称陈述，它是一种在数量上有限的全称陈述。"它等于一些单称陈述的集合"，因而在时间和空间上都不具有上类陈述的普遍有效性。例如"现在所有生活在地球上的人的高度都不超过八英尺"，这就是一个数字的全称陈述。从形式上看它也是一个全称陈述，使用了"所有的"这类的词，但是事实上它在时间和空间上都是有限的：时间只是指现在，空间只限于地球。波普认为这类全称陈述是可以证实的，那就是通过简单的枚举法，如通过全球范围的逐个调查，考察究竟有没有高度超过八英尺的人。如果所有人的高度确实都在八英尺以下，那么这个数字的全称陈述就被证实了。[①] 波普指出：由于科学理论必须具普遍的有效性，不受时、空限制，因而它们必须都是严格的全称陈述，而不是数字的全称陈述。他写道："自然科学的理论，特别是我们称为自然规律的东西，都具有严格的普遍陈述的形式。"[②] "当我讲到理论的或自然定律的普遍陈述时，所指的正是这种严格的普遍陈述。"[③] 因而他认为科学理论只能证伪，而不能证实。

波普也对逻辑上的存在陈述进行了分类。"存在陈述"，就是特定判断形式的陈述。如"这只天鹅是黑的""有些花是红的"等等。他认为存在陈述也同全称陈述一样可以分为两类：

"严格的（或纯粹的）存在陈述"与"数字的存在陈述"。波普所称"严格的存在陈述"就是对无限事物中的有限部分的陈述。如"有的原子会衰变""有的生物能飞翔"，等等。他所称的"数字的存在陈述"就是对有限事物的部分陈述。如"我家中有一个人病了""现在生活在地球上的人中还有文盲"，等等。

波普指出，一个严格的全称陈述总可以用一个严格的存在陈述的否定式考示。如"一切物体都运动"这个严格的全称陈述，可以改用"不存在某种不运动的物体"这个严格存在陈述的否定式表示；又如"凡人皆死"这个严格的全称陈述，可以改换为"不存在一个不死的人"这样一个严格的存在陈述的否定式来表示等等。他说："一个严格的普遍陈述的否定总

---

① Popper Karl, *The Logic of Scientific Discovery*, translation of *Logik der Forschung*, New York: Basic Books, 1959, pp. 62–66.

② Ibid., p. 69.

③ Ibid., p. 72.

是等于一个严格存在陈述。反之亦然。"① 波普指出：这个事实表明任何一个严格的全称陈述都是对某些事物的排斥或禁止。如"能量守恒定律"是对"永动机"的排斥和禁止；"物质不灭定律"是对"无中生有"的排斥和禁止等等。如果一个为科学理论所严格禁止的事物，居然在经验事实中出现，那么这个科学理论也就被驳倒（证伪）。因此他说："科学定律是一种禁令，如果破坏了这个禁令，那么它就被驳倒了。"② 又说："科学理论是一种禁令，就是说科学理论是可以证伪的。"反之，一个不可能被经验证伪的陈述，就不是科学理论。③

从上述观点出发，波普认为，"经验"科学绝不是某些人所认为的那样来源于经验，而是可以受经验的检验，有可能被经验所证伪的，因此理论的"科学性"就在于它的"可检验性"或"可证伪性"。"可检验性"或"可证伪性"是科学理论所必须具备的最根本的特性。

波普的证伪理论有它的合理的辩证法因素。马克思对于辩证法曾做过如下的阐述："辩证法在对现存事物的肯定理解中同时包含对现存事物的否定的理解，即对现存事物的必然灭亡的理解；辩证法对每一种既成的形式都是从不断的运动中，因而也是从它的暂时性方面去理解；辩证法不崇拜任何东西，按其本质来说，它是批判的和革命的。"④ 现代科学的飞速发展是通过新理论迅速否定旧理论而实现的。波普的证伪理论反映了现代科学的这种前进的特征。

但是波普的证伪理论是有错误的。它的根本性错误在于不承认实践是检验真理的唯一标准，而把经验看作这种标准。

历史上对检验真理的标准有各种不同的看法。经验主义者认为检验真理的标准是经验，即认为知识与经验符合就是真理，否则就是谬误。理性主义者认为检验真理的标准是理性，认为知识与理性符合（不证自明），就是真理，反之就是谬误。但是这两种观点都是错误的。因为首先经验（感觉）是不可靠的，它可能给人以假象或错觉；其次理性也是不可靠的，

---

① Popper Karl, *The Logic of Scientific Discovery*, translation of *Logik der Forschung*, New York: Basic Books, 1959, p. 62.
② Ibid., p. 68.
③ Ibid., p. 69.
④ 《马克思恩格斯选集》第 2 卷，第 218 页。

许多过去被认为是"颠扑不破"的"自明真理",如欧氏几何的许多公理,自非欧氏几何出现后都失去了"永恒真理"的桂冠。自19世纪下半期非欧氏几何流行,尤其是爱因斯坦的相对论出现以来,以理性直觉为真理标准的理性主义观点已经失势,而以经验为检验真理标准的经验主义却在科学哲学领域流行一时。坚持经验"证实"原则的逻辑实证主义就是这样的一种经验主义。波普是反逻辑实证主义的,他的经验"证伪"原则,与逻辑实证主义的经验"证实"原则是针锋相对的,但是在以"经验"为检验真理的标准这一个根本点上,两者却是共同的;因此在这一点上,它与逻辑实证主义一样都是经验主义的。

应该指出,波普所讲的"经验"常常包括观察、实验以至科学技术的应用,但是他与逻辑实证主义者、实用主义者们一样,是以经验主义的观点看待观察、实验和技术应用的,即把它们等同于经验。对于这一点波普是直言不讳的,因此他有时自称是"批判经验主义者。"[①]

为什么检验真理的标准只能是实践呢?列宁说:"实践不仅有普遍性品格,并且有直接现实性品格。"感性经验具有直接现实性品格,它与客观现实直接相联系;但它不具有普遍性品格,它不能把握事物的内在联系和普遍规律。理性思维具有普遍性品格,能把握事物的内在联系和普遍规律,但由于它的抽象性而失去同客观现实的直接联系。实践既高于感性经验又高于理性思维,它在改造客观世界的过程中把两者辩证结合起来了。它补偿并纠正了两者的不足和错误,并且兼备它们的优点。实践能在改造客观世界过程中化主观认识为客观现实,以检验它的真理性。实践能检验理论,当人们在实践中运用理论获得成功时理论就得到证实。恩格斯说:"一切哲学上的怪论的最令人信服的驳斥是实践,即实验和工业。既然我们自己能够制造出来某一自然过程,使它按照它的条件产生出来,并使它为我们的目的服务,从而证明我们对这一过程的理解是正确的,那么康德的不可捉摸的'自在之物'就完结了。"[②] 人们也能通过实践检验感性知觉。恩格斯说:"当我们按照我们所感知的事物特性来利用这些事物的

[①] Popper Karl, "Replies to My Critics", in Paul Arthur Schilpp, ed., *The Philosophy of Karl Popper*, Chicago: Open Court, 1974, p.971.

[②] 《马克思恩格斯选集》第4卷,第221页。

时候，我们能让我们的感性知觉的正确性受到确实可靠的检验，如果这些知觉是错误的，那我们关于这种事物可能有什么用途的判断必然也是错误的，而我们尝试就必然失败。可是，如果我们达到了我们的目的，如果我们发现事物符合我们关于它的观念，并且产生我们所预期的目的，那么这就肯定地证明，在这一范围内我们关于事物及其特性的知觉是同存在于我们之外的现实相符合的。"① 人们的错觉也是可以在实践中（如运用仪器）精确地验定并纠正的。反之，脱离了实践，不论是感性知觉或理性认识都必然成为无法检验的东西了。

经验，单凭脱离理性、脱离实践的经验，是无法证实理论的。这一点，波普是正确的。但是还应该指出：经验，脱离理性、脱离实践的经验，也同样是无法证伪理论的。因为按照波普的证伪逻辑，理论是通过经验对个别事件的证伪而证伪的。然而感觉经验是不可靠的，它可能会给人们以错觉，所以也不能作为证伪理论的可靠标准。这一点，波普知道得很清楚。他曾为此煞费苦心，以求自圆其说而不可得，以至终于走上约定主义的道路。

波普的第二个错误是否定理论的可以证实。如前所述，检验理论真伪的标准是实践，实践既能证伪理论也能证实理论。虽然理论具有时空方面的无限有效性，而实践是通过有限事物来证实科学理论，但因一般寓存于个别之中，无限寓存于有限之中，人们能够通过个别而证实一般，通过有限而证实无限，这就像通过个别能证伪一般，通过有限能证伪无限一样。

证实与证伪之间存在着波普所说的"逻辑不对称性"吗？科学理论能一次性被证伪但不能一次性被证实吗？不。科学理论并不是在任何场合下都可以被一次性证伪的。有时理论看来被证伪了，实际上并没有被证伪，例如行星摄动的发现，看来似乎证伪了牛顿理论，实际上它并没有被"一次性""证伪"。理论有时也可能一次性就证实的，例如原子弹的第一次爆炸就确定无疑地证实了爱因斯坦关于质量关系的理论（$E = mc^2$）。因此证实与证伪之间并不是"逻辑不对称"的。

其实，证实与证伪是辩证统一的。一个理论的被证伪，往往就是另一

---

① 《马克思恩格斯选集》第 3 卷，第 386—387 页。

个理论的被证实；反之亦然。例如托勒密地心说的被证伪，就是哥白尼日心说的被证实；宇称守恒定律的被证伪，就是弱相互作用下宇称不守恒的被证实。再举一个例子，生理学家艾克尔斯承认曾应用波普的证伪理论证伪了他原先的理论：神经元突触传递的电机制，但这同时也是一个证实，证实了神经元突触传递的化学机制。波普把证实与证伪绝对地对立起来，肯定一方，否定另一方的观点是片面的、形而上学的，因而是错误的。

波普的另一个重大错误是对演绎推理的看法。

波普反对归纳法是与逻辑实证主义对立的，但是在对演绎法的看法上又是与逻辑实证主义一致的。逻辑实证主义者们把演绎推理看成是同义词的转换，即重言式，认为演绎法与经验事实无关，因而不能给予人们以新知识。波普在这一点上深受他们的影响，重复他们的论调，其实这是错误的。演绎法与经验事实无关吗？不。它与归纳法一样是思维规律，而思维规律不是先验的，它是客观现实的反映。如演绎推理的最根本法则——同一律，就是客观事物的质的相对稳定性的反映。列宁说："逻辑不是关于思维的外在形式的学说，而是关于一切物质的、自然的和精神的事物的发展规律的学说，即关于世界的全部具体内容及对它的认识的发展规律的学说，即对世界的认识的历史的总计、总和、结论。"又说："人的实践经过千百万次的重复，它在人的意识中以逻辑的格固定下来。这些格正是（而且只是）由于千百万次的重复才有着先入之见的巩固性和公理的性质。"[①]

演绎法不能给人以新知识吗？假如像逻辑实证主义者和波普等人那样，把它从人的整个认识过程中，即从它与归纳法的结合以及与实践的结合中孤立出来考察，那么就无论如何也看不到它的这种作用了。它就变成一种单纯的"同义词转换"的游戏了。反之，如果科学地把它放在整个辩证的认识过程中考察，那么这种作用是十分明显的。认识的每一个成就都在证明着演绎推理的这种作用。

七　证伪理论与约定主义

从上面的论述可以看出，波普的证伪理论是以下面两个论点为依据

[①] 列宁：《哲学笔记》，第89—90、233页。

的。一、科学理论是严格的普遍陈述。严格的普遍陈述是不能用经验证实的;二、它能通过经验对单称陈述的证伪而证伪。波普直言不讳地承认,他的这两个基本论点都是建立在约定主义的基础上的。

一、波普认为,断言科学理论是严格的普遍陈述是没有科学根据的,它只是一个约定。为什么?因为严格的普遍陈述是一种在时空方面无限有效的陈述,而"无限"是一个无法用经验确认的问题,只是一种约定。他说:"在任何情况下都不能通过辩论解决科学定律是严格普遍的,还是数字普遍的问题。这是一个只能通过协商或约定方能解决的问题。正是依据这个方法论规则所持的观点,我才认为把自然规律当作综合的和严格的普遍陈述(包罗陈述)是既有用,又有效的。"①

二、波普认为,科学理论能通过经验对单称陈述的证伪而证伪,这也是一种约定。

波普把用以证伪科学理论的单称陈述称为"基本陈述"。他说:"我所称的'基本陈述'或'基本问题'是在理论证伪中能作为前提的陈述。"②"理论的检验就取决于这种基本陈述。"③

波普认为作为"基本陈述"的单称陈述,必须具备一些特征:1. 基本陈述必须是"观察或实验结果的表述",即必须是"断定一个可观察事件正在某个个别时空区间发生的陈述"④。因为只有这种"观察陈述"才能成为检验理论的根据;2. 基本陈述不应是个人的、不可重复的知识经验的陈述,而应是客观的、"主观间"(即集体的)可检验的,也就是说可以按规定方法经常重复的经验陈述。为什么呢?因为个人的经验是不可靠的,有可能欺骗人的。他说:"主观经验或感觉信念永远不能证明科学理论。因为主观经验总是个人的。……任何陈述能够用波普完全相信它的真理这样的事实来证明吗?回答是:'不能。'而任何其他的回答与科学的客观性思想不相容。"⑤ 那么"主观间"(即集体)的经验就一定可靠吗?多数人就

---

① Popper Karl, *The Logic of Scientific Discovery*, translation of *Logik der Forschung*, New York: Basic Books, 1959, p. 64.

② Ibid., p. 43.

③ Ibid., p. 108.

④ Ibid., p. 103.

⑤ Ibid., p. 46.

一定比少数人正确吗？真理能靠人数表决吗？再说，多数是一个相对的概念。什么数才算是多数呢？重复也是这样。是个人经验的重复还是多数人经验的重复？根据波普的见解：重复是由观察者的理论、观点、兴趣决定的。这个人认为重复，那个人可以认为是不重复的。那么究竟以谁的观点来确定重复与不重复呢？再说，经验总是个人的和主观的。"主观间"的经验是无法比较的（指脱离理性，脱离实践的孤立的经验）。人们如何来确定"主观间"的经验的一致呢？等等。这一连串问题对于缺乏实践观点的波普来说是无法解答的（逻辑实证主义也是一样）。于是他不得不求助于约定主义。他说："我们无须说基本陈述是'真的'或'假的'，因为我们接受它们仅是一种约定或决定。接受基本陈述仅是决定的结果。"[1] 又说："从逻辑观点看，理论的检验取决于基本陈述，而这些基本陈述的接受或拒绝，反过来又取决于我们的约定。因此正是约定规定了理论的命运。在这个意义上，我对于"我们怎么选择一个理论'的回答'类似于约定主义者的回答，并且像约定主义者一样，我说这种选择是部分取决于功效的考虑的约定。"[2]

波普哲学的这座宏伟大厦的支柱是证伪理论，而它的证伪理论是建立在约定主义的沙土上的。这使波普自己也感到可悲。他无可奈何地写道："因此客观科学的基础中并没有关于它的'绝对的'东西。科学并没有坚固的基础。科学理论的大胆结构好像是建立在沼泽上的。它像是一座竖立成堆的建筑物。这些堆子从上而下地建立在沼泽上，而不是建立在任何自然的'约定的'基础上；如果我们停止把建造的堆子置于更深底层的努力，那不是由于我们已经达到了坚固的基础，而只是暂时满足于它们能支撑这个结构。"[3]

从以上分析可以清楚地看出：波普的证伪理论的基础是经验主义与约定主义。他的"证伪"原则与逻辑实证主义的"证实"原则，表面看来似乎针锋相对，但是稍加分析就可看出它们的基础是共同的，都是经验主义与约定主义的。

---

[1] Popper Karl, *The Logic of Scientific Discovery*, translation of *Logik der Forschung*, New York: Basic Books, 1959, p. 274.

[2] Ibid., p. 108.

[3] Ibid., p. 111.

八　科学与非科学的分界标准

波普的证伪理论是与他的"分界"理论密切联系的，波普所说的"分界"是指科学与非科学的分界。他说："我找到一个分界标准，使我们能够做到以经验科学为一方，以数学、逻辑、'形而上学'系统为另一方而区分开来。这个问题我称之为分界问题。"[1]

在西方哲学史中，自培根以来，就有许多哲学家探讨分界问题。较多探讨这个问题的是康德，因此波普称它为"康德问题"。波普的分界思想是实证主义分界思想的发展。实证主义的始祖、法国哲学家孔德曾"认真"地讨论过科学与"形而上学"的分界问题。康德认为只有经验知识才是"实证"（或"确实""确定"）的科学知识，其他都属形而上学。他据此把关于物质与意识关系等传统的哲学问题排斥于科学研究领域之外，而列入形而上学。后来逻辑实证主义的经验"证实"原则就是孔德的这个思想的发展。逻辑实证主义把分界问题与语言的意义问题联系起来，认为一个陈述只有能为经验证实或证伪的才有意义，而只有有意义的陈述才是科学的陈述。如"这朵花是红的""那棵草是绿的""窗外正在下雨"等等陈述，都是能为经验所证实或证伪的，因而它们是有意义的、科学的；反之，不能为经验所证实或证伪的陈述，就是没有意义的陈述，它们不属于科学而属于形而上学。形而上学由于都是一些无意义的、无法令人理解的"废话"，而应予以抛弃。他们认为，诸如经验之外是否有物质存在，以及物质与意识的关系如何等传统的哲学问题，就是一些无法用经验证实或证伪的形而上学问题，科学家应不予理睬。

波普不同意逻辑实证主义关于"证实"原则的分界标准，而另外提出一种看起来与它相反，实际上有一定联系的分界标准，那就是"证伪"原则的分界标准。

波普认为科学理论是不能用经验证实而只能用经验证伪的。因此作为科学与非科学（包括形而上学）的分界标准，不应该是逻辑实证主义所宣

---

[1] Popper Karl, *Conjectures and Refutations: The Growth of Scientific Knowledge*, London: Routledge, 1963, p. 255.

扬的"证实"原则，而应该是他所倡导的"证伪"原则。这就是说科学与非科学的分界线不在于它们能否为经验所证实，而在于它们能否为经验所证伪。他写道："我建议以理论的可反驳性或可证伪性为分界标准。""按此观点我认为一个体系是否科学，就在于它所做出的断言能否与观察相冲突。"① 又说，"总而言之，衡量一种理论的科学性就在于它们的可证伪性或可反驳性或可检验性"②。"一个陈述只要它是可检验的，或可证伪的，就是科学的，反之，不可检验的就属于非科学、形而上学。"③

波普指出，他所说的"可证伪"是指在逻辑或事实上有可能被经验证伪，而不是说在逻辑上或事实上已经被经验证伪。一个理论只要在逻辑上或事实上有可能被证伪，它就是科学的，反之就是非科学的。至于它是否已经被经验所证伪，这从分界观点看来是无关紧要的。从这个观点出发，他把科学史上已被证伪的许多学说，如托勒密的地心说、燃素说、热素说等等，和哥白尼的日心说、氧化说、分子理论一起都列于科学之中。

根据上述观点，波普认为有下列几类陈述是不可能被经验证伪，因而是非科学的。

1. 列举逻辑上全部可能性的陈述。如"这里明天将下雨或不下雨""火星上可能有生命或没有生命"等等。由于在逻辑上列举了全部可能发生的情况，它们是永真的，不可能被证伪的。

2. 重言式陈述。如"单身汉是没有结婚的男人""生物是有生命的物体"等等。它们都是同义词的反复，如"单身汉"是"没有结婚的男人"的同义词，"生物"是"有生命物体"的同义词。说"单身汉是没有结婚的男人"，无异于说"没有结婚的男人是没有结婚的男人"；说"生物是有生命的物体"；无异于说"有生命的物体是有生命的物体"。它们仅做了同义词的更换，并没有告知人们以任何新的经验内容，即没有给人们提供任何经验事实，因而它们在逻辑上是永真的，是不可能被经验证伪的。

3. 数学。波普认为数学演算，如上述逻辑一样，也仅是重言式或同义词的转换。例如"2 + 2 = 4"是"4"与"2 + 2"这两个同义词的转换，

---

① Popper Karl, *Conjectures and Refutations: The Growth of Scientific Knowledge*, London: Routledge, 1963, p. 256.

② Ibid., p. 37.

③ Ibid., p. 25.

它无异于说"4 = 4";"3 × 6 = 18"是"18"与"3 × 6"这两个同义词的转换,它无异于说"18 = 18"等等。因此他认为,数学真理如同逻辑一样不属于经验的真理,而是永真的逻辑真理,它是不可能被经验证伪的,因而是非科学的。

4. 形而上学。波普认为上面所列举的都是逻辑永真,因而不可能被经验证伪的非科学陈述。但形而上学不属于此。它们既不是逻辑永真,又不能被经验证伪。这是因为,它们的内容既不是逻辑的又不是经验的。与逻辑实证主义者一样,波普认为传统哲学问题,如关于物质与意识关系等问题的陈述就属于这类陈述。

5. 伪科学。波普认为与形而上学相类似而不属于科学的是伪科学。他认为伪科学貌似科学而实非科学。这是因为它们看来是在论述经验事实,而实际上都是一些无法用经验证伪的模棱两可的陈述。波普认为最典型的伪科学是占星术。占星术把经验事实说得如此含混不清,以致使它可以与任何情况相符从而逃避证伪。①

波普认为另一类伪科学的例子是弗洛伊德的性心理分析心理学和阿德勒的个体心理学。它们的理论与占星术一样不可捉摸,无法证伪。此外,如前所述,他还把当前的马克思主义学说污蔑为"不容反驳"的伪科学。

6. 宗教、神话等。波普把它们也列入非科学。

波普认为上述科学与非科学,特别是与形而上学的分界"并不是绝对的",而是相对的、可变的。随着科学技术和认识能力的发展,"许多原来不能被经验证伪的形而上学问题可以转化为能够被经验证伪的科学问题"②。例如古希腊罗马时期德谟克利特的原子说、恩培多克勒的进化说、毕达哥拉斯和亚里斯塔克的地动说等等,原来都是不能被经验证伪的形而上学,后来全转化为科学理论了。其他如"火星上有否生命""月背地球一面是否有山峰"等等,都是由过去的形而上学问题转化为现代的科学知识问题的好例子。为了生动地说明这种见解,波普把形而上学比

---

① Popper Karl, *Conjectures and Refutations*: *The Growth of Scientific Knowledge*, London: Routledge, 1963, p. 370.

② Popper Karl, *The Poverty of Historicism* 2nd edition, London: Routledge, 1961, p. 27; Popper Karl, *Conjectures and Refutations*: *The Growth of Scientific Knowledge*, London: Routledge, 1963, p. 257.

喻为浮悬于一个容器上部的尘埃,把科学比喻为容器底部的沉淀物。形而上学的尘埃不断向下沉淀而转化为经验科学,从而使经验科学的厚度不断增加。①

波普根据他的分界标准批判了逻辑实证主义的"证实"原则的分界标准。他除了指出科学理论不能为经验证实,只能被经验证伪,因而它的分界标准不适用于科学实际外,并指出它有以下几个缺点。

1. 它混淆了科学与伪科学的分界线。波普指出:逻辑实证主义的分界标准"既欠窄,又欠宽"所以说它"过窄",是依据这个标准,许多科学理论都将被排除于科学领域之外,如相对论、量子力学等等。由于这类理论的高度抽象性,它们都不能简单地还原为经验陈述,因而都将被列入"非科学";所以说它"过宽",是依据这个标准,许多伪科学以至占星术都可以列入科学,因为它们都是关于经验的陈述,而且总是可以被经验"证实"的。②

2. 它混淆了"分界"问题与"意义"问题。逻辑实证主义者认为,只有经验陈述才是有意义的科学陈述,一切形而上学的陈述都没有意义,必须全加排斥。这就把"分界"与"意义"这两个完全不同的问题混淆在一起了。波普认为,科学理论果然有意义,形而上学也未必全无意义。相反,有许多形而上学对于科学研究是很有意义的。因此他说:"把形而上学简单地说成是没有意义的废话是浅薄的。"③

那么形而上学对于科学研究有哪些意义呢?波普列举了以下几点:

1. 它对科学研究的方法论有指导意义。波普认为,科学理论是大胆猜测,这种猜测是建立在形而上学的信仰上的。没有形而上学的信仰,就没有猜测,也就没有科学理论。他说:"我认为如果没有纯思辨的有时甚至是十分朦胧的形而上学的信仰,科学发现是不可能的。"④

---

① Popper Karl, *The Logic of Scientific Discovery*, translation of *Logik der Forschung*, New York: Basic Books, 1959, p. 278.

② Popper Karl, *Conjectures and Refutations: The Growth of Scientific Knowledge*, London: Routledge, 1963, p. 40.

③ Popper Karl, *The Logic of Scientific Discovery*, translation of *Logik der Forschung*, New York: Basic Books, 1959, p. 36.

④ Ibid., p. 38.

2. 它对科学的研究有启发意义。波普认为科学理论是猜测,形而上学也是猜测,不同的是前一种猜测能够证伪,后一种猜测不能证伪而已。因此作为猜测的形而上学有时对于作为猜测的科学理论有启发作用。例如古代的原子说、地动说、进化说等的"形而上学"猜测,对后世的科学理论都起过重要的启发作用。他写道:"语言分析哲学家们确实错了。事实上纯粹形而上学的观念对于宇宙来说是最重要不过的了。从泰勒斯到爱因斯坦,从古代原子说到笛卡尔关于物质的思辨,从吉尔伯特、牛顿、莱布尼兹和波士科威克关于力的思辨到法拉第和爱因斯坦关于力场的思辨,这充分显示了形而上学的重要性。"[1]

2. 它对科学理论起先驱作用。形而上学与科学理论的区分并不是绝对的,它们是可以转化的。历史上许多形而上学的见解是近代和现代科学理论的前驱。从这个意义上说:"我们都是形而上学者,并且科学都历史地来源于形而上学。"[2]

波普还指出许多神话也是科学的先驱。因为科学理论渊源于原始人的期望,而神话就是这种期望。

最后波普认为:分界标准本身就是一个形而上学问题,而不是科学问题。因为它是不能以经验证伪的。他认为,作为一个形而上学问题,人们是可以自由选择答案的。不过大家应该共同约定采用他的分界标准,因为他的标准在实用价值上比逻辑实证主义的分界标准更好。他写道:"我们应该把分界标准看作一种协商性的或约定性的建议。对于以哪一种约定为恰当的见解是可以不同的。这个问题只有在具有某些共同目标的派别之间才有合理讨论的可能。""我坦率地承认,分析到最后,我是根据价值的判断和自己的偏爱提出我的建议的。"[3]

逻辑实证主义以经验的"证实"为科学与形而上学的分界标准,波普则以经验的"证伪"为分界标准。两者看来似乎完全对立,实际上如前所

---

[1] Popper Karl, *The Logic of Scientific Discovery*, translation of *Logik der Forschung*, New York: Basic Books, 1959, p. 19.
[2] Popper Karl, "Replies to My Critics", in Paul Arthur Schilpp, ed., *The Philosophy of Karl Popper*, Chicago: Open Court, 1974, p. 1067.
[3] Popper Karl, *The Logic of Scientific Discovery*, translation of *Logik der Forschung*, New York: Basic Books, 1959, pp. 37–38.

述，它们的基础是共同的：都是经验主义与约定主义。波普正确地清除了逻辑实证主义在分界问题上的一些混乱，但却又带来了新的混乱。

1. 他把正确的科学理论（如哥白尼的日心说、波义耳的氧化说以及分子运动理论）与虚假的理论（如托勒密的地心说、燃素说和热素说）无区别地混淆在一起；

2. 他把数学、逻辑学（包括数理逻辑）等如此重要的基础科学理论轻率地驱逐出科学领域，而与宗教、神学、占星术等无区别地杂居于非科学之中；

3. 他把反映客观世界最一般规律的哲学——辩证唯物主义与各种各样的唯心主义、形而上学无区别地并入"不能证伪"的"无科学性"的"形而上学"之列；

4. 他把一切科学方法论（包括他的分界标准）无区别地说成是"形而上学"的"主观的约定"，从而把整个科学理论歪曲成为一种毫无客观根据的约定主义的"游戏"。

波普的分界标准的失败是他的经验主义理论的、不可避免的失败。

九 形而上学的实在论

"实在论"是一个含混不清的概念。在西方哲学史上有两种完全相反的"实在论"。一种是中世纪的实在论，它是唯名论的对立面。唯名论认为抽象概念仅是一个名称；中世纪实在论认为概念是客观独立存在的，因此自称为"实在论"。另一种是承认物质世界客观实在的"实在论"。前一种"实在论"是唯心主义的，后一种"实在论"是唯物主义的。波普自称是唯物主义的"实在论"者。[①] 他认为一般人都是"常识的实在论"者，都不怀疑感觉之外客观世界的存在。他同意这种观点。他说："常识的实在论认为存在着一个真实的世界，其中有实在的人、动物、植物、车辆和星辰等等。我认为这种观点是正确的，并且是非常重要的，我相信对它所提出的批判都是不正

---

① Popper Karl, "Intellectual Autobiography", in Paul Arthur Schilpp, ed., *The Philosophy of Karl Popper*, Chicago: Open Court, 1974, p. 13.

确的。"① 因此他自称是"一个实在论的信徒"②。

那么，他承认物质世界存在的观点是一种科学的观点吗？不，他认为这是"形而上学"的。因为在他看来，关于外部世界存在的问题，是一个经验之外，不能为经验所确认的问题。因此他称自己的实在论为"形而上学的实在论"。他说："我始终是一个形而上学的实在论者"。他要求人们不要"过分认真"地去讨论物质世界存在的问题。他说："在我的一生中我只相信哲学家所称的'外部世界'的存在，但是我也尊重相反的意见：认为没有价值去认真地对待它。""我从来不认为我应该去讨论'物质'。"③

那么为什么有必要肯定"外部世界"的存在呢？波普认为：这不是由于有什么科学根据，而仅是因为这样做对现实的人生有好处。他认为肯定"外部世界"存在有以下几种好处：

第一，对人生观有重要意义。人生活在世界上，假如春花秋月、亲朋情侣都是自己的感觉，那还有什么意义呢？他说："对于我，唯心主义是荒谬的，因为它意味着我的精神创造这美好世界，但是我认为我不是世界的创造者。'情人眼里出西施'这句名言虽非蠢话，但也只不过意味着一个美的鉴赏而已。"④

第二，对伦理学有重要意义。假如把别人的痛苦与快乐、灾害和幸福看作仅是自己主观意识的表现，哪还有什么善恶可言呢？他说："当我们周围的一切、自然界正在遭到毁灭性灾难的时候，哲学家还喋喋不休地争论这个世界是否存在的问题，那是最大的哲学丑闻。"⑤

第三，对科学研究有重要意义。波普认为科学的任务在于探索真理。当科学家正在深入探索世界奥秘的时候，哲学家把科学研究的对象归结为主观感觉，这必然有损于科学家追求客观真理的积极性。他说："科

---

① Popper Karl, "Replies to My Critics", in Paul Arthur Schilpp, ed., *The Philosophy of Karl Popper*, Chicago: Open Court, 1974, p. 1016.

② Popper Karl, "Intellectual Autobiography", in Paul Arthur Schilpp, ed., *The Philosophy of Karl Popper*, Chicago: Open Court, 1974, p. 13.

③ Popper Karl, *The Philosophy of Karl Popper*, Edited by Paul Arthur Schilpp, Chicago: Open Court, 1974, p. 13.

④ Popper Karl, "Replies to My Critics", in Paul Arthur Schilpp, ed., *The Philosophy of Karl Popper*, Chicago: Open Court, 1974, pp. 966 - 967.

⑤ Ibid., p. 966.

学理论是实在的猜测,它们所描述的是这个实在世界。""我们的日常世界是实在的,这个真实世界的各个方面和层次也同样是实在的。"这就是说,物理、化学、生物等各个学科都是"描述和解释实在的"。否认这种实在性就否认了科学不断"逼近客观真理"的进步性,就会造成科学的停滞。而不承认"外部世界"的实证主义就"应该对理论物理学最近的停滞负责"。[①]

总之波普认为,承认外部世界的实在论虽没有任何科学根据(不能为经验所确认),但从有利于科学研究出发,应把它作为一种方法论上的约定而接受。因此他有时称这种具有约定主义色彩的实在论为"科学的实在论"。

逻辑实证主义否弃"实在论",波普肯定"实在论",这是两者的重大区别(波普自认是最根本的区别)[②]。在西方科学哲学界,把唯物主义斥为"形而上学"而横加拒绝的实证主义观点,长期占统治地位。波普一反这种观点,肯定"形而上学",肯定外部世界,这是他的一大进步,我们应充分肯定他的这个进步。但是把肯定物质世界存在的唯物主义观点视为不能为经验所检验,因而没有科学性的"形而上学",这又是他与逻辑实证主义共同的地方。波普认为:外部世界的存在并不是证据确凿的科学事实,而仅是一个有益于人生、有利于科学的"形而上学"的"约定",这是他的哲学中的经验主义因素和不可知论因素发展的必然结果。波普一方面坚决反对唯心主义,认为否定物质世界存在是"极大的荒唐",是"人类的耻辱";另一方面又认为人们无须认真地讨论、对待这个问题,这又表明了他对唯物主义的动摇。因此我们认为,波普是一个"羞羞答答的唯物主义者"。

波普是现代西方哲学界中,反对实证主义否弃"形而上学"的最早、最积极的哲学家之一。他在这方面是有历史功绩的。今天在西方,逻辑实证主义的瓦解和"形而上学"的复兴,是与波普的这种努力分不开的。

---

① Popper Karl, *Conjectures and Refutations*: *The Growth of Scientific Knowledge*, London: Routledge, 1963, p. 113.

② Popper Karl, "Replies to My Critics", in Paul Arthur Schilpp, ed., *The Philosophy of Karl Popper*, Chicago: Open Court, 1974, p. 974.

十 可证伪度

波普认为理论是任意创造的,是为了回答科学发展中不断提出的新的悬而未决的问题所进行的猜测。科学家为了解答这些问题,可以各自尽量地发挥想象力和创造力来进行各种大胆的尝试性解释,从而造成各种理论之间的激烈竞争。波普认为,这种竞争就像达尔文在生物进化论中所描述的物种之间的生存竞争一样。他认为生物的进化是通过物种的生存竞争、自然选择而实现的。科学进化也是这样,它是通过各种科学理论之间的生存竞争和自然选择而发展的。他说:"我们选择竞争中最优秀的理论,它通过自然选择证明最适于生存。这不仅是一种最严峻的考验,而且是一种最严格的检验。"[1]

那么怎样在生存竞争中分辨理论的优劣呢?也就是说鉴别理论优劣的标准是什么呢?波普认为,那就是理论的可检验程度或可证伪程度,即"可检验度"或"可证伪度"。

波普认为,一个理论的科学性的高与低,跟它所提供的信息多与少、精确与不精确有关。提供的信息越多越精确,或者既多又精确,它就优越,反之就低劣。提供的信息多与少,精确与不精确的问题,是与理论的可证伪度密切联系着的,或者说两者原本是一回事。他从下面几个方面说明这个观点:

首先,一个理论的普遍性程度高,它所提供的信息量大,它的可证伪程度就高,它就容易被证伪;反之就低,就不容易被证伪。试比较下列两个科学陈述:

所有天体的运行轨道是环状的　　　　　　　　　　(p)
所有行星的运行轨道是环状的　　　　　　　　　　(q)

显然陈述 p 比陈述 q 的普遍性程度高,因而它所提供的信息量大,它容易被证伪。因为 p 所指的是所有天体,而 q 所指的只是天体的一部分行星。只要一旦在天空中发现任何一个天体的运行轨道不是环状的,p 就被

---

[1] Popper Karl, *The Logic of Scientific Discovery*, translation of *Logik der Forschung*, New York: Basic Books, 1959, p.108; Popper Karl, *Objective Knowledge: An Evolutionary Approach*, Oxford: Clarendon Press, 1975, p.261.

证伪，而 q 则不然，除非发现一颗行星的轨道不是环状的。

其次，一个理论所提供的信息的内容比较精确，它的可证伪性程度就高，就容易被证伪，反之则低，则不容易被证伪。试比较下列两个陈述：

所有天体的运行轨道是环状的（p）

所有天体的运行轨道是椭圆的（r）

从以上两个陈述的比较中可以看出，陈述 r 比陈述 p 提供的信息要精确，因为"环状"是一种粗略、不精确的规定，而"椭圆"是一种比较精确的规定。如果一旦有人发现有一个天体运行的轨道不是椭圆，而是任何其他环状的，陈述 r 就立即被证伪，而陈述 p 则非如此。

试再加下面一个陈述：

所有行星的运行轨道是椭圆的 (s)

现在把上述四种陈述：q、p、r、s 的逻辑关系图示如下：

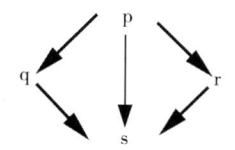

图中的"→"表示逻辑上的"可导出"关系。从此图中可以看出，由于上一陈述比下一陈述所提供的信息或是在数量上（p→q, r→s），或是在精确度上（p→r, q→s），或是无论在数量与精确度上（p→s）都要多或高，或既多又高，因而人们能从上一陈述逻辑地推论出下一陈述。

通过对这个图的分析表明：一个科学陈述所提供的信息的普遍性程度和精确性程度，是与它的可证伪度一致或等同的。一个理论所提供信息的普遍度、精确度高，它的可证伪度（即科学性程度）也就高，反之则低。他写道："可以看出，一个理论的普遍性与精确性的程度是随其可证伪度的增加而增加的。因此我们可以把理论的严格性程度与它的可证伪度等同起来。"[1]

通过对上图的分析还表明：一个科学陈述的经验内容与它的逻辑内容也是一致的。经验内容量大的陈述，它的逻辑内容量也大，可以从一个经验内容量大的科学陈述逻辑地推论出一个经验内容量小的（应该是它所包

---

[1] Popper Karl, *The Logic of Scientific Discovery*, translation of *Logik der Forschung*, New York: Basic Books, 1959, p.141.

含的）科学陈述。

波普还讨论了理论的可证伪度与它的逻辑概率的关系问题。所谓"逻辑概率"，就是理论在逻辑上被证明为真的可能性。他指出：一个理论的可证伪度与该理论的逻辑几率是成反比的。所谓可证伪度就是容易被证伪的程度。一个理论的可证伪度高，它在逻辑上证明为真的可能性就小，即它的逻辑概率必然低，反之亦然。

波普还讨论了科学陈述的普遍性与简单性的关系问题。他认为理论科学与应用科学的发展各有相反的趋向。应用科学发展的方向是日趋分化，而理论科学的发展方向是走向综合或统一。如伽利略统一了地上力学，开普勒统一了天上力学，牛顿理论统一了天上力学与地上力学，麦克斯韦则统一了电磁理论，爱因斯坦则统一了电磁理论与牛顿理论，等等。他称这种统一的方向为"类归纳"的方向，即它从个别—特殊——般。看来是归纳法的方向，实际上却并不使用归纳法。他认为：理论科学的"类归纳"方向表明，普遍性是它的发展趋向。而一个理论的内容愈普遍，它的表现形式也就愈简单。普遍性与简单性是一致的。但是他对科学陈述的简单性的理解与逻辑实证主义等的约定主义观点是不同的。现代的实证主义各流派对科学理论的这种简单性有三种不同的理论。1. 审美的理解。认为科学追求简单性是为了追求"美"。2. 实用的理解。认为科学追求简单性是单纯为了实用。3. 逻辑的理解。认为科学追求简单性是为逻辑上的"思维经济"。它们的说法虽有不同，但有根本性的共同点，那就是否认科学陈述的表述形式的简单性与科学陈述的经验内容的丰富性的关系。波普认为他则不然，他是把科学陈述的表述形式的简单性与它的经验内容的丰富性（也就是它的可证伪性）联系在一起考虑的。一个科学陈述的表述形式愈简单（即愈普遍），它的经验内容可以愈丰富，而它的可证伪度可以愈高。他写道："在科学上为什么要强烈地追求简单性呢？这无须用'思维经济原则'或其他类似的方式解释。简单的陈述所以比简单性较差的陈述受重视，是因为它告诉我们的东西更多，它的经验内容更丰富，它可以更容易地受到检验。"[1] 因此波普认为，对于科学陈述的简单性不能像逻辑实证主

---

[1] Popper Karl, *The Logic of Scientific Discovery*, translation of *Logik der Forschung*, New York: Basic Books, 1959, p. 142.

义那样做片面的理解。它在一种意义上说是简单的,在另一种意义上却是复杂的。他以薛定锷方程为例说:"'简单性'一词是应该在很不同的意义上使用的。譬如薛定锷的理论在方法论意义上是有很大的简单性的,但是在其他意义上也许应该说是'复杂的'。"①

波普还把科学陈述的简单性与规律性联系起来考虑。他认为科学陈述的简单性往往体现了规律性。这正是它在方法上是简单的,而在内容上是复杂的原因。他说:"可以清楚地看到:简单性概念实际上是在为对象提供规律一类的东西,它是事件的规律性程度的一种测量。"②

波普还讨论了理论的"可证伪度"与理论的"潜在证伪者"(potential falsifier)的关系问题。

"潜在证伪者"这个词是波普自撰的术语,他认为一个科学理论是可证伪的,这就是说潜在着可以证伪它的事物。这种事物他称之为"潜在证伪者"。

波普把科学陈述的潜在证伪者的量,跟重言式陈述、逻辑陈述和形而上学陈述的潜在证伪者的量做了比较。他指出:由于重言式陈述与形而上学陈述是不可证伪的陈述,它的潜在证伪者的量是0;逻辑矛盾(即逻辑上自相矛盾)的陈述是逻辑上必伪的陈述,它的潜在证伪者的量如果表示为1;那么科学陈述的潜在证伪者的量必然是在0与1之间。如果以"Fsb"表示"可证伪性";"t"表示"重言式陈述";"m"表示"形而上学陈述";"c"表示"矛盾陈述";"e"表示"科学陈述",则以上四种潜在证伪者的量的比较可以公式化如下③:

Fsb(t) = Fsb(m) = 0, Fsb(c) = 1
1 > Fsb(e) > 0

波普指出:一个理论的潜在证伪者的量是与它的可证伪度成正比的。一个理论的潜在证伪者的量愈大,它的可证伪度也就愈高;反之则低。但是波普认为,一个理论的潜在证伪者的量,只能在重言式陈述与矛盾陈述的潜在证伪者的量之间,即小于1而大于0,否则它就不可能是科学理论,

---

① Popper Karl, *The Logic of Scientific Discovery*, translation of *Logik der Forschung*, New York: Basic Books, 1959, p. 137.
② Ibid., p. 138.
③ Ibid., p. 116.

而必然是重言式陈述，或逻辑矛盾陈述，或形而上学陈述了。[1]

波普对于潜在证伪者的问题还做了其他一些探讨，鉴于对他的哲学理论关系不大，这里就从简了。

波普在上述可证伪度的议论中有两个观点应予注意：

1. 理论的内容愈丰富就愈容易被证伪，即它的可证伪度就愈高；2. 理论内容的普遍性愈高，它的形式就愈简单，内容就愈丰富。假如我们撇开他的观点中的约定主义与不可知论因素，并把他的"证伪"理解为实践的证伪，那么这两个观点是有一定的合理因素的。

波普认为一个理论愈具有普遍性，它的形式就愈简单而内容就愈丰富，这是正确的。这里体现了一般与个别、抽象与具体、简单与复杂的辩证法。由于一般寓于个别之中，人们运用抽象思维从个别中抛弃其个性，抽取其共性。从形式上看它似乎是一种简单化，好像一般比个别简单、贫乏了，实际上却完全相反，而是一般比个别丰富、全面了。列宁说："当思维从具体的东西上升到抽象的东西时，……更深刻、更正确、更完全地反映着自然。"波普的分析在一定程度上体现了这种思想。他对马赫主义、逻辑实证主义的"思维经济"原则的批判也是正确的，虽然他不能站在反映论的高度上批判它们。科学的思维应不应该追求思维的"经济"或"效率"呢？当然是要的。但是正如列宁指出："只有人的思维在正确地反映客观真理时才是'经济的'……"[2] 离开对客观现实的反映，离开对客观规律的把握去谈"思维经济"，就必然会把"思维"变成"游戏"。波普认为理论的内容愈丰富就愈容易被证伪，这在许多场合都是正确的，他所列举的许多例子也是对的。但是应该指出，这并不是一种普遍的情况。譬如爱因斯坦的相对论比牛顿理论内容无疑要丰富。但是容易被证伪的不是相对论而是牛顿理论，因为后者只是前者的极限或近似，当把牛顿理论应用于高速时，它就被证伪（证明其不精确），而相对论却仍然正确。

---

[1] Popper Karl, *The Logic of Scientific Discovery*, translation of *Logik der Forschung*, New York: Basic Books, 1959, pp. 121－123.

[2] 列宁:《唯物主义与经验批判主义》，第164页。

十一 理论进步的标志

波普认为鉴别理论的重要标准是它们的"可检验度"或"可证伪度"。一个理论的"可检验度"或"可证伪度"愈高，它就愈优秀。除此之外，他认为还有另一个重要标准，那就是经验（观察和实验）的检验。因为一个可证伪度高的理论（猜测），只有经受观察和实验的检验而得到确认时，它才会被人们所承认和接受。

波普指出：如果把上述两个标准进一步具体化，那么一个新的进步的理论必须具备以下三个条件或要求，他称此为"知识增长的三个要求"。

第一，它比旧理论有更高的统一性（普遍性）和简单性。它能把过去旧理论所不能联系起来的某些事物（如行星与苹果），或事实（如惯性质量与引力质量），或新的"理论实体"（如场和微观粒子）互相联系起来，构成一种新的统一。波普指出，进步的理论所以必须具备这个要求，是与他的"理论必须描述世界的结构"的观点有关的。他指出：这实际上也是理论的"可检验度"或"可证伪度"的问题。如前所述，一个理论的普遍性或简单性的程度愈高，它的可检验度或可证伪度也就愈高。[①]

第二，它"必须是独立地可检验的"。这就是说，"新理论除了能解释原定应解释的事实外，还必须有新的可检验性的推断，以导致迄今从未观察过的预言"，如广义相对论对光线在引力场中弯曲的预言和光谱线红移的预见，等等。波普认为，这个要求也是"不可缺少的"。因为否则新理论就失去了可检验性或可证伪性，也就是失去科学性了。[②]

第三，它必须经受观察和实验的严格检验。这一点是容易理解的，它的理由就不再赘述了。

波普认为，从以上分析中可以看出："对竞争理论的评价或估价是分两个部分进行的。一个部分在经验检验以前（先验的）；另一个部分则是在经受经验检验以后的（后验的）。"前一个部分是评价理论的"潜在进步

[①] Popper Karl, *Conjectures and Refutations: The Growth of Scientific Knowledge*, London: Routledge, 1963, p. 241.

[②] Ibid., pp. 241–242.

性"，后一个部分是评价理论的"实在进步性"。之所以称前一部分的进步性为"潜在的"，是因为"它只是通过形式上的逻辑分析而得知，而尚有待于实际检验的"[①]。他认为理论的潜在进步性是十分重要的，即使它还没有经受经验的检验，还没有得到人们的承认和接受，但是从科学发展的观点看来，它还是一种进步。因为它不仅提高了理论的可检验度，而且提出了新的检验方法，即使它遭到观察和实验的结果的反驳，也对科学的发展提出了新问题，有助于促进科学的进步。[②]

波普还指出，由于上述三个要求是任何进步理论的必备条件，因此每一个科学家在制定新理论时必须贯彻这三个要求，具体来说必须要注意以下几点：

1. 要检查新理论中"是否有逻辑矛盾，是否符合逻辑一贯性"。因为他认为理论是一种假设—演绎系统，演绎逻辑是科学研究的唯一逻辑方法，而演绎逻辑是不能容许有任何逻辑矛盾的，否则它就失去了科学性。

2. 要检查新理论是否有经验科学的特征，或"经验科学性"。他所说的"经验科学的特征"或"经验科学性"，指的是理论的"可检验性"或"可证伪性"。因为如前面所述，在他看来"可检验性"或"可证伪性"是科学理论必须具备的特性，没有这种特性，它就不是科学理论而是伪科学或形而上学了。

3. 要检查它"与其他理论相比较是否有进步性"。这就是说，它的可证伪度是否比其他理论高。

4. 要使它"在应用中经受经验的检验"。即通过观察和实验看它是否得到确认，即有没有被证伪。

波普认为，只有通过这几个方面的考察和检查而建立起来的理论，才是有竞争能力的进步的理论。

波普把理论的可证伪度作为鉴定理论的进步性的标志，看来是不可取的。即使把他的"经验"的检验改为"实践"的检验也是如此。这是因为：1. 证实与证伪是辩证统一的，在这个问题上没有必要特别强调一方，

[①] Popper Karl, *Conjectures and Refutations*: *The Growth of Scientific Knowledge*, London: Routledge, 1963, p. 242.

[②] Ibid..

贬低一方；2. 有的进步的理论比相对落后的理论的可证伪度不是高，反而低（如相对论与牛顿理论的比较）。不过波普把是否能经受观察和实验的严格检验作为理论进步的一个标志还是对的。虽然他对科学的观察与实验的理解是经验主义的，但在客观上还是肯定了实践对理论的检验作用。

十二　"确认"和"确认度"

波普认为一个理论只有经受观察和实验的检验而得到确认后，才能为人们所承认和接受。但是他说，"确认"不是"证实"，"确认"和"证实"在他的哲学中是两个必须严格区别的不同概念。他所说的理论的"证实"是指：1. 在内容上它被证明是真理；2. 在时间上它永远得到证明，以后不再被反驳或证伪。但他又认为这对科学理论来说是不可能的，因为科学理论是一种普遍陈述，而普遍陈述是无法通过观察和实验的检验而证实，只能通过观察和实验的检验而确认。他所谓"确认"，就是理论经受经验的检验而"暂时地没有被证伪"。他说："一个理论只要经受了检验，它就是被'确认了'。"① "可以把确认看成是一次认真的，但是不成功的证伪理论的尝试。"② 因此他认为理论的"确认"是：1. 在内容上它并不被证明是真理。他说："确认不是一个'真值'，不能把它跟'真'与'伪'的概念等同起来。" 2. 在时间上它是暂时地经受检验，今天已被确认的理论，明天却有可能被证伪，即使暂时不能被证伪，今后也总有一天要被证伪的。用他的话说："确认总是有时间性的"，"昨天对理论的确认与今天对理论的确认是不同的"，"对于每一个理论的确认应该加上注脚（注明确认日期）"。③ 又说："我完全同意没有什么理论的确定性，它们迟早总有一天要被反驳的。"④

---

① Popper Karl, *The Logic of Scientific Discovery*, translation of *Logik der Forschung*, New York：Basic Books, 1959, p. 266.

② Popper Karl, *Conjectures and Refutations：The Growth of Scientific Knowledge*, London：Routledge, 1963, p. 36.

③ Popper Karl, *The Logic of Scientific Discovery*, translation of *Logik der Forschung*, New York：Basic Books, 1959, p. 278.

④ Popper Karl, *Conjectures and Refutations：The Growth of Scientific Knowledge*, London：Routledge, 1963, p. 105.

为什么理论不能证实而只能确认呢？波普认为这是因为理论并不是反映客观现实的认识，而是对问题的大胆猜测。猜测"只能探索真理"，而不能获得真理。他说："我认为不能断言假设是'真'的陈述，因为它们是'暂时的猜测'或这一类的东西。"[①] 因此他认为理论得到经验的确认并不证明它是真理。那么证明它是什么呢？关于这个问题的回答，他是有变化的。在早期的著作《科学发现的逻辑》中，他的回答是："确认"只证明理论的一种"气质"（mettle）。究竟是什么气质？他论述得比较含糊。但从上下文的分析中可以看出，他指的是理论的一定"确实性"。他说："一个理论只要经受了这些检验，那么它就是确认了。"但这还不能把它看作"充分的"，因为"一个经受了检验的理论不能说它是已经证实的，而只是赋予了它某种确实的确认度"。[②] 至于这种"确实的确认度"与真理的关系怎样？他支吾其词，避而不谈。后来他的看法有所发展。在《猜测与反驳》一书中，他把原来的"确实性"明确化为"真实性"，从而肯定了经验对理论的确认，虽并不证明它是真理，但却证明它有"真实性"。至于"真实性"与"真理"有什么关系，这留待下一节专门阐述。

波普还讨论了理论的"确认度"的问题。"确认度"就是理论经受经验检验而被确认的程度。他认为一个理论的确认度的高低并不取决于确认事例的数量大小：人们见到过许多白天鹅，并不能因而断言"凡天鹅皆白"这个陈述已得到高度的确认。相反，一颗原子弹在广岛爆炸，却使爱因斯坦的质能关系理论得到高确认度的检验。因此理论经受检验的确认度并不与经受检验的次数有关，而是与该理论的可检验度（或可证伪度）和逻辑概率有关。理论的确认度与理论的可检验度（或可证伪度）成正比：一个理论的可检验度（或可证伪度）高，它的确认度也高，反之则低；理论的确认度与理论的逻辑概率成反比：一个理论的逻辑概率高，它的确认度就低，反之则高。例如牛顿定律的确认度就比开普勒定律的确认度更高，因为它比后者的可检验度（可证伪度）高，逻辑概率低。

波普拒绝使用"证实"概念，而另外使用"确认"概念是由于不懂得

[①] Popper Karl, *The Logic of Scientific Discovery*, translation of *Logik der Forschung*, New York: Basic Books, 1959, p. 265.

[②] Ibid., p. 266.

实践检验真理的相对性与绝对性的辩证关系。他认为理论能被观察或实验一次性地永远证伪,但不能被它们一次性永远证实。一个理论今天被观察或实验肯定了,明天又可能被它们否定而证伪。因此他认为理论是永远不能证实,而只能暂时地被"确认"的。

其实,实践是受一定历史条件的局限的。它对理论的检验是相对的。科学理论是一种反映客观现实多方面联系的知识体系。在一定历史条件下实践对理论,特别是对一个复杂理论的检验往往只能做出一定程度(如对牛顿力学)或一定方面(如对光的粒子性或波动性的某一方面)的证实。而当实践和认识进一步向前发展后,这种不完全性或局限性就会被新的认识所发现,从而过去已被证实的理论又会受到新的实践的反驳。这时理论就得到进一步修正,或被新的更完善的理论所取代,科学就进一步发展。

其实,实践不仅对证实理论具有相对性,实践对证伪理论也同样具有相对性。对于一个复杂的理论体系的证伪,往往并不像波普所认为的那样,是绝对的、一次性的。例如1802年杨氏的光的干涉实验证伪了牛顿的光子说,这就是一种相对的证伪,而不是绝对的证伪。因为它仅证伪了光子说的片面性(只承认光的粒子性),而不是对它的全面证伪。因而后来在新的实验(光电效应)中,光的粒子性又重新得到了肯定(即证实了光既具有粒子性,又具有波动性)。

总之,实践检验理论是相对性与绝对性的统一。实践能够检验理论,理论必须最终受实践检验,这是实践检验理论的绝对性。实践受一定历史条件的局限,不能无条件地检验理论,这又是它的相对性。实践对理论的检验,不论是证实还是证伪,都是相对性和绝对性的统一。列宁写道:"实践标准实质上决不能完全证实或驳倒人类的任何表象。这个标准也是这样的'不确定',以便不至于使人的知识变成'绝对',同时又是这样的确定,以便同唯心主义和不可知论的一切变种进行无情的斗争。"[①] 波普不能辩证地理解这种统一。他片面地肯定"证伪"的绝对性,否定其相对性;又片面地肯定"证实"的相对性,而否定它的绝对性。这就造成了他的理论上的混乱。

[①] 《列宁选集》第2卷,第142页。

十三　不能认识真理，只能探索真理

　　真理问题是波普的科学哲学中的一个重要问题，也是他论述得最含混不清的一个问题。

　　波普自认是一个"实在论"者，他同意"常识实在论"的观点，肯定山河大地等物质世界的客观存在。他承认科学知识是描述实在世界的。他说："我感兴趣于科学和哲学，仅仅是因为我想了解我生活于其中的世界的奥秘，和这个世界的人的知识的奥秘。"①

　　波普从来肯定追求真理对科学发展的重要意义。他在《科学发现的逻辑》一书中说：科学尽管它既不能达到真理，也不能达到概率，但寻求知识的努力和对真理的追求仍然是科学发现的最强大动力。后来他又说："科学的任务在于寻求真理。"② 但是在科学知识与真理的关系问题上，他的观点就含混不清。这首先在于他对真理的看法含混不清。

　　如前所述，波普的哲学是以批判逻辑实证主义为起点的。逻辑实证主义是严格区分逻辑真理（分析真理）与事实真理（综合真理）的。他们认为逻辑真理是永恒真理，但是是约定的、与经验事实无关的；综合真理是事实真理，但不是必然，而是或然的。波普肯定了逻辑真理的永恒性，却否定了事实真理的或然性。他认为由于科学理论是普遍陈述，它是不可能证实而只可能证伪，即不能证明为真，而必然要证明为假的。那么，科学理论有没有真理性内容呢？一个必然要被证明为假的理论中能有真理性吗？这在缺乏自觉的辩证法的波普思想中，特别是在他的早期思想中引起了混乱。他说："说一个陈述昨天完全是真的，今天就变成假的，这不是一般的用法，应该尽可能避免使用'真'与'假'的概念。"③ 后来他自己承认了早期的这种混乱。他在1963年出版的《猜测与反驳》一书中说："事实上在我知道塔尔斯基的真理理论以前，我认为讨论知识的进步标准，

---

　　① Popper Karl, *The Logic of Scientific Discovery*, translation of *Logik der Forschung*, New York: Basic Books, 1959, p. 23.

　　② Popper Karl, *Conjectures and Refutations: The Growth of Scientific Knowledge*, London: Routledge, 1963, p. 222.

　　③ Ibid., p. 274.

而不更深地涉及关于使用'真理'这样一个很能引起争论的问题是比较保险和更为经济的。"①

1935年波普与塔尔斯基在维也纳相遇,他们详细讨论了真理问题。②此后波普对真理的看法有所改变,他接受（并积极宣传）了塔尔斯基的真理定义。塔尔斯基的真理定义是"真理是与事实相符","'雪是白的'当且仅当雪是白的"。波普在后来的著作中多次重复了塔尔斯基的这个定义。他说："'真理'与'事实相符'是同义的。"③ 又说,"真理这个概念的意思就是与事实相符,正像塔尔斯基所阐明的那样"。"真的,就是它与事实一致。"④

应该指出,塔尔斯基的真理定义原是语义学上的定义,它只局限于语义学范围内应用。他所说的"真理是与事实符合",实际上是说句子与句子的名称相符合,它根本不涉及真理的客观标准问题。波普则对它做了扩大的解释。把它与真理的客观性联系起来。他说："塔尔斯基的伟大成就及其理论对经验科学和哲学的真正意义,我相信是在于他重建了绝对的和客观的真理符合论。它表明我们可以把真理作为与事实相符这个直观观念而自由地运用,它不仅适用于形式语言,也适用于自然语言。"⑤

波普发挥了真理客观性的思想。他强调"真理是客观的",是不依人的主观意志转换的。他说："真理是与事实相符合","一个理论可以是真的,即使没有人相信它;另一个理论可以是假的,尽管我们充分地相信并接受它"。⑥ 总之,真理是与人的主观意志无关的。

波普强调客观真理的权威性。他说："我们尊重真理的权威是尊重一个非个人的、共同的客观真理。它是我们科学寻求的任务,它不以我们的

---

① Popper Karl, *Conjectures and Refutations: The Growth of Scientific Knowledge*, London: Routledge, 1963, p. 222.
② Popper Karl, *The Philosophy of Karl Popper*, Edited by Paul Arthur Schilpp, Chicago: Open Court, 1974, p. 78.
③ Popper Karl, *Conjectures and Refutations: The Growth of Scientific Knowledge*, London: Routledge, 1963, p. 224.
④ Ibid., p. 27.
⑤ Ibid., p. 224.
⑥ Ibid., p. 225.

权力而改变，也不容我们的喜爱而任意解释。"①

波普认为，肯定客观真理的存在对于促进科学研究能起巨大的作用。因为科学的任务在于寻求客观真理。他说："与事实相符合的真理观念……在我们的思考中起着重要的作用。它们在科学进步的观念中能够散发出更好的光彩。"又说："真理观念是超乎人类权威之外的，我们必须维护它，因为没有它就没有调查研究的客观标准，就没有批判和反驳，就不会有消除无知的探索和知识的寻求。"② 因此他把"客观真理的观念"说作"我们可以少犯错误的一个准则。"③

人们能得到客观真理吗？波普的回答是否定的。他说："我们可以努力寻求绝对正确的真理，但不能发现这种真理。"④ "真理……我们也许永远也不能得到它，也许即使得到了它，我们也不知道。"⑤ "真理是在我们可及范围以外的"，"它是隐藏得很深的，我们不能探入其深处，没有真理的确定可供我们使用"。⑥ "我们的科学不是认识，它永远不能宣称达到真理，甚至真理的替代物：或然性。"⑦ 他还把真理比喻为永远被云彩笼罩着的山峰，它存在着，但是人们永远见不到它。⑧

波普否认认识能得到真理的理由有二点：

1. 科学理论只是一种猜测。他说："科学理论是真正的猜测，是一种关于世界的高度指示性的猜测，它是不能证实的，即不能表明是真的。"

2. 科学知识混杂着主观因素。他说："人类知识""它是与我们的错误与我们的偏见、臆想和期望混杂在一起的。所以我们全部能做到的只是

---

① Popper Karl, *Conjectures and Refutations: The Growth of Scientific Knowledge*, London: Routledge, 1963, p. 375.

② Ibid., p. 30.

③ Ibid., p. 229.

④ Popper Karl, *The Open Society and Its Enemies* (2 Volumes), London: Routledge, 1962, pp. 11–12.

⑤ Popper Karl, *Conjectures and Refutations: The Growth of Scientific Knowledge*, London: Routledge, 1963, p. 229.

⑥ Ibid., p. 28.

⑦ Popper Karl, *The Logic of Scientific Discovery*, translation of *Logik der Forschung*, New York: Basic Books, 1959, p. 278.

⑧ Popper Karl, *Conjectures and Refutations: The Growth of Scientific Knowledge*, London: Routledge, 1963, p. 226.

探索真理。"①

既然认识不能得到真理,为什么又要承认"科学的任务是追求客观真理"呢?

波普认为,这是因为科学研究虽不能认识真理,但能够探索它,猜测它。他说:"真理在我们的可及范围以外","但我们能探索真理"。②"科学不能解决全部宇宙之谜,也别指望有一天能够解决这些谜。但是甚至在我们的最深奥、最难以解决的谜上,科学有时也会投射一丝意想不到的光明。"③

波普认为,人们通过这种努力的猜测和探索虽不能认识真理,但却能接近真理。他说:"我们虽不知道距离真理有多远,但我们能愈来愈接近真理。""我们的目标不是获得真理",而是"通过批判找到愈来愈接近真理的理论"。因此,他要求人们不要丧失探索真理的信心,"我们必须警惕失去这种信心。"④ 在波普看来,科学的发展,新、旧理论的不断取代,就是一个通过探索和猜测不断向客观真理接近的过程。他说:"我的方法论的观点是,……把科学的历史发展当作对客观真理的一步一步逼近的过程。"⑤ 为了阐明这种观点,他经过长时间考虑,于20世纪60年代初,提出了一种"逼真性"或"似真性"的理论。

什么是"逼真性"?他认为一个理论的逼真性就是它接近客观真理,或接近现实的程度。他说:"我称'接近真理的程度'为'逼真性'。"⑥ 他强调"逼真性"观念的重要性。他说:"逼真性观念在这种情况下是最重要的;那就是我们必须与近似的理论打交道。我们知道这些理论不可能是真

---

① Popper Karl, *Conjectures and Refutations*: *The Growth of Scientific Knowledge*, London: Routledge, 1963, p. 30.

② Ibid..

③ 波普:《自然选择和精神出现》,《自然科学哲学问题》1980年第1期。

④ Popper Karl, *Conjectures and Refutations*: *The Growth of Scientific Knowledge*, London: Routledge, 1963, p. 30.

⑤ Popper Karl, *The Logic of Scientific Discovery*, translation of *Logik der Forschung*, New York: Basic Books, 1959, p. 278.

⑥ Popper Karl, *Objective Knowledge*: *An Evolutionary Approach*, Oxford: Clarendon Press, 1975, pp. 257 – 143.; Popper Karl, *The Logic of Scientific Discovery*, translation of *Logik der Forschung*, New York: Basic Books, 1959, pp. 232 – 233.

的，但我们仍然说它们较好或较差地接近真理。"① "它对于分析知识的增长是有很大帮助的。"②

波普认为：不同理论的逼真性的程度是不一样的。他称理论的这种逼真性程度为"逼真度"。为了阐明逼真度，他还提出了另外两个与此有关的概念，那就是"真实性"与"虚假性"的概念。

波普认为，由于任何理论都不能证实，只能证伪，因而任何理论都不是真的，但这并不是说它不包含丝毫真实的内容；恰恰相反，任何一个已被证伪或将被证伪的理论，只要它是科学的理论，它必然包含一定的真实性的内容。因此任何科学理论都是"真实性"与"虚假性"的统一。他举例解释道："凡是天鹅皆白"这个普遍陈述是假的，这并不意味不存在一只白天鹅，而是意味着既存在白天鹅，又存在其他颜色的天鹅。因此存在着一些白天鹅这个事实是这个普遍陈述的"真实性"内容；存在着许多非白天鹅这个事实是它的"虚假性"内容。它是"真实性"与"虚假性"的统一。他说："这表明这样的思想：每一个断言或理论并非或是真的，或是假的，而是有一定程度的逼真性。"③

波普还认为不同理论的真实性内容与虚假性内容的量是不同的。他说："一个假的理论可以比另一个假的理论更接近真理。同样一个真的理论，可以比另一个真的理论包含更多的真理。它的'真实性内容'（如我所称的）可以更大。"④ 他认为有的理论的真实性内容大于虚假性内容，有的则相反。它们决定了理论的逼真度。假如以"Vs"表示"逼真度"，以 Ct_T 表示"真实性内容的量度"，以"Ct_F"表示"虚假性内容的量度"，那么可以把逼真度定义如下：

$$Vs(a) = Ct_T(a) - Ct_F(a)$$

那就是说：一个理论（a）的逼真度等于它的真实性内容的量度减去

---

① Popper Karl, *Conjectures and Refutations: The Growth of Scientific Knowledge*, London: Routledge, 1963, p. 235.
② Ibid., p. 216.
③ Ibid., p. 233.
④ B. 马奇：《现代英国哲学》，英文版，第 77 页。

虚假性内容的量度。① 波普还以右图为比喻，说明理论的真实性内容与虚假性内容的关系：

该图中的方块表示一个科学理论所包含的全部陈述；"T"表示其中真的陈述；"F"表示假的陈述。波普认为科学的任务就是通过理论的猜测，尽可能少地击中假区（F），并尽可能多地击中真靶（T）。他认为：一个科学陈述的真实性内容越丰富，它就越接近该图中的（T）靶；它的"逼真度"也就越高。②

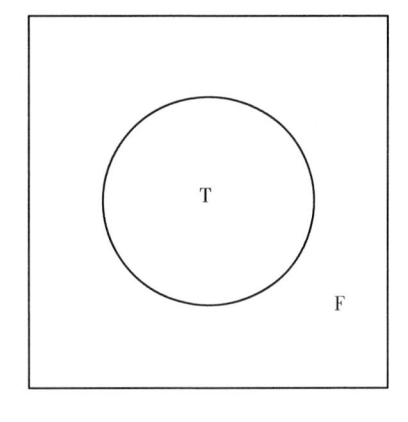

不言而喻，从上述公式和图示中可以看出，理论的逼真度在下述两种情况下可以提高：1. 虚假性内容的量不变而真实性内容的量增加；2. 真实性内容的量不变而虚假性内容的量减少。

波普指出，在下述六种情况下 t_2（即理论2）的逼真度比 t_1（即理论1）要高：

1. t_2 比 t_1 做了更精确的预言，并经受了更严格的检验；
2. t_2 比 t_1 说明和解释了更多的事实；
3. t_2 比 t_1 描述或解释的事实更为详细；
4. t_2 经受了 t_1 所没有能通过的检验；
5. t_2 提示了 t_1 所没有考虑到的新实验的检验，并经受了这些检验；
6. t_2 把过去认为没有关系的许多问题统一或联系了起来。③

因此波普认为，理论之间的生存竞争也就是它们之间的逼真度高低的竞争，他说："对竞争理论的批判性评价。最重要的是对其逼真性的评价。"④ 波普认为科学发展的历史，就是理论的逼真度通过生存竞争而不断

---

① Popper Karl, *Conjectures and Refutations: The Growth of Scientific Knowledge*, London: Routledge, 1963, p. 234.

② Popper Karl, *Objective Knowledge: An Evolutionary Approach*, Oxford: Clarendon Press, 1975, p. 54.

③ Popper Karl, *Conjectures and Refutations: The Growth of Scientific Knowledge*, London: Routledge, 1963, p. 232.

④ Popper Karl, *Objective Knowledge: An Evolutionary Approach*, Oxford: Clarendon Press, 1975, p. 144.

提高的历史。他说:"随着一门科学的进步,它的理论的逼真度就不断增长。"① 他列举了许多科学史上的事例证明这一点:例如牛顿的理论提高了伽利略理论和开普勒理论的逼真度,爱因斯坦的理论提高了牛顿理论的逼真度。② 而爱因斯坦的理论也不是最后的,正如爱因斯坦所自称"他自己的理论也仅仅是通向更好的理论的一步"③。

波普认为,一个逼真度高的理论在竞争中取代一个逼真度低的理论,这不是新理论完全抛弃了旧理论,而是吸收、包容并扩大了它的真实性内容。他说:"只能以一个较高普遍性的理论代替经过被确认了的理论,也就是说,只能用一个比较好检验的,并包含了它的新理论来代替它。它至少是对新理论的一个很好的近似。"他认为,前面所举的伽利略理论、牛顿理论与爱因斯坦理论之间的关系就是这样的一种关系。因此他还认为:"一个曾经被确认过的理论又将被证伪而遭到旧理论同样的命运,这不是说它与旧理论就没有什么差别了,而是它仍然比旧理论优越"。这是因为它比后者具有较高的"逼真度"。"例如牛顿力学即使可认为它已被反驳,但它仍保持着比开普勒和伽利略理论优越的地位。理由是它具有更大的解释力,它能比后两种理论解释更多的事实,解释得更精确,并能把以前所没有联系的天上力学与地上力学统一起来。"④

从这种科学进化的观点出发,波普认为与其说科学的目标是追求真理,毋宁说是追求逼真度更为合适。这是因为"科学永远不追逐使它的答案是最后的或甚至是概率的这个虚幻的目标。它的进步在于朝向永远发现更新、更深和更为一般的问题,并使其永远是猜测的答案服从永远更新和更加严格的检验的有限然而是可以达到的目标"。他解释说:"'所有玫瑰花都是玫瑰花','2+2=4'无疑都是真理,但它们只是同义反复,而'同义反复'尽管是真的,它的真理性内容却只有零,逼真

---

① Popper Karl, *Objective Knowledge: An Evolutionary Approach*, Oxford: Clarendon Press, 1975, p. 238.

② Popper Karl, *Conjectures and Refutations: The Growth of Scientific Knowledge*, London: Routledge, 1963, p. 235.

③ 怀劳特:《爱因斯坦对我的科学观的影响——波普尔访问记》,《自然科学哲学问题》1980年第3期。

④ Popper Karl, *Conjectures and Refutations: The Growth of Scientific Knowledge*, London: Routledge, 1963, p. 236.

度也只是零。"① 因而它们不能算是科学的成就，只有追求逼真度高的理论才能促进科学的不断发展，如从伽利略到牛顿、到爱因斯坦的科学理论的发展，才造成科学的飞跃性的进步。因此他说："客观真理的观念和逼真度的观念对于分析知识的增长都有很大的帮助。"② "逼真度的观念比绝对真理观念更可应用，它对于科学方法的分析也更为重要。"③

波普认为每个人的知识是有限的，宇宙是无限的。所以科学理论的最大逼真度是达不到的。他说："当我们沉思这罔极昊天时，就能窥见我们多么无知。""所谓最大的逼真度这只有在一个理论不仅是真的，而且是包揽无遗地真的时候才能达到，这跟理论仅仅与某些事实相符来比较，当然只是一个遥远而达不到的理想。"④

波普关于上述真理问题的论述，无疑有许多辩证法因素，如肯定理论发展的无限性，认识真理的相对性及其通过逐步清除错误而向客观真理不断逼近，等等。在当代西方非马克思主义哲学家中，恐怕很少有人在论述中有如此多的辩证法因素。这些都应充分予以肯定，这里不做赘述。但是应该指出，波普的辩证法因素蒙有一层不可知论的色彩。正是这个原因，他在关于真理的议论中存在着不少混乱或含混不清。

波普是一个实在论者，他肯定外部世界的存在，也肯定认识对象的客观性。但他反对反映论，认为反映论是一种"幼稚的"见解，而感觉仅是一种"指示性"的信息，可又肯定客观真理和真理的符合论，即肯定真理是与客观事实相符合。那么应该怎样来理解他的这种符合论与他的不可知论的协调性呢？原来波普所认为的真理与事实的符合，并不是反映性的符合，而是一种猜测性的"符合"。他认为认识仅是对现实的尝试性的猜测。而猜测绝不是反映。

假如根据这种理解进而再去理解他的有关真理方面的许多论述，那就比较清楚了。

---

① Popper Karl, *Objective Knowledge: An Evolutionary Approach*, Oxford: Clarendon Press, 1975, p. 143.

② Popper Karl, *Conjectures and Refutations: The Growth of Scientific Knowledge*, London: Routledge, 1963, p. 216.

③ Ibid., p. 234.

④ Ibid..

波普肯定客观真理，但又认为人不能认识真理，而只能探索真理，"探索"是什么意思？是猜测。

波普否认人能认识真理，但又认为能逐步清除错误而逼近真理，这又是什么意思？是猜测，如此等等。

波普是康德的信徒，这是他自认的。但是他的不可知论与康德的不可知论是有区别的。那就是康德否认人能认识"物自体"，波普也否认人对"物自体"的认识，但认为能对它进行猜测，并通过猜测能向它逼近。

也许有人会替波普的这种观点辩护：现代物理学对微观客体的认识由于不能对它们直接感知，不就是一种猜测吗？这个问题应该认真地回答，因为这正是波普的证伪主义哲学在当今西方世界产生并流行的自然科学方面的原因。

现代物理学对微观世界不能直接感受而只能经常使用假说的方法，因而它就仅是一种猜测吗？不！使用假说的方法并不是与反映论相违背的。反映论从不排斥假说。因为假说通过实践的严格检验而得到证实，它就不再是假说而转为科学的理论了。而科学理论是对客观现实的内在联系和规律的反映。试以侦查人员对罪犯的犯罪行为进行侦查为例。[①] 侦查员对于罪犯分子已构成的犯罪行为是无法直接感受的。但这不排斥他能对当时的作案情况做出正确的判断，即认识。因为他可以通过对现场情况的间接观察而做出科学的假说，这种假说如果经受严格的检验而证据确凿（如得到了手印等等），那么他就正确地认识了这个事实（案情）的本质，而不再仅仅是一种没有根据的猜测。这种认识是"反映"吗？是的，因为它如实地反映了案件与罪犯之间的内在联系。有人认为"只有通过直接感知才能算是反映"，那是错误的，那不是辩证的能动的反映论，而是机械反映论了。

十四 批判真理论的相对主义与绝对主义

波普从上述理论出发，对承认终极真理的绝对主义真理论与否定客观

---

① 类似的例子波普也使用过，Popper Karl, *The Logic of Scientific Discovery*, translation of *Logik der Forschung*, New York: Basic Books, 1959, pp. 109–111。

真理的相对主义真理论都进行了批判。

首先，波普反对承认"终极真理"的绝对主义。他指出：寻求绝对确定的终极真理是"古老的科学的理想"，早期的科学家如伽利略与牛顿等人，都以寻求客观的"终极真理"为自己的科学理想。

波普认为绝对主义真理论者一般都是"本质主义"者。他这里所说的"本质主义"是指一种认为在客观实在的现象背后隐藏着一种"不变的本质"，人们一旦认识了这种本质就能获得客观的"终极真理"的理论。他说："认为真正的科学理论是在于描述事物的'本质'或'根本性质'，即一种隐藏在现象背后的实在的观点，我称之为'本质主义'。"①

波普认为本质主义承认客观真理的观点是正确的。他说："我同意本质主义者的科学能获得真实的发现的观点。"又说："伽利略相信客观真理"，"相信哥白尼体系是对世界的真正描述"，这是"事情的重要方面"。② 但是，他不同意认为客观实在背后隐藏着本质的观点。他认为这是一种无法用经验检验的形而上学观点。他认为：一种形而上学的观点如果有利于科学研究，是可以作为一种科学方法的约定性规则而予以采用的，但是承认客观本质的观点并不是这样，它非但对科学研究无益而且有害，因此应予以抛弃。他说："我的批判表明不管本质存在与否，对它的信仰不但不能给我们以任何帮助，看来反而对我们有所妨碍。因此没有理由说明为什么科学家要假定它的存在。"③

波普认为，承认客观本质的本质主义的真理论对科学的最大危害，在于寻求"本质的终极解释"，从而导致肯定认识的终结，阻碍科学的进步。他说："本质主义"，"它阻碍了科学的进步，阻碍了大胆地检验问题，这有害于我们的检验的严格性和完整性"。④ 他以牛顿为例说："牛顿就是一个本质主义者，他企图寻找对引力的'本质的终极解释'，但是他失败了。这些事例使我们认清对本质的信仰（不管它是真还是假）肯定会导致思想

---

① Popper Karl, *Conjectures and Refutations*: *The Growth of Scientific Knowledge*, London: Routledge, 1963, p. 103.

② Ibid., p. 96.

③ Ibid., p. 105.

④ Popper Karl, *The Logic of Scientific Discovery*, translation of *Logik der Forschung*, New York: Basic Books, 1959, p. 281.

发展上（对新的富有成果的问题的提出）的障碍。"① 为此波普把"承认客观本质"说成是一种"信仰"，把"本质主义"说成是"蒙昧主义"。他说："即使本质存在，我们也永远无法肯定。"因此"它不是科学的一部分"，"而是一种导向蒙昧主义的信条，而科学是不需要信条的"。②

波普还反对相对主义真理论。如前所述，绝对主义真理论承认客观真理，但反对真理的变化、发展，追求绝对、永恒的终极真理；相对主义真理论则与绝对主义真理论相反，它肯定真理的变化性，但反对真理的客观性，认为真理纯属主观的东西。波普坚决反对这种观点。

波普指出，在近代西方哲学史中这种相对主义真理论，可以在贝克莱的哲学中找到。主观唯心主义者贝克莱反对牛顿理论的物质内容，认为并不存在什么客观的"引力"，它"不是任何真实事物的真实描述"，而仅是"计算和解释"大量"感性经验"的"数学的假设"或"方便的工具"。③ 他指出，现代的实用主义与逻辑实证主义的真理论就是贝克莱的这种观点的继续。他们都否定真理的客观性，都断言科学理论既不解释又不描述世界，而"仅是一种工具"。④

波普还指出，在现代物理学中相对主义真理论相当流行。他说："工具主义……已成为被接受的信条，现在可以称之为物理理论的'官方观点'，因为它已被不少杰出的物理学家（尽管不包括爱因斯坦和薛定锷）所接受，它成了现代物理学教育的一部分。"他分析了出现这种情况的原因，是由于量子理论中出现了许多令人费解的矛盾现象，如测不准关系等，从而使"工具主义观点成为用以拯救被矛盾所威胁的物理学理论"的"方便手段"。⑤ 他明确地指出，玻尔和海森堡的哥本哈根学派，就是为了"摆脱量子理论中的困境"而产生的一个"工具主义"的流派。⑥ 他说，"现在很少有物理学家接受……贝克莱主张的工具主义"，"他们所关心的

---

① Popper Karl, *Conjectures and Refutations*: *The Growth of Scientific Knowledge*, London: Routledge, 1963, p. 106.
② Ibid., p. 107.
③ Ibid., p. 98.
④ Ibid., p. 103.
⑤ Ibid., p. 113.
⑥ Ibid., p. 114.

是掌握数学形式和它的应用，而不关心其他"，从而间接地接受了工具主义的影响。①

波普指出，相对主义承认真理的变化性，反对寻求永恒不变的终极真理是对的。他说："我认为工具主义的部分攻击是对的，那就是它攻击在科学中能获得对本质的终极解释的那种观点。"② 但是他指出，相对主义否定客观真理，把真理解释成一种主观任意的工具则是错误的，它给科学带来混乱。他说："我坚持伽利略科学观的合理部分：承认客观真理，并反对工具主义的观点。"③

波普认为工具主义对科学的危害主要有以下几点：

1. 否定了理论的优劣标准。在工具主义者看来，理论并不描述现实，它只是一种解释经验现象的方便的工具。例如托勒密的地心说与哥白尼的日心说都是用来解释一些经验现象的方便的工具。它们彼此之间并没有优劣可言，当哪一种理论解释感到方便时，哪一种就是真理。波普批判地说："如果理论仅仅是预言的工具，那么我们就无须抛弃任何特殊的理论了。"④

2. 否定了科学的进步。波普认为，科学是通过新理论不断取代旧理论而进步的。工具主义否定新、旧理论之间的优劣差别，也就否定了科学的进步。他说："工具主义者断言不同理论有不同的应用范围，这就不能像我那样能说明科学的进步，如能说明牛顿理论被爱因斯坦理论的判决性实验所证伪的那种进步。"⑤

3. 使科学家不关心真理和谬误的区分，抑制了他们的科学批判精神，从而阻碍科学的发展。他说："工具主义不能促进理论科学家对真理和谬误的关心。它们的态度与理论科学家们必须具备的高度批判精神相反，沾沾自喜于应用上的胜利。因此它们对新近理论物理学的停滞应负有责任。"⑥

波普的结论是："工具主义与本质主义同样是一种蒙昧主义的哲学。"⑦

---

① Popper Karl, *Conjectures and Refutations: The Growth of Scientific Knowledge*, London: Routledge, 1963, p. 100.

② Ibid., p. 103.

③ Ibid..

④ Ibid..

⑤ Ibid..

⑥ Ibid..

⑦ Ibid., p. 100.

波普批判工具主义，但并不否认真理具有为人们所用的工具的性质。他说：一般说来，科学的目标在于追求真理的说法是对的。但确切地说来，科学并不是漫无目标地追求真理，而是寻求与我们有利害关系的真理。他说："我们不仅兴趣于真理，而且有兴趣于与我们有关的真理。如果我们对科学的大胆猜测感兴趣，那是出于我们的方法论的信念，那就是借助于这种大胆猜测，我们才有希望发现与我们有关的真理。"① 他打了一个生动的比方："我们跟任何人一样，例如与法庭上的一位法官一样，关心的是有关的真理。当一位法官要证人说实话，而且全部是实话时，他所寻求的仍然是证人所提供的对他有用的或有关的真理。反之，假如证人喋喋不休于无关的事情上，法官是决不会满意的。"② 波普指出，正是在这个意义上真理具有"工具"的意义。因此他写道："我们甚至同意理论是工具。"③"我们的批判主义诚然是功利主义的，在这个意义上也可把它描述为'工具主义'的。"④ 但是他一再声明，他的批判理性主义不是工具主义，这是因为它承认客观真理，承认理论具有逼真性。⑤

波普的真理论是很复杂的。它既有不可知论色彩，反对唯物主义的反映论；又肯定客观真理，承认人能通过猜测和反驳逐渐逼近真理，从而羞羞答答地向唯物主义反映论靠拢。正是从这种立场出发，他既反对"本质主义"的绝对主义，又反对"工具主义"的相对主义。

波普对"本质主义"有两种理解。有时他指一切肯定客观事物具有内在本质的观点为"本质主义"；有时他又把肯定事物的本质永远不变，一旦人们认识本质就获得"终极真理"的形而上学观点为"本质主义"。他对前一种"本质主义"的批判是错误的，有时他把马克思主义也归类于这种"本质主义"而妄加批判，这我们将在详述他的社会历史观时论述。但是他对后一种"本质主义"，即对绝对主义真理论的批判则是正确的。

---

① Popper Karl, *Conjectures and Refutations: The Growth of Scientific Knowledge*, London: Routledge, 1963, pp. 231 – 232.
② Ibid., p. 2.
③ Ibid., p. 105.
④ Ibid..
⑤ Ibid., p. 235.

波普对相对主义真理论,特别是对工具主义的批判是很有进步意义的。当前西方哲学界中主观主义的工具主义十分流行。正如波普所指出,现代西方哲学的两大流派:实用主义和逻辑实证主义都是工具主义。而工具主义对现代科学,特别是现代理论物理学的危害极大,它们应对近些年来理论物理学的停滞负责。这些都是波普哲学思想的合理因素和进步因素,应该实事求是地予以肯定。

波普认为应该反对工具主义,但不应否定科学理论具有"工具"的性质的观点也是对的。科学是客观规律的反映,科学也是人类改造客观世界的有效工具。正因为科学正确反映客观规律,所以它才能成为人类用以改造客观世界的有效武器或工具。因此这两个方面是辩证统一的,片面地否定它的任何一个方面都是不恰当的,或错误的。

十五 从错误中学习

波普认为科学是大胆的猜测,它不能获得真理,但能通过不断证伪来逐步清除其中的错误而使其不断逼近真理。理论不断提高逼真度的过程,实际上就是不断发现错误、清除错误的过程,因此在科学研究中错误是不可避免的。他说:"科学家必须彻底抵制科学主义的诱惑,他们应当始终记住:……科学是试验性的,而且是难免要犯错误的。"[1] 因此,他从这个意义上把科学史称作一部错误史。他说:"科学的历史,正如所有人类的观念的历史一样,是一部不可靠的猜想的历史,是一部错误的历史。"[2]

波普认为,错误,或者说发现错误,对于科学研究不是坏事而是好事,因为它是科学发展的必要前提。只有发现错误才能清除错误,从而才能提高理论的逼真度,促进科学的发展。他说:"我们的错误能为认识的昏暗提供光亮,从而帮助我们探索走出黑暗洞穴的道路。"[3]

波普提出了一个著名的口号:"从错误中学习。"这个口号的思想,早在他的哲学处女作《研究的逻辑》中已经有了,到了 20 世纪 60 年代他做

---

[1] 波普:《自然选择和精神出现》,《自然科学哲学问题》1980 年第 1 期。
[2] Popper Karl, *Conjectures and Refutations*: *The Growth of Scientific Knowledge*, London: Routledge, 1963, p. 216.
[3] Ibid., p. 28.

了特别的强调。他在《猜测与反驳》一书的序言中的第一句话是:"本书的全部文章和讲稿是从各方面来说明一个很简单的论点,那就是我们能够从错误中学习。"① 他明确地指出:科学家应从错误中学习,通过错误不断探索真理以接近真理。他说:"像我这样的证伪主义者决不乐意于背诵一连串陈词滥调,而乐于通过大胆的猜测来解决关心的问题,并特别乐于它能很快地变成错误。这是因为我们相信能从错误中学习。而当我们发现我们的猜测为假时,我们就将会学习到更多的真理,就将会更进一步靠近真理。"②

波普认为,错误与真理这两个概念并不是绝对对立的概念。只有清除错误才能接近真理,因而错误这个概念本身就包含着客观真理的思想。他说:"只有批判地讨论、寻找错误,严肃地并尽可能地清除错误才能更接近真理。因此错误这个概念与可错(fallibility)这个概念本身中就包含着作为我们可以少犯错误的标准的客观真理的观念。"③

波普要求科学家不要害怕错误,他指出,特别是研究一个难度较大的科学问题,要想不犯错误几乎是不可能的,从这个意义上说,没有错误就不能接近真理,就不会有进步。因此他说:科学家"企图避免错误是一种可怜的愿望"④。他甚至同意物理学家惠勒(J. A. Wheeler)的一句话:"我们的全部问题就在于尽可能快地犯错误。"他还说:科学家不要怕连续犯错误,"我们失败了一百次以后就有可能成为这个特定问题的专家"。⑤

从寻求错误、认识错误,努力清除错误的观点出发,波普强调了科学的批判精神。他认为批判精神是科学的必需。这是因为:1. 只有通过批判才能打破科学家的保守自满思想,促进理智的发展。因此,"批判的重要意义在于它是任何理智发展的主要动力"⑥。2. 只有通过批判才能发现理论(猜测)中的错误,认识这些错误,清除这些错误,从而不断提高它的

---

① Popper Karl, *Conjectures and Refutations: The Growth of Scientific Knowledge*, London: Routledge, 1963, p. 187.

② Ibid., p. 231.

③ Ibid. p. 229.

④ Popper Karl, *Objective Knowledge: An Evolutionary Approach*, Oxford: Clarendon Press, 1975, p. 186.

⑤ Ibid., p. 181.

⑥ Ibid., p. 316.

逼近真理的程度。因此他说："科学的方法是批判的方法。"[①]

总之，他认为"科学的本质是批判的""革命的"。[②] 没有批判就不会有真正的科学和它的发展。因此"批判主义是科学不可缺少的生命"[③]。

波普说的批判"包含着理性的批判与经验的批判两种因素"[④]，前者是指理论和逻辑的批判，后者是经受观察和实验的检验的批判。

波普指出，与科学的批判精神相对立的是宗教的教条态度。他认为教条式的思维对"仪式"和"重复"感到快慰，是幼稚的原始人和儿童的思维特征。但是，随着人的理性的发展，它逐渐被科学的批判精神所取代。他认为意识形态的偏见和宗教的固执是科学发展的大敌。他主张在教育中，特别是在大学教学中应大力提倡批判精神并克服教条思想。他说："我和其他一些人都相信：大学水平（也许低于这个水平）的教学中应该训练并鼓励批判性思维。"[⑤]

波普指出，科学家既要敢于批判别人的理论，又应勇于批判自己的理论。他说："我们怎样才有希望觉察错误和清除错误呢？""办法是通过批判：批判他人的理论或猜测以及批判自己的理论或猜测。"他强调要敢于批判权威。他说："在科学知识领域中是没有什么不向批判开放的。"他强调要敢于批判自己。他说："我们必须尽最大的努力试图推翻我们自己的答案而不是为它辩护。"但是"不幸的是我们中间很少有人能做到这一点"[⑥]。他以普朗克等著名科学家的固执己见，反对爱因斯坦的光量子假说为例说："即使是一些大科学家有时也会缺乏自我批判。"但是这也无妨于科学的发展，"幸运的是当我们不肯自我批评的时候，别人会提出批评"[⑦]。

[①] Popper Karl, *Objective Knowledge: An Evolutionary Approach*, Oxford: Clarendon Press, 1975, p. 70.

[②] Popper Karl, "Normal science and its dangers", *Criticism and the Growth of Knowledge*, Imre Lakatos & Alan Musgrave (eds.), Cambridge University Press, 1970, p. 12.

[③] Popper Karl, *Conjectures and Refutations: The Growth of Scientific Knowledge*, London: Routledge, 1963, p. 334.

[④] Ibid., p. 222.

[⑤] Ibid., p. 6.

[⑥] Popper Karl, *The Logic of Scientific Discovery*, translation of *Logik der Forschung*, New York: Basic Books, 1959, p. 16.

[⑦] Ibid..

那么科学家应不应该坚持自己的见解呢？理论一经批判或反驳就必须立即抛弃吗？有人对波普的上述见解提出责难，为此他做了如下的补充：科学家也应该有自己的主见，不能对批判过分敏感。如一经批判就轻率放弃自己的理论那也是难以有所成就的。他说，"我相信科学的本质是批判的；但是我总又强调要有某种独断论。顽固的科学家有时也可以发挥重大作用。如果我们太轻率地屈从于批判，那将永远看不到我们理论的真正力量所在。"①

那么在什么情况下应该坚持己见，在什么情况下应该勇于接受批判，放弃己见呢？他对此只能含糊其词，无法做出明确的回答。

波普还讨论了接受传统知识与批判传统知识的关系问题。他认为"接受传统知识无疑是应该的。因为几乎我们所有的知识都来自传统的"。但是他认为应该对它采取批判的态度。"它的每一点都应接受批判。"②

波普强调在科学批判中应珍视新思想，因为科学是在新思想不断战胜旧思想的过程中前进的。他说："对于新思想应倍加珍爱，要细心哺育，尤其是当看起来几乎有点放肆的时候。我不是提倡只要新思想就急于接受，但我主张不应当对它压制，即使是看来它并不太可靠的时候。"

波普在提倡科学的批判精神、反对教条主义的同时，对马克思主义进行了攻击。他污蔑"正统的马克思主义者"没有批判主义精神，是"教条主义者"。③ 这暴露了他的反马克思主义立场，与上述科学批判精神有密切联系的是他的关于理论证伪的"免疫"（即避免证伪）问题。

波普指出：一个理论有时看来似乎已被观察或实验所反驳，但由于其他复杂情况的存在，事实上它并没有被证伪，有时甚至反而受到进一步的确认。典型的例子是海王星的发现。当时天王星摄动现象的发现似乎"证伪"了牛顿理论，但是事实上它非但没有被证伪，反而进一步确认了它的有效性。波普承认历史上科学家们提出一些附设性的假设以使自己或自己所拥护的理论免于证伪的事例是很多的，如托勒密拥护者提出各种"本

---

① Popper Karl, "Normal science and its dangers", *Criticism and the Growth of Knowledge*, Imre Lakatos & Alan Musgrave (eds.), Cambridge University Press, 1970, p. 8.

② Popper Karl, *Conjectures and Refutations: The Growth of Scientific Knowledge*, London: Routledge, 1963, p. 238.

③ Ibid., p. 334.

轮"与"均轮"的附设性假设以使地心说免于证伪；燃素说拥护者提出"负重量燃素"的假设以力求挽救燃素说的被证伪等等。

那么当一个理论被证伪时，科学家还是立即抛弃该理论，还是容许他们提出一些附设性假设以避免它的证伪呢？

波普认为科学家的前一种态度是革命的态度，后一种态度是保守的态度。他认为一般来说应提倡革命的态度而反对保守的态度。但是他又认为不能绝对地排斥后一种态度，而应该把附设性假设分为两类：一类称"辅助性假设"，这是一种可以独立受检验的附设性假设。如为了避免牛顿理论被证伪而提出的天王星轨道附近另有海王星存在的条件假设，就是这种可独立检验的辅助性假设，它通过天文观测的检验而终于得到确认；又如鲍利的不相容原理也属这种辅助性假设[①]；另一类是"特设性假设"，这是一种无法检验的假设，如为了挽救燃素说的被证伪而提出来的"负重量燃素"的假设，就是这种无法通过观察和实验加以检验的假设。

波普认为前一种辅助性假设由于它具有可检验性或可证伪性，因而是科学的，是可以容许的，因为它的新的可检验性增添了原来理论的经验内容。因此他说："应该把引入一个补充假设看作一种构造新体系的努力，看作能否正确地增加我们的关守外部世界的知识的问题。"[②] 他认为后一种特设性假设的提出是科学所不容许的，因为它不具有可检验性，即无法接受观察或实验的检验，因而仅是一种为已证伪理论的苟延残喘寻找借口的形而上学遁词。他写道："有些可检验的理论被证伪后仍被它的信奉者死抱住不放，从而为它引进某种特设性假设使它逃避反驳。要想这样做总是办得到的。但这只能徒然破坏或降低理论的科学地位。我把这种挽救性的做法称作'约定主义者的歪曲'或'约定主义者的策略'。"[③]

不过波普认为辅助性假设与特设性假设的区分并不是绝对的，而只是相对的、有条件的，随着观察和实验条件的变化，后者有可能会转化为前者。例如解析β蜕变的中微子假说，当1933年鲍利早先提出时是不能检

[①] Popper Karl, *The Logic of Scientific Discovery*, translation of *Logik der Forschung*, New York: Basic Books, 1959, p. 82.

[②] Popper Karl, *Conjectures and Refutations: The Growth of Scientific Knowledge*, London: Routledge, 1963, p. 83.

[③] Ibid., p. 37.

验的特设性假设,但后来由于实验条件的发展它就转化成为可检验的辅助性假设了。

从上述理由出发,波普认为有必要在科学方法中做出几条约定性的规则让科学家们遵守。那就是:

1. 尽可能少用附设性假设。他说:"我的规则要求尽可能谨慎地使用附设假设,并称此为'使用假设的吝啬原则'。"

2. 尽可能只用辅助性假设而不用特设性假设。

3. 尽可能不用降低理论可证伪度的辅助性假设而选用增加理论可证伪度的辅助性假设。①

波普关于错误对理论发展的作用的观点,是与他那带有不可知论色彩的真理观相联系的。但是它包含着合理的辩证法思想。他的"从错误中学习"的观点是深刻的,符合辩证法的。真理与错误是彼此对立又互相统一的。它们在一定条件下可以互相转化。从错误中导出真理的例子,在科学史上是俯拾即是的。英国著名物理学家焦耳从制造永动机的错误中发现了"热功当量",德国细菌学家埃利希经过无数次的实验失败(错误)而制成"六〇六"(砷的第606种化合物)。现代物理学中最好的例子是李政道、杨振宁博士对弱相互作用下宇称不守恒的发现,这个伟大的发现是从前人的许多错误中引导出来的。杨振宁说:"我们不过是通过 $\tau-\theta$ 疑难的已经做过的各种不同尝试的失败(错误)而被迫走到这一点的。"② 恩格斯说得好:"要明确地懂得理论最好的道路就是从本身的错误中,从'亲身的经历的痛苦经验中'学习。"又说:"拥有无条件的真理权的那种认识,实现于相对的错误的系列之中的。"③

波普提倡科学的批判精神也是正确的。科学在理论的相互竞争中前进。天文学中有日心说与地心说之争,地质学中有"水成论"与"火成论","渐变说"与"突变说"之争;光学中有微粒说与波动说之争;化学中有燃素说与氧化说之争等等。没有自由的争论,没有批判精神,就没有科学的发展。尤其是在科学技术突飞猛进的今天,提倡学术自由和批判

---

① Popper Karl, *The Logic of Scientific Discovery*, translation of *Logik der Forschung*, New York: Basic Books, 1959, pp. 82–83.

② 杨振宁、李文铸:《物理学中的宇称守恒定律和其他对称定律》,《科学通报》1958年第2期。

③ 《马克思恩格斯选集》第3卷,第126页。

精神，敢于批判旧传统、旧权威尤为重要。至于他攻击马克思主义为"教条主义"，那是出于他的资产阶级政治立场，这留在阐述他的社会历史观时加以评述。

坚持真理与修正错误是对立统一的。只有勇于坚持真理才敢于揭发错误并从错误中学习。由于科学理论是一个反映客观现实的多方面内在联系的思想体系，它遭受观察和实验的反驳往往有多方面的原因。有的是整个理论的错误（如托勒密的地心说）；有的是理论的部分错误（如光的微粒说或波动说）；有的是理论的不够精确（如牛顿力学）；有的理论本身并没有任何错误，反驳是由其他条件性原因造成的（如行星摄动与牛顿力学的关系）等等。因此坚持错误理论果然是不对的，片面强调理论一被反驳就不加分析地轻率放弃也是不正确的。正是在这个问题上，波普遭到了历史主义学派的库恩和拉克托斯等人的反对。

十六　"试错法"与辩证法

综上可知，波普认为科学增长的过程是：

1. 科学从问题开始。问题促进科学家思考；
2. 针对问题，科学家做出各种各样胆的尝试性猜测，即假设或理论；
3. 在各种各样理论之间展开激烈竞争，互相批判，并经受观察和实验的严格检验，在检验中清除错误并筛选出逼真度最高的新理论；
4. 新理论得到确认并不是被证实，而只是暂时没有被证伪；随着科学技术的发展，它终将被证伪而出现新的理论。

往后又重复出现这四个步骤：

1. 科学家又面临新的问题；
2. 针对新的问题，科学家们又做出各种各样新的猜测即理论；
3. 在各种各样新的理论之间又展开激烈的竞争，并通过新的检验又筛选出逼真度更高的新理论；
4. 新理论在更高的科学技术水平上又被证伪，从而出现更新的理论。

……如此不断地从问题到问题，不断通过猜测与反驳（批判、检验），不断通过新理论取代旧理论；不断清除理论中的错误，不断提高理论的逼真度以实现科学知识的不断增长和发展。因此，科学知识的增长或科学理论的发展的过程可以概括为以上四个步骤的循环往复。由于这种循环往复是无限的，因而科学的发展也是无止境的。

波普把这种无穷的循环往复过程公式化为：

$P_1 \rightarrow TT \rightarrow EE \rightarrow P_2 \cdots\cdots$

在这里"P_1"表示问题；"TT"表示各种理论；"EE"表示通过批判和检验即反驳以清除错误；"P_2"表示新的问题。

波普称这个图式为"四段图式"（tetradic schema）。这个图式的思想早在1940年《什么是辩证法》一文中他就已经提出，并用以与辩证法的"三段式"做了比较。后来他在讲演中经常使用它，并在1960年的《论钟与云：对理性问题与人的自由之研究》一文中对它做了进一步阐发。[①]

从这个图式中可以清楚看出：科学的发展是"始于问题并终于问题"的无穷循环。因此他说："我真正想要提出的是：科学应被看成是从问题到问题而进步的。"[②] 他认为问题是不会有一天被解决光的，因而科学的发展是没有终结的。

从这个图式中还可以看出：科学的发展过程是一个猜测和反驳的过程，科学的最根本性质就是猜测与反驳。因此他说："科学：猜测与反驳。"他有一篇重要文章就是以这句格言命名的，他还以此作为他的一本重要著作的书名。

从这个图式中还可以看出，科学的发展是通过不断提出尝试性的猜测，并不断清除猜测中的错误而得以实现的。他说："所有的理论是尝试，都是尝试性的假设，人们把它们拿来试试，看看它们的结果如何。而所有实验对它们的确认都仅仅是一种批判精神指导下的暂时结果，它在努力寻找理论中的错误。"[③] 因此他称他的这种科学方法为"尝试与清除错误的方法"，简称为"试错法"或"除错法"。他说："试错法本质上就是一种除错法。"[④]

---

① Popper Karl, *The Philosophy of Karl Popper*, Edited by Paul Arthur Schilpp, Chicago: Open Court, 1974, p. 1082.

② Popper Karl, *Conjectures and Refutations: The Growth of Scientific Knowledge*, London: Routledge, 1963, p. 222.

③ Popper Karl, *The Open Society and Its Enemies* (2 Volumes), London: Routledge, 1962, p. 87.

④ Popper Karl, *Conjectures and Refutations: The Growth of Scientific Knowledge*, London: Routledge, 1963, p. 313; *The Open Society and Its Enemies* (2 Volumes), London: Routledge, 1962, p. 135.

波普认为,科学的试错法要获得成功,还必须具备以下三个条件:

1. 提出足够多的种类的理论(假设);

2. 各种理论提出足够丰富的内容;

3. 经受足够严格的检验[①]。

波普有时又把这三条简化为两条,那就是:

1. 充分大胆的尝试;

2. 尽量严格的检验。

因此他有时又把他的整个科学的方法论归结为两句话或一句格言:"大胆尝试,严格检验。"这句格言是他的整个科学方法论的最简练的概括。

波普认为在科学中要实现"大胆尝试,严格检验",其关键在于贯彻批判精神。他问:"我们怎样才有希望发现错误并清除错误?"他回答说:"通过批判,通过批判他人的理论或猜测,并通过批判自己的理论或猜测。"他认为"批判的观点"就是"理性的观点",因为"批判"就是"理性的批判";"理性"就是"批判的理性"。因此"理论的态度与批判的态度是等同"。[②] 为此他称自己的理论为"批判理性主义"。如前所述,他有时称自己的理论为"证伪主义",有时又称"可错主义",有时又称"批判主义"等等,但是他自称最合适的名称是"批判理性主义"。[③] 他并多次指出他的批判理性主义是康德哲学中的批判主义哲学思想与爱因斯坦的批判主义科学方法论的继承与发展。他说:"我的批判主义仅是康德批判哲学的提倡和完成,而爱因斯坦则为此提供了可能性。他教导我们,牛顿的理论也可能是错误的,尽管它得到了如此压倒的成功。"[④]

波普把他的试错法的科学方法论与达尔文主义进化论联系起来。他有时称他的这种试错法的认识论为进化论的认识论。他的这种进化论的认识论的观点,在其早期著作《研究的逻辑》以及稍后的著作《历史决定论的

[①] Popper Karl, *Conjectures and Refutations: The Growth of Scientific Knowledge*, London: Routledge, 1963, p. 313.

[②] Popper Karl, *The Logic of Scientific Discovery*, translation of *Logik der Forschung*, New York: Basic Books, 1959, p. 16.

[③] 《批判理性主义》,《危机时期的哲学》(英文版),第 262 页。

[④] Popper Karl, *Conjectures and Refutations: The Growth of Scientific Knowledge*, London: Routledge, 1963, p. 27.

贫困》《开放社会及其敌人》中就早已有所体现，而在60年代以后的著作中表述得更为明显。他说："我提出的认识理论大体上是一种达尔文主义的认识发展理论。"他认为："认识的发展与生物的发展，即动植物的进化十分类似。"① 而科学认识论的试错法则是生物的试错法（生物适应环境的本能）的发展。他认为，凡是生物都有一种先天的适应环境的本能，这种本能就是试错法，即对外界刺激做出各种尝试性变异，并通过生存竞争，自然选择筛选出最能适应环境的新物种，以体现生物进化的天生的能力。他认为生物的这种先天的本能的试错法就是科学试错法的前身。他说："试错法根本上就是生命有机体在适应环境过程中所使用的一种方法。"② "它同样可以解释生物的进化，因为动植物也都是问题的解决者，它们也都相互竞争地以尝试性反应与清除错误的方法解决问题。"③ 因此，他把他的试错法的四段图式："$P_1 \to TT \to EE \to P_2$"硬塞进生物进化的过程之中，说："生命的进化""也是要经历对问题（P_1）的尝试性的理论解决（TT），并清除错误（EE），又产生新问题（P_2）这样一个历程"而实现的。④

波普通过试错法把最低等的生物有机体阿米巴（变形虫）与最伟大的科学家爱因斯坦联系起来。他认为阿米巴在适应环境中使用试错法，爱因斯坦在科学研究中使用的也是试错法，两者在方法上是相同的。但是他认为阿米巴（生物）的试错法与爱因斯坦（科学家）的试错法毕竟还是有差别的。这种差别主要是：

1. 阿米巴（生物）的试错法是本能的、无意识的、非理性的；爱因斯坦（科学家）的试错法是自觉的、有意识、有理性的。他说："假如试错法是自觉地不断发展的，它就具有'科学方法'的性质"⑤。

---

① Popper Karl, *Objective Knowledge: An Evolutionary Approach*, Oxford: Clarendon Press, 1975, p. 112.

② Popper Karl, *Conjectures and Refutations: The Growth of Scientific Knowledge*, London: Routledge, 1963, p. 312.

③ Popper Karl, *Objective Knowledge: An Evolutionary Approach*, Oxford: Clarendon Press, 1975, p. 145.

④ Ibid., p. 146.

⑤ Popper Karl, *Conjectures and Refutations: The Growth of Scientific Knowledge*, London: Routledge, 1963, p. 313.

2. 阿米巴（生物）使用试错法是非批判的；爱因斯坦（科学家）使用试错法是批判的。科学家们能正视错误，主动寻找错误，抛弃错误，从错误中学习，接受教益。他说：二者"在批判地尝试与对待错误方面是有不同的。科学……试图发现错误，用以反驳理论"①。

3. 阿米巴（生物）在试错法中被淘汰的是携带错误的自己的躯体；爱因斯坦（科学家）在使用试错法中被淘汰的是错误理论，而不是自己的躯体。因此阿米巴（生物）在错误中灭亡，爱因斯坦（科学家）从错误中学习、前进。

4. 爱因斯坦（科学家）使用的是"符号（语言）试错法"，阿米巴（生物）则不是。他认为这是一个最重要的差别，这个差别导致产生以上一些差别。这是因为，人类有语言，所以才有理性；人类有语言，所以才能批判；人类有语言，所以才能淘汰错误理论而保存自身。但是阿米巴（生物）没有语言，所以它们不能。

波普认为阿米巴（生物）与爱因斯坦（科学家）在使用试错法方面虽有以上差别，但是两者所使用的方法在本质上却是共同的。因此他说："从阿米巴到爱因斯坦相差仅仅一步。"②

波普认为科学的试错法包含"理性"的批判与反驳，而生物的（或原始的）试错法则不是，因此他称他的科学的试错法为"猜测与反驳"的方法。③

波普把他的试错法与辩证法进行了比较。他指出了他的"四段式"的试错法与"三段式"的辩证法的区别性的同时，对马克思主义的辩证法进行了歪曲和攻击。从这种歪曲和攻击中可以清楚看出，他的哲学思想中虽有一定的辩证法因素，但是基本观点还是形而上学的。

波普认为他的"四段式"的试错法与"三段式"的辩证法虽在形式上有相类似之处，但是在内容上有重大差别。这种差别主要表现在下面几个方面：

---

① Popper Karl, *Conjectures and Refutations*: *The Growth of Scientific Knowledge*, London: Routledge, 1963, p. 52.

② Popper Karl, *Objective Knowledge*: *An Evolutionary Approach*, Oxford: Clarendon Press, 1975, p. 246.

③ Ibid., p. 52.

首先，他认为，他的"四段式"与辩证法的"三段式"在对各个环节的理解上有重大差别：

1. 他认为辩证法的三段式只限于承认"一个正题与一个反题"的对立，他的四段式则认为"可以有多个'正题'，也可以有多个'反题'"的对立。他说："我的试错法的术语比辩证法的术语的解释要广泛。我不限于开始只提出一个正题，而可以有许多正题；也不限于一个反对另一个。"①

2. 他认为辩证法的三段式断言反题从正题中产生。他的四段式认为"反题"不是从"正题"中产生，"而只能由人的批判精神所产生"，这就是说它是属于主观的东西。②

3. 他认为辩证法断言正题与反题之间是"互相斗争"的关系。他反对这种见解，认为"斗争不是好事情"，它不能促进事情的发展，"在人类思想史上有多少徒劳无益的斗争其结果是一无所获"。③

4. 他认为辩证法的三段式断言正题与反题的斗争结果是构成合题。他反对这种说法，认为一般的情况是"正题"受批判而被清除（证伪）。至于它被清除后将由什么样的理论来取代，那是不可预言的。因为"我们从不做出关于未来的建议"。④

其次，波普认为他的试错法与马克思主义的辩证法在对于"矛盾"的理解和对待矛盾的态度上，是有原则性差别的。他认为马克思主义辩证法的矛盾观有一些"合理"的地方，那就是"他们正确地看到矛盾在思想发展中的重要性，把它看得与批判一样重要。这是因为批判必然要指出矛盾，不论是被批判理论内部的矛盾，或这一理论与另一理论之间的矛盾，或理论与事实之间的矛盾，更确切地说理论与一定事实的陈述之间的矛盾。……总之，没有批判就没有发展理论的动力，就没有理智的进步"⑤。

波普认为马克思主义辩证法的矛盾观与他的矛盾观的根本区别在于：

---

① Popper Karl, *Objective Knowledge: An Evolutionary Approach*, Oxford: Clarendon Press, 1975, p. 315.

② Ibid..

③ Ibid., p. 246.

④ Ibid., p. 314.

⑤ Popper Karl, *Conjectures and Refutations: The Growth of Scientific Knowledge*, London: Routledge, 1963, p. 317.

1. 他认为马克思主义辩证法肯定矛盾，而他否定矛盾。马克思主义辩证法承认矛盾的普遍性，认为任何事物和人的认识中无不存在矛盾；矛盾的存在不是坏事而是好事。他认为矛盾并不存在于客观事物中，它只存在于人的思想中。因此所谓"矛盾"就是思想不一致，就是逻辑混乱，而逻辑混乱是不能肯定，只能否定的。因为容许逻辑混乱，"这就意味科学的彻底垮台"[①]。

2. 他认为马克思主义辩证法人为地设置矛盾，而他的试错法是力求清除矛盾。他说："辩证法认为矛盾是丰富的、富有成果的或是会促进进步的，这在某种意义上是对的；但是我们不能设置矛盾，永远不能接受矛盾，而只能以批判的态度指出矛盾，引导我们去改变理论，以期进步。反之，假如故意设置矛盾，那么即使看到矛盾也不会去改变它。换言之，就会失去所有批判的力量，因为批判就是指出矛盾。而失去批判，理智的进步也就宣告终结。"[②]

3. 他认为马克思主义辩证法反对形式逻辑的"矛盾律"，试错法肯定形式逻辑的"矛盾律"。如前所述，他认为所谓矛盾就是逻辑矛盾。因而他武断地推论：马克思主义辩证法既容许矛盾，那么它就必然反对形式逻辑的"矛盾律"（正确地应称"不矛盾律"），而他认为"矛盾律"是必须严格遵守的。辩证法"主张"抛弃传统逻辑的"矛盾律"是错误的。因为反对"矛盾律"，"同时肯定两个互相矛盾的陈述，那就意味着可以承认任何陈述都是真的了"[③]。

4. 他认为马克思主义辩证法肯定辩证逻辑，而他的试错法反对辩证逻辑。他断言：科学的思维逻辑只有一种，那就是形式逻辑；而且只是形式逻辑的演绎推理部分，除此之外别无逻辑可言。他认为马克思主义辩证法别出心裁，不但反对形式逻辑，而且另建辩证逻辑，这必然导致逻辑上的极大混乱。他说："辩证法者经常认为辩证法是逻辑的一部分，而且是比较好的一部分，它是做了某种革新的现代化的逻辑"，这是完全错误的。"因为根据我们的分析，无论如何得不出辩证法与逻辑有任何相似之处的结论。……可以说逻辑是一种演绎推理，但是我们没有任何理由相信辩证

[①] Popper Karl, *Conjectures and Refutations: The Growth of Scientific Knowledge*, London: Routledge, 1963, p. 317.

[②] Ibid., p. 322.

[③] Ibid., p. 315.

法能演绎出什么东西来。"①

最后，波普对整个辩证法进行了歪曲和攻击。这主要有以下几点：

1. 他攻击马克思主义辩证法是一种"危险的方法"。他一方面肯定，辩证法在描述"思想发展的历程"方面还是有一定"合理"的地方的。他说："无可怀疑，辩证法的三段式有时也能很好地描述思想史，特别是思想理论发展史和建立在思想理论基础上的社会发展的一定历程。……在这方面有许多与我上面所说的试错法是相一致的。"② 但是他认为这只局限于思想领域。而马克思主义的唯物辩证法把这种描述思想历程的辩证过程人为地推广于自然界，那就造成了极大的错误和武断，使辩证法"变成了一种危险的方法"。③ 因此他说："仅就辩证法与唯物主义的结合而言，据我看来，甚至它比唯心主义的辩证法更坏。"④

2. 攻击马克思主义的辩证法含义不清。他认为由于马克思主义者把辩证法勉强地用于一切领域，使它能解释一切，于是必然导致它的含义不清。他说："辩证法的另一种危险是它的含义不清。"为了使它能勉强地解释一切不能不使它变成为"一种'不确切地隐喻'和含混不清的表述方法"⑤。他列举了恩格斯在《反杜林论》中的两个"含混不清"的例子。一个是"种子是一个正题，从种子中发展出的植物是反题，从植物中又生长出大量的种子是合题"。他认为"这种解释更增加了三段式的含混性"。因为作为"合题"的大量种子，仅是原来种子的重复，"它并没有产生出什么新东西"。⑥ 第二个是数学方面的例子。他说："辩证法者在数学领域中所表述的典型例子就更坏了，例如恩格斯的那个十分有名的例子："a 与 $-a$ 的乘积的合题是 a^2。"他认为这个例子是说不通的。"因为如果说 a 是正题，$-a$ 是反题，那么'否定之否定'便是 $-(-a)$，即 a；这样它便不是一个更高的合题，而只是原来的正题。即使在前面那个例子中，我

---

① Popper Karl, *Conjectures and Refutations*: *The Growth of Scientific Knowledge*, London: Routledge, 1963, p. 322.
② Ibid., p. 314.
③ Ibid., p. 331.
④ Ibid..
⑤ Ibid., p. 323.
⑥ Ibid..

们又有什么理由说 a^2 高于 a 或 $-a$ 呢？假如 $a = \frac{1}{2}$，那么 a^2 仅是 $= \frac{1}{4}$ 啊！"他认为："这个例子表明他们使用辩证法的含混概念的极端任意性。"①

3. 污蔑马克思主义辩证法是"强化的教条主义"。波普曾说："辩证法是反教条的"，但是可惜"只存在于理论，而不存在于实践中"。实际上辩证法成了"正统的马克思主义者"用以"抵制批判、保卫自身"的手段。他说："黑格尔以自己的哲学为发展的终结"，"马克思主义者也以同样的态度对待马克思主义体系。……使辩证法成为一种灵活的教条主义，逃避攻击。因此我称它为强化的教条主义"。②

总结以上，波普得出的结论是：辩证法与他的试错法虽有相似之处，但两者根本上是不同的。辩证法有时也可能有一些用处，但词义含混，不如试错法，因此应该"抛弃"辩证法，推广他的试错法。他说："鉴于以上所述，我认为应十分谨慎地使用'辩证法'的概念。使用它可能也会有一些好处，但还是以不用它为好，因为我们可以使用试错法。"③

波普的试错法是他的认识论观点的全面的概括，因此应该联系他的前面所述的全部观点加以考察。它既有不可知论、理性主义、经验主义的成分，又有比较丰富的辩证法因素；应该实事求是地去其糟粕，取其精华。对于其中合理的东西应予以肯定。至于他把人的辩证认识过程与生物适应环境的本能混为一谈，认为"从阿米巴到爱因斯坦相差仅是一步"，这种说法是轻率的，错误的。

波普的世界观本质上是形而上学（与辩证法对立的形而上学）的，但是它又不自觉地反映了现代自然科学中的丰富的辩证法。这就使他的认识论充满了辩证法与形而上学的矛盾。

波普认为他的试错法有别于辩证法，这当然是正确的。

两者有重大差别，不能混为一谈。而他的反辩证法的论点却都是错误的。

波普把马克思主义辩证法的"否定之否定"规律与黑格尔的"三段

---

① Popper Karl, *Conjectures and Refutations*: *The Growth of Scientific Knowledge*, London: Routledge, 1963, p. 322.
② Ibid., p. 334.
③ Ibid., p. 323.

式"等同起来是错误的。马克思主义辩证法来源于黑格尔的辩证法,但根本区别于他的辩证法。黑格尔的"三段式"最终调和矛盾,马克思主义的"否定之否定"规律则正确地反映了新东西辩证地否定旧东西而不断前进的客观趋向。波普把两者混为一谈,这正好说明了他对马克思主义辩证法并不真正理解。

波普对马克思主义许多观点的攻击是出于歪曲或捏造。他曾说马克思主义辩证法只限于"一个正题和一个反题",事实上马克思主义辩证法从来承认矛盾的多样性和复杂性,他曾说马克思主义"任意设置"对立面,事实上马克思主义辩证法从来坚持矛盾的客观性和普遍性。矛盾不是人的主观所任意设置的,革命者的任务不是人为地设置矛盾,而是自觉去发现矛盾,积极地去揭露并解决客观矛盾,以推动事物的规律性发展。

波普攻击马克思主义辩证法反对形式逻辑及其"矛盾律",这不是出于无知,便是故意捏造。马克思主义肯定形式逻辑,因为形式逻辑是关于思维规律的科学。马克思主义也肯定形式逻辑的"同一律"（$A=A$）,因为它反映客观事物的质的相对稳定性及其相互的区别性,否认形式逻辑及其"同一律"（"矛盾律"不过是"同一律"的不同形式表现）,就违背了客观事实,就会造成思维的混乱。

但是马克思主义也肯定辩证逻辑,认为形式逻辑是思维的低级逻辑,而辩证逻辑则是思维的高级逻辑。前者只反映客观事物在相当稳定状态下的关系的一面;辩证法则全面地反映了客观世界的辩证发展规律。辩证逻辑与形式逻辑不是彼此排斥而是互相依存,辩证统一的。任何肯定一方,否定另一方的做法都是错误的,否定形式逻辑就会造成思维的逻辑混乱,反之,否定辩证逻辑就会造成思维的片面性和僵化。其实口口声声反对辩证逻辑的波普,在他的科学方法论的论述中,却处处不自觉地反映了辩证逻辑,尽管他自己不承认或有时对它歪曲。如上述认识过程中的观察与理论、认识与实践、归纳与演绎、猜测与反驳、证实与证伪、抽象与具体、简单与复杂、个别与一般、真理与错误、相对与绝对等等,无不是辩证逻辑的范畴。

波普认为马克思主义辩证法的概念含义不清。其实,"含混不清"的是他自己的形而上学理解,而不是马克思主义辩证法。波普反对恩格斯在《反杜林论》中的例子,说新种子相对于旧种子来说并没有什么新东西。这是不对的。植物的新品种是通过新种子对旧种子的否定而培育出来的。

不承认新种子中的新内容，就否定了植物进化的可能性。他又说 a 与 – a 的否定之否定是 –（– a）即 a，前一个 a 与后一个是同一个 a，并没有什么新内容，这也是错误的。人的认识就通过 a 与 – a 的否定之否定而深化了。一个懂得 –（– a）是 a 的人的数学知识水平，难道与一个只知道 a = a 的幼儿园孩子的知识水平是一样的吗？显而易见，马克思主义辩证法是清楚易懂的，造成混乱不清的是波普自己的形而上学观点。

应该承认，波普在一定程度上还是承认辩证法的。他承认把辩证法用于思想史或体现思想史的社会发展史中还是有"有用之处"的。不过，他认为这不如他的"四段式"的试错法好，最好不用它。当然，相对地说，这比全面地否定辩证法来说，也算是一种进步。但是应该指出，否定客观辩证法，把它局限于思想领域，从而把客观社会矛盾归结为人的主观心理的矛盾的观点是错误的。当今流行于西方的一些哲学流派，如西方马克思主义之一法兰克福学派等就坚持这种主张。这种主观辩证法在当前西方流行是有客观原因的，它反映了现代自然科学的丰富辩证法内容，以及当前资本主义世界各种矛盾的激化。

总之，在自觉反对辩证法的波普哲学中不自觉地体现了许多辩证法因素。这本身就是一个矛盾。这是客观现实的矛盾。至于波普污蔑现代的马克思主义是"强化的教条主义"，那是他的资产阶级立场决定的。"马克思主义不是教条，而是行动的指南。"马克思主义坚决反对教条主义，因为它是马克思主义的大敌。下面我们将通过对波普的社会、政治哲学观点的分析来揭露他的这种资产阶级立场。

第三章　社会哲学：反历史决定论

一　社会意识决定社会存在

波普认为，他的批判理性主义所主张的猜测与反驳的方法，即试错法不仅适用于自然科学，也适用于社会科学，它是普遍适用于一切科学领域的一般的科学研究方法。1970 年他与英国牛津巴利奥学院的哲学讲师马吉（Bryan Magee）谈话时，后者问他："对您的著作一无所知的人以为您的政治哲学跟您的科学哲学没有什么联系，这是可以原谅的。但是事实上您做的，归根到底是把您的自然科学观点推广到社会科学。是不是这样？换言之，在这两个明显不同的领域，您的哲学是浑然一体的。"波普做了完全肯定的回答。[1] 称他的这种社会科学方法与自然科学方法"同一"的观点为"自然主义"的观点。[2] 而把与他相反的观点，即认为社会科学的方法与自然科学的方法不同的观点称为"反自然主义"的观点。

波普认为自伽利略以来，自然科学尤其是物理学有了很大的发展，而社会科学则比较落后，存在着很大的分歧和混乱。他认为造成这种分歧和混乱的重要原因之一，是由于缺乏正确的科学方法的指导，特别是由于"反自然主义"的观点所致。"反自然主义"的观点认为，社会科学有它的特殊性，不能把现代自然科学，特别是现代物理学中行之有效的方法应用于研究社会历史问题。

波普认为反自然主义者所以具有这种观点和做出这种结论，主要是由

---

[1] B. 玛吉：《鲍波尔的哲学观与政治观——与卡尔·鲍波尔的对话》，杨祯钦译，《哲学译丛》1980 年第 6 期。

[2] Popper Karl, *The Poverty of Historicism*, London: Routledge, 1961, pp. 130 – 135；或《哲学》，第 909 页。

于他们误解了自然科学，特别是现代物理学的科学研究方法的本质。他说，现在大家公认："自然科学或自然科学知识是一种特别可靠和最确凿无误的知识，它是观察和实验的结果。观察和实验导致我们形成假说。当假说一次又一次经过核对和检验，就被认为是已经成立或已被证实的科学理论。"① 其实这种看法是错误的。自然科学普遍的方法不是上述的方法，而是试错法。而试错法不仅是自然科学的方法，也是社会科学的方法。它完全适用于对社会历史现象的研究。他写道："过去人们误解了物理学方法，不懂得它是试错法，从而认为物理方法不能应用于社会科学领域。"②

波普认为，在科学史上不是别人而是他首先拨开了长期笼罩在自然科学方法论上的迷雾，明确了科学方法的试错法的实质，从而为先进的自然科学方法应用于落后的社会科学领域提供了可能性，并为自然科学的方法与社会科学的方法的统一奠定了基础。他说："伽利略后的物理学有很大的发展，生物学中的伽利略是巴士底（Pasteur），而社会科学中迄今还没有伽利略，言下之意他是社会科学中的伽利略，因为他为社会科学提供了科学的方法论，使社会科学成为真正的科学。"③

波普认为，当今阻碍把自然科学方法应用于社会科学从而阻碍社会科学"科学化"的观点是反自然主义的观点。而"历史决定论"则是一种历史上最为流行的"反自然主义"，它把社会科学的方法与自然科学的方法完全对立起来，提倡一种历史决定论的研究方法，从而抵制自然科学方法，也就是抵制他的试错法在社会科学中的应用。它为社会历史的研究和其他社会科学各部门的研究带来了极大的"混乱"。

那么，什么是他所称的"历史决定论"呢？他曾为它下过几个定义，如：

"本书将详细地解释对历史决定论一词的理解，我的理解很简单，我认为历史决定论是一种涉及社会科学各学科的理论，这种理论把历史预言作为它的基本目标，……认为通过发现潜在历史发展中的'节奏'、'模

---

① B. 玛吉：《鲍波尔的哲学观与政治观——与卡尔·鲍波尔的对话》，《哲学译丛》1980年第6期。
② Popper Karl, *The Poverty of Historicism*, London: Routledge, 1961, p.2.
③ Ibid., p.1.

式'、'规律'或'趋向'能够实现这个目标。"①

"它认为社会科学的任务在于提供长期的历史预言,它相信通过被发现的历史规律能预言历史事件的过程。凡具有这种观点的各种社会哲学我统称之为历史决定论。"②

从上可见,波普所称的"历史决定论"具有两个最基本的观点:1. 肯定社会历史发展的规律性；2. 肯定能在认识这种规律的基础上做社会历史的预言。

波普的"历史决定论"(Historicism)一词原应翻译为"历史循环论"。但鉴于他用这个概念指的是"历史决定论",因此我们就把它译为"历史决定论"。

波普认为,"历史决定论"是一种流传甚久的古老理论,它的最古老的形式是"上帝选民论",即认为上帝规定社会发展,决定选民命运的理论,他称它为"神学形式的历史决定论"。③ 此外,他认为还有肯定自然规律决定社会发展的"自然的历史决定论",肯定心灵规律决定社会发展的"心灵的历史决定论"和肯定经济规律决定社会发展的"经济的历史决定论"等等。他认为现代流行的历史决定论的两种主要形式是法西斯主义和马克思主义。他说这两种理论是根本对立的,马克思主义是"人道和热情"的学说,法西斯主义则是反动的理论。但两者在方法上却有其"相似性",即具有"同一的认识论根源"。④ 波普直言不讳地把批判矛头指向马克思主义。他说:这样做的原因是"马克思主义是迄今理论中最纯粹、影响最广泛,因而最为危险的历史决定论形式"⑤。

波普认为,"历史决定论"在方法论上是反自然主义的,它反对把自然科学中行之有效的方法应用于社会历史领域,但是在内容上它却是"亲自然主义"(Pro-Naturalism)的,即认为社会科学的任务像自然科学的任

---

① Popper Karl, *The Poverty of Historicism*, London: Routledge, 1961, p. 3.
② Popper Karl, *The Open Society and Its Enemies* (Volume One), London: Routledge, 1962, p. 3.
③ Ibid., p. 8.
④ Popper Karl, *Die offene Gesellschaft und ihre Feinde* (Band II), Verlag: Bern, Francke Verlag, 1958, p. 102.
⑤ Ibid..

务一样，在于寻求规律。只不过自然科学寻求的是长期的、普遍的自然规律；社会历史科学寻求的是比较声暂的阶段性的社会规律。波普认为，"历史决定论"的方法论方面的"自然主义"是错误的，它的内容方面的"亲自然主义"也是不正确的。因为在他看来，社会历史的变化根本没有规律。他认为近代的历史决定论所以坚持社会历史发展具有规律性的观点，是由于受牛顿和达尔文的伟大成就的影响。牛顿理论肯定力学规律，达尔文主义肯定生物进化规律；于是历史决定论也认为社会科学的任务在于寻求规律，即寻求社会历史发展的规律。他写道："现代历史决定论受了牛顿理论的成功的巨大影响，特别是它能长期预言行星的位置。这种长期预言的成功使人们心中产生预言未来的古老梦想。……认为社会科学也像天上一样。如果天文学家能预言日食，那么社会科学为什么就不能预言革命呢？"[1] 又说："现在历史决定论的流行应该看作达尔文进化论流行的一个部分。"[2] 波普认为现在流行着一种观点：好像"科学的"就必须是"规律的"或"决定论的"，否则就不是"科学的"了。他说，其实"科学的"与"决定论的"这两个概念的紧密联系的观点，"只是一种还没有完全过时的时代的迷信"。事实上，"决定论并不是科学的必要的组成部分。没有这种决定论的假想，科学研究仍然可以有严格的科学性"[3]。因为科学的必要特征是它的可证伪性。科学是试错性的猜测。自然科学是对自然界的普遍规律的猜测，而社会历史本身没有规律性，因而社会科学不是对普遍规律的猜测，而是对社会的具体事件的猜测。

波普反对"历史决定论"的出发点是他的历史唯心主义。他否定马克思主义关于社会存在决定社会意识的历史唯物主义根本原则，坚持社会意识决定社会存在的历史唯心主义的原则。他称马克思主义关于社会物质生活条件决定社会意识、经济基础决定上层建筑的观点为"经济主义"。他说，马克思主义的"经济主义"认为对社会历史的研究必须重视当时的"经济条件"，这是"极有价值"的。但是他说：它强调得太过分了。它把经济条件说成是社会历史的决定性因素，把"社会的发展相当苛刻地说成

---

[1] Popper Karl, *The Poverty of Historicism*, London: Routledge, 1961, p. 36.
[2] Ibid., p. 106.
[3] Popper Karl, *Die offene Gesellschaft und ihre Feinde* (Band I), Verlag: Bern, Francke Verlag, 1958, p. 107.

是依靠于经济条件,特别是依赖于物质生产资料的发展,那就变成完全错误了"①。他说经济因素对社会的发展虽然起着不可忽视的作用,但是与政治思想、宗教思想,特别是科学思想的作用比较起来却只能占次要的地位。因为不是经济决定思想,恰恰相反,是思想决定经济,决定社会的发展。他提出了下面两点理由:

1. 思想对社会历史发展的作用大于经济的作用。他说:"我认为社会历史的经验清楚地表明:在一定环境下观念的影响超过并可取代经济力量的影响。"② 为了证明这个论点,他说:"构成知识的思想比整个物质生产资料更为根本。可以设想,我们的整个经济体系,包括机器和社会组织有一天全都被摧毁了,但是只要科学技术知识没有被摧毁,那么也许不要经过很长的时间就可以重建经济体系。可是反过来,假如知识完全消失了,而机器和物质产品仍然保存着,那么其结局只可能是一个野蛮的种族占据着一堆高度工业化废物的荒芜情境,而在这种情况下,文明的物质遗迹也是会很快地消失的。"③

2. 不是社会经济条件决定社会思想,恰恰相反,而是社会思想决定社会经济条件。他说:"人们不知道经济背景","能够研究科学、宗教观点的发展";反之"不知道科学、宗教思想的发展,如不知道科学革命和宗教革命,就无法理解当时的经济和社会的变化"。④

波普否定了社会物质生活条件对社会历史的决定作用,自然也就否定了社会历史的规律。他把他的这种否定社会规律的论据明确地归结为以下五点:

1. 人类的历史进程很大程度上取决于人类知识的增长……;

2. 我们不能通过某种合理的方法(或科学的方法)预言我们的科学知识将如何增长;

---

① Popper Karl, *Die offene Gesellschaft und ihre Feinde* (Band II), Verlag: Bern, Francke Verlag, 1958, p. 135.

② Popper Karl, *Conjectures and Refutations: The Growth of Scientific Knowledge*, London: Routledge, 1963, p. 332.

③ Popper Karl, *Die offene Gesellschaft und ihre Feinde* (Band II), Verlag: Bern, Francke Verlag, 1958, p. 138.

④ Popper Karl, *Conjectures and Refutations: The Growth of Scientific Knowledge*, London: Routledge, 1963, p. 332.

3. 因而我们不能预言人类的未来历史进程；

4. 这意味我们应该否认有理论的历史学存在的可能性。那就是说应该否认有可能存在一种像理论物理学那样的理论社会学。事实上不可能存在一种建立在历史预言基础上的关于历史发展的科学理论；

5. 所以从根本上说，"历史决定论"是一种无稽之谈。……"历史决定论"是没有根据的。①

波普有时把他上述的五点简明地归结为一句话，那就是"不存在任何规定，一切由我们自己决定"②。

对波尔的上述言论下面分几个方面加以评述：

首先，社会科学不能像自然科学那样寻找客观规律吗？恰恰相反，它的任务在于寻找客观规律。任何一种理论所以称得上科学就在于它反映客观规律，从而人们能运用它们改造世界。否认科学的任务在于寻找客观规律，就否定了它的科学性，就否定了人类自觉改造自然和社会的可能性，就使人类在社会规律和社会力量面前软弱无力。

其次，自然科学的方法可以等同于社会科学的方法，两者完全没有区别吗？不。诚然，作为科学世界观和科学方法论统一的辩证唯物主义既适用于自然科学又完全适用于社会科学，但它在不同领域中的应用是各有其特殊性的。在自然科学中经常应用的观测和实验的方法，数学分析的方法等等，虽然有时也能应用于社会科学的研究，而且随着时代的发展，这种方法的重要性及其应用范围愈来愈大了。但是不能因而否定社会科学在方法上的特殊性。由于社会的本质是生产关系和体现这种生产关系的社会关系，在阶级社会中则表现为阶级关系，因而生产关系、社会关系的分析，在阶级社会中，阶级关系的分析的方法就成为社会科学的最根本的方法。否定这种方法上的特殊性，就否定了社会的本质，就否定了真正的社会科学。

再次，波普反对社会存在决定社会意识，坚持社会意识决定社会存在，这正好说明了他是一个历史唯心主义者。

坚持社会意识决定社会存在的历史唯心主义观点并不是波普的个人创

---

① Popper Karl, *The Poverty of Historicism*, London: Routledge, 1961, pp. iv – v.
② Popper Karl, *The Open Society and Its Enemies* (Volume One), London: Routledge, 1962, p. 3.

见，而是马克思以前普遍流行的观点。历史唯心主义者认为社会意识决定社会存在，个别英雄人物的意志和愿望任意决定社会的性质和变化，从而否定社会历史的发展规律，否定社会科学。

正是马克思和恩格斯把辩证唯物主义应用于社会历史的研究，提出了社会存在决定社会意识的历史唯物主义基本原则，从而社会历史的研究才成为真正的科学。列宁说："马克思加深和发展了哲学唯物主义，使它成为完备的唯物主义哲学，把唯物主义对自然界的认识推广到对人类社会的认识。马克思的历史唯物主义是科学思想中的最大成果。人们过去对历史和政治所持的极其混乱和武断的见解，为一种极其严密的科学理论所代替。这种科学理论说明，由于生产力的发展，从一种社会生活结构中会发展出另一种更高级的结构。"[1]

马克思主义否认政治、法律、宗教、道德等社会意识形态对社会存在即社会物质生活条件的反作用吗？不。马克思主义从来肯定并十分重视这种作用。列宁说："没有革命的理论就不会有革命的运动。"但是人的思想是从哪里来的，是由什么决定的呢？为什么不同历史时期有不同思想意识，譬如为什么波普所尊敬的爱因斯坦的相对论不产生于几千年前的原始社会，几百年前的奴隶社会，而恰恰产生于20世纪的初期呢？否认社会存在对社会意识的作用就只好把它归因于个人的天才或上帝的恩赐了。上面波普所说的论据不能说明社会意识决定社会存在，恰恰相反，正好说明社会存在决定社会意识。他说一旦现代文明毁灭了，科学技术资料仍保留下去（社会是进步的，姑且也如此设想），野蛮的原始人经过很长的时间才能重新掌握这些现代科学技术。为什么要经过很长的时间呢？没有现代的物质生活条件以及由此决定的高度智慧，野蛮人能掌握现代的科学技术资料吗？显然不能，这正好表明社会存在决定社会意识。他又说：一旦现代文明毁灭了，科学技术资料也毁灭了，只有机器和物质产品仍然保存下去，那么其结局只能是野蛮人占据着一堆高度工业化的废物。为什么现代人具有高度智慧，能使用现代的机器和物质产品，而"野蛮人"不能，对他们只是一堆废物呢？是什么决定了"野蛮人"的"愚昧"与现代人的智慧呢？不是社会存在，即社会物质生活条件决定

---

[1]《列宁选集》第2卷，第443页。

社会意识又是什么呢？

波普承认马克思主义与法西斯主义是对立的，但有"共同的认识论根源"，这完全是错误的。马克思主义的认识论基础是辩证唯物主义，法西斯主义的认识论基础是主观唯心主义的意志主义，两者根本没有什么"共同"之处。如要说与主观意志主义有共同认识论根源的，不是马克思主义，倒是波普自己，因为他的那句结论性的名言——"不存在任何规定，一切由我们自己决定"，倒确确实实是主观意志主义的。

波普是给社会研究带来科学方法的社会科学中的"伽利略"吗？不，他给社会科学带来的不是"科学方法"。这从下面对他的社会、政治、伦理观点的进一步分析中就可以清楚地看出来。

二 "社会历史没有规律，不能预言"吗？

为了进一步否定社会历史发展的规律，波普还提出了以下几个论据：

1. 自然现象有重复性，社会历史现象没有重复性。他认为重复性是规律性的必然表现，因为事物变化的规律性是通过现象的不断重复表现出来的。没有重复性也就没有规律性。自然现象是可以重复的，它是有规律性的，因此科学家们可以对自然现象进行实验，即人为地控制一定的条件，使自然现象重复以认识它的变化规律。但是社会历史现象没有重复性，它是一次性的，因而它的变化是没有规律的。人们是无法对它进行实验的。他写道："社会历史没有规律，因而对社会不能进行实验，它不能在精确相似的条件下重复。"①

应该指出，波普并不否认社会现象的相对重复性。他说："我并不否认历史有时可能在一定方面的重复，或者历史事件的某些类型方面的类似性。例如对古希腊专制制度的产生和现代专制制度产生的研究，对于政权社会学是具有一定意义的。"但是他认为这种"重复"不表现规律性，因为它们不是绝对的重复，即"与原型相同的重复"，它们"具有各自的非常不同的环境"。在他看来只有绝对的重复才能表现为规律。②

---

① Popper Karl, *The Poverty of Historicism*, London: Routledge, 1961, p. 93.
② Ibid..

2. 自然界的新事物不同于社会的新事物。波普认为新事物有根本不同的两类。一类是"人为的新事物",它们是"已有成分的重新组合",自然界的新事物很多属于这一类:如机器部件的重新装配、原子、分子的重新组合,等等;另一类是"内在的新事物"。它们在"本质上是全新的",如生物学上的新事物,社会中的新事物都是这样。前一类新事物,即"人为的新事物"的出现是有规律性的,是"可以被合理地分析和预言的";后一种新事物,即"内在的新事物"则不然,它们的出现没有规律性,因此对"它们不可能做合理的分析和预言"。[1]

3. 社会现象的复杂性和人为性。波普认为社会历史发展之所以没有规律性还在于它们的"复杂性"和"人为性"。他认为社会的"复杂性"在于它的多方面的联系和对这类联系的不可能人为地孤立化;而社会现象的"人为性"则在于它有人的思想活动的参与。[2]

4. 自然现象有规律性,社会现象只有"倾向性","规律和倾向是根本不同的两回事情"。[3] 波普认为"在社会变化中存在着一种倾向或趋向,这是无可怀疑的。任何统计工作者都能计算出这种趋向。但是趋向的设想往往只是一种有效的统计手段,它不等于规律"[4]。为什么趋向不等于规律呢?因为:

第一,规律是普遍陈述,而趋向是具体、经验的陈述。"普遍规律并不说明存在,……相反,它是一种禁令,它只说明这一或那一事物的不能存在。而某种具体的趋向只是对特殊历史环境的一种说法,它不是普遍规律。"[5]

第二,规律是永恒的,任何时候都是有效的;趋向是暂时、可变的。一个自然规律,如能量守恒和转化规律是永恒的,而"一个社会趋向,如人口增长的趋向可以持续有效几百年,甚至几千年,但也可以在十年甚至更短暂的时间内发生变化,失去效力"[6]。

---

[1] Popper Karl, *The Poverty of Historicism*, London: Routledge, 1961, pp. 9 – 10.
[2] Ibid., pp. 8 – 12.
[3] Ibid., p. 116.
[4] Ibid., p. 105.
[5] Ibid..
[6] Ibid., p. 93.

波普从上述观点出发否定生物进化和社会发展的规律性,认为它们都只是趋向而不是规律。他说:"能有一种进化的规律吗?我认为回答只能是否定的。因为'进化的不变秩序'规律的探求,无论在生物学或社会学中都是不科学的。理由很简单,地球上的生命和人类社会的进化是一个唯一的历史过程……仅限于对唯一过程的观察,我们是不能期待检验一个普遍的假设和寻求一种科学所能接受的自然规律的。一个唯一过程的观察是不能帮助我们去预见它的未来的。"① 他甚至说:"我不相信历史规律,特别是不相信任何事物的进化规律。事实上我相信倒退比进步要更容易一些。"② 波普反对科学的进化论是规律,其目的在于反对科学的历史决定论。他说:"历史决定论特别相信社会科学的任务是在寻求社会进化规律的基础上预言社会的未来,这是历史决定论的中心教条。"③

波普在否定社会规律的基础上进而否定社会预言的可能性。他说:预言必须依据规律,既然社会历史的变化没有规律,因而也就没有可能预言社会历史的未来。他说:"我以严格的逻辑理由表明:我们不可能预言历史的未来进程。"④ "没有科学的预言家能用科学的方法预言自己的未来,他们只能得到结果在事件之后,而这时已经谈不上预言了。"⑤ "社会学要想把古老的梦想变成科学,把对我们隐藏着的未来预先揭示出来,这是不可能的。"⑥

波普还论述了自然规律与科学预言的关系。他认为人们单凭自然规律还不能做出科学预言。只有把普遍规律与具体条件(他有时称为"初始条件")结合起来才能做出科学预言,因此科学预言是"条件的预言"。他写道:"科学中通常的预言是有条件的,它们断言确定的变化(如断言水在

---

① Popper Karl, *The Poverty of Historicism*, London: Routledge, 1961, pp. 107 – 108.
② Popper Karl, *Conjectures and Refutations: The Growth of Scientific Knowledge*, London: Routledge, 1963, p. 365.
③ Popper Karl, *The Poverty of Historicism*, London: Routledge, 1961, p. 106.
④ Ibid., p. iv.
⑤ Popper Karl, *Conjectures and Refutations: The Growth of Scientific Knowledge*, London: Routledge, 1963, pp. iii – iv.
⑥ Popper Karl, *Die offene Gesellschaft und ihre Feinde (Band II)*, Verlag: Bern, Francke Verlag, 1958, p. 108.

壶里沸腾）必然伴随着其他条件的变化（如水的温度的变化）。"①

他进而分析了社会历史的预言。他认为社会历史的预言往往只是把一种暂时的趋向当作普遍的规律，并从此无条件地推论出未来。如以社会的进步为普遍规律而无条件地推论出未来理想社会必然要实现等等。他认为这些都是"无条件预言"。他说"我们可以断言：这是历史决定论的中心错误。它的'发展规律'原来只是一种抽象的倾向：这种倾向，似乎像规律一样，不依赖于初始条件，把我们带向不可抗拒的未来。它们是无条件预言的基础，是与科学的条件预言相对立的。②"他认为无条件预言不是科学预言，而是"假预言"，因而只是一种"骗术"。他说："我许多年来都坚持这种观点：历史的预言是一种骗术。"③ 他把历史的预言家不分青红皂白地统称为"错误的预言家"。他专门攻击马克思说："为什么要攻击马克思呢？他尽管有功绩，但仍是一位错误的预言家，是一位历史进程的错误的预言家。……他诱导无数有识之士都相信研究社会的目的是提出历史的预言。……他应对这种毁灭性的影响负责。"

波普否定社会规律的一些论据都是错误的。

他认为规律必然表现为绝对的重复。自然现象有绝对重复，因而自然界有规律；社会现象没有绝对的重复，因而社会没有规律，这显然是错误的。世界上有绝对的重复现象吗？没有！不仅社会现象中没有绝对的重复，就是自然现象中也没有绝对的重复。笛卡尔早在几百年以前就指出过：自然界没有两片完全相同的叶子。

波普认为自然界的新事物不同于社会的新事物。自然界的新事物是旧事物的简单重复；社会的新事物是"本质上全新的"。这里仍然是相对重复与绝对重复的问题。自然界的新事物仅是旧事物的简单重复吗？宇宙中新天体的产生仅是旧天体的简单重复吗？今年的气象变化仅是去年的气象变化的简单重复吗？它们都毫无新内容吗？显然不是。

社会的复杂性和它的人为性也不能成为否定社会规律的根据。社会现

---

① Popper Karl, *Conjectures and Refutations: The Growth of Scientific Knowledge*, London: Routledge, 1963, p. 339.

② Popper Karl, *The Poverty of Historicism*, London: Routledge, 1961, p. 128.

③ Popper Karl, *Conjectures and Refutations: The Growth of Scientific Knowledge*, London: Routledge, 1963, p. 364.

象是普遍联系、十分复杂的，许多自然现象也同样是普遍联系，十分复杂的。社会历史有人为性即"有人的思想参与"，但是人的思想不是任意的，如前所述，它是客观物质生活条件决定的。"社会存在决定社会意识"，这本身就是一条最基本的社会规律。

人类社会发展是一个唯一的过程，唯一的过程就不可能有规律，而只能有趋向。这种说法对吗？也不对。从总体上考察，人类社会是一个整体，它是一个唯一发展的过程。但是自然界也是普遍联系的整体，它也是一个唯一发展的过程。如分别加以考察，自然界是由多类事物构成的，每类事物的变化都有它们的共同性或规律性；人类社会也同样是由各地区、各民族、各集团构成的，不同民族、不同国家、不同社会集团的发展也有它们的共同性或规律性。社会发展的规律是无法否认的。尽管各地区、各民族各有其特殊性，但是它们的发展都受其生产关系一定适合生产力性质等社会规律的作用和支配，都经历着从原始社会、奴隶社会、封建社会和资本主义社会到社会主义—共产主义社会的规律性阶段。这不是社会存在规律的铁证吗？

社会发展与自然界的发展一样都存在规律。因此社会科学像自然科学一样能够预言未来。波普否认人有预言社会未来的可能性是错误的。

波普断言自然科学的预言是条件预言，如预言水在温度摄氏 100 度条件下必然沸腾。这种预言是科学的、正确的。而社会的预言是无条件的预言，如马克思主义预言人类社会必然无条件地实现共产主义；这种预言是错误的，是"骗术"。这如果不是出于波普的误解，便是他的歪曲。马克思主义哪一天曾预言过人类社会可以无条件地实现共产主义呢？马克思主义坚信人类社会最终必然实现共产主义，但是马克思主义者从来坚持实现这个未来理想是有条件的。没有高度的社会生产力的发展，没有高度的人的思想觉悟等条件，它的实现是不可能的。全世界马克思主义者不是正在为创造这种条件而努力奋斗吗？

自一百余年前马克思预言社会主义—共产主义必将实现以来，许多国家已先后走上社会主义道路，从而证明了这个预言的科学和正确。被历史的实践所证伪的不是马克思的伟大预言，而是波普的歪曲。

三 反对"本质主义""总体主义""乌托邦主义"

波普认为历史决定论除上述错误外,还带来了具有极大危害的三大主义,即"本质主义"(Essentialism)、"总体主义"(Holism)和"乌托邦主义"(Utopianism),他对它们进行了批判。

波普认为历史决定论是"方法论的本质主义"[①]。在前面讨论真理问题时已经说过:他对"本质主义"有两种理解:一是指事物的本质永远不变,一旦人们认识事物的本质就获得"终极真理"的形而上学观点的"本质主义",他对这种观点的批判是正确的;二是指承认事物具有内在本质,认为认识事物应透过现象深入本质的观点的"本质主义"。他批判历史决定论是方法论上的本质主义,就是指的这种"本质主义"。他说:"我用方法论的本质主义这一名词以表示这样的一种观点:知识或科学的任务在于发现和描述事物的真正本性,即它们隐藏的真实本质。"[②] 又说:"认为真正科学的理论在于描述事物的本质,即潜在于外部现象之中的实在的理论就是本质主义。"[③]

波普认为本质主义是历史决定论的理论根源,而历史决定论则是本质主义的方法论表现。历史决定论就是因为肯定事物具有内在的本质,而这种本质规定着事物的自始至终的规律性变化,所以才坚持决定论主张的。他说:"本质这个无形的种子它自始至终地内在于变化的对象之中,这个教条指导着历史决定论的命定论。"[④]

波普认为在现代自然科学中流行着唯名论观点,因此绝大多数自然科学家所关心的仅仅是"描述事物的表现",而不去争论它们的本质是什么的问题。社会科学则完全相反,那里流行的是本质主义的观点,它们认为

[①] Popper Karl, *The Poverty of Historicism*, London: Routledge, 1961, p. 128.
[②] Popper Karl, *Die offene Gesellschaft und ihre Feinde (Band I)*, Verlag: Bern, Francke Verlag, 1958, p. 31.
[③] Popper Karl, *Conjectures and Refutations: The Growth of Scientific Knowledge*, London: Routledge, 1963, p. 104.
[④] Popper Karl, *The Open Society and Its Enemies (Volume Two)*, London: Routledge, 1962, p. 7.

"要理解社会的实体,如国家、经济活动、社会集团等,就必先了解它们的本质。"因此自然科学家从不讨论"原子""分子"等等的本质是什么的问题,而社会科学家却总是对"什么是国家""什么是公民""什么是贸易"等"无谓的"本质问题喋喋不休。①

波普认为在社会科学中"历史研究方法"的流行,也是受这种本质主义观点影响的结果。历史研究的方法论者认为:认识事物必须深入把握事物的内在本质,而事物的本质是通过它的历史变化而展现出来的,因此要认识事物的本质,应先研究它的历史变化。②

波普断言本质主义是错误的,因为事物内部根本不存在这种本质。他把本质斥之为根本不存在的"幽灵"③,从而把历史决定论和历史研究的方法斥之为匍匐于"本质"这个"幽灵"之前的一种神秘主义的观点和方法。

波普认为历史决定论在方法论上的另一个重大错误观点是"总体主义"。

什么是"总体主义"呢?波普所理解的"总体主义",就是一种对事物的研究不能通过部分的,而必须全面的、总体的研究的方法。他说:"历史决定论所关心的发展,不是社会生活的某些方面的发展,而是作为一个整体的社会的发展。"这种整体的观点就是"总体主义"④。

波普指出,历史决定论坚持总体主义的理由是,"社会整体"与"自然整体"是不同的。"自然整体"仅仅是"部分的总和",因此通过研究部分就能认识整体,例如通过各行星时研究就能认识整个行星系统,通过原子内部各粒子的研究就能认识整个原子系统等等。这就是"原子主义"的方法。⑤ 但是这种方法不适用于社会科学的研究。"因为社会科学不同于物理科学",它"更多地类似于生物科学"。"生物科学涉及的是活的对象,而社会科学的对象是社会集团,它并非仅仅是许多人的简单集合,它的内容多于各个成员的总和,也多于任何时候、任何成员之间的关系的总和。"⑥ 因此历史决定论认为,研究社会的方法不能是原子主义的方法,而

---

① Popper Karl, *The Poverty of Historicism*, London: Routledge, 1961, p. 30.
② Ibid., p. 33.
③ Ibid., p. 163.
④ Ibid., p. 77.
⑤ Ibid., pp. 17-18.
⑥ Ibid., p. 17.

应该是总体主义的方法。

但是,波普反对历史决定论的这种见解,认为总体主义的方法是错误的,是行不通的。他的理由是:

1. 事物的整体是无限多方面的,它包括无限多方面的联系,"它在总体上永远不能成为任何科学研究的对象"。他以牛、马、羊等生物有机体为例,指出它们与周围环境之间存在着极其复杂的相互关系,只有忽略了这种关系,才能把它们当作一个整体来处理。①

2. 人对事物的观察和认识总是有目的性和选择性的,不可能有毫无选择的总体主义的认识方法。他说:"假如我们要研究一个事物,就只能局限于选定的有兴趣的某些方面,我们不能把世界的或自然的一部分当作一个整体去观察和描述,事实上即使是最小的一部分也是不能把它当作一个整体描述的,因为任何描述总必定是有选择的。"又说:"像任何其他描述一样,历史的研究对象也总是有选择的,……从来书面的历史都只是'整体发展'的某个有限方面的历史,它归根到底只能是一个特殊方面的极不完整的历史,而且这个特殊方面本身也是极不完整的。"②

波普认为历史决定论在追求目标问题上带来的严重错误是"乌托邦主义"。他认为历史决定论与乌托邦主义有内在的联系。"乌托邦主义与历史决定论的意识形态是紧密联结在一起的。""因为两者都力图实现预言的变化,一个是预言社会发展的进程,另一个则是力图严格地控制并实现这种变化。"③

波普认为乌托邦主义又是本质主义的必然结果。本质主义坚信事物的发展受不变本质的支配,而乌托邦主义则在企求这个体现本质的"未来历史的终结"。④

波普认为:"总体主义的方法是历史决定论与乌托邦主义结合的最强烈的因素。"⑤ 因为"历史主义所关心的发展不是社会生活的某些方面,而

---

① Popper Karl, *The Poverty of Historicism*, London: Routledge, 1961, pp. 77 - 78.
② Ibid..
③ Ibid., p. 70, p. 74.
④ Popper Karl, *The Open Society and Its Enemies* (Volume One), London: Routledge, 1962, p. 9.
⑤ Popper Karl, *The Poverty of Historicism*, London: Routledge, 1961, p. 74.

是'作为整体的社会'的发展。乌托邦所要进行的工程总是整体的"①。"它的目标是用一个明确的设计和蓝图对社会做整体的改革。"②

总之，波普认为乌托邦主义是历史决定论的逻辑结果，也是它的本质主义观点和总体主义方法的必然结果。

波普认为，由于社会历史的变化并没有规律，历史决定论是错误的，它的本质主义的观点和总体主义的方法都是错误的，因而它的乌托邦主义也必然是错误的。他认为，乌托邦主义者自认他们的预言是科学的，他们的宏伟计划是必然的，其实却是非科学的、错误的，从而导致与他们的预期相反的结果，宏伟的计划带来的却是混乱的无计划。他说："乌托邦工程的结果是做了他们所不打算做的事情，它导致了声名狼藉的无计划的计划现象。"③ 他认为马克思主义就是这样一种乌托邦主义。马克思反对乌托邦，但是它的理论仍然是乌托邦主义的：一种历史决定论的乌托邦主义。④

波普认为乌托邦主义给社会带来如下的危害：

"首先，把社会当作一个整体来重建，这就必然会导致否定个人自由的专政；……"

"其次，通过社会的完全重建不能消除社会的弊害，因为只有通过一点一滴的改良才能达到。"

"最后，乌托邦的'抽象利益'的狂热使人们忽视鼻子底下的具体的罪恶，用美丽世界的幻梦代替解除人类现实的苦难。"⑤

他说："总之，乌托邦的企求产生于认为我们能在地上制造天堂的错误。"但它给人类带来的不是天堂，而是灾难和不幸。⑥

他对马克思主义的社会主义—共产主义的理想进行了攻击。他说：社会主义运动不是一种科学的运动，而只是一种"宗教的或人道主义的运

---

① Popper Karl, *The Poverty of Historicism*, London: Routledge, 1961, p. 4.
② Ibid., p. 67.
③ Ibid., p. 69.
④ Popper Karl, *The Open Society and Its Enemies* (*Volume One*), London: Routledge, 1962, p. 164.
⑤ Popper Karl, *Conjectures and Refutations: The Growth of Scientific Knowledge*, London: Routledge, 1963, p. 361.
⑥ Ibid. p. 362.

动"。"它虽然是无神论的,但整个运动却是被强烈的宗教和人道主义的信念所激发的。"① 他说:马克思的理想不幸是建立在"不可能实现的方法上的"。乌托邦主义绝不可能导致乌托邦的实现。马克思"虽具有建立地上天堂的良好愿望,但建成的却只能是地狱,一个为他的伙伴们准备的地狱"②。

波普最后说:乌托邦主义是理性主义的,但是它是一种"假的理性主义""错误的理性主义"。③ 而只有他的理性主义,即批判理性主义才是正确、科学的真正理性主义。只有它才给社会历史研究带来科学的方法,只有它才能给人类社会的进步带来可靠的希望和保证。

波普反对本质主义、总体主义和乌托邦主义的实质在于反对"乌托邦主义",而反对"乌托邦主义"的真正目的是在于反对马克思主义的科学共产主义。

波普把肯定事物的内在本质的观点称为"本质主义",而予以批判是错误的。客观事物是多方面联系的统一体。本质是事物内部的必然的规律性的联系。它规定事物的根本性质。例如资本主义社会的本质是资本家剥削工人的生产资料私有制;国家的本质阶级统治的工具;等等。只有透过纷繁多变的表面现象,深入地把握事物的本质,才能真正认识事物的根本性质,才能不为纷繁多变的表面现象所迷惑。波普否认社会事物的内在本质,引导人们要放弃对社会、国家、阶级等社会事物的本质的研究;在客观上是阻挠人们去揭示它们的本质。

波普所说的"总体主义",实际上指的是马克思主义的全面观点,马克思主义认为,客观世界不论是自然界或社会,是普遍联系、相互制约的。因此人们对任何事物不论是自然界的或社会的事物,都应该坚持全面的观点。但是马克思主义从不反对对拿物进行分析,恰恰相反,认为分析与综合是思维过程中辩证统一的两个必要步骤。没有对事物的整体做各个

---

① Popper Karl, *The Philosophy of Karl Popper*, Edited by Paul Arthur Schilpp, Chicago: Open Court, 1974, p. 27.

② Popper Karl, *The Open Society and Its Enemies* (Volume One), London: Routledge, 1962, p. 168.

③ Popper Karl, *Conjectures and Refutations: The Growth of Scientific Knowledge*, London: Routledge, 1963, pp. 362–363.

部分或各个方面的分解或分析，就没有综合，就没有认识的全面性。因此，认为分析的方法只适用于认识自然界而不适用于认识社会的观点不是马克思主义的观点，而是错误的观点。

波普否认认识事物应该用全面观点。他根本否定认识的全面性（他所称的"总体主义"）的可能性。他的这方面的第一个理由是事物的全面性是无限的。诚然，由于客观事物的普遍联系，它们的联系的方面是无限的。但是不能因此就否认对它们的全面认识。因为事物的联系有内部的、外部的，有本质的、非本质的。所谓全面的认识，是对它的内在本质联系的认识，只有认识了事物的内在的本质，才能全面地把握事物。

他的第二个理由是，由于人们对事物的认识总有目的性和选择性，因而不可能有全面性。这也是错误的。认识的全面性与选择性不是互相排斥的。人们认识事物的选择性应以全面性为前提，即应该从事物的各方面联系中选择其中的一部分加以深入的认识。这种选择性是全面基础上的选择，否则必然导致片面性认识。马克思主义教导人们要全面地分析矛盾，又要善于抓住其中的主要矛盾，这就是认识的全面性与选择性的辩证统一。

波普把马克思主义的科学共产主义与以前的空想社会主义混淆起来统称为"乌托邦主义"，这是一种歪曲。众所周知，空想社会主义是坚持社会意识决定社会存在的历史唯心主义，它们把未来的理想社会建立在主观空想的基础上。而马克思主义以辩证唯物主义与历史唯物主义为武器，对它们进行了批判的改造，使社会主义从空想变成科学。马克思主义的科学共产主义是建立在历史唯物主义的科学理论的基础上的，它是人类社会规律性发展的必然结果。马克思对资本主义终将为社会主义——共产主义所代替的预言，已被历史发展所证实而成为科学的理论。波普全然不顾这些客观事实，硬把马克思主义的科学共产主义理论归类于"乌托邦主义"，这恰好表明了他的偏见。共产主义是人类未来的美好理想，它不仅是劳动人民的"天堂"，也是全人类的"天堂"。只有顽固坚持剥削制度的资产阶级才对它"恐惧万状"而视之为"地狱"，波普污蔑社会主义—共产主义为"地狱"的言论，只说明他的资产阶级立场，而无损于社会主义——共产主义的光辉。

四　逐步的社会工程

波普认为,社会历史科学的理论基础不是马克思主义的历史唯物主义,而是他的批判理性主义;社会历史学的科学方法不是历史决定论,而是他的试错法。

波普认为,与马克思主义的历史决定论的"乌托邦主义"相对立的是他的批判理性主义的"社会工程学"(Social—technology)。他的社会工程学是科学试错法在社会历史科学中的应用。他认为乌托邦主义从本质主义和总体主义出发提出了"总体的""社会设计",设计一种"永恒的""终极的",实际上则是完全"空想"的"理想社会蓝图"。而他的社会工程学反对这种空想的社会设计,主张"逐步的社会工程",即对社会进行"逐步的""切实可行"的改造[1]。他说这种应用于社会科学中的试错法如同应用于自然科学中的试错法一样,"是行之有效的重要方法"[2]。

波普指出,他的逐步社会工程与历史决定论的"乌托邦主义"有以下几点重大差别:

第一,"乌托邦主义"提出的是永恒、终极的"社会理想蓝图";逐步社会工程提出的是当前的、短期的改革工程。波普认为,乌托邦主义寻求社会发展的绝对真理和社会设计的终极蓝图是"空幻的""无用的""有害的"[3]。它是上帝为选民设计天堂的"教条"的残迹[4]。因为社会的建设只能从当前的状况和存在的问题出发,运用试错法做出"切实可行"的"试验性改革"才能有所前进[5]。他说:"我们要做的是我们这一代所能做到的事情,要解决的是我们能够解决的问题",而不是"空谈""远大的理想"[6]。

---

[1] Popper Karl, *The Poverty of Historicism*, London: Routledge, 1961, p. 64.

[2] Ibid., p. 58.

[3] Popper Karl, *The Open Society and Its Enemies (Volume One)*, London: Routledge, 1962, pp. 157-158.

[4] Ibid., p. 9.

[5] Popper Karl, *The Poverty of Historicism*, London: Routledge, 1961, p. 87.

[6] Popper Karl, *Conjectures and Refutations: The Growth of Scientific Knowledge*, London: Routledge, 1963, p. 362.

第三章　社会哲学：反历史决定论

　　第二，"乌托邦主义"采用"总体主义"的原则，主张对社会进行"总体的""一揽子的"改变；逐步社会工程主张"零星的""逐步的"改进。他说："采用整体的方式还是逐步的方式是两者的根本性的区别。"①"社会改革的工程必须是零星的"②，而不是整体的，其理由有以下几点：

　　1. 对自然的认识和改造可以通过实验的方法进行（因为自然现象有重复性）；对社会现象只能通过不断试验和清除错误的方法稳步进行。因此，他认为试错法是强调"总结实践经验而富有成效的方法"，"它能得到广大人民的赞同和支持"。③

　　2. "零星工程的蓝图是比较简单的蓝图，是一种逐步改革个别制度或个别机构的蓝图。如改进健康保险和失业保险，改善法院仲裁程序，修改萧条的财政预算和改进学校教学制度等等。""即使它们做错了，损失也不会很大，而且如果要再调整也不难。"相反，"整体性的改革看来目标宏伟、坚定不移，实际上却常常导致粗陋、混乱和倒退"④。

　　他说："也许有人认为以上两种方法仅有规模和范围上的区别，其实不然。如果我们比较它们的改革方法的合理性就可以看出，一种是正确的、可行的；另一种是错误的、行不通的。"⑤

　　第三，历史方式上，历史决定论的"乌托邦主义"采用暴力革命的手段，逐步社会工程采用温和、改良的手段。

　　波普认为，历史决定论的"乌托邦主义"主张他们的"总体的""终极的"变革是通过一次性的暴力革命实现的，而他的逐步的、零星的社会工程则是采用"温和的改良"的手段。他认为"和平改良"比暴力革命要"好"，其理由如下：

　　1. 和平改良的社会阻力小，暴力革命的社会阻力大。他认为采用暴力革命必然会遭到革命对象的全力抵制和拼命反抗，致使理想难以实现。采用"和平的""妥协的"改良就容易为被改革者所接受，容易达到目的。他写

---

① Popper Karl, *The Poverty of Historicism*, London：Routledge, 1961, p. 68.
② Ibid., p. 45.
③ Popper Karl, *The Open Society and Its Enemies* (*Volume One*), London：Routledge, 1962, p. 158; Popper Karl, *The Poverty of Historicism*, London：Routledge, 1961, pp. 83 - 84.
④ Popper Karl, *The Poverty of Historicism*, London：Routledge, 1961, p. 68.
⑤ Ibid., p. 69.

道:"通过正确的改良而能够保证得到投票权的工人们为什么不应该抛弃这种革命的方式,……为什么不应该与资产阶级妥协,并容许他们继续占有生产资料,而一定要让他们为了保卫自己的全部收入而孤注一掷,从而导致暴力冲突呢?对于能通过'渐进'的改良能够得到的东西,有什么逻辑必要性不通过调和与妥协,而一定要导致资本主义社会制度的全部毁灭呢?"①

2. 采用和平改良社会损失小,采用暴力革命社会损失大。波普认为,由于被改革者的阻挠与改革者的缺乏经验,革命变革总会给社会带来"巨大的损失",而采用"和平改良"就能"避免这种损失"。他写道:"由于暴力革命……不是合乎情理地讨论如何完满地重建切实可行的制度,以及经验的缺乏,可以预料它必然会造成许多错误。"② 因此"它只会增添不必要的苦难",并由于反对者的反抗而"导致愈来愈多地使用暴力"。③

3. 暴力革命破坏历史文化传统,和平改良推进历史文化传统。他说:"暴力和暴力革命""只会破坏社会制度和历史传统的框架……一旦破坏了传统,文化就会随之毁灭,……人类就会回到群兽的时代。"④

4. 和平改良是"先建设后破坏",符合事物发展的逻辑;暴力革命是"先破坏后建设",不符合事物发展的逻辑。他认为要摧毁一个事物,必须在逐步建设之后,不能于它之前,否则就谈不上建设了。因此"有意义的是先逐步建设而忘掉摧毁"⑤。

5. 和平改良符合理性,暴力革命容易丧失理性。他说"革命必然延长使用暴力","到头来会导致自由的丧失,因为它带来的不是心平气和的理性统治而是强者的统治"。⑥

---

① Popper Karl, *The Open Society and Its Enemies* (Volume Two), London: Routledge, 1962, p. 155.

② Popper Karl, *The Open Society and Its Enemies* (Volume One), London: Routledge, 1962, p. 167.

③ Popper Karl, *Conjectures and Refutations: The Growth of Scientific Knowledge*, London: Routledge, 1963, p. 343.

④ Ibid., pp. 343–344.

⑤ Popper Karl, *The Open Society and Its Enemies* (Volume One), London: Routledge, 1962, p. 168.

⑥ Popper Karl, *The Open Society and Its Enemies* (Volume Two), London: Routledge, 1962, p. 151.

第四,逐步社会工程提倡批判理性主义,"乌托邦主义"提倡"权威主义"。波普认为,逐步社会工程是建立在试错法基础上的。它认为社会的改良只能在不断尝试和克服错误中前进。因此它提倡批判主义,反对权威主义。反对个人权威;主张政治家对"来自人民的批判采取开放的态度",虚心倾听不同意见,善于"从错误中学习"。[①] 而乌托邦主义由于它坚持"本质主义",寻求绝对、终极的真理和目标,往往容易陷入迷信个人的"权威主义"。

第五,"乌托邦主义"为人民建立幸福是不切实际的,逐步社会工程为人民减除苦难是切实可行的。波普认为寻求人民的幸福是人民的私事,它不是靠国家和政府的"恩赐"而应靠人民各自的努力。人民不能也不应依靠政府或他人给予幸福,国家和政府应该给人民做的是排除各种具体的苦难,从而为他们自己追求幸福创造条件。他说:"不要用政治手段来建立幸福","我的主题是解除人民的苦难才是公众政策的最迫切的问题,而幸福并不属这类问题,幸福的获得必须留待个人自己的努力。""我们的要求是克服具体的灾难而不是建立理想的乐园。"[②] 他明确地指出,逐步社会工程有自己的"信条"那就是:"要为排除各种具体的弊害而工作,不要为抽象的利益而奋斗。与其通过政治手段建立幸福目标,不如采取具体措施排除具体的灾难和贫困。……选择你认为生活中最亟待解决的社会弊害,为之耐心地工作,使人们确信我们能够消灭它们。……这就是区别切实可行的社会改良方案与无法实现的乌托邦蓝图的一个简明的公式或方法。"[③]

那么,哪些是波普的逐步社会工程所急需解决的问题呢?他说:"最迫切期待社会改良的是什么?这是经过大家讨论不难达到一致意见的。"不过他还是为大家开了一张这类问题的单子。他说:"我给大家提供一张我相信能够治疗并解决的最大社会弊害的表格":

1. 贫困;
2. 失业和其他类似形式的社会不稳定;

---

① Popper Karl, *The Poverty of Historicism*, London: Routledge, 1958, p. 88.
② Popper Karl, *Conjectures and Refutations: The Growth of Scientific Knowledge*, London: Routledge, 1963, p. 343.
③ Ibid..

3. 疾病和痛苦；

4. 残酷的刑罚；

5. 奴隶制度和其他形式的农奴制度；

6. 宗教和种族的歧视；

7. 教育机构的缺乏；

8. 严峻的阶级差别；

9. 战争；

……

波普的"逐步社会工程"理论无非是社会改良主义的别名。他反对"乌托邦主义"，提倡"逐步社会工程"，其实质就是反对马克思主义的社会主义革命学说，鼓吹资产阶级的改良主义。

波普断言改良主义比社会主义革命要"好"，这是出于他的资产阶级的偏见。

社会革命带来的损失大，社会改良带来的损失小吗？这看指对谁的损失。对于剥削成性的垄断资产阶级来说，社会主义革命是会给他们带来巨大损失的：在政治上失去统治，在经济上失去资本，在社会上失去特殊地位。但是对于广大劳动人民来说，失去的仅仅是"脖子上的锁链"，而得到的却是政治、经济和社会的彻底解放，社会生产力的巨大发展和全人类的彻底解放。实行社会改良，对于资产阶级来说当然"所失甚微而所得甚丰"，但是对于广大劳动人民来说却是继续失去"人的应有权利"，继续受统治阶级的剥削和奴役，使人类社会继续停滞于黑暗和腐败之中而不能向更高的社会阶段——共产主义飞跃。

实行"社会主义革命阻力大，实行改良主义阻力小"吗？这要看来自哪一方面的阻力。诚然实行社会主义革命必将遭到一小撮反动势力的拼命抵抗和垂死挣扎；但是它却会得到广大劳动人民的热情拥护和全力支持，而他们才是社会主义革命的主要动力和胜利的可靠保证。

"社会主义革命会破坏人类文化传统"吗？这要看什么样的"文化传统"。文化是人类在社会历史实践过程中所创造的物质财富和精神财富的总和，而精神文化是有阶级性的。社会主义革命从不破坏历史文化传统中的进步成分，而且能使它们得到充分发扬，因为社会主义革命会清除阻碍进步文化发展的腐朽资本主义社会制度。至于那些腐朽、没落的文化，如腐朽的文学艺术，堕落的道德观念，败坏的社会风尚等等，那是会被作为历史垃圾而彻底清除的，不这样就不可能培养和树立全新的共产主义的文化和道德。

波普的教条：人民各自寻求自己的幸福，政府为其铲除弊害。听来似乎不无道理，其实还是在为资本主义制度辩护。因为"各自寻求自己的幸福"，其实就是继续维护"个人奋斗""自由竞争"的资本主义社会秩序。而后一句话，"为人民铲除弊害"，则不过是对腐朽的资本主义剥削制度做一些零星的改良和点滴的修补，以期延长其垂死命运而已。马克思主义教导人们：人类的幸福前途不是靠"个人奋斗"所得到，而是靠人民的集体力量创造的。

革命必须采用暴力吗？这必须具体分析。无产阶级革命的形式是多样的，可以是暴力的，也可以是非暴力的。无产阶级并不热衷于暴力，恰恰相反，它不希望使用暴力。暴力革命是反动统治阶级使用暴力镇压人民的逻辑结果。只是由于反动统治阶级的残酷的暴力镇压，人民才被迫还之以暴力。

马克思主义反对社会改良主义，但并不绝对排斥任何改良。作为"革命的副产品"，有时为了达到革命的某种目的，在一定条件下做某些改良是容许的。

社会主义革命是推翻资本主义社会制度的飞跃。只有当社会主义革命取得胜利后，广大人民群众在社会主义建设中才将根据客观经济规律，不断总结经验稳步前进。

应该指出：波普的改良主义理论并没有新东西，它本质上是西方右翼社会党人的社会改良主义观点的重复。当时与他的著作《开放社会及其敌人》同时出版的，有英国右翼社会党人拉斯基的著作《论现代革命》。[①] 这两本书的内容基本上是一致的。但是波普的"逐步社会工程"理论也有它的特点，那就是把西方流行的改良主义与他的批判理性主义理论结合起来，从而给了这种理论以"新"的哲学基础。列宁说："改良主义是资产阶级对工人的欺骗。因为只要资本的统治还存在，尽管实行个别改良，工人总还是雇佣奴隶。"因此，"改良主义，即使是完全真诚的改良主义，实

---

① Harold Joseph Laski, *Reflections on the revolution of our time*, London: George Allen, 1943.

际上都成了资产阶级腐蚀和削弱工人的工具。各国经验证明，工人相信改良主义者，总是要上当的"①。这段话用来批判波普的"逐步社会工程"理论是十分恰当的。

五 "开放社会"与"封闭社会"

波普反对以生产资料所有制作为区分社会制度的性质的标准。他不同意马克思主义关于原始社会、奴隶社会、封建社会、资本主义社会和社会主义—共产主义等社会制度的划分，而把历史上所有的社会形态区分为两类："封闭社会"和"开放社会"。

波普认为"封闭社会"是历史决定论的"乌托邦主义"所追求和维护的社会目标。这是与它们的"本质主义"和"总体主义"密切相联系的。而"开放社会"则是理性主义的产物。他的批判理性主义在于推进"开放社会"；而他的"逐步社会工程"则是推进"开放社会"的必要手段。

那么，什么是波普所说的"封闭社会"呢？他曾为这种社会下过很不严格的定义，说："'封闭社会'是一种'原始的部落式的社会'。"② 又说："我称那种着魔的（magical）或部落的或集体主义的社会为封闭社会。"③ 他认为"封闭社会"有以下三个特征。

1. "封闭社会"是"着魔的""狂热的""有偏见的"社会。④ 它反对"理性"，提倡"盲从"。⑤ 它们主要"着魔"于以下几个方面：

（1）"着魔或迷信于不变的法规和习惯"。"他们生活于不变戒律的着魔的圈子里。他们把法规和习惯看成是像太阳起落和季节循环或其他明显的自然规律那样的固定不变和必不可免的东西。""人人必须绝对地遵守这

---

① 《列宁全集》第19卷，第372页。

② Popper Karl, *The Open Society and Its Enemies* (Volume One), London: Routledge, 1962, p. 57.

③ Ibid., p. 173.

④ Popper Karl, *The Open Society and Its Enemies* (Volume Two), London: Routledge, 1962, p. 49.

⑤ Ibid., p. 200.

些法则和习惯，否则就会遭到激烈的非难和严厉的惩罚。"①

（2）"着魔或迷信于权威和权力"。把权威和权力"所规定的管理制度置于任何个人之上，不容许个人有所判断"，"它是屈从于迷信权力的社会"。②

2. "封闭社会"是"部落的社会"。那就是它们的全体公民的生活受统一的管制。"封闭社会总多少与控制全体公民生活的社会相联系。"③

3. "封闭社会"是"集体主义"的社会。波普在这里所称的"集体主义"，是指一种"只讲总体或集团"而否定或"抹杀个人利益"的观点。他说，"集体主义强调某个团体或集团（如一个阶级），而抹杀个人"，它们提倡"社会有机体论"，断言社会集体好比是一个"有机体"，"认为没有它，个人就没有一切"。④ 因此"集主义必然导致政治上的集体主义，结果是'什么都是集团，个人什么也没有'"⑤。

那么，什么是"开放社会"呢？波普认为它是一种与"封闭社会"恰好相反的社会。他说："'开放社会'是人民自由和对权力批评的社会。"⑥那就是：

1. "开放社会"提倡"理性"，反对"着魔和盲从"⑦；

2. "开放社会"尊重个人和人民的自由；

3. 在"开放社会"中人人有"判定是非"，"批判权力"的权利。而"权力则向人民的批判开放"，"国家答复人民的批判"⑧。他认为这最后一条十分重要，是"开放社会"的重要标志，因此才称之为"开放社会"，与之相对立的社会被称为"封闭社会"。

波普断言"封闭社会"来源于"原始野蛮的部落社会"，而"开放社会则起源于古希腊的西方文明"。⑨ 他认为古希腊雅典的民主制是"开放社会"

---

① Popper Karl, *The Open Society and Its Enemies* (*Volume Two*), London: Routledge, 1962, p. 57.
② Ibid., p. 1.
③ Ibid., p. 113.
④ Ibid., p. 9.
⑤ Ibid., p. 190.
⑥ Ibid., p. 1.
⑦ Ibid., p. 200.
⑧ Ibid., p. 201.
⑨ Ibid., p. 175.

的萌芽。当时"开放社会"与"封闭社会"这两种对立的社会制度展开了激烈的斗争。雅典民主主义领袖伯利克里是"开放社会"的倡导者,而柏拉图的《理想国》则是"封闭社会"的理想化。伯利克里的名言:"政策虽然由少数人制定,但全体人民都能够评论它"是"开放社会"的原则,而柏拉图的下面一段话则为"封闭社会"描出了蓝图:"全部最高的原则是人人都应该有一个领袖,任何人都不应根据自由的意愿主动做任何工作。即使是最微小的事情也应该在领袖的指示下进行。如怎样起床、怎样活动、怎样希望、怎样进餐等等。"一句话,"他们应该通过长期的习惯,以教育自己的灵魂,使自己永远不做以至不可能做任何一个主动的梦"[1]。

波普认为"从封闭社会到开放社会的转变,是人类历史上最深刻的革命"[2]。现在正在进行着这个转变,但还没有完成这个转变。这两种制度之间还进行着激烈的斗争。

波普认为,在两种对立的社会制度的斗争中,"开放社会"只能胜利,不能失败,否则人类将遭到彻底"毁灭"。他说:"我们只能前进不能后退。假如后退,我们就会重新回到兽类的时代;而如果要保存人类,那么只有一条道路,就是走向开放社会的道路。"[3]

波普认为,现代西方的"自由世界"就是"开放社会"(在他那里,"开放"与"自由"经常是同义的,他的《开放社会及其敌人》一书的日文翻译本,就名为"自由社会及其敌人")。因此他说:"现在我们的自由世界,我们的大西洋共同体是一个人人自觉统治,没有'父亲'(意即至高权威)的社会,它是迄今存在过的最好的社会。"[4]

波普断言,马克思主义提倡的社会主义—共产主义就是要把人类"倒退到原始的封闭社会"去。因为共产主义"像原始部落社会"一样,要人们过"共同工作,共同分享"的生活,这不过是"以全人类的种族代替部落的亲族,以机器生产代替粗陋工具的生产而已"。因此"它的结果必然

---

[1] Popper Karl, *The Open Society and Its Enemies* (*Volume One*), London: Routledge, 1962, p. 7.

[2] Ibid., p. 1.

[3] Ibid..

[4] Popper Karl, *Conjectures and Refutations: The Growth of Scientific Knowledge*, London: Routledge, 1963, p. 375.

是阻止开放社会人民所能自由从事的个人利益的追求","它将在一个暴君的统治之下,比古老部落的信条和习惯的统治更为糟糕。那里将会发生'人类最残忍的暴力和破坏',将会发生秘密警察的残酷镇压和疯狂的强盗行径"。① 因此他说:"马克思主义哲学是一种神明的哲学,它麻痹人民为开放社会而斗争。"② 而马克思的工作"等于是从事开放社会的敌人的工作"③。

波普在上述"开放社会"与"封闭社会"的论述中,颠倒黑白地把资本主义社会美化为"自由""民主""发扬理性"的"开放社会";污蔑社会主义为没有民主,没有自由,提倡盲从的"封闭和社会"。这又一次表明了他的资产阶级立场。"资本主义社会有自由,社会主义社会没有自由"吗? 这要看什么人和什么性质的自由。自由是社会历史发展的产物。在人类社会的初期,人是自然的奴隶和社会力量的奴隶。后来人们在改造自然中不断认识自然,逐渐摆脱自然的奴役,但仍受社会力量的奴役和阶级的奴役。在阶级社会中,自由是有阶级性的。波普所说的古希腊雅典的民主制,是奴隶制专政的形式,当时奴隶主有自由,奴隶不仅没有任何自由,而且不被当作人,仅是奴隶主们任意宰割的"会说话的工具"。在封建社会中,农奴的人身依附于土地,归属于封建主,也没有自由可言。资产阶级在反封建主义的斗争中赢得了自由,但是资本主义的自由,正如《共产党宣言》中所指出的是"没有良心的贸易自由":资本家自由剥削工人,工人则"自由"出卖劳动力,听凭资本家的剥削和奴役。在社会主义社会中,废除了资本主义的"没有良心的贸易自由",广大人民从"雇佣奴隶制"中彻底解放出来,获得了政治上的自由。为了保卫人民的自由,人民必须对一小撮妄图推翻社会主义制度的敌人进行专政,没有这种专政,就没有广大人民的自由。只是到了共产主义时期,全人类才从自然的奴役和社会的奴役中彻底解放出来,最终获得全体人民的真正自由。

"资本主义提倡个人主义因而保障个人利益,社会主义提倡集体主义就抹杀个人利益"吗? 恰恰相反,个人利益与集体利益在资本主义私有制

---

① Popper Karl, *The Open Society and Its Enemies* (*Volume One*), London: Routledge, 1962, p. 200.

② Popper Karl, *The Open Society and Its Enemies* (*Volume Two*), London: Routledge, 1962, p. 198.

③ Ibid., p. 163.

中是彼此对立的。资产阶级损人利己，它的个人利益是以损害广大人民的利益为前提的。因此，在资本主义社会中只有资产阶级的个人利益，而没有广大劳动人民的个人利益。在生产资料公有制的社会主义社会中，人民的个人利益与集体利益是紧密结合在一起的。个人关心集体，集体维护个人；个人利益以集体利益为基础，集体利益以维护个人利益为目标。因此只有在社会主义的集体主义之下才有全体人民的个人利益可言。

"资产阶级个人主义发扬个性，社会主义集体主义抹杀个性"吗？恰恰相反，在资本主义制度下不但劳动人民惨遭剥削和奴役，丧失了个性，资本家也受资本的严格支配而丧失了人性和个性。马克思和恩格斯说："资产阶级社会中资本具有独立性和个性，而活动着的个人却没有独立性和个性。"① 只有在社会主义—共产主义社会中，人性和个性才得到解放和发扬，个人的创造才能得到充分发挥。马克思和恩格斯说："只有在集体中个人才能获得全面发展其才能的手段，也就是说，只有在集体中才可能有个人自由。"②

"资本主义发扬民主，鼓励批评；社会主义提倡专制，压制批评"吗？不，这颠倒了是非。民主与专政是对立的统一。在资本主义社会中，只在少数资产阶级内部实行民主，只容许资本主义范围内的某些批评和讨论，但是对于广大人民则实行严厉的专政。有时它们也规定一些民主的形式，但都是虚假的、表面的或局部的。如有稍微触犯少数统治阶级的根本利益，就会遭受残酷的镇压。社会主义社会实行人民民主专政，对广大人民实行民主，对少数社会主义的破坏者实行必要的专政。社会主义民主是有史以来最广泛的真正的民主，而对少数人的专政，则是实行这种民主的必要保证。

波普说："资本主义提倡理性，社会主义提倡盲从：盲从马克思主义，盲从领导者。"这又是歪曲，理性也是有阶级性的。在资本主义社会，"金钱"或"资本"是资产阶级的"灵魂"，他们的理性是受"金钱"或"资本"严格支配的。只有在社会主义—共产主义社会，人类的理性才能得到彻底的发扬。至于人民坚信马克思主义，是因为马克思主义是关于自然和社

---

① 《马克思恩格斯选集》第 2 卷，第 266 页。
② 《马克思恩格斯选集》第 1 卷，第 82 页。

会发展规律的科学，是关于被压迫、被剥削群众革命的科学。它的正确性已不断为历史的实践所证实，人民群众所以拥护革命领导者，那是因为他们来自人民群众，他们领导群众为实现自己的理想而斗争，他们同群众休戚相关，全心全意为人民群众服务。如果革命领导者骄傲自满，脱离群众，犯官僚主义错误，就会受到党和人民群众的批评和纠正；如果背叛群众，党和人民就会撤销他的领导职务，另选忠于人民的领导者。任何压制社会主义民主，提倡个人迷信的行为都是与真正的马克思主义不相容的，都必然会遭到人民的最终反对。总之，真正向人民开放的社会，不是资本主义社会，而是社会主义社会。不是马克思，而是波普本人站到开放社会的对立面去了。

六　关于国家和民主、自由、平等的理论

波普自称是"自由主义者"。他认为他的自由主义理论是以他的批判理性主义为基础的，这是他区别于早期资产阶级的理性主义的自由主义的地方。① 波普认为，早期资产阶级的自由主义理论基本上是笛卡尔等人的理性主义和培根等人的经验主义。理性主义与经验主义都强调人的认识能力，反对非理性主义或信仰主义的宗权迷信。因此它们都是"广义上的理性主义"②。

波普断言，不论是强调经验重要性的培根等人的"理性主义"，还是强调理智重要性的笛卡尔等人的"理性主义"，它们都反对中世纪的权威主义，但自身并未摆脱权威主义，这是因为它们分别以"经验或理性为权威"，以取代"圣经或亚里士多德的权威"。③ 他们都是"乐观主义者"，肯定人人都能运用自己的"理智"或"经验"而获得真理。因此他们强调"平等""自由"，主张"在真理面前人人平等""认识了真理就有了自由"。他们并把这种平等、自由的观点从认识论领域推广到社会、政治领域，从而为民主、平等和自由的政治理论提供了哲学基础。④

---

① Popper Karl, *Conjectures and Refutations: The Growth of Scientific Knowledge*, London: Routledge, 1963, p. 26.
② Ibid., p. 6.
③ Ibid., p. 16.
④ Ibid..

但是波普认为,"古典的理性主义的自由主义"并不能彻底反掉权威主义,恰恰相反,自身仍陷于权威主义而不能自拔。这是因为"真理并不是自明的",而是"难以获得的";人的智力也不是平等的,而是有高低之分的;当一般人获不到真理时,就又转向迷信个人权威,从而导致认识论上的权威主义与政治学上的专制主义的重新抬头。① 他认为这就是17、18世纪流行一时的理性主义的自由主义所以软弱无力,以至终于衰落的原因。

波普认为他的批判理性主义的自由主义是古典理性主义的自由主义的继承和发展。它们的相同之处是两者都是理性主义的自由主义;不同之处是他的理性主义的自由主义是"批判主义",是"建立在科学的方法论基础上的"。因此无论他的国家的理论,民主的理论,自由和平等的理论,都处处贯彻着"科学的试错法",贯彻着"理性的批判的精神",所以是"科学的"政治理论。

波普从他的"批判理性主义"的政治理论出发,提出了一系列与马克思主义政治理论相反的见解。现分别阐述如下。

1. 宣扬"政治决定经济"的观点

波普从社会意识决定社会存在的观点出发,反对马克思主义关于经济决定政治的观点,主张政治决定经济。他说,"政治力量对社会经济起基本的作用",经济问题可以不通过经济制度的变革,而通过政治措施给予有效的解决,"例如我们可以制定一个保护弱者的合理的政治纲领,实施一种限制剥削的法律,如限制工作日等等,以消除社会的剥削"。因此"政治是改善经济弱者的命运的最重要的潜在手段","政治力量是维护经济的关键","不是经济力量统治政治力量,恰恰相反,而是政治力量控制和制服经济力量"。②

波普把马克思关于经济决定政治的观点污蔑为"政治无能论"。他说:依据马克思的观点,"政治对经济是无能为力的,它永远不能对经济的现实起决定性的改变作用",这是一种"政治无能论"。③ 他说,马克思主义

---

① Popper Karl, *Conjectures and Refutations: The Growth of Scientific Knowledge*, London: Routledge, 1963, p. 9, 17.
② Popper Karl, *Die offene Gesellschaft und ihre Feinde (Band II)*, Verlag: Bern, Francke Verlag, 1958, p. 155.
③ Ibid., p. 146.

的"政治无能论"给现实带来"重大危害":一是使马克思主义政党对政治错误"无动于衷",认为"政治错误对现实的阶级情况和经济情况不会发生根本影响"。① 二是使他们不去积极采取政治手段,"例如通过改革法律以改变经济,认为政治最多只能'减轻分娩的阵痛',而不可能改变经济现实"。他认为马克思主义的政治纲领往往是"贫乏的政治纲领",② 它的"错误"总是"灾难性的错误"。③

但是他认为:"马克思主义在实践中并不完全信赖'政治无能论',当他们有可能行动的时候,他们就像其他人一样,也是要使用政治力量以控制经济力量的。"④ 言下之意,马克思主义是理论与实践不一致的。

2. 宣扬"国家是改善经济弱者命运的手段"

波普对马克思主义的国家学说进行了攻击。他认为不应该讨论国家的"本质"是什么,或"什么是国家"的问题,而应当讨论的是"国家应该起什么作用"的问题。⑤

那么国家究竟应该起什么作用呢?他的回答是"改善经济弱者的命运"。他断言,"人民"为了各自追求自己的幸福,应该有互相竞争的"自由",但是这种"自由"必须有限制,那就是"不使经济弱者遭受强者的侵凌"。这就需要有国家对"经济弱者"的"保护",因此国家不是马克思主义者所说的"是一个阶级压迫另一个阶级的工具",而是"改善经济弱者的命运的最重要的潜在手段"。⑥

波普断言"人民"为了追求幸福而"自由竞争"是永远存在的,因此作为"改善经济弱者命运的手段的国家也必然是永远存在的"。而马克思关于"国家力量在无阶级社会中失去作用,并自行消灭"的想法,是一种"幼稚的幻想"。⑦

波普认为,国家的存在虽然必要,但也给社会带来危险。那就是它拥

---

① Popper Karl, *Die offene Gesellschaft und ihre Feinde (Band II)*, Verlag: Bern, Francke Verlag, 1958, p. 147.
② Ibid., p. 155.
③ Ibid., p. 149.
④ Ibid., p. 159.
⑤ Ibid., p. 146.
⑥ Ibid., p. 155.
⑦ Ibid..

有限制人民行为的权力。这种权力有可能被扩大或滥用，以至侵犯人民的自由权利，走上专制主义的道路，从而"导致国家暴力和官僚政治的加强"。他说："国家虽然是必不可少的，但是它是一种永恒的危险，是一个坏东西"，"一个必不可少的坏东西"。① 他认为防止国家的这种坏作用的办法不是消灭国家，这是做不到的，也是不应该做的，而是限制国家的权力。他说："国家的干涉应该局限于确保人民自由的有限范围内"，"不应该让它拥有更多的权力超出这种必要性之外"。② 否则，应该"砍去"这种"多余的权力"。他称这个原则为"自由的剃刀"（Liberal Razor）的原则。③

波普反对马克思主义关于无产阶级专政的学说，他说：

"马克思主义者从来不懂得扩大国家力量的政治危险性。……认为政权只有在资产阶级手中才是坏东西。他们不懂得各种力量都是有危险的东西，因而一味坚持无产阶级专政的公式。""他们没有意识到这种不断扩大的权力有一天可能落到坏人的手里。"④

3. 宣扬"民主是权力的牵制与平衡"

如何防止滥用国家的权力呢？波普认为这就涉及"民主"问题。他说，自古希腊以来，人们总是在"应该由谁来统治"这个问题上争论不休，"这是柏拉图的政治哲学"所留给人们的"长期的混乱"。⑤ 他认为正如在认识论中不应该讨论知识的来源，而应该讨论如何检定真理问题一样，在政治学中也不应该讨论"由谁统治"，而应该讨论"如何建立民主制度"的问题。因为对于"谁应该统治"这个问题只可能有"权威主义"的回答，即谁是"权威"就该由谁来统治，如由"最好的人""最聪明的人""人民""多数人"等来统治，其实问题不在于"由谁来统治"，而在于"如何建立

---

① Popper Karl, *Conjectures and Refutations: The Growth of Scientific Knowledge*, London: Routledge, 1963, p. 350.

② Popper Karl, *Die offene Gesellschaft und ihre Feinde (Band II)*, Verlag: Bern, Francke Verlag, 1958, p. 161.

③ Popper Karl, *Conjectures and Refutations: The Growth of Scientific Knowledge*, London: Routledge, 1963, p. 350.

④ Popper Karl, *Die offene Gesellschaft und ihre Feinde (Band II)*, Verlag: Bern, Francke Verlag, 1958, p. 159.

⑤ Popper Karl, *The Open Society and Its Enemies (Volume One)*, London: Routledge, 1962, p. 120.

第三章 社会哲学：反历史决定论

制度以防止坏人或不合适的统治者有可能做出过多有损于人民的事情"①。

那么，应该建立怎样的国家制度呢？他认为："这就必须区分民主制与专制制两种政府形式。"②

什么是"民主制度"呢？他说，"民主制度"就是一种"可以通过不流血的方式，如普选等以罢免它的统治者的制度"。什么是"专制制度"呢？他说，那就是一种"除通过成功的革命外，另无别法罢免政府人员的制度"③。因此他又说："对于民主，我并不把它理解为'人民统治'或'多数统治'这样一类含混不清的东西，而把它理解为一套制度，那就是一套给予统治者以统治权和罢免他们的统治，而无须使用暴力的制度。"④

波普还认为"权力"是一个"危险的东西"，任何人掌握了权力，就有可能滥用权力，"没有一个掌握了全权的人是真正可以信赖的"。因此，"民主所要回答的问题就是如何建立制度以有效地牵制权力的问题"⑤，"真正的民主就是权力的牵制和平衡"⑥，"就是被统治者对统治者的监督，被管理者对管理者的监督"⑦。

波普还认为，"民主政治的原则"就是"防止专制主义"。但这不是说"民主制度"就是"完美无缺"的了，它所制定的政策就是"尽善尽美"的了，甚至它的政策不一定能保证比一个"仁慈的专制统治者"所制定的政策更"好"。"但是我们可以确信：即使在民主制度中接受一个坏的政策，总也比在贤明的或仁慈的专制统治者的统治下更强"，因为它可以防止权力的滥用。⑧

波普批评马克思主义，说它"错误地"只告诉工人："要赢得东西，只

---

① Popper Karl, *Conjectures and Refutations: The Growth of Scientific Knowledge*, London: Routledge, 1963, p. 425.

② Popper Karl, The Open Society and Its Enemies (*Volume Two*), London: Routledge, 1962, p. 161.

③ Ibid., p. 11.

④ Popper Karl, *Die offene Gesellschaft und ihre Feinde* (*Band II*), Verlag: Bern, Francke Verlag, 1958, p. 151.

⑤ Ibid..

⑥ Ibid., p. 162.

⑦ Ibid., p. 156.

⑧ Popper Karl, *The Open Society and Its Enemies* (*Volume Two*), London: Routledge, 1962, p. 125.

有完全赢得政权",而"忽略"了民主的真正内容是"权力的牵制与平衡"。①

波普为了美化资产阶级民主制度,对马克思主义关于资产阶级的民主仅是形式的民主的观点进行了批判。他说:"马克思主义掩盖了这样一种情况:只有'纯粹形式的民主'才能保证民主的经济政策。"② 言下之意,只要有了"政治民主"就能改革经济,做到"经济的民主"了。他还说,"有了政治上的民主就能制止各种方式购买选票",从而实现"真正的民主"了。③

4. 宣扬资产阶级的"平等""自由"观念

波普还讨论了平等与自由的问题。

波普在谈论"平等"时,只谈政治上和法律上的"平等"。他说:"民主所要取消的不平等是权利的不平等;它带来的平等是'权利的平等'或'法律面前的平等'。""平等要求公正无私地对待国家公民,它要求公民行使法律不受出身、家庭、关系和健康的影响。"④ 但是他绝口不谈经济的平等。这是因为在他看来经济上应容许每个人"自由竞争",这是不应该讲平等的。所以他说:"人们是不平等的,但我们决心为平等权利而斗争。"⑤

正是由于把资本主义的自由竞争看作"神圣不可侵犯"的原则,他认为"自由比平等更重要"。他认为社会生活中"可以没有平等,但不能没有自由",因为资本主义的自由竞争就是"自由"的最重要的内容。他说:"再没有比自由地生活于一个平等的社会中更好的了,但是我认为这仅是一个美丽的幻想。我认为自由比平等更重要,如果为了实现平等而将危及自由的话。假如自由失去了,那么在没有自由的生活中也就不会有什么平等了。"⑥ 所以

---

① Popper Karl, *The Open Society and Its Enemies* (Volume Two), London: Routledge, 1962, p. 162.

② Popper Karl, *Die offene Gesellschaft und ihre Feinde* (Band II), Verlag: Bern, Francke Verlag, 1958, p. 156.

③ Ibid., p. 158.

④ Popper Karl, *The Open Society and Its Enemies* (Volume One), London: Routledge, 1962, p. 95.

⑤ Popper Karl, *The Open Society and Its Enemies* (Volume Two), London: Routledge, 1962, p. 278.

⑥ Popper Karl, "Intellectual Autobiography", in Paul Arthur Schilpp, ed., *The Philosophy of Karl Popper*, Chicago: Open Court, 1974, p. 31.

他认为"自由重于一切","如果自由丧失了,那么一切都丧失殆尽了"。①

为了防止资本主义自由竞争的秩序的破坏,波普提出了"自由必须有限制"的观点。他说:"国家是干什么的呢?人道主义的回答是保卫我的自由和别人的自由。每一个人应充分准备自己的行动受国家的限制以换取自己其余的自由。因此应该懂得限制自由的必要性。"但他认为这种限制应该有一定的限度,那就是必须以维护自由竞争的秩序为必要范围,而不能超出这个范围。他说:"我要求国家的基本目标应该以不超出保卫不损害其他公民的自由为限度","因此国家必须尽可能平等地限制公民自由,并且不超出这个限度,这就是人道主义者、平等主义者和个人主义者的要求"。②

波普所以强调"自由必须有限制"其主要原因之一是害怕劳动人民对资本主义秩序的反抗和破坏。他提出了一个"自由的悖论",意思是说:"自由如果不加限制,自由反而自行丧失。"③ 这是因为他认为"自由的人可能任意行使自由权利,蔑视法律,吵嚷要求行使专制统治"④。不言而喻,这里他影射的是人民要求无产阶级革命和实行无产阶级专政。

与这种观点相联系,波普还提出了一种"公众舆论是神话"的见解。在他看来,人民群众常常是"缺乏头脑""容易狂热"的,因此,公众舆论是不可信的。他认为,相信公众舆论就是相信"一种古典的神话"。⑤ 他还告诫资产阶级自由主义分子,应该看到"公众舆论具有可以改换政府的力量",因此应对它保持"怀疑"和"警惕"。⑥

波普害怕马克思主义的群众路线,他责怪马克思主义不懂得"民主悖论",并且"从不关注民主悖论","不懂得无限制地滥用自由权利会导致

---

① Popper Karl, *Die offene Gesellschaft und ihre Feinde* (*Band II*), Verlag: Bern, Francke Verlag, 1958, p. 160.

② Popper Karl, *The Open Society and Its Enemies* (*Volume One*), London: Routledge, 1962, pp. 109–110.

③ Popper Karl, *Die offene Gesellschaft und ihre Feinde* (*Band II*), Verlag: Bern, Francke Verlag, 1958, p. 152.

④ Ibid., p. 123.

⑤ Popper Karl, *Conjectures and Refutations: The Growth of Scientific Knowledge*, London: Routledge, 1963, p. 347.

⑥ Ibid., p. 349.

强者自由地欺凌弱者,以致剥夺他人的自由"。①

波普认为,马克思主义承认自由是与它的历史决定论观点相矛盾的。因为在他看来,如果肯定历史发展的必然性和规律性就不能承认人的行动有自由了。他完全不懂得必然性与自由的辩证统一,说什么"如果人们有一天能够完全自由,那就意味着历史预言的结束"②。他还说,马克思主义的"经济主义"是唯物主义的,它的"自由王国"的理论是唯心主义的。因此马克思主义在这个问题上是"二元论"的。③

波普的国家、民主、自由、平等的理论,并没有什么新东西,而仅是传统的资产阶级观点的重复。

"经济决定政治",还是"政治观点决定社会经济制度"呢?显然是前者而不是后者。因为任何人、任何阶级的政治观点都是他(它)们的经济地位决定的。马克思主义否认"政治对经济的反作用"吗?它是"政治无能论"吗?不,这是歪曲。马克思主义从来肯定政治对经济的反作用,而且十分重视这种反作用。因为反动的政治力量维护陈腐的经济制度,阻碍社会生产力的发展;进步的政治则促进新生经济制度的形成和发展,对社会生产力起推动作用。在一定条件下,没有进步的政治力量就不可能摧毁反动的政治力量和经济制度,社会就不能实现根本的变革。因此列宁说:"政治同经济相比不能不占首位。不肯定这一点就是忘记了马克思主义的最起码的常识。"④

波普反对人们探讨国家的本质,在客观上是掩盖资产阶级国家的本质。列宁说:"国家是一个阶级统治另一个阶级的机关","是用来镇压某一个阶级的暴力组织。"⑤ 资产阶级国家则是资产阶级统治广大劳动人民的工具,它的任务在于以暴力维护资本主义剥削制度。波普把国家的任务曲解为"改善经济弱者的命运",这客观上是对资产阶级国家的本质的美化。只要资产阶级国家政权存在一天,"经济弱者"(劳动人民)就不可能根本

---

① Popper Karl, *Die offene Gesellschaft und ihre Feinde (Band II)*, Verlag: Bern, Francke Verlag, 1958, p. 129.

② Ibid..

③ Ibid., p. 131.

④ 《列宁全集》第 14 卷,第 272 页。

⑤ 《列宁选集》第 3 卷,第 176、190 页。

改变其受剥削、被奴役的悲惨命运。只有进行社会主义革命,彻底粉碎资产阶级国家机器才能消灭剥削,建立没有剥削、没有阶级的共产主义社会,劳动人民的命运才能得以彻底改变。

"国家政权是坏东西"吗?这必须具体分析。帝国主义资产阶级的国家是坏东西,这不仅由于它维护对劳动人民的剥削,还在于它维护已经腐朽没落的资本主义经济制度,阻碍生产力的发展和社会的进步。社会主义国家是好东西,这不仅在于它保护劳动人民不受剥削,还在于它保卫先进的社会主义经济制度,以促进生产的迅速发展和社会的飞速进步。

国家的权力应局限于"确保人民的自由的范围内"吗?这对资本主义国家来说没有意义,因为它确保的不是人民的自由,而是资产阶级的"没有良心的贸易自由",以及建立在这个基础上的掠夺、奴役、镇压广大人民群众的自由。对于社会主义国家来说,"确保人民的自由"则是不够的。因为它必须确保人民的一切政治、经济、社会的权利,对于一切破坏社会主义的力量实行专政;此外还必须对外保卫祖国,对内组织人民进行社会主义建设。

实行无产阶级专政就会像波普所认为那样有"扩大政治权力的危险"吗?不,无产阶级专政即人民民主专政,是人民实行民主与对阶级敌人实行专政的辩证统一。没有最广泛的人民民主,就不会有有效的对敌人的专政;不对阶级敌人进行有效的专政,也就不可能保证真正的人民民主。诚然,如何加强和完善人民民主制度,健全民主集中制,以防止领导者的蜕化变质和坏人的篡夺政权,是当前一个十分重要的课题,但只要是真正建立在最广泛的人民民主基础上的人民专政,是不会有"扩大政治权力的危险"的,相反,危险的倒是削弱人民的民主专政。因为这必导致阶级敌人的阴谋破坏和颠覆。

波普"告诫"人们不要去关心"应该由谁统治"的问题。只要有了"普选制"就有了"民主"和"自由"。我们知道,资产阶级国家的"普选制"是一种虚假的民主形式;政府人员的更换本质上仅是资产阶级代理人的更换。正如列宁所指出的那样:只要保存着生产资料的私有制,最民主的资产阶级共和国也必然仍旧是资产阶级专政,是镇压大多数人的机器。西方资产阶级国家的宪法对劳动人民在选举权上所规定的种种限制,如财产的限制、居住期限的限制、教育程度的限制等等,其目的无不在剥夺他们的选举权。一无所有的劳动者能与掌握全部国家宣传机器的百万富翁及其代理人"平等"地竞选吗？当前西方资本主义各国家的政府成员，不很多是百万富豪或其代理人吗？有多少劳动人民能参加资产阶级的政府呢？虽然有的西方国家的议会和政府，有时也有左派参加，但真正的大权并不掌握在他们手里，更不能改变资本主义国家的政治制度。所以，波普所说的只要有了"普选制"就有了民主，人民就能任意任命和更换统治者，这是不符合事实的。

波普侈谈法律上的平等，但绝口不谈经济平等，这是他的立场决定的。法国作家安那托尔·法朗士在讽刺资产阶级的法律平等时说："它平等地禁止富人和穷人在桥下露宿，平等地禁止沿街乞食和偷窃面包。"这最好地说明了波普的这种平等观的实质。

波普说："自由必须要有限制。"这句话孤立起来考察是不错的。毫无限制的"自由"是无政府主义的"自由"，其结果必然是没有自由。但是波普的这句话还有别的内容。因为他所要的"自由"是"宁可没有平等的自由"，即没有经济平等的"自由"，因而是富人剥削、奴役穷人的"自由"。在他看来这种"自由"是不可缺少的，没有了这种"自由"，就"没有了一切"。如果有一天劳动人民自由地组织起来，"狂热地"反对这种资产阶级的"神圣不可侵犯"的"自由"，那么资本主义的社会秩序就会"混乱"，人类也就要退回到"群兽"时代去了。因此，他指责倾听"公众舆论"就是"相信神话"。其实，这正是波普的资产阶级偏见。

七 "资本主义的本性改变了"吗？

波普在上述理论分析基础上得出当今资本主义社会的本性"已经根本改变"，马克思的理论"已经过时"的错误结论。

波普认为，马克思本人对资本主义社会的分析是正确的，因为"他在青年时代经历了资本主义的最无耻、最残酷剥削的时期"。马克思的理论就是对这个时期的经济情况的正确分析和科学总结。[1] 他认为马克思本人

---

[1] Popper Karl, *Die offene Gesellschaft und ihre Feinde* (Band II), Verlag: Bern, Francke Verlag, 1958, p.149.

所处的是资本主义的"自由放任时期",当时资本家互相"自由竞争"不受任何限制。因此"经济强者任意欺凌和掠夺经济弱者",资本家千方百计地"延长工时","降低工资","贪婪地剥削和掠夺工人"。① 但是波普断言:"马克思当时的这种情况今天已经根本改变。"由于国家采取了种种"以政治干涉经济"的"积极"政策,例如"制定保护弱者利益的政治纲领,制定限制工时、限制剥削、保障失业工人和老年工人的利益的法律等等",使"放任资本主义"或"无约束资本主义"时期的罪恶情况"已经不复存在"。② 资本主义的本性已经"有了变化",现在它已经进入了一个与马克思所处时期"完全不同"的"新"的历史时期,即资本主义的"政治干涉"或"民主干涉主义"时期了。③

波普断言在今天这个"新"的"民主干涉主义时期"里,资本主义剥削已经消失。他对"资本主义剥削"做了"新"的理解。他说:"经常被马克思主义者和反马克思主义者看作马克思主义理论的基石的劳动价值学说,在我看来并不是什么重要的观点。"④ "剩余价值学说也同样很简单。"⑤ 他认为:"剥削就是延长工时和降低工资。"⑥ 只要资本家能"适当地""降低工时"和"提高工资",那么资本主义剥削就"立即消失"了,资本主义本性就迅速"改变"了,工人阶级就得到"完全的解放"了。因此他说:"缩短工作时间就是工人解放的基本条件。"⑦ 他认为这些情况在今天的资本主义"国家干涉时期"已经"基本做到了"。"保障工人福利的工会"已经建立,"高工资""低工时"已经实现,"随着生产资料和劳动生产力的迅速增长,童工,劳动时间,劳动折磨和工人生活无保障的情况已经相应减少",因此"幼年资本主义的特征"已不复存在了。⑧

波普断言:被马克思视为资本主义重要特征的"资本集中"现象已

---

① Popper Karl, *Die offene Gesellschaft und ihre Feinde (Band II)*, Verlag: Bern, Francke Verlag, 1958, pp. 152 – 153.
② Ibid., pp. 154 – 155.
③ Ibid., p. 229.
④ Ibid., p. 229.
⑤ Ibid., p. 210.
⑥ Ibid., p. 207.
⑦ Ibid., p. 152.
⑧ Ibid., pp. 228 – 229.

经消失。他说:"马克思当时所观察到的财富积累和资本集中的趋向是无可怀疑的。""它在自由资本主义制度下是难以阻止的。"但是,在今天的"国家干涉时期"已经发生了"根本变化"。"由于国家立法的干预以及所得税、遗产税的实施,已经最有成效地阻止了资本的集中,同时,限制托拉斯的立法也有了同样的效果。"因此,在今天西方世界资本已经不再集中,这证明"马克思关于资本必然集中和资本家数目必然减少的预言的论证是不合逻辑的"[1]。

波普还否认资本主义经济危机的必然性。他说:马克思预言资本主义经济危机不可避免"是错误的"。因为他"研究的是自由资本主义,做梦也没有想到今天的干涉主义"。在"国家干涉主义时期"的今天,国家可以采用行政和立法的手段干预经济,可以采用各种有力的"防范萧条的政策"。他断言这种"防止经济萧条的试验"在瑞典已经初步收到成效。但是他又缺乏信心,因而含糊其词地说:"我并不认为这类试验一定毫无条件地会有成果,虽然问题的解决看来并不十分困难。"他攻击说,马克思关于资本主义经济危机不可避免的理论是"假话",马克思"比资本家还要不负责任"[2]。

波普反对马克思关于产业后备军的理论,认为这在自由资本主义时期虽然是正确的,但是在"国家民主干涉时期"的今天"已经失效了"。因为这种问题可以通过国家的干涉,如成立工会,采取失业保险等措施而加以解决。他说:"我想特别强调指出:那种认为永远不能通过逐步的措施消灭失业现象的信念,就像认为永远不能解决空中飞行问题的无数物理学证明一样武断。"[3]

波普还反对马克思主义关于无产阶级贫困化的学说,认为它只能适用于自由资本主义时期,今天已经不适用了。他说:"马克思所分析的工人痛苦增长的趋向,只有在自由劳动市场的制度中才是有效的,今天已经成立工会,有了劳资协商和工人罢工的可能性,这种分析就不再适用了。"[4]

---

[1] Popper Karl, *Die offene Gesellschaft und ihre Feinde* (Band II), Verlag: Bern, Francke Verlag, 1958, p. 208.

[2] Ibid., p. 223.

[3] Ibid..

[4] Ibid., p. 218.

他还对马克思关于在职工人的贫困化的观点进行了反驳。他说:"历史的事实毫不含糊地驳斥了这种预言。在职工人的生活水平从马克思那个时代以来已经有了普遍的提高。他们的实际工资甚至在萧条时期,由于物价比工资下降快,也有增加的趋势。例如上次大萧条时期就是这样。"①

最后波普对马克思关于资本主义必然最终为社会主义所代替的理论进行了反驳,认为它已经被历史事实所"证伪"。因为"放任资本主义"虽然已经消失,但是代替它的不是社会主义—共产主义,而是"国家干涉主义的资本主义"。他写道:"我们必须站在自己的立场上反对马克思主义者关于社会主义、共产主义是资本主义唯一可能替代者的预言。不论是马克思本人或别的一些人都不断断言社会主义是马克思在一百年以前所称的资本主义经济制度的唯一继承者,但是我们能用历史的事实轻而易举地反驳掉它:'放任主义'已经从地球表面消灭,但是它并没有像马克思所预言的那样被社会主义或共产主义制度所取代。"②

波普认为,与马克思的意愿"相反",代替自由资本主义的不是社会主义,而是西方世界中正在通过"逐步社会工程"和"国家民主干涉主义"而不断"前进"的"开放社会"。他认为,当今西方世界的许多国家,已经通过"逐步社会工程"和国家"民主干涉"而"消灭"了许多"重大的社会弊害"。他列出了其中已消失的主要的弊害如下:

贫困实际上已经消失;

失业和某些类似形式的社会不稳定已经完全改变,大量失业问题已经解决;

疾病与痛苦已经明显地不断减少;

刑法已经改革,大量暴刑已经废除;

反奴隶制斗争已经胜利;

宗教歧视实际上已不存在;

阶级差别在任何地方都已经大大缩小,在斯堪的纳维亚、美国、加拿大、澳大利亚、新西兰,事实上已经接近没有阶级的社会;

---

① Popper Karl, *Die offene Gesellschaft und ihre Feinde (Band II)*, Verlag: Bern, Francke Verlag, 1958, p. 224.

② Ibid., p. 140.

侵略战争在道义上已不可能。①

总之，概括起来是："马克思主义已被证伪。"共产主义仅是"幻梦"，而资本主义则"永葆青春"。

波普上述的关于"资本主义本性改变"的理论对西方世界是有相当影响的。他论证资本主义"本性改变"的理论根据是垄断资产阶级国家政权对经济的干涉，即所谓干涉主义。这种干涉主义理论来源于凯恩斯的经济理论。凯恩斯认为通过国家对经济的干涉，资本主义经济危机就能"消失"。波普进一步扩充了这种理论，认为通过垄断资本主义国家对经济的干涉，资本主义的本性就能"改变"，它的一切不治之症就能"根治"，从而资本主义也就可以"永世长存"了。不言而喻，这是一种梦想。

波普的这些理论的根本错误在于掩盖资本主义剥削的根本性质，歪曲了马克思主义剩余价值理论的实质。只要略有马克思主义政治经济学常识的人就会知道：资本主义剥削是资本家对工人所创造的剩余价值的无偿占有。诚然，随着工人阶级的阶级斗争和社会生产力的发展，当前西方国家中工人的劳动时间确有缩短，工资也有增加。但是由于劳动生产率的迅速提高，资本家对工人的剩余价值的剥削率不是减少而是日益增加了，资本家与工人的贫富悬殊不是缩小，而是愈来愈扩大了。波普说资本主义剥削已不复存在，是无稽之谈。

波普认为在当今资本主义的"国家干涉时期"，资本主义的经济危机已"不复存在"，马克思主义关于资本主义经济危机不可避免的预言"已经过时"。这也是不符合客观事实的。

自1945年波普的《开放社会及其敌人》一书出版后不久，由于西方世界出现了科学技术大革命和采取"高生产""高消费"的经济政策，在20世纪50年代和60年代暂时没有出现严重的经济危机，因此波普的这类论调曾流行一时。但是自60年代下半期以后，资本主义经济危机这一怪物又重新出现。特别自70年代以来，西方世界出现了长期的经济萧条。与此相联系，还出现了严重的能源危机、财政危机、生态危机、自然资源危机等等。"经济危机可以根绝"的神话已彻底破产，代之而起的是"资本主

---

① Popper Karl, *Conjectures and Refutations: The Growth of Scientific Knowledge*, London: Routledge, 1963, pp. 370–371.

义将与人类共同毁灭"的悲观主义论。因此，已被历史的事实所证伪的不是马克思主义关于资本主义经济危机不可避免的科学论断，而是波普的关于"资本主义经济危机可以根治"的神话。应该指出：人类社会是不会灭绝的，它有灿烂如锦的前途；而资本主义经济危机确是有一天要根绝的，但这将是伴随资本主义社会制度的永远灭绝而灭绝。

波普认为资本主义自进入"国家干涉时期"后，马克思关于资本主义社会的资本积累和集中的科学"预言""已经破产"，这是他的又一个神话。历史事实与他的神话相反，自他的《开放社会及其敌人》等著作出版后，西方国家的资本积累和集中的趋向，不是"已经消失"，而是更趋明显了。由于资本主义进入垄断阶段，中小资本家遭受垄断组织的摧残和兼并，在西方资产阶级的数量减少了，资本更加集中了。据统计，自第二次世界大战以后，西方发达资本主义国家的资产阶级人数已下降至自立人口的1/100，而垄断资本家的实力和财富却大大增加。如美国经济学家兰贝在《富人和超级富人》一书中统计：美国目前的百万富翁，其中多数仅属五百个最富有的家族。而美国二百家最大的公司在全国工业公司的资产总额中所占比重：自1950年的45%增加到1964—1965年的57%。看来被这些事实所"证伪"的不是马克思主义的科学论断，而是波普的毫无根据的错误论断。

波普还认为：由于资本主义的本性改变，在西方世界中工人阶级贫困化的现象已不复存在。这也是与客观事实不相符的。如前所述，在20世纪五六十年代，由于科学技术大革命的出现和采取"高消费""高生产"的政策，以及工人阶级的坚决斗争，西方工人的绝对工资虽稍有提高，他们的经济生活也略有改善，但是否能因而得出工人阶级贫困化的现象已不复存在的结论呢？不，因为事实上工人工资的提高远远落后于物价的提高和劳动生产率的提高。他们的工资水平仍远远落后于工人及其家属由于社会发展而不断增长的物质和文化需要的水平。还应该指出：少数发达资本主义国家不仅剥削本国工人，并且对亚、非、拉等不发达地区的工人劳动人民进行剥削和掠夺。不发达地区工人和劳动人民的贫困化也是世界工人阶级贫困化的一部分或者是与它紧密联系的。

波普认为随着"资本主义本性的改变"，马克思主义关于产业后备军理论也被"证伪"，这又是一个神话。客观的事实是：在资本主义世界中，工人失业现象没有一天消失过,它也不可能消失。如前所述,在 20 世纪中,由于科学技术革命和"高消费""高生产"政策给西方世界一度带来虚假的繁荣,西方资本主义国家的工人失业队伍曾一度减少。但自 20 世纪 60 年代中期以后,由于经济危机的出现和城乡小生产的破产,失业工人的队伍又迅速增加。例如就在波普居住的英国,工人失业现象就十分严重。1981 年 4 月 22 日英国政府宣布:英国失业人数在过去 18 个月中不断增加,至该年 4 月已超过 250 万人,占劳动力总数的 10.4%,这是 50 年来失业率最高的一个月。其他美、法、德等国的情况也相类似。这些事实"证伪"了马克思主义理论吗?显然不是,它只证伪了波普的又一个错误论断。

波普根据上述种种主观臆造的理论匆匆忙忙地做出结论:资本主义本性已经"改变",马克思主义理论已被"证伪"。但是自他的《开放社会及其敌人》出版以来 70 年的历史事实却无情地证实了马克思主义理论的伟大、正确,而证伪了波普的"神话"。依据他的批判理性主义观点:理论仅是大胆的猜测,科学家们的正确态度不是勉强挽救,而是勇于放弃已被证伪的理论,那么现在该是他放弃上述种种错误见解的时候了。

八 批判理性主义的道德观

波普把历来的道德理论分为"一元论"道德观和"二元论"道德观两类。

波普所说的"一元论"的道德学说,是一种把自然规律与道德规范相等同的道德学说。如 17、18 世纪的自然法学派认为人的自由、平等观念来源于人的自然本性,从而把这种道德规范永恒化。波普称这种观点为"天真的一元论",认为它的萌芽可追溯到古代,是一种"封闭社会"的道德观;由于"一元论"的道德观把道德规范永恒化,因而它拒绝人们对它的批判。

波普所说的"二元论"的道德学说,是一种把道规范与自然规律相分离的道德学说。如英国的休谟就持这种观点。他认为道德规范不是自然规律,道德价值也与经验事实无关。道德规范和道德的价值是道德论的对象;自然规律和经验事实则是认识论的对象。前者是善与恶的问题,后者是真与假的问题。对经验事实的认识可分真与假,但不能分善与恶,因为从真与假中永远推论不出"应该"与"不应该"来。波普同意休谟的观点，在道德观上主张"二元论"反对"一元论"。他认为道德规范与自然规律的分离是显而易见的，如我们不能从"人生下来是自由的"而推论出"人应该是自由的"。经验事实本身是无所谓道德不道德的，自然和事实并不告诉我们应该做什么，不应该做什么。事实上有些道德规范与客观事实不仅不一致，而且正好相反，例如人生来的智力和体力都是不平等的，但是人们常常（自然法学派就是如此）把"平等"看作一种道德规范，并愿为它的实现而努力奋斗。① 波普认为正因为"二元论"的道德观否定道德规范与自然规律的同一，把道德规范归结为人为的东西，这就为人们批判各种道德规范提供了可能性，因而它是"开放社会"的道德观。

波普从上述道德观出发，批判了马克思主义的道德观。他把马克思主义的道德理论归类于"一元论"。他认为马克思主义坚持历史决定论，把道德规范与社会发展的规律联系在一起，把推进历史必然性，为实现未来理性社会而奋斗作为道德规范，这就使道德规范与自然规律混淆在一起了，从而陷入了"天真的一元论"的"泥潭"。

波普称上述马克思主义的道德观为"未来主义"的道德观，因为它坚持"以维护未来的利益"为道德。对此，他做了以下几点歪曲和"批判"：

1. "前提错误"。波普认为马克思主义的"未来主义"的道德观，是建立在社会发展规律的前提上的。而他认为社会发展规律是"没有"的，历史预言是"不可能"的，因此这种道德观是"错误"的。

2. "缺乏依据"。波普认为，即使社会发展有必然性也不能因此就可断言为了实现未来就是道德。历史的将来假如走向堕落，人们也能认为为了实现未来的堕落就是道德吗？可以设想，假如启蒙主义者伏尔泰预见了后来拿破仑第三的复辟，他就应该以复辟王朝的行为为道德吗？他并说：还可以设想，人类将来可能要倒退到奴隶制度，甚至回到野兽时代，那么就能以实现这种倒退或毁灭的行为为道德吗？② 因此他说："历史决定论的道德论的最初断言是何等地不可靠，是否应该接受未来的道德，其本身就

---

① Popper Karl, *The Open Society and Its Enemies* (Volume Two), London: Routledge, 1962, pp. 370 – 371.

② Ibid., pp. 251 – 252.

是一个道德问题。"①

3. "强权理论"。波普认为马克思主义的道德理论是强权主义的。他认为马克思主义的道德论来源于黑格尔,而黑格尔的道德论是保守主义和强权主义的。黑格尔认为"现实的就是合理的""强权就是正义",因而对现状是不能批判的。因为现状本身就是道德规范。马克思的道德论则"不过是黑格尔的道德理论的另一种形式,因为马克思的道德论宣称未来的强权就是正义,这里不过是用'未来'取代了'现在'罢了"。他还说:"黑格尔的道德现代主义是保守主义的,因为它维护现状。"但是它与马克思主义的"道德未来主义之间并不存在什么差别"。两者都"不容许人们选择"而"强迫人们接受"。"如果道德未来主义者批判那些站在现代强权一边的道德保守主义者们胆怯,那么道德保守主义者也可以反过来批判他们,称他们为胆小鬼,因为他们站在未来强权的一边,转到明天的统治者那一边去了。"②

4. "宿命论"。波普认为,马克思主义的历史决定论必然陷入道德论的"宿命论"。因为既然"我们的一切法包括我们的道德规范都是由社会历史条件决定的,它是社会的或一定阶级状况的产物",那么个人就没有道德的责任了。③

总之,波普得出的结论是:"马克思主义的道德理论并不是一种科学论断,而仅仅是一种社会主义的冲动,一种帮助受压迫者不受剥削的愿望而已。"④

波普论证了他的批判理性主义的道德观。他认为他的道德观是"二元论"的,即否认道德规范与自然规律是同一的,并认为道德规范是人为的和可变的。每个人对自己的行为都应负道德上的责任。但是他反对相对主义的"二元论"道德观,这种道德观认为道德规范是人为的,因而善恶观

---

① Popper Karl, *The Open Society and Its Enemies*(Volume Two), London: Routledge, 1962, p. 252.
② Popper Karl, *Die offene Gesellschaft und ihre Feinde*(Band II), Verlag: Bern, Francke Verlag, 1958, pp. 252 – 253.
③ Popper Karl, *The Open Society and Its Enemies*(Volume Two), London: Routledge, 1962, p. 5.
④ Ibid., p. 253.

念完全是相对的,最互相不可比较的和不可批判的。波普认为他的"二元论"的道德观与相对主义的道德观不同。他的"二元论"道德观是批判主义的,即认为道德规范虽然是人为的,但是可以互相比较,彼此批评的。他说:道德规范虽然不能从自然事实中逻辑地推论出来,但是并非与事实完全无关,因为道德规范是人们根据事实做出的行为的规范。人们运用试错法,通过理性的批判不断清除错误,从而使道德规范不断向合理的方向前进,这就是他的批判理性主义的道德论。因此他的道德观是理性主义的,但又不同于古典的"一元论"的理性主义。古典"一元论"的理性主义是"道德先验论"的理性主义,而他的理性主义是"道德批判主义"的理性主义。

波普认为他的批判理性主义道德论要求人们采取虚心的态度,互相批评,互相讨论,既要相信自己的理性,也要尊重别人的理性。但反对权威主义,不把任何个人的理性奉为"至高权威"。[①]

波普还论述了他的批判理性主义道德理论对传统道德观念的态度。他认为个人的道德观念无疑是受社会的传统道德观念的影响的,就像人的知识受传统知识的影响一样。他说:"我们的觉悟和观点大部分是我们父母教育的产物;同样,下一代又是我们的产物。"但他认为人是有理性、能批判的,不仅能够接受传统思想的影响,也能对传统的观念进行理性的批判。他说:"人和他的意图在某种意义上是社会的产物,但同样无疑的是社会又是人的意图的产物。"因而人们可以通过理性的批判以改变传统意识。[②] 他以贝多芬的音乐思想为例说,贝多芬的音乐思想无疑深受传统的影响,但是他并没有为传统所束缚,而是做出了"天才的创造"。[③]

与波普的道德观相连的是他的批判理性主义的人道主义学说。他认为人虽然各有自己的特殊性,但又有他们的共同性,这就是共同的理性。正是这个共同的理性,使人统一为"人"。他说各个民族的语言虽然不同,

---

① Popper Karl, "Replies to My Critics", in Paul Arthur Schilpp, ed., *The Philosophy of Karl Popper*, Chicago: Open Court, 1974, p. 1158.

② Popper Karl, *Die offene Gesellschaft und ihre Feinde* (*Band II*), Verlag: Bern, Francke Verlag, 1958, p. 256.

③ Popper Karl, *The Open Society and Its Enemies* (*Volume Two*), London: Routledge, 1962, p. 257.

但却能互相翻译，彼此沟通，这就是人类有共同理性的铁证。

波普认为，他的人道主义是理性主义的人道主义，然而又不同于17、18世纪古典的理性主义的人道主义。古典理性主义的人道主义是"先验的理性论"和"先验的人性论"，而他的理性主义的人道主义是"批判的理性论"和"批判的人性论"。他认为人的理性（也就是人性）是语言的批判的产物，人类由于有语言的批判才能改正错误，不致使自身与错误俱亡，并在清除错误中前进，从而使自己从动物中区分出来。[1]

波普认为他的批判理性主义的人道主义才是真正的人道主义。它比以"感情"和"爱"为人性的人道主义更有根据。因为"感情"和"爱"是因人而异的，而"理性"则是人类所共有的，它是在批判中前进的。

波普认为他的批判理性主义的人道主义是反权威主义的。因为这种人道主义"一视同仁""平等待人"，心平气和，互相讨论；采取"说理的态度""反对强迫的方式"；主张"和平"，反对"暴力"。但是他又说：如果有人坚持"非理性"的态度"使用暴力"，那么为了保卫"理性讨论的环境"，就应同样使用暴力"以还其身"。[2]

波普的批判理性主义的道德观及其人道主义理论，是自由资产阶级的道德观和人道主义的变种。

波普对17、18世纪理性主义道德理论的批判是正确的。古典理性主义者把道德规范与自然规律混淆起来，以自然规律的永恒性论证资产阶级道德规范的永恒性，把自由、平等、人道主义等资产阶级道德规范说成是永恒的理性和人性。这在当时虽然有反封建的进步意义，但是是错误的。

在西方哲学史中，休谟最早批判了理性主义的道德理论。他指出了自然规律与道德规范的区别。但是，他从主观经验主义的立场出发理解道德，从而使道德理论相对主义化。现代的实证主义各流派，如实用主义、逻辑实证主义的许多成员都坚持相对主义的道德观。他们把道德规范归结为个人或集团的主观的感觉、情绪、愿望或爱好的表现，从而走上了另一条错误的道路。

---

[1] Popper Karl, *Conjectures and Refutations: The Growth of Scientific Knowledge*, London: Routledge, 1963, p. 384.

[2] Ibid., p. 359.

马克思主义既反对理性主义的永恒道德论，也反对实证主义的相对主义道德论。它认为道德是社会意识的一种形式，它是社会存在，即客观的社会物质生活条件在人的意识中的反映，在阶级社会中，则是一定阶级的社会经济地位的反映。不同的阶级处于不同的社会经济地位，有不同的阶级利益，因而各有不同的，以至完全对立的道德观念，如劳动人民以劳动为善，以剥削和不劳动为恶；而剥削阶级则相反。

马克思主义并以社会发展规律为检验道德的进步性与反动性的准则。它认为历史上的进步阶级，由于它们的经济地位、阶级利益与客观社会发展的进程相一致，它们的道德观念对社会发展与人类进步起促进作用，因而是进步的；反之，反动阶级的道德观念是反动的。

波普从资产阶级道德观念出发反对马克思主义道德理论。他错误地否定客观社会规律。并以此否定马克思主义道德观的科学性与进步性。但这是徒劳的，因为从原始社会经过奴隶社会、封建社会、资本主义社会到社会主义社会的人类社会发展史，无情地驳斥了他这种错误观点。

波普把马克思主义的道德观与他所说的"现代主义"即保守主义的道德观等同起来，这是颠倒黑白。保守主义主张社会停滞和倒退，反对社会发展；而马克思主义主张社会发展，反对社会的停滞和倒退。这两者怎么能彼此等同呢？与保守主义道德观互有联系的倒是波普的批判理性主义的道德观，因为它主张人类社会永远停滞在腐朽的资本主义阶段，反对它向社会主义—共产主义发展。

马克思的道德观是"未来主义"的道德观吗？不，它是历史唯物主义的道德观。它是唯物的，它立足于现在；它又是辩证地发展的，它放眼于未来。它从当前的社会现实出发，根据社会发展的客观规律，以促进人类社会向共产主义发展为目标。

波普污蔑马克思主义的道德观为"强权主义"，这又是颠倒黑白。强权主义常常是与相对主义道德论相联系的。强权主义认为善与恶并没有客观标准，各人有各人的善恶观念，究竟以谁的观念为准，它的回答是"强权"。"强权就是真理""强权就是正义"这是一种地地道道的帝国主义的反动道德理论，它怎么能与坚持社会发展，反对社会倒退的马克思主义的进步道德理论相提并论呢？与帝国主义的强权主义道德论相通的，不是马克思主义的历史唯物主义的道德论，倒是波普自己的批判理性主义的道德论（并不是说它就是强权主义，如前所述，他的道德观是自由资产阶级的）。因为波普认为人民群众只能在他所主张的那种"民主""自由""平等"的资本主义制度下永远驯服地生活下去，只许安于现状，不准寻求解放，否则统治阶级是可以并且应该运用其手中的"强权"而予以镇压的。①

---

① Popper Karl, *Conjectures and Refutations*: *The Growth of Scientific Knowledge*, London: Routledge, 1963, p. 359.

第四章　本体论：突现进化论

一　反对还原论

自20世纪50年代以后,波普除继续研究科学的方法论和社会历史哲学外,他把研究重点转向本体论。这主要表现在他的"突现进化论"和关于"三个世界"的理论中。

在50年代以前,波普在《研究的逻辑》《历史决定论的贫困》《开放社会及其敌人》等著作中就有"突现进化论"和"三个世界"理论的思想萌芽。但是50年代以后,他才做了明确系统的阐述。这主要表现在他的后期著作《客观知识：进化论观点》(1972)以及与神经生理学家艾克尔斯合著的《自我及其脑》(1977)等书中。

波普在50年代以后之所以把哲学研究的注意力转向本体论,转向"突现进化论"和关于"三个世界"的理论,是有当时的社会历史原因的。从50年代起,西方哲学界出现了重大的变化。作为主要流派的逻辑实证主义盛极而衰,50年代初奎因的《经验主义的两个教条》(1951)一文的发表,标志了这种衰退的开始。自此逻辑实证主义走向衰落,其主要成员奎因从逻辑实证主义转向逻辑实用主义。另一成员阿姆斯达朗则转向唯物主义,创立了一种被称为"科学唯物主义"(或"科学实在论")的流派。这个流派的力量不算大,但十分引人注目。属于这个流派的主要成员有美国的哲学家斐格尔、帕特纳姆和澳大利亚哲学家阿姆斯达朗和斯马特等人。一般说来,科学唯物主义可以分为"行为主义"的科学唯物主义与"物理主义"的科学唯物主义两个支派。从思想渊源方面考察,它们多少都与逻辑实证主义有关。50年代以前,在西方心理学中行为主义早已流行。这是一种与逻辑实证主义有亲缘关系的心理学流派。它是实证主义思想在心理学领域中的表现。行为主义反对通过内省法考察人的心理活动，主张把人的心理等同于人的外部行为而加以考察。但是它又把人的外部行为等同于观察者的感性知觉，因而本质上是一种主观主义或实证主义的流派。"物理主义"则原为逻辑实证主义大师卡尔纳普等人所提倡。卡尔纳普在坚持逻辑实证主义的同时，主张把一切科学语言归结为物理语言，实际上是一种企图把一切科学现象归结为色、香、味、声等感觉经验的理论。

从 50 年代开始，科学唯物主义从唯物主义的立场批判了上述主观经验主义的物理主义及行为主义观点，建立了唯物主义的行为主义和唯物主义的物理主义理论。唯物主义的行为主义与唯物主义的物理主义二者的区别仅是研究的着重点不同。前者着重研究"身心同一"的问题，所以又称"身心同一论"，后者着重主张把心理学的语言归结为唯物主义的物理学语言，所以又称"语言一元论"。但是它们的哲学基本观点则是相同的，因此人们又合称它们为"科学唯物主义"或"科学实在论"。

科学唯物主义的这两个流派都坚持以下几个基本观点：

1. 只承认一种实在物理实在；
2. 否认精神现象，把精神现象等同或归结为物理现象；
3. 肯定机械的因果关系，把整个物理世界简单地归结为一种机械因果关系的封闭系统；
4. 认为宇宙的未来已完全为现在所确定，因此原则上对未来能通过精确的计算而加以预见；
5. 主张把一切物理的实在用物理学语言（量子、场、电子等）来表述。

不言而喻，科学唯物主义的出现是对西方哲学界长期占统治地位的主观唯心主义的实证主义思潮的一种反抗，它具有反主观经验主义思潮的进步意义。但是它也明显地具有机械论和还原论的缺点。它否定第二性的意识现象，否认意识的能动作用，否认物质与意识的辩证关系，把物质发展的高级运动形式——生命现象以及意识现象和社会运动简单地还原为低级的物理运动。

应该指出，50 年代后这种还原论的科学唯物主义的出现是有其自然科学方面的原因的。它片面地反映了近几十年来以物理方法研究生理现象的神经生理学的成就；研究人—机器关系的人工智能、控制论、信息论的成就；深入分子、量子层次水平的分子生物学、量子生物学、量子化学的成就；以及现代自然科学的普遍量子化、数学化，和现代社会科学研究的逐渐数学化等等方面的成就。数学化、物理学化和量子化是现代自然科学的一个明显特征；而高度综合性、高度系统性和辩证性则是现代自然科学的另一个明显的特征。这两个方面的特征在现代自然科学的发展中是辩证统一的。但是西方的某些哲学家，由于世界观缺乏辩证性，以致片面地扩大一方而忽视另一方，从而创立了这种还原论的唯物主义理论，这就是西方科学唯物主义这个流派产生的自然科学根源和认识论根源。

波普是一个羞羞答答的唯物主义者或"形而上学的实在论"者。他坚持外部世界的存在，反对逻辑实证主义的主观唯心主义立场。同时，他的哲学思想中又有比较丰富的辩证法因素。他从这种不自觉的辩证法思想出发，对后来出现的还原论的科学唯物主义的机械性深为不满，甚至十分痛恨。他在《自我及其脑》一书的序言里写道：随着还原论的唯物主义观念在新的一代哲学家中得到广泛传播，"人类的声誉已经败坏得太厉害了，太过分了"[1]。他认为：这是一股"反科学、反变革的逆流"，"一种反科学、反理性的强大的反动思潮"[2]。为了与还原论思想进行斗争，波普继在三四十年代着重研究数学和物理学这两门自然科学之后，自50年代开始，进而研究了新达尔文主义和分子生物学，分子遗传学等新学科；并把他的哲学研究的重点从科学方法论和社会哲学转向本体论，比较系统地提出了他的"突现进化论"和关于"三个世界"的理论。

波普反对科学唯物主义的还原论观点，因为这种还原论否认意识或精神现象，坚持精神与物质的绝对同一。他称这种还原论为"赫胥黎问题"。早在一百余年以前，赫胥黎就把意识简单地归结为大脑分子的变化，把精神现象简单地归结为躯体活动的从属物。赫胥黎只承认躯体对精神的单向作用，否认意识对躯体的反馈作用，否认意识能引起大脑分子的变化，从而把人等同于一架自动机。赫胥黎写道："也许可以断言……大脑中分子

---

[1] Popper Karl and J. C. Eccles, *The Self and Its Brain: An Argument for Interactionism*, London: Springer International, 1977, p. 2.

[2] 波普：《自然选择和精神出现》，《自然科学哲学问题》1980年第1期。

的变化是全部意识状态的原因……〔但是〕有没有任何证据证明这些意识状态相反地引起〔大脑中〕分子的变化,从而产生肌肉运动呢?""我看没有这种证据,……〔看来意识〕完全没有任何变更〔躯体〕工作的能力,〔正〕如机车的汽笛声不影响它的机器一样。"①

波普认为达尔文的进化论反驳了这类还原论观点,指出了人和人的意识是生物进化的产物。因此波普进一步研究了达尔文主义与新达尔文主义,提出了"突现进化论"(他有时又称"突现实在论"),以反对现代的科学唯物主义的还原论。

应该指出,"突现进化论"并不是波普首创的理论。早在20世纪20年代英国哲学家亚历山大、罗爱德-摩尔根和布洛德等人就提出过类似的理论,后来怀德海和哈兹霍恩所提倡的"过程哲学"也是这种理论的变种。这种理论肯定世界变化过程的间断性及其事物的质的多样性。但是它把这种过程唯心主义地解释为某种客观精神(神)的神秘的(非理性的)创造行为的结果,认为这是不可理解,也是不可解释的,从而陷入了神秘主义的有神论的泥潭。人们称这种理论为"有神的突现进化论"。波普摒弃了这种学说的有神论因素,吸取了它的合理内容,并对事物发展中的"突现"(Emergence)做了合理的解释,从而建立了他的无神论的突现进化论。

波普从来是一个承认"形而上学实在论"的不彻底的唯物主义者。他承认客观物质世界的多样性和层次性,认为人的感官不能直接感受的客观世界果然是客观实在的,就是人的感官不能直接感受的不同层次的微观世界也同样是客观实在的。

波普认为宇宙不仅是存在,而且是发展的,它的发展不仅有量的进化,而且有质的突变。他称这种突变为"突现"。波普关于质变的思想早在50年代以前已经有了萌芽。他在《历史决定论的贫困》一书中指出,生物现象、社会现象跟力学现象不同,它们的整体不是部分的机械总和,而是"多于各个部分以及各个部分之间的关系的总和",因为它们有一个"各个部分所没有的新的内在结构"。② 在50年代以后波普进一步发展了这

---

① 波普:《自然选择和精神出现》,《自然科学哲学问题》1980年第1期。
② Popper Karl, *The Poverty of Historicism*, London: Routledge, 1961, p. 17.

种思想，提出了系统的"突现进化论"。认为客观宇宙的进化不仅是量的平稳的进化，而是有突然的质变即"突现"。宇宙的进化由于有"突现"，因而它的发展过程是具有不可还原的多层次性的。他认为宇宙"突现进化"的过程是：首先是无机界，而后出现有机界、生命，再后"突现"意识现象，而后又"突现"社会文化现象。

应该指出，波普反对科学唯物主义的还原论或机械论的思想是正确的，内有合理的辩证法因素。物质的高级运动形式绝不是低级运动形式的简单总和，它具有新的质和新的规律。恩格斯说：把物质的高级运动归结为低级运动的还原论观点"抹杀了"高级运动形式的"特殊性"，"终有一天我们一定，可以用实验方法把思维"归结"为脑中的分子的和化学的运动；但是难道这就把思维的本质包括无遗了吗？"①

这段话，完全适用于对现代的科学唯物主义的还原论思想的批判。

但是科学唯物主义在反对当代西方哲学主要流派逻辑实证主义的主观唯心主义和坚持唯物主义方面是有功绩的。波普无视于它的这种功绩，而一味对它进行攻击，以至做了过多的否定，这也是不公正和不妥当的。

二 突现进化论

波普对达尔文的进化论推崇备至，高度赞扬了他的历史功绩。波普认为，在达尔文以前，佩利（Paley）的"自然神学"曾广泛流行。这种理论宣扬神学目的论，用"全能的造物主的设计"来解释"有机体的复杂的目的性的器官"。1859年达尔文的《物种起源》一书出版，彻底粉碎了佩利的这种神学理论，使"我们的全部观点，我们关于宇宙的图景发生了空前的变化"②。波普表示他始终站在达尔文的一边，为捍卫、发展他的学说而斗争。

波普以他的突现进化论的观点，对宇宙发展的图景做了如下的梗概性描述：

"在最初的层次上有重原子核在大恒星中出现"；

---

① 《马克思恩格斯全集》第20卷，第591页。
② 波普：《自然选择和精神出现》，《自然科学哲学问题》1980年第1期。

"在较高一级的层次上有有机分子在空间的某处出现";

"在更高一级的层次上就出现生命。生命,即使有一天在实验中能够复制,它的在宇宙中的产生也是全新的事情";

"再高层次上的进一步发展是出现意识。意识作为全新的、最重要的东西进入宇宙,就出现一个新世界:意识经验世界";

"在又高层次上是人类精神产物的出现:如艺术作品、科学作品特别是科学理论"。①

波普明确指出:推动宇宙的多层次进化的不是什么宇宙之外的"造物主",而是物质的宇宙自身,物质宇宙自身所固有的这种创造力。他说:"我想无论人们怎样怀疑,科学家不得不承认宇宙、自然界是有创造力的。因为它产生了有创造力的人,它产生了莎士比亚、米开朗琪罗和莫扎特,因而间接地产生了他们的作品。它产生了达尔文,从而就产生了自然选择理论。自然选择理论摧毁了造物主的不可思议的具体干预的宗教证明。从而给我们留下了宇宙、生命、人类精神有创造力的奇迹。"②

这就是波普的无神论的突现进化论的大概。

波普虽对达尔文的进化论给予了高度评价,并提出了自己的突现进化论。但是他认为进化论不是一种科学的理论,而仅是一种"形而上学的假设"或一种"形而上学的研究纲领"。

为什么它不是科学而仅是一种"形而上学的研究纲领"呢?波普的理由是:

首先,进化论的重要内容是"自然选择"理论,而自然选择理论仅仅是一种同义反复,把自然选择理论只看作一种同义反复的观点早在波普以前就有人提出来了。波普是受了这种见解的影响。他解释说:所谓自然选择就是自然环境对物种变异的选择。把有利于环境的变异保存下来,不利于环境的变异淘汰掉。这无异于说:"那些能遗留下最多的后代的生物有机体,能遗留下最多的后代。"因此它就像说"一切桌子都是桌子"一样,是一种并不包含任何经验内容的陈述,因而它是不可被证伪的同义反复。不过自最近(1977 年 11 月在剑桥达尔文学院的一次讲座)以来他的看法

---

① 波普:《自然选择和精神出现》,《自然科学哲学问题》1980 年第 1 期。
② 波普:《自然选择和精神出现》,《自然科学哲学问题》1980 年第 1 期。

有了改变。他公开宣布放弃这种把"自然选择"看成是同义反复的见解。他说:"我在这个问题上犯了错误,由于受到一些权威的言论的影响,过去我总是把这种理论描述为'几乎是同义反复'的理论;……现在我乐于有机会收回我的前言。"[①]

波普最近所以改变这种主张,首先是由于他看到"自然选择",理论不是同义反复,而是可以证伪的。他举例说:譬如孔雀开屏用的长大而又美丽的尾巴就不是自然(环境)选择的结果,而是"异性喜爱"的"性的选择"的结果。这就证伪了"自然选择"理论的普遍有效性。波普否弃自然选择理论是同义反复的更重要原因,是受了近些年来非达尔文主义进化论的影响。这种理论认为,生物的进化主要不是像达尔文所说那样,是生存竞争和自然选择决定,而是由中性基因突变的遗传漂移(Genetic Drift)决定的。据此,波普认为自然选择理论已经找到了可证伪的证据。不过波普认为,自然选择理论虽然已经被证伪,但是并不能因而否认它在许多情况下还是适用的。虽然不能把它当作一个严格普遍的科学定律,但是把它看作一种形而上学的研究纲领,即作为一种科学方法论上的有用的约定性的规则,还是合适的。因而它仍然是一种"形而上学的研究纲领"。

其次,"进化论"不是普遍规律,而只是一种具体倾向关于这方面,我们在论述波普的社会历史哲学时已经讲过了。他只承认自然规律,不承认生物进化和社会发展的规律。他的理由是自然规律是严格普遍的陈述,它具有重复性。而生物的进化(社会进化也是这样)只是描述了"生物进化的唯一历史过程,它仅局限于对唯一过程的观察",因而只是一种"具体的趋向",而不是一种普遍的规律。波普认为进化论虽不是科学规律或科学定律,但是作为一种趋向,对于科学研究还是有一定参考意义的,因而可以约定为一种科学方法论上的规则,即作为一个"形而上学的研究纲领"。他写道:"我还是达到这样的结论:达尔文主义不是一个可受检验的科学理论,不过是一个形而上学的研究纲领——可检验的科学理论的多个框架。"这样,波普就否定了达尔文进化论的科学地位,而仅把它看作一种方法论上的"形而上学"的"假设"了。

波普认为作为"形而上学研究纲领"的达尔文主义进化是由下面一

[①] 波普:《自然选择和精神出现》,《自然科学哲学问题》1980 年第 1 期。

些假设组成的：

1. 地球上各种类型的生命都起源于少数类型，或仅起源于一种单细胞，它们有一部像一棵"进化之树"一样的进化的历史。

2. 用以解释这种进化论的各种假设，如：自我复制的遗传，偶然的突变，自然选择以及受自然选择控制的变异性，等等。

波普认为遗传是保守的方面，相当于教条思想；变异和自然选择是进步的一面，相当于批判思想。

波普认为达尔文的进化论只假设了进化的渐进性，并没有假设偶然的突变及其方向。因此它是一种"漫步型"的进化系列，这就是说它像一个漫无目标的散步者的足迹，依据它是无法解释"进化之树"的直向进化的。因此为了解释"生物进化之树"的直向进化系列，他提出了一种"直向进化论"的假设，以"补充"达尔文进化论的"不足"。

波普的"直向进化论"主要由以下一些假设组成：

1. 生物有机体受下列两种选择压力的作用：

（1）外部环境的选择压力；

（2）内部有机体自身的爱好（或目的）的选择压力。

2. 有机体具有下述不同种类的基因：

（1）控制有机体的解剖结构的 a 基因；

（2）控制有机体的行为的 b 基因，这种 b 基因又分两类：

一类是控制有机体的爱好（或目的）的 p 基因；

一类是控制有机体的技能的 s 基因。

3. 有机体的直向进化程序可以公式化如下，

$$p \rightarrow s \rightarrow a$$

这就是说外部环境的选择压力决定有机体的爱好基因（p）的变异；爱好基因（p）的变异支配它的技能基因（s）的变异；技能基因（s）的变异又支配它的解剖结构基因（a）的变异。因此外界环境的变化造成了有机体的解剖结构的变异。[①]

波普以啄木鸟为例说明了上述的变异关系：外界食物的变化引起啄木鸟爱好的变化；它的爱好的变化引起它的技能（啄木）的变化；它的技能

[①] 波普：《自然选择和精神出现》，《自然科学哲学问题》1980 年第 1 期。

的变化又引起它的解剖结构（长嘴）的变化。

波普认为他的这种假设丰富了达尔文的进化论，它使得生物的进化具有趋向高等生命类型的现象得到合理的解释。

波普还对精神或意识现象的"突现"做了猜测性的假设。

波普认为，"生命或生命物质来源于非生命物质"，即它是"在某个时期中以某种方式从非生命的物质中突然产生的"。他肯定地说："我们将在某一天有可能知道它是如何发生的。"科学将来有可能解决这个问题。

波普认为，精神或意识如何在生物进化过程中发生的问题比生命起源的问题更难解决。因为动物有没有智力的问题是很难检定的。他说："鉴于检验把智力赋予动物的这样一种推测的困难（如果不是不可能的话），关于精神在生物中起源的思辨也许永不能成为检验的科学理论。"[①]为此，他对这个问题做了如下的"形而上学"的假设：

他认为："动物行为像计算机的行为一样是有程序的，但是它又不同于计算机。因为它的行为程序是自我编制的。"而它的本能性的行为程序则是"以密码方式编制在遗传基因即 DNA 链上的"。他同意英国生物学家迈耶（E. Mayer）的观点，认为可以把动物的行为程序分为"封闭的行为程序"和"开放的行为程序"两类。他所说的"封闭的行为程序""就是一种受到十分详尽规定的动物行为程序"；而"开放的行为程序"则是一种"并不受到全部规定而总留有某些抉择余地，即有可能选择这种或别种方式或倾向"的行为程序。[②] 他说：具有"开放行为程序"的动物，"有利于产生意识的进化"，在一定生态条件下它可能产生意识。

波普猜测，意识的产生可能要经历以下几个阶段：

1. 出现"警告信号"的阶段：生物在进化过程中在它的中枢出现某种"警告性"感觉，如激动、不舒适或疼痛等。这种感觉"警告有机体停止它们的不适当的活动，改变为其他的活动，以免自身造成过大的损害"。具有这种信号的有机体在自然环境中有利于生存；而没有这类信号的有机体，则容易被自然所淘汰。

2. 出现"想象"的阶段：某些生物有机体在进化过程中出现某种

---

① 波普：《自然选择和精神出现》，《自然科学哲学问题》1980 年第 1 期。
② 波普：《自然选择和精神出现》，《自然科学哲学问题》1980 年第 1 期。

"想象"。这种"想象"可能是由一些早期的神经信号所组成的，它是一种表示实际行为及其可能后果的符号。有了这类"想象"，动物就有可能用"想象的试错法"以代替"实际行为的试错法"，以避免实际试错行为可能给有机体带来的致命后果，从而在自然选择中得以进化。

3. 出现有目的的行为的阶段：动物自出现想象的试错行为后，就必须对这种想象的试错行为的后果做出评价，于是就出现"逃避"或"渴求"的感觉。并由"渴求"的感觉中逐渐发展出一种有目的、有意图的行为，这样就出现了意识的萌芽。

4. 进入人类阶段：伴随意识的出现而出现语言以及与之相应的人类精神产物：艺术、宗教、道德、科学技术等（他称之为"第三世界"）。语言和科学技术的出现，"使我们能够把我们自己同我们自己的各种假设相分离，并批判地看待这些假设"。"动物没有这种批判能力，它们同它们的错误假设一起淘汰，而我们却可以表述并批判我们的假设，并以清除错误的假设代替自己的死亡。"[①]

从上述波普关于精神或意识的产生和演化的假设中，可以看到一条贯彻始终的线索，那就是"试错法"。最初"突现"的是动物行为的试错法，而后"突现"的是想象的试错法；再后"突现"的是人类的科学的试错法。动物的试错法在消灭错误的同时消灭自身；而人类的科学的试错法在消灭错误的同时却发展自身，二者的根本区别在于有没有"理性的批判"。因此他认为，他的"突现进化论"是"批判理性主义"的"突现进化论"。

波普摒弃过去"有神论的突现进化论"的神学色彩，承认物质的宇宙通过不同层次的"突现"即质变，从低级到高级的发展，又否认宇宙的"造物主"，把物质世界发展的源泉和动力归之于物质自身。这不仅是向唯物主义靠拢，而且也是明显地向辩证法靠拢，在受唯心主义与形而上学长期统治的西方哲学界，这不能不被认为是一个进步。同时，它也反映了现代自然科学中辩证法的丰富性，表明了辩证法已愈来愈多地为人们自觉或不自觉地承认和接受。

波普对达尔文进化论的态度是十分矛盾的。他一方面对它做了极高

---

① 波普：《自然选择和精神出现》，《自然科学哲学问题》1980 年第 1 期。

的评价，这无疑是正确的。但是另一方面又否定进化论的科学性，即否认它是一种科学的理论，把它说成是一种"形而上学"的"方法论的纲领"，这是他的错误的证伪主义理论及其科学分界标准所带来的明显恶果。因此，他的这个主张遭到了西方大多数生物学家，尤其是进化论者的反对。

波普的"直向进化论"的内容多属猜测，缺乏生物科学的根据。因此西方生物学界对它的评价不一。但是他企图通过这些猜测对整个生物的进化过程做出唯物主义的解释，至少这一点是应予以肯定的。

波普对意识和精神的产生的猜测也是这样。总的说来，他贯彻了唯物主义精神，也有一定的辩证法思想，但是由于他不懂得劳动或社会实践对人的意识和社会意识的产生的作用，而仅试图以生物的试错法的进化来说明这个问题，这就不能不使他从另一条道路陷入了还原论——把人类社会归结为生物活动的还原论。波普的朴素的辩证法因素，使他积极地反对还原论；波普的形而上学观点，又使他重新陷入还原论。

三 关于"三个世界"的理论

波普在他的"突现进化论"思想的基础上提出了关于"三个世界"的理论。他认为宇宙是多层次进化的，它的性质是多样的。但是可以把多样性的宇宙现象分为三个基本层次或"三个世界"，那就是：1. 物理世界；2. 精神世界；3. 客观知识世界或客观精神世界。波普写道："我想如果引入三个部分的划分，可使我们正在讨论的问题更清楚些。第一是物理世界：即物理实体的宇宙，……我称之为'世界1'，第二是精神状态的世界，它包括意识形态，心理素质和无意识状态，我称此为'世界2'，但是还有第三世界，即思想内容的世界，实际上是人类精神产物的世界，我称之为'世界3'。"[①]

波普所说的"第一世界"或"世界1"，就是物理世界。它指的是客

---

① Popper Karl and J. C. Eccles, *The Self and Its Brain*: *An Argument for Interactionism*, London: Springer International, 1977, p. 38; Popper Karl, *Objective Knowledge*: *An Evolutionary Approach*, Oxford: Clarendon Press, 1975, p. 106.

观世界的一切物质客体及其各种现象，如物质、能量、一切生物有机体，包括人体及其脑等。他说："世界1就是物理的事物、状态或过程，包括动物的躯体和头脑等。"① 如前所述，由于他是一个形而上学的实在论者，他是承认物质世界的客观实在的。

波普所说的"第二世界"或"世界2"就是指人的一切主观精神活动，它包括各种心理活动，以及感性和理性的认识活动等如前所述，主张还原论的科学唯物主义否认精神现象，主张把它们还原为物理现象。波普反对这种见解，认为精神现象是物理世界发展到一定阶段的"突现"的产物，它与物理世界一样也是实在的。

波普认为，之所以说主观精神是实在的，是因为它对"世界1"，尤其是对人和动物的躯体能起反馈作用，它直接支配着人和动物的物质躯体，是能够通过人和动物的物质躯体的活动表现出来的。他说："除物理的对象和状态外，我猜想还有精神状态，由于它们同我们的身体相互作用，因而这些状态是实在的。"②

波普不仅肯定客观物质世界和主观精神世界（内心世界）的实在，还引人注目地主张有"第三世界"或"世界3"，即客观精神世界的实在。他所说的客观精神世界，指的是一切见之于客观物质的精神内容，或体现人的意识的人造产品或文化产品，如：语言、文学、艺术、神话故事，科学研究过程中的问题、猜测（理论）、论据，以至技术装备、图书、工具、房屋建筑、飞机等等。

波普认为，语言的产生对于"第三世界"的出现起了重要的作用。语言本身是体现于物质（声波）的思想。语言的出现为文学、艺术、科学、技术等文化现象的产生和发展提供了可能。所以他说"世界3是语言的出乎意外的副产品。""随着描述语言（还有书写语言）的发展，就可能涌现出一个语言的第三世界。"③

波普认为，"第三世界"的对象虽然是人造的，是人类主观意识的产

---

① 波普：《自然选择和精神出现》，《自然科学哲学问题》1980年第1期。

② Popper Karl and J. C. Eccles, *The Self and Its Brain: An Argument for Interactionism*, London: Springer International, 1977, p. 36.

③ Popper Karl, *Objective Knowledge: An Evolutionary Approach*, Oxford: Clarendon Press, 1975, p. 120.

物，但是它们不属于第二世界，它们"与人的意识毫无共同之处，它们完全不同于主观意识的观念或主观意识的思想"①。这是因为它们是"客观化"或"具体化"于"世界1"中的思想。如语言是客观化于声波中的思想；雕像是客观化于雕琢材料上的艺术思想等等。因此他说："世界3的许多对象存在于物质客体的形式中，并在某种意义上属于世界1又属于世界3。例如雕塑、绘画以及书籍，不管是科学书籍还是文艺书籍。一本书是一种物质对象，所以它属于世界1，但是它的内容使它成为人类精神产品。版本可以不同，但是它的内容依然不变。这个内容属于世界3。"②

有人反对波普的这种见解，认为意识、精神总是主观的，并没有什么客观精神。书只属于波普所称的"世界1"，而不属于他所称的"世界3"，因为思想不存在于书中，而只存在于读者的主观精神中。因此他们说："没有读者，就没有书。"波普反驳这种观点。他说："这种观点在许多方面是错误的。马蜂窝就是马蜂窝，即使它已经空了，不再被马蜂当作窝了，鸟巢就是鸟巢，即使鸟从来没有栖息过。同样，一本书仍然是一本书，即一种产品，即使它从来没有被人读过（今天这种情况已经司空见惯了）。"他还比喻说："为了看得更清楚些，我们可以想象人类灭亡之后，某些书籍或图书馆也许会被我们文明的后继人发现，这些书籍也许就会被解读。"③

波普认为"世界3"的对象之所以是实在的，这是有下面几个方面的原因：

1. 它们是客观化于"世界1"之中的。如语言是客观化于声波之中的；艺术品是客观化于艺术材料之中的等等。

2. 它们能通过"世界2"而作用于"世界1"，从而成为"改变世界1的有力工具"。例如科学知识（"世界3"的对象）能通过"世界2"（人的理解和掌握）而作用于"世界1"，成为改造物质世界（"世界1"）的

---

① Popper Karl, *Objective Knowledge: An Evolutionary Approach*, Oxford: Clarendon Press, 1975, p. 117.

② Popper Karl and J. C. Eccles, *The Self and Its Brain: An Argument for Interactionism*, London: Springer International, 1977, pp. 36 – 39.

③ Popper Karl, *Objective Knowledge: An Evolutionary Approach*, Oxford: Clarendon Press, 1975, p. 115.

有力武器。又如一部好的文学艺术作品（"世界3"的对象）能通过激发人的思想感情（"世界2"）而起改造客观世界（"世界1"）的作用等等。所以他说："世界3的对象是抽象的（甚至比物理学的力更抽象），但它们仍然是实在的，因为它们是改变'世界1'的有力工具。"又说："世界3的对象之所以是实在的，不仅在于它们是物质化或具体化于世界1之中的，而且还在于它们作用于世界1，这是我的一个主要的论点。"①

3. 它们是"自主的"，即它们是具有相对的自主性独立性的。关于这一点波普做了比较详细的论述。他认为："世界3"的对象虽然是人造的，它们是人的意识的产物，但是它们却不仅是客观的，而且是自主的，即具有不以人的主观意志为转移的相对独立性或自主性。它"自主地"发生、发展，有自己的"生命"。人们可以研究它、发现它，但却不能任意改变它。他说："大家承认理论是人类思想的产物。然而它们有一定程度的自主性。它们在客观上可以有任何迄今没有想到的推论。人们可能会发现这些推论，发现它的意义和发现一个迄今不知道的植物或动物一样。人们可以说世界3只是在起源上是人造的，而一旦存在，它们就开始有自己的生命。"②

他举例说：数字是属于"世界3"的对象，是人的创造物。但是它有不依人的意志为转移的自主性。一个数系的奇数与偶数，可除数与素数之间的差别和关系，以及关于它们的推论都是自主的，不依人的主观意志为转移的。其他"如欧几里得的是否有最大素数的问题；孪生素数的对应问题；哥德巴赫猜想（任何大于2的偶数是两个素数之和）是否正确的问题；牛顿力学的三体问题（以及 n – 体问题）以及其他许多问题都是这样。人们只能说是发现它们，而不能说是发明它们"③。

波普认为，任何科学理论也是这样。它们都是属于"世界3"的客观精神，是人的意识的产物。但是它们都各有相对的自主性，各有自己的逻辑的推论。人们可以根据这种逻辑推论去发现它、认识它，但不能任意改变这种推论。不论人们已经认识到这种逻辑推论与否，它是自主地存在

---

① Popper Karl and J. C. Eccles, *The Self and Its Brain: An Argument for Interactionism*, London: Springer International, 1977, p. 39, p. 47.

② Ibid., p. 40.

③ Ibid., pp. 40 – 41.

的。因此他说:"每一个科学理论的情况也是类似的。它在客观上有许多重要的推论,不管这些推论到目前为止是否已被发现(事实上可以证明任何时候只有一部分能被发现)。"①

波普还提出了关于"未具体化的世界3对象"和"潜在性宇宙"的理论。

波普从上述"世界3"的自主性理论出发,推论出有未被人们发现或未被人们认识而"潜在地存在"着的"世界3"对象,他称这种"潜在的世界3对象"为"未具体化的世界3对象"。他自问自答:"有未具体化的世界3的对象吗?有未体现于书本、唱片或记忆痕迹的世界3的对象吗?我认为这个问题是很重要的。我对这个问题的回答是'有的'。"②

波普列举了许多数学中的这类"未具体化的世界3对象"。他说:"例如……随着数字的增大,素数就很快地变得罕见。……这种素数的罕见性增加得有多快?有没有无穷多的素数(如孪生素数)?这些问题在被人们发现以前就客观地、尚未具体化地存在着;正像埃佛勒斯山峰在被人们发现以前就已经存在着一样。"③ 其他如正方形对角线的无理性,圆形变成为方形的问题、哥德巴赫猜想等等,在人们发现以前,它们也都是作为"未具体化的世界3对象"而"潜在地存在"着的。

波普还举了逻辑上的例子,他认为有许多逻辑关系在人们认识它们以前也是"潜在地存在"着的,是"未具体化的世界3的对象。"④ 其他方面的例子如待发现的人工合成物,待发明的科学仪器等等,都是"未具体化的世界3的对象"。

波普认为,由于"未具体化的世界3对象"与"具体化的世界3对象"一样是自主的,不依人的意志为转移的,因而它们也是"实在的"。他说:"不仅已发表于报纸、书刊上的物理理论以及根据这些书刊做出的物质器械是实在的,就是未具体化的世界3对象也是实在的。"⑤

---

① Popper Karl and J. C. Eccles, *The Self and Its Brain*: *An Argument for Interactionism*, London: Springer International, 1977, p. 40.
② Ibid., p. 41.
③ Ibid., pp. 41–42.
④ Ibid., p. 46.
⑤ Ibid., p. 47.

从上述观点出发，波普认为"世界3"不仅包括"具体化的世界3对象"，而且还包括"未具体化的世界3对象"。它是由两者的总和构成的。假如用"世界3·1"表示已客观化于"世界1"之中的"具体化的世界3对象"，那么，可用公式表示如下：

世界3＞世界3·1

这就是说，"世界3的内容远远大于具体化的世界3对象"的总和；因为它还包括现在尚未发现，而将来可能发现的"大量的"未具体化的"世界3对象"。①

从上述观点出发，波普还进一步提出了一种"潜在性宇宙"的理论，即认为在实在的宇宙之外，还"潜在着"一个"潜在性的宇宙"，这个"潜在性的宇宙"就像"实在性的宇宙"一样也是"实在的"。他写道："于是出现了一个全新的可能性的或潜在性的宇宙：一个很大程度上的自主世界。"②

波普认为"三个世界"不是彼此隔绝，而是相互联系，相互作用的。这就是他的"三个世界"相互作用的理论。

首先，波普认为"世界1"与"世界2"是相互作用的。

"世界1"作用于"世界2"，即物质作用于精神。关于这一点，一般人是承认的。如衣食能给人以温饱，音乐美术能给人以愉快，身体健康心情就舒畅，身染重疾心里就痛苦等等。但是波普认为还应该肯定"世界2"对"世界1"的反馈作用。他说精神对物质的反馈作用，就像物质对精神的作用一样是十分明显的。例如一个登山运动员攀登高峰，当他筋疲力尽时仍坚持不止，这是什么力量"迫使他坚持下去的呢？是他那抵达顶峰的愿望和决心，即他的精神状态。又如一位司机见到绿灯就开车，见到红灯就刹车，这又是什么力量迫使他这样做的呢？是他内心的交通知识"。③ 波普认为"世界1"与"世界2"的相互作用，特别是"世界2"对"世界1"的反作用是"世界2"的实在性及其与"世界1"的区别

---

① Popper Karl, *The Philosophy of Karl Popper*, Edited by Paul Arthur Schilpp, Chicago: Open Court, 1974, p. 1050.

② Popper Karl, *Objective Knowledge: An Evolutionary Approach*, Oxford: Clarendon Press, 1975, p. 118.

③ Popper Karl and J. C. Eccles, *The Self and Its Brain: An Argument for Interactionism*, London: Springer International, 1977, pp. 36－37.

性的明显证据。①

波普认为"世界1"与"世界2"的相互作用问题也就是"身"与"心"的相互作用问题。他说:"物理状态与精神状态是否都存在,以及它们是否相互作用或具有别种关系的问题,人们称之为身心问题或心理—物理问题。"② 他认为科学唯物主义的还原论或"身心同一论"的错误就在于只承认物理对心理的单向作用,而不承认后者对前者的反馈作用,从而错误地把二者等同起来,即把精神简单地等同于物质,陷入了还原论的泥潭。他说,其实物质与精神的相互作用关系是十分明显的。

波普认为不仅"世界1"与"世界2",而且"世界2"与"世界3"也是相互作用的。他认为"世界2"对"世界3"的作用人们是比较容易认识的。例如人们根据自己的思想和意愿说话(语言是"世界3"的对象);根据自己的思想和意愿进行文化艺术的创作(文艺作品是"世界3"的对象)等等。但是,反之,"世界3"对"世界2"所起的反馈作用,却比较不容易被人们所认识了。其实这种作用也同样是明显的,例如一本好书能够教育人,一首好诗能够感染人,一支好的歌曲能够激励人,等等。③

波普认为在科学的认识论或科学的方法论的研究中,能不能承认"世界3"对"世界2"的反馈作用是一个十分重要的原则性问题。人们一般认为,科学家可以根据本人的意愿任意创造出"世界3"的对象(科学理论)。因此在研究科学的认识论或科学的方法论时,只着重研究科学家的"世界2",即他们的内心认识活动;而不重视研究"世界3",即科学知识自身发展的自主性,这是十分错误的。他写道:"我的首要论点是传统的认识论,如洛克、贝克莱、休谟以至罗素等人的认识论,它们严格地说来都是离了题的。"因为"它们只集中于第二世界或主观意义上的知识的研究而离开了科学知识的研究的正题"。波普认为研究科学知识的正题,不是科学家个人的内心认识活动,而是科学知识的客观发展过程。④

---

① Popper Karl and J. C. Eccles, *The Self and Its Brain: An Argument for Interactionism*, London: Springer International, 1977, pp. 36 - 37.
② Ibid., p. 73.
③ Ibid., 1977, p. 39.
④ Popper Karl, *Objective Knowledge: An Evolutionary Approach*, Oxford: Clarendon Press, 1975, pp. 108 - 109.

波普认为，要研究科学知识的发展过程必须先研究"世界3"对"世界2"的反馈作用。因为"世界3"对象的发展是有"自主性"的。这种自主性，由于它的反馈作用，在一定程度上规定着科学家的"世界2"，即规定着他们的内心认识活动。波普指出：他的科学知识进化的公式："$P_1—TT—EE—P_2$"，就体现了"世界3"对"世界2"的这种反馈作用。因此对于这个公式，必须从肯定这种反馈作用的观点去加以理解。他写道："从我们的理论创造到我们自己，从第三世界到第二世界，也有一种至为重要的反馈作用。因为新问题的涌现推动我们去做新的理念创造，这个过程可以用下列有点过于简化的图式来描述：

$P_1 \rightarrow TT \rightarrow EE \rightarrow P_2$

这就是说：我们从某个问题 P_1 出发，进而有一个试探性解决或试探性理论 TT，它也许（部分或整个）是错误的，不管怎样，都有待消除谬见 EE，这可以由批判讨论或实验检验组成；无论如何，新的问题 P_2 都是从我们自己创造性活动中产生，一般并不由我们有意创造，而是自主地从新的关系领域中涌现出来的，我们的行动不得不受这种关系的作用，尽管我们无意于如此做。"[1]

因此波普认为，体现了"三个世界"相互作用的思想的他的科学哲学才纠正了传统认识论只讨论"世界2"（科学家个人的内心认识活动）的偏向，并开始使它建立在科学的基础上。

波普认为，不仅"世界1"与"世界2"，以及"世界2"与"世界3"是相互作用的，而且"世界1"与"世界3"也是相互作用的。不过它们不是直接，而是间接地通过"世界2"的中介而互相作用的，他认为"世界1"与"世界3"相互作用的最好的例子是脑与语言的互相作用。脑是"世界1"的对象；语言是"世界3"的对象。两者通过"世界2"（本人的意识）而相互作用，其结果是既促进了脑的进化，也促进了语言的发展。他认为从这个意义上说，人及其科学知识都是在"三个世界"的相互作用下进化着的。因此不承认"三个世界"的"实在性"及其相互关系，

---

[1] Popper Karl, *Objective Knowledge: An Evolutionary Approach*, Oxford: Clarendon Press, 1975, p. 119.

第四章 本体论：突现进化论

就无法科学地理解和研究人及其科学知识的产生与发展。①

波普还提出了关于"上向因果关系"与"下向因果关系"的理论。这个理论是他的"三个世界"理论的一个组成部分。

波普所说的"上向因果关系"，就是宇宙的低层次结构对高层次结构的因果作用的关系。用他的术语说，就是"世界1"作为原因而作用于"世界2"和"世界3"的关系。他所说的"下向因果关系"，则是宇宙的高层次结构对低层次结构的因果作用关系。用他的术语说就是"世界3"和"世界2"作为原因而反作用于"世界1"的关系。波普认为，"科学唯物主义"只承认单向的"上向因果关系"，即只承认物质对精神的单向作用，而不承认"下向因果关系"，即精神对物质的反馈作用。因此他们认为精神不过是物质的附属现象，原则上可以把精神现象"还原"为物理现象，从而陷入了"还原论"；同时又认为宇宙是一个物理的机械因果作用的封闭系统，一切宇宙现象都严格地服从机械因果法则，从而陷入了"决定论"（机械决定论）。而他（波普）则承认双向因果关系，即既承认"上向因果关系"，又承认"下向因果关系"。这就是说，他承认"三个世界"的相互作用。因而他反对把精神"还原"为物理现象的还原论，也反对把宇宙看作一个严格受机械因果法则支配的封闭系统的"决定论"而坚持"而非决定论"。②

波普把他的关于"三个世界"的理论与柏拉图和黑格尔的理论相比较，认为在他以前，柏拉图和黑格尔都提出过类似"三个世界"的理论。柏拉图是这类理论的"创始人"或"发现者"。③ 黑格尔则是这种理论的后继者。他们都是波普的"三个世界"理论的先驱者。但是，波普认为，他的"三个世界"的理论与柏拉图、黑格尔的理论是有根本性区别的。④

首先他认为，他的关于"三个世界"的理论与柏拉图的理论虽有相同之处，如柏拉图的"具体世界"相当于他的"世界1"；柏拉图的"理念世界"相当于他的"世界3"；柏拉图的"灵魂"相当于他的"世界2"。

---

① Popper Karl, *Objective Knowledge: An Evolutionary Approach*, Oxford: Clarendon Press, 1975, pp. 119 – 122.
② Ibid., p. 14.
③ Ibid., p. 122.
④ Ibid., pp. 122 – 127.

但是他的"世界3",根本不同于柏拉图的"理念世界"[①]。这主要表现于下面几个方面:

(1) 柏拉图的理念世界"起源于神",它是"神"造的;而他的"世界3"是人造的。

(2) 柏拉图的"理念"是独立于具体事之外的抽象的"本质"。而他认为他从来反对这种"本质主义",认为"世界3"的对象不是脱离物质而抽象地存在着,而是具体化于"世界1"的对象之中的。

(3) 柏拉图的"理念世界"中的"理念"是"永恒的""不变的""无时间性的";而他的"世界3"的对象是历史的、变化的。

(4) 柏拉图的"理念世界"中的"理念"都是"绝对真理",不包括"猜测"(特别是错误的猜测)、"批判"和"论据"这一类东西;而他却认为科学的"猜测"(包括错误的猜测)、"批判"和"论据"等等都是十分重要的"世界3"的对象。

其次,波普认为他的关于"三个世界"的理论与黑格尔的理论虽然也有某些相同之处,如黑格尔像他一样,认为"客观精神"(如艺术作品等)是人造的、变化的。但是两者也有根本性的区别。[②] 那就是:

(1) 黑格尔虽然认为"客观精神"是人造的、变化的,但是却认为它们是被人格化的"宇宙精神"所推动的,"个人"仅是"时代精神"的"工具",并没有任何创造性。而他恰恰相反,"承认个人的创造性,认为个人与他人的工作之间的互相作用是极其重要的"[③]。

(2) 黑格尔虽然否认柏拉图关于"理念"居住于"神圣的天国"的观念,但却认为他的"客观精神"是人格化的"神"的意识,是"绝对观念"的体现。而他认为他的"世界3"的理论根本不承认这一些。[④]

(3) 黑格尔的"三段式"的辩证法,与他的客观知识进化的"四段

[①] Popper Karl and J. C. Eccles, *The Self and Its Brain: An Argument for Interactionism*, London: Springer International, 1977, pp. 43 – 44; Popper Karl, *Objective Knowledge: An Evolutionary Approach*, Oxford: Clarendon Press, 1975, pp. 122 – 125.

[②] Popper Karl, *Objective Knowledge: An Evolutionary Approach*, Oxford: Clarendon Press, 1975, pp. 125 – 126.

[③] Ibid., p. 125.

[④] Ibid., p. 126.

式""P_1—TT—EE—P_2"之间虽然在表面上有相似之处,但是两者在根本上是不同的。关于这一点,在前面论述他的试错法与辩证法的关系时已有详细阐明,这里从略。他认为两者的最主要区别在于黑格尔的辩证法认为矛盾是发展的动力,人的理性的批判不起作用。而他认为人的理性的批判才是客观知识进化的力量。

波普关于"三个世界"的理论的发表,在西方学术界曾引起广泛而热烈的争论。应该指出,这个理论的许多论述是不恰当的,有些观点是错误的,但是它蕴含着一些合理的思想而不应忽视。

马克思主义哲学是唯物主义的一元论。它坚持世界的物质性:认为客观世界中形形色色的事物都是物质的不同形式,世界统一于物质。但是马克思主义并不否认意识或精神现象。认为意识是高度发展的物质——人脑的一种能动地反映物质的机能。

能说意识是客观实在吗?不,物质是客观实在的,意识则不是。它是客观事物在人脑中的反映。因而它是主观的。但是它的内容是客观的,即它的内容具有客观的实在性。如个人的感觉是主观的,但是它是外界事物的映象;社会意识是主观的,但是它是社会存在的反映。因而否认意识内容的客观性或实在性也是错误的,否则就会陷入主观经验主义或不可知论的错误。

主观意识的客观实在性还在于它的规律性。人的主观认识活动有它的规律;人的主观心理活动也有它的规律。逻辑学和心理学就是研究这些规律性的科学。这些主观意识活动的规律都是客观物质世界的规律性的反映,或是受它们制约的。

因此肯定意识是主观的,这是正确的;肯定意识的内容具有客观性或实在性,这也是正确的。两者不是互相排斥而是辩证统一的。马克思主义肯定物质的第一性和意识的第二性;而所谓意识的"第二性",就包含着意识的上述两方面的性质。

波普的关于"三个世界"的理论强调了意识的第二方面的性质,即意识内容的客观性和实在性,这是合理的、正确的,应予以充分肯定。但是他把意识的这两个方面的性质混为一谈,而把它说成如同物质一样是客观实在的东西,这就混淆了意识与物质的根本区别和对立,混淆了哲学的基本问题。这显然是错误的。

波普关于"三个世界"的理论的缺点和错误还在于他不承认反映论。他不能以反映论的观点说明意识内容的客观性和实在性，从而使他的这种理论蒙上了一层神秘主义的黑纱，使人们难以理解它。

意识的内容反映客观实在。如果反映正确，人们就能通过实践能动地改造世界，使主观体现于客观，从而见之于客观。如语言把思想体现于声波；雕像把艺术思想和风格体现于雕琢材料等。因此语言、雕像等人造物是客观存在的，但是它们与同样客观存在的自然物不同，因为它们是体现了、客观化了人的主观思想意识的。

人造物的客观实在，这对于一般人说来是不会有争议的。但是，体现于人造物之中的人的思想意识是不是客观实在，这就众说纷纭了。正确的回答应该是：它不是客观实在的，但它具有客观实在性。之所以说它不是客观实在的，是因为它并不是脱离客观物体而独立存在的；之所以说它有客观实在性则是因为它"实在地"体现于客观事物之中，是可以为人们客观地研究、认识或欣赏的。因此波普的"第三世界"理论，强调"第三世界"或"世界3"的客观实在性是合理的，正确的。但是他夸大了这种实在性，把它说成如同客观事物一样，是客观实在的东西，那就混淆了物质与意识的区别和对立，混乱了哲学的基本问题，因而是错误的。

在波普的"第三世界"的理论中，还有一个合理但又不完全正确的重要思想不应忽视，那就是肯定社会意识的客观实在性。

由于各种社会意识形态，如科学技术知识、文学艺术思想等，都是体现于书本或作品之中的，因而波普把它们归之于"世界3"。社会意识不同于个人意识，它们的客观实在性尤为明显。

各种不同形态的社会意识的客观实在性，首先表现在它们的内容是客观现实的反映。如政治、法律、道德观念是社会经济基础的反映，各种科学知识是客观规律的反映；如数学知识是客观世界的数和形的关系的反映；物理、化学知识是客观世界的物理、化学运动的规律的反映；等等。

再次，社会意识形态的客观实在性，还表现于它们的发展的相对独立性。那就是说，科学、文艺、政治、法律、道德、宗教等社会意识形态的发展，都各自有其自己的继承关系，以及它们在发展中的相互作用所构成的内在规律性，这种规律性都是客观的，不依任何人的意志为转移的。

承认并认识社会意识形态的这些客观实在性，即它们的内容的客观性及其发展的规律性，具有十分重要的意义。因为认识并掌握这些规律，就像认识并掌握自然界和社会发展的客观规律一样，就能把握这些社会意识形态的发展进程，并预见它们的未来。例如一门重要的新兴学科"科学学"已经兴起，它的任务就在于研究科学内部的各个学科之间，及其与社会之间的相互关系所构成的科学发展规律，以期掌握这些规律，预见科学发展的未来。

应该承认，波普肯定"第三世界"的客观实在性的观点是在一定程度上体现了这种合理思想的，它反映了现代科学发展向人们所提出的这种迫切要求。

波普从肯定"第三世界"的客观实在性的观点出发，指出科学哲学所研究的对象不应仅是个别科学家的心理活动或认识活动，而应该是科学发展的客观过程，更正确地说，是科学发展的客观规律性，这是合理的、正确的。他所制定的科学知识进化的图式："P_1—TT—EE—P_2"其任务就在于探索这个规律。诚然，这个图式本身并不是完全正确的，甚至有不少错误。但是重要的不在于这个图式本身是否正确，而在于他在西方哲学界第一次提出了这个重要任务，并初步做了有益的尝试。从他的这个重要思想中，后来还孕育、发展出了一个令人瞩目的新的科学哲学流派：科恩、拉克托斯等人的"历史主义学派"。这个学派在西方科学哲学界方兴未艾。

波普的这些重要的合理思想是与许多错误的观点纠合在一起的，这是由于他的错误哲学思想的影响的结果。

波普在这方面的第一个错误，是把社会意识的客观实在性歪曲成如同物质一样是客观实在的。这就又一次混淆了物质与意识的区别和对立，混乱了哲学的基本问题，把统一的物质世界错误地说成是"三元的"或"多元的"世界，从而使人们难以理解它的合理内容。

波普在这方面的第二个错误，是不能从社会存在决定社会意识的历史唯物主义基本观点出发，去理解社会意识的客观实在性及其发展的规律性。而是把它们依存于社会存在，并反映社会存在的相对独立性，歪曲成为一种独立于物质世界之外的"自主的"独立性，从而使这种合理思想唯心主义化和神秘主义化了。

波普在这方面的第三个错误，是不能从反映论的观点出发理解各种社会意识形态。例如，不能从反映论观点出发理解科学知识内容的客观性，而是把许多科学知识，特别是数学知识的规律性发展，说成是一种似乎与现实完全无关的另一个世界中的东西，从而得出了"未具体化的世界3对象"以及"潜在性宇宙等"荒唐的结论，从而使他的理论更神秘主义化和更难以理解了。

最后，应该指出，波普关于"三个世界"的相互作用的理论也是有它的合理内容的。那就是它肯定意识的能动性，肯定物质与意识的相互作用。但是他的根本性错误在于不懂得社会实践在这种辩证关系中的关键作用，不懂得实践是这种互相作用的中介，从而使他的这些合理思想不能得到正确的阐发。

结束语

　　上面全面地论述了波普的科学哲学、社会哲学及其本体论思想。从中可以看出他的哲学是一个十分庞大的思想体系，而"批判理性主义"则是贯穿于这一哲学体系的总纲。他的批判理性主义既是理性主义的，又是经验主义的，同时又混杂着非理性主义、不可知论的成分和不彻底的唯物主义、不自觉的辩证法因素，这就使它成为一个十分复杂的理论体系。波普的哲学自称是以反对逻辑实证主义为出发点的，但是它并没有最终摆脱实证主义的经验主义。他的哲学理论的起点"反归纳主义"，他的哲学理论的重要内容"证伪主义"，以及与此相联系的"科学分界"理论等等，都是以实证主义的经验主义为基础的。现代科学的飞速发展，许多科学的新成功有力地驳斥了实证主义的经验主义，这就使熟悉这些科学成就的波普不可能固守于实证主义经验主义的固有阵地上，而采用了一些理性主义、非理性主义的因素来"发展"他的哲学理论，以适应新形势。同时在他的哲学中，也不自觉地或歪曲地反映了现代科学的许多唯物主义和辩证法方面的成就。这样，波普的哲学成就为一个芜菁混杂的哲学体系，需要人们去批判其中错误的东西，和发掘它的合理成分。

　　波普的哲学是当代西方世界的"时代的产儿"，它反映了当代西方的自然科学和社会政治的新情况。

　　波普的哲学孕育、形成于20世纪二三十年代，流行于最近半个世纪。在这个时期里，自然科学的发展与社会政治的变化都具有时代性的意义。波普的哲学就反映了这个时代的新特征。

　　自然科学自19世纪末20世纪初开始，从宏观世界的研究进入微观世界的研究。作为带头科学的物理学，从古典的牛顿物理学时期进到现代物理学时期。现代物理学的两大理论基础：爱因斯坦相对论和量子力学在20

世纪二三十年代开始建立，新的物理学的重要特征之一是数学化。与波普哲学几乎同时产生，但比它较早发展的逻辑实证主义就反映了这个新特征，它是传统的实证主义哲学与现代物理学数学化（逻辑化）相适应的产儿。这也是它所以迅速发展并广泛流行，以至于一时成为西方哲学界盟主的重要原因。但是逻辑实证主义有它不能与现代物理学相适应的地方。那就是，它的"经验证实原则"规定：一切知识只有最终能被经验直接证实，才有意义、才是科学；否则就没有意义，就不是科学。但是，现代物理学的对象微观客体却是不能为人们的感官所直接感受而证实的。根据这个原则，现代物理学，无论是相对论还是量子力学都将不能被认为是科学知识了。逻辑实证主义的产生和发展的基础是现代物理学，逻辑实证主义的基本原则又否定现代物理学，这就成了它的一个致命的矛盾。随着现代自然科学的进一步发展，这个矛盾就更加突出，以致最终迫使它走上了衰落的道路。

随着逻辑实证主义的衰落而兴起的是波普的哲学。波普的哲学不存在上述逻辑实证主义的致命矛盾，它反对经验"证实"原则；而主张经验"证伪"原则，并且它更多地反映了现代自然科学的一些新特征。

与现代物理学的数学化相联系的是现代物理学理论的高度抽象性与思辨性。由于微观客体的不能直接观测，"假设—演绎"的方法就日益成为重要的方法。现代物理学的许多重大发明和成就无不是采用"假设—演绎"的方法获得的。如许多新的基本粒子的发现，宇称不守恒的发现，以及许多重大理论（如夸克理论、规范场理论、黑洞理论、引力波理论等等）的建立无不是采用这种方法。波普关于"理论是大胆猜测"的观点，以及他所提倡的"假设—演绎法"就是以歪曲的形式反映了现代物理学的这个特征。

由于现代自然科学的迅速发展和不断深入物质结构的更深层次，旧的不完善的理论常常迅速被新的比较完善的理论所取代。在古典物理学时期，一个已被公认的理论往往在该领域内要持续统治几百年，科学家的贡献不是推翻这种理论，而是通过大量的新实验继续证实、补充、完善和发展这种理论。现代科学尤其是现代物理学则不然，一个刚被公认的理论常常迅速被新的实验所证伪，从而迅速为一个新的理论所取代，而新的理论又迅速遭遇同样的命运为更新的理论所取代。因此在古典物理学时期，观察和实验的"证实"是科学理论发展的前提。现在好像颠倒过来了，观察和实验的"证伪"似乎成为理论发展的前提了。波普的"证伪主义"就是敏感地反映了现代物理学发展的这个新特征，虽然它是歪曲的反映。

与上述新特征相联系的现代自然科学发展的另一个新特征，是理论之间的相互竞争加剧。由于旧理论不断被新的实验所否定，由于新理论的初始阶段的明显假设性，各种假设性理论之间常常会出现激烈的相互批评和相互竞争。这种现象也是过去古典自然科学的时期所少有或没有的。它成为现代科学发展的促进因素。波普提倡的批判主义就反映了现代科学发展的这个新特点。

波普的哲学的另一个特点，是以科学知识增长的动态理论，以求反映科学知识发展的内在规律性，这也是现代科学发展所迫切要求的。

波普的哲学，由于反映了现代科学发展的新特征，而它比较有生命力。在西方，无论是哲学界还是自然科学界都有它的一定市场，为一些哲学和科学家所接受。同时由于它反映了现代科学的许多新特征，因而具有较多的辩证法因素。但是，如前所述，由于他的哲学基本观点的错误，这些合理因素都和他的错误观点交错在一起。

波普的社会政治哲学则反映了近20世纪二三十年代以来西方社会政治斗争的新情况和新特点。

波普的社会哲学形成于十月革命后不久，当时欧洲正处于阶级斗争紧张激烈的时期。年轻时期的波普曾一度热情地倾向于革命，攻读马克思主义。但是由于受家庭出身、学校教育及其社会地位的局限，而在革命遭受暂时挫折时，他就迅速动摇，并随着日后社会地位的变化（从一名中学教师上升为知名的大学教授），向右转变，成为一个自由资产阶级的代言人。他的这种自由资产阶级的政治立场，在第二次世界大战中表现得十分明显，他仇恨法西斯主义，又恐惧社会主义，他梦寐以求的是自由资本主义的发展。

在第二次世界大战结束前夕，法西斯主义全巢覆灭的命运已经注定，社会主义蓬勃发展的时刻即将到来，就在这时，波普连续发表了两部反马克思主义的社会哲学著作：《历史决定论的贫困》与《开放社会及其敌人》。他污蔑社会主义社会是"封闭社会"，吹嘘资本主义社会是"开放社会"。他幻想以垄断资本主义的国家干涉政策来挽救资本主义的垂死命运。

他极力鼓吹"资本主义的本性已经改变",期望腐朽的资本主义"永世长存"。他为自由资产阶级的"民主""自由""平等"的陈旧口号,提供"新"的哲学基础,妄图以这类陈词滥调给垂亡的资本主义以"回生之力",并提倡"逐步社会工程"的改良主义理论以对抗坚持社会主义革命的马克思主义。

波普的社会政治哲学在西方世界曾盛行一时,这是有其当时的社会历史原因的。第二次世界大战结束后不久,自20世纪50年代开始,西方世界出现了科学技术革命。新的科学技术革命以及在许多西方国家中所采用的"高消费""高生产"的经济政策,曾一度为资本主义世界带来暂时虚假繁荣。这似乎为他的"资本主义的本性已经改变"的理论提供了"根据"。从而他的这种理论,以及这种理论的变种;加尔布雷的"新工业社会"论,贝尔的"工业化后社会"论以及马尔库塞的"发达工业社会"论等等一度流行。

同时,在第二次世界大战后的资本主义世界中,由于法西斯分子遭到人民的惩罚,资产阶级右派势力一时受到打击,左派力量获得新的发展。西欧一些国家中社会党人暂时执政,它们的改良主义政策,以及西方世界经济的暂时的虚假繁荣,似乎又为他的"逐步社会工程"的改良主义理论提供了新的"依据"。再则,第二次世界大战后,社会主义力量的空前壮大,世界人民反帝国主义、反殖民主义斗争的风起云涌,在这种新的革命形势下,帝国主义统治者极需以"民主""自由"为伪装,以改良主义等骗人的资产阶级理论与马克思主义相抗衡,因而他们极力吹捧他的这种理论。英国政府曾因为他发表《开放社会及其敌人》一书有"功",而授予他"爵士"的荣誉称号。这就是他的理论流行的社会政治原因。

但是西方资本主义世界的好景不长,科学技术的迅速发展加深了资本主义的生产力与生产关系的矛盾。从60年代中期后,资本主义经济危机再度出现,暂时的虚假繁荣迅速消失,伴随经济危机而来的还有能源危机、生态危机、自然资源危机以及其他各种各样的社会危机。自此,"资本主义本性已经改变","资本主义社会制度永生"的论断逐渐销声匿迹,代之而兴的是"人类与资本主义共同毁灭"的悲观主义论调,波普的社会政治哲学在西方世界的影响也就日渐下降。

关于60年代以后,波普的"突现进化论"及其"三个世界"理论出现的历史背景，前面已有阐述，这里只略做补充。在现代物理学中以哥本哈根学派为代表的实证主义观点长期流行，影响甚广，以阿姆斯特朗等为代表的"科学唯物主义"的出现，是对这种实证主义的主观经验主义观点的反抗。它喊出了现代科学的研究必须以唯物主义为指导的广大科学家的呼声，因而引人注目。但是由于它的唯物主义的机械性，即它的还原论观点使它忽略了对意识能动作用的重视，而意识的能动作用在现代科学的研究中却愈来愈显得重要。现代科学的高度抽象性和思辨性及其数学化与逻辑化，都充分表现了这种重要性。因而现代自然科学的发展不仅需要唯物主义而且需要辩证法。"科学唯物主义"强调唯物主义但忽视了辩证法，这是它的一个重要缺点。波普反对"科学唯物主义"，提倡"突现进化论"和"三个世界"的理论，则在一定程度上反映了自然科学迫切需要辩证法的要求，但是他的哲学不可能实现这个要求，并在许多方面违背了这个要求。

总之，现代科学的发展如同当前社会斗争的发展一样，需要唯物主义，需要辩证法，需要科学的唯物主义与科学的辩证法相结合的科学的哲学——辩证唯物主义与历史唯物主义的指导。我国的马克思主义哲学工作者有义务与广大自然科学家和社会科学家一起，总结现代自然科学和社会斗争的新成就以发展马克思主义哲学。而分析批判波普的哲学，实事求是地指出它的错误观点，肯定它的合理因素，是与这个任务有密切联系的。这也就是笔者写这本书的目的。

关于波普哲学的主要参考文献

波普：《猜测与反驳》（英文本），1963 年版。

波普：《常规科学及其危险》，《自然科学哲学问题》1980 年第 3 期。

波普：《对我的批判的答复》，载《卡尔·波普的哲学》（英文本），1974 年版，第 2 卷。

波普：《卡尔·波普自传》，载《卡尔·波普的哲学》（英文本），1974 年版，第 1 卷。

波普：《开放社会及其敌人》（德文本），1958 年版。

波普：《开放社会及其敌人》（英文本），1962 年版。

波普：《科学发现的逻辑》（英文本），1959 年版。

波普：《客观知识》（英文本），1975 年版。

波普：《历史决定论的贫困》（英文本），1961 年版。

波普：《自然选择和精神出现》，《自然科学哲学问题》1980 年第 1 期。

波普和艾克尔斯：《自我及其脑》（英文本），1977 年版。

怀特劳：《爱因斯坦对我的科学观的影响——波普访问记》，《自然科学哲学问题》1980 年第 3 期。

玛吉：《波普的哲学观与政治观——与卡尔·波普的对话》，《哲学译丛》1980 年第 6 期。

施尔普编：《卡尔·波普的哲学》（英文本），1974 年版。

中篇：古代朴素的唯物主义

第一章　古代朴素的唯物主义

古代欧洲的唯物主义，主要是指古希腊和古罗马时期的唯物主义。它像古代东方的唯物主义一样，普遍地具有原始性和朴素性；但是又具有丰富的辩证法思想。它的发展经历了两个不同阶段：一是伊奥尼亚唯物主义的阶段；二是原子论唯物主义的阶段。

古代的西方社会和文化的发展，远远落后于东方。当时在东方和北非已出现了中国、印度、埃及、巴比伦等许多文化灿烂的文明古国，欧洲还处于草莽未化的原始社会时期。

公元前8世纪到公元6世纪，由于社会生产力的发展，同时也由于受东方先进文化的影响，毗邻于西亚和北非的欧洲巴尔干半岛和亚平宁半岛的南端，先后出现了古希腊和古罗马这两个欧洲古老的奴隶制国家，并在这两个国家里孕育出了光辉灿烂的西方古代文化，包括古代的唯物主义哲学思想。

古希腊早期的唯物主义和唯心主义，分别是奴隶主阶级中的两个不同阶层的世界观：一般来说，唯心主义是反动的贵族奴隶主阶层的世界观，唯物主义则是进步的工商奴隶主阶层的世界观。

根据历史的考察，在公元前11世纪以前，古希腊还处于原始社会时期。当时社会生产力十分低下，人们的集体劳动仅能维持最低生活，没有剩余产品，因而也没有可能产生剥削和阶级。大家过着氏族公社的原始社会的生活。氏族公社的最高权力属于全氏族的公民：由公民大会选出长老和军事首领（巴西列斯），分别掌管公社的公共事务和指挥对外族的作战。同时，首领和长老们受全氏族成员的监督和任免，没有任何特权。

公元前11世纪至7世纪是古希腊原始公社瓦解并向阶级社会——奴隶社会过渡的时期。这时社会生产力有了显著的发展，出现了剩余劳动；

个人劳动所得除个人消费外还能有剩余，于是开始出现剥削和阶级。古希腊阶级社会的产生是通过下列两条途径实现的：一是氏族的首领和长老们利用职权，占有战俘为奴隶，自己成为贵族奴隶主；二是氏族内部经济发展，氏族成员两极分化，少数成员经营工商业或放高利贷发财致富而上升为工商奴隶主，部分成员因穷困破产而下降为奴隶。因此，在古希腊的奴隶主阶级中出现了两个不同阶层：贵族奴隶主阶层和工商奴隶主阶层。他们虽然都是奴隶主，但是在当时的社会条件下却起着不同的历史作用。工商奴隶主在政治上要求与贵族奴隶主分享政权而主张"民主"，在经济上则为了发展生产，繁荣工商业而要求进步；贵族奴隶主则极力维护既得的世袭统治特权，主张保持现状，反对任何革新和进步，极力阻挠新兴工商业和社会生产力的发展。因此在当时，前者具有历史的进步性，后者具有历史的反动性。贵族奴隶主为了替自己的反动统治特权做论证，极力宣扬宗教和唯心主义；工商奴隶主则提出朴素的唯物主义世界观以反对贵族奴隶主所宣扬的宗教、唯心主义，并为自己的种种进步和革新要求提供哲学论据。

原始氏族的宗教传说，是贵族奴隶主用以维护自己反动统治特权的最好工具。在古希腊著名盲诗人荷马的史诗中，还保存着这类古老的宗教神话的传说：奥林比斯山是古希腊诸神的住处，天神宙斯是群神的首领，女神赫拉是他的妻子，海洋之神波塞冬和冥界之神哈得斯是他的兄弟，火神赫菲斯托斯、太阳神阿波罗、月神塞勒涅、爱神阿佛洛狄忒、智慧之神雅典娜，以及战神阿瑞斯等等都是他的子女。他们是一个同一血缘的家族。贵族奴隶主则在这种原始的宗教神话传说上抹上了一层阶级的油彩。他们谎称诸神是他们的同一血缘的上天的祖先，他们是群神的后裔和人间的合法代理人。他们的世袭统治特权是上天的"神灵"授予的，因而这种统治权是神圣、永恒而不可侵犯的；谁侵犯这种特权，谁就犯了渎神之罪，谁就应受来自神意的最严酷的惩罚。

第一节 古希腊的伊奥尼亚唯物主义

古希腊的最早的唯物主义是伊奥尼亚的唯物主义。从事工商业的新兴奴隶主们，从本阶级立场出发，总结、概括了当时人们的自然知识和社会

第一章 古代朴素的唯物主义

知识，建立起朴素的唯物主义世界观，反对贵族奴隶主的政治和宗教唯心主义的理论。他们认为世界是物质的，物质是按自身规律永远运动的，不存在什么创世的"神灵"，贵族奴隶主的"政权神授"论是没有任何根据的；社会必须不断革新、不断发展，从而在哲学上创立了朴素的辩证的唯物主义。

在古希腊奴隶社会的早期，最早代表新兴工商业奴隶主利益的唯物主义哲学，是米利都学派和稍晚的赫拉克利特学派的哲学。由于这两个学派同属伊奥尼亚地区，因此，当时人们合称这两个学派的哲学为伊奥尼亚学派的哲学。

米利都学派的朴素唯物主义

米利都学派产生于伊奥尼亚地区的工商业中心米利都城邦，它是古希腊最早的唯物主义学派。

米利都学派的主要代表人物有泰勒士（约公元前624—前547）、阿那克西曼德（约公元前610—前546）和阿那克西美尼（约公元前585—前525）等人。

泰勒士是现在所知的古希腊最早的唯物主义哲学家。阿那克西曼德是他的朋友和学生。阿那克西美尼则是阿那克西曼德的学生。他们生活的年代都略早于我国的孔丘。古代的希腊，不像古代中国那样有比较详细的编年史，对于人物也没有列传，因而对于他们的生平活动，今天所知道的只是一些一鳞半爪的传说，而且有些还是互有矛盾的。这里没有必要一一详述这些问题。简要地说，他们的生平和情况主要有以下几个共同的特点。首先，他们在政治上都是工商业奴隶主的代表者，都积极拥护当时社会的民主改革。其次，他们都关心工商业和科学技术的发展。他们在科学技术方面都有过不少发现或天才猜测。如泰勒士在几何学方面有不少发明，在天文学上预言过日食等；阿那克西曼德制作过西方第一个天体模型，绘制过第一张古希腊地图；阿那克西美尼则是古希腊第一个能区分行星和恒星并主张地球是圆形的人；等等。最后，他们都先后到过东方的巴比伦和埃及等地，受过东方文化的影响。

恩格斯教导我们：哲学的基本问题是物质与意识的关系问题。凡认为世界是物质的，坚持物质第一性，意识第二性的，就是唯物主义；反之，凡认为精神决定物质的，就是唯心主义。米利都学派就是具有明显的原始性和朴素性的这样一种唯物主义学派。他们从自然界本身寻求世界万物的本原，坚持世界的物质性和物质世界的统一性。他们把构成万物的最基本元素（本原），归结为某种具体的物体。如泰勒士把它归结为水，阿那克西曼德把它归结为"无限"，阿那克西美尼把它归结为气，等等。他们认为物质世界中各种各样的事物，如日月山川，花木鱼虫等等，虽然千差万别，但是它们都是上述同一种本原变化出来。

这种原始、朴素的唯物主义思想在其他古老的民族中也都有过。在东方，如中国有"五行说"（认为万物的本原是金、木、水、火、土五种）；古代的印度有"四大说"（认为万物的本原有水、土、气、火四种）；在古埃及也流行过"万物自水出"的观念；等等。它们在时间上都比古希腊要早。因而有人认为，米利都学派的哲学观点，很可能是在东方哲学思想的启发下产生的。

在古希腊，最早由泰勒士提出了万物的本原是"水"的朴素唯物主义思想。他是怎样论证这种思想的呢？由于他的著作流传至今的很少，今天能看到的他的一些著作的残篇，根据考证，又都是后人伪造的，因而我们只能从别人的著作中间接地看到他的论点。如在古罗马人辛普里丘的《物理学》一书中就这样记载了他的这个思想："因为热的东西需要潮湿来维持，死的东西就干燥了。凡是种子都是湿的，所有的食物都充满着汁；所以说每一种东西都是从水那里获得营养是很自然的。因为水是潮湿的本性的始基，又是养育万物的东西。因此他们得出结论：水是一切的始基，并宣称地浮在水上。"这种原始、朴素的唯物主义观点，今天看来虽然很幼稚，但在当时却是十分可贵的。它否定"神明"的作用，对于反动贵族奴隶主所宣扬的宗教唯心主义无疑是一个有力的反击。

继泰勒士之后，他的学生阿那克西曼德提出了万物的本原是"无限"的唯物主义思想。而后，阿那克西曼德的学生阿那克西美尼又提出了万物的本原是"气"的思想。那么什么是阿那克西曼德所称的"无限"，他为什么要把泰勒士的"水"改为"无限"呢？阿那克西曼德所说的"无限"，指的是无限的物质。他看到水、气、火等在不断互相转化中，所以世界的本原既可以称为水，也可以称为气，又可以称为火，因而不如称之为"无限"更好。这种看法原是对物质世界的统一性的进一步抽象的理解。但由于在当时并不容易为大家所普遍理解和接受，所以后来他的学生阿那克西美尼抛弃了他的这种主张，又重新回到了万物统一于某种具体物体的见解。而他所以把"水"改为"气"，是因为他认为气比水更具有"充塞宇宙"和"变动不居"的辩证性质。

古代唯物主义的一个明显的特点是它的原始性和朴素性。米利都学派的唯物主义就是如此。这种原始、朴素的唯物主义思想，是建立在当时低下的自然知识水平基础上的。他们单凭经验的直观，即通过对大量经验事实的观察，认识到生活中最常见、最必需的水、气、火、土等物体在永恒地转化着，而万物的形成和生长又离不开它们，于是在这些经验材料的基础上得出了它们这类唯物主义的猜测。

古代唯物主义的另一个明显的特点是它们的辩证性。它们的原始、朴素的唯物主义思想是与原始、朴素的辩证法思想紧密地结合在一起的。米利都学派的哲学家们不仅肯定世界是物质的，而且还认为物质世界是永恒运动的。他们认为万物都由水或气构成，而水或气以及由它们所构成的万物，又永恒地运动和互相转化着。万物产生于水或气，而又复归为水或气。米利都学派的唯物主义就是这样一种朴素的、辩证的唯物主义。

为了把这种唯物主义思想贯彻到底，米利都学派还探讨了物质运动的源泉问题。贵族奴隶主的宗教唯心主义认为，世界是根据神的意志变化的，精神（神明）是推动物质运动的力量。泰勒士否认物质运动的源泉在于精神（神明）力量的推动，而把它归之于物质自身的灵魂。他认为不是外力，而是物质内部自身的"灵魂"构成了它的永恒运动。例如，他解释磁石为什么能吸铁时说：这是因为磁石自身有灵魂。这种观点在当时是具有否认"神灵"作用的反宗教意义的。但是不免带有"物活论"或"万物有灵论"的色彩。后来，他的后继人阿那克西曼德和阿那克西美尼都对这个问题做了重要的发展。他们都把物质运动的内在源泉归之为物质自身普遍具有的一种对立面：冷和热（或湿和干）。他们认为是冷（湿）和热（干）这一对物质自身所固有的对立面的斗争，构成了万物的凝聚（合）和稀散（分）；并以此为基础构成了万物的各种各样的变化和发展。因此，他们在西方哲学史上最早提出了对立面的思想。虽然他们还没有认识到矛盾的多样性，把物质运动的源泉简单地归结为冷与热一对矛盾，但是已经猜测到了矛盾的普遍性，肯定了万物内部无不具有矛盾。这在当时是一种十分可贵的思想，它孕育着后来西方哲学中的辩证法思想。

在米利都学派的唯物主义哲学中明显地表现出无神论的倾向。他们也谈"神"，但是他们所说的"神"与宗教的"神灵"已完全不同。如阿那克西曼德宣称"神"跟无限宇宙中万物的发生、发展和变化毫无相干；阿那克西美尼认为"神"与其他万物一样，也是从气这一种物质的始基中产生出来的东西。因而他们一致坚信，宇宙的一切变化决不应该用"神明"的干预来解释，而应该用物质自身的永恒运动来说明。

古希腊的米利都学派是西方最早的唯物主义学派，它是后来西方唯物主义哲学思想的先河。因此恩格斯对它做了很高的评价。他写道："在这里已经完全是一种原始的、自发的唯物主义了，它在自己的萌芽时期就十分自然地把自然现象的无限多样性的统一看作不言而喻的，并且在某种具有固定形体的东西中，在某种特殊的东西中去寻找这个统一，比如泰勒士就在水里去寻找。"[①]

赫拉克利特的朴素的唯物主义

米利都学派的朴素的、辩证的唯物主义思想，后来在赫拉克利特的哲学中得到了继承和发展。

赫拉克利特（约公元前530—前470）是古希腊的著名唯物主义哲学家。他出生于爱弗斯城邦，因而人们称他的学说为爱弗斯学派。

赫拉克利特出身于贵族奴隶主家庭。当时，由于社会经济的变化和阶级斗争的激化，贵族奴隶主内部开始分化，部分庶出的贵族子弟由于丧失了世袭特权而改为经营工商业，成为新兴工商业奴隶主。赫拉克利特就是属于这一类的奴隶主。他在政治上代表工商业奴隶主利益，在哲学上则继承和发展了米利都学派的朴素的、辩证的唯物主义思想。

跟米利都学派的哲学家一样，赫拉克利特坚持世界的物质性，以及物质世界的多样性和统一性。但是他并不把万物归结为"气""水""无限"，而把它们归结为"火"。他说："这个世界对于一切存在物都是一样，它不是任何神所创造的，也不是任何人所创造的；它过去、现在和未来永远是一团永恒的活火，在一定的分寸上燃烧，在一定的分寸上熄灭。""一

[①]《马克思恩格斯全集》第20卷，第525页。

切事物都换成火,火也换成一切事物。"

赫拉克利特在唯物主义思想方面的另一个重要贡献是在西方第一次提出了"逻各斯"的思想。他所称的"逻各斯"实际上就是客观规律的意思。

早在米利都学派的哲学思想中已经有了关于物质运动的必然性和规律性的猜测。如阿那克西曼德等人曾经把这种必然性称作物质运动的"命运"。但是这容易为唯心主义的宿命伦所歪曲。赫拉克利特则进而提出了"逻各斯"。他说:世界是物质的,物质世界是按自身固有的"逻各斯"运动、变化的。人们虽然听不见,也看不到"逻各斯",但是"逻各斯"却永恒地存在着。因此他写道:"万物都根据这个'逻各斯'而产生。""这个'逻各斯'虽然永恒地存在着,但是人们在听人说到它以前,以及在初次听人说到它时都不能了解它。"赫拉克利特的这种"逻各斯"思想,从根本上否定了神灵对于自然界和人类社会的干涉的可能性,从而有利于人们科学地认识自然和改造自然,努力发展生产,革新社会制度。

赫拉克利特的唯物主义像米利都学派的唯物主义一样,是与朴素的辩证法思想融合在一起的。

为了进一步坚持唯物主义,反对贵族奴隶主的宗教唯心主义,赫拉克利特继承并发展了米利都学派的关于对立面的思想。在米利都学派那里,万物仅有一对对立面,在赫拉克利特那里,对立面不仅是普遍的而且是多样的了。我们仅从现存的他的少量著作残篇中,就能看到他提出过许许多多对立面,如雄与雌、生与死、上与下、直与曲、洁与脏、美与丑、醒与梦、少与老、好与坏、饿与饱、劳与逸、健与病、冷与热、干与湿等等。

赫拉克利特不仅对对立面的相互依存和相互转化做了天才的猜测,而且还肯定了对立面的斗争是一切事物发展的源泉的思想。他说:"正义就是斗争。一切都是通过斗争和必然性而产生的。"这样,他就进一步肯定了对立面的斗争是一切事物发展源泉的思想,否定了宗教的"神的创世说"。

赫拉克利特对米利都学派的唯物主义思想的发展有巨大的作用,他把伊奥尼亚的唯物主义提高到一个崭新的水平,在西方唯物主义发展史上居有十分重要的地位。因此马克思主义经典作家们都对他做了很高的评价。恩格斯称赞他说:"这个原始的、素朴的但实质上正确的世界观是古希腊哲学的世界观,而且是由赫拉克利特第一次明白地表述出来的。"① 列宁说:"把他作为辩证法的奠基人之一,那是非常有益的。"②

从上可见,古希腊的伊奥尼亚唯物主义是西方唯物主义的最早形态。由于受当时历史条件的局限,它具有明显的原始性和朴素性。但是它却与生动的辩证法密切地结合在一起。

伊奥尼亚的唯物主义遭到了当时代表贵族奴隶主利益的各种宗教唯心主义的攻击。毕达哥拉斯的唯心主义就是其中的主要代表。

毕达哥拉斯(约公元前580—前500)是现在所知道的古希腊最早的唯心主义哲学家之一。关于他的生平传说很多,但多不可靠。据说他原是古希腊萨摩斯岛上的一个贵族奴隶主,因搞反动政治活动,被进步力量驱逐出萨摩斯岛。后来他流浪到贵族奴隶主势力强大的南意大利的克罗顿城,在那里建立了一个社会团体,人称它为"毕达哥拉斯集团"。毕达哥拉斯本人,后来因犯阴谋颠覆罪而遭到进步人民的镇压。但是也有人说他没有死,越狱逃跑了。

毕达哥拉斯集团不仅是一个政治性团体,而且是一个宗教和哲学团体。他们宣传宗教唯心主义,宣传由东方传来的"灵魂轮回说"。据说,毕达哥拉斯自称他清楚地知道他自己的灵魂曾在其他人身上生活了二百零七年。由于这个集团的成员都是贵族奴隶主及其子弟,他们都受过良好的教育,拥有比较丰富的文化知识。据说毕达哥拉斯本人就是"勾股定律"在古希腊的发明者。因而至今西方人仍称这个定律为"毕达哥拉斯定律"。他利用并曲解当时的数学知识,宣扬一种数的唯心主义。人们称他们的这个数学唯心主义学派为毕达哥拉斯学派;又由于它流行于南意大利,因而又称它为南意大利学派。

跟伊奥尼亚的唯物主义恰好相反,毕达哥拉斯学派断言世界的本原不是物质,而是属于精神的"数",数是"一切存在物的始基"。他们认为:万物是由水、土、气、火等物体构成的,而水、土、气、火等物体却都是由精神——一种数的观念所构成的,数"先于自然中的一切其他事物","数是一切事物的本质",没有数就没有物质世界,就没有一切;因而世界

---

① 《马克思恩格斯选集》第3卷,第60页。
② 《列宁全集》第38卷,第390页。

的最后本原不是伊奥尼亚唯物主义所说的水或气等等具体物体，而是抽象的数的观念。不言而喻，他们所说的"数"的观念，实际上无非是上帝"创世"的观念而已。

毕达哥拉斯学派提出上述论点的"根据"，是他们所曲解了的数学知识。他们说：万物都必须有体积，任何体积都是由面构成的，面是由线构成的，线是由点构成的。而作为一种不占空间面积的点（如占空间面积，就不是点而是面了），则仅仅是一种精神性的观念而已。因此他们说：万物的本原不是物质，而是精神。下面是他们这方面的具体言论："从数目产生出点；从点产生出线；从线产生出平面；从平面产生出立体；从立体产生出感觉所及的一切物体，产生出四种元素：水，火，土，空气。这四种元素以各种不同的方式互相转化，于是创造出有生命的、精神的、球形的世界。"

毕达哥拉斯学派还以数学唯心主义反对赫拉克利特的客观规律性，即"逻各斯"的思想，为他们自己的宗教创世说服务。他们说物质世界并没有什么固有的逻各斯，决定世界的是"数"。数，即神的观念，不仅构成物质世界，而且它统治着整个世界。他们论证道：万物都必须有形体，它们非方即长，或圆等等。但是无论长、方或圆等等形体，都必然由数所统治，由数所规定。例如，正方形，其四边的长度的量必等，否则就不能构成正方形；圆形，其周长必须与直径的长度成一定的比例，即 π（3.1416……），否则就不能构成圆；等等。

他们认为不仅万物的形体，而且世界的任何方面都是受数的严格统治的。例如音乐就是如此。乐师奏乐时，看来潇洒自如，其实他是受数的严格支配的。一根弦要发出什么声音，全由三个数字严格规定，那就是该弦的长度、直径和紧张度，这三个数字变了，弦发的音调也就改变。此外，他们还曲解了其他各种自然知识以论证这个观点。例如，他们把种子必然在一定的温度、湿度下发芽、抽穗和结实，说成是数的统治；把人体必须在一定的温度、心律和呼吸量的条件下才能保持健康，也说成是数的统治；等等。

可是科学知识告诉我们，宇宙间万物的运动、变化和发展原都是有其内在规律性的。这些规律也都是可以为人们所认识的，有许多还是可以用数字来精确计算，并用数字来精确表达的。这也就是说，客观规律是第一性的，人的认识，人对客观规律的量的方面的知识是第二性的。然而毕达哥拉斯学派却颠倒了这种关系，把数和数学公式说成是第一性的东西，而把客观规律说成是第二性的、派生的东西。这样就把数学这门十分重要的基础性学科彻底神秘主义化了。从而把数学科学变成他们的献礼于宗教神学的牺牲品。顺便指出，毕达哥拉斯学派的这种数的唯心主义思想，至今在西方仍有一定的影响。

毕达哥拉斯学派用形而上学为他们的数的唯心主义效劳，他们的数的唯心主义是与形而上学思想紧密结合在一起的。

毕达哥拉斯学派用唯心主义和形而上学歪曲伊奥尼亚唯物主义哲学家所提出的对立面的思想。他们把客观物质世界的多种多样的对立面，唯心主义地化为十对观念性的对立面。

那就是：一与多、奇与偶、有限与无限、右与左、曲与直、正方与长方、明与暗、动与静、阳（雄）与阴（雌）、善与恶。他们认为：这些对立面都是属于数的，或者是从数中演化出来的；因而它们都不是物质的，而是观念的，或精神的即"神明"的。

为了否认物质的自身运动，他们把运动的源泉归结为精神，即"神明"的力量。他们把对立面的辩证关系歪曲为形而上学的关系。他们说：对立面双方的主、次，上、下，或统治、被统治的关系不是变化的，而是永恒不变的。一方永远统治另一方；另一方永远服从于一方，从而为贵族奴隶主的永恒统治提供论据。他们否认对立面的斗争关系，代之以对立面的和谐关系，并断言对立面的"和谐"是"不平等的和谐"，即一方绝对地统治另一方；另一方无条件地服从于一方的"和谐"。他们以"毕达哥拉斯定律"（勾股定律）为例来论证这种谬论。他们说：自然界的和谐总是不平等的和谐。如"毕达哥拉斯定律"："$a^2 + b^2 = c^2$"就是这样。这个等式的前面有两个数，而后面却只有一个数，这表明只有不平等的双方才能构成一个"和谐"的等式。因而这是自然界的"不平等和谐"的"铁证"；也是"神明"的"人与人之间不平等"的意志的"铁证"。他们就是这样用形而上学来论证宗教唯心主义，以反对伊奥尼亚的唯物主义的。

第二节　古希腊的德谟克利特的原子论唯物主义

伊奥尼亚的唯物主义在德谟克利特的原子论学说中得到了继承和进一步发展。

德谟克利特的原子论唯物主义产生于古希腊的中期，即古希腊奴隶制繁荣时期。这时，随着奴隶制经济的发展，古希腊的新兴工商奴隶主的经济和政治力量有了进一步的发展。他们与反动贵族奴隶主之间的斗争也进一步激化了。德谟克利特的原子论唯物主义就是在这种情况下产生的。当时随着新兴工商业的发展，自然科学知识有了发展，唯物主义已经不能满足于伊奥尼亚学派的原始、朴素的形式，而开始与探索物质结构联系起来。当时劳动人民在长期的生产实践和大量的直观经验的基础上，对物质的结构开始有所猜测。古代的原子论学说不仅是某一两个哲学家的聪明才智的发现，而且是劳动人民智慧的结晶。哲学家不过对这种观点做了进一步的加工并把它系统化、完善化罢了。

从伊奥尼亚唯物主义向原子论唯物主义的过渡

德谟克利特的原子论唯物主义与伊奥尼亚的原始、朴素的唯物主义之间有着密切的内在联系。恩培多克勒的"四根说"和阿那克萨哥拉的"种子说"是它们中间的过渡形态。

恩培多克勒（约公元前490—前430）是西西里岛上著名的工商业城邦——阿格里特城邦的工商奴隶主的领袖。他是一个著名的政治家，同时也是一个著名的哲学家、修辞学家和科学家，据说，他还是西西里医学派的创始人。他继承并发展了伊奥尼亚的唯物主义，创立了自己的"四根说"。

如前所述，伊奥尼亚的唯物主义坚持物质世界的多样性及其统一性，把万物归结为某一种物质的本原：水、气或火。当时毕达哥拉斯学派的同盟者——爱利亚学派反对这种观点。他们认为：一与多是绝对地对立的。一永远只能是一，它不可能产生出多。如一种颜色只能是一种颜色，永远调不出多种颜色来；一种滋味只能是一种滋味，永远配不出多种滋味来，等等。因此他们认为把世界的本原归结为一种物质的元素是错误的。爱利亚学派的这种观点是形而上学的。但在当时却成了攻击伊奥尼亚唯物主义的一种"有力"的论据,恩培多克勒驳斥了这种指责。他改伊奥尼亚学派的一元说为四元说,即"四根说"。他认为如果一不可能产生出多,那么四就能产生出多。例如,用红、黄、蓝、白四种颜色就可以调出多种色彩;用甜、酸、苦、辣四种滋味就可能配出多种滋味。因此他继续坚持伊奥尼亚唯物主义的世界物质性这个根本原则,但不认为物质世界的本原是一,而认为有四。即他认为万物不是由水、土、气、火中的某一种元素单独构成,而是由这四种基本元素共同构成的。这四种元素按不同比例结合,就构成不同性质的万物。用这种理论还能顺利地解释万物之间的互相转化。如婴儿饮了母亲的乳汁,所以能长身体,是因为乳汁与血肉都是由相同的四种元素构成的,它们只是改变了这四种成分的结合的比例而已。

为了坚持唯物主义,坚持物质自身运动的原则以否定宗教唯心主义的"神明"创世说,恩培多克勒继承了伊奥尼亚唯物主义的对立面的见解,认为不是物质之外的精神,而是物质自身的对立面的斗争是万物发展的源泉或动力。但是他忽略了矛盾的多样性,把整个物质世界的运动归结为同一对矛盾:爱与憎。他认为爱的力量造成万物的结合,憎的力量形成万物的分解。爱与憎的斗争构成了万物的种种生生灭灭的变化。正如列宁所指出:这种思想包含着对宇宙中普遍存在着引力和斥力的猜测。但是由于不承认矛盾的多样性,他与赫拉克利特的思想相比较,无疑是一种后退。

恩培多克勒的"四根说"的唯物主义思想,经阿那克萨哥拉的发展,进一步向原子论方面演化。

阿那克萨哥拉(约公元前500—前428)是与恩培多克勒同时代的哲学家。他的年龄略大于恩培多克勒。但是他的哲学思想却应放在恩培多克勒的思想之后来阐述。这不仅是由于他的思想的流传较恩培多克勒的思想的流传要稍晚一些,还在于只有这样才得以体现出哲学思想发展的内在逻辑。

阿那克萨哥拉是小亚细亚某城邦的工商奴隶主。后来到雅典从事科学和宣传唯物主义的活动。在奴隶制繁荣时期,雅典是全希腊的政治、经济和文化的中心。那里工商奴隶主的势力相当强大,奴隶主民主制非常繁荣,阶级斗争也十分激烈。他是当时雅典民主派领导人伯里克利的老师和朋友,是一个著名的政治家和哲学家。他有丰富的自然知识。据说他当时已经知道月亮本身不发光,它的光是太阳光反射的结果。他懂得月食是因地球的阴影投射在月亮上造成的；并把太阳说成是一块炽热的大石块等等。由于具有这种种无神论思想，他曾被控告犯有不敬神之罪而关进了监牢，后来越狱逃离雅典。

阿那克萨哥拉进而研究了物质的结构，从恩培多克勒的"四根说"出发，提出了一种"种子说"。他用这种种子说以解释物质世界的多样性。他认为万物都是由一些细微的"种子"构成的。每一种事物都有自己的种子（或称"同素体"），如骨头有骨头的种子，血有血的种子，肉有肉的种子，石头有石头的种子等等。它们在数量上都是无限的，性质上是千差万别的，体积上是十分细微而肉眼看不见的。由不同性质的种子构成不同性质的万物。他并以这种观点解释万物之间的互相转化。他认为，构成某一种事物的种子并不是纯一的。例如，在构成青草的无限多的青草种子中就混杂有少量其他物体的种子，如乳汁的种子，血和肉的种子等等。这就是为什么牛、羊吃了青草能够长血肉和分泌乳汁的原因。阿那克萨哥拉的这种见解有力地反对了毕达哥拉斯等人的宗教唯心主义思想。但是，它与赫拉克利特关于事物能向对立面转化的学说不同，而把万物的变化归结为不变的种子（粒子）的不同的结合和分解，因而具有机械发展观的倾向。列宁在研究了阿那克萨哥拉的这种学说后指出："一些人把变化理解为具有一定质的微粒子的存在以及它们的增加（或减少）〔结合和分离〕。另一些人（赫拉克利特）则把它理解为一物向他物的变化。"[①]

阿那克萨哥拉哲学思想中的机械性倾向，还表现在否认种子自身具有运动的能力。他认为种子是运动的，但不是自身在运动，也不是"神"的推动；而是种子外部的一种物质力量的推动。他称这种物质力量为"奴斯"（希腊文 nous 的音译，是阿那克萨哥拉的用语。他认为"奴斯"是一种极薄极轻的物体）。阿那克萨哥拉坚认"奴斯"是一种物质力量，这是坚持了唯物主义观点，反对了宗教神学。后来黑格尔硬把阿那克萨哥拉的"奴斯"解释为"精神的力量"，这是唯心主义者的一种歪曲。

恩培多克勒的"四根说"和阿那克萨哥拉的"种子说"，在伊奥尼亚唯物主义与德谟克利特原子论唯物主义之间架起了一座过渡的桥梁。它为德谟克利特的原子论唯物主义的产生做好了理论准备。

---

① 《列宁全集》第 38 卷，第 297 页。

德谟克利特的原子论唯物主义

原子论唯物主义是古希腊朴素唯物主义发展的最高形态。据说最先提出这个观点的是吕基柏。但是它的真正的或公认的创始人则是德谟克里特。

德谟克利特（约公元前460—前370）出生于阿布德拉城邦。他是一个中等工商奴隶主利益的代表者。他关心工商业的发展，关心科学知识。据说他因寻求知识而远游四方，花尽了全部家财。他曾游历过埃及、巴比伦，受过东方先进科学知识和哲学思想的熏陶。他的著作很多，内容涉及哲学、逻辑、数学、天文、生物、医学、心理学、伦理学、教育学、修辞学以及文学艺术等等各个方面。但是它们全都没有保存下来，现在只留有一些零星的残篇。由于他的学识渊博，马克思推崇他为"经验的自然科学家和希腊人中第一个百科全书式的学者"[①]。

作为一个工商奴隶主的代表，他在政治上极力拥护奴隶制度，把奴隶制看作一种天经地义的东西，而认为奴隶是天生的会说话的工具。他说："应该像使用我们身体上的四肢一样来使用奴隶，使用他们中的每一个人来完成一种特定的任务。"但是他极力推崇奴隶主民主制，反对贵族奴隶主专政。他说："在民主制度中受贫穷，也要比专制制度下享福为好，这就像自由总要比受奴役好一样。"当然，他所说的民主制，也仅仅是奴隶主的民主，是建立在对奴隶的残酷压迫和剥削基础之上的。

在哲学方面，德谟克利特大力提倡原子论唯物主义，以反对毕达哥拉斯的数的唯心主义和柏拉图的理念论的唯心主义。他坚持世界物质性的观点，认为毕达哥拉斯关于数是万物本原以及柏拉图关于两个世界的理论都是荒谬的。他认为物质世界的本原不是水土气火等一种元素或四种元素；也不是无限多的细微得肉眼看不见的"种子"；而是无限多的细微得肉眼看不见的"原子"。

那么什么是德谟克利特的"原子"，它与阿那克萨哥拉的"种子"有什么不同呢？根据德谟克利特的见解，原子与种子有下列方面的重要不同：（一）种子是可分的，原子是不可再分的；（二）种子的性质是千差万

[①] 《马克思恩格斯全集》第3卷，第146页。

别的，原子的性质是彼此相同的。下面分别论述原子的这两个方面的特点。

德谟克利特否认物质的无限可分性，认为物质有它的不可再分的最小单位，这种最小单位就是"原子"。"原子"一词，来源于希腊文，原意是不可分割。关于物质可否无限分割问题在古希腊曾有过长期的争论。前面提到过的毕达哥拉斯学派的同盟者爱利亚学派，为了否认世界物质性这个唯物主义的根本原则，他们极力否认物质世界的千差万别；他们说世界上万物的千差万别都是假象，世界的真实本质仅是一个"纯一"的观念。他们所持的"理由"是："一"是不能分割为"多"的。如果承认"一"可以分割为"多"，那就会使理性陷入荒唐的悖论*之中。因为任何一个东西如果它可以分为"多"，就能无限地分割下去。而当它分割到无限小的时候，它是否还有体积呢？如果还有体积，即使其体积极微，无限个极微相加就成为无限大了；而一个有限物，经分割而变成无限大是不可理解的。反之，如果认为它已经没有任何体积，即它的体积已等于零了，那么就得承认"有"可以变成为"无"，而这也是不可理解的。爱利亚学派当时提出这个悖论是用来否认千差万别的物质世界的真实存在的。但是后来却成了一个数学上的著名悖论，一直延续到 19 世纪末叶，在数学分析中提出了"极限"这个概念以后，才算得到了初步的解决。如前所述，德谟克利特的原子论是建立在大量经验直观的事实基础上的。但是企图在逻辑上避免这个悖论，想必也是它的原因之一。德谟克利特认为万物是可分的，但不是无限可分的；当它分割到最小单位——原子时，就不能再分下去了。这样，这个悖论也自然就不存在了。

德谟克利特认为原子是没有性质方面的不同的。它只有形状、体积和位置排列方面的不同。只是由于不同数量、不同形状和不同体积的原子的不同空间排列，才构成性质方面千差万别的万物。为了说明这种道理，他生动地把原子比喻为希腊字母。他说：希腊字母只有形状不同，如 A、C；大小不同，如 C、c；位置排列不同，如 Z、N，但是由于它们的排列和组合的不同，而构成了各种各样含义复杂的希腊文字。物质世界也是这样，

---

* "悖论"系逻辑学名词。一命题 B，如果承认 B，可推得 ¬ B（非 B），反之，如果承认 ¬ B，又可推得 B，称命题 B 为一悖论。

看来万物的性质纷繁复杂，其实它们都只是一些不同形状、不同体积的原子的不同排列和组合。显然，用这种见解来解释万物的互相转化也是很容易的。原子的排列组合改变了，物体的性质也就随着改变了；一种物体就转化为另一种物体。因此，他认为，万物之间之所以能互相转化，如木化为火，火化为气，气又化为水等等，其道理就在于此。总之，一切物体的变化归根到底只是原子的排列和组合的变化，而作为万物最小单位的原子本身，无论其形状或体积却都是永不改变的。

由此，德谟克利特对世界的看法是：世界是一团数量无限的原子群。它们永恒地运动着，以不同的方式结合而又分解着，这就构成了世界的纷繁复杂的现象及其变化。

德谟克利特的"空虚"理论是他的原子论学说的重要组成部分。德谟克利特所说的"空虚"就是空间。他认为空虚是运动的必要条件，原子运动只能在空虚中进行。如果没有空虚，原子互相挤塞在一起，也就不可能有运动了。因此他说：世界上除了原子之外，还有空虚。他把原子叫作"存在"，而把空虚叫作"非存在"；并认为作为"非存在"的空虚，同"存在"的原子一样，它也是客观实在的。所以他说："存在并不比非存在更实在。"德谟克利特的这些议论是针对爱利亚学派的。爱利亚学派的成员们是一批诡辩家。他们就曾以否定空虚（空间）的存在来否定物质世界的存在。他们说，物质必须存在于容纳它的空虚中，但是空虚是不存在的，因为"空虚"就是"一无所有"，即"不存在"的意思；说"不存在"是存在的，这是一种悖论，既然空虚是不存在的，那么物质也就没有容纳它的地方，因而也就不可能存在了。爱利亚学派的这种理论显然是诡辩。因为空间并不是物质之外的一种空无，而是物质存在的客观形式。德谟克利特站在唯物主义的立场上批判了爱利亚学派从否定空间进而否定物质的谬论。这是他的历史功绩。但是他把空间看作一种纯粹的空无，这是不正确的，它有机械论的倾向。当然这是由于受当时历史条件的局限，我们是不能苛求于古人的。

德谟克利特坚持原子自身的运动，以反对宗教唯心主义的"创世说"。前面说过，德谟克利特的先驱者阿那克萨哥拉认为，种子自身是不运动的，它所以运动是由于受外部另一种物质力量"奴斯"的推动。这种见解虽然是唯物主义的，但是具有形而上学的倾向，它为唯心主义和宗教神学留下了可乘之隙。德谟克利特看到了阿那克萨哥拉的这个缺陷。他继承了伊奥尼亚唯物主义已有的朴素辩证法思想，重新肯定了物质自身运动的观点，坚信原子自己永恒地运动着，它无须任何外力的推动。

德谟克利特还极力用原子自身运动的思想解释早期朴素唯物主义者所不能解释的许多现象，以进一步发展伊奥尼亚的唯物主义理论。如泰勒士曾因不能解释磁石吸铁现象而断言"磁石有灵魂"。德谟克利特则用原子的自身运动来加以解释。他认为构成磁石的原子由于精细而活动能力大，它们能迅速钻进铁块的空隙，促使铁原子更加活动起来，从而造成铁块向磁石移动的现象，等等。

德谟克利特还用原子运动说反对毕达哥拉斯的"灵魂轮回说"。德谟克利特并不否认人有灵魂，但是他把人的灵魂以至思想、意识都解释为原子的运动。他说灵魂也是一种原子。它像火原子一样是一种精细、圆滑而能动性很大的原子；因此它是肉体中的"火的本原"。它与肉体原子结合起来就能产生感觉和思想。他还认为，灵魂原子愈精细、圆滑，能动性愈大，这个人的思想就愈敏捷；反之就迟钝、笨拙。总之，他认为所谓生命不是别的，只是灵魂原子与肉体原子的结合；而死亡就是两者的分离。他认为，灵魂离开人体而飞散了，人的生命也就结束了，因而毕达哥拉斯的"灵魂不灭说"和"灵魂轮回说"是错误的。德谟克利特的这种见解，对于当时毕达哥拉斯学派及其后继者柏拉图等人的宗教唯心主义理论，是一个有力的打击。现代的科学证明：意识不是别的，而是人脑的属性。因此德谟克利特的这种见解虽不能说是科学的，但在当时却具有历史的进步性。

德谟克利特反对毕达哥拉斯和柏拉图等人关于精神决定物质的理论以及宗教神学的"神明创世说"，提倡唯物主义的因果决定论。他肯定自然界具有普遍的因果联系。他认为任何结果的产生，总是有它的客观物质原因的，也就是说，一定是由其他事物的变化所引起的，而任何原因也一定会产生其应有的结果。世界上没有无原因的结果，也没有无结果的原因。不能用因果律解释的"神灵的奇迹"是不存在的。因此，他强调认识客观事物变化原因的重要意义，教导人们要努力寻求事物变化的客观原因。他有一句名言："只要能够解释一个事物的原因，就比成为一个波斯人（按：意指百万富翁）更好。"德谟克利特在西方哲学史上第一次明确地讨论了因果性这个重要哲学范畴,并对它做了唯物主义的解释,这是他的重大贡献。

同时,德谟克利特在继承赫拉克利特的"逻各斯"学说的基础上,进一步提出了"必然性"的范畴,强调物质世界变化的客观必然性和规律性,否认"神"对自然界的干涉。但是由于不懂得因果性与必然性的区别,他把两者错误地等同了起来。他认为,既然一切事物的发展都是有原因的,因而一切事情也都是必然的。这样,他就从根本上否认了偶然性的客观存在。为了否定偶然性,德谟克利特把偶然性说成是人们自己无知的结果。他举例说:"一只乌龟从空中正巧落在你的头上,这是偶然的吗?不,这是必然的,因为它是有原因的。抬头看一下吧!天空一定有一只老鹰从你头上飞过。"从空中忽然落下一只乌龟来,这当然是有原因的。但是正巧落在你头上,这是必然的吗?当然不是,否则就变成宿命论了。在这里德谟克利特片面地夸大必然性,否定偶然性,就有陷进宿命论的危险。当然,德谟克利特的这个理论在当时是反对唯心主义者柏拉图的神学目的论的,因而具有历史的进步意义。正因为这个,它遭到了柏拉图等人的反对。柏拉图指责德谟克利特的这个理论是否定"神灵"的智慧和安排,是对"神灵"的大不敬。

此外,德谟克利特还把他的原子论唯物主义理论贯彻到认识论领域,建立了"影像说"的认识论,他的"影像说"是一种朴素的唯物主义反映论。

综上所述,德谟克利特的原子论唯物主义继承并发展了早期的伊奥尼亚唯物主义,它把古希腊的朴素唯物主义进一步提到了新的水平。它开始探索了物质结构的奥秘,并对它做了天才的猜测。直到两千余年以后,近代科学家才在他这个光辉思想的启示下发现了原子的存在。无怪人们对他的这个天才猜测赞叹不已。

德谟克利特的原子论唯物主义在与各种宗教唯心主义的斗争中具有强大的威力,因此,它成了后来整个古希腊罗马时期的唯物主义的主要形式。在德谟克利特的原子论唯物主义的发展过程中,遭到了柏拉图的唯心主义理论的反对。柏拉图的唯心主义是毕达哥拉斯的数的唯心主义的继承和进一步的发展。

柏拉图(公元前427—前347)是古希腊罗马时期最著名的唯心主义

哲学家。他生活在古希腊中期，出身于雅典的一个贵族家庭里。他在早年就跟他的老师苏格拉底（古希腊另一个著名唯心主义哲学家）从事反对雅典奴隶主民主派的活动。后来苏格拉底被判处死刑，他就逃离雅典，到南意大利西西里岛等地结识了毕达哥拉斯学派的一些门徒，继续从事反对奴隶主民主派的政治活动。失败后他又回到雅典，在一个名为"阿卡德弥"的花园里创办学校。从此这个"学园"长期成了古希腊罗马的一个传播唯心主义哲学的中心。

柏拉图的哲学著作很多，它们都是用对话体写成的，大部分流传到今天。

柏拉图唯心主义理论的矛头主要是针对德谟克利特的原子论唯物主义学说的。他的"理念论"是继承了毕达哥拉斯的数的学说、爱利亚学派的"存在论"和苏格拉底的"善"的原则而建立起来的一个客观唯心主义体系。他所说的"理念"，指的是存在于人的意识之外的某种神秘的客观的抽象概念。他反对世界的物质性这个唯物主义的原则，认为世界的本原不是德谟克利特所说的物质的原子，而是上述的精神性的"理念"。他认为：可以感觉的个别的、具体的事物都是假的，只有通过理性所认识到的抽象的、一般的理念才是真的。抽象的理念是原型，具体的事物是摹本或前者的影子。因此他把世界分为两大部分：一个是彼岸的（天上的），由概念构成的，客观独立存在的理念世界（或称为"可感知的理念世界"）；另一个是此岸的（地上的），由具体事物组成的，肉眼可以看见的物质世界（或称"可感觉的实物世界"）。他认为，在彼岸的理念世界中存在着许多花木鱼虫、善恶美丑等等的理念（概念），它们都是真实的；而存在于此岸（物质）世界的各种具体的花木鱼虫、善恶美丑等等事物，都是前者的摹本或幻影。不言而喻，柏拉图所说的彼岸理念世界，不过是"神的天堂"的同义词；而所谓"理念"，则不过是"神"的"创世"的观念而已。

那么柏拉图是如何用他的诡辩术来论证他的这种论点的呢？首先，他说：抽象的花木鱼虫、善恶美丑等等理念都只有一个，而具体的花木鱼虫、善恶美丑等事物却都是多种多样的。只有"一"才可能是真的，"多"必然是假的；因为任何事物的原型总只能有一个，而摹本或影子却可以有多种多样。这正如世上张三、李四总只有一个，而画家笔下的张三、李四的画像（摹本）却可以是多种多样的。

其次，他认为抽象理念是永恒不变的，具体事物总是生灭变化的。永恒不变的应该是真的原型，生灭变化的必然是假的幻影。这正如天上的那一个月亮，总是万古不变，而反映于千万条河川中的千千万万的月影，却常常在生灭变化中一样。

最后，他认为抽象的理念总是绝对完美的，如圆的理念（概念）就是绝对的圆，而具体事物则是相对的和近似的，如具体的圆的东西总只能是相对的、近似的圆。而绝对完美的东西必然是真的东西，相对的、近似的东西则只能是假的东西。

柏拉图的这种议论无疑是荒谬的，其根本错误在于割裂了一般与个别、共性与个性的辩证统一。事实上，一般与个别是互相依存的。没有离开个别的一般，正像没有离开一般的个别一样。一般寓于个别之中。而人的一般概念仅是对具体事物的共性的抽象。它是第二性的，它不能离开人的认识而客观独立存在。柏拉图颠倒了这种关系，把第二性的、主观的抽象概念，说成是第一性的、世界的本原，而把第一性的物质世界，反倒说成为前者的派生物，从而建立起了一种具有浓厚的宗教神学色彩的"原始、野蛮的唯心主义"。但是，柏拉图的理念论唯心主义具有典型性。后世的客观唯心主义，在论证的手法上虽然都要比它隐蔽、巧妙，但是在本质上却只是它的继续和发展。列宁评论柏拉图的唯心主义说："原始的唯心主义认为：一般（概念，观念）是单个的存在物。这看来是野蛮的、骇人听闻的（确切些说：幼稚的）、荒谬的。可是现代的唯心主义，康德、黑格尔以及神的观念难道不正是这样的（完全是这样的）吗？桌子、椅子和桌子观念、椅子观念，世界和世界观念（神）；物和'本体'、不可认识的'自在之物'，地球和太阳、整个自然界的联系——以及规律、逻各斯、神。人类认识的二重化和唯心主义（＝宗教）的可能性已经存在于最初的、最简单的抽象中。"[①]

柏拉图极力宣扬神学目的论以反对德谟克利特关于必然性、规律性的学说，为宗教的"神明创世说"效劳。柏拉图的目的论来源于他的老师苏格拉底的学说。他与苏格拉底一样，认为万物是"神灵"根据一定目的创

[①]《列宁全集》第38卷，第420—421页。

造的。生物有机体的结构所以都能适合自然环境（生物上称为"合目的性"），就是上帝有目的地创造它们的明证。如鸟类都长有翅膀，适合在空中飞翔；鱼类都长有鳍鳃，适合于在水中潜游等等。至于人，他们更是"神灵"的精心创作。神创造眼睛给人们看，创造鼻子给人们嗅，创造口舌供人们吃喝谈笑等等，这都表现了神灵的智慧和仁慈。柏拉图的神学目的论后来成了西方宗教神学论证"上帝"存在的主要论据之一。

柏拉图的理念论的唯心主义，是为贵族奴隶主的统治服务的。他在《理想国》一书中论证说：由于人的灵魂有理性、意志和感情三个组成部分，因而国家也应永远由贵族奴隶主阶级、武士阶级和劳动者阶级三个部分组成，它们应各行其是，各尽其职，以维护贵族奴隶主的统治，否则就是违反神意，就应受到最严厉的惩罚。

柏拉图的唯心主义与德谟克利特的唯物主义之间的斗争，形成两条哲学路线的斗争，这两条路线，不仅贯彻于以后的古希腊罗马哲学史中，而且贯彻于整个西方哲学史中，一直影响、延续到现在。列宁说："在两千年的哲学发展过程中，唯心主义和唯物主义的斗争难道会陈腐吗？哲学上柏拉图的和德谟克利特的倾向或路线的斗争难道会陈腐吗？"[①]

第三节 伊壁鸠鲁和卢克莱修对原子论唯物主义的发展

德谟克利特的原子论唯物主义，在古希腊后期和古罗马时期得到了他的后继人伊壁鸠鲁和卢克莱修的继承和发展。下面分别介绍这两个人的原子论唯物主义思想。

伊壁鸠鲁对原子论唯物主义的发展

伊壁鸠鲁（公元前341—前270）是古希腊后期继承并发展德谟克利特原子论唯物主义的主要哲学家。这时，希腊北方的落后民族马其顿入侵并统治了希腊。希腊的贵族奴隶主投降异族，与异族统治者互相勾结；新兴工商奴隶主则无论在政治上和经济上都受到当时的反动统治者的压制。伊壁鸠鲁就是这种中等工商奴隶主的政治利益的一个代表者。他出身于萨

[①] 《列宁选集》第2卷，第128—129页。

摩斯岛的一个教师家庭，曾在小亚细亚的许多城邦中讲授哲学。后来他移居雅典，在一个花园里设立学校，人称这个学校为"伊壁鸠鲁花园"。他还在那里组织了一个"伊壁鸠鲁小组"。这个小组不仅是当时宣传原子论和无神论哲学思想的中心，而且是一个反马其顿异族统治的政治宣传中心。

伊壁鸠鲁的著作很多，但是它们都遭到了与德谟克利特的著作相同的命运，被贵族奴隶主销毁了。其中能幸免而流传到今天的只有三封遗信和一些著作的片段。在他的哲学中，原子论唯物主义是他的整个理论的基础部分。

伊壁鸠鲁的原子论学说与德谟克利特的原子论学说基本上是相同的。但是他在下述两个方面对前者做了重要的补充，从而进一步丰富、发展了这个学说。

首先，伊壁鸠鲁提出了原子有重量的主张。如前所述，德谟克利特认为原子只有形状和体积的不同，而没有提到原子的重量问题。伊壁鸠鲁补充说：原子还有重量，它们的重量是各不相同的。提出原子有重量，何以是对德谟克利特原子论学说的一个重要补充呢？因为，这就可以以此回答原子运动的源泉问题。德谟克利特的原子论认为，原子是不可再分的物质最小单位，这就排除了承认原子内部存在对立面的可能性。那么，原子自身怎么会运动呢？德谟克利特对于这个问题没有做任何说明。如果像阿那克萨哥拉所主张的那样，把原子运动的源泉归之于原子以外的物质力量，那就有被宗教唯心主义利用和歪曲的可能。伊壁鸠鲁提出原子有重量，这就可以把原子运动的原因归结为它自身的重量。他明确地指出：原子自身的重量造成了它的垂直下坠运动。肯定原子有重量，这在科学史上也是有意义的。恩格斯指出："他已经按照自己的方式知道原子量和原子体积了。"[①]

伊壁鸠鲁还对物体的重量与它下坠时的速度的关系做了天才的猜测。他正确地指出，原子下坠时，它的速度与它的重量的大小无关。这就是说：不论轻原子或重原子，它们在下坠时都是等速的。他并且解释说：看起来轻的东西比重的东西下坠时要慢，其实这是空气的阻力造成的，如果在真空中，这种情况就不存在了。这是一个天才的猜测。历史的事实是，

---

① 《马克思恩格斯选集》第3卷，第466—467页。

经过近两千年以后，直到 17 世纪，伽利略才第一次证实了这个猜测的正确性。

其次，伊壁鸠鲁还提出了偏离运动的思想。他认为：重量所造成的原子的等速下坠运动是原子运动的必然性。但是如果只有这种必然性，没有偶然性，那么原子就只会有秩序地平行、等速下坠，彼此间就不会发生碰撞，它们也不会结合和分解，因而也就不会有万物的生灭变化了。然而事实并非如此，这表明原子除上述必然性的垂直下坠运动外，一定另有一种偶然性的偏离运动。正是这种由于原子自身的偶然原因所引起的偏离运动，才造成原子的互相碰撞和结合、分解，从而才会有万物的生灭变化。伊壁鸠鲁的这个理论是对德谟克利特学说的又一个重大补充和发展。如前所述，德谟克利特是只承认必然性，不承认偶然性的。因而他的理论有被唯心主义歪曲成为宿命论的危险。伊壁鸠鲁看到了这种危险，弥补了这个缺陷。他既肯定必然性，又肯定偶然性，并把两者辩证地统一起来。这就对必然性与偶然性这一对重要哲学范畴的辩证关系，做了正确的、天才的猜测。他的这种猜测虽然是朴素的，但具有十分重要的意义。这一思想也是他全部哲学中的重要组成部分。马克思非常重视伊壁鸠鲁对德谟克利特学说的这个重要发展。马克思的博士论文《德谟克利特自然哲学与伊壁鸠鲁自然哲学的区别》就是论述这个问题的。马克思公正地指出：唯心主义哲学家传统地卑视伊壁鸠鲁，通常把他说成是卓越前辈德谟克利特的学说的单纯注释者，甚至说他把德谟克利特的学说庸俗化了。这是一种蓄意的歪曲。

综上可见，伊壁鸠鲁的学说虽有其历史局限性，但是他所发展的原子论唯物主义具有比较强烈的战斗性。马克思高度评价了伊壁鸠鲁的这种战斗精神，说他是用解放人类精神的哲学来对抗压迫者宗教的古代伟大的启蒙运动者。

德谟克利特所创立，伊壁鸠鲁所发展的原子论唯物主义，在古罗马的卢克莱修那里得到了进一步的系统化和发展。

卢克莱修对原子论唯物主义的系统化和发展

公元前 146 年，古希腊西部的邻国古罗马崛起，并征服了古希腊。自此古希腊丧失独立而并入古罗马版图，成为后者的一个行省。它的历史也就为古罗马的历史所继续。

在古罗马时期,原子论唯物主义仍是唯物主义的主要形式。当时的哲学家卢克莱修对德谟克利特和伊壁鸠鲁的原子论唯物主义做了进一步系统的论证和发展。

卢克莱修(公元前99—前55)的生平不详。现在只知道他是古罗马名著《物性论》的作者。如前所述,德谟克利特与伊壁鸠鲁的著作几乎全都被销毁了,而卢克莱修的《物性论》则是一部唯一完整地保存至今的原子论唯物主义的著作。通过这部著作,我们才得以看到古代西方原子论学说的完整论述。在当时,卢克莱修由于宣传原子论和无神论思想,被古罗马教会宣布为"疯子",而他的这部名著则被列入"妖书"而被查禁。因此在很长的历史时期里,人们并不知道它,直到15世纪下半期,才被重新发现而出版问世。

卢克莱修的这部著作是用诗歌体裁写成的。它用大量无可争辩的客观事实与生动有力的语言文字,系统地论证了德谟克利特和伊壁鸠鲁的原子论学说。无疑,其中许多论证是直接继承于德谟克利特和伊壁鸠鲁的。但是他用大量的论证和事例丰富和发展了这两位前辈的思想,这一点也是可以肯定的。

下面仅叙述他的一些比较突出的论述,许多观点由于与上述两位前辈完全相同,这里就从略了。

首先,卢克莱修列举了大量无可争辩的实例论证了万物由原子构成这个原子论的根本思想。例如,他以飓风为例论证说:飓风虽看不见,但是它的流动却能拔树毁屋,排山倒海。这证明它是由细小的物质原子构成的。又如湿气,人们也看不到它,但是衣裳挂在白浪拍岸的海边,会因它的侵袭而慢慢变湿,潮湿的衣服在太阳下会因它的挥发而慢慢变干。这也说明它是由原子构成的。再如,戴在手指上的金属戒指会逐渐变薄;屋檐的雨滴会把墙脚下的石块滴出窟窿;弯弯的犁头虽然坚硬,却会慢慢在耕地过程中磨损;铺路的石头虽然牢固,也会被无数行人的脚步踩得光滑;等等。这些都说明它们是由细小得看不见的原子构成的。

其次,他明确地论证了宇宙的无限性。他说:"我们必须承认在整个宇宙之外没有别物,所以也就没有一个终点。"他说:一个人不论站在任何地方,在他的周围总会有无限的宇宙,向各个方向无限地伸展;反之,如果承认宇宙有限，就得承认宇宙有边际。假如这样，边际之外又该如何呢？因此理性的思考迫使你必得承认宇宙向各个方向伸展都是绝对无止境的。由于受当时科学知识的局限，卢克莱修的这种对宇宙无限的论证，显然是纯思辨的；但是，他的这种正确的唯物主义思想却是反对宗教神学的有力武器。

卢克莱修还论证了原子运动的永恒性。他继承并发展了伊壁鸠鲁关于原子的垂直坠落运动及其偏离运动的思想；并进一步把这两者的关系看成是对立斗争的关系。他认为正是由于这两种对立力量的斗争，才构成原子的结合和分解，以及万物的生长和死亡的永远变化。他说：引起死亡的运动永远不能胜利，而生长的运动也不能使任何事物永恒保存。这两种战斗力是统一的。它们间的长期的战争在所有原子之间永恒地进行着。因此万物永远运动不止，生灭不息。

卢克莱修对运动的绝对性与静止的相对性也进行了论证。他天才地猜测了这两者的辩证统一关系。他肯定原子的绝对运动，同时又承认事物的相对静止。他认为原子永恒不息地结合、分解着，而原子就是在结合中它们的运动也没有因此而停止，而是继续进行着。他说，从原子结合的整体来看，事物似乎是静止不变的，而从每一个原子来看，它们却仍在运动中。卢克莱修把它们比喻为一场在原野上进行的军事演习。从遥远的高山之巅远眺原野，似乎一片寂静，而临近观察，却是"刀光剑影""马驰车奔"。他又把它们比喻为山坡上放牧的群羊，远眺时仅是静静的白点，而近观之则都在活泼地奔跳着，等等。这种猜测虽不免具有朴素性，但其含义却是正确的。

卢克莱修还论证了必然性与意志自由的辩证关系。如前所述，伊壁鸠鲁以原子的垂直运动与偏离运动的统一，论述了必然性与偶然性的统一。而卢克莱修在伊壁鸠鲁的这个论述的基础上，进而论述了必然性与意志自由的关系。他认为原子重量的垂直运动构成了事物的必然性与规律性；而发生于原子自身的偶然的偏离运动则是人和生物具有意志自由的物质根据。他说：如果原子只有前一种运动而没有后一种运动，"那么大地上的生物将从何处得到自由的意志"？他认为人和生物有自由意志是显而易见的事情。正是在自由意志的指挥下，我们的身体才能自由地活动。而必然性与自由，他认为两者并不是互相排斥而是彼此统一的。人们的自由意志并不能违反自然的必然性。相反，只有在服从自然的必然性或规律性的前提下，自由才有可能得以实现。他举例说："当我们受到他人的大力撞击而向前运动时，我们全身的全部物质都动了起来，从而违反我们自己的愿望被赶向前；但意志能拉紧无形的缰绳，通过我们全身的四肢把身体勒住。有时确实是由于意志的裁决，全部物质就被迫改变了它的路线。"这意思是说：人可以根据自己的主观意志自由指挥自己的躯体的运动；但只有在严格服从力学法则的前提下，而不能稍有违背。这是他对必然性与自由这对重要范畴的辩证关系所做的朴素而正确的论述。

卢克莱修以原子论唯物主义的决定论反对柏拉图及其后继者所宣扬的神学目的论。

如前所述，目的论是宗教创世说的重要论据之一。柏拉图及其老师苏格拉底是神学目的论的一些最早的提倡者。他们说人和生物的器官之所以具有合目的性，如眼睛的结构适合看各种东西，耳朵的结构适合听各种声音等等，都是"神明"的有目的的设计和创造，而这正是"神明"存在的证明。卢克莱修以原子论唯物主义为武器，驳斥了这种见解。他说：一切事物"都必然按一定规律而发生"，而不是按"神明"的预先安排而发生的。人和生物不是先需要看而后才产生眼睛，先需要飞而后才产生翅膀。恰恰相反，而是先有了眼睛而后才能看；先有了翅膀而后才能飞。目的论者把这种因果关系故意弄颠倒了，他们的目的无非是为"神明"的创世说提供论据。

卢克莱修在很早就提出了"适者生存"的思想，并用此以反对柏拉图等唯心主义者的神学目的论。卢克莱修认为，生物器官的合目的性（即具有适合于外界环境的特性），不是由于"神灵"的预先设计和创造；而是由于"适者生存"的结果。他认为，由于原子群以各种不同机会的互相碰撞和结合，而产生出机体结构各不相同的种种生物。如长有翅膀而适合于天空飞翔的鸟类；长有鳍鳃而适合于水中潜游的鱼群；长有蹄爪而适合于陆地生活的走兽；等等。它们因适合于自然环境而繁衍下来，同时也曾产生出过许许多多奇形怪状的怪物，如没有眼耳口鼻的动物，缺少干枝茎叶的植物等等，它们因不能适应环境被自然淘汰而迅速绝灭了。因此生物有机体的结构的合目的性，不是像宗教神学家或唯心主义者的谎言那样，是什么"神灵"的创造，而是自然选择的必然结果。卢克莱修的这种见解虽然原始、幼稚，但却是十分可贵的。它不仅早于达尔文两千余年天才地猜测了"自然选择"这一客观规律，而且他的这种见解与现代的分子遗传学也有某些不谋而合之处。现代分子遗传学告诉我们：生物的遗传是通过遗传物质基因（DNA）的传递而实现的。基因是一种由许许多多分子构成的大分子链。分子链上分子群的不同排列组合而构成的信息，由上一代遗传给下一代，决定着下一代的遗传性。现代科学证明：构成基因分子的排列组合，有时会发生偶然的突变，从而造成下一代的各种变异。这种变异通过自然选择，凡不适合环境的被自然淘汰，适合的被筛选下来，继续繁衍，而形成新变种。因此，生物的进化过程，乃是一个变异的偶然性与基因遗传及自然选择的必然性互相辩证结合的过程。卢克莱修的上述见解天才地猜测到了这种辩证结合的关系。

卢克莱修还用原子论唯物主义解释了整个宇宙现象。他解释说：数量上无穷的原子在无限的空间中永恒地运动着。无数原子群的结合和分离构成无数个世界的生灭变化。我们的这个世界，是无数个世界中的一个，它像其他许许多多的世界一样，不是什么"神灵"的创造物，而是原子群的疯狂运动中的偶然结集。它的最重的土原子集结在中心而形成大地，次重的水原子被挤在低陷处而构成海洋。飘浮于它们的上面的是比较轻细的大气原子，而最轻的以太原子则高高升起而形成了天穹和星辰。

他还解释了各种自然现象：日食是由于月亮运行到太阳与大地之间，而日光被月亮所掩盖了；月食是由于地球运行到月亮与太阳之间，月光被大地所遮挡的缘故；雷电是由于火原子进出了云层；虹霓是因为太阳光照耀在浮于天空间的水滴上，等等。他对生物的产生和演化也做了解释。他说：大地是万物的母亲。她孕育了各种各样的生物。最初出现的是结构简单的植物，而后出现比较复杂的动物。它们在自然的选择下繁衍发展。他认为人也是从大地产生，而不是由"神灵"创造的。最初他们过着类似动物的原始穴居生活，而后才逐渐出现语言、家庭和社会。当初他们普遍信守互相的约定，和平相处；后来因为发现黄金而引起彼此间的争杀。人们为了终止这种痛苦的暴力生活，就互相约定而选出行政官吏，制定法典，从而产生出国家。最后他指出：生产在不断发展中，社会在不断进步中，科学文化在不断前进中。

古代西方的唯物主义哲学在从原始、朴素的伊奥尼亚唯物主义到原子论唯物主义的发展中，开出了灿烂瑰丽的智慧的鲜花。古代的唯物主义是人类思想发展史上的宝贵财富。当然，由于受当时社会条件和自然知识的局限，它是建立在经验直观的基础上的，而不是自然科学知识和社会科学知识的全面概括和总结。因而它缺乏科学的分析和证明，还具有不可避免的原始的猜测性和朴素性。但是从整体性方面看，它却是正确的。它从总体上肯定了物质世界的普遍联系与相互制约，它肯定物质世界的永恒的辩证性发展，它为整个物质世界绘出了一幅生动的唯物的、辩证的图画。就这些方面来说，它比后来的形而上学的唯物主义要高明得多。恩格斯在《自然辩证法》一书中是这样评价古希腊的唯物主义的："在希腊人那里——正因为他们还没有进步到对自然界的解剖、分析——自然界还被当作一个整体而从总的方面来观察。自然现象的总联系还没有在细节方面得到证明，这种联系对希腊人来说是直接的直观的结果。这里就存在着希腊哲学的缺陷，由于这些缺陷，它在以后就必须屈服于另一种观点。但是在这里，也存在着它胜过它以后的一切形而上学敌手的优点。如果说，在细节上形而上学比希腊人要正确些，那么，总的来说希腊人就比形而上学要正确些。"[①]

[①]《马克思恩格斯选集》第 3 卷，第 468 页。

第二章 近代的机械唯物主义

公元476年，奴隶制的西罗马帝国灭亡，欧洲进入封建社会，史称"中世纪"。在"昏暗的中世纪"，神权统治的阴影笼罩着欧洲大地。基督教宗教信条被当作"真理"的源泉，哲学、艺术等其他意识形态，都被合并到神学之中，变成神学的科目，为神学做诡辩的论证。任何科学的探索和对神学"权威"的怀疑，都遭到了无情的压制。这种僵死的神学桎梏，使公开的唯物主义没有丝毫活动的余地。基督教神学和经院哲学统治人们的头脑达千余年之久。它维护了封建制度，阻碍了科学的发展，延缓了社会的进步。在这期间，反映社会进步力量要求的唯物主义，作为"异端"思想，也在极端艰苦的条件下，不断地和宗教神学进行斗争，为近代唯物主义的产生开辟了前进道路。

历史的长河滚滚向前。当欧洲进入16世纪末的时候，一个新的历史时期——资产阶级革命时期开始了。在这个新的历史时期里，在资产阶级反对封建、反对教会的斗争中，产生了一个崭新的哲学形态——机械唯物主义。机械唯物主义又叫形而上学唯物主义，是唯物主义发展史中的第二阶段。

第一节 机械唯物主义产生的历史条件及其主要特征

机械唯物主义产生在欧洲资产阶级革命时期。这一时期从16世纪末尼德兰资产阶级革命开始，至1848年全欧洲的资产阶级革命结束。为什么在这个时期会产生机械唯物主义，这是由当时的历史条件所决定的。

欧洲的资本主义社会是由封建社会演变而来，所以，为了弄清欧洲的资产阶级革命以及在这个革命中产生的机械唯物主义的根源，得从欧洲的封建社会说起。对欧洲封建社会内部的阶级矛盾，特别是其思想战线上的斗争，做一简单的回顾。这样可以帮助我们更加深刻地理解机械唯物主义产生的必然性和它的伟大意义。

机械唯物主义产生的历史条件

欧洲的奴隶社会于公元 5 世纪结束，其后，欧洲便进入封建社会。欧洲的封建社会虽然没有像我国那样漫长，但也延续了一千二百年左右，至 16 世纪末才结束。在欧洲封建社会里，封建地主是统治阶级，他们对广大的农民、城市市民（资产阶级前身）、城市平民（无产阶级前身，包括帮工、学徒），实行政治压迫和经济剥削，其手段残酷狡猾，和中国的封建统治阶级是不相上下的。

欧洲的封建地主阶级，为了维护其反动统治，竭力利用宗教。在奴隶社会末期由奴隶们创立的宗教——基督教，到了封建社会，经过改造，成了封建地主阶级的统治工具。在欧洲封建社会，基督教具有相当大的势力。教会拥有大量土地，享有各种特权，对广大农民和城市工商业者实行横征暴敛，敲诈勒索。在政治上，它们与封建政权勾结在一起（当然也有矛盾），建立了政教合一的专制统治。罗马天主教会成了国际专制统治的中心。在思想上，它们几乎垄断了整个思想文化领域，成为最高的权威。

哪里有压迫，哪里就有反抗。在欧洲封建社会，广大农民、城市平民、市民，由于不堪忍受封建地主和教会的压迫而不断展开斗争，直至最终爆发了资产阶级革命。在广大人民反对封建的斗争中，哲学战线的斗争是一个方面，它随着广大人民反封建斗争的发展而发展。

在欧洲封建社会里，由于哲学是在基督教教会的学校内讲授的，所以称之为"经院哲学"。经院哲学正式形成于 8—10 世纪之际，12 世纪得到广泛发展，13 世纪是它的鼎盛时期。经院哲学的奠基人是安瑟伦（1003—1109），集大成者是托马斯·阿奎那（1225—1274）。经院哲学的唯一任务就是为基督教神学做哲学论证，使之更加理论化、思辨化。所以，它是哲学化的神学唯心论体系，具有以下一些特征：首先，它否定人的感性经验，贬低人的理性，而把基督教教条和古代唯心主义哲学（主要是柏拉图哲学和被歪曲的亚里士多德哲学）奉为至高无上的权威，以它们作为衡量是非的标准，对它们盲目信仰，绝对崇拜。其次，它完全违背客观实际，从基督教教义和唯心主义哲学的抽象概念出发，把亚里士多德的三段论式逻辑形式主义化，用它进行抽象、空洞的逻辑推论，主观臆造其所谓理论体系。最后，它极其烦琐空洞，经常在一些毫无意义甚至荒诞无稽的问题上，玩弄概念游戏，进行无休止的争论。

在欧洲封建社会，经院哲学被封建统治者封为官方哲学，规定所有的人都必须信奉它，对它顶礼膜拜，谁如果违犯了这种哲学，提出与它不同的观点，就要被教会视为异端，受到宗教裁判所的审讯、制裁，直至处死。十分明显，封建统治者提倡这种哲学的目的，就是企图利用它来禁锢人们的思想，阻挠科学的发展和社会的进步，维护其反动统治。

在欧洲封建社会，哲学战线上反封建、反宗教的斗争，主要表现为对反动的经院哲学不断地展开冲击。但是，在14世纪以前，当资本主义经济还未兴起，资产阶级还未形成的时候，这一斗争是在宗教外衣的掩盖下进行的。它主要表现为下面两种形式。一种是正统的基督教以外的"异端""异教"反对经院哲学的斗争。这些"异端""异教"的主张不尽相同，有的甚至宣扬神秘主义，但其矛头都是对准经院哲学的。另一种是经院哲学内部的唯名论反对唯实论的斗争。唯实论是代表正统经院哲学的派别，它认为一般的概念、共相先于个别事物，它们是上帝创造个别事物时所依照的模型，个别事物是由一般概念所派生的。这种观点实际是古希腊柏拉图唯心主义理念论的翻版。唯名论是正统经院哲学的反对派，它认为只有引起人们感觉的个别事物，如个别的人、个别的房子等等，才是真实的存在；一般不是先于个别事物，也不是存在于个别事物之中，它不过是人们表示一类个别事物的名称或符号，只是表示许多个别事物具有相似性或共同性的概念。唯名论否认一般的客观性，不知道一般即存在于个别之中，个别中包含着一般，而把一般归结为主观的概念或语词，这是错误的。但是，就它承认个别事物是真实的客观存在而言，这是唯物主义的观点。所以马克思说："唯名论是英国唯物主义者理论的主要成分之一，而且一般来说，它是唯物主义的。"列宁指出："中世纪唯名论同实在论的斗争和唯物主义者同唯心主义者的斗争具有相似之处。"不论是"异端""异教"，还是唯名论，它们反对经院哲学的斗争，都有利于削弱经院哲学的统治，具有进步的意义。

从14世纪后半叶起，欧洲的封建社会发生了变化，一种新型的生产关系——资本主义的生产关系,在其内部逐渐孕育、成长,在欧洲开始出现了不同于旧式手工业作坊的手工业工场,产生了早期的资产阶级和无产阶级。之后,随着哥伦布发现新大陆、麦哲伦的环球航行等地理大发现,航海贸易事业的发展,新殖民地的开辟,资产阶级通过对国内工人的残酷剥削,和对殖民地人民的血腥掠夺,进行资本的原始积累,资本主义经济迅速发展起来。

欧洲封建社会末期在经济上所发生的变化,也带来了思想战线的变化。这时,欧洲以意大利为中心,出现了代表新兴资产阶级利益的"人文主义"思潮。所谓"人文主义"思潮,简单说来,就是宣扬以"人"来对抗"神"的思想运动。人文主义思想家们竭力赞颂人的价值、人的尊严、人的力量,以人性来反对神性,以人道来反对神道,以人权来反对神权。他们尖锐地批判基督教所宣扬的禁欲主义是扼杀人性,无情地揭露这种宗教的虚伪、狡诈。他们号召人们摆脱基督教禁欲主义的精神枷锁,抛弃死后进入天堂的梦幻,去追求现实的幸福生活,让人性真正得到解放。从表面看,人文主义者讲的是共同的人性,实际上,它的内容不过是资产阶级的阶级本性,所以,所谓让人性解放,实际就是要按资产阶级的面目来改造世界。人文主义思潮,在欧洲封建社会末期席卷了整个思想文化战线,从哲学到文学、艺术、科学,甚至宗教,无一不渗透了人文主义的精神,构成为一个巨大的思想运动。由于人文主义的思想家们往往是打着复兴古代希腊、罗马文化的旗号来宣扬自己的思想,故西方历史学家称这一思潮为"文艺复兴运动"。

人文主义思潮是对基督教神学的一次大冲击,是历史上一次伟大的思想解放运动。与中世纪那些反对正统经院哲学的进步思想家相比,人文主义思想家对基督教神学的批判,不论在广度上、深度上,都大大地前进了。同时,在人文主义思潮的影响下,一些自然科学家、哲学家开始注意研究自然,产生了早期的近代自然科学,并且在此基础上建立了唯物主义学说,这些学说成了近代机械唯物主义的直接的理论先驱。但是,由于这个时期的资产阶级还刚刚兴起,它的力量还没有足够强大,所以,作为它的理论表现的人文主义思潮还带有不少旧时代的痕迹。它不具有独立的新的形式,而是借助于复兴古代文化的形式来宣扬自己的世界观,并没有完全挣脱宗教的外衣。

16世纪后半叶，在欧洲封建社会内部孕育、成长的资本主义经济，已经强大起来了。封建主义的生产关系和上层建筑已成为束缚资本主义经济发展的桎梏，随着资本主义经济的发展，它们之间的矛盾日益尖锐，终于到了激化的程度。这时资产阶级羽毛已丰，已具有足够的力量来和封建地主较量，他们再也不堪忍受封建地主的压迫，要求夺取政权，建立自己的统治。于是，从16世纪后半叶起，在欧洲爆发了资产阶级革命。最先爆发资产阶级革命的国家是尼德兰，其后，在17世纪是英国，18世纪是法国，19世纪是德国。欧洲的这四百年的历史，是轰轰烈烈的资产阶级革命的历史。

在资产阶级革命中，工人、农民是革命的主力军，但是，革命的领导者却是资产阶级。此时，资产阶级正处在上升时期，是一个革命的阶级；他们积极地领导、组织并亲自参加了推翻封建反动统治的斗争。同时，他们十分关心生产和科学事业的进步。在革命斗争中，资产阶级对过去那些反封建、反宗教的思想体系感到不满足，他们要求有一种挣脱了宗教外衣，与自然科学密切联系的唯物主义，用它来促进生产和科学的发展。机械唯物主义就是适应资产阶级这一需要而产生的。

在16世纪后半叶，不仅资产阶级革命需要产生机械唯物主义，而且，当时自然科学发展的状况，也为这种新型唯物主义的产生提供了可能。

在欧洲的中世纪，生产力低下，科学也十分落后。近代自然科学是随着资本主义经济的兴起，从15世纪以后才逐步发展起来的。当时，工场手工业和航海贸易的兴起，迫切需要科学，也为科学的发展提供了一定的物质基础，积累了大量的材料。同时，这时东方的先进科学技术（如我国的三大发明）传到了欧洲，产生了巨大的影响，于是，近代自然科学便应运而生了。15世纪是自然科学的萌芽时期，16世纪哥白尼太阳中心说的提出，标志着自然科学的真正革命，其后，自然科学便如雨后春笋般地蓬勃兴起。

当时，自然科学的发展主要具有两个特点：（一）它尚处在积累材料时期，对自然界只进行分门别类的研究和描述。自然科学家们在从事这种研究时，总是把研究对象从周围事物的联系中抽取出来，当作一个孤立的、静止不变的东西来进行观察。这是这一时期自然科学研究方法的一个特点。（二）力学和数学发展较快。当时，工场手工业和航海业最需要机械力学和天文学的知识，而当时的天文学又与天体力学密切相关，所以，力学很自然地优先于其他科学得到发展。在一两个世纪里，力学取得了一系列光辉的成就。继哥白尼提出太阳中心说之后，意大利科学家伽利略（1564—1642）发现了物体运动的惯性定律和落体定律；法国天文学家开普勒（1571—1630）发现了行星运动的三条定律，发展了哥白尼的学说；英国科学家牛顿（1642—1727）总结了以往力学和天文学的成就，提出了力学运动的三个基本规律和"万有引力"学说，建立了古典力学的体系。研究力学少不了数学作为工具，因此，随着力学的发展，数学也发展起来。耐普尔（1550—1617）、笛卡尔（1569—1650）、牛顿和莱布尼茨（1646—1716）分别制定了对数、解析几何和微积分，从而确定了重要的数学方法。自然科学的其他部门虽然也有一定的进步，但仍处在"胚胎阶段"。力学和数学的巨大发展，使得它们几乎渗透到其他一切科学领域，当时的许多自然科学家都试图用机械力学规律来解释一切自然现象。

欧洲资产阶级革命时期的机械唯物主义，就是在这样的自然科学的基础上建立起来的，并且是对这种自然科学的概括与总结。

机械唯物主义的主要特征

机械唯物主义作为唯物主义发展的一个阶段，有其自身的特点。与朴素唯物主义相比，它具有许多优越性。这首先表现在它克服了朴素性。朴素唯物主义把世界的本原归结为某种具体的感性物质，并且凭借一些直观的现象，来描述如何由这种感性物质构成世界上的万事万物。这种世界观虽具有丰富辩证性，但缺乏科学证明，也不能很好说明万事万物的产生、发展和消灭，在很大程度上它只是一种猜测，有些地方甚至荒唐可笑。机械唯物主义虽然也认为世界的本原是物质，但它所说的物质不是某种具体的感性物体，而是如原子、分子等那样具有一般特征的物质。这样，机械唯物主义已建立在自然科学的基础上，它对世界的看法再不是凭借直观，凭借猜测，而是依靠科学的证明了。

其次，机械唯物主义克服了朴素唯物主义的研究对象无所不包的缺点，突出研究认识论问题。在古代，哲学称为智慧学，它无所不包，代替了各种具体科学。这种状况在哲学和科学发展的初期是不可避免的。但是，这样做的结果，却使人们既不能专注地研究某一门自然科学，也不能深入研究哲学，阻碍了科学和哲学的发展。到了近代，由于科学的发展，一门门独立的科学相继建立，那种无所不包的哲学就没有存在的必要了。这时，科学所要求于哲学的，再不是包办代替，而是要它提供一个正确认识世界的方法，指导科学正确地认识自然。另外，从哲学本身来说，正如恩格斯所指出的，思维对存在的关系这个哲学最高问题，即认识论的根本问题，"在欧洲从中世纪的长期冬眠中觉醒以后"，"被十分清楚地提了出来"，并"获得了它的完全的意义"。这一切都决定了认识论成为近代唯物主义研究的中心问题。这一特点，标志哲学的进步，标志哲学与自然科学更加紧密的联系，对于哲学和自然科学的发展都有好处。

最后，机械唯物主义反对宗教唯心主义的斗争，较朴素唯物主义更加自觉、更加坚决。朴素唯物主义虽然也反对宗教唯心主义，但由于它不是建立在科学的基础上，同时本身还夹杂着一些宗教迷信的成分，因此，其反对宗教唯心主义的斗争还不能算是十分自觉的。基督教是封建社会的精神支柱，反对宗教的思想统治是资产阶级革命的一项重要内容，所以，基督教的唯心主义神学自然地成了作为资产阶级意识形态的机械唯物主义的主要斗争对象。机械唯物主义与基督教唯心主义神学的斗争，是资产阶级革命时期哲学战线的主要矛盾。在这一斗争中，机械唯物主义对基督教神学做了有力的揭露，深刻的批判，18世纪法国唯物主义还明确地提出了"战斗无神论"的口号。在这方面，还夹杂着某些宗教迷信成分的朴素唯物主义，是无法与其比拟的。

机械唯物主义虽然较朴素唯物主义有了很大的进步，但由于历史条件的限制，它也存在许多缺陷。这主要表现在：

（一）机械性、形而上学性。由于机械力学和数学在当时自然科学中占统治地位，各门科学都试图用机械力学规律来解释一切自然现象，机械唯物主义便由此得出结论说，机械力学规律是宇宙的普遍永恒的规律，从而否认了物质运动的多样性。同时，它还把当时自然科学所采用的孤立、静止的研究方法移植到哲学中。恩格斯曾经指出，机械唯物主义是把自然界的事物和过程孤立起来，撇开广泛的总的联系去进行考察，不是把它们看作运动的东西，而是看作静止的东西；不是看作本质上变化的东西，而是看作永恒不变的东西；不是看作活的东西，而是看作死的东西。除了自然科学的根源以外，造成机械唯物主义机械性和形而上学性的，还有阶级根源。资产阶级即使在上升时期也是一个剥削阶级，在封建社会它一面受封建地主的压迫，另一面又对广大工人、农民进行残酷的剥削，所以，它固然要求推翻封建社会，改变旧世界，但是，它又妄想根据它的阶级利益所建立的资本主义制度万古长存。这一点，在资产阶级革命取得胜利后表现得尤为明显。形而上学的不变论，正是资产阶级的这一愿望在哲学上的表现。

（二）是消极直观的反映论。个别的机械唯物主义者虽然接触到一些关于实践的思想，但总的来说，机械唯物主义者都没有树立实践的观点，他们不懂得实践是认识的源泉、认识发展的动力和检验认识的标准。他们不是把认识看作对客观事物的能动反映，而是看作被动的反映。他们也不知道认识是在实践的基础上由感性上升到理性的辩证过程，而是或片面强调经验，犯了经验主义的错误；或片面强调理性，犯了唯理主义的错误。

（三）是唯心主义的社会历史观。作为资产阶级的思想代表，机械唯物主义者反对基督教所宣扬的君权神授、等级制度等反动理论，宣扬资产阶级的民主、自由、平等，为资本主义制度的建立大造舆论。但是，他们进步的政治观点是建立在唯心主义的社会历史观的基础上的。他们把资产阶级的阶级本性说成是普遍的人性，并以此出发来研究社会历史问题，从而把人性看作社会发展的动力，看作衡量社会的标准。在他们看来，封建社会是不合乎人性的，所以要推翻它；资本主义社会是合乎人性的，所以它万古长存。他们根本不懂得生产方式在社会发展中的决定作用，不懂得社会历史发展的规律。他们还宣扬英雄史观，贬低人民群众在历史中的作用。显然，机械唯物主义是不彻底的唯物主义。

机械唯物主义的发展经历了一个演变的过程，这个演变过程与欧洲资产阶级革命发展的过程是相适应的。欧洲各国资产阶级革命发生的时间先后不一，在16世纪末到17世纪，革命中心在荷兰、英国，18世纪革命中心在法国，19世纪革命中心在德国。一般来说，当某一国成为资产阶级革命的中心时，它也就成了当时机械唯物主义哲学的中心。因此，与欧洲资产阶级革命的历史相适应，机械唯物主义的发展也分为三个阶段：16世纪末到17世纪为一个阶段，其中心在荷兰、英国；18世纪为一个阶段，其中心在法国；19世纪为一个阶段，其中心在德国。下面分别介绍这三个阶段的机械唯物主义。

第二节 16世纪末到17世纪的机械唯物主义

英国是机械唯物主义的故乡，是16世纪末到17世纪机械唯物主义的中心。这种情况的出现，绝不是偶然的。

英国是资本主义发展最早的国家之一，在14世纪，便出现了资本主义的萌芽。自地理大发现之后，随着欧洲去东方海上航道的改变，英国成了海上交通的必经之地，工商业便迅速地发展起来。英国资产阶级在国外通过掠夺殖民地，发展海外贸易；在国内通过圈地运动等，完成了资本的原始积累。到了16世纪末17世纪初，资本主义经济已广泛深入到英国的广大城市和乡村，在城市出现了许多较大规模的手工业工场，在乡村办起了不少资本主义的农场、牧场。经济上的发展，引起了国内阶级关系的变化。

资本主义经济的发展，壮大了英国资产阶级的力量，同时，也使封建贵族内部分化出一批资产阶级化的新贵族，这些新贵族成批地赶走小佃户，代之以绵羊。他们经营牧场、农场，从事商业活动，开办手工工场，他们的习惯和倾向，与其说是封建的，倒不如说是资产阶级的。新贵族与资产阶级在利益上的一致，使他们结成了反封建的同盟。

资本主义经济的发展，资产阶级和新贵族力量的壮大，引起了英国封建统治者的恐慌。他们加强封建专制统治，竭力阻止资本主义经济的发展。于是，在英国封建统治者与资产阶级、新贵族之间的矛盾日趋尖锐。这个矛盾在政治上当时表现为英王室和国会之间的矛盾。这个矛盾在英王查理一世统治时达到了激化，终于在1640年爆发了资产阶级革命。

英国的资产阶级革命经历了一个复杂曲折的过程。1640年革命爆发后，在英国广大劳动群众的努力奋战下，于1640年取得初步胜利，建立了资产阶级共和国。但革命刚胜利，便暴露了英国资产阶级的弱点，他们独占革命胜利果实，把人民群众一脚踢开。这自然引起人民的强烈不满，代表他们利益的"掘土派""平等派"发动了反对资产阶级统治的斗争。英国的大资产阶级为了镇压劳动人民的反抗，同时，也为了防止封建王朝的复辟，于1653年废除了共和国，建立了克伦威尔的军事独裁统治。这个重大的转折，标志着英国资产阶级革命高潮时期的结束。1658年克伦威尔病故，被推翻的封建王朝借国内混乱之机，于1660年重新夺回了政权，实现了复辟。复辟后的封建王朝变本加厉地对广大人民群众和资产阶级实行镇压，再一次激起他们强烈的反抗。但这时资产阶级吸取前一次革命的教训，不敢再大规模地发动群众起义，而于1688年实行宫廷政变，推翻了复辟政权，从荷兰迎来威廉·奥伦治公爵做英国的国王，建立了君主立宪的政府。这就是所谓"光荣革命"。实际上，它是英国资产阶级和封建贵族之间实行的一次妥协。在新建立的政权中，英国世袭的君主制继续得到保留，资产阶级和新贵族的利益得到了法定的保护。至此，英国资产阶级革命结束。

在英国资产阶级革命的激烈的反封建斗争中，产生了世界上最早的机械唯物主义，其著名代表是弗兰西斯·培根、托马斯·霍布斯和约翰·洛克。他们分别代表了资产阶级革命前夜、高潮时期和妥协时期的英国资产阶级的思想。他们的哲学体现了英国资产阶级革命各个时期的特点，反映了英国资产阶级革命的进程。

17世纪的欧洲，除了英国之外，还有荷兰也产生了机械唯物主义。在16世纪以前，荷兰称作尼德兰，处在西班牙人的统治之下。16世纪末，在尼德兰爆发了世界上第一次资产阶级革命，建立了资产阶级共和国。革命胜利后，资本主义经济迅速发展，工场手工业、航海、贸易都十分繁荣，是17世纪标准的资本主义国家。但是，荷兰的资产阶级革命并不彻底，革命胜利后，在农村中还普遍存在着封建残余势力，南方诸省还处在西班牙的封建统治下，资产阶级的民主制度也没有最后确立，所以，荷兰的资产阶级还必须继续反封建的斗争。正是在这一斗争中，产生了以斯宾诺莎为代表的机械唯物主义。

下面我们分别介绍17世纪欧洲英国和荷兰的四位著名的机械唯物主义哲学家。

弗兰西斯·培根的机械唯物主义

弗兰西斯·培根（1561—1626）出身于英国新贵族家庭，其父曾任英王朝掌玺大臣。他幼年经常随父出入宫廷，深得女王伊丽莎白的宠爱。十二岁入剑桥大学读书。大学毕业后，他作为英驻法大使馆的随员曾去法国。回国后当过律师。英王詹姆士一世统治的时代，他得到国王的赏识，先后担任过掌玺大臣和大法官等要职。以后，因被人控告受贿而撤职。晚年，他脱离政治生涯，专心从事哲学和科学的研究，进行著述。他的主要著作有：《学术的进步》（1605）、《新工具》（1620）等。

在政治上，培根代表英国新贵族和大资产阶级的利益，大力鼓吹发展资本主义经济。他呼吁国家要重视工商业，要积极鼓励私人投资，开发矿山，兴办工厂，建设农牧场，经营商业。针对当时英王朝的专制统治，培根提出要限制王权、君主必须约束自己的意志、遵守法律、尊重国会的意见。但是，培根反对进行革命，因为，他担心革命会引起人民的叛乱。他主张改革应该像时间的流逝那样，"安安静静地、逐渐地"进行。他要求人们对待王权不仅要限制它，还要拥护它。培根的政治观点，反映了在英国资产阶级革命前夜，英国新贵族和大资产阶级的动摇性和妥协性。在英国资产阶级革命爆发之前，这个阶层是十分惧怕革命，竭力主张改良的，是后来工农起义的浪潮才勉强把他们推上革命的道路。

培根在哲学史上占有十分重要的地位。是他首先冲破基督教经院哲学的藩篱，开创了近代机械唯物主义。马克思称培根是"英国唯物主义和整个现代实验科学的真正始祖"[①]。

培根生活在资产阶级革命的前夜。怎样才能使资本主义生产得到发展，这是当时资产阶级竭力关注，要求本阶级的哲学家必须回答的问题。培根完成了这一任务，他在回答这个问题时，提出一个著名的口号："知识就是力量。"就是说，要通过发展科学，正确地认识自然，改造自然，来发展生产力。培根的全部哲学的任务，就是为了实现这一口号，要"给人类的理智开辟一条与历来完全不同的道路"。

为了探索这条新的道路，培根的第一步工作是对过去科学发展的状况进行了回顾。他发现这几百年来科学发展甚为缓慢，其根源他认为是人们在认识世界时受了"四种假象"的障碍。所谓"假象"，就是人们的幻想、偏见或错误认识，培根根据它们产生的不同原因，而把"假象"分为四种。第一种是"种族假象"。这是人类认识能力的天生局限性所造成的"假象"。它是人类共同具有的，所以称为"种族假象"。例如，人的感官迟钝无力，人认识事物时喜欢以自己的标准去认识事物，结果歪曲了事物的真相。第二种是"洞穴假象"。这是由于各人不同的教育、性格、爱好

[①] 《马克思恩格斯全集》第 2 卷，第 163 页。

等而造成的个人偏见。这好像人们坐在自己创造的洞穴里,"坐井观天",不能真实地认识外界事物,所以称为"洞穴假象"。第三种是"市场假象"。这是指人们在交往中由于使用不恰当的语言、概念,从而造成无休止的、空洞的争辩,就像市场交易中以假冒真一样,所以称为"市场假象"。经院哲学家所虚构的各种名词、概念,搞烦琐无聊的争辩,都是属于这一类。第四种是"剧场假象"。是指由于盲目崇拜权威、传统的哲学教条和错误的证明规则而产生的假象,这种哲学教条就像演戏一样,以虚假的布景来歪曲现实。很明显,这种哲学教条指的是经院哲学。

培根在"四假象说"中,以及在其他地方,深刻地批判了经院哲学。他揭露经院哲学盲目崇拜权威,把亚里士多德当作"太上执政",对他"如同神像一样"地"崇拜和礼赞"。培根坚决反对这种对待权威的态度,他认为"真理是时间的女儿,不是权威的女儿",亚里士多德的学说并非绝对真理,不能以它作为衡量是非的标准。他要求人们不要迷信古代的权威,而要立志"创造出比古代更多的东西"。培根还批评经院哲学家抛弃经验,不从实际出发,而把自己关闭在僧院中,通过烦琐的逻辑推演和诡辩,来编织虚无缥缈的学问的网子。他说,依照这种做法得出的哲学概念只能是"虚伪残缺的影像",对实际毫无益处,就像一位"不能生育的修道院的尼姑"一样。培根根据经院哲学的这些严重弊病,尖锐地指出,经院哲学"摧毁了科学",是阻碍人们获得正确认识的极大障碍。

培根的"四假象说"及其对经院哲学的批判,具有重大的意义。培根是哲学史上第一个较全面、深刻地批判经院哲学的哲学家,他的批判沉重地打击了经院哲学,破除了几百年来人们对于经院哲学的迷信,促使人们解放思想,增添认识自然、改造自然的信心和勇气。同时,"四假象说"从认识论的角度来探讨人们错误认识产生的根源,也具有一定的价值。但是,培根对经院哲学的批判是不彻底的。他还不是一个无神论者,他没有公开否定基督教神学,仍然主张保留宗教。此外,他在探讨人的错误认识的根源时,离开了人的社会性,把一些错误都归结为人的认识能力的限制,这也是错误的。

培根探索理智的新路,是奠立在唯物主义自然观和唯物主义认识论的基础上的。他认为世界是物质的,物质世界是客观存在的。他把世界的本原归结为具有一定内部结构的分子。培根认为,由分子构成的物质世界是丰富多彩的，具有各种各样的性质。但是，其中重量、光、热和冷、密度、颜色等几种性质是属于最简单的性质，由这几种性质可以构成无限多样的性质，就好像由字母可以组成无限多的文字一样。培根承认物质性质的多样性，这与后来的机械唯物主义不一样，具有辩证法思想，这一点曾得到马克思的赞许。但他把多种多样的性质归结为几种简单性质的复合，这是形而上学的观点。

培根还进一步探讨了简单性质产生的原因。在培根看来，简单性质是由不同的形式决定的，"有了一定的形式，就必然跟着出现一定的性质"。所谓形式，这是培根从亚里士多德哲学中借用来的概念，但他赋予了不同的含义，他说的形式，是指物体内部的规律性。培根认为，形式是内部的，性质是外部的；形式是原因，性质是结果；形式是同一的，性质是多样的。他还指出，认识形式是科学的目的，一旦我们认识了产生性质的形式，就在思想上得到真理，在行动上得到自由。培根关于形式与性质的关系的探讨，无疑包含了深刻的辩证法思想，这是十分可贵的。但是，当他把这一学说运用到具体物体时，曾设想如果我们知道黄金的各种性质的形式，和诱导它们的方法，然后把这些形式加到任何一个物体上，都可以使那个物体变成黄金，这就显得荒谬可笑了，这表明培根还没有完全挣脱古代炼金术的影响。

培根认为物质世界是永恒运动的，运动是物体本身固有的属性，在物体内部就"有着运动的原则"。但是，运动的真正源泉是什么，他并不懂得。关于运动的形式，培根没有把它们仅归结为一种机械运动，而列举出十九种形式，例如"抵抗运动""同化运动""刺激运动"等等。值得我们重视的并不是这些运动的名称，而是它们包含了运动多样性的思想。但是，培根又把运动归结为19种，这与运动多样性的思想又相矛盾了。培根对运动的看法并没有从根本上超出机械唯物主义。

在认识论方面，培根坚持唯物主义的反映论，认为"知识就是存在的映象"，在人的正确的认识和客观对象之间存在着一致性，它们的差异不过如同实在的光线和反射的光线的差异一样。关于人的认识过程，培根指出，认识开始于感觉，"人们若非发狂，一切自然的知识都应当求之于感官"。理性认识是在感觉、经验的基础上获得的，只有感觉的材料愈丰富、愈精确，才愈能使人的认识较快地上升到理性。所以，他强调人们必须重视感性经验，"亲自到事实中去""深入到自然的内部深处""把概念和公理从事物中引申出来"，"这种劳苦，这种世界的旅行不是可以任何天才，任何思维，任何辩论所代替的"。但是，培根也知道感性经验具有一定的局限，人们凭感觉只能认识个别事物的表面性质，而不能把握其内部的普通形式。所以，他又主张人们在获得感性经验之后，必须对这些材料进行消化、整理，上升到理性，在感性和理性之间，建立"真正合法的婚姻"。在这一问题上，他既反对经院哲学家轻视感性，一味进行烦琐推理，胡乱臆造体系；同时，也反对狭隘的经验论者轻视理性，单凭狭隘的经验在黑暗之中摸索前进。他把前者比作不从外界吸收材料，只是从自己肚中抽出丝来结网的蜘蛛，把后者比作只会从外界收集东西而自己却不会消化的蚂蚁。他要人们抛弃这一切不正确的倾向，既不要学做蜘蛛，也不要学做蚂蚁，而要学做蜜蜂，从百花丛中采集材料，然后用自己的力量来改变和消化这些材料，酿成芬芳的甜蜜。

培根对认识的看法，比起古代朴素唯物主义是大大地前进了，就是与他同时代或稍后的那些或片面强调经验，或片面强调理性的近代哲学家相比，也都胜过他们。他力图在唯物主义反映论的基础上，把感性认识和理性认识统一起来。但是，培根的认识论是消极的直观的反映论。他不懂得实践是人的认识的基础，也不懂得在实践的基础上从感性认识过渡到理性认识是一个巨大的飞跃。他片面强调从感性上升到理性要循序渐进，要给人的理智挂上重的东西，使它不会跳跃和飞翔，他忽视普通公理在认识过程中的作用。培根的认识论具有经验主义的倾向。

在唯物主义自然观和认识论的基础上，培根提出了一条为人类理智开辟的新路——新归纳法，以帮助人们完成从感性上升到理性的认识任务。

培根的新归纳法，简单来说，就是在感性经验所提供的关于事物表面性质的认识的基础上，通过归纳、比较、分析、排斥等方法，上升到理性认识，从而把握事物的"形式"。培根是近代归纳逻辑的奠基人，他的新归纳法重视实验，强调要在充分感性材料的基础上上升到理性认识，这符合于人的认识过程，是正确的。但是，培根的归纳法是有缺陷的，它过多地强调归纳而忽视演绎，是一种机械的、形而上学的方法论。

总的来说，培根是17世纪一位杰出的唯物主义哲学家。

他在哲学史上第一个有力地批判了经院哲学，创立了近代唯物主义，为以后的唯物主义哲学和自然科学的发展开辟了道路。他的哲学不仅是唯物主义的，而且包含了许多辩证法思想。但是，归根结底，培根的唯物主义还属于机械唯物论的范畴，它的形而上学的局限性也是明显的。除此而外，它还具有较大的神学不彻底性。培根承认上帝是"万有之源"。在认识论中，他采用了"二重真理说"，认为认识有两个来源：一个来自自然的经验；一个来自上帝的启示，前者构成科学；后者构成神学。他主张这两种真理应当并存，科学和神学互不干涉。这种意见，在神学占统治的时代，尽管有为科学争地盘的进步意义，但这毕竟是一种不彻底的、妥协的表现。培根哲学的不彻底性，反映了英国新贵族和大资产阶级的软弱性、妥协性。

霍布斯的机械唯物主义

托马斯·霍布斯（1588—1679）出身于英国一个基督教牧师的家庭。从牛津大学毕业后，他曾任一贵族的家庭教师并随同主人到欧洲大陆旅游。还曾担任过培根的秘书，很受赏识。据说培根的许多哲学箴言，就是在他们一道散步时，由培根口述，霍布斯记录下来的。英国资产阶级革命爆发初期，霍布斯站在英王朝一边，随王室逃往法国，在那里他与英保皇党人交往，并做过查理二世的数学教师。随着英国资产阶级革命的胜利，他的政治立场转向资产阶级，1651年他的名著《利维坦》发表，引起英王室的巨大愤怒，宣布他为叛教者和叛徒，并勾结法国的警察要逮捕他。霍布斯被迫回到英国，此时正是克伦威尔专制统治时期，他的回来受到英政权的欢迎。斯图亚特王朝复辟后，他遭到复辟王朝和教会的迫害，他的著作被禁止出版。霍布斯的主要著作有《论公民》（1642）、《利维坦》（1651）、《论物体》（1655）等。

霍布斯生活在英国资产阶级革命高潮时期，当时阶级斗争非常激烈，各种政治力量进行着殊死的搏斗，在这种环境下，社会政治问题自然引起他的关注。霍布斯专门写了12本著作来论述他的社会政治学说，他是资产阶级著名的社会政治学家。

霍布斯坚决反对封建地主和教会所宣扬的"君权神授说"，主张要用人的眼光，而不是用神的眼光来考察国家政治，要从人的永恒的、普遍的本性中去寻求国家产生的根源。所谓人的永恒的、普遍的本性，霍布斯认为就是"自我保存"。霍布斯指出,在进入社会以前,人类曾经历过一个"自然状态",在这时,人按照其本性而生活,每个人都企图实施自己的自然权利,占有外界的一切事物,为达此目的,而不惜伤害别人。结果,造成了人与人之间连续不断的战争状态,"人对人像狼一样"。为了摆脱这种人人自危的不安全的状况,以后,人们相互之间商订了契约,同意各人同等地交出自己的权利,而转让给契约的掌握者——一个君主或一个议会,这样便产生了国家。霍布斯认为,国家最好的政治形式是君主制。他指出,在这种制度下,由于人民根据契约已把权利转让给君主,因此,君主的地位是至高无上的,臣民必须绝对服从君主的统治,不得进行反抗,如若反抗,君主有权进行残酷的镇压。但是,君主也必须保护臣民的利益,执行法律。

霍布斯关于国家的学说,是建立在唯心主义人性论的基础上的,因而从根本上说是错误的。这个国家学说,代表了当时英国大资产阶级和新贵族的利益。它反对"君权神授",这具有反封建的进步意义。但是,它又论证了君主专制的天然合理,反对革命,企图依靠君主来保护臣民的利益,则表现了英国大资产阶级的妥协性。当时,在英国资产阶级革命过程中出现了代表资产阶级利益的克伦威尔军事独裁统治,这正符合霍布斯理想的国家制度,因而他的国家学说,无疑为这种专制统治做了论证。

在哲学方面,霍布斯把培根的唯物主义系统化了,克服了它原有的神学不彻底性。恩格斯曾把霍布斯称作18世纪第一个近代唯物主义者。但是,霍布斯也丢掉了培根哲学中的一些辩证法思想,把唯物主义搞得更加片面,更加形而上学化了。

霍布斯认为哲学研究的唯一对象是物体。在他看来,"物体是不依赖于我们思想的东西",它不因"我们的任何企图而被创造或消灭,被增加或减少"。整个宇宙都是由物体所构成的,在宇宙中除了物体之外,再没有其他东西。而物体的最根本属性,是广延性,即一定的体积,一定的长、宽、高。根据这个属性,凡不具有广延性的东西,就不是物体,就是虚无、非存在。

霍布斯用他的唯物主义学说批判了宗教神学,指出它们所谓上帝、鬼神、精灵都是不存在的,因为它们不占有体积,不是物体。他谴责神学家的作品都是"荒谬和野蛮词句的堆砌",主张把这些"不可思议的神的学说"从哲学中排除出去。他用唯物主义的观点批判了笛卡尔的二元论，指出理性不过是人这一物体的一种能力，是依附于思想者而存在的，不能将思想与思想的物质分开，笛卡尔所谓独立的精神实体是他的虚构，是退回到经院哲学去了。在与唯心主义的斗争中，霍布斯坚持了世界统一于物质的唯物主义原理。但是，他的唯物主义也有不彻底的一面。他身为英国资产阶级和新贵族的代表，虽然在理论上否认上帝作为真实实体而存在，但在实践上还不肯抛弃宗教，他认为可以承认上帝是事物存在的最后原因的假设。他虽然反对宗教神学，但又认为宗教作为统治社会的一种工具，还有存在的必要。

霍布斯虽然坚持了物质世界的统一性，但却忽视了它的多样性。他把广延性看作物体唯一真实的属性，而把其他属性，例如颜色、滋味、声音等都看作不是物体本身所具有的，仅是物体运动刺激我们感官引起的结果。这种观点具有形而上学的因素，它后来发展成为洛克的两种性质的学说，下面我们将详细讨论。应该指出，在承认物质世界多样性的问题上，霍布斯不如培根。马克思说，在培根那里，"物质带着诗意的感性光辉对人的全身心发出微笑"，而到了霍布斯那里，物质就失去了这种光辉，成为无声无色、没有血肉的东西，唯物主义"变得敌视人了"。[①]

在对运动的看法上，霍布斯也比培根退步了。他没有像培根那样把运动看作物质所固有的普遍属性，而认为它只为某些物体某些时候所特有。另一些物体，或同一物体在另一些时候，可能并不具备运动，然而这并不妨碍它们成为物体。关于运动的原因，霍布斯认为并不存在于物体本身内部，而"是在它以外的某种东西之中"，因此，静止的物体除非加以外力，它永远静止；相反，运动的东西除非受到外力阻挡，它也不会静止下来。霍布斯把运动的形式仅仅归结为机械运动一种。他给运动下了一个定义："运动是不断地放弃一个位置，又取得另一个位置。"他企图用机械运动来解释一切自然、社会现象。他把人看作一架钟表，心脏是发条，神经是游丝，关节是齿轮。把国家也看作一架机器，说法律好比机械的锁链，一端系在统治者之唇，一端系在臣民之耳。霍布斯对运动的看法，是典型的机械唯物论的观点。

[①] 《马克思恩格斯全集》第2卷，第164页。

洛克的机械唯物主义

约翰·洛克（1632—1704）是英国资产阶级革命妥协时期的唯物主义哲学家。他出身于一个律师家庭，早年曾在牛津大学学习，毕业后留校任教。他对自然科学、哲学、医学有广泛的兴趣，因而与著名的科学家波义耳、牛顿都有交往。他曾被选为英国皇家学会会员。在政治上，洛克与代表大资产阶级利益的辉格党有密切的联系，他担任过辉格党领袖的顾问、医生和家庭教师，曾随同这位领袖一起逃往荷兰，还参与了和荷兰总督即后来的英国国王威廉·奥伦治的谈判。在英国资产阶级和封建贵族实现妥协，建立起君主立宪的政府后，他在政府中担任过贸易、殖民大臣等重要职务。洛克的主要著作有《人类理智论》（1690）、《政府论》（1690）等。

洛克是著名的资产阶级政治学家，是资产阶级国家学说和社会学说的奠基人之一。他根据资产阶级人性论和自然法理论，指出"自由""私有财产"是人的不可转让的自然权利，国家是通过人们相互之间的契约而产生的，国家的目的是保护人的自然权利，从而批驳了反动的"君权神授"论。他鼓吹君主立宪是最好的国家形式，主张国家必须实行"三权分立"，立法权属议会，行政权、联邦权（即外交事务权）属君主。洛克认为，当国家和君主侵犯了人民的自然权利时，人民有权起来推翻它，相反，如果人民有了一个制度公正的国家，就应该服从它，这时再企图推翻国家，就成了有滔天罪行的元凶，理应受到镇压。洛克的政治学说，代表了当时英国资产阶级的利益，既具有革命性的一面，又具有妥协性的一面。他的学说，为当时资产阶级推翻斯图亚特复辟王朝，与封建贵族妥协，建立君主立宪政府，进行了论证。

洛克在哲学上的最大贡献是，进一步系统地论证了由培根所开创的唯物主义经验论，使它更加完善。洛克哲学的主要倾向是唯物主义的，但是，由于它的形而上学性，片面夸大经验的作用，轻视理性，结果在许多问题上都对唯心主义做了让步。与政治上具有妥协性一样，动摇、妥协也成了洛克哲学的特点。

在洛克从事哲学活动的时代，在关于知识的起源问题上盛行着一种天赋观念学说。这种学说先是在欧洲大陆流行，其著名代表是法国二元论哲学家、唯心主义唯理论者笛卡尔，以后又传到英国，形成一股很大的思潮。天赋观念学说认为，人的知识最初来源于上帝所赋予的、从而也是天生的观念，而一切知识都由它们推导而出。例如，数学中的一些公理，人的道德规范，均属这种天赋观念。为什么说这些观念是天赋的？主张天赋观念学说的人提出的理由是，这些观念是人们普遍承认的，同时也是人们一生下来就天然具有的。

洛克与天赋观念学说进行了斗争。他坚决否认天赋观念的存在，批驳其所谓论据。他指出，主张天赋观念学说的人所列举的那些"天赋观念"，既不是人们普遍承认，也不是人们一生下来就具有的。例如，数学中的一些公理，就不是所有的人都理解的，婴儿和白痴就不懂得这些公理。婴儿生下来后，先认识的是个别事物，长大之后，经过长期的经验积累，才逐渐认识这些公理。针对天赋观念学说，洛克提倡著名的"白板论"。他认为人的心灵最初像"一块白板"或"一张白纸"，"上面没有任何记号，没有任何观念"，人的所有知识，都是"从经验中得来"的。

洛克对天赋观念学说的批判，有力地打击了宗教唯心主义和当时英国维护这种学说的封建势力，保卫和发展了唯物主义的经验主义认识论。这是洛克对唯物主义哲学的一大贡献。但是，他对天赋观念学说的批判并不是彻底的，这在他对认识起源于经验做进一步解释时，就暴露了出来。

洛克把作为认识起源的经验分为两种：外部经验和内部经验。所谓外部经验，指的是感觉，它的认识对象是客观世界的物体。洛克的这种看法是唯物主义的。所谓内部经验，洛克又把它称为反省，它的认识对象是人的心灵的活动（例如思维、情感、意志等）。洛克认为，反省是与感觉并列的人的认识的另一源泉，它是独立的，与外物毫无关系。我们知道，人的一切认识，归根结底都来源于物质世界，所谓与外物毫无关系的认识是根本不存在的，洛克对内部经验的看法背离了唯物主义立场，倒向了唯心主义。

洛克在进一步分析感觉与外物的关系时，提出了两种性质的学说。洛克认为，物体具有第一和第二两种不同的性质，它们和由它们所产生的感觉，具有不同的关系。所谓第一性质，是指物体的广延、形状、运动、数目等性质，洛克认为，这些性质真实地存在于物体之中，人们对"第一性质"所产生的感觉，是它们的真实反映，因此，"第一性质"与"第一性质"的感觉是完全相似、完全一致的。

洛克认为第二性质与第一性质不同，它不是某种东西，而是指物体内部所固有的产生颜色、声音、气味等感觉的能力，这些能力是在第一性质的基础上，即由于构成物体的基本微粒的形状、大小、运动以及排列组合的不同而产生的，它们依赖于物体的第一性质，随着第一性质的变化而变化。洛克认为，第二性质，即这些能力，与它们所产生的颜色、声音、气味等感觉完全不相似。在他看来，在物体中并不存在颜色、声音、气味，这些都是人的感觉，是依赖于人的感官而存在的。但是，他又指出，这些感觉的产生离不开物体第二性质的作用，它们与第二性质之间存在着相互"契合""对应"的关系。

对于洛克所谓第一性质，比较容易理解，历来大多数哲学家都把它看作唯物主义的学说，这是毫无疑义的。只是洛克过分强调第一性质与第一性质观念之间的完全一致，表现了他的形而上学思想。对于第二性质，长期以来很多哲学家，包括1949年后我国的哲学史工作者，都把它当作唯心主义学说，但是近些年来有分歧意见。应当说，对洛克的第二性质学说，不能简单地说它是唯心主义的。因为它明确指出，第二性质是物体所客观地具有的各种能力，它们是人对颜色、声音、气味等感觉产生的基础，它们与这些感觉之间存在着互相"契合""对应"的关系。

当然，洛克的第二性质学说也包含着一些错误。洛克把第二性质看作依赖于第一性质，认为物体产生颜色、声音、气味等感觉的能力，完全是由于构成物体的基本微粒的形状、大小、运动以及排列组合等量的方面的差异而形成的，这是一种机械论的自然观。这种自然观有其正确的一面，它看到了物体的质的差异是建筑在量的差异的基础上的，量变可以引起质变。但是，它忽视了这里所说的量，应当是具有一定质的量，而把它们看作纯粹的量，把物体的质的差异完全归结为量的差异，这就不正确了。另外，洛克在论述物体的第二性质时，不能始终如一明确地表达其唯物主义观点，有时表现得含混不清。例如，关于颜色、声音、气味等感觉，他有时把它们的产生说成主要依赖于人的感觉器官的状态，而与物体的第二性质没有多大关系。洛克第二性质学说的这些缺点，为后来贝克莱歪曲、利用这一学说，提供了方便之门。

在洛克看来，不论是外部经验还是内部经验所产生的观念，都是不能再分的简单观念，简单观念是人的认识的基础，有了简单观念，理智便可利用它们作为材料,积极地开展活动了。理智的活动,就是对这些简单观念进行比较、结合,从而构成复杂观念。例如,当我们从个别的铅块中,经过比较,抽取出它们所共有的一些简单观念,如白色、可熔、可延展、一定的密度等,然后再把这些简单观念加在一起,就形成了"铅"这个复杂的实体概念。洛克认为,这样形成的复杂概念,并不反映事物的本质,因为世界上所存在的只有个别事物,而没有一般,一般概念最多只能当作区别某类事物的符号来使用。洛克不懂得理性认识是对事物本质更深刻、更全面的反映,否认了理性认识的客观基础,这种看法是错误的。洛克的这一错误后来也被贝克莱所利用,以此来否认物质实体的客观存在。洛克的事例,又一次告诉我们,片面夸大经验,否认理性认识,是不能彻底坚持唯物主义反映论的。

总之,洛克的哲学基本上是唯物主义的,但是也包含了一些唯心主义因素,因此,在他以后的唯物主义和唯心主义哲学家都可以从他那里吸取自己所需要的东西,建立哲学体系。列宁指出:"贝克莱和狄德罗都渊源于洛克。"[①]

斯宾诺莎的机械唯物主义

别涅狄克特·斯宾诺莎(1632—1677)是 17 世纪荷兰著名的唯物主义哲学家。他出生于阿姆斯特丹,父亲是个犹太商人。年轻时,家庭送他到培养犹太教僧侣的学校去读书,但在那里,他却对布鲁诺、培根、霍布斯、笛卡尔等人的著作产生了兴趣。由于他一再发表亵渎犹太教的言论,因而被革除教籍,并多次受到迫害。但是他毫不屈服,在十分艰苦的条件下继续研究、宣传唯物主义哲学,最后在贫病中死去。斯宾诺莎的主要著作有《神学政治论》(1670)、《知性改进论》(1677)、《伦理学》(1677)等。因他遭受迫害,这些著作大多是匿名或死后才出版。

在政治上,斯宾诺莎坚决反对封建专制制度,拥护资产阶级民主制度。他竭力鼓吹个人自由是人的不可剥夺的天赋权利,而与个人自由最相合的政体是民主制政府。他认为国家的主要任务,就是保障人们的自由和财产等权利不受侵犯,但从人民来说,也必须接受法律的约束,服从政

[①] 列宁:《唯物主义与经验批判主义》,人民出版社 1960 年版,第 117 页。

府。斯宾诺莎不仅有政治主张，而且参与了当时荷兰资产阶级反对专制、争取民主的斗争，他与荷兰资产阶级民主派的领袖维特兄弟有着深厚的友谊。

与培根、霍布斯、洛克等唯物主义经验论的哲学家不同，斯宾诺莎是一个唯物主义唯理论的哲学家。中世纪经院哲学拼命否认经验，压制理性，所以，一旦资产阶级的哲学兴起之后，便针锋相对地竭力宣扬重视经验、崇尚理性。与经验一样，理性也成了资产阶级反对经院哲学的一面旗帜。近代最早的唯理论哲学家是法国的笛卡尔（1596—1650）。他提出要以理性为衡量一切的标准，与经院哲学把信仰当作最高的权威相对抗。他用理性为工具，建立了他的二元论的哲学体系，这个哲学尽管在论述自然时（即《物理学》部分）表现了机械唯物论的倾向，但从总体上看，它是属于唯心主义的，它把超出于物质和精神这两个并立实体之上的上帝看作最高的主宰。在认识论方面，笛卡尔宣扬唯心主义的天赋观念学说。笛卡尔的唯心主义唯理论，表现了法国资产阶级既要与封建贵族进行斗争，但又具有较大的软弱性。斯宾诺莎是从笛卡尔出发来建立其哲学体系的，一方面他继承了笛卡尔的唯理主义，竭力提倡理性，把理性当作衡量一切的标准和创立哲学的工具；另一方面他又在许多方面克服了笛卡尔哲学的唯心主义。

斯宾诺莎坚决反对上帝创世说，反对神学目的论，同时也反对笛卡尔的二元论，坚持从物质世界本身来说明世界，建立了唯物主义一元论的哲学体系。

关于实体的理论，是斯宾诺莎唯物主义世界观的基石。斯宾诺莎所谓实体，就是整个客观自然界。他认为自然界实体是"唯一的""无限的"，它不依赖任何外部力量而独立地存在着，它是其自身存在的原因。他坚决否认超自然的神的存在，否认物质之外的精神实体的存在。斯宾诺莎把自然界中的个别事物称作"样式"，他认为"样式"的种类是无限多的，实体是无限"样式"产生的原因，而样式之间又存在着一定的因果联系，遵循着必然的规律，世界上的万事万物都是根据因果律而产生的。斯宾诺莎的这一观点，从根本上否认了世界是出于神的安排的神学目的论，他谴责神学目的论是"人心的虚构"，所谓"神的意旨"，是人们"无知的避难所"。斯宾诺莎坚持了唯物主义一元论，恩格斯赞扬这是"当时哲学的最高荣誉"。

斯宾诺莎在"属性"的理论中,探讨了物质与思维的关系。斯宾诺莎认为"实体"的属性,即它的本质特性,理应是无限多的,但为人们所能认识的只有两种——广延性（即占有一定的空间）与思维。他强调,广延性与思维只是同一实体的两个属性,它们统一于实体之中,各从不同的方面来表现同一个实体,而不是像笛卡尔所说的,是两个独立的实体。他提出这一观点的目的,是想克服笛卡尔的二元论,但是,他并没有完全做到这点。在斯宾诺莎看来,思维与广延性虽同一于实体之中,但它们彼此是相互平行、互不相干的,广延性不能产生思维,思维也不能反作用于广延性,它们只能在各自的系列里构成因果联系。斯宾诺莎的这一观点在哲学史上被称作"心物平行论",它说明斯宾诺莎还没有完全摆脱笛卡尔的二元论。

斯宾诺莎的自然观中包含了不少光辉的辩证法思想。例如,他认为事物都处于因果联系之中,由此就构成了整个自然界存在的"自因",恩格斯说这一观点"把相互作用明显地表现出来了"。[①] 又如,他关于肯定就是否定的思想,也得到恩格斯的赞许。恩格斯称斯宾诺莎是西欧近代哲学中辩证法的光辉代表之一。但是,整个来说,斯宾诺莎的自然观并没有超出机械唯物论的范围。这特别明显地表现在他对运动的看法上。他承认个别事物不断地运动,但是整个自然界,在他看来却是不变不动的。他不懂得整个自然界的运动变化与个别事物的运动变化是一致的,它的变化就体现在个别事物的运动变化之中。

斯宾诺莎哲学的局限性还表现在他的唯物主义披上了"神学"的外衣。斯宾诺莎没有否定上帝的存在,而把上帝与自然等同起来,在歌颂上帝的外衣下歌颂自然。他对上帝的看法与宗教唯心主义是有根本区别的,它实质上是一种唯物主义,但毕竟还套上神学的外衣,这也是斯宾诺莎唯物主义不彻底性的又一表现。

16世纪末至17世纪是欧洲资产阶级革命的早期阶段,这时资产阶级革命还刚刚兴起,资产阶级力量还不够强大,政治斗争经验也不够成熟。这个时期的机械唯物主义也处于早期阶段,也不够成熟。早期机械唯物主

[①] 《马克思恩格斯选集》第3卷,第552页。

义除了具有机械唯物主义的一般特征外,它与以后的机械唯物主义相比,具有更多不足之处,从而形成这个时期机械唯物主义的如下特点。

(一)唯物主义不彻底。这个时期的机械唯物主义虽然对宗教唯心主义做了一些批判,但是,都不敢公开提出无神论的口号,坚决否认上帝的存在。相反,却企图在宗教和哲学之间建立妥协。

(二)辩证法思想很少。整个来说,机械唯物主义与辩证法是对立的,但是,由于自然界和社会本身是按辩证规律发展的,这就使得尊重事实的机械唯物主义哲学家在其哲学体系中多少存在着一些辩证法思想。这在18世纪法国唯物主义那里是很明显的。与18世纪的唯物主义相比,16世纪末至17世纪的机械唯物主义所包含的辩证法思想要少。除个别的杰出代表(如培根)外,大多数机械唯物主义哲学家都没有能正确阐明物质统一性与多样性的关系,都没有把物质与运动统一起来。

(三)在认识论方面,这个时期的大多数机械唯物主义哲学家都没有把感性认识与理性认识统一起来,有的人片面夸大感性,陷入经验主义;有的人片面夸大理性,陷入唯理主义。

16世纪末至17世纪机械唯物主义的这些缺点,在18世纪唯物主义那里,一定程度地得到了克服。

第三节 18世纪法国的机械唯物主义

18世纪,欧洲机械唯物主义的中心转移到了法国。这种状况,首先是由于18世纪法国的阶级斗争十分尖锐激烈,法国成为资产阶级革命的中心而决定的。

在17世纪,法国还是一个落后的农业国,资本主义经济力量非常微弱,但到了18世纪,法国的资本主义经济有了相当的发展。在城市,手工业工场大量涌现;在农村,兴建起了许多以雇佣劳动为基础的大农场;海外贸易也不断扩大。随着资本主义经济的发展,封建主义的生产关系愈益成为束缚生产力发展的桎梏,封建贵族和资产阶级以及广大劳动人民的矛盾也愈益尖锐。

在资产阶级革命爆发前,法国社会封建等级制度非常森严。全国居民按其社会地位分为三个等级:第一、第二等级是高级僧侣和贵族,他们是法国的统治阶级。他们霸占着全国绝大部分的土地和财产，享有无数的特权，掌握着国家机器，采用了各种残酷和狡猾的手段对第三等级的农民、手工业者和资产阶级进行野蛮、血腥的统治。在第三等级中，受害最深的是农民和手工业者。他们不仅遭到封建贵族和教会的压迫，也深受资产阶级的剥削，他们经济破产，饥寒交迫，流离失所，生活极其贫困。他们不断地用暴动来反抗封建贵族的反动统治，成为反封建斗争的主力军。法国的资产阶级当时在经济上力量已很雄厚，但在政治上仍处于无权的地位，封建专制制度严重地阻碍资本主义的发展，他们与封建贵族有着不可调和的矛盾。

18 世纪法国第一、第二等级和第三等级的尖锐矛盾，终于导致震撼世界的法国资产阶级大革命的爆发，推翻了封建贵族和教会的反动统治。当时，代表正在形成和发展中的新的生产关系的是资产阶级，在反封建斗争中担任领导的是资产阶级。法国资产阶级由于遭受的封建压迫较重，迫切要求改变政治上无权的地位。加上法国广大劳动人民的推动，法国的资产阶级与英国的资产阶级相比，具有较彻底的革命性。他们英勇地领导着法国人民，与封建贵族和教会进行了坚决的斗争。法国资产阶级革命是一次比较彻底的资产阶级革命。

在资产阶级革命爆发前，法国资产阶级为革命做了大量的舆论准备工作。他们没有把宗教作为意识形态的外衣，而是"完全抛开了宗教外衣，并在毫不掩饰的政治战线上作战"[①]，掀起了一场巨大的反封建的思想启蒙运动，对残暴的封建制度和为封建制度做论证的天主教神学，发起了猛烈的进攻。从哲学方面看，在这场思想运动中，资产阶级最初利用自然神论，反对宗教神学。自然神论认为：上帝是超越于自然界之外的造物主，当它创造了世界并把规律和运动给予了自然界之后，就不再干涉世界的事情，世界就按照固有的规律而运动了。因此在自然神论看来，世界是独立自存的，自然的规律及其运动是不以任何意志为转移的，任何违反自然规律的宗教神学的"奇迹"是不存在的。因而自然神论就成了早期资产阶级摆脱传统宗教神学的一种手段。马克思说："自然神论——至少对唯物主

---

① 《马克思恩格斯选集》第 3 卷，第 395 页。

义者来说——不过是摆脱宗教的一种简便易行的方法罢了。"①

后来,随着资产阶级的政治、经济力量的壮大和思想斗争的深入,18世纪的法国资产阶级哲学家们就开始抛弃自然神论,高举起唯物主义和战斗无神论的旗帜了。

18世纪法国唯物主义,来源于17世纪英国的唯物主义经验论和笛卡尔物理学中的唯物主义学说,它是机械唯物主义发展的更高阶段。由于当时的法国唯物主义者以他们所编纂的《百科全书》作为宣传阵地,所以在哲学史上又被称为"百科全书派"。他们的著名代表有拉美特利、爱尔维修、狄德罗、霍尔巴赫等。这几位唯物主义哲学家的基本哲学观点是一致的,但又各具特色。拉美特利以他的机械论自然观著称于世;爱尔维修着重论述了政治伦理学问题;狄德罗是法国唯物主义中最杰出的代表,他全面地发展了机械唯物论,具有较丰富的辩证法思想;霍尔巴赫的哲学著作中闪耀着战斗无神论的光辉。下面我们对这四位哲学家的特点做一些介绍。

拉美特利的机械唯物主义

茹利安·奥弗雷·拉美特利(1709—1751)出身于法国西北部圣·马洛城的一个富商家庭。早年学习神学,1733年到荷兰跟随著名的医学家波尔·哈维学习医学,他从哈维那里不仅学到了高明的医术,还接受了唯物主义和无神论的思想影响。回国后,担任过军医。1745年,他在海牙发表了他的第一篇名著《心灵的自然史》,系统地论述了自己的唯物主义和无神论思想。此书发表后,引起统治者的恐惧和愤怒,被下令焚毁,拉美特利被撤除军医职务,被迫逃往荷兰。1747年,他在荷兰又匿名发表了其代表作《人是机器》,进一步宣扬他的唯物主义思想,因而再次遭到迫害,逃往德国。在德国,他继续战斗,先后发表了《人是植物》(1748)、《伊壁鸠鲁的体系》(1750)等著作。

拉美特利的哲学思想来源于笛卡尔物理学中的唯物主义和英国的唯物主义经验论。马克思指出:"拉美特利的著作是笛卡尔唯物主义和英国唯物主义的结合。拉美特利利用了笛卡尔的物理学,甚至利用了它的每一个

---

① 《马克思恩格斯全集》第2卷,第165页。

细节。他的《人是机器》一书是模仿笛卡尔的动物是机器写成的。"[①]

拉美特利鲜明地提出在对人的研究上存在两种对立的学说：唯物论与唯灵论，而他是坚定地站在唯物主义一边的。他公然宣称："唯物主义是唯一的真理。"他抛弃了笛卡尔的唯心主义二元论，坚持唯物主义一元论，肯定"在整个宇宙里，只存在着一个实体，只是它的形式有各种变化"，这个唯一的实体就是物质。他非常赞赏笛卡尔关于"动物是机器"的论断，但认为笛卡尔由于二元论，没有能把这一原则贯彻到底去研究人，这是一个重大的缺陷，他决心来完成这一工作。他认为人与动物、与其他生物没有什么区别，"人并不是用什么更贵重的料子捏出来的，自然只用了一种同样的面粉团子，它只是以不同的方式变化了这面粉团子的酵料而已"。所以，人与其他物体一样，也必须服从机械运动规律。人的肢体运动、感官反射、血液循环、肺部呼吸、心脏跳动，无一不是按照机械运动的规律进行的。在他眼里，肺就像一架不断操作的鼓风机，心脏就像一部具有强大伸缩力的机器。他指出，不仅像笛卡尔所说的那样，动物是机器，人也是机器，不过这架机器构造得特别精巧，比动物那架机器，"多几个齿轮""多几条弹簧"而已。

为了驳斥笛卡尔的二元论和其他唯心主义，拉美特利特别利用机械唯物论的原则解释了人的意识。他认为，不存在什么独立的精神实体，意识不过是"有机物质的一种特性"，人的意识是由人的大脑产生的，人的大脑与动物的大脑没有多少差别，只是比它们大，表面的皱纹也最曲折。他还指出，人脑产生意识也要服从机械运动规律，"正像我们的腿有用来走路的肌肉一样，我们的脑子也有它的用来思想的肌肉"，如果我们改变人的身体的机械运动，就会使意识发生变化。

拉美特利坚持唯物主义的一元论，坚持世界统一于物质，特别是把意识看作有机物质的一种属性，这些观点都是正确的，对唯物主义的发展做了积极的贡献。但是，他把人和人的意识都归结为机械运动，这是错误的。正如恩格斯所指出的：一切运动都包含有物质的较大或较小部分的机械运动。但是，这个机械运动并没有把一般的运动包括无遗。运动不仅是位置移动，在比力学更高的领域中，运动也是质变。拉美特利的错误，就

[①] 《马克思恩格斯全集》第 2 卷，第 166 页。

在于他抹杀了这些运动形式之间的质的区别，把高级的运动形式归结为低级的运动形式。

尽管拉美特利是一个典型的机械唯物主义者，但在他的哲学里也包含了一些辩证的思想。他承认运动是物质的属性，明确表示"物质是自行运动的"。他还提出类似进化论的思想，认为有机界来自无机界，动物来自植物，人来自动物。这些辩证法思想也是拉美特利高于17世纪机械唯物主义的一个方面。

爱尔维修的机械唯物主义

克劳德·阿德里安·爱尔维修（1715—1771）出身于法国一个宫廷医生的家庭。早年在学校学习期间，他接受了洛克唯物主义哲学的影响。他曾担任过总包税官的职务，这一工作使他有机会目睹了法国上层统治阶级的腐败，和下层人民生活的疾苦，促使他走上反封建斗争的道路。后来，他辞去了这一职务，专门从事著述，与伏尔泰、狄德罗、霍尔巴赫等进步思想家均有密切联系。1758年，他发表了《论精神》一书，阐述自己的唯物主义和无神论思想，论证资产阶级的民主。他因此得罪了反动的封建势力而遭受迫害，该书也被焚毁。晚年，他又写了《论人及其智力和教育》一书，但生前未能发表，在他死后两年才出版。

爱尔维修继承和发展了洛克的唯物主义经验论，克服了洛克的唯物主义不彻底性。洛克曾认为认识的来源除了外部的感性经验以外，还有所谓"内省经验"。爱尔维修则认为"人的一切精神能力都可归结为感觉"。这个论断的意思是，感觉是认识的唯一源泉，并且，人的一切认识活动都可看作对各种感觉的比较，和对它们的关系所做出的判断。爱尔维修说，"精神的一切活动可归结为判断"，但是，"判断只不过是感觉"。爱尔维修坚持认识来源于感觉，这一点是正确的，但他把一切认识活动都归结为感觉，显然是片面的。

爱尔维修在哲学上的突出贡献是，他把洛克的唯物主义经验论应用去研究社会伦理问题，成为18世纪法国唯物主义社会伦理观的典型代表。

爱尔维修的片面的感觉主义是和他的利己主义密切联系着的。爱尔维修在研究社会伦理问题时，从人的一切精神活动都可归结为感觉这一原则出发，把人的感受性作为道德的基础，指出人天生地具有追求快乐、逃避痛苦的感情。这种感情是"自爱的感情",在这种感情的支配下,人总是爱自己,自私,这是人的本性,它是"人人所共有的",是人的一切行动的动力。爱尔维修的这一观点是典型的利己主义。但是,由于这个时期的资产阶级还处在上升阶段,它还打着维护全体人民利益的旗号,所以爱尔维修与后来的资产阶级功利主义不同,他除了讲"利己"一面之外,还讲"利人"。他指出,必须把个人利益和社会利益结合起来,这种结合是道德和立法的基础,实现了这种结合的人是最"有德性的人"。应当看到,爱尔维修这里所说的"为公共利益"不过是一句虚伪的话,因为,他把利己看作人的本性,是绝对不能损害的,利人归根结底还是为了利己。对这一点,他并不隐晦,他说:"对于别人的爱,在人身上只不过是爱自己的结果。"爱尔维修宣扬自私是人的本性,是社会发展的动力,这是错误的资产阶级人性论。但是,这种观点对于反对基督教所宣扬的禁欲主义,还是有进步意义的。

爱尔维修还根据感觉的原则,提出社会环境决定论。爱尔维修认为,人在出生之初都是平等的,此时人人都一样地毫无观念、毫无感情。人的思想感情、道德,以及它们之间的差异都是由后天的环境造成的,"人是环境的产物"。爱尔维修所说的环境,包括的范围很广,但主要是指政治制度和法律。他提出,民族的兴衰和道德的善恶,是由它们所处的国家的政治制度与法律的好坏所决定的,"法律造成一切"。我们知道,法律、政治制度都属于上层建筑,是被一定的经济基础所决定的,它们对人们的思想、感情、道德虽能产生一定的影响,但不起决定的作用,起决定作用的应该是经济基础。爱尔维修提出的"人是环境的产物"的命题,包括了一定的唯物主义思想,但它不是历史唯物主义的观点。

由于爱尔维修对环境做了错误的解释,因而他就进一步得出其他错误的结论。在爱尔维修看来,政治、法律都是人所制定的,所以,它们的好坏取决于人的理性,取决于少数的天才人物。这样,爱尔维修的环境决定论最终导致了历史唯心主义。但是,它在当时的历史条件下还是起了进步作用的。因为,根据这一学说,人们必然会推论,当时人们的道德之所以败坏,这要归罪于当时腐败的法国政治制度,而要改善人们的道德,也只有改变环境,把这个腐朽的制度推翻,建立一个新的制度。这种理论显然是在为资产阶级夺取政权制造舆论。这一理论后来直接影响了19世纪的空想社会主义者的思想。

狄德罗的机械唯物主义

德尼·狄德罗（1713—1784）是18世纪法国唯物主义的杰出代表。他出身于郎克里一个手工业者的家庭。曾在天主教专科学校读书。他早期是个自然神论者，其观点反映在1746年发表的《哲学思想录》中，该书出版后被巴黎议会下令焚毁。以后，他从自然神论转向唯物主义和无神论，并于1749年发表了《供明眼人参考而谈盲人的信》。他因此书而遭到迫害，曾被捕下狱。出狱后，他丝毫没有屈服，立即投入领导编辑《科学、艺术和工艺百科全书》的工作。这是一部包罗万象、卷帙浩繁的巨著，参加编写这部著作的有各个方面的学者、思想家，而狄德罗是领导者和主要撰稿人。在反动势力的残酷迫害下，狄德罗始终不渝地坚持战斗，经过二十多年的艰苦努力，终于完成了这部巨著。狄德罗通过编写这部巨著，不仅把唯物主义推广到各个学科和领域，而且在他周围团结了一批先进的思想家，他们被人们称为"百科全书派"。狄德罗除了编纂《科学、艺术和工艺百科全书》外，还写了《对自然的解释》（1769）、《拉摩的侄儿》（1726）、《达兰贝和狄德罗的谈话》（1769）、《关于物质和运动的哲学原理》（1770）等哲学著作。狄德罗的巨大功绩和战斗精神彪炳于史册，恩格斯称他是为了对真理和正义的热诚，而献出了整个生命的人。

狄德罗是一名反封建的政治战士。他与许多启蒙思想家一样，利用"自然权利""社会契约"等理论，论证了自由、平等是人的天赋权利，愤怒地批判封建制度是不合理的、违反自然、违反人性的制度。他指出，一个政权如果践踏了人民的自由和民主权利，人民就有权起来推翻这一政权，并通过订立契约建立新的政权。这显然是在为未来的资产阶级革命制造舆论。但是，狄德罗也有其软弱的一面，他想通过开明君主来实现自己的理想。

狄德罗是继培根之后，对机械唯物主义的发展做出了多方面贡献的哲学家。他坚持世界的物质性，明确指出："在宇宙中，在人身上，只有一个实体"，这个唯一的实体就是物质。他站在无神论的立场上，坚决否认物质世界之外的上帝的存在，他说："上帝是没有的，上帝创造世界是一种妄想。"17世纪的唯物主义往往否认物质世界的多样性，把物质看作由

第二章 近代的机械唯物主义

不具性质、只有量的差异的微粒组成的,而狄德罗对物质的理解与他们不一样。他认为,物质世界是多种多样的,把物质世界的一切东西都看成由一种同质的物质产生出来,这就和用同一种颜色来表现一切东西一样不可能。在他看来,物质世界应当是由不同质的元素构成的,由不同质的元素构成物质世界的多样性。狄德罗对物质的看法,比17世纪唯物主义有了进步。

狄德罗坚持物质世界是不断运动变化的。他指出,"一切都在变,一切都在过渡,只有全体是不变的。世界生灭不已,每一刹那都在生都在灭,从来没有过例外,永远也不会有例外"。静止,只是一种相对的现象,不存在绝对的静止。他认为那种否认运动,以为"天下无新事"的看法是错误的。狄德罗还指出,在这生灭变化不已的世界中,一切事物之间没有固定的界限,无机物可以向有机物转化,无感受性的物质可以向有感受性的物质转化。他已有了进化论思想的萌芽。为什么物质会运动,狄德罗认为运动变化是物质固有的属性,物质从其本身来说,就是"充满着活动和力的"。当然,他没有认识到事物内部固有的矛盾是事物运动的源泉,在他看来,是物体内部某种力的作用,使物体产生了运动。

狄德罗认为意识是物质的属性,是高级物质的人的大脑的产物。他把人的大脑和神经的关系比作蜘蛛和蛛网的关系,神经好似蛛网,大脑好似处于蛛网中心的蜘蛛,正像蛛网一旦被外界事物接触,处于中心的蜘蛛就要引起反应一样,人的神经一接触外界事物,大脑就要反应,产生意识。狄德罗的比喻虽然简单,但在一定程度上正确说明了大脑、神经和外界事物的关系。狄德罗还把意识的产生看作物质长期发展的结果。他认为,物质按其本性来说,即具有一种"迟钝的感受性",但由于在平时这种感受性太小,所以它表现出来还是一种完全没有感觉的东西。但是,如果具备了一定的条件,这种"迟钝的感受性"可以向"活跃的感受性"过渡,发展出明显的感受能力。他以鸡蛋在一定的温度下可以孵出小鸡的事实,证明这种转化是可以实现的。狄德罗由于受当时科学条件的限制,不能详细论述物体的无感受性如何发展为生物的感受性,以后又如何发展为人的意识,但是,他能看到感受性是由无感受性的物体演变而来,进一步论证了意识是物质的属性,这对于粉碎唯心主义把意识看作独立的精神实体的谬论,是有进步意义的。

在认识论方面，狄德罗进一步发展了 17 世纪唯物主义的经验论。他认为，人的认识只来源于感觉，而感觉是外物作用于人的感官而产生的。它是对外物的反映。没有外物作用，感觉是不会自生的。在这个问题上，他批判了贝克莱的主观唯心主义和休谟的不可知论。

贝克莱（1684—1753）和休谟（1711—1776）是代表英国取得政权后开始走向反动的资产阶级利益的哲学家。贝克莱利用洛克唯物主义的不彻底性，提出了一种主观唯心主义的哲学。他说，不仅洛克所认为的物体的色、香、味、声等第二性质不是物体自身所固有，而且体积、形状、重量等第一性质也不是它们所固有的。因而物体根本不存在于人们的感觉之外，它们不过是自我的感觉的复合物，如苹果是红、圆、香、甜等等感觉的复合物而已，从而得出了"物是感觉的复合物""存在就是被感知"的主观经验论结论。这样，他就从根本上否认了自我感觉之外的一切人和物的客观存在，陷入了唯我论，成了一个"没有脑袋的哲学家"。后来，休谟修改了贝克莱的这种观点，建立了一种不可知论的哲学。他说，感觉是认识的唯一来源和基础，因此，人的认识只能局限在感性经验的范围内，它无法知道感觉以外的事情。因而我们只知道物是感觉的复合，而根本无法知道感觉之外是否有物的存在，如苹果是香圆甜红等感觉的复合，根本无法知道在香圆甜红等感觉之外是否有客观的苹果存在。不言而喻，休谟的不可知论是贝克莱的主观经验论的变种，因为只承认自我的感觉，怀疑在自我的感觉之外另有山河大地和亲朋好友的存在，这是同样荒谬可笑的。贝克莱和休谟的哲学，在当时是法国唯物主义的主要敌人。

狄德罗猛烈地抨击了贝克莱等人的主观唯心主义。他说：感觉是外物的反映。没有外物的作用，感觉不能自行产生，这就好像一架钢琴，只有人按了琴键，它才会发出声音一样。他并讥讽贝克莱的主观唯心主义观点，就好像一架发了疯的钢琴，以为自己是世界上唯一的钢琴，宇宙的全部和谐都发生在它身上。他谴责这种胡说只有瞎子才会创造出来。

狄德罗虽然高度重视感觉，但是，他并不把感觉看作唯一正确的认识。他总结了当时自然科学的研究方法，提出人认识世界要依靠三种方法。第一种方法，是运用人的感官对自然进行观察，收集资料。这一步是很重要的，因为没有观察来收集大量资料，抽象的推理就无法进行。第二种方法，是进行思考，把已经收集到的事实进一步加工和综合，从而形成抽象的概念。这一步认识，也是很重要的。人如果拒绝思考，满足于观察、收集材料，那么，他永远只能在黑暗中摸索前进。第三种方法，是通过实验对理性所做的结论进行检验。狄德罗把这三种认识方法归结为一条认识公式："一切都归结到从感觉回到思考，又从思考回到感觉；不停地重新进入自己里面去，又从里面出来。这是一种蜜蜂的工作。"

狄德罗比起17世纪的唯物主义经验论者，在很多方面有了进步，他的认识论有些接近培根。但是，这种认识论仍然属于消极直观的反映论。狄德罗不懂得实践在认识中的作用，他的认识方法中包含实验，但是，这指的仅是少数科学家的实验，不是广大群众的实践活动，而且对这种实验的理解也是经验主义的。狄德罗也没有真正理解感性认识和理性认识的关系。他不理解抽象，不知道理性认识是对事物本质属性的更深刻的反映，相反，却把概念仅仅看作一些为了使用方便而创造的符号，重复了哲学史上唯名论的错误。

霍尔巴赫的机械唯物主义

保尔·亨利·迪特利希·霍尔巴赫（1723—1789）出身于普鲁士海德尔斯海姆城一个商人的家庭，幼年寄居在法国巴黎的叔父家里，后来继承了其叔父的男爵称号。1749年他毕业于荷兰莱顿大学，回国后，参加了狄德罗主编的《科学、艺术和工艺百科全书》的编纂工作，是主要的撰稿人之一。他家是当时进步思想家经常聚会的中心。霍尔巴赫的主要著作有：《揭穿了的基督教》（1756）、《神圣的瘟疫》（1768）、《袖珍神学》（1768）、《自然体系》（1770）、《健全的思想》（1772）等。

霍尔巴赫是18世纪法国重要的唯物主义哲学家，在他的名著《自然体系》中全面地、完整地描述了包括自然观、认识论和社会政治观的机械唯物论哲学体系，这本书被人们誉为"无神论者的圣经"。

霍尔巴赫的基本哲学思想，与狄德罗是一致的，其要点是：（一）世界统一于物质，但是，不能把物质的多样性归结为没有性质的元素的量的差异。从哲学上说，物质可以定义为"一般地就是以任何一种方式刺激我们感官的东西"。物质的基本属性是广延、硬度、重量等机械力学的特性。（二）物质与运动不可分，运动是物质的固有属性，是永恒的。运动的形式是机械地改变位置。运动要服从必然的客观规律，偶然性是不存在的。

（三）思维是物质的属性，是人的大脑的产物，非物质的精神实体是不存在的。（四）人的认识来源于感觉，感觉是外界物体作用于人的感官而产生的。理性和感觉没有本质的区别，它不过是通过记忆保存下来的各种感觉的比较和结合，是各种感觉能力的"总称"。

霍尔巴赫对唯物主义的突出贡献，是他的无神论思想。可以说，霍尔巴赫对宗教神学的批判，其尖锐性、深刻性，都是超出于当时其他唯物主义哲学家的。他主要从下面几个方面批判了宗教神学。

（一）揭露了宗教产生的根源。霍尔巴赫认为，宗教产生的最初原因，是由于人们对伤害自己的自然现象产生的原因一无所知，因此而感到失望和恐惧，于是，他们便创造出一些想象的原因，虚构出一个操纵这些自然现象的神来。除了这个原因之外，他还指出，宗教迷信之所以盛行，是因为反动的统治者支持它，利用它来欺骗和愚弄人民，让人民永远"陷于奴役和恶劣的统治"之下。

（二）揭露了宗教的反动政治作用。霍尔巴赫指出，宗教是封建专制制度的支柱，封建专制的暴君为了使人民俯首帖耳地服从他的统治，总是利用宗教，把自己与神明等同起来，"以神的名义去做出罪行和伤天害理的行为"，为"暴政的放肆和罪行作辩解"，用"天上的恫吓来作为向人民发号施令的工具"。霍尔巴赫说，宗教盛行的结果必然是"培养专制暴君"和"俯首帖耳的奴隶"。

（三）控诉宗教是人类一切不幸和祸害的根源。霍尔巴赫列数了宗教的各种罪恶：它扼杀人的理性，使人变得愚昧无知；它教人嫌恶自己，使人牺牲最合法、最甜蜜的幸福生活；它教人放弃自己的自由，而去做专制暴君鞭子下的忠实奴隶；它使人变得卑下、屈辱、怯懦，在生活中退缩不前；它培植了暴君，使人民不断地处于战争、饥馑和瘟疫的灾难之中，等等。霍尔巴赫指出，宗教虽干了这么多坏事，但它们总是竭力掩盖这些罪恶，把自己伪装得公正、慈善，其中最虚伪的就是宣扬禁欲主义。他愤怒地揭露，宗教的僧侣们口头上在宣扬禁欲主义，而实际上自己却过着荒淫无耻的生活，干出了一切大逆不道和伤天害理的罪行。他们宣扬禁欲主义的目的，是要人们放弃对现世幸福生活的追求，忍受统治者给他们带来的一切苦难。

（四）从理论上批判宗教神学的荒谬性。霍尔巴赫指出，宗教所宣扬的上帝创世说,是毫无根据的。世界上根本不存在什么上帝,它完全是宗教"想象创造的虚构物",是"子虚乌有的东西"。他认为,"世界不是创造物","一切存在着的东西都是从物质内部产生的"。霍尔巴赫还指出宗教所宣扬的不死的灵魂实体也不存在,它也是宗教捏造出来的,所谓灵魂不死完全是一种幻想。

霍尔巴赫的战斗的无神论思想,在当时法国人民反封建、反宗教的斗争中,起了巨大的进步作用。列宁说:"18世纪老无神论者所写的那些锋利的、生动的、有才华的政论,机智地公开地打击了当时盛行的僧侣主义。"[1] 其中当然包括霍尔巴赫的著作,它们是法国资产阶级反封建斗争的锐利的思想武器,就是到了今天,这些著作对人们破除宗教迷信也还有很大裨益。马列主义的经典作家号召我们,在宣扬无神论思想时,要向18世纪的法国唯物主义哲学家学习。

但是,我们也要看到,在霍尔巴赫以及其他18世纪法国唯物主义哲学家的无神论思想中,存在着两个主要的局限:(一)它们虽然也提到反动统治者对传播宗教所起的作用,但从根本上说,它们对宗教产生的社会根源是认识不清的。它们不懂得,在阶级社会里,阶级压迫和剥削是宗教所以存在的最深刻的社会根源。(二)它们都主张要消灭宗教,但是,都没有提出消灭宗教的正确途径。在它们看来,只要提倡理性,宣传科学,使人们从迷信中解脱出来,就可以消灭宗教了。它们不懂得,要消灭宗教必须消灭宗教产生和存在的社会根源——阶级剥削、阶级压迫的社会制度。

18世纪法国唯物主义是机械唯物主义发展的高级阶段,与16世纪末至17世纪的机械唯物主义相比,它在很多方面都取得了进步。

(一)克服了16世纪末到17世纪的机械唯物主义的不彻底性,提出了战斗的无神论,公开否认上帝的存在,坚持物质是唯一真实存在的实体。在意识起源的问题上,它提出了意识是物质的属性,是人脑的产物这一唯物主义命题。

(二)克服了16世纪末到17世纪机械唯物主义在物质观与运动观中的一些形而上学因素。它力图把物质世界的统一性和多样性结合起来,提出了具有一定性质的元素是构成物体的基础的思想。它坚持物质与运动的

---

[1] 《列宁选集》第4卷,第606页。

统一，把运动看作物质自身所具有的能力或性质。

（三）清除了16世纪末到17世纪机械唯物主义认识论中的唯心主义成分，坚持认识来源于感觉，而感觉又是由于外部物体作用于人的感官而产生的观点。个别的杰出代表人物，如狄德罗，力求把感性认识与理性认识统一起来，在这方面做了有益的探讨。

（四）力图把唯物主义经验论贯彻到社会历史领域，提出了"人是环境的产物"的论断。

但是，18世纪法国唯物主义并没有克服机械唯物主义所共同具有的局限性。它对物质属性的理解没有超出广延、硬度、比重等机械性。它没有正确解决运动的源泉问题，关于运动的形式，也只归结为一种机械位置移动。它认识到了意识是物质的属性，但不懂得意识是人类实践活动的产物。在认识论方面，它把实践排除于人的认识之外，依然是消极直观的反映论。在社会历史观方面，它还是坚持人的理性，特别是少数天才人物的理性是历史发展的最终动力，因而在本质上仍然是历史唯心主义。

第四节　19世纪德国的机械唯物主义

19世纪德国机械唯物主义产生的历史条件

19世纪中叶，法国的资产阶级革命已经结束，法国资产阶级作为革命领导阶级的作用，也从历史舞台上消失，而这时德国却处于资产阶级革命的前夜。

德国原是一个落后的封建割据的国家，17、18世纪当英国、法国资本主义的发展已有相当规模的时候，德国的资本主义还不发达。但是，到了19世纪，特别是30年代以后，情况发生了变化。在莱茵河沿岸，建立起了一批较大的工厂，出现了一些工业中心城市。1834年普鲁士等18个邦建立了统一的关税同盟，这更加有力地促进了资本主义经济的发展。资产阶级力量强大起来了，他们对封建专制制度和封建割据的局面感到不满，要求改变现状，实行民主，建立统一的国内市场。但是，反动的普鲁士王室非但不向资产阶级让步，相反却变本加厉地强化专制统治。这样，德国封建贵族与资产阶级以及广大劳动人民的矛盾便激化了。广大劳动人民不断举行起义，反抗反动的封建统治。资产阶级内部发生了分化，其中有一批激进派积极参加了反对封建专制统治，为争取实现德国的民主和统一而斗争。

在德国资产阶级反封建的斗争中，产生了费尔巴哈的唯物主义哲学，它代表了德国资产阶级激进派的利益，是它们从事反封建、反宗教神学斗争的思想武器，它是19世纪机械唯物主义的光辉典范。

费尔巴哈的机械唯物主义

路德维希·费尔巴哈（1804—1872）出生在德国兰斯休特的一个律师家庭。1823年他进入海德堡大学神学系读书，这时他信仰宗教神学，是他哲学思想发展的第一阶段。1824年他转入柏林大学，成了黑格尔的学生，这时他相信黑格尔哲学，是他哲学思想发展的第二阶段。1828年大学毕业后，费尔巴哈到爱尔兰根大学当了哲学讲师，1830年他用笔名发表了《论死和不朽的思想》一书，对宗教神学展开了批判，他因此而受到迫害，被赶出大学讲坛。1836年后他从城市迁往乡村，在布鲁克堡过隐居生活。1839年费尔巴哈发表了《黑格尔哲学批判》，公开宣布与黑格尔哲学决裂，转到唯物主义立场上来，此后，便开始了他哲学思想发展的第三阶段。1841年费尔巴哈的主要著作《基督教的本质》出版，在这部著作中，他用"人本学"唯物主义为武器揭露了基督教的本质。在当时，这部书对于促使人们从宗教的束缚下解放出来产生了巨大的影响。此后，费尔巴哈还发表了一系列重要哲学著作：《未来哲学原理》（1843）、《宗教的本质》（1845）、《宗教本质讲演录》（1851）等。1872年，他在贫困中死去。

在政治上，费尔巴哈是个资产阶级民主主义者，他坚决反对君主专制制度。他谴责那种不以法律为准绳，一切以君主个人的好恶为转移的封建专制国家是无道德的国家，是与人民完全对立的。他要求建立资产阶级的民主共和国，同情1848年的资产阶级革命。当这一革命失败之后，欧洲的反动势力向人民实行猖狂反扑的时候，他深刻地揭露了当时欧洲的反动局势，把它比作是一个"空间略微大一点的监狱"。但是，费尔巴哈作为德国资产阶级激进派的政治思想家，并没有摆脱其阶级的软弱性，加之，他本人又长期隐居在乡村，因此，他反对封建专制制度仅仅停留在理论上，他并不主张通过斗争来推翻专制制度，他本人更没有与广大人民一道参加革命斗争。1848年轰轰烈烈的全欧洲的资产阶级革命爆发时，他游离于革命之外。晚年他阅读了马克思的《资本论》，1872年参加了社会民主党，尽管如此，他的政治立场并未改变。

19世纪机械唯物主义的代表费尔巴哈，对唯物主义哲学的功绩之一，是他对唯心主义和宗教神学做了尖锐的批判。费尔巴哈原来是一个相信宗教神学和唯心主义的哲学家，后来，他逐渐认识到它们的谬误，便抛弃了原来的唯心主义立场，大杀回马枪，与以康德、黑格尔为代表的德国古典唯心主义哲学进行了尖锐的斗争。

康德（1724—1804）是德国古典唯心主义哲学的创始人。他的哲学具有两面性，一方面，他承认物自体的客观存在；另一方面，却又认为物自体是不可认识的，人只能认识用人的主观先验形式所创造的现象。康德动摇于唯物主义与唯心主义之间，却以后者占主导地位。康德哲学的两重性，是德国资产阶级两面性在哲学上的表现。

费尔巴哈批判了康德的唯心主义不可知论。他指出康德把客观事物看作具有"真理性"（即真实存在），但不具有"现实性"（即不可认识）；而现象虽然具有"现实性"（即可认识），却又不具有"真理性"（不是客观的，是由人主观派生的）；他这样把"真理性"与"现实性"割裂开来的做法是完全错误的。费尔巴哈认为，真理性与现实性两者应当是统一的，因为，人是自然的产物，自然是人的认识对象，产物与它的创造者不应当是矛盾的，人是可以认识自然的。当然，在人与自然之间有一定的区别，但这个区别不能成为认识的限制。在费尔巴哈看来，作为个别的人的认识能力是有限的，但整个人类的认识能力却是无限的。世界上没有不能为人类所认识的东西。费尔巴哈批评康德所谓不可认识的"自在之物"，是"没有真实性的抽象"。费尔巴哈站在唯物主义的立场上，坚持思维与存在的同一性，对康德的不可知主义进行批判，这是正确的。但是，由于他不懂得实践，他没有能通过实践来有力地批驳不可知主义。恩格斯说费尔巴哈对康德的批判，"与其说是深刻的，不如说是机智的"[①]。

黑格尔（1770—1831）是德国古典唯心主义哲学的集大成者，他的哲学被普鲁士政府奉为官方哲学，在德国思想界产生了巨大的影响。黑格尔认为，世界的本原是在人之外的客观的、独立的精神实体——绝对精神，客观自然界是绝对精神所派生的，是它的外化；人也是绝对精神所派生

---

① 《马克思恩格斯选集》第4卷，第221页。

的，绝对精神最后通过人认识了自己。在黑格尔的唯心主义哲学体系中，包含了丰富的辩证法思想。在黑格尔看来，绝对精神是不断运动、发展的，它的运动、发展遵循着辩证法的基本规律：对立统一规律、量变质变规律和否定之否定规律。但是，黑格尔的唯心主义体系，最后窒息了辩证法，使他的辩证法不能贯彻到底。黑格尔唯心主义体系和辩证法的矛盾，也是德国资产阶级两重性在哲学中的表现。

在黑格尔逝世之后，原来统一的黑格尔学派发生了分裂，一派是代表资产阶级保守势力的老年黑格尔派，他们固守着黑格尔的唯心主义体系，竭力维护基督教，企图在宗教和哲学之间实行调和，用基督教的教义来神化黑格尔哲学。另一派是代表资产阶级激进势力的青年黑格尔派，他们当中的一些著名代表，站在各自的立场上，抓住黑格尔哲学中的某一个方面，以不同的方法对基督教进行了批判。费尔巴哈在黑格尔生前是他的学生，在黑格尔死后，成了青年黑格尔派的成员，以后，又转变到唯物主义立场，对黑格尔进行批判。

费尔巴哈主要从两个方面对黑格尔哲学进行了批判。

（一）他指出，黑格尔哲学的根本错误，是颠倒了思维与存在的关系。我们知道，黑格尔与康德不同，没有将思维与存在割裂，而主张思维与存在具有同一性，但是，他将同一性建立在唯心主义的基础上，把存在看作与思维一样的东西，是其"外在化"。费尔巴哈认为，黑格尔的这种观点是荒谬的。因为，按照这种观点，存在与思维没有区别，这样的存在不过是一个虚假的东西，实际上并不存在，这种存在与思维的同一性，是毫无意义的。而且，所谓从精神外化为自然，这也根本不可能。费尔巴哈用了一系列生动的比喻，说这"等于处女不与男子交媾仅仅凭借圣灵而生出救世主，等于从水里做出酒，等于用语言呼风唤雨，用语言移动山岳，用语言使瞎子复明"。列宁说，尽管费尔巴哈的语言是不文雅的，但是这个批评却是尖锐的。费尔巴哈认为："思维与存在的真正关系只是这样的：存在是主体，思维是宾词。思维是从存在而来的，然而存在并不来自思维。存在是从自身、通过自身而来的——存在只能为存在所产生。"

（二）费尔巴哈指出，黑格尔唯心主义在本质上与神学是一致的。黑格尔所谓"绝对精神"，根本不存在，它不过是从人的思维中抽象出来，使其独立于人脑之外，而臆造成的一种精神实体。这个精神实体与宗教所说的上帝没有本质的区别。所谓绝对精神外化为自然，"只是用理性的说法来表达自然为上帝所创造、物质实体为非物质的，亦即抽象的实体所创造的神学学说"。他尖锐地说："黑格尔哲学是神学最后的避难所和最后的理性支柱"，"谁不扬弃黑格尔哲学，谁就不扬弃神学"。

费尔巴哈的批判，拨开了黑格尔唯心主义的迷雾，击中了它的要害。那时德国正是黑格尔哲学占统治的时代，这一批判对于把人们从黑格尔哲学的牢笼中解放出来，恢复唯物主义的权威，具有巨大的功绩。但是，费尔巴哈在批判黑格尔的唯心主义哲学时，错误地把它所包含的合理的辩证法思想也一起抛弃了。他不懂得对立统一规律，认为互相矛盾的东西不能同时存在于一个物体中，而只能"相继而来"。他虽正确地指出物质不是精神所派生，但是却没有看到精神对物质的反作用。费尔巴哈对黑格尔哲学的这一错误态度，是造成他的哲学形而上学性的原因之一。

对宗教进行批判，是费尔巴哈长期致力的一件工作，是他的哲学的重要组成部分。在这方面，他比18世纪的法国唯物主义又有了进步，这突出地表现在两个方面：

（一）费尔巴哈进一步从人的心理方面来揭露宗教产生的根源。他认为，"人的依赖感是宗教的基础"。所谓依赖感，不仅包括对自然力量的恐惧，还包括对自然的爱、感恩、崇敬，以及对某些自己所不能达到的事情的幻想。由于对自然力量的恐惧或感恩、崇爱，因而就设想出一个操纵自然力量的神，这一点，是十分容易理解的。另外，人对于自己所不能达到的事情的幻想，也会使人创造出神来。例如，人的认识、人的能力是有限的，但是，人却幻想自己能够变得无所不知、无所不能，于是，便根据这一幻想，创造出一个全知全能的上帝。而人之所以具有依赖感，费尔巴哈认为，这是出于人的本性，因为人是自私的，人希望自己安全，实现自己的各种欲望。尽管费尔巴哈与18世纪法国唯物主义一样，把恐惧感当作宗教产生的根源，但是，除此之外，他还更广泛、更深入地从人的心理、人的本性中来挖掘宗教产生的原因，这是一个进步。

（二）费尔巴哈指出人是根据自己的本质来创造上帝的。上帝所具有的外貌、服装、住所、生活，都是人类根据自己所具有的这些东西转移到上帝身上的。上帝所具有的各种品质，也是人本来所具有的，然而，在人那里，这些品质并不只存在于一个人身上，而是同时存在于许多人身上，每一个人所具有的都受到一定的局限。人们把自己所具有的这些品质抽象出来，把它们无限扩大化，同时赋予到另一个对象身上，这样便构成了上帝的品质。费尔巴哈得出结论说："上帝的本质，就是人的本质"，"上帝是人的镜子"，"并非神按照他的形象造人"，"而是人按照他的形象造神"。

　　费尔巴哈把上帝的本质还原为人的本质，这一点是正确的。关键问题是，如何理解人的本质。在这方面，以后我们就可看到，费尔巴哈的观点是有错误的。他脱离一定的社会、一定的阶级关系来理解人，因而，也使他没有能认识宗教产生的社会根源和阶级根源。尽管如此，费尔巴哈对宗教的批判还是有巨大功绩的。特别是在当时德国宗教唯心主义十分盛行的条件下，这一批判与对黑格尔唯心主义哲学的批判一样，沉重地打击了德国的反动势力，鼓舞了进步的人士。恩格斯曾高度赞扬费尔巴哈的著名著作《基督教的本质》，说："这部书的解放作用，只有亲身体验过的人才能想象得到。那时大家都很兴奋：我们一时都成为费尔巴哈派了。"[①]

　　费尔巴哈在与唯心主义和宗教神学的斗争中，建立了自己的唯物主义哲学，他把这一哲学称作"人本学"。费尔巴哈所以采用这个名称，一是为了标志自己的哲学与宗教神学的根本对立。宗教神学把人的本质异化为神的本质，费尔巴哈反其道而行之，要重新把神的本质还原为人的本质；宗教神学把神作为研究的中心，费尔巴哈则把人作为研究的中心。二是为了把自己的哲学和当时的庸俗唯物主义区别开来，费尔巴哈故意不把自己的哲学叫作唯物主义。列宁曾批评费尔巴哈的"人本学"这一名称，说它"只是关于唯物主义的不确切的肤浅的表述"。

　　费尔巴哈的"人本学"以人作为研究的中心，但是，人生活在自然中，自然是人的基础，所以，它的研究对象就不仅是人，还包括自然。费尔巴哈说："我的哲学或观点可以用两个词来概括，这就是自然界和人。"

　　关于自然，费尔巴哈认为，它是唯一真实的存在，它不是其自身之外的另一个精神实体所创造的，它是其自身存在的原因。他说："应当把自然本身看作无从所出的，非产生的、非创造的"，"它是来自自身，它没有始端和终端"。费尔巴哈指出，自然界存在于时间与空间之中，时间与空间是自然界的存在形式，而不是像康德所说的，是什么人的认识的先验形

[①] 《马克思恩格斯选集》第4卷，第218页。

式,人对时间、空间的认识是对真实存在的时间、空间的反映。自然界的一切现象,都要遵循"自然的法则",服从因果规律。费尔巴哈的这一系列观点都是唯物主义的。

关于人,费尔巴哈首先指出,它是自然界的产物,人的一切,包括它的身体器官,它的思想,都是自然界所产生的。并且,在他看来,人是精神和肉体的统一,肉体是人的物质实体,精神是肉体的属性,精神不能脱离肉体而独立存在,如果精神脱离了肉体,就什么也不是,什么也不能认识。他坚决反对基督教关于上帝创造了人,灵魂是独立的精神实体,灵魂不死等谬论。费尔巴哈对人的这些看法也是唯物主义的。

但是,正如恩格斯所指出的,费尔巴哈没有将他的唯物主义贯彻到底,他的自然观,包括他对人的自然属性的理解,即他的学说的"下半截"是唯物主义的,而他的学说的"上半截",即他的社会历史观却是唯心主义的。这表现在他对人的看法上。他不懂得人是生活在一定的社会里,处于一定的生产关系之中,在阶级社会里,也就是处于一定的阶级关系之中,因此,"人的本质并不是单个人所固有的抽象物。在其现实性上,它是一切社会关系的总和"①。相反,他却撇开了社会关系去探讨所谓抽象的、共同的人性。

在费尔巴哈的哲学中,也讨论到了认识论的问题。在这方面,他的观点基本上是唯物主义的。他坚持了唯物主义的反映论,认为"人的认识是事物的反映,是后于事物的","事物和本质是怎样的,就必须怎样来思想、来认识它们"。他强调感觉在认识中的作用,指出它是人的认识的出发点,复杂的、抽象的理性思维是从感觉而来,并且要依靠感觉来修正自己。对于感觉内容的客观性,他是毫不怀疑的,他明确宣布:"我的感觉是主观的,但是它的基础或原因是客观的。""盐味是盐的客观特性的主观表现。"关于理性认识的作用,费尔巴哈也有一定的认识。例如,他指出,理性认识与分散的、个别的感觉不一样,它能把握事物"统一的、同一的、抽象的规律"。但是,总的来说,他对理性认识与感性认识的区别,是认识不足的。在他看来,理性认识不过是把分散的感性认识联系在一起,所以从内容上说,理性认识"除了说明感觉所说的东西而外,并未说

---

① 《马克思恩格斯选集》第1卷,第18页。

明什么其他的东西"。

费尔巴哈认识论的根本缺陷,是没有把实践引入认识论,不懂得实践在认识中的作用。马克思指出:"从前的一切唯物主义——包括费尔巴哈的唯物主义——的主要缺点是:对事物、现实、感性,只是从客体的或者直观的形式去理解,而不是把它们当作人的感性活动,当作实践去理解"①。这就是说,费尔巴哈把认识看作消极的、直观的反映,而没有把它看作积极的、能动的反映。诚然,费尔巴哈也曾谈到实践,他说过,理论所不能解决的问题,实践会给你解决;并且,他还批评唯心主义的根本错误,就在于它只是从理论的角度提出并解决客观性和主观性的问题。但是,费尔巴哈所说的实践,只是人们之间的日常琐事,或是小商人的贩卖活动,有时甚至是指人们的意见一致。他根本不了解"革命的""实践批判的"活动的意义。所以,用费尔巴哈所说的"实践"来检验真理,就是看某一意见与别人的看法是否一致,如果一致,那就是真的,这仍然是一种用主观认识来检验真理的方法,与马克思主义哲学所说的实践毫无共同之处。

总之,费尔巴哈是19世纪机械唯物主义的杰出代表,他在唯心主义在德国占统治的历史条件下,高举唯物主义的旗帜,有力地批判了德国古典唯心主义和宗教神学,恢复了唯物主义的权威,这是他的巨大的历史功绩。费尔巴哈进一步发展了18世纪法国唯物主义的无神论,从人的心理和人的本性中来揭露宗教神学产生的根源,并且论证了唯心主义和宗教神学在本质上的一致,从而沉重地打击了唯心主义,对唯物主义学说做了新的贡献。但是,费尔巴哈的唯物主义依旧没有摆脱机械唯物主义所共同具有的局限。他的自然观是形而上学的,他的认识论是消极的、直观的反映论,他的社会历史观是历史唯心主义的人性论的。费尔巴哈的唯物主义学说,是马克思主义哲学的重要理论来源之一。无产阶级的革命导师马克思、恩格斯批判地继承了费尔巴哈哲学的"基本内核",即他的唯物主义思想,克服了他所包含的局限性,创立了崭新的辩证唯物主义和历史唯物主义哲学,把唯物主义哲学推向一个更高的阶段。

---

① 《马克思恩格斯选集》第1卷,第16页。

第三章 辩证唯物主义与历史唯物主义

唯物主义哲学发展到 19 世纪 40 年代，发生了一场伟大的革命，一种真正科学的唯物主义哲学——辩证唯物主义与历史唯物主义，出现在人类思想的舞台之上，它的创始人就是无产阶级的伟大导师马克思和恩格斯。辩证唯物主义与历史唯物主义，是唯物主义哲学发展的最高阶段和最完备的形态。它是马克思主义不可缺少的组成部分和重要的理论基础，所以又称为马克思主义哲学。列宁曾说："马克思的哲学是完备的哲学唯物主义，它把伟大的认识工具给了人类，特别是给了工人阶级。"[①]

第一节 辩证唯物主义与历史唯物主义产生的历史条件和理论来源

辩证唯物主义与历史唯物主义是人类历史发展到 19 世纪中叶的必然产物。它既是马克思和恩格斯哲学思想的结晶，又是当时社会经济、政治和自然科学发展的必然结果。毛泽东同志指出："由于欧洲许多国家的社会经济情况进到了资本主义高度发展的阶段，生产力、阶级斗争和科学均发展到了历史上未有过的水平，工业无产阶级成为历史发展的最伟大的动力，因而产生了马克思主义的唯物辩证法的宇宙观。"[②]

辩证唯物主义与历史唯物主义产生的历史条件

19 世纪上半期，资本主义生产方式已经在西欧主要国家占据统治地

[①] 《列宁选集》第 2 卷，第 433 页。
[②] 《毛泽东选集》第 1 卷，第 275 页。

位，资产阶级统治牢固确立，资本主义给人类社会带来了生产上的巨大进步和科学文化的飞速发展。但是，随着生产力的发展，资本主义所固有的生产社会化和生产资料私人占有制之间的矛盾，也愈来愈清楚地暴露出来，周期性的经济危机，加速了资本主义社会的两极分化，给无产阶级和劳动人民造成了深重的苦难。无产阶级不堪忍受非人的剥削，向资产阶级展开了激烈的斗争。19世纪三四十年代，这种斗争已经从破坏机器发展到群众性的总罢工和武装起义，从要求改善生活条件和劳动条件的经济斗争发展到争取政治权利的革命斗争。1831年和1834年的法国里昂工人的两次起义，提出了争取建立民主共和国的口号，要求进行自己的革命。英国的宪章运动，是"世界上第一次广泛的、真正群众性的、政治性的无产阶级革命运动"①，它震撼了资本主义世界。1844年德国西里西亚纺织工人的起义，毫不含糊地宣布了"反对私有制社会"。这些斗争都充分表明无产阶级反对资本主义的斗争已经进入一个崭新的阶段，无产阶级已开始作为独立的政治力量登上了历史舞台，推翻资本主义和建立社会主义的伟大使命，历史地落到了无产阶级的肩上。但是，无产阶级当时缺少革命理论的武装，斗争具有自发性，他们不清楚奋斗的最终目标，不懂得如何巩固和发展胜利成果，将革命进行到底。在工人运动中流行的是空想社会主义和各种小资产阶级思想，它们不懂得历史运动的唯物主义基础，不能指出资本主义社会中各个阶级的作用和意义，而是用各种貌似社会主义的什么"人民""正义""权利"等词句来掩盖各种民主改革的资产阶级的实质。这些理论不仅不能指导工人运动的健康发展，反而把无产阶级引向歧途。为了夺取革命斗争的胜利，无产阶级迫切需要创立一种科学的革命理论，建立无产阶级自己的思想体系，帮助人民认清社会发展的客观规律，指引革命从胜利走向更大的胜利。马克思主义的唯物主义哲学，就是适应历史发展的这种必然性而产生的。

自然科学的不断发展也为马克思主义哲学的诞生准备了条件。在18世纪以前，近代的自然科学中机械力学发展得比较迅速，其他学科，如化学、生物学等还处于分门别类积累材料和孤立地研究事物的阶段，这为17、18世纪的机械的、形而上学的唯物主义提供了条件。到了19世纪中

---

① 《列宁选集》第3卷，第811页。

期，自然科学的发展已突破力学的范围，物理、化学、生物学等各门学科都比较迅速地发展起来，它们开始从过去的收集材料阶段进入整理材料的阶段，许多新的发现，特别是著名的能量守恒和转化定律、细胞学说和达尔文进化论这三大发现，向人们表明：自然界并不是各自孤立和静止不变的各种事物偶然堆积，而是普遍联系，相互制约，永恒运动、变化和发展的统一整体，是一个由低级向高级发展的辩证过程。这一切推翻了形而上学的自然观，揭示了一切自然现象固有的客观辩证法，要求自然科学家抛弃过去的片面、孤立、静止的观点和方法，采用全面的、联系的、发展的观点和方法，从而使人们有可能对自然界的各个领域进行全面的、科学的哲学概括。总之，这时的自然科学已经给自然界描绘出一幅辩证的图画，因而为一个新的科学形态的唯物主义——辩证唯物主义与历史唯物主义的产生奠定了自然科学的基础。

辩证唯物主义与历史唯物主义的理论来源

马克思主义哲学的产生，也是有它的理论根源的。马克思以前的哲学发展史为马克思主义的科学唯物主义的产生做好了理论准备。马克思恩格斯在形成自己的哲学观点时，充分利用了先前哲学遗产中一切优秀的东西，包括历史上一切唯物主义的思想成果。19世纪德国古典哲学，特别是黑格尔和费尔巴哈的哲学，则是辩证唯物主义的直接的理论来源。黑格尔在哲学史上第一次全面系统地表述了辩证法的基本特征，但他的辩证法是唯心的概念辩证法。马克思指出："辩证法在黑格尔手中神秘化了，但这决不妨碍他第一个全面地有意识地叙述了辩证法的一般运动形式。在他那里，辩证法是倒立着的。必须把它倒过来，以便发现神秘外壳中的合理内核。"[1] 马克思恩格斯创造性地解决了这个任务。他们抛弃了黑格尔哲学唯心主义的外壳，吸取了辩证法的"合理内核"，即辩证发展的观点。费尔巴哈作为一个杰出的唯物主义者，他吸收了以前唯物主义发展史中的成就，在德国唯心主义占统治地位的时代恢复了唯物主义的权威，对马克思恩格斯产生了重大的影响。但是，他的唯物主义是形而上学的。马克思恩格斯抛弃了费尔巴哈哲学中的形而上学思想，批判了他唯心主义的宗教伦

---

[1] 《马克思恩格斯选集》第2卷，第218页。

理观，吸取了他的唯物主义的"基本内核"，把唯物主义向前发展成科学的哲学唯物主义理论。可见，人类哲学思想在19世纪所取得的伟大成就，是形成马克思主义哲学必不可少的前提。

第二节　辩证唯物主义与历史唯物主义在斗争中形成和发展

如上所述，两千多年的哲学发展，为马克思主义哲学的诞生准备了条件，德国古典哲学，则是马克思主义哲学的直接理论来源。但是，马克思主义的科学唯物主义绝不是书斋里的产物，它是马克思恩格斯投身于阶级斗争中，在科学地总结无产阶级革命斗争经验的基础上创立的。忠诚地献身于劳动人民的解放事业与不畏艰险地攀登科学研究的高峰，实际的革命斗争与深刻的理论研究紧密结合，使马克思恩格斯成了历史上最伟大的哲学家。

辩证唯物主义与历史唯物主义的创立

马克思恩格斯创立辩证唯物主义与历史唯物主义，大致可分两个阶段。第一个阶段从1842年到1844年，这是马克思恩格斯从唯心主义向唯物主义，从革命民主主义向共产主义的转变时期。第二阶段从1844年至1848年，这时期内马克思恩格斯创立了系统而完整的马克思主义世界观。

卡尔·马克思（1818—1883）于1818年5月5日诞生在德国莱茵省的特利尔城。父亲是一个犹太人，长期担任律师职务。1835年，17岁的马克思进波恩大学法律系学习，后来又转入柏林大学，研究哲学和历史，具有丰富的哲学史知识。当时他参加了青年黑格尔派，信奉黑格尔的唯心主义哲学。但在政治上，他同情劳动人民，坚决站在革命民主主义立场上，反对普鲁士封建专制制度。1841年大学毕业后，马克思投入了激烈的政治斗争。1842年，担任了《莱茵报》主编，他深入社会，广泛与工人、农民接触，研究了现实的社会经济问题，写出了一系列揭露普鲁士反动政府压迫、剥削人民罪行的论文。马克思的斗争引起了普鲁士政府的恐惧和不安，《莱茵报》终于被无理查封。斗争实践使马克思深刻认识到黑格尔唯心主义哲学的荒谬，认识到社会问题主要不是什么道德问题、观念问题，最根本的是一个经济利益问题。马克思终于从唯心主义转到唯物主义。在同一时期，恩格斯也独立地形成了唯物主义的世界观。

弗里德里希·恩格斯（1820—1895）于1820年11月28日生于德国巴门城一个纺织厂主的家庭。1837年中学还未毕业，就被父亲逼迫去经商。在不来梅一家大贸易公司供职时，接近了激进的文学团体"青年德意志"，开始发表反对君主制的文章。1841年去柏林，在炮兵团服兵役，同时在柏林大学听哲学课，参加青年黑格尔派小组。1842年服兵役期满后到英国曼彻斯特他父亲同别人合营的企业里工作。在这里，他了解了工人阶级的状况，开始同英国宪章运动的活动家来往，还为《莱茵报》等报刊写稿。1844年3月在《德法年鉴》上发表了《政治经济学批判大纲》，用社会主义观点批判资本主义经济制度。他开始由唯心主义转向唯物主义。1844年8月底，恩格斯离开曼彻斯特回国，途经巴黎时会见了马克思，从此两位革命导师结下了终生的战斗友谊。他们写下了《神圣家族》《关于费尔巴哈的提纲》《德意志意识形态》《哲学的贫困》《反杜林论》《路德维·希费尔巴哈和德国古典哲学的终结》《自然辩证法》等一系列著作，清算了黑格尔的唯心主义和费尔巴哈的旧唯物主义错误观点，确立了辩证唯物主义与历史唯物主义的基本原理。

马克思恩格斯与青年黑格尔派的斗争是长期而激烈的。青年黑格尔派在批判封建制度和宗教的斗争中，曾起过一定的进步作用。他们自称摆脱了黑格尔的哲学体系，然而他们的基本观点，仍然是唯心主义的。在历史观上，他们把"自我意识"看作社会前进的动力，吹嘘自己是历史的创造者，而把劳动人民视为障碍历史发展的群氓。他们主张用纯理论批判的方法来改造社会。显然，这种观点理论上是错误的，在实践上也是十分有害的。马克思恩格斯坚决批判了青年黑格尔派的唯心主义历史观，阐明了社会历史的发展是人们生产活动的结果，不应从思想观念或"自我意识"中去寻找社会历史发展的根本原因，而应从社会生产中去发现解释各种社会现象的物质基础。马克思恩格斯明确指出，物质生产方式决定社会历史发展是历史唯物主义的基本原理，劳动人民才是历史的真正创造者。马克思恩格斯还指出，无产阶级的客观历史地位，决定了他们的世界历史作用，无产阶级能够而且必须自己解放自己，并要把所有劳动人民从剥削的枷锁下解放出来。

青年黑格尔派的立足点是黑格尔的唯心主义。所以，马克思恩格斯在《神圣家族》一书中，对黑格尔的哲学展开了深刻的批判。他们指出，黑格尔唯心主义的本质，在于把一般概念说成是独立的第一性的存在，把真实的事物说成是概念的外化与显现，用概念的矛盾发展来说明客观世界和人类历史的运动规律。实际上黑格尔是用思辨的语言来证明基督教的上帝创世说。

在这一阶段中，马克思恩格斯还对费尔巴哈的旧唯物主义进行了批判，正是在这种批判中，他们最后创立了自己的新哲学。

费尔巴哈对马克思恩格斯世界观的转变曾起过重大作用。马克思恩格斯对他的历史功绩评价很高。但是，通过对青年黑格尔派的斗争，马克思恩格斯也清楚地看出了费尔巴哈旧唯物主义的局限性。

费尔巴哈的形而上学以及唯心主义的历史观，构成了工人运动中反动的"真正的社会主义"思潮的理论基础。马克思在1845年写了《关于费尔巴哈的提纲》；1845年到1846年，他又与恩格斯合作，写了《德意志意识形态》一书，对费尔巴哈的形而上学与唯心史观进行了系统的批判。马克思恩格斯认为，费尔巴哈旧唯物主义的严重缺陷，在于他的直观性。费尔巴哈主张物质第一性，强调感性事物的重要性，但是，他的感性只是感性的直观而不是感性的活动。他不懂得自然界和人都是处于历史发展中的东西，而不是抽象、固定、静止不变的。他抛弃了黑格尔唯心主义的"绝对观念"，但是把黑格尔哲学的能动原则与整个辩证法都取消了。所以，他不懂得主观的能动性，不懂得感性世界是人们实践活动的结果，而实践是人和自然相互作用的基础。总之，他不懂得革命的、实践活动的伟大意义，他无力战胜唯心主义，在社会历史领域，更是如此。马克思在《关于费尔巴哈的提纲》中，第一次明确地把唯物主义与辩证法融为一体的实践观点，作为马克思主义哲学与旧唯物主义哲学的分界线。恩格斯认为《关于费尔巴哈的提纲》是"包含着新世界观天才萌芽的第一个文件"。

马克思恩格斯在批判改造黑格尔辩证法和费尔巴哈唯物主义的基础上，确立了辩证唯物主义的基本原则，将这个原则贯彻到社会历史领域，并把它与政治经济学的研究相结合，于是，一门崭新的历史科学——历史唯物主义终于诞生了。马克思恩格斯在《德意志意识形态》一书中，第一次全面、系统地阐述了历史唯物主义的基本原理。《关于费尔巴哈的提纲》与《德意志意识形态》清楚地向人们表明，马克思恩格斯创立新哲学的工作已经基本完成，他们的思想发展已趋成熟。可以认为，这是马克思主义新唯物主义哲学的奠基作品。

1847年，马克思为批判小资产阶级社会主义和无政府主义的代表人物蒲鲁东，写了《哲学的贫困》一书。马克思在批判蒲鲁东的唯心主义形而上学观点的同时，进一步系统地批判和改造了黑格尔的唯心主义，发展了唯物辩证法关于矛盾斗争的学说，并应用于历史的研究，进一步丰富和发展了自己刚创立的历史唯物主义的重要内容。

马克思恩格斯创立新哲学的理论活动，是与无产阶级革命斗争紧紧地结合在一起的。马克思恩格斯的新世界观，逐渐为工人运动所接受，成为工人阶级的指导思想。他们自己也参加了国际工人组织，直接领导无产阶级革命运动。1847年11月，马克思恩格斯亲自主持了国际工人组织——"共产主义者同盟"的第二次代表大会。大会通过了恩格斯拟定的新章程，并委托马克思恩格斯起草同盟的新纲领。1848年2月，历史上第一个国际无产阶级政党"共产主义者同盟"的新纲领问世了，它就是《共产党宣言》。

《共产党宣言》全面深刻地阐明了马克思主义世界观及无产阶级革命与无产阶级专政的学说，为全世界无产者提出了一个战斗纲领。这是一部具有划时代意义的光辉的马克思主义文献，是马克思主义的歌中之歌。列宁曾说："这部著作以天才的透彻鲜明的笔调叙述了新的世界观，即包括社会生活在内的彻底的唯物主义、最全面最深刻的发展学说辩证法以及关于阶级斗争、关于共产主义新社会的创造者无产阶级所负的世界历史革命使命的理论。"[1]《共产党宣言》是马克思恩格斯从19世纪40年代以来，在哲学、历史、社会主义和政治经济学方面进行批判研究的总结，所以它的发表，不仅标志着马克思主义哲学的最终形成，而且也标志着整个马克思主义理论的正式诞生。

辩证唯物主义与历史唯物主义的发展

马克思恩格斯创立了马克思主义哲学。马克思主义哲学的产生，完成了哲学发展史上的伟大变革，形成了一个崭新的、彻底科学的唯物主义哲学形态，它为世界无产阶级提供了革命和建设的锐利武器；为人类历史进程指出了社会主义—共产主义的方向。但是，马克思主义哲学并没有结束

---

[1] 《列宁选集》第2卷，第578页。

真理，而是在实践中不断地开辟认识真理的道路。

马克思主义哲学是在斗争中产生的，也是在斗争中发展的。马克思和恩格斯创立马克思主义哲学之后，一直在革命实践中，在同形形色色唯心主义与形而上学的观点和哲学流派的斗争中，继续总结无产阶级革命实践的新经验和科学发展的新成就，写出了《〈政治经济学批判〉序言》《资本论》《路德维希·费尔巴哈和德国古典哲学的终结》等重要著作，进一步丰富和发展了辩证唯物主义与历史唯物主义。

马克思、恩格斯逝世以后，列宁在帝国主义和无产阶级革命时代的新的历史条件下，在同第二国际机会主义及其在俄国的各种各样的变种的斗争中，总结了新的革命斗争经验和自然科学成就，写出了《唯物主义和经验批判主义》《哲学笔记》等哲学著作，捍卫和发展了马克思主义的科学唯物主义哲学，并把它提高到一个崭新的阶段。

毛泽东同志继承了马克思恩格斯和列宁的无产阶级革命事业，在领导中国人民反对国内外反动派的斗争中，在同党内各种右的和"左"的错误倾向的斗争中，把马克思列宁主义的普遍原理同中国革命的具体实践相结合，继承、捍卫和发展了马克思列宁主义，写出了《实践论》《矛盾论》《关于正确处理人民内部矛盾的问题》等重要著作，对辩证唯物主义和历史唯物主义的基本原理的发展做出了重大的贡献。

马克思主义哲学永远在前进中，它永远不会停止不前。它将随着无产阶级革命实践和科学事业的发展而永远发展。它指导着世界人民在改造自然和社会的斗争中从胜利走向新的胜利。

第三节　辩证唯物主义与历史唯物主义的基本原理

通过前面对辩证唯物主义与历史唯物主义产生发展过程的叙述，我们可以看到马克思主义哲学是唯物主义发展的最高形式和科学形态。现在我们主要从自然观方面简要说明辩证唯物主义最基本的原理。

世界的物质统一性

辩证唯物主义认为，客观世界是不依人的意识为转移而独立存在的物质世界。世界上的事物尽管千差万别、纷繁复杂，但都是物质存在的各种不同形式，它们都统一于物质，所以，世界的统一性就在于它的物质性。物质世界永远按照自己固有的规律运动、变化、发展着。这就是辩证唯物主义对世界的最基本的观点。

大家知道，承认世界的物质性，这是一切唯物主义的共同观点。那么，在这个问题上，辩证唯物主义有哪些新的贡献呢？

在本书前面部分我们已经看到，古代朴素的唯物主义者，都是在某种固定形体的东西中，在某种特殊的东西中寻找世界的物质统一性，把水、土、气、火等说成是构成世界万物的元素。他们确认世界的物质统一性，这是正确的。但把这种统一性归结为某种具体事物，这又是不科学的。机械唯物主义的物质观，是建立在近代自然科学关于物质结构理论之上的。他们认为，一切物体都由分子、原子所构成，原子是物质的最简单的、不可分割的单位。他们把原子的某些物理属性如质量不变性、不可入性、广延性看作物质不变的根本属性，世界统一于物质就是世界统一于原子。机械唯物主义克服了古代唯物主义朴素的直观性，对物质结构的认识无疑是前进了一大步。但是他们把哲学上的物质观与自然科学上的物质结构理论混同了起来，把在质上丰富多彩的物质世界，仅仅归结为原子在数量上的不同组成；他们也不懂得人对物质的认识是一个无限深化的过程，把对原子的认识看作对物质认识的最后的不可逾越的绝对界限，这突出地暴露了机械唯物主义的形而上学性，他们不能说明无限丰富的物质世界，也不能把唯物主义的世界观贯彻到底。费尔巴哈把物质世界理解为独立于人的意识之外而客观存在着的整个自然界，他肯定了世界的物质统一性，肯定一切事物统一于自然，这在对世界物质性的认识上，要比其他机械唯物主义高出一筹。然而费尔巴哈强调的物质世界是感性存在物的总和，没能概括出物质最一般的本质属性。他甚至反对哲学上的"物质"概念，在费尔巴哈看来，上帝、精神、灵魂、自我是空洞的抽象，而物、物质、实体也同样是空洞的抽象。表明他对世界物质统一性的认识仍然不够科学，比较肤浅。正如列宁所说，他虽然杰出，"但不深刻"。

真正深刻地认识了物质的本质属性并下了科学定义的，是马克思主义的辩证唯物主义哲学。恩格斯指出："物质无非是各种实物的总和，而这个概念就是从这一总和中抽象出来的。"列宁继承了恩格斯的思想，在总结自然科学最新成就的基础上，给物质下了一个完备的科学定义："物质是标志客观实在的哲学范畴，这种客观实在是人通过感觉感知的，它不依赖于我们的感觉而存在，为我们的感觉所复写、摄影、反映。"① 所以，哲学上的物质，就是指不依赖于人的意识而为人的意识所反映的客观实在，它的根本特性就是客观实在性。

辩证唯物主义的物质定义，是与唯物主义地解决哲学基本问题紧紧联系在一起的。它从物质与意识的对立统一关系中来认识物质，指出物质对于意识的独立性、根源性，意识对于物质的依赖性、派生性。它告诉我们，整个世界就是不依赖于我们的主观意识而独立存在着的客观实在，不管它的形态、属性、结构千变万化，在任何时候、任何地方、任何情形下，它都保持着这个特性，从而彻底坚持了唯物主义的一元论，贯彻了唯物主义的根本原则。形而上学机械唯物主义关于物质具有最后的界限与某些一成不变的属性的说法是经受不住科学发展的考验，也抵挡不住唯心主义进攻的。20世纪初期元素放射现象以及电子的发现，推翻了原子不变性、不可分性等观念，一些有形而上学思想的物理学家由此错误地做出"原子非物质化了"的结论，马赫主义等唯心主义者乘机向唯物主义发动进攻，叫嚷"物质消失了""唯物主义被驳倒了"。然而，辩证唯物主义的物质观并不把物质的特殊结构与物质本身混为一谈，并不把物质的原子特性同物质的客观实在性混为一谈。物理学的新发现只是说明从前人们对物质认识所达到的界限正在消失，而不是物质本身的消灭。它并不能驳倒唯物主义，只能驳倒形而上学；它不能为唯心主义提供论证，倒是为辩证唯物主义的物质观提供了科学的证明。正如列宁所指出的，人类对物质的认识是个无限深化的过程，电子也是不可穷尽的，近代物理学一系列基本粒子的发现，完全证实了这一点。

物质运动及其规律性

辩证唯物主义认为，物质是运动的主体，运动是物质不可离开的根本属性和存在形式，物质只存在于运动之中，并通过运动而显现自身。恩格斯指出："没有运动的物质和没有物质的运动是同样不可想象的。"② 我们认识物质，就是认识物质的存在形式，世界上除了运动着的物质之外，就

---

① 《列宁选集》第2卷，第128页。
② 《马克思恩格斯选集》第3卷，第99页。

什么也没有了。

辩证唯物主义确认运动为物质的根本属性，是近代科学发展的结果，而且随着科学的发展，将会得到愈来愈具体而深刻的证明。整个宇宙，从原子到太阳系，从原生物到人，无一不在运动、变化、发展之中，人类社会也是在不断地从低级向高级发展着，没有社会生活的不断运动变化，就没有人类的历史。

物质与运动是不可分离的。物质必以某种运动形式而存在，运动必是某种物质的运动。有些唯心主义者也承认世界是运动的，但是他们所承认的是没有物质的运动，是观念和精神的运动发展。然而，离开了物质，既不会有感觉、观念，也不会有概念、思维，精神运动是依赖物质运动的，是物质运动的反映。设想没有物质的运动是根本错误的。古代朴素唯物主义认为万物皆动皆变皆生皆灭，他们已天才地看到了物质世界处于永恒的运动变化之中，但是缺乏科学的论证。形而上学唯物主义只承认在外力推动下物体的机械运动，即位置的移动和数量的增减，不懂得运动是物质本身所固有的根本属性。这不仅抹杀了物质运动的辩证性，而且导致到物质以外去寻找运动的源泉，从而有可能陷入唯心主义，把上帝无须当作物质世界的"第一推动力"。只有辩证唯物主义才对物质与运动的关系做出了真正科学的说明。

辩证唯物主义肯定运动是物质存在的形式，但并不否认物质世界中存在着静止状态。不过运动是绝对的，静止是相对的。静止只是物质运动的特殊形式，世界上没有绝对静止的东西。所谓静止，就是指事物的暂时的质的稳定性，相对的平衡状态。不过，尽管静止是相对的，我们却不能忽略它，更不能抹杀它。因为物质之所以表现为千千万万的不同形态，正是由于它们有相对的静止和暂时的平衡。只有承认事物的相对静止和暂时的平衡，才能识别事物，才能把握各种事物的特殊形态，才能对不同事物进行具体的科学研究。如果抹杀物质运动的相对静止，那么一切就会处于瞬息万变、无从捉摸的状态，整个世界就会变成一片混乱了。赫拉克利特"人不能两次踏进同一条河流"的名言，生动地表达了万物运动的朴素辩证法思想，而他的学生克拉底鲁却把运动夸大到抹杀相对静止的地步，竟说人一次也不能踏进同一条河流，因为河水不断地流，这条河就不断地在变。照他这种观点，人就"什么都不能说"，因为刚说出口，这个东西早又变成另外的东西了，这就是只承认绝对的运动而抹杀相对的静止所导致的荒谬结果。

辩证唯物主义所理解的运动，是指宇宙中所发生的一切变化和过程，从最简单的位置变动起直到复杂的思维运动止。按照从低到高的次序，大体上可以划分为机械的、物理的、化学的、生物的和社会的五种基本形式。在每种基本的运动形式里，又包含着许多具体的运动形式，随着科学的发展，将有愈来愈多的物质运动具体形式被人们所认识。

辩证唯物主义认为，物质运动是有规律的运动。所谓规律是指事物、现象、过程之间的必然联系和一定如此的基本秩序。日月星辰的运动，春夏秋冬四季的更替，生物有机体的生老病死，这些都具有某种反复出现、必然如此的秩序，各种物质运动都具有自身固有的规律性。物质运动的规律性，早已被人类的社会实践和科学知识所证明。可以说，人类能在自然界中生存发展，就是自然界具有客观规律性的有力证明。

唯物主义肯定世界的物质性，必然要承认物质运动的客观规律性，从古代朴素唯物主义到近代形而上学唯物主义都是如此。当然，他们对物质运动客观规律性认识的正确程度，是很不相同的，而且必须指出，旧唯物主义虽然承认自然界的客观规律性，但却不懂得社会运动的客观规律性。只有辩证唯物主义才第一次在近代科学的基础上，揭示了物质运动最一般的辩证规律，并把这种认识贯彻到社会领域，指出社会生活本身固有的客观规律性，从而使唯物主义关于物质运动规律性的思想，真正贯彻到底。

物质世界有着本身固有的客观规律，这是辩证唯物主义的基本原理，也是我们一切工作的出发点。革命者的任务，就是认识世界，改造世界，为人民造福。如果我们按照客观规律办事，我们就能取得胜利；如果违背客观规律盲目蛮干，那么革命和建设都会遭到惨痛的失败。1949年以来正反两方面的经验教训告诉我们，大力宣传和贯彻辩证唯物主义的基本原理，坚持实事求是，一切从实际出发的原则，从各方面肃清主观唯心主义的流毒，把革命性和科学性紧密结合起来，是革命和建设事业胜利的基本保证。正如毛泽东同志所说："只要我们更多地懂得马克思列宁主义，更多地懂得自然科学，一句话，更多地懂得客观世界的规律，少犯主观主义错误，我们的革命工作和建设工作，是一定能够达到目的的。"[1]

---

[1] 《毛泽东选集》第5卷，第142页。

空间时间是物质存在的形式

由于认识水平的限制，古代朴素唯物主义没有对空间时间问题做出深刻的论述。近代形而上学唯物主义一些代表人物有把空间时间与物质分开的倾向，例如牛顿就提出了脱离物质而单独存在的所谓"绝对的"空间和时间，把空间看作盛放物质的容器，把时间看作绝对均匀流逝的和物质运动无关的纯粹的持续性。然而，在与唯心主义的斗争中，有些唯物主义者如狄德罗、费尔巴哈对于空间时间的认识已经达到了相当高的水平。他们把空间时间与物质实体紧密地联系在一起，指出离开了空间时间就没有任何存在，这些观点显然是正确的。辩证唯物主义继承了他们空间时间观的唯物主义基本出发点，在概括近代科学成就的基础上，运用辩证的观点，对空间时间的本质做出了深刻的阐述与全面的论证。

辩证唯物主义认为："一切存在的基本形式是空间和时间，时间以外的存在和空间以外的存在，同样是非常荒诞的事情。"[①] 世界上除了运动着的物质，就无所谓存在，而物质只有在空间时间之内才能运动。空间时间就是运动着的物质所固有的存在形式。

空间，指的是物质的大小、广延性、伸长性，表示事物的位置、体积和形状等特性的概念。几何学认为空间要由长、宽和高三个因素构成，所以一般称为三度空间（三维空间）。时间，指的是物质运动的顺序性、持续性，表明事物存在和运动过程进行的持续性的长短，以及各种事物、现象、运动过程出现的先后顺序、间隔长短等。时间的流逝是沿着直线永远向前一去不复返的，这就是时间的一度性（一维性），只用一个数字来表示，所谓"机不可失，时不再来"，就形象地说明了时间的不可逆性。

空间和时间是物质存在的形式，而物质是客观存在的，所以空间时间也是不依赖于人们的意识而客观实在的。唯心主义否认物质的客观存在，必然否认空间时间的客观实在性，把它们看作意识和观念的产物。其实，离开物质世界，不仅没有精神，而且也没有人类，而物质世界永恒地在空间时间中运动着，发展着，所以唯心主义的时空观是完全站不住脚的。

辩证唯物主义认为物质是无限的，所以，作为物质存在的形式——空

[①] 《马克思恩格斯选集》第3卷，第91页。

间时间也是无限的。空间时间的无限性，就是运动着的物质的无限性的表现形式。我们常常说宇宙，所谓"宇"，就是指上下四方所有的空间；"宙"，就是古往今来所有的时间，按照辩证唯物主义的观点，宇宙就是无限的。在空间上无边无际，在时间上无始无终。历史上许多时空有限论者曾一次又一次地设想时间的开端，空间的半径，但是天文学的发展总是一次又一次地打破他们所设的界限。今天，人们借助射电望远镜已可以察觉距地球上百亿光年的星系了，但这仍然不是空间的边缘，也不是时间的开端。物质不能被创造，也不能被消灭，客观世界永恒地存在着、运动着、发展着，宇宙是无边无际、无始无终的。

也许有人会问，在日常生活中我们碰到的时间、空间不都是有限的吗？是的，我们说整个物质世界在空间时间上是无限的，但每一具体的个别事物在空间时间上则是有限的。而且，无限的空间和时间正是由这种无数个有限的空间时间所构成的，这就是空间和时间的无限性与有限性的矛盾统一。要正确理解宇宙的无限性，必须具备辩证的观点。如果不懂得有限与无限的辩证法，就容易从具体事物空间时间有限性的观念出发设想宇宙，给宇宙加上时间空间上的限制，从而给宗教迷信留下了可乘之机。因为宗教迷信的核心思想就是肯定在现实世界之外还存在着天国——即超时空超现实的"神"的世界。所以，坚持辩证唯物主义的时空观是坚持科学的世界观的一个重要条件。

意识是物质高度发展的产物

物质与意识是世界上两种最基本的事物。唯心主义主张意识第一性物质第二性，唯物主义则坚持物质第一性意识第二性。那么意识的本质究竟是什么？它的起源与作用又是怎样的呢？这是一个古老而又困难的问题。两千多年来，唯物主义朝着正确解决这个问题的方向坚定地前进着。古希腊的德谟克利特把人的灵魂说成是由比较精致圆滑而富于活动性的原子构成，反对唯心主义的灵魂不灭论，这是唯物地解释意识现象的最初尝试。我国古代朴素唯物主义者范缜把人的肉体与精神形象地比喻为刀刃与锋利的关系，他们强调意识对物质的依赖性，意识是物质的作用与功能，这是正确的。但是由于受科学水平的限制，这些观点只能说是机智的比喻，谈不上科学的论证。形而上学唯物主义者狄德罗、费尔巴哈把意识看作人脑的产物和属性,而人本身则是自然界的最高产物,这种关于意识来源于物质的思想是唯物主义的,是很有价值的。然而他们的论证毕竟没有达到科学的水平,特别是他们不懂得意识不仅是自然的产物,而且也是社会的产物这样一个重要问题。只有辩证唯物主义才真正科学地解决了意识的起源与本质的问题。

科学告诉我们,在人类产生之前,地球已经存在几十亿年了。开始,地球上只有无机物质,无机物是没有感觉的,当然更没有意识了。无机界长期发展的结果出现了有机界,产生了生命,这是物质发展中的一个伟大的质的飞跃。因为有生命的生物,具备一种与一切无机物质不同的反映外界的能力——"刺激感应性"。植物与低等动物没有神经系统,就是靠着这种刺激感应能力使它们能够适应变化了的外界条件,保持新陈代谢的正常进行。所以刺激感应性已经包含了感觉的萌芽,某种类似感觉的能力。低等动物发展到高等动物,出现了专门的反应组织——神经系统,指挥全身神经的司令部就是大脑。动物通过大脑的指挥使自己的活动适应于不断变化着的外界环境而获得生存和发展。由于有了大脑,动物不仅有简单的感觉,而且具有比较复杂的知觉、表象、情绪等。大脑比较发达的高等动物如猴、猩猩等已经非常聪明,经过训练之后可以侍候病人,带领小孩,完成各种复杂的动作,它们具有各种喜怒哀乐的情绪和记忆联想等能力,这种动物心理已经发展到了很高的程度。

然而,再高级的动物心理还不是意识,意识是人脑特有的产物。生物由低级向高级发展终于出现了人和人类社会,最复杂最完善的大脑——人的大脑出现了。人类社会的形成标志着一种比生物运动更高级的物质运动形式——社会运动的诞生。这是物质世界发展过程中又一次伟大的飞跃,也是物质反映特性发展的又一次伟大的飞跃,动物心理变成了人的意识。大家知道,人是在改造自然界的环境中,在劳动中由猿转化而来的,人的意识也是在这种活动中由动物心理发展而来的。劳动创造了人,劳动创造了人的意识。人的劳动一开始就是集体的社会的劳动,所以意识不仅是物质自然发展的结果,也是社会的产物。马克思恩格斯指出:"意识一开始就是社会的产物,而且只要人们还存在着,它就仍然是这种产物。"[①]

[①] 《马克思恩格斯选集》第1卷,第35页。

总之，意识是物质自然界经过漫长发展到出现人类社会时的产物，意识既是自然界发展的产物，也是社会的产物，意识就是人的大脑——高度发展高度完善的物质的属性和机能。

意识是对客观存在的能动反映

意识是人脑的属性，大脑是意识的器官，但是光有大脑是不会产生意识的。唯物主义认为意识是客观存在的反映，没有被反映者就谈不上有反映，脱离了客观物质世界就不可能有任何意识。

人的意识主要是感觉和思维。历史上的唯物主义者，有些把意识主要归结为感觉，认为一切知识都是感觉观念的组合，他们就是感觉论者（经验主义者）。另有一些则片面夸大理性思维，对感觉在反映客观事物中的作用，采取贬低甚至抹杀的态度，他们是唯理论者（理性主义者）。也有某些杰出的唯物主义者如费尔巴哈，既重视感觉在认识中的作用，也承认理性思维在认识中的必要性。但是由于缺乏辩证观点，仍然不能把感觉和思维二者科学地统一起来。把意识对客观存在的反映，看作像照镜子似的消极直观。只有辩证唯物主义才科学地论证了人的头脑对客观世界的反映过程。

人对客观世界的反映首先是感觉，感觉是意识的初级形式，它是对物质世界的直接反映，它只能反映出事物的具体特性而不能反映出一般本质，所以是一种初级的意识，但它是构成一切复杂的意识现象的基础，没有感觉就不可能有认识。一切知识都要从感觉经验开始。

思维是意识的高级形式，它能反映事物的本质和规律，所以是人所独有的一种意识现象。感觉反映事物的现象，思维抓住事物的本质。然而思维离不开感觉，思维是在感觉材料的基础上经过抽象作用而形成的，所以思维的内容仍然来自物质世界。关于思维的来源及其与感觉的关系，所有的旧唯物主义者，包括费尔巴哈，都没有加以科学地解决。

总之，感觉是对客观世界的反映，思维离不开感觉，也是对客观世界的反映，它们的内容，都来源于客观世界。列宁说："我们的感觉、我们的意识只是外部世界的映象；不言而喻，没有被反映者，就不能有反映，被反映者是不依赖于反映者而存在的。"[①] 所以人人都应该使自己的意识如

[①] 《列宁选集》第2卷，第65页。

实地去反映客观实际，符合客观实际。

许多旧唯物主义者把意识对存在的反映，看作人脑像镜子那样被动接受外界事物的活动，所以我们称之为消极直观的反映论。唯心主义虽然重视意识的能动作用，但却把意识夸大为客观世界的创造主，这是根本错误的。只有辩证唯物主义才第一次在唯物主义基础上正确地解决了意识的能动作用问题。辩证唯物主义认为，意识是对物质的反映，这种反映是能动的，不像镜子那样简单地、消极地反映外界，它能够以不同程度对事物及其规律性的反映为基础，提出一定的观点、理论、思想体系，并提出一定的目的、主张、计划，来指导人们改造自然和社会的实践斗争。意识通过人们的实践活动反作用于客观世界，引起客观世界的变化，这就是意识的能动作用。列宁说："人的意识不仅反映客观世界，并且创造客观世界。"[①]就是指的这个意思。

意识的能动作用，并不排斥意识对客观存在的依赖关系，并不违背物质第一性意识第二性的基本原理。只有反映了客观存在的意识，才具有正确指导人们行动的价值，就这一点而言，意识是一刻也不能脱离客观存在的。当然，只要是正确地反映了客观存在的意识，就能指导人们进行各项卓有成效的实践活动，创造出大批优秀的物质文化财富，不断地改变客观世界的面貌，这就显出了意识的伟大的能动作用。辩证唯物主义关于意识能动作用的原理，既驳斥了颠倒物质和意识关系的唯心主义，又克服了形而上学唯物主义的消极直观性。

正确地发挥意识的能动作用，这是科学性的表现；不适当地夸大意识的能动作用，无视物质条件，蔑视客观规律，则是盲目蛮干。"人有多大胆，地有多大产""不怕做不到，就怕想不到"，是实际工作中的主观唯心主义口号。一切革命人民要正确地懂得辩证唯物主义关于意识能动性的科学道理，坚决抵制和克服各种唯心主义的影响。

唯物主义历史观是唯一科学的历史观

把辩证唯物主义的原理推广应用到人类社会，就产生了历史唯物主义。

[①] 《列宁选集》第38卷，第228页。

人类生活在社会之中，因此，关于社会的问题，早已引起思想家、哲学家们的注意。社会的发展变化是物质世界各种运动形式中最高级最复杂的运动形式，因此，对它的认识是十分困难而复杂的。在马克思主义产生之前，也出现过一些有关社会发展的正确见解，但是，从总体上说，马克思主义以前的历史观是唯心主义的，错误的，社会历史的理论还没有成为一门真正的科学。

马克思恩格斯怀着彻底解放无产阶级的崇高目标，给自己提出了"必须重新研究全部历史"的艰巨任务，他们把科学的辩证唯物主义推广到人类社会，彻底应用于社会历史领域，系统地阐明了历史唯物主义的理论，创立了唯物主义的历史观，从而揭示了社会发展的秘密。

物质与意识的关系问题贯彻到社会领域，就是社会存在与社会意识的关系问题，这是社会历史观的基本问题。马克思恩格斯的杰出贡献，是第一次科学地阐明了社会存在决定社会意识的根本原理，从而使社会历史理论真正奠定在唯物主义的基础之上。正是在这个基础上，马克思恩格斯提出了关于社会基本矛盾的学说，指明了社会发展的一般规律，创立了关于阶级斗争和无产阶级专政的理论，科学地阐明了人民群众在历史上的地位和作用。所谓社会存在，是指社会的物质生活条件，首先是人们在物质生产领域中的活动以及人们在生产过程中的经济关系。社会意识就是人们的精神生活，即指导人们活动的各种观念、理论和观点，包括各种意识形态。马克思主义的历史唯物主义深刻地指出，决定社会的面貌及其发展的根本原因不是人的思想动机或神的意志，也不是地理环境或人口等等，而是社会物质生活条件，即生产方式内部的矛盾运动。人们在进行各种社会活动之前，必须吃、穿和住，也就是说必须要有物质生活条件，即必须先进行物质资料的生产。因而在各种社会生活现象中，物质资料的生产是其他社会生活现象的决定性因素，是整个社会历史发展的动力和基础。生产力的性质和水平决定生产关系的性质，而生产关系决定着人们的思想和行动；因而生产关系是整个社会的经济基础；而一切政治、法律、宗教、哲学等社会意识形态及各种制度，都是建立在一定的社会经济基础之上，并受一定的经济基础制约的上层建筑。马克思说："物质生活的生产方式制约着整个社会生活、政治生活和精神生活的过程。不是人们的意识决定人们的存在，相反，是人们的社会存在决定人们的意识。"①

马克思主义的历史唯物主义还正确指出，生产力与生产关系是互相作用的：生产力决定生产关系，生产关系反过来影响生产力的发展。生产力是最革命最活跃的因素，它不断在发展中；生产关系则是相对稳定的因素。因此新的生产关系，当它适合于生产力的发展时，它促进生产力的发展；而当它落后于生产力的发展时，就成为后者的桎梏，这就必须粉碎旧的生产关系，建立新的生产关系，以适应生产力的新发展。这时社会革命的时机就开始到来。在阶级社会中，就必须通过阶级斗争，来粉碎旧的生产关系，旧的社会经济制度，并建立新的生产关系，即新的社会经济制度；而且随着社会经济基础的变化，整个社会的上层建筑，即政治、法律等社会意识形态及其制度，也会相应地发生变化。社会就由一种社会经济形态过渡到另一种社会经济形态。人类社会从原始社会经奴隶社会、封建社会到资本主义社会发展的历史，就是循着这条客观规律前进的；而资本主义必然为社会主义—共产主义社会所代替，则是这条规律所规定的历史发展的必然结果。人们只能以自己的行动加速或延缓这个必然性的实现，而无法阻止这个必然性的实现。这样，历史唯物主义就使社会主义从空想变成为科学。它并告诉人们：人类社会发展的历史，归根到底是物质资料生产方式发展的历史，而物质生产的主体是人民群众，因而只有人民群众才在社会发展中起决定作用，才是历史的创造者。

历史唯物主义的创立，使"人们过去对于历史和政治所持的极其混乱和武断的见解，为一种极其完整严密的科学理论所代替"②，使人们对社会历史的认识变成为科学。

第四节　辩证唯物主义与历史唯物主义区别于旧唯物主义的根本特点

辩证唯物主义与历史唯物主义的产生是哲学发展中的伟大革命。马克

---

① 《马克思恩格斯选集》第2卷，第82页。
② 《列宁选集》第2卷，第443页。

思主义哲学是唯物主义发展的最高形式与科学形态，同以往一切唯物主义哲学相比有着根本不同的特点。

无产阶级革命人民的哲学

马克思主义哲学和以前一切哲学的首要区别在于它是无产阶级的世界观，是无产阶级用来领导劳动人民为改造旧社会，建立社会主义—共产主义新社会而奋斗的精神武器。

毛泽东同志明确指出，马克思主义哲学一个显著的特点是它的阶级性，公然申明辩证唯物主义是为无产阶级服务的。我们知道，在阶级社会中，一切哲学都是有阶级性的，反映了一定阶级的利益和要求。从两千多年哲学发展的历史中可以清楚地看到，马克思主义以前的唯物主义哲学，尽管都是代表社会进步力量的意识形态，但大多是反映剥削阶级利益的。古代朴素唯物主义代表了奴隶主民主派的利益，17、18世纪形而上学唯物主义则是近代新兴资产阶级利益的反映。由于与广大劳动人民利益不一致，剥削阶级从来不敢承认自己哲学的阶级性，而把它说成是超阶级的、全民的哲学，以便欺骗劳动人民，夺取政权，维护本阶级的统治。以往的唯物主义哲学，尽管在当时的历史条件下是哲学思想中的杰出成就，但由于阶级的局限性使它们不可能完全如实地反映世界的本来面目，当然不可能指导劳动人民为消灭阶级剥削与阶级压迫、根本改变旧世界而斗争。马克思主义的哲学唯物主义则完全不同，它代表了被剥削的工人阶级和全体劳动人民进步人类的根本利益，所以它无须掩盖自己的阶级性，公开申明自己是为工人阶级服务的。工人阶级是人类历史上最进步最革命的阶级，它要彻底改造旧社会，消灭一切压迫和剥削制度，它的利益与社会发展的进程是完全一致的，所以马克思主义的哲学唯物主义作为工人阶级的世界观和方法论，根本不需要歪曲现实，它只需要正确地反映世界，它是科学的客观真理，是指引革命人民推翻旧世界建设新世界的强大精神武器。

实践基础上科学性和革命性的统一

马克思主义产生以前的一切旧哲学，都不懂得实践，特别是人民群众革命实践的意义，不理解实践在认识过程中的重要作用，即使是唯物主义哲学也是如此。它们把实践与认识割裂开来，排斥实践于整个认识过程之外，从而陷入了消极的、直观的，以至机械的反映论。马克思以前的有些唯物主义者，如费尔巴哈有时也讲"实践"，但是他们不能正确地把实践理解为能动地改造客观世界的物质的活动，而是把它错误地理解为一种消极的感性的直观，也就是说，他们不能把人的认识对象正确地看作人的劳动的对象，而仅看作一种消极的直观的对象，从而就根本不了解"革命的""实践批判的"活动的意义，不能正确理解认识对实践的依赖关系，不能真正懂得认识过程的辩证法。正如马克思曾经指出过的，从前的一切唯物主义的主要缺点，就是在于它们不了解实践活动的意义，把客观世界只当作被反映的对象来理解，不是把客观世界当作人们改造的对象来理解。

马克思主义的科学唯物主义吸取、继承了以前唯物主义在认识论方面的一切优秀成果，尤其是唯物主义反映论方面的成果；同时又对它们做了革命性的发展。马克思主义的科学唯物主义十分强调实践在认识过程中的作用，把实践的观点看作马克思主义认识论的首要的、基本的观点，强调认识对实践的依赖关系，强调实践是认识的来源和基础，以及是检验真理的客观标准，从而把认识与实践辩证地统一了起来。它既彻底地批判了各种各样的唯心主义认识论，又彻底地克服了旧唯物主义认识论的消极性和直观性，创立了辩证唯物主义的能动的反映论。

辩证唯物主义的反映论认为，认识不仅是客观实在的反映，而且是客观实在的能动的反映。这就是说人的认识并不是消极、被动地反映客观世界的，而是在改造客观世界的实践过程中能动地反映客观世界的。没有实践就不会有认识。这是因为不论感性认识还是理性认识，都是在改造客观世界的实践过程中产生的，并且是在实践的基础上获得辩证统一的。辩证唯物主义反映论还认为，认识的真理性问题，即人的认识是否正确反映客观实在的问题，只能依赖于实践才得以解决，没有实践的检验，就无法确定认识的正确和错误。辩证唯物主义的认识论还正确地指出，认识是随着实践的发展而不断发展的。人的实践活动是一个无限发展的过程，人的认识活动也是一个无限发展的过程。"实践、认识、再实践、再认识，这种形式，循环往复以至无穷，而实践和认识之每一循环的内容，都比较地进到了高一级的程度。这就是辩证唯物论的全部认识论，这就是辩证唯物论的知行统一观。"①

马克思主义哲学鲜明的实践性，还意味着它的理论都要付诸实践，指导实践，化为人民群众的行动，成为改造世界的物质力量。与一切旧哲学不同，它不是坐而论道的书斋哲学，而是指导无产阶级革命实践的革命的哲学。马克思主义理论之所以重要，就在于它指导革命的实践，否则它就失去了意义。正如马克思所指出：以往的哲学，只是用不同的方式解释世界，而他的哲学则不仅是解释世界，更重要的是改造世界。马克思主义哲学在指导无产阶级改造客观世界的革命实践中，为无产阶级制定正确的纲领、路线、方针和政策，制定科学的工作方法，提供革命的理论基础。马克思主义哲学的生命力就在于它的实践性。它随着革命实践的发展而不断丰富和发展自己，使无产阶级的革命事业从胜利走向新的胜利。

唯物主义与辩证法的有机结合

马克思主义的哲学唯物主义第一次使唯物主义与辩证法达到科学的、有机的结合，这是它与旧唯物主义的又一个根本区别。

大家知道，在古代朴素的唯物主义哲学中，辩证法与唯物主义是统一在一起的。但是，因为缺乏科学的基础，这只是一种朴素、直观的统一，随着哲学的发展这种统一就被破坏了。在近代资产阶级的唯物主义中，唯物主义和辩证法是彼此分离的，唯物主义是形而上学的，而辩证法则被以黑格尔为代表的唯心主义所发展。世界的物质性及其运动发展的辩证性，本来是统一不可分的。这就是说，唯物主义本质上应该是辩证的，辩证法本质上也应该是唯物主义的，物质世界就是辩证运动的主体和根源。但是，由于阶级和认识水平的局限，在马克思主义以前，唯物主义与辩证法的分离达到了十分尖锐的程度。形而上学限制着唯物主义，辩证法则受到唯心主义的窒息，唯物主义与辩证法都不能得到彻底的贯彻。辩证唯物主义的创立解决了这个尖锐的矛盾。马克思主义的辩证唯物主义，继承了历史上一切唯物主义关于世界物质性的正确观点，认为"世界的真正的统一性是在于它的物质性"。但是，马克思主义所说的"物质"既不是古代朴

---

① 《毛泽东选集》第1卷，第273页。

素唯物主义所称的"火""土""气""水"等"始基",也不是近代机械唯物主义所认为的抽象的"实体",或某种具体的事物——"原子",而是指人的意识之外的一切客观实在,是客观世界无限丰富多彩,千变万化的现象的统一本质。这个"物质"是辩证的、能动的,它是遵循着固有的规律永恒地运动、变化、发展的。这样,辩证法同唯物主义第一次在科学的基础上达到了有机的统一,使唯物主义与辩证法达到了自己的最高的历史形态。这种结合使唯物主义与辩证法都能贯彻到底,使人类第一次得到了真正科学的世界观。

自然观与历史观的完整统一

马克思的唯物主义还有一个区别于旧唯物主义的根本特点,那就是把唯物辩证的自然观与唯物辩证的历史观统一了起来,即辩证唯物主义与历史唯物主义的统一。一切马克思主义以前的唯物主义,不论是古代的朴素唯物主义还是近代的机械唯物主义,它们在自然观上虽然是唯物主义的,但是在社会历史观方面却都是唯心主义的。马克思主义以前的唯物主义都属于剥削阶级的世界观,剥削阶级的偏见使他们总认为自己所代表的剥削制度是人类社会中最神圣、最美好的制度,是历史发展的终点。他们只知道从人的思想意识中,即从本阶级的阶级意识中去寻找社会发展的动力,而不能从劳动人民所创造的客观的社会物质生活条件中去寻找这种动力,从而无法认识社会历史的客观规律,无法对社会历史的发展达到科学的认识。马克思以前的许多杰出的唯物主义哲学家,如古代的原子论唯物主义者伊壁鸠鲁和19世纪德国的唯物主义者费尔巴哈等人,他们都是唯心史观的拥护者,如费尔巴哈把决定社会面貌及其发展的力量归结为人类的天赋本性——爱。历史上也有一些旧唯物主义者企图从客观的社会条件中去寻找这种力量,但是,由于受历史条件和阶级的局限,他们都不能最终摆脱唯心主义的历史观。如18世纪法国的唯物主义者爱尔维修提出了"人是环境的产物"的见解。但是,他把"人的环境"错误地归结为政治制度和法律制度,得出了"法律造成一切"的错误结论;并认为法律和政治制度都是个别统治者任凭自己的意志制定的,从而又兜了一个圈子,最终回到了"英雄人物创造历史"的唯心史观的立场。又如18世纪法国的启蒙思想家孟德斯鸠提出了"地理环境决定论"。他认为客观的地理环境对社会的发展有决定意义。然而这种理论无法解释这样一个事实：地理环境往往要在千百年中才有细微的变化，而在千百年中，甚至在几十年中，人类社会却往往会有巨大的变化。为了说明这种事实，法国唯物主义者不得不把这种变化归结为"法律""教育"和统治者的意志，从而深深地陷入了"意志决定世界"的唯心史观的泥潭。这种自然观与历史观的尖锐对立，使得所有的旧唯物主义者处于下半截的唯物主义与上半截的唯心主义这种自相矛盾的状态。旧唯物主义哲学这个严重的缺陷，使唯心史观在历史上统治人们的思想达几千年之久。

马克思恩格斯认为，应该将辩证唯物主义的世界观贯彻到社会历史领域，对社会科学进行全面彻底的改造。恩格斯说："我们不仅生活在自然界中，而且生活在人类社会中，人类社会同自然界一样也有自己的发展史和自己的科学。因此，任务在于使关于社会的科学，即所谓历史科学和哲学科学的总和，同唯物主义的基础协调起来，并在这个基础上加以改造。"[①] 马克思恩格斯在近代资本主义的历史条件下，坚定地站在无产阶级立场上，亲自参加了工人运动，总结了无产阶级革命斗争经验，分析研究了历史上的社会现象和当时资本主义社会的状况，批判地吸取了先进的思想资料，坚定地捍卫了唯物主义的世界观，同唯心主义历史观针锋相对，在创立辩证唯物主义的同时创立了历史唯物主义，从而把唯心主义从历史观中驱逐出去，使历史观破天荒第一次奠立于科学的基础之上，使唯物主义哲学真正贯彻到底。历史唯物主义的创立是人类科学思想中的最大成果。

马克思主义的辩证唯物主义与历史唯物主义是一个完整的整体，是一个完整的世界观体系，列宁说："在这个由一整块钢铁铸成的马克思主义哲学中，决不可去掉任何一个基本前提、任何一个重要部分，不然就会离开客观真理，就会落入资产阶级反动谬论的怀抱。"[②] 正是这个严密、完整、科学世界观的诞生，宣布了全部旧哲学的终结，从而使唯物主义的发展史，人类认识的发展史，进入了一个崭新的阶段。

---

① 《马克思恩格斯选集》第4卷，第226页。
② 《列宁选集》第2卷，第332—333页。

结束语

通过本书的叙述我们可以看到，两千多年的唯物主义哲学发展史就是人类研究世界本质，探索宇宙真理的认识发展史。历史事实清楚地表明，马克思主义的唯物主义哲学是唯物主义发展的最高形式与科学形态，它批判地继承了古代朴素唯物主义和近代机械唯物主义的一切优秀成果，概括和总结了人类科学思想的伟大成就，成为一种最先进最完备的唯物主义哲学。与先前的唯物主义相比，它丰富得不可估量和彻底得无可比拟。它是人类伟大的认识工具，是革命人民改造客观世界和主观世界锐利的思想武器。

马克思主义哲学是马克思主义全部学说的理论基础，是无产阶级政党制定路线、方针、政策的理论基础。国际共产主义运动和我国革命与建设事业曲折发展的历史，一再地证明了这样一个真理：无产阶级政党只要真正把马克思主义哲学作为自己的理论指南和行动向导，一切从实际出发，实事求是，在尊重客观规律的基础上发挥主观能动性，使主观与客观相一致，就会排除一切艰难险阻，从胜利走向新的胜利。反之，如果不坚持用唯物主义原则来观察和处理问题，主观和客观相分裂，认识和实践相脱离，犯主观主义和唯心主义的错误，就会使人民的事业遭到巨大的损失甚至产生灾难性的后果。今天，我们从事的社会主义现代化建设事业，是一个空前伟大而艰巨的任务，为了胜利实现这个任务，我们必须坚定不移地贯彻执行党经过拨乱反正之后重新确立的马克思主义实事求是的思想路线和各项方针政策。而学习唯物主义发展史将使我们更好地认识辩证唯物主义的科学性和革命性，从而帮助我们深刻地理解党的路线和方针政策的精神实质，提高我们执行和捍卫党的正确路线的自觉性，为胜利实现党所提出的宏伟目标而奋斗!

辩证唯物主义既是无产阶级的世界观,又是唯一正确的方法论,它对于革命和建设事业具有普遍的指导意义。各行各业,无论是工农业生产、科学技术还是党政工作,只有按照辩证唯物主义与历史唯物主义的原则办事,才有可能正确认识各种工作的客观规律性,避免各种不必要的失误和挫折。学习唯物主义发展史,我们可以更自觉地、正确地掌握科学唯物主义这个伟大的认识工具,恢复和发扬党的优良传统,改进工作方法和工作作风,从而使我们少犯错误,搞好工作,在各个岗位上取得优异的成绩,对人民做出更大的贡献。

党中央明确指出,我国四个现代化的关键是科学技术的现代化。恩格斯告诉我们,一个民族要想站在科学的高峰,就一刻也不能没有理论思维。"但理论思维仅仅是一种天赋的能力。这种能力必须加以发展和锻炼,而为了进行这种锻炼,除了学习以往的哲学,直到现在还没有别的手段。"[1] 学习唯物主义发展史,通过总结人类认识史上的经验教训,可以有效地培养和发展我们理论思维的能力,开阔眼界,活跃思路,促进我们思想方法的科学化与现代化,从而有力地帮助我们攀登科学技术的高峰。干部群众广泛而自觉地学习马克思主义哲学和哲学发展史,这是开发我们民族智慧的一个必要途径,也是我们国家兴旺发达的一个重要标志。

辩证唯物主义与历史唯物主义揭示了物质世界和人类历史发展的客观规律,指明了社会前进的必由之路及其最终归宿——共产主义。相信唯物主义的正确性就要相信共产主义的必然胜利,就要树立共产主义必然实现的坚定信念。马克思主义的唯物主义世界观也就是共产主义的世界观。共产主义思想是社会主义精神文明的核心。因此,我们要通过学习唯物主义发展史来促进社会主义精神文明的建设,培养高尚的精神境界和道德品质,建立和发展体现社会主义精神文明的新型社会关系,自觉抵制各种资产阶级思想的侵袭和腐蚀,使我们的社会主义事业永葆革命的青春和活力。

伟大的革命导师列宁教导我们:"要理智地、自觉地、有效地投身于

---

[1] 《马克思恩格斯选集》第3卷,第465页。

革命,就必须学习。"① 马克思主义并没有结束真理,而是为我们认识真理开辟了无限广阔的道路。随着社会实践的发展,辩证唯物主义与历史唯物主义也要不断地得到丰富和发展,人类认识真理的活动,永远也不会完结。为了祖国和人类美好的未来,让我们努力学习、努力工作、努力奋斗吧!

---

① 《列宁选集》第26卷,第310页。

中 篇 后 记

本书第一章由夏基松编写，第二章由戴文麟编写，第三章由朱亮编写，最后由夏基松负责统稿。限于水平，缺点、错误在所难免，恳希广大读者指正。

编者

1983 年 8 月

下篇：论文

孔子思想的历史渊源和阶级实质

一

孔子是一个划时代的思想家和教育家，他对我国的文化和教育的发展有过重要的贡献，这是大家所公认的。但是，他的政治态度如何？他的学术思想代表了那一个阶级的利益？这些却是当前学术界争论不决的问题。有人说孔子宣扬"爱人"，他的学说是人道主义的；有人说孔子长期为封建统治阶级奉为至圣，他的学说是封建地主阶级的；还有一些人则认为他的学说所反映的是奴隶主贵族的利益。孔子的学术思想在我国历史上有过重大的影响，以至在今天还残留着一定的影响。判明这种思想的阶级实质，不仅有一定的理论的意义，而且有一定现实的意义，本文试图从：一、孔子思想的历史渊源，二、孔子所处的历史条件及其政治立场，三、孔子思想的主要内容及其阶级实质这三个方面，来阐明他的思想所反映的是没落的奴隶主贵族的利益。

任何一种学说都有自己的历史渊源，孔子的学说也不例外。追本求源，探明孔子思想的历史渊源，对于理解它的阶级实质有一定的意义。众所周知，提倡孝悌，宣扬礼乐是孔子学说的重要内容。但是，它们并不是孔子所首倡的，而是我国古代奴隶主贵族的一种传统意识。这个问题是与我国奴隶社会的特点有密切联系的。我国古代的奴隶制社会和典型的古希腊社会不完全相同，它保存了某些氏族制的残余。恩格斯在《反杜林论》中写道，远古的原始社会是没有阶级的氏族社会，阶级的出现通过两条道路，一是通过氏族的对外征伐，使族外的战俘变为奴隶。二是通过氏族内部的分化，一部分氏族成员上升为奴隶主；另一部分成员沦落为奴隶。在通常的情况下，这两条道路是互相交错的，而中国奴隶社会的出现走的主要是前一条道路，我国历史上第一个有史可据的奴隶主王朝是商朝。商朝就是一个以许多同姓别氏族为主体而结合起来的氏族联盟式的奴隶主国家。商族通过武力把大批异族变为奴隶，而本族的人都成了奴隶主贵族。继商之后的是周。周由于在克商前还处于氏族社会的末期，它在克商后继立起的奴隶主王朝，比商保留了更多的氏族制残余，它把征服了的殷（即商）民族及其他异族，整族整族地沦为奴隶，并派遣本族的各个支族（也有少数是与本族有婚姻关系的亲戚和功臣），以它们的族长即诸侯为领导，去各异族充当奴隶主和统治者。各诸侯在本国，又以同样的方法分封自己的子弟为卿大夫，分别管理和奴役这些异族奴隶。西周就是这样一个保存了氏族制残余的，也即是以宗法制度维系起来的奴隶主国家，《荀子·儒效》记载：周公"兼制天下，立七十一国，姬姓独居五十三人"。《左传》昭公二十八年记载："昔武王克商，光有天下，其兄弟之国者十有五人，姬姓之国者四十人，皆举亲也。"说的就是周族的这个殖民建国过程的概况。

我国古代奴隶社会由于保留了氏族制的某些残余，因而具有一个特点，阶级的划分和宗族的划分相一致。奴隶主属于同一个宗族，奴隶属于同一个宗族。

意识形态是反映经济基础的上层建筑。上述经济基础的特点，决定了我国古代奴隶主贵族的意识形态的特点。

第一是提倡"亲亲"的思想，即提倡孝悌观念。这个道德方面的特点是和当时的宗法制度密切相关的。殷周的奴隶主贵族由于属于同一个宗族，他们的"宗族"观念和"国家"观念是合一的。从他们看来，宗族的利益就是国家的利益，对于宗族的孝就是对国家的忠，提倡宗族内部幼辈对长辈、族人对族长的服从，就是提倡国家政权内部下级对上级、臣属对君长的服从。而且，对于离开氏族社会不久的奴隶主贵族来说，强调血统的关系和宗族的利益，比其他方式都容易唤起阶级内部的团结。在《国语》和《左传》中，就记载了许多以"族人相亲"。"兄弟谗阋，侮人百里"等一类的话来调节统治阶级内部矛盾的故事。这就是我们在《周书》和金文中可以随处看到有"元恶大憝，矧惟不孝不友"[①]，"用孝养厥父母"，"有孝有德"等重视和宣扬孝的文句，而很难找到有重视和宣扬忠的文句的原因。

---

① 意思是说："为民大怨的首恶，就是不孝不友的人。"

第二是宣扬礼。礼，原是各个民族在长年的原始生活中日积月累而形成的风俗习惯。它在原始社会时期具有调整氏族内部关系的作用，到了阶级社会，则随氏族制度的解体而逐渐消失了。但是，由于商和周保存了氏族制度的残余，它们的这种风俗习惯就被保存下来，并且盖上了阶级烙印，获得了适应于奴隶制度的发展，从而变成了一种调节统治阶级内部关系，维护奴隶社会等级制度的行为规范和典章制度，即殷礼和周礼。殷礼和周礼由于对于殷人和周人具有习惯性的约束作用，因而得到了殷周统治阶级的十分重视。他们把礼尊奉为立国的根本，和"经国家，定社稷，序民人，利后嗣"的圭臬。"礼，国之干也。"（《左传》襄公三十年）"礼，国之纪也。"（《国语·晋语四》）"礼，王之大经也。"（《左传》昭公十五年）"礼，政之舆也。"（《左传》襄公二十一年）……从这一类话中可以看出周人对周礼的推崇。

第三是"刑不上大夫"。商和周的奴隶主贵族在本阶级内部实行礼，而对于奴隶则经常使用血腥的刑罚。《礼记·曲礼》说"礼不下庶人，刑不上大夫"，荀子也说："由士以上，则必以礼乐节之，众庶百姓，则必以法数制之。"（《荀子·富国》）当然，这种区分是相对的，奴隶主严重地违反了礼，破坏了社会秩序，也会遭到一定的刑罚，则所谓"出礼则入于刑"。但是，这只能算是一种例外。

第四是重视祭祖。宗教从来是反动派用来麻痹人民群众的思想工具，我国古代奴隶主贵族在宗教方面的特点是，除敬天外，并十分重视祭祖。重视祭祖这个特点也是与当时的宗法制度密切相关的。对于当时的奴隶主来说，"慎终追远"，"祭祀祖先"，既能收到愚昧人民群众，巩固对奴隶的统治的效果，又能达到加强奴隶主内部团结的目的。试看保留于《商书》中的殷王盘庚对他的属下的训辞：

> 汝有戕则在乃心，我先后绥乃祖乃父。乃祖乃父，乃断弃汝，不救乃死。兹予有乱政同位，具乃贝玉。乃祖乃父，丕乃告我高后曰：'作丕刑于朕孙！'迪高后丕乃崇降弗祥。（《盘庚》中）[①]

[①] 意思是说："你们若居心不良，我的先王便会革除你们先祖、先父在天上的职位，你们的先祖、先父受到你们的牵连，就会抛弃你们，不来拯救你们的死亡，我有了如此乱政的臣属，只好拿贝和玉去祈祷，你们的先祖、先父便会告诉先王说：惩罚我的子孙吧，于是先王便会向你们大降不祥。"

从这些话里，可以看出殷人重视祭祖的原因。

由于生产实践和自然知识的发展，周人对于"天"开始有了怀疑。"天不可信"，"天畏悲忱"① 等一类的话在《周书》中屡有所见，但是为了愚昧人民群众，他们仍然以隆重的仪式敬天祭祖，《孔祀·表祀》说，"周人尊礼尚德，事鬼敬神而远之"，这说出了一般周人的宗教态度。

总之，周人提倡孝悌，宣扬礼乐和重观祭祀等等的目的，都是在于维护奴隶社会的经济制度和奴隶主贵族的政治统治。而孔子的思想就是这些思想的继续和发展。不过由于孔子所处的时代的特殊性，他的思想也不可能不具有历史的特色。

二

那么孔子所处的历史条件是怎样的呢？

孔子生活于春秋末叶，这是一个从奴隶社会向封建社会过渡的历史时期。我国的奴隶社会到了西周末叶，由于生产力的进一步发展，开始走上了下坡路。氏族的公田开始变为士大夫或其他家族的私田，耕作公田的奴隶相应地转化为耕作私田的农奴。这表明奴隶制度逐渐解体，新兴的封建主义的生产关系在奴隶社会的母胎中不可抑制地成长起来了。

随着奴隶社会的解体，社会的阶级结构也相应地发生了变化，除出现了封建主和农奴这两个新的剥削阶级和被剥削阶级外，还出现了一些新的中间阶层，自由商人、自由手工业者和自由农民即庶人。中间阶层的来源是奴隶的解放和贵族的沦亡。这个阶层是封建主和奴隶主贵族争取的对象。同时，某些奴隶上升为庶人或剥削阶级，以及贵族沦落为庶人或奴隶，它们表明了旧的氏族制残余的破坏。从此以后，人们再不能以血统来辨别阶级了。

社会基础的变化带来了上层建筑的变化，国家的政权通过激烈的阶级斗争而转移了，天子的大权逐渐旁落到诸侯的手里，诸侯的大权逐渐旁落到卿大夫的手里，卿大夫的大权逐渐旁落到陪臣的手里。到了春秋战国之交，即在孔子诞生前后的一百年间，至少在齐、晋、鲁、郑、宋等几个国

---

① 意思是说："上天并不是具有威力的。"见《周书·康诰》。

家中，新兴的封建主阶级，即这些国家的卿大夫或陪臣已开始在政治上取得优势。

社会基础的变化也带来了意识形态的变化。奴隶主的传统的"亲亲"观念以及他们的礼乐制度也开始崩坏了。臣弑君（如晋武公弑晋侯缗）子弑父（如楚穆王弑楚成王，晋灵侯弑晋素侯）弟弑兄（如公子州吁弑卫恒公）等的事件屡见不鲜，懒礼废乐的残余更是习以为常。几百年的旧秩序开始分崩离析。历史进入了大转变的年代。

在这大动荡的时局面前，不同的阶级提出了不同的主张。代表了新兴的封建主和商人利益的人，积极主张废除旧制度，建立新制度；废除旧秩序，建立新秩序。这一派的代表人物是郑国的子产。他在郑国重新厘定田界，分沟壑，"作丘赋"，"铸刑书"，做了种种政治上和经济上的革新。在意识形态方面，则极力反对各种宗教和唯心主义观念，宣扬"天道远，人道迩"，"吾无求于龙，龙亦无求于我"的唯物主义思想。应指出，由于刚开始成长的新兴封建主阶级和商人的经济上。政治上的软弱性，这一派人的革新态度与后来的法家相比是十分温和而不彻底的，他们有很多妥协性。但是从当时看来，他们都是左派。

代表没落的奴隶主贵族的利益的人们则与前一派人物相反，他们顽固地反对各种革新的主张和措施，企图挽救崩溃中的旧秩序和旧传统，让历史的车轮倒转。这一派的代表人物可以举晋国的贵族叔向。叔向对当时的各种革新疾恶如仇，特别是对于子产的刑书更是进行了激烈的攻击。他说：

> 先王议事以制，不为刑辟，惧民之有争心也……民知有辟，则不忌于上，并有争心，以征于书，而徼幸以成之，弗可为矣，……今吾子相郑国，……铸刑书，将以靖民，不亦难乎？…将弃礼而征于书，锥刀之末，将尽争之……郑其败乎。（《左传》昭公六年）

假如把他的话概括起来，那就是，"刑不上大夫"是天经地义的原则，奴隶主贵族的特权是神圣不可侵犯的，假如破坏了这些原则和特权，那么，国家就不能长保。不言而喻，他所说的国家不过是奴隶主贵族的国家罢了。

那么，孔子的政治态度是怎样的呢？这只要仔细地考察一下他的言论和行动，就不难看出，他是应该被列入后一派人物的行列的。

孔子生长于鲁国，春秋末叶的鲁国是列国中旧传统最深的国家。在当时，其他国家的礼乐已崩溃不堪了。这个国家却豢养着一批"儒"，专门传授礼文，指导礼仪。晋国转宣子聘鲁，惊叹"周礼尽在鲁矣！"就是这方面的一个证据。

孔子出身于一个富有保守传统，但是已没落了的贵族家庭。他是宋公族、鲁大夫的后裔。《左传》与《国语》记载，他的祖上都是一些"让国不授""执事有恪"的典型的顽固、保守人物。

在这种家庭和环境的熏陶下成长起来的孔子，他的政治思想的落后与保守是可想而知的了。他"为儿嬉戏常陈俎豆"；老衰时，又经常以不梦周公为憾。他的政治纲领是：

> 天下有道，则礼乐征伐自天子出。……天下有道，则政不在大夫。天下有道，则庶人不议。（《季氏》）
> 周监于二代，郁郁乎文哉，吾从周。（《八佾》）

这个纲领，用现代的话来解释，就是要新兴地主阶级把政权归还给奴隶主贵族，不许人民群众过问政治，让历史的车轮倒转，重新实行周公时代的奴隶主贵族专政。

孔子的政治态度的保守性更明显地表现在他的政治实践上。他从政的时间虽然很短，但执行自己的政治纲领却十分坚决。这可以从下列两件事中看出来：

第一件是他"为鲁摄相，朝七日而诛少正卯"。少正卯是鲁国的一个革新者。孔子一登上政治舞台就向他开了刀。而宣布的罪状，仅仅是"居处足以聚徒成群""言谈足以饰邪营众"等（《荀子·宥坐》）一套无中生有的话，看来，他办罪的根据是少正卯好议，而他的政治原则是"天下有道，则庶人不议"。

第二件是"堕三都"。三都，就是季孙氏的费邑、叔孙氏的郈邑和孟孙氏的成邑。这三个城池是旧日陪臣"叛乱"的三个根据地，也是鲁三桓的三个政治中心。孔子企图毁掉它们的目的，一方面果然是预防陪臣的负隅作乱；另一方面，却企图削弱三桓的政治力量，迫使它们把政权归还给鲁侯，以达到"天下有道，则政不在大夫"的政治理想；从而为最终实现"天下有道，则礼乐征伐自天子出"的最高理想奠定基石。

根据以上的材料可以看出，孔子的政治态度的保守性是十分明显的。但是，有一些人却坚持相反的主张，他们认为孔子在政治上是一个革命者，根据的材料是《论语》的下列两段话：

公山弗扰以费畔，召，子欲往。子路不说，曰："末之也已，何必公山氏之之也！"子曰："夫召我者而岂徒哉？如有用我者，吾其为东周乎？"（《阳货》）

佛肸召，子欲往。子路曰："昔者，由也闻诸夫子曰：亲于其身为不善者，君子不入也。佛肸以中牟畔，子之往也如之何？"子曰："然，有是言也。不曰坚乎！磨而不磷；不曰白乎！涅而不缁。吾岂匏瓜也哉，焉能系而不食？"（《阳货》）

坚持这种主张的人认为：既然孔子企图参加革命的叛乱，那么他在政治上是一个革命者是无可怀疑的了。其实，这种理解是不正确的。孔子虽曾打算接受公山弗扰和佛肸的召请，但是他的动机并不是去参加封建主义的革命和建设，而是去寻找机会，恢复奴隶主的政权。因为他说得很清楚：假如有人用他，他就要在东方建立一个成周式的奴隶主专政的王国。

三

了解孔子的历史时代和政治态度是了解孔子思想的阶级实质的前提。孔子的政治态度的保守性决定了他的学术思想的保守性。孔子的学说，不过是我国古代奴隶主贵族的传统意识在新的历史条件下的继续和发展，而它的任务无非是为了维护奴隶社会的旧制度，反对封建主义的新制度；挽救奴隶社会的旧秩序，攻击封建主义的新秩序。这可以从下面几个方面看出来。

第一，孔子积极提倡正名。

《论语》中有下列两段话：

> 子路曰：卫君待子而为政，子将奚先？子曰：必也正名乎！（《子路》）
>
> 季康子问政于孔子……。孔子对曰：政者正也。子帅以正，孰敢不正。（《颜渊》）

从这两段话里可以看出，孔子是把正名看作统治者的首要任务的。他为什么如此重视正名呢？汉朝的董仲舒在《春秋繁露·深察名号》中替他做了解释：

> 名者，圣人之所以真物也、名之为言真也。……欲审曲直，莫如引绳；欲审是非，莫如引名；名之审于是非也，犹绳之审于曲直也。诘其名实，观其离合，则是非之情，不可以相谰已。

董仲舒的解释是正确的。从这个解释中可以看出，孔子所说的正名，其实质就是替社会定是非善恶的准则。在孔子的时代，旧秩序、旧传统正在分崩离析，是非善恶的观念发生了变化，过去的"是"，现在被人攻击为"非"；过去的"善"，现在被人诅咒为"恶"了。作为历史唯心主义者的孔子看来，这种"世风日下""人心不古"的变迁，乃是当时社会的一切变乱的根源。而要拔除这个祸根，就必须重申是非善恶的准则。即重新提倡旧秩序和旧观念，让大家继续按老规矩办事，按旧传统生活。

第二，他提倡礼治，反对法治。

孔子大力宣扬周礼。这是和他的正名主义相一致的。孔子提倡正名主义的目的是恢复周礼，同时，也只有恢复了周礼才能实现他的正名主义。

前面说过：周礼是巩固我国古代奴隶社会等级制度的一种重要的工具。但是到了孔子的时代，它已经随着奴隶制度的瓦解而崩坏不堪了。下面是从《论语》中摘录下来的若干有关材料：

> 孔子谓季氏，八佾舞于庭，是可忍也，孰不可忍也！（《八佾》）
>
> 子曰：……邦君树塞门，管氏亦树塞门；邦君为两君之好，有反坫，管氏亦有反坫。管氏而知礼，孰不知礼？（《八佾》）
>
> 子贡欲去告朔之饩羊。子曰："赐也，尔爱其羊，我爱其礼。"（《八佾》）

从这些材料中，一方面可以看出孔子对于"礼坏乐崩"的愤慨心境；另一方面，也可以看到当时"礼坏乐崩"的严重程度；在当时，连孔子的得意门生也不把礼乐放在心里了。

但是，孔子却逆着时代的潮流，大力提倡恢复周礼。

孔子虽不反对给周礼做某些适应于潮流的修改，但这只能够是形式方面的，至于周礼的实质，他决不容许有较大的变动：

> 子曰"麻冕，礼也；今也纯，俭，吾从众。拜下礼也，今拜乎上，泰也；虽违众，吾从下。"（《子罕》）

孔子拘守于周礼，并不是由于他癖爱周礼的那些烦琐的规定和仪式，而是因为他清楚地知道：这是一种约束人们行动、巩固奴隶社会等级制度的重要规范。在他看来，人的一言一行必须受周礼的约束，否则，社会上就会到处出"乱子"；奴隶制度就无法巩固：

> 子曰："恭而无礼则劳，慎而无礼则葸，勇而无礼则乱，直而无礼则绞。"（《秦伯》）
>
> 子曰："……动之不以礼，未善也。"（《卫灵公》）
>
> 子曰："君子博学于文，约之以礼，亦可以弗畔矣夫。"（《雍也》）

孔子的这些言论，也和其他很多言论一样，并没有什么独创的地方，多半是前人舆论的重复。如周内史早在孔子一百多年前就说过：

> 礼，国之干也。……礼不行则上下昏，何以长世。（《左传》僖公十一年）

这一段话就是与上述孔子的言论相类似的。不过孔子的礼学也有它自己的特点，即有它不同于旧传统的地方。那就是按照历史的传统，礼是不下庶人的，而孔子却把礼的对象扩大到了"庶人"这个阶层。这不仅是由于孔子本人的出身接近于这个阶层，更主要的还在于"庶人"这一个原属于奴隶的底下层的阶层，现在已上升为一个介于奴隶主与奴隶之间的中间力量，并且成了封建主的政治上的经常支持者。因而把礼扩大到这个阶层，就能使他们也受到周礼的熏陶和约束，从而使他们的行动也纳入周礼的规范。

孔子一方面提倡礼治，另一方面却主张对人民施行残酷的刑罚。这有两件事可以为证：

一是子产主张对人民使用严刑，孔子热烈拥护。《左传》昭公二十年记载：

> 郑子产有疾，谓子大叔曰，"我死，子必为政，唯有德者能以宽服民，其次莫如猛，夫火烈，民望而畏之，故鲜死焉；水懦弱，民狎而玩之，则多死焉。故宽难。"……仲尼曰："善哉！政宽则民慢，慢则纠之以猛。"

二是孔子任鲁相的第七天就杀了少正卯。

从这两件事中，还可看到"温良恭俭让"的孔子在革命的人民面前的另一副面孔。

不过熟谙历史的孔子也清楚地知道，对于人民群众光使用暴力是不够的，另外，还必须用"恩赐"的办法——"德治"去软化他们。而且，用这一种办法比用前一种办法能收到更深远的效果。

> 子曰："道之以政，齐之以刑，民免而无耻；道之以德，齐之以礼，有耻且格。"（《为政》）

孔子的"德治"也有劝说统治者减轻对人民的剥削，以缓和阶级矛盾的意思。这虽是站在奴隶主立场上讲的话，但也不无若干可取之处。然而，有一些人却因而得出了提倡"德政"是孔子的一个独特贡献的结论，那就难以令人同意了。因为"德政"与"威刑"相结合，原是周人的一种传统的统治艺术。早在周朝建国之初，周公就在《康诰》中，教导自己的子弟，在对奴隶进行"文王之罚""刑兹无赦"之外，还必须行施"德政"。他在这一篇不满千字的简短训辞中，提到"德"的地方就有七处之多。后来，到了春秋时代，继续周公的这种言论，大谈"德政"的也是不乏其人。关于这方面的材料《国语》和《左传》中所载甚多，恕不在这里一一列举。

孔子虽拥护"刑"政，但反对法治。前面说过刑罚主要是用于奴隶的，而法"贵平"，它不管奴隶或奴隶主，要求他们人人遵守，这无疑是对奴隶主特权的一种否定，也是对奴隶社会等级制度的一种破坏。因此，在孔子的当时，"礼治"还是"法治"，就成了革新者和保守者的争论的一个焦点。如前所述，子产和叔向由于站在不同的立场，对于这个问题就曾经展开过激烈的争论。孔子在这个问题上，也和其他许多问题一样是站在保守派方面的。《左传》记载：昭公二十九年晋国的赵鞅铸刑鼎，孔子就全力反对。他提出的理由是：

> 夫晋国将守唐叔之所受法度以经纬其民，卿大夫以序守之，民是以能尊其贵，贵是以能守其业。贵贱不愆，所谓度也。……今弃是度也，而为刑鼎。民在鼎矣，何以尊贵？贵何业之守？贵贱无序，何以为国？

这一篇大道理，不过是在此二十三年以前，保守主义者叔向反对子产铸刑书时所讲的大道理的翻版。他和叔向一样，把奴隶主贵族的特权看作立国的基础。而认为实行法治就是对这种特权的破坏，因而把它说成是亡国的祸根。

第三，他提倡孝悌。

与孔子的礼学密切相关的是孔子的孝悌观念。孝悌是我国奴隶主贵族的传统的道德规范。到了孔子的时代由于氏族制残余的进一步破坏，它们遭到了社会的进一步奚落。在当时，不仅子弑父、弟弑兄的事件屡有发生，就是孔子的某些门弟子也认为大力提倡孝悌已经不合时宜了。

> 宰我问："三年之丧，期已久矣！君子三年不为礼，礼必坏；三年不为乐，乐必崩。"……子曰："予之不仁也。……予也有三年之爱于其父母乎？"（《阳货》）

但是，为了维护奴隶制度，孔子却力图挽救这既倒的狂澜，把孝说作道德的根本和治国的根本。

> 有子曰:"……君子务本,本立而道生,孝弟也者,其为仁之本与!"(《学而》)
>
> 或谓孔子曰:"子奚不为政?"子曰:"书云:孝乎,惟孝,友于兄弟。施于有政,是亦为政;奚其为为政?"(《为政》)

孔子不仅继承了"孝"这个传统性的道德规范,并且对它做了进一步的发挥,他明确地把孝解释为"服从"。

> 孟懿子问孝,子曰:"无违。"(《为政》)

他还认为这种服从是绝对的、盲目的。不仅生前要服从,就是死后也要服从;不仅正确的意见要服从,就是错误的意见也要服从。

> 子曰:"父在观其志;父没观其行。三年无改于父之道,可谓孝矣!"(《学而》)
>
> 子曰:"事父母几谏,见志不从,又敬不违,劳而不怨。"(《里仁》)

就这样,孝这个道德规范通过他这样的发挥,不仅成了巩固奴隶主贵族内部团结的有力武器,而且成了麻痹劳动人民,培养劳动人民奴隶性格的有力武器。下面一段话,深刻地说出了孔子提倡孝的本意:

> 有子曰:"其为人也孝悌,而好犯上者鲜矣。不好犯上,而好作乱者未之有也。"(《学而》)

提倡孝悌是为了防止人们"犯上作乱"。从这里可以看出,孔子学说的政治思想性是十分鲜明的。

第四,他提倡信天命、敬鬼神。

前面说过,"事鬼敬神而远之"是一般周人的宗教态度,而孔子的宗教态度就是这种态度的继续,他平时很少谈论"鬼神"与"天道"。关于这一点《论语》中有不少记载:

> 子不语怪、力、乱、神。(《述而》)
>
> 季路问事鬼神。子曰："未能事人，焉能事鬼！"曰，"敢问死！"曰，"未知生，焉知死！"(《先进》)
>
> 子贡曰："夫子之文章可得而闻也，夫子之言性与天道不可得而闻也。"(《公冶长》)

正是在这个问题上，孔子受到了墨子的猛烈抨击。墨子把他批为一个"以天为不明，以鬼为不神"的人。有人就根据墨子的这个批评，把孔子说成是一个无神论者，这是与事实不相符的，因为墨子对孔子的批评本是一种夸张。孔子虽很少谈论"鬼神"，但并不否认鬼神的存在，而且极力提倡祭祀鬼神，并且把"敬鬼神"说成统治阶级的一种智慧和艺术。

> 樊迟问知，子曰："务民之义，敬鬼神而远之，可谓知矣。"(《雍也》)
>
> 曾子曰："慎终追远，民德归厚矣。"(《学而》)

同样，孔子虽很少谈论"天道"，却经常谈论"天"，他把天说成是一个有意识的主宰。关于这方面的材料《论语》中也是不少的。

> 子曰："不怨天，不尤人，下学而上达，知我者其天乎？"(《宪问》)
>
> 子曰，"天生德于予，桓魋其如予何！"(《学而》)
>
> 子见南子，子路不说，夫子矢之曰"予所否者，天厌之！天厌之！"(《雍也》)

然而有人认为，孔子言"天"都是在抒发感慨的时候，这不足以证明他是一个宗教唯心主义者，这种说法是有一定道理的。但是我们可以从另一些材料中证明孔子对"天"的意识化。

《左传》中记载了不少下面一类的故事：

> [传] 十六年，春，陨石于宋五，陨星也；六鹢退飞，过宋都，

风也。周内史叔兴聘于宋，宋襄公问焉。曰："是何祥也？吉凶焉在？"……（内史叔兴）退而告人曰："君失问。是阴阳之事，非吉凶所生也。吉凶由人，吾不敢逆君故也。"（僖公十六年）

夏，大旱。公欲焚巫尪，臧文仲曰："非旱备也。修城郭，贬食省用，多稼劝分（有无相济）、此其务也。巫尪何为！天欲杀之，则如勿生；若能为旱，焚之滋甚。"公从之，是岁也，饥而不害。（僖公二十一年）

从这些故事中可以看出：在春秋时代，人们对于"怒风疾雷"等自然现象已经有了两种不同的理解。唯物主义者认为这是一种"阴阳之事"，是一种无足畏惧的自然的物质过程。而宗教唯心主义者却把它看成是一种天意的表现，因而对之恐惧、祈祷。孔子在这个问题上是属于后者之列的。因为在《论语》中清楚地记载着：他"敬天之怒"，"迅雷风烈必变"（《乡党》）；他因"凤鸟不至河不出图"，而叹"吾已矣夫！"（《子罕》）

由于把天看成是一个有意识的主宰，孔子大力提倡"信天命"。

他认为：人的命运是由上天预先安排妥当的，任何人都不应该违背上天的安排，也不可能违背上天的安排；而应该安于现状，知足常乐，做一个"安分守己""循规蹈矩"的君子。

孔子曰："君子有三畏：畏天命，畏大人，畏圣人之言。"（《季氏》）

子曰："不知命者无以为君子也。"（《尧曰》）

孔子大力宣扬"天命"论的目的也和他宣扬周礼的目的一样，无非是要人们安于自己的阶级地位和等级制度，以巩固奴隶社会的旧秩序。

第五，他大力宣扬仁。

孔子的思想不仅总汇了奴隶主贵族的传统意识，而且在它们的基础上做出了重大的创造。孔子学说的创造性，主要表现在他的仁的学说中。

有人认为"仁"这个道德规范是孔子首先提出来的，这是与事实不符的。"仁"这个字，虽不见于卜辞、金文和周正的《周书》，但是至少早于孔子一百余年以前就有人经常宣扬它了。《国语》中就记载了许多关于宣扬仁的言论。如晋献公的太子申生曾说：

> 吾闻之：仁不怨君、智不重困，勇不逃死，……吾将伏以俟命。（《国语·晋语》二）

晋国的却至也说过：

> 至闻之：武人不乱，智人不诈，仁人不党。（《国语·晋语》六）

既然在孔子以前，就有人以"吾问之""至闻之"的口吻宣扬仁，那么，仁这个道德规范并不是孔子的创造物，是无可怀疑的了。

又有人认为，"仁"这个字虽不是孔子创造的，但是把"仁"解释为"爱人"却是他的新贡献。这种说法也是与事实不符合的。因为早在孔子以前就有许多人用"爱人"来解释"仁"了。如晋悼公曾解释"仁"说：

> 仁，文之爱也。……爱人能仁，……言仁必及人。（《国语·周语》上）

晋国的骊姬说：

> 爱亲之谓仁。（《国语·晋语》）

孔子虽没有创造"仁"这个概念，但是对它却做了许多创造性的发挥。这主要有下面两个方面：

第一，孔子把"仁"解释为一种内心心理，从而把"仁"从道德的领域扩展到心理的领域。

前面说过，孔子是根据传统的观念来解释"仁"的。但是在很多场合，他对"仁"又做了许多其他的解释：

> 樊迟问仁。子曰："居处恭，执事敬，与人忠；虽之夷狄不可弃也。"（《子路》）

  颜渊问仁。子曰："克己复礼为仁。"（《颜渊》）

  子张问仁于孔子，孔子曰："能行五者于天下为仁矣。"请问之。曰："恭、宽、信、敏、惠。"（《阳货》）

  子曰："……仁者必有勇，勇者不必有仁。"（《宪问》）

  子曰："刚、毅、木、讷近仁。"（《子路》）

  子曰："予之不仁也，……予也有三年之爱于其父母乎?!"（《阳货》）

  子曰："人而不仁，如礼何？人而不仁，如乐何？"（《八佾》）

  初看起来，这些解释好像很不一致，其实，它们是统一的，因为孔子不仅把"仁"理解为一种道德规范，而且把它理解为一种内心心理。在孔子看来，"仁"既是一种道德规范，又是一种内心心理。它作为一种道德规范，是其他各种道德规范的核心，作为一种内心心理则是各种道德规范的源泉，而各种道德规范乃是这种心理的不同场合的具体表现，如这种爱人的心理表现于对待父母，就是孝，表现于对待兄弟，就是悌；表现于对待朋友，就是信；表现于教人危难而不怯，就是勇，等等。就通过这种解释，孔子把当时奴隶主的各种道德规范统一了起来，并且把它们构成为一个完整的体系，从而创造了一个体系的伦理学说。

  第二，孔子把"仁"理解为一种天赋的心理，从而把他的仁学，以至把他的整个学说唯心主义化。

  孔子并没有直接考察和论证人心善恶的问题，也没有直接论及"仁"的来源问题。但是，他在心目中是把"仁"看作一种天赋的心理的。在他看来，人（不包括劳动人民）生来就有一种爱人之心，仁者始终保存了这种心理，常人则失掉了这种心理。仁者是罕见的，但并不是不可及的；常人只要能努力修身，努力克制不应有的欲念，使自己的行动符合规矩（周礼），即致力求仁，仁是可以获得的。

  子曰："克己复礼为仁。……为仁由己，而由人乎哉？"（《颜渊》）

  子曰："仁远乎哉，我欲仁，斯仁至矣！"（《述而》）

那么，怎样能够做到克制不应有的欲念，做到爱人之心呢？

孔子提出了一个"恕"字，依孔子的解释是"己所不欲，勿施于人"。换句话说，就是以爱己之心去推爱别人。孔子认为，假如人经常能做到恕，那么，就能获得仁，把自己磨炼成一个仁者。正是在这个意义上，孔子把"恕"看作和"仁"一样，是贯穿于他的全部学说的东西。

> 子贡问曰，"有一言而可以终身行之者乎？"子曰，"其恕乎！己所不欲，勿施于人。"（《卫灵公》）
>
> 子曰："参乎！吾道一以贯之。"曾子曰："唯。"门人问曰："何谓也？"曾子曰："夫子之道，忠恕而已矣。"（《里仁》）

综上可见，孔子的仁学是唯心主义的。由于仁学是孔子的政治、伦理等学说的核心，孔子通过对"仁"的唯心主义化，也把他的整个学说唯心主义化了。

提倡"爱人"，提倡"己所不欲，勿施于人"，这不是一种进步的思想吗？有人受了孔子的这些美丽动听的言辞的诱惑，因而把他推崇为一个伟大的人道主义者与解放奴隶的救世主。这是一种误解。其实，孔子的仁学是有极其鲜明的阶级性的。这可以从下面两点看出来：

首先，孔子以明确的阶级观点区别人。他把人区分为君子与小人，即剥削者和劳动者两大类，而认为，只有剥削者天生有爱人的心理，至于劳动人民，那是根本没有什么爱人之心可言的。

> 子曰："君子而不仁者有矣夫，未有小人而仁者也。"（《宪问》）
>
> 子曰："民之于仁也，甚于水火。水火，吾见蹈而死者矣，未见蹈仁而死者也。"（《卫灵公》）

其次，孔子以爱憎分明的阶级立场对待人。他认为，爱人，只限于爱君子，而不能爱小人；只限于爱剥削者，而不能爱劳动者。并且把对君子的爱，与对小人的恶结合起来。认为，欲爱君子就必须恶小人，不恶小人就无以爱君子。

子曰："唯仁者能好人，能恶人。"（《里仁》）

子曰："我未见好仁者，恶不仁者。好仁者无以尚之，恶不仁者，其为仁矣。不使不仁者加乎其身。"（《里仁》）

总之，孔子虽提倡爱人，但把爱的对象局限于剥削阶级的范围。他所提倡的爱，是剥削阶级内部的爱，是奴隶主互相之间的爱；至于对劳动人民，他认为只能对之以"恶"，最多，也只能给予一些"高贵"的"怜悯"罢了。从这里怎能得出"解放奴隶的人道主义者"的结论呢？

那么，孔子为什么在当时要大力宣扬仁呢？他除了为了对劳动人民进行一些欺骗和做一些无可奈何的让步外，主要的还在于，在过去，孝悌观念，即"亲亲"思想是加强奴隶主贵族内部团结的道德规范，到了西周以后，特别是到了孔子的时代，这些道德观念因宗法制度的破坏而被人们淡漠了，为了继承维系统治阶级内部的团结，缓和它们的内部矛盾以同心协力对付阶级敌人，就必须提倡"仁"这个新的道德规范来补充或代替过去的"亲亲"思想的缘故。附带补充一句，奴隶主贵族在西周以前，只强调孝；西周以后，突然提出了"仁"，并大力宣扬仁，其原因也在这里。

四

综合以上的分析，应该得出的结论是：孔子在政治上是一个保守主义者，他的政治、伦理、哲学等方面的学说虽然并不是没有丝毫进步的方面和合理的因素，但是在本质上是保守的，它们是古代奴隶主贵族的传统意识在新的历史条件下的继承和发展，而最终的目的是挽救土崩瓦解中的旧秩序，维护日趋没落的奴隶主贵族的国家政权。当然，这是就孔子思想的阶级实质而说的，并不能因而否认他是一个划时代的思想家，更不能因而否认他的某些历史突出的贡献。如他改变了"学在官府"的历史状态，把学术流入民间，从而揭开了春秋战国时代的"百家争鸣"的序幕，为我国文化开创了新的局面；如他的教育学说方面的某些合理的思想，以及从教育实践中得出来的某些认识论方面的唯物主义的结论，等等。这些，只是由于不属于本文所探讨的范围，因此没有在这里阐述。

至此还必须回答一个问题。既然孔子的思想所代表的是奴隶主贵族的利益，那么，为什么它会长期被封建统治阶级奉为经典呢？这是由于奴隶制度与封建制度是两种类似的剥削制度。它们在本质上有相同之处。宣扬盲目服从，维护等级制度的孔子思想，虽然是春秋时代的奴隶主贵族的思想，但对于取得了政权的封建统治者说来，它只要略加修改，仍然不失是一种统治人民的有效工具。这就是我国的封建地主阶级在革命时期，他们极力反对孔子的学说，以至发展到"焚书坑儒"；而当取得了政权，即走上了反动的历史道路后，就如获至宝地接受。改造并发展了这种哲学，以至罢黜百家，定儒术于一尊的根本原因。

最后，必须声明，作者在哲学史方面还处于启蒙阶段。写这篇文章是为了提供讨论，其中问题和错误在所难免，希望大家指正。

（原文载于《孔子哲学讨论集》，《哲学研究》编辑部编，中华书局1962年版）

物质可以穷尽的形而上学观点的破产

——关于物质是否无限可分的争论

恩格斯曾经说过：自然科学家们不熟悉哲学史，因此，"几百年前在哲学中已经确定了的命题，在哲学中早已被废弃了的命题，却常常在理论的自然科学中出现为全新的智慧，并且在一个时候甚至成为时髦的东西"。（《自然辩证法》第24页）事实确实是这样。当前物理学中正在争论的一个"时髦"问题——基本粒子可否分割的问题，实际上却是一个在哲学史上争论了好几千年，并且早在一百多年以前就已被马克思主义哲学解决了的古老问题——物质可否无限分割的问题。

一

物质可以无限分割吗？远在几千年以前，在哲学产生后不久，哲学家们就对这个问题有争论了。

在中国，早在春秋战国时候，就有人提出了物质无限可分的思想："一尺之棰，日取其半，万世不竭。"（《庄子·天下篇》）另外有一些哲学家（墨子学派）则反对这种主张。他们认为：对于体积有限的物体是不可能无限分割的，分到后来，一定会遇到"尽头"（他们称之为"端"），不能再分下去了。他们在《墨经》中写道："非半弗？则不动，说在端。""端，是无同也。"（《墨子》卷十）

在外国，例如在古希腊，也很早就出现了这种争论。还在两千多年以前，唯物主义哲学家阿那克萨哥拉就提出了物质无限可分的观点。他说：万物是由很小的种子构成的，种子里有更小的种子，更小的种子里有比它再小的种子，"小中有小"，万物是无限可分的。另一位著名唯物主义哲学家德谟克利特则反对这个见解。他像中国墨子学派的哲学家一样，认为对于体积有限的物体是不可能无限分割的，分到最后，一定会遇到一种不可再分的最小单位。这种最小单位，他名之为"不可分者"。后来中国人把它翻译为"原子"，这就是著名的原子论。

在古希腊，对于这个问题的争论，除了上面两派人的意见以外，还有第三派的意见——唯心主义派的意见。爱利亚学派哲学家芝诺认为，肯定物质无限可分是错误的，这会得出任何物体的体积既是零，又是无限大的悖论。他的理由是：假如一个物体可以分割为无限个部分，那么，它的每一个部分是否还有体积呢？假如没有，那么作为各个部分的总和的该物本身的体积就等于零了；假如有，那么该物的体积就无限大了，因为无限个部分的总和应该是无限大呀！（这是错误的，从数学分析的观点看来，无穷小量是一个趋近于零，但并不等于零的变量。无限个无穷小量的和，不等于无穷大，也不等于零，而是一个可能具有任何值的有限量）他们提出这种诡辩的目的不在于论证物质的不可无限分割，而是根本否认物质的存在。他们荒诞地说：麻烦来自承认了物质。根本不承认世界的物质性，争论也就没有必要了。

这场争论在西方延续得很长久。后来的哲学家，有的同意阿那克萨哥拉的可分说，如笛卡尔等；有的同意德谟克利特的不可分说，如伽桑狄等；有的同意芝诺的意见，根本否认物质的存在，或根本否认人对物质的可以认识，如康德等。他们都提不出多少新的见解，只是重复前人的争论罢了。

在哲学史上，首先对这个问题做了辩证的解答的是德国著名唯心主义哲学家黑格尔。黑格尔认为，连续性与分离性是对立的统一，物质既是连续的又是可分割的，不能用一个方面来否认另一个方面。黑格尔的这一个观点是有合理内核的，但也只是一种天才的猜测罢了。

只有马克思主义才对这个问题做了唯物的和辩证的解决。恩格斯根据自然科学的材料对于这个问题做了不少论述。他认为：物质是不能机械地无限分割的。任何物体分割到一定限度，就会引起质变，转化为他物，永远不会引起质变的无限分割。即机械的无限分割是不可能的。但是物质是可以辩证地无限分割的，即可以遵循量变引起质变的辩证规律，无穷无尽地分割下去。正是在这个意义上，恩格斯把分子、原子等，看成是物质分割的无穷系列中的各个"关节"。

后来,列宁在《哲学笔记》《唯物主义与经验批判主义》等著作中也阐发了同样的思想,并预言了电子是不可穷尽的。

最近,《红旗》编者在《关于新基本粒子观的对话》一文的按语中写道:"世界是充满着矛盾的。万事万物都是对立的统一。没有一个事物不存在矛盾,没有一个事物是不可分的。一分为二,这是个普遍的现象,这就是辩证法。……"这是根据毛主席"一分为二"的辩证法思想,对于这个马克思主义哲学原理的重要阐发。

二

"物质是无限可分的"这一个马克思主义哲学原理,不仅对于哲学工作者有指导意义,而且对于科学工作者的宇宙观和认识论也有重要的指导意义。历史上有许多科学家,由于无视于这个原理,他们在物理学中重复哲学史上早已解决了的争论,并走上了迷途。

在物理学史上,关于物质是否无限可分的争论大体可分为两个时期。第一个时期争论的是原子可否分割的问题,第二个时期争论的是基本粒子可否分割的问题。

大体说来,自16世纪初,近代物理学产生的时候起,到1911年原子有核结构发现的时候止,是争论的第一个时期。在这个时期的开始,肯定物质无限可分(机械的)的亚里士多德的物质观,在物理学和化学中占统治地位。后来,由于科学实验的发展,原子论就逐渐被科学家们所承认。特别是从1803年起道尔顿用原子论解释了定比定律,提出了倍比定律,并测出了一些元素的原子量,这以后,原子论就从一种古老的假设,变成为科学的理论,从而为自然科学家们所普遍接受。但是,科学事实只证明了物体(宏观物体)是由原子构成的,并没有证明原子的"不可分性"。正如恩格斯在《自然辩证法》中所指出:建立在科学事实基础上的原子论,应该是"与所有已往的原子论不同"的"新原子论",即决不把原子看成是"单纯的东西""不可再分的东西"的原子论。但是缺乏辩证法头脑的资产阶级科学家们不可能理解这一点,他们错误地把旧原子论当成科学,把原子不可再分的形而上学主张信为真理。于是,"原子是构成整个世界的最小砖石"就成了当时科学家们不容置疑的信条,正像中世纪人把"太阳绕地球运转"当成是不容置疑的信条一样。

科学家们还从上述形而上学的见解中引申出另一种形而上学的见解——"真理的可穷尽性"。他们认为,既然原子是构成整个世界的最小砖石,那么,当人们认识了原子以及它们的运动规律以后,客观真理就被认识穷尽了,科学的发展就到顶了。因此,到了19世纪末叶,当经典物理学发展到比较完善的程度,人们能应用它说明几乎所有客观的物理现象的时候,他们就错误地认为这个时刻已经到来。他们欢呼认识世界的任务已经基本完结。他们说:今后物理学家将无所作为了,至多也只能"在前人已经计算出了的数字的小数点后面,再加上几个数字罢了"。

但是好梦不长,接踵而来的一系列新的科学发现粉碎了旧的原子论,同时也粉碎了企图建立"最终理论"的科学家的美梦。

伦琴射线的发现(1895)、放射性的发现(1895)以及电子的发现(1897)等等一系列新的发现,彻底否定了原子不可再分的形而上学观点,有力地证实了马克思主义关于万物无不有矛盾,无不可分割的光辉的辩证法思想。但是,为形而上学思想僵化了头脑的资产阶级物理学家们无法理解这一些。他们在客观辩证法面前困惑不解,惊慌失措,陷入了一团混乱之中。许多物理学家在这种混乱的情景之下,经受不了狡猾的实证主义的诱惑,纷纷从原来坚持原子不可再分的形而上学立场,堕落到否认物质(原子)存在和否认物质(原子)可以认识的唯心主义、不可知论的立场;从坚持可以穷绝真理的绝对主义立场,堕落到否认客观真理的相对主义立场。他们惊呼:"原子消灭了!""物质消灭了!""真理没有了!""物理学毁灭了!""宗教复兴了!"法国著名物理学家彭加勒在《科学的价值》一书中就是这样写的:"镭是一个革命者,它带来了物理学的危机。物质毁灭了,以物质为研究对象的物理学也跟着毁灭了。"

但是,也有不少物理学家不满于实证主义的这种梦呓式的胡言乱语,企图继续坚持唯物主义的立场。然而他们的唯物主义是形而上学的,他们无法以僵死的形而上学观点来解释客观、生动的辩证法。他们不能说明原子破裂转化为他物等科学事实,无法理解普遍适用于宏观低速现象的经典力学的真理,同适用于高速现象的相对论力学的真理之间的辩证关系。于是他们彷徨、苦恼,以至对科学丧失信心。著名物理学家洛伦兹曾因此而绝望地哀叹："在今天，许多人提出了与昨天他们说过的话完全相反的主张；在这样的时代，真理已经没有标准了，也不知道科学是什么了。我很悔恨，我没有在这些矛盾出现的五年前死去。"个别科学家甚至走上了自杀的道路。形而上学真是害人不浅呀！

争论的第二个时期大体是从1911年原子有核结构的发现开始的，它一直延续到现在。

在这个时期里，由于生产和实验技术的发展，科学研究进一步深入到了原子内部。1911年卢瑟福发现了原子的有核结构，证实原子并不是不可再分的最小单位，而是由一个带正电荷的小而且重的核，和一个或几个绕核运动的核外电子组成的。1927年建立了关于微观粒子的运动规律及其性质的基本理论——量子力学。1932年发现了中子和正电子。此后，新的基本粒子逐年有所发现，到现在为止，被发现的基本粒子已经增加到一百多种（包括共振态）。在这个时期里，原子不可再分的主张再也听不到了。但是，基本粒子代替了前一个时期的原子的地位。基本粒子还能分割吗？它是不是构成世界的最小砖石？反映它的运动规律的量子场论是不是"最终的理论"？这一些就成了当前物理学家争论的中心。

关于基本粒子可否再分这个问题的回答，像在前一个时期里一样，大体上有三种：

第一种回答是辩证唯物主义的。它坚持了"物质无限可分"的原则。列宁早在1908年就预言了电子（基本粒子）是不可穷尽的。但是在当时，资产阶级物理学家们都不能接受它，它在物理学中暂时没有得到反应。

第二种回答是形而上学的。它否认基本粒子的可分性，把基本粒子看成是万物的"始源"，把量子场论看成是"最终的理论"。

第三种回答是唯心主义（实证主义）的。它干脆不承认基本粒子的存在，而把基本粒子归结为一种为了描述经验现象的方便而引入的"标志"。

众所周知，形而上学同唯心主义是为当前反动资产阶级效劳的"一丘之貉"，它们经常是结合在一起的，因此第二种回答和第三种回答在现代物理学中也经常是混合在一起出现的。对于现代物理学有极大影响的哥本哈根学派，就是这样的一种"一身而二任焉"的学派，而它的首脑之一、德国著名物理学家海森堡，就是这样的一个代表人物。

海森堡唯心主义地否认基本粒子的存在。他认为基本粒子没有实在性，它们只是"一种表达数学关系"的"符号"，只是科学家们在"观测时"的一种"感觉"。

海森堡还坚持基本粒子"不可分割"的形而上学观点，并狂妄地企图穷尽绝对真理，建立"最终的理论"。他宣称基本粒子是一种"没有内部结构"的"基本"质点，是"不可分割"的"物质的始源"。

近几年来，由于许多新的科学发现证实了基本粒子的结构的复杂性，海森堡不得不改变主张，改头换面地提出了一种"新"的形而上学理论——"非线性旋量场论"。他武断地假定：存在着一种"没有内部结构"，因而不可分割的基本物质——"非线性旋量物质"。他说：这种物质是万物的"始原"，是世界的砖石，人们只要认识了这种物质，就能穷尽真理，建成"最终理论"了。他还狂妄地宣布自己已经建立了这种"最终的理论"，这就是他的"宇宙方程"。他说："在我的理论完成之后，今后物理学将不再向深度的方向发展，而只是向广度的方向发展了。"这真是痴人说梦。在现代物理学中寻找不可分的"基本物质"和不再发展的"最终理论"的科学家，不止海森堡一人。但是他们都像炼金术士寻找"哲人石"一样，一个接一个地以失败而告终，受到了历史无情的嘲弄。

在世界人民革命力量大大超过反动力量的今天，资本主义国家中某些进步的科学家，在事实的教训下，已经开始觉悟到形而上学、唯心主义对于科学技术发展的危害，自觉地接受了辩证唯物主义的指导。以日本著名物理学家坂田昌一教授为首的名古屋学派，就是这样的一个学派。他们在马克思主义哲学的指导下，勇敢地批判了哥本哈根学派的形而上学。唯心主义的观点，对于基本粒子物理学的发展做出了杰出的贡献；他们遵循了"物质无限可分"这一个马克思主义哲学的原理，提出了著名的基本粒子模型，为物理学家运用辩证唯物主义进行科学研究提供了范例。在坂田昌一教授的启发和无数事实的教训下，现在已有一些科学家开始接受基本粒子可以分割的思想，提出了一些新的基本粒子模型。科学实验正在迫使愈来愈多的物理学家抛弃陈旧的形而上学观点，接受基本粒子可以再分这一马克思列宁主义者的预言。

三

　　从以上的历史叙述中可以看出，正如恩格斯所说："不管自然科学家们高兴采取怎样的态度，他们总还是在哲学的支配之下。问题只在于他们究竟愿意某种坏的时髦的哲学来支配他们，还是愿意由一种建立在通晓思维历史及其成绩的基础上的理论思维形式来支配他们。"（《自然辩证法》第173页）马克思列宁主义哲学是唯一的科学世界观。只有在这种世界观的指导下，自然科学家们才能绕过形而上学、唯心主义的暗礁，顺利地抵达科学的彼岸。

　　毛泽东同志是当代伟大的马克思列宁主义者。毛泽东思想是在帝国主义走向崩溃，社会主义走向胜利时代的创造性地发展了的马克思列宁主义。它不仅是认识社会、改造社会的强大的思想武器，而且也是认识自然、改造自然的强大的思想武器。自然科学工作者必须认真学习毛泽东著作，改造思想，并以毛泽东思想指导自己的教学和科学研究工作，以促进我国科学技术的迅速发展。

　　在自然科学领域中清除形而上学、唯心主义观点，宣传马克思列宁主义、毛泽东思想，不仅是自然科学工作者的任务，同时也是哲学工作者的责任。自然科学工作者同哲学工作者应该携起手来，共同努力，把毛泽东思想的伟大旗帜插遍到自然科学的各个领域中去！

（原文载于《人民日报》1965年9月12日）

当前流行的西方马克思主义之一
——法兰克福学派

当前资本主义世界中出现了形形色色的"西方马克思主义":如存在主义的马克思主义、现象学的马克思主义、新实证主义的马克思主义、结构主义的马克思主义、实验的马克思主义、"真正的"马克思主义、基督教的马克思主义等等。法兰克福学派就是其中流行较广、影响较大的一个流派。

法兰克福学派的创始人是德国的霍克海默尔(Max Horkheimer)。它的主要成员有阿多尔诺(Theodor Wiesengrund Adorno)、马尔库斯(Her Hert Marcuse)、弗罗姆(Erioh Fromm)、波洛克(Friedrich Pollock)、哈贝马斯(Jürgen Habermas)以及内格特(Oskar Negt)、施密特(Alfred Schmidt)和韦默尔(Albrecht Wellmer)、奥菲(Klaus Offe)等人。

一 发展简史

法兰克福学派产生于 20 世纪 30 年代,因它发源于今西德美因河畔的法兰克福市的法兰克福大学而得名。当时著名的"奥地利马克思主义"者格林贝格在该大学设有"社会研究所",并出刊《社会主义和工人运动史文库》杂志(1911—1930)。霍克海默尔曾为该杂志撰稿。1930 年,霍克海默尔继格林贝格之后接任法兰克福社会研究所所长,并出刊《社会研究杂志》(1932—1941)。他开始改变过去格林贝格只重视实际社会政治问题,而忽视根本理论问题的倾向,确定该所以研究社会哲学问题为方向;并邀集一批志同道合的哲学家、社会学家和心理学家,其中主要有阿尔多诺、马尔库斯、弗罗姆等人,与他合作共事,后来就逐渐形成一个新的学派——法兰克福学派。

该学派自产生至今，经历了形成、壮大和开始走下坡路三个时期。

第一个时期是艰苦创业时期。霍克海默尔接任社会研究所所长后不久，希特勒法西斯在德国粉墨登台，社会研究所因受法西斯胁迫而迁往日内瓦，后又离欧移美，在纽约重建研究所（隶属哥伦比亚大学）。

在这个时期中，法兰克福学派在理论界还默默无闻。他们共出版了九期《社会研究杂志》（1941年出刊最后一期后停刊），发表了不少著作，其中较重要的有霍克海默尔的《关于哲学人类学的意见》（1395），马尔库斯的《反对集体主义国家理论中的自由主义》（1934）等。在这个时期的著作里，理论批判的矛头主要是针对法西斯主义，同时对资本主义的意识形态也做了若干批判。

第二个时期是发展壮大时期。这时法兰克福学派已由欧移美，并在美国生根发枝起来。为了适应当时的新形势，他们对美国这个典型的垄断资本主义国家，从经济、政治，到社会、文化各个方面都进行了了解，认为时代已经有了根本变化，马克思主义理论也应相应地改变，从而开始公开主张"修改""补充"马克思主义。

在这个时期里，他们发表了大量著作。较早的有霍克海默尔和阿多尔诺的《启蒙的辩证法》（1947）、马尔库斯的《理性与革命》（1941）、弗罗姆的《逃避自由》（1941）；稍晚的有阿多尔诺的《否定的辩证法》（1966）、马尔库斯的《片面发展的人》（1964）和《爱欲和文明》（1962），等等。在这些著作里，他们开始既激烈地批判资本主义及其意识形态，又"批判地"评论无产阶级和马克思主义理论。这种理论在美国的一部分中间阶层、小资产阶级及其知识分子中间获得了反响，从而开始流行起来。

1950年以后，霍克海默尔和阿多尔诺离美重返西德，在法兰克福大学恢复社会研究所，并在科隆、慕尼黑等地新建组织，扩大势力。该学派于是又在西德复兴，但其影响逐渐扩展到欧洲其他各国。

20世纪60年代法兰克福学派发展到顶峰。当时由于资本主义社会固有矛盾的尖锐化和表面化，资本主义世界中相继爆发了一系列以青年学生为主体的新左派运动。法兰克福学派的理论在许多地方成为这个运动的指导思想，于是它的名声也就随着运动的发展而进一步提高，成为一种十分时髦的国际性流派。

第三个时期是走下坡路时期。自20世纪70年代后，法兰克福学派随着新左派运动的沉寂而开始走下坡路。目前它已开始出现衰退迹象，但仍流行于西方，对各方面有着不可忽视的影响。

二　基本内容

法兰克福学派成员的学说因人而异，但有其共同的特征。下面分别从三个方面做简要的介绍。

第一个方面：法兰克福学派的哲学观点是人本主义的。它的几个重要成员的人本主义思想与弗洛伊德主义有联系。弗洛伊德主义是一种流行于西方的心理学理论。它因其创始人奥地利著名医生、心理学家弗洛伊德（Sigmund Freud）而得名。弗洛伊德主义认为，人的本性是与物质绝对无关的"无意识"（本能）的欲望冲动，而其核心是性欲的冲动。它认为，人在婴儿时期就性爱自己的母亲（女婴儿则性爱父亲），至四五岁时，因屈于父亲（或母亲）的权威而接受父母所给予的包括道德、宗教在内的社会意识（它称之为"超我"，"superego"）的约束，而抑制自己的本能（爱欲）的冲动，这就是它所称的"恋母情结"（Oedipus Complex）。它还认为，个人的自我意识就是对欲望冲动与社会意识冲突的调节，而这种冲突是一切个人的幻梦、心理变态和精神失常的根源。弗洛伊德还把这种学说应用于解释社会生活。他认为，社会文明的实质就是对欲望冲动的抑制，它是各种社会病态和社会弊害的根源。并说，随着社会文明的发展，个人的内心冲突将不可避免地加剧，社会弊病也将日趋严重。

法兰克福学派的一些成员推崇弗洛伊德主义，企图把它与马克思主义"结合"起来。他们在这方面写了大量的文章和专著：如弗罗姆的《齐格蒙德·弗洛伊德的使命》（1959）、《心理分析和伦理学》（1954）、《心理分析的危机》（1970）等，马尔库斯的《爱欲和文化·弗洛伊德哲学研究》（1962）、《心理分析和政治》（1968）等，在这类著作中，他们认为：人性中"无意识"的发现是弗洛伊德主义"关于人的科学的卓越贡献"，[1] 它从人道

---

[1] Erich Fromm, *Beyond the Chains of Illusion: my encounter with Marx and Freud*, New York: Simon & Schuster Inc., 1962, p. 21.

主义立场捍卫了人的自然权利和需要。弗洛伊德主义的"性心理分析"理论是对马克思劳动异化理论的科学发挥和必要补充，因为社会意识、社会文化对个人的本能冲动的抑制，就是自我异化的一个重要的心理根源。他们认为马克思虽对社会现象做了重要的分析，但是对人的理解却是"片面的"：他过分地重视了"政治因素"和"经济因素"，而忽略了人的心理因素——欲望冲动。因此他们主张要用弗洛伊德主义"补充"马克思主义。弗罗姆写道："我试图找出弗洛伊德学说中仍然保持的真理，而排除那些需要修改的原理。对于马克思的理论我也试图同样这样做。最后，我力图得出一种综合物，从对这两位思想家的理论和批判中是应该能够得出这种综合物的。"① 法兰克福学派认为，它的"批判的社会理论"就是这两种主义的"综合物"。由于法兰克福学派的一些成员自称它的理论是弗洛伊德主义和马克思主义的"综合"，所以人们又称它的理论为"弗洛伊德主义的马克思主义"。

第二个方面：法兰克福学派的一些成员写了许多关于"辩证法"和"黑格尔"的著作，如：霍克海默尔与阿多尔诺合著的《启蒙的辩证法》（1966）、阿多尔诺的《否定的辩证法》（1966）、《黑格尔研究》（1966）、马尔库斯的《理性与革命·黑格尔和社会理论的兴起》（1941）等等，他们否定辩证法的客观性，认为辩证法不存在于自然界中，因为自然界不许可有矛盾；而把辩证法归结为纯粹心理的东西。在他们看来，个人内心的欲望冲动与社会意识的压制相冲突是个人思想矛盾的根源；而社会矛盾，它并非社会自身所固有的，而是个人心理矛盾在社会关系方面的表现。因而马尔库斯说：辩证法并没有客观性，它只是一种"研究意识的主观性方法"。阿多尔诺说："在总体的物质中没有任何辩证法。"②

法兰克福学派的一些成员，如阿多尔诺，把矛盾的同一性和斗争性绝对地对立起来，肯定矛盾的斗争性，而否定矛盾的同一性。他在《否定的辩证法》一书中，认为矛盾的同一性是反辩证法的，只有"不同一"才是辩证的。革命的辩证法只是一种"不同一"的思维方法。

---

① Erich Fromm, *Beyond the Chains of Illusion: my encounter with Marx and Freud*, New York: Simon & Schuster Inc., 1962, p. 43.

② Theodor W. Adorno, *Negative Dialektik*, Furkfurt a. M.: Suhrkamp, 1966, p. 303.

他们坚持一种"绝对的否定"论,否认"扬弃"中肯定,否认"否定之否定"规律;认为任何肯定都是对辩证法的背叛,主张必须"否定一切"。如马尔库斯说:"批判的社会理论并不具有能在现在与未来的裂口之间,架起桥梁来的概念(按:即不承认否定是发展的环节);不抱任何希望,也不会显出任何成效,它始终只是否定的。"① 法兰克福学派把他们的这种理论称作"否定的辩证法"(阿多尔诺)或"真正的辩证法"(马尔库斯);并认为青年马克思的哲学就是他们的这种"否定的哲学"或"破坏的哲学"。②

　　法兰克福学派还认为,辩证法只是历史暂时的现象,只在"否定的社会"中才起作用:到了将来,个人欲望冲动与社会意识的矛盾消除了,辩证法就会消失,历史唯物主义也就失去它的意义。它们都将最终"走向自我否定"③。总之,在法兰克福学派成员们的心里,辩证法只是一种"权宜之计"。

　　第三个方面:法兰克福学派从上述哲学观点出发,对当前资本主义世界的新形势、新情况做出了理论的概括,得出了"时代已经改变"的结论,从而制定出他们的"批判的社会理论"。这种理论对于究竟什么是社会主义,社会主义革命的性质、任务、对象、动力,及其必要的方式和手段等一系列革命的根本问题,都做了与马克思列宁主义不同的回答。下面就从社会革命的性质和任务、方式和手段、动力和领导力量这三个部分,分别对它的这方面的理论做简要的介绍。

　　1. 关于社会革命的性质和任务的学说

　　法兰克福学派的一些重要成员从弗洛伊德主义的"性心理分析"理论出发,认为革命不是生产关系或社会制度的变革,而是"心理的变革"。他们认为,欲望的冲动,"性爱"与"快感"的寻求是人的本性。马尔库斯说:人的最重要的本能就是"寻求个人的快乐",而"快乐"就是"快感"。"这种快感必定来源于身体的活动器官和身体本身,它使产生色情的部位活泼起来,或使整个身体发生色情。换句话说,它必定是色情的快

---

① Herbert Marcuse, *One Dimensional Man*, Boston: Beacon Press, 1964, p. 25.
② Theodor W. Adorno, *Negative Dialektik*, Furkfurt A. M.: Suhrkamp, 1966, p. 141.
③ Herbert Marcuse, *Reason and Revolution*, Boston: Beacon Press, 1960, p. 32.

感。"① 因此在他们看来，"幸福就是需要的完全满足"，"自由"就是"性爱和快感"的无遏制寻求；人的解放就是人性的解放、性爱的解放。而革命追求的理想社会主要不是马克思主义所描绘的没有阶级，没有剥削，"各尽所能，按需分配"的社会，而是"自由和自发性"的社会，即性爱和快感无约束的寻求和最完全满足的社会。因此马尔库斯说："为爱情而斗争，就是政治斗争。"② 他们并说：到了那时，社会成了"自由人们的联合体"，"每个人都有充分发挥自己才能的均等机会"，"人与人互相友爱合作"，等等。

他们认为，"社会意识形态"是阻碍理想社会实现的社会力量。他们说：在原始动物状态时，人的欲望冲动是毫无约束的，个人是绝对自由的。后来随着社会的发展，出现了种种压制个人欲望冲动的社会意识形态，及其相应的社会组织，于是人们就受到这种异化力量的统治，逐渐失去天性，失去了自由。这是一切个人心理变态的根源，也是一切社会弊害和人类罪恶的根源。从此出现了人与人之间的冲突、斗争、掠夺、奴役以至相互残杀和战争。因而他们认为，社会意识形态是社会的万恶之源，必须予以"绝对的否定"。

法兰克福学派对当前资本主义的社会弊病做了种种揭发和批判。他们认为当前的资本主义社会（他们称之为"发达的工业社会"或"晚期资本主义社会"），是历史上最严重的"病态社会"。人们的物质生活虽有所提高，但社会的精神统治力量大大地加强了，人们的精神生活——自由、创造性和人性，受到了空前的摧残和扼杀。因此他们批判资本主义道：在现代的"发达工业社会"中，由于社会意识形态及其组织的发展和强化，特别是现代科学技术的惊人发展，社会意识形态对人的欲望冲动的管理和压制，无论在广度和深度方面，都已强化到了空前的地步。首先从广度方面看，由于现代科学技术的应用，社会意识形态对人心已达到了全面的统治。这不仅包括了政治、经济、生产、教育等领域，而且已无微不至地渗透到全部私人生活的领域。一个人无论处于何时何地，都已无法摆脱报刊、电影、电视以及其他现代化宣传广告工具对他内心的管理和控制。其

---

① Herbert Marcuse, *Eros and Civilization*, Boston: Beacon Press, 1962, p. 210.
② Paul Robinson, *The Freudian Left*, Cornell University Press, 1990.

次从深度方面看，伴随现代科学技术革命带来的高度机械化和全盘自动化，个人已完全丧失了"自由"的本性，已经"没有感情，没有理性，没有爱情"，变成了一架"没有思想感情的机器"。人与人的关系也变成了一种纯粹"技术性的关系"，变成一种"机器上的各种零件"的关系。[1] 他们认为，这种统治的深化，更主要的还表现在物质福利对于人心的软化和麻痹方面。他们说，现代科学技术在生产上的应用，给劳动人民带来了物质文化生活的改善和提高，从而使他们精神上软化到了麻木不仁的地步，安于高压的现状而不自觉。"一个压制的社会需要，变成了他们自己的需要；社会的强制好像是个人的自由。"[2] 他们认为，这是问题严重性的真正所在。

法兰克福学派对资本主义社会虽做了种种揭发和批判，但是他们没有看到其根源在于资本主义私有制度，而把它笼统地归结为"社会意识形态"，甚至归结为现代的社会文化和科学技术。因而在他们认为，社会文化和科学技术也都是抑制个人欲望冲动的社会力量和工具。马尔库斯在他的《爱欲与文明》中就详尽地论述了这个问题。他说："文化……本质上是与幸福相对立的，它包含着幸福的压制"，它"反对自由"；科学技术"本身就是对自然和人的统治力量，技术进步……＝扩大的奴役"。[3] 因而他认为应予以"批判和否定"。法兰克福的这种理论是不能令人同意的。马克思主义告诉我们，文化是人类在社会历史实践过程中所创造的物质财富和精神财富的总和。诚然，在阶级社会里，每一个历史时期的文化都包含有先进的和腐朽的不同文化成分。但是应否定的是衰朽了的文化成分（因此法兰克福学派对资本主义腐朽文化成分的批判应给予肯定），然而不是整个人类文化。至于科学技术，它是人类文化的重要部分，其自身并没有阶级性。诚然在阶级社会中，例如在资本主义社会中，科学技术在生产上的应用，往往会给工人们带来危害，但是其原因在于资本主义剥削制度，而不在于科学技术自身。一般来说，科学技术是促进生产发展和社会发展的进步力量。社会主义革命所要否定的，恰恰不是科学技术，而是阻碍科学技术发展和生产力发展的腐朽的资本主义剥削

---

[1] Erich Fromm, *The Sane Society*, Now York: Rinehart & Co., 1955, p. 12.
[2] Herbert Marcuse, *Studies in Critical Philosophy*, Boston: Beacon Press, 1973, p. 221.
[3] Cf. Herbert Marcuse, *Eros and Civilization*, Boston: Beacon Press, 1962, p. 14, p. 17; *Counterrevolution and Revolt*, Boston: Beacon Press, 1972, p. 14, p. 17

制度。

(二) 关于社会革命的方式和手段的学说

法兰克福学派认为：马克思主义关于社会划分阶级的理论在"古典的自由资本主义"时代是正确的，但现在已经过时。因为在当前的"发达工业社会"中，由于资本的积聚和集中，企业的领导权已完全从企业主转移到经理人员手中，资本家已被排挤出关键性领导之外，坐享利润，他们与工人之间只在收入上有量的差别，而且这种差别，由于工人物质福利的改善而正在迅速消失。因而划分阶级的经济基础已不复存在，马克思主义关于阶级和阶级斗争的学说自然已失去意义。

这种说法是显然不正确的。众所周知，企业经理人员是资本家所雇佣的他们意图的忠实执行者，企业主把企业管理权委托于管理人员，丝毫不表明资本家的统治权的消失，而只表明了它自身的经济寄生性质的发展。至于"资本家与工人收入差别消失"的说法，更与事实不符。由于垄断资本的不断集中，资本家与工人的收入差别不是缩小，而是继续扩大，它对工人的剥削率不是下降，而是不断上升。诚然，由于劳动者自身的斗争，他们的工资可能有所提高，生活、工作条件有所改善，但是这仍然远远落后于资本主义劳动生产率的增长，落后于由于社会发展而不断提高的物质文化需要的增长；落后于资本家生活水平的提高，因此在当今资本主义世界中。划分资产阶级和无产阶级的经济基础不是不复存在，而是继续存在；马克思主义关于阶级和阶级斗争的学说不是已失去意义，而是仍然具有重大的意义。

法兰克福学派否定暴力革命的意义，认为一切社会病害的根源在于人的心理，因此社会主义革命归根到底不是暴力。暴力革命非但不能杜绝革命的反复，反而会加剧这种反复。新上台的统治者在心理结构方面依然是旧人物，他们只能再生产统治关系和奴役关系，从而引起新的革命或反抗，造成暴力革命的无止境的恶性循环。他们说，社会革命所必须采用的正确方式和必由途径是心理革命。弗罗姆说：马克思"不了解更加完善的社会是不可能由那些没有在内心中经历道德蜕变的人来创立的"[①]。在他们看来，人的本性是爱欲，而"爱"是伟大的创造力量，宣扬

---

① Erich Fromm, *The Sane Society*, Now York: Rinehart & Co., 1955, p. 256.

人类的"爱"与"和",而不是仇与恨,才能从根本上改变人的互相压迫和互相奴役的心理结构,从而从根本上废除社会意识形态对本能冲动的抑制,以实现那个理想中的"心理健全""没有冲突""人道主义"的"社会主义"社会。他们认为:他们所主张的那种"辩证法和人道主义所指导的心理分析"学说,就是这种"爱的说教"的典范,而他们的"社会批判理论"则是"心理革命"的指南。

三 关于社会革命的动力和领导力量的学说

法兰克福学派认为,马克思主义关于无产阶级是社会主义革命的领导力量的学说,是建立在无产阶级贫困化理论基础上的,这在自由资本主义时代是正确的,但到了今天,对于"发达的工业社会"已不适用了。因为它已经是"富裕的社会",工人阶级已经不再贫困化,而是跟资本家一样"坐汽车""住大厦",过其"豪华舒适"的生活,已经完全被资本主义"同化"了。马尔库斯说:"这是真话,在当前的美国,白领工人和蓝领工人都能够同他们的老板一样,到各地去度假,他们能够穿得同样漂亮,并且能够找到足够的钱来购买从前只有统治阶级才买得起玲珑物品和奢侈品。就消费方面说来,社会阶级已经同化了。"工人阶级已经跟"资本主义社会""合为一体"了(《国际社会主义杂志》1965年4月,第142页)因此他们得出的结论是:工人阶级已经不再是资本主义社会的"否定力量",而是它的"肯定力量"了。[①] 它已不再是社会主义革命的动力,自然更谈不上是社会主义革命的领导阶级了。法兰克福学派的这种说法也是不正确的。正如前面所指出:无可争辩的事实表明,在当今资本主义世界中,无产阶级与资产阶级之间的矛盾的对抗性质并没有根本改变,也不可能有根本改变。工人阶级不是不再受剥削,而是剥削加深了;它与垄断资本家的矛盾不是"融合""同化",而是存在着。诚然世界工人运动随着复杂的客观社会条件的变化而时有起伏,但是无产阶级与资产阶级的矛盾则存在着、发展着。

---

① 马尔库斯:《辩证法中的否定概念》,载《社会批判理论中的诸观念》,法兰克福(美因)1969年版,第188页。

那么谁是资本主义社会的否定力量？谁是社会主义革命的动力？社会主义革命究竟应该由哪个阶级来领导呢？在法兰克福学派的心目中是："知识分子"。

在法兰克福学派看来，知识分子由于酷爱本性的解放，酷爱"自由"，本能地具有"反心理压制"的"批判精神"，因而是最理想的革命领导力量。霍克海默尔在《传统和批判的理论》一书中写道："那些批判地思考问题的知识分子"，才是一支能发展和传播革命意识的力量。马尔库斯说得更具体，他说："劳动阶级已经不再是革命的潜力了。"革命"依赖于一个新主体的出现。……那就是担负着生产过程中愈来愈属于要害任务的社会阶级，即技术和科学的知识分子干部，这些人转过来使传统工人阶级的意识活跃化，而学校和大学中的那些未被同化的知识青年，则是这个发展中的催化剂。"[①] 显然，假设马尔库斯在这里说的是知识分子的先锋作用和桥梁作用，那无疑是会令人同意的，但其实不然，因为如上所说，他根本否认工人阶级的领导作用。

法兰克福学派的这种观点是错误的。诚然，随着现代科学技术的发展，劳工正日益智力化，但是知识分子毕竟不是特殊的社会阶级，而是一个社会阶层。当前资本主义社会中的知识分子，除少数上层依赖于垄断资产阶级，敌视劳动人民、敌视社会主义外，绝大多数接近于小资产阶级和劳动人民。他们中多数对革命表示同情或拥护。特别是在政治、经济动荡不定，社会风尚腐败堕落的资本主义社会的今天，具有时代敏感性的知识分子，更具有革命的先锋和桥梁作用。因此团结革命的知识分子是社会主义革命胜利的一个重要保证。各国无产阶级革命斗争的历史也反复地证明了这一点。但是必须指出，知识分子毕竟不代表主要的社会生产力，它不可能独立地担负起消灭资本主义的历史使命，而只有在工人阶级领导下，才能成为一支不可忽视的革命力量。

法兰克福学派的理论不仅对当前西方青年知识分子有相当影响，而且对于西方的其他"西方马克思主义"和"西欧马克思主义"各流派，都有一定的影响。它是当前流传较广，影响较大的"西方马克思主义"流派之一，我国理论界应该对它予以重视和研究，并对它做出确当的评论。

---

① Herbert Marcuse, *Studies in Critical Philosophy*, Boston: Beacon Press, 1973, p. 222.

当代西方哲学概述

近些年来，随着东西方文化交流的日趋频繁，我国哲学界对西方哲学的关心和研究加强了。广大哲学工作者和哲学爱好者迫切希望了解当前西方哲学及其各流派的情况和学说。本文拟对当代西方哲学的总的情况及其渊源和动向，做鸟瞰式的说明，以期读者对它有一个轮廓性的了解。

西方世界自第二次世界大战结束以来，尤其自20世纪50年代以来，无论在政治、经济和科学技术等各方面都发生了重大的变化。相应于这些变化，西方哲学也发生了许多引人注目的变化。概括起来，这些变化主要有下面几个方面。

（一）自20世纪20年代以来，特别自50年代以来，随着现代科学技术的迅速发展，西方哲学界加强了对科学方法论和科学发展规律性的研究，出现了各种以研究科学方法论与科学发展的规律性为已任的科学哲学流派，如逻辑实证主义、逻辑实用主义、批判理性主义、历史主义等等。从发展方向或发展趋势来说，它们开始与数理逻辑相结合，静态地分析、研究自然科学的逻辑体系与逻辑方法；而后逐渐发展为与科学史相结合，动态地研究自然科学的发展规律性或发展模式；从而从早期的逻辑主义（如逻辑实证主义、批判理性主义）阶段，发展到今天的历史主义（如库恩的"科学规范理论"和拉卡托斯的"科学研究纲领理论"等）阶段。

（二）自20世纪50年代以来，随着科学技术、物质生产的发展和社会意识形态、道德风尚、精神文化的日趋腐朽堕落，以及生态危机、自然资源危机、社会心理生理危机等社会危机的日益加深，西方的社会哲学加强了对人的讨论和研究，促进了人本主义思潮的发展和各种人本主义哲学流派的流行，如存在主义，法兰克福学派，以及属于神学人本主义的新托马斯主义、人格主义等等。同时，也促进反人本主义哲学流派的结构主义的产生和流行。

（三）自第二次世界大战结束以来，随着国际社会主义力量的壮大与发展，第三世界民族殖民地解放和独立运动的蓬勃发展，世界进步力量的壮大，以及马克思主义的深入人心，在西方世界中，出现了各种各样的企图"调和"西方哲学与马克思主义革命理论的"西方马克思主义"各流派，如"存在主义的马克思主义""现象学的马克思主义""弗洛伊德的马克思主义""结构主义的马克思主义""新实证主义的马克思主义"等等。从而掀起了一个"西方马克思主义"的热潮。

20 世纪以来，西方哲学界还出现了许多其他新的情况，但是这三个方面是基本的。下面仅就这三个方面的情况做简要的阐明。

科学哲学：从逻辑主义到历史主义的演变

自 20 世纪 50 年代以来，西方的科学技术发生了大革命，人称它为第三次科学技术革命。它对当代西方社会的政治、经济、文化等各方面都有重大的影响；对于西方哲学，特别是西方的科学哲学，也有极为重要的影响。

众所周知，在西方资本主义发展史中，于 20 世纪 50 年代以前曾出现过两次技术革命。这两次技术革命，都分别有两次科学革命在它们之前为它们作长期的理论准备。20 世纪 50 年代发生的第三次技术革命的特点是技术革命与科学革命互相紧密结合。这次的技术革命，由于电子计算机、人工智能等新技术在生产上的应用，使资本主义的电气化的机器生产发展成为自动化的机器生产。同时，由于遥控技术、空间技术等在生产上的应用，人类社会开始进入飞向宇宙的时代。恩格斯说：地球是人类的"摇篮"；空间技术的产生与发展，标志着人类开始脱离襁褓时期，进入了征服宇宙的新时期。

与这次技术革命交融在一起的是科学革命。产生于 19 世纪末 20 世纪初的现代物理学是现代自然科学的前沿学科。相对论和量子力学则是现代物理学的两大重要部分。50 年代以前，相对论和量子力学都已有了长足的发展。量子力学的产生与发展表明人类的认识已开始不断深入物质结构的更深层次。50 年代以后，由于量子力学理论在化学、生物学等其他学科领域中的应用，各门学科的研究都开始深入到微观水平，出现了分子生物学、量子生物学、量子化学等许多新兴学科，表现出现代自然科学的革命性的发展。其他如数理逻辑的发展，控制论、信息论、系统论的产生与发展，以及电子学等的发展，也是现代自然科学革命的重要内容。

现代自然科学的发展遵循辩证法的道路前进。它明显地表现出科学发展的客观辩证法，首先是科学发展的量变与质变的辩证法。在 20 世纪以前，科学的发展只是缓慢地、累积式地前进。一个已被公认的理论，如牛顿理论，往往在该领域内要持续统治几百年。科学家们的贡献不是推翻这种理论，而是通过大量的新实验，继续证实、补充、完善和发展该理论。现代科学的发展则不然，一个刚被公认的理论常常迅速被新的实验所推翻，从而为一个新的进步理论所取代。它的发展不仅是通过量的积累，而且是通过新理论对旧理论的否定而前进的，如相对论之否定牛顿理论，宇称不守恒定律之否定宇称守恒定律等等就是。

其次，现代自然科学的发展明显表现出大分化与大综合的对立统一趋向。现代自然科学是在不断的分化中前进的。各门学科愈分愈细。据统计，现在已分化出了四千余门不同的学科。现代自然科学也在不断综合中前进，下面三种类型的新兴学科的出现就表明了这一点。

（一）边缘性学科：如物理化学、量子化学、化学物理、生物力学、生物化学、生物物理化学、分子生物学、量子生物学等等。它们都以原有学科的相邻点作为生长点，把原来看来各自独立的各门基础性学科相互弥合，这样不仅填补了各门学科之间的空隙，而且由于它们的研究对象和研究方法的特点，使各门学科从方法和对象方面有机地结合起来了。

（二）横断性学科：从今天的观点看来，数学本身就是一门横断性学科。它研究机械运动、物理运动、化学运动、生物运动和社会运动等五种基本运动形式的共同的数量关系。自 50 年代以后，相继出现了系统论、信息论、控制论等许多新兴的横断性学科。这些横断性学科各自研究五种运动形态所共同具有的某个方面，如系统方面或信息方面，从而把五种过去看来似乎各自独立的基本运动形式相互联系起来，构成一个有机的整体。

（三）综合性学科：自 50 年代以后出现的环境科学、空间科学等等都是把许多不同性质的学科融合为一体的新兴的综合性学科。如环境科学，就是以生态学和地球化学为主，并广泛结合化学、生物学、物理学、地学、医学、工程学等其他各种学科的理论和技术，以研究人类活动所引起的空气、水、土地、生物等环境或生态问题的综合性学科。

上述边缘性学科、横断性学科和综合性学科的大量出现和发展，促使自然科学研究中广泛采用整体性观点，以及系统的方法、结构的方法和模型的方法等整体性的方法。

总之，自50年代以来，当代自然科学的发展不仅充分表明了它的量变与质变的辩证法，而且表明了自然界普遍联系、相互制约的辩证法。当代西方的科学哲学就是在这种自然科学的条件下，产生或流行起来的。这些学说虽然有许多是不正确的或不完全正确的，但它们却是对上述自然科学现状的反映与总结。

现代西方哲学各流派可以分为实证主义（科学主义）和人本主义两大思潮。科学哲学的各流派则多属实证主义或科学主义这个思潮。实证主义渊源于18世纪贝克莱—休谟的主观经验主义哲学。因而当前西方流行的科学哲学的各流派，如逻辑实证主义、逻辑实用主义、批判理性主义等等，一般说来，在理论上都是主观经验主义。虽然有些流派，如批判理性主义，还夹有先验论的成分。为什么主观经验主义或实证主义，能在当代西方的科学哲学中占统治地位呢？这有必要从西方科学哲学发展的历史谈起。

18世纪贝克莱—休谟的主观经验主义路线是由17世纪培根—洛克的唯物主义经验主义转化过来的。而培根的唯物主义经验主义，则是反对中世纪经院哲学的产物。中世纪的经院哲学家们为了宣扬宗教，他们提倡盲从、反对经验；提倡迷信、反对理性。近代的新兴资产阶级的唯物主义是为发展资本主义，发展近代科学服务的。他们反对盲从，提倡经验（观察和实验）；反对迷信，提倡理性。但是由于世界观方面的片面性，它们却分成经验主义与理性主义两大对立的派别。以培根、洛克为代表的英国的唯物主义经验论，强调经验在认识中的作用，贬低或否定理性思维的意义；笛卡尔、斯宾诺莎等人的大陆的理性主义强调理性的作用，贬低或否定经验的意义。近代的自然科学既需要观察和实验为它提供经验材料，又需理性思维进行数学计算和逻辑推理。但是，经验主义与理性主义却各自强调一方，而贬低或否定另一方，犯了片面性的错误。经验主义在科学方法论上强调归纳法，因而在科学方法论方面是归纳主义者；理性主义在科学方法论上强调演绎法，他们则是演绎主义者。经验主义与理性主义的斗争在科学方法论或逻辑学方面则表现为归纳主义与演绎主义的斗争。

归纳主义者在科学方法论中强调以实验科学为根据，认为一切科学知识和科学原理都来自对观察和实验所提供的经验事实的归纳。没有经验，没有对经验事实的归纳，就没有科学知识。他们认为演绎法并不是科学的逻辑方法，它不仅错误而且是荒谬的。理由是：（一）科学的方法必须是能给人们以新知识的方法。演绎逻辑不能给人们以新知识，因为它的结论，原已包含在前提之中，如从"凡人皆死"这个前提推知"苏格拉底必死"这个结论。这里并没有告诉人们以任何新知识：因为"凡人皆死"，就是"张三必死""李四必死""苏格拉底必死"……。（二）演绎推理的正确是以前提的正确为必要条件的。因而为了保证结论的正确，就必先证明前提的正确。而要证明前提的正确，又必须证明另一个前提的正确。例如为了保证"苏格拉底必死"的正确，就必须证明"凡人皆死"的正确；为了证明"凡人皆死"的正确又必须证明"凡生物皆死"的正确……。这样就会陷入"无穷回归"的荒谬境地；反之，如果有一个前提在逻辑上没有证明，那就犯了"窃取论据"（或称丐词）的错误。

但是，演绎主义者们极力为自己辩护。他们为了挽救演绎主义而采取先验论的立场。他们断言：人们理性中有不证自明、绝对正确的先验真理，而其根据就是欧氏几何学。他们认为，欧氏几何的公理就是不证自明的先验真理。这类先验真理就是一切演绎推理的最初前提。他们驳斥了归纳主义，认为归纳法不是科学的逻辑的方法。他们的理由有如下几点：（一）逻辑主义者们认为，科学的方法必须是能给人以正确知识的方法。归纳逻辑不能给人们以正确的知识。因为归纳法是从有限推知无限，从过去推知未来的方法。例如从过去经验中的有限次的摩擦生热、日出于东，而归纳出未来的"摩擦生热"和"日出于东"。但是，过去的有限重复只说明了有限的过去，它并不能保证无限的未来如何。归纳法怎能保证无限的未来必定是"摩擦生热""日出于东"呢？因此归纳知识是不可靠的，即非科学的。例如过去欧洲人，通过经验的归纳而确信"凡是天鹅都是白的"，但是，后来在澳大利亚发现了黑天鹅而否定了这种确信。

（二）逻辑主义者们承认，枚举的归纳法也能给人们以确实的知识。但是他们认为：枚举的归纳法不是科学的方法。所谓"枚举的归纳法"就是对有限事物的归纳法。如对全家五口人做逐个的体格检查而得出全家无病的结论。但是它不能给人以预见性的知识，而预见性是科学知识的必要条件。况且枚举法的应用，在许多场合是荒谬的。例如人们检查一盒火柴是否失效，如若采取枚举法，对每一根都进行擦拭，其结果得到的只能是一盒空火柴了。这不仅毫无预见性意义，而且从结果上来说也显得荒唐。

历史上的归纳主义者们力求挽救归纳主义。培根的"三表法"和穆勒的"归纳五法"都是挽救归纳主义的尝试，其结果虽在逻辑学上对归纳法做出了贡献，但是在哲学上却未能挽救归纳主义。因为归纳法离开了演绎法，正如演绎法离开了归纳法一样，必然失去了它的科学性。关于归纳主义的缺乏认识论根据，许多归纳主义者也是有所认识的，如著名归纳主义者休谟就坦率承认这一点。但是他们没有因而放弃归纳主义，相反，却力图挽救归纳主义。休谟认为，归纳知识的必然性虽然没有认识论根据，但是却具有心理学的根据，因为这种必然性是由人的主观心理的"联想"或"习惯"所产生的。由于事件在过去经验中多次重复，人的心理就产生一种联想或信念，认为今后将必然如此重复下去，从而在认识中得出了必然的结论。因而休谟认为，归纳法或归纳知识的必然性虽不能以逻辑阐明，却可以用心理学阐明。他还认为，这种信念对人的生存也是十分必要的。因为如果没有这种信念，人们遇事将无所适从了。但是休谟对归纳法的心理学论证毕竟是无力的。罗素在《哲学问题》一书中就这样认为。他说，心理的信念毕竟是不可靠的。它对人的行为有时虽有好处，但是也有危害。他认为，这种信念并非人类所独有，而是许多动物所共有的。例如一只鸡，只要主人对它定时供食，经过较长时间的重复，它就能产生按时吃米的习惯或信念，这对它的生活显然有好处。但也有危害：因为当它伸长脖子充满信念地去吃米时，很有可能被它的主人抓住脖子宰掉。

归纳主义与演绎主义各持己见，争论了几个世纪，直至19世纪末或20世纪初才初见"分晓"。其结果是演绎主义失败，归纳主义"胜利"。原因是数学和自然科学中出现了非欧氏几何、集合论和相对论等新理论。如前所述，欧氏几何的"先验"公理是演绎主义（理性主义）的最重要的理论依据。非欧氏几何的出现，表明了欧氏几何的公理并非"先验"的，也非"不证自明"。相对论对牛顿力学的胜利又进一步证明这一点。因而自19世纪中叶以后，尤其自21世纪初以后，理性主义或演绎主义就失势了，经验主义或归纳主义却广泛流行起来。这就是当前西方的科学哲学诸流派都属经验主义的原因。

但是,当前西方的科学哲学诸流派都属唯心主义的经验主义即主观经验主义,而非唯物主义的经验主义。这又是什么原因呢?

如前所述,早期资产阶级的经验主义是唯物主义的。到了18世纪英国资产阶级革命胜利后,贝克莱等人的经验主义就变成主观经验主义了。这是有它的认识论原因和客观社会原因的。它的认识论方面的原因是资产阶级唯物主义的机械性和片面性。机械唯物主义否认物质的多样性,只承认机械运动,如果把这种机械论观点坚持到底就有导向主观唯心主义的可能。洛克的哲学就是这样。洛克是一个唯物主义的经验主义者,但是,由于坚持机械论,这就为后来贝克莱的主观经验主义留下可乘之机。洛克肯定外部对象的存在,但是他把客观事物的性质分为两类:第一性质与第二性质。他认为第一性质,即体积、形状、重量等都是客观物体自身所固有的;而第二性质,即色、香、味、声等都非客观物体自身所固有,而是同一种机械运动作用于不同感官的结果。如作用于皮肤就产生痛,作用于舌就产生味,作用于眼产生的就是色等等。这种看法就背离了反映论。贝克莱进一步曲解了洛克的这种观点:认为色、香、味、声等都是主观的。他并进一步扩大这种错误,认为不仅色、香、味、声等"第二性质"是主观的,而且大、小、方、圆、轻、重等"第一性质"也全都是主观感觉的;从而得出"物是感觉的复合""感觉之外并无人与物存在"的主观经验主义与唯我论的结论。贝克莱把英国的唯物主义经验主义导向主观经验主义还有其社会原因,那就是资产阶级自取得政权后,失去了它的反封建的进步性。为了欺骗与统治人民,它需要唯心主义,特别是主观唯心主义,因为它是调和科学与宗教所需要的。但是,他们不需要唯我论,因为唯我论太荒唐悖理了。一般说来,作为贝克莱哲学的变种的休谟的怀疑论或不可知论,就是应这种需要而产生的。休谟片面扩大经验在认识中的作用,认为人的认识只能局限于经验的范围,经验之外是否有物质与精神存在都是不可知的。因而外部世界并不如贝克莱所断言那样,肯定不存在,而它是否存在,是不可知的,或应被怀疑的。休谟的不可知论或怀疑论与贝克莱的唯我论在本质上是一致的。但未直接导致唯我论,这是它"优于"贝克莱哲学的地方。然而怀疑主义与科学精神互不相容;科学所必需的是确实性,而非怀疑。

为了使贝克莱—休谟的主观经验主义或怀疑主义的哲学与科学精神协调起来，19世纪30年代，法国哲学家孔德创立了实证主义的哲学。

实证主义哲学本质上是休谟的不可知论或怀疑主义的重复。不过它标榜的不是"不可知"或"怀疑"，而是"实证"（Positivity，即为确实）或"科学"了。它断言：知识必须建立在确实可靠（实证）的基础上。只有依据经验的知识，才是确实可靠（实证）的知识。因而人们对知识的研究和讨论应局限于经验即感觉的范围内，而不能越出经验即感觉之外。凡不能被经验或感觉的问题，诸如传统哲学讨论的物质与意识及其关系等问题，都是"非实证"的"形而上学"问题。对于这些"形而上学"问题，人们应束之高阁，不予讨论。他们自诩，实证主义乃是一种超越于唯物主义与唯心主义之上的唯一"实证"的，即科学的哲学。

流行于19世纪下半期和20世纪初的马赫主义是实证主义的第二代，马赫主义坚持把知识局限于经验之内；不讨论经验以外的问题。这是实证主义的原则。它对实证主义的唯一"重要"的"修正"就是改称"经验"为"中性要素"。它断言"经验"是"中性的"，即既非主观的，又非客观的；但是它又认为"经验"就是感觉。

实用主义与逻辑主义是马赫主义的直接后裔，是实证主义的第三代。

实用主义跟马赫主义一样，也含糊其词地解释"经验"，认为"经验"既指感觉，又指环境或事物，它是"中性"的东西。但是归根到底，它却否认经验之外的客观物质世界存在。实用主义还进一步夸大马赫主义的主观经验主义的相对主义因素。它片面强调经验的可变性与真理的相对性，鼓吹真理有用论；认为有用的就是真理，无用或有害的就是谬误。它把马赫主义进一步"生活化"和"商业化"；从而在资本主义世界中曾一度获得盛行。

自20世纪30年代以后，实用主义开始衰落下去，代之而兴的是逻辑实证主义。一般说来逻辑实证主义只讨论有关科学的哲学问题，并着重讨论科学的方法论问题，因而它属于科学哲学。

实用主义为什么会衰落，逻辑实证主义为什么能代之而兴起呢？这是因为从19世纪末20世纪初开始出现的现代物理学，发展到30年代已经有了显著的成就。现代物理学研究微观世界，它具有高度的抽象性和数学化的特点。因而它的发展促进了数理逻辑的发展。由弗莱格和罗素所建立的数理逻辑在20世纪的最初30年中，随着现代物理学的发展而迅速发展起来，成为一门十分重要的基础性或工具性的学科。"生活化"和"商业化"是实用主义的特点和"优点"。但是，缺乏"科学化"却是它的致命之处。当以实证主义数理逻辑化为特征的逻辑实证主义出现后，实用主义就开始失宠而迅速为后者所取代。但是严格地来说，失宠和衰落的只是作为流派的实用主义，而不是实用主义的思想。实用主义思想，在西方哲学界特别是在美国的科学哲学界中仍起着重要的影响作用；而且近50年来，还有日益扩大的趋向。原来，逻辑实证主义产生于欧洲，它自30年代传入美国后就开始与实用主义合流，出现了实用主义逻辑主义化和逻辑实证主义实用主义化的倾向。例如当前流行于美国的逻辑实用主义，就是逻辑实证主义与实用主义的混血儿。新近在美国出现的科学哲学的历史主义学派，如库恩的"科学规范理论"等，也具有浓厚的实用主义色彩，并已取代逻辑实证主义，成为当前西方最时髦的科学哲学流派之一。

逻辑实证主义在认识论上是主观经验主义，在逻辑学上或科学方法论上则是归纳主义。它与传统的归纳主义一样，认为知识来源于经验的归纳，演绎推理不能给人以新知识。不过他们不同意休谟关于归纳法没有认识论根据，而只有心理学根据的见解。他们认为，归纳法是有逻辑学或认识论方面的根据的。因为从逻辑学或认识论上说来，归纳知识虽然没有必然性，却具有或然性。如从过去多次的"摩擦生热""日出于东"，虽不能推出今后必然"摩擦生热""日出于东"；但却可以推知今后有可能"摩擦生热""日出于东"。这就是说，归纳推理虽非必然推理，但却是或然推理；它所获得知识虽非必然性知识，但却是或然性知识。他们还认为，世界上根本没有永恒、必然的事实知识，一切事实知识都是或然的；企图寻找永恒的、必然的事实真理，这本身就是一种绝对主义或教条主义。上述罗素所说的鸡遭宰杀的错误，并非信任归纳法的错误，而是信任绝对主义或教条主义的错误。鸡就是犯了绝对主义错误，误认或然性为必然性而对主人不加防范，才惨遭宰杀的。

逻辑实证主义在认识论上是主观经验主义。这集中地表现在它的一个根本原则：经验证实的原则上。这个原则是上述实证主义原则的变种。它认为，只有能被经验证实或证伪的命题。是有意义的科学命题；否则就是毫无意义的假命题。如"这花是红的""那草是绿的"等命题都是能用观察加以证实或证伪的，因而都是有意义的科学命题。而有关物质与意识及其关系等命题，都是不能被经验证实或证伪的，因而都是假命题。逻辑实证主义的这个原则看来似乎重视观察和实验所提供的经验，实际上是片面扩大经验的作用，否定了理性思维的意义。它与日益发展中的现代物理学是不相协调的。因为现代物理学所研究的微观客体，就不能被经验直接证实。因而自 50 年代以后，随着现代物理学的进一步发展，它就衰落了。

自 20 世纪 50 年代到 60 年代，一度代替逻辑实证主义而兴起的是波普尔的批判理性主义。批判理性主义与逻辑实证主义本是同时诞生于奥地利的两个姊妹哲学流派。在 50 年代以前，它不如逻辑实证主义流行。但是由于它比逻辑实证主义更多地反映了 20 世纪以来，特别是 50 年代以后自然科学发展的特点，就曾一度代替逻辑实证主义而流行起来。

批判理性主义一反 17 世纪以来的经验主义的归纳主义传统，坚决反对传统经验主义与逻辑实证主义的归纳主义。它认为，归纳法既不如传统的归纳主义所认为的那样能给予人们以必然性知识；也不如逻辑实证主义所认为的那样能给予人们以或然性知识。因为过去事件的多次重复，并不能保证今后它必然重复，也不能保证它今后有可能重复，因为也许此后它不再出现了。因而波普尔认为，具有普遍有效性的科学理论既不是来自对经验的归纳，也不来自对"先验"公理的演绎。那么它们是从哪里来的呢？波普尔认为，它们都来自科学家的灵感或直觉对问题的猜测。他认为，由于科学理论都是一些大胆的猜测，因而它们都是暂时性的假设。它们不是"真"的，而是"假"的，即今后必定要被经验证伪的。他认为，科学中没有永远不被证伪的理论。科学的发展总是遵循着问题→假设（猜测）→证伪→新的问题……这样一种动态模式而不断前进的。通过这种猜测、证伪，再猜测、再证伪的不断循环往复，人类的认识才能不断逼近客观真理；然而它又不能穷尽客观真理。由于强调理论的证伪，否定理论的可以证实（即证明它永远是真理），波普尔的批判理性主义又被人们称为"证伪主义"。批判理性主义的理论虽然有许多缺点和错误，但是与逻辑实证主义相比，它无疑有较多合理的地方。例如它肯定科学不断逼近客观真理，肯定科学发展中的否定（证伪）的作用等等。特别是它在西方的科学哲学中第一次探讨了科学发展的动态模式，这为后来西方哲学的发展指出了方向。

但是波普尔的批判理性主义只是昙花一现。自20世纪70年代开始，它就逐渐衰落下去了。代之而兴的是库恩、拉卡托斯等人的科学哲学或历史主义的历史学派。

历史主义脱胎于波普尔的批判理性主义。它继承了后者的某些合理内容，批判了它的许多错误和不足；有的并吸收了某些实用主义的思想而形成一个新的科学流派。

历史主义区别于批判理性主义的地方主要有以下几点：（一）批判理性主义与逻辑实证主义一样，把科学看成是许多各自孤立的命题的逻辑集合；而历史主义认为科学是由许多相互联系相互依存的命题、定律和原理所构成的有机整体。（二）批判理性主义强调科学发展中的否定或质变；历史主义不仅承认科学发展中的质变，而且肯定科学发展中的量变，认为科学发展的动态模式是量变与质变交替的模式。（三）批判理性主义虽然也探讨科学发展的动态模式，但是它仅从人的认识或理性中去寻找这种模式；而历史主义强调从科学史中去探讨或检验这种模式。（四）批判理性主义与逻辑实证主义一样，认为检验真理的标准是经验（前者认为是经验的证伪，后者认为是经验的证实），因而它们在本质上都是逻辑主义的经验主义；历史主义则断言检验真理的标准是"有用"或"效果"，因而它们具有更多的实用主义的因素。

历史主义同逻辑实证主义与批判理性主义一样，它的许多观点是错误的。但是由于强调科学发展的量变与质变的交替，强调科学的整体性，强调以科学史检验科学哲学的理论及其科学动态模式等等，它较多地符合于科学发展的现状。这就是它在当前盛行于西方，并得到广大科学家的关注的原因。

二　当代西方的社会哲学：人本主义思潮的兴起，人本主义与反人本主义哲学流派的流行

如果说，当代西方的科学哲学中流行的是实证主义思潮的各流派，那么在它们的社会哲学中流行的则是人本主义的思潮的各流派。自第二次世

界大战结束以来，尤其自20世纪50年代以来，在西方的社会哲学中，人本主义的哲学流派，如存在主义、法兰克福学派、现象学运动，以及属于神学人本主义的新托马斯主义和人格主义等等都曾流行一时。这是与当代资本主义世界的社会历史条件密切相联系的。

自第二次世界大战结束后，西方的社会经济的发展大体可分为三个阶段：（一）自1945年至1949年战后最初的五年：第二次世界大战后社会经济恢复阶段；（二）20世纪50年代至60年代：社会经济暂时、虚假的繁荣阶段；（三）从60年代末至今：经济危机和停滞阶段。

第二次世界大战中西方各国的经济和生产，除美国外都遭到严重破坏，战后经过五年左右的医治创伤，得到了恢复。在20世纪50年代和60年代的近20年中，由于社会生产力的恢复和发展，科学技术革命的出现，以及西方国家实行高生产高消费政策，曾一度出现过表面的繁荣现象。随之而来的是"技术乐观主义"的流行。它们宣扬"技术决定论"，认为社会的发展决定于生产的发展，生产的发展又决定于技术的发展；而当代的科学技术革命已"根治"了资本主义的病害，给予了资本主义"回生之力"，因而资本主义的本性已经"改变"了，从此资本主义社会制度就可"永世长存"了。

但是好景不长，自60年代末期起，社会生产的发展，加深了资本主义的生产力与生产关系的矛盾。过去一切潜在着的矛盾和问题都激化和表面化起来。首先是经济危机的重新出现，特别是1973年和1974—1975年的经济危机震撼了资本主义世界。从此西方世界的经济一蹶不振，进入了长时期的停滞和萧条阶段。随之而出现了其他各种各样的社会危机，如财政金融危机、能源危机、生态危机、自然资源危机、粮食危机、人口危机、技术危机、城市危机、社会生理心理危机等等，以及工人失业队伍扩大，青年失学人数增加，社会犯罪率增加，吸毒现象严重，社会道德风尚的日趋败坏和文学艺术等社会意识形态的日益堕落等等。同时由于垄断资本及其统治集团对广大人民的政治、经济和意识形态等方面的压制和统治的加剧，还激起了许多其他社会矛盾和问题，以至于60年代后半期在西方世界爆发了一场波澜壮阔的新左派运动或青年造反运动。

这场运动规模之巨大是过去所罕见的。最初，于60年代初，西德的"德国社会主义大学生联盟"发起了学生运动，而后是1964年至1965年美国伯克利加利福尼亚大学激进学生组织"自由言论运动"所发动的学生运动。接着于1968年4月至5月美国最大的全国性学生组织"争取民主社会"学生会，在哥伦比亚大学发动了震动全美并闻名于世的学生造反运动。接踵而来的是著名的法国"五月风暴"。1968年5月6日至8日巴黎蒙太尔文学院学生抗议学校的陈腐教育制度而罢课，因戴高乐政府镇压，罢课运动迅速蔓延到巴黎和外省大学，并以此为导火线，爆发了全国性的工人罢工运动。至5月中旬，在法国已有十几个城市，近一千万工人和学生参加罢工和罢课。学生占领学校，工人占领工厂、矿山，并曾一度占领参议院和证券交易所。全国铁路、交通陷于瘫痪，工厂、矿山停顿。他们的口号是"学生、教师和工人联合起来！""打倒警察国家！"法国政府派出几万名警察，并出动坦克、伞兵部队进行武装镇压，工人和学生则以筑造街垒，奋起抵抗给予回答。这场运动虽终于被法国政府镇压下去，但是它却大大地震撼了资本主义世界。从此"资本主义永世长存"的"神话"不见了，"技术乐观主义"也销声匿迹。继之而起的是"技术悲观主义"。"技术悲观主义"者们把资本主义世界的一切矛盾和弊害的原因归之于科学技术的发展。他们断言，不是资本主义经济制度，而是科学和技术的发展给人类社会带来了灾难；从而把资本主义社会固有的矛盾——生产力与生产关系的基本矛盾，歪曲成为人的精神本性与社会物质生产所导致的社会压制的矛盾。他们撇开资本主义经济制度的腐朽性，而谈论科学技术和物质生产对人性的压制；撇开政治、经济和社会的解放，而空谈人性的解放；从而促进了人本主义思潮的流行和发展。

当前西方的人本主义哲学思潮与实证主义思潮一样，是有它历史上的理论渊源的。

人本主义、人道主义与人文主义在西方是同一个词：Humanism。早期的资产阶级哲学为了反对替中世纪封建主义服务的基督教及其经院哲学，发展资本主义，而提倡人本主义。封建主义的意识形态是神本主义的，他们宣扬神，无视于人；宣扬神性，抹杀人性。他们妄言：物质世界及其人类社会是神的创造物；它们受神意的绝对统治和支配；因而人和人类社会的一切，都只能从神性中去说明。早期资产阶级一反这种神本主义而宣扬人本主义，提倡人道主义，主张人性解放。这在当时具有反封建的进步主义。但是，他们的哲学观点，在自然观上虽然是唯物主义的，但在社会观上却是唯心主义的。他们脱离具体的历史条件和社会关系考察人,把人等同于生物学上的"人"(动物的一种)。他们所谓"人性"则不过是资产阶级的阶级性的普遍化和永恒化而已。众所周知,费尔巴哈的哲学就属于这类人本主义的哲学。

当今西方流行的人本主义不同于早期资产阶级的人本主义。他们不仅在社会观上是唯心主义的,而且在自然观或本体论上也是唯心主义的。他们不仅把人抽象地等同于生物学上的人,而且把人等同于自我的"心灵"或"幽灵"。如弗洛伊德主义把人等同于自我的性欲,存在主义把人等同于自我的意志和感情,而人格主义则把人等同于支配这种欲望、意志和感情的道德(精神)主体——人格。他们断言,世界的来源不是物,而是人,即自我;而物质世界,则不过是自我的派生物或"异化"而已。因此这种人本主义与早期资产阶级的人本主义不同,另有其历史上的理论渊源。如做追溯,可以寻根到早期的活力论和后来的生命哲学。众所周知,自古以来,就有许多唯心主义哲学家把生命神秘化和唯心主义化。16、17世纪的活力论就是这种思想的发展。与把整个宇宙看成是一架庞大机器的机械论观点相反,活力论认为:整个宇宙充满着生命力,内在的生命是万物的本原及其运动的源泉。例如莱布尼茨的唯心主义的单子论就属这类哲学。19世纪叔本华、尼采等人的意志主义发展了这种活力论思想。他们认为,世界的本原是自我宇宙的生存意志或权力意志;万物及其运动都是生存意志或权力意志的外部表现。19世纪末20世纪初的生命哲学则是意志主义的变种。它认为,世界的本原不是物质,而是冲动不息的神秘生命,而自我的生命则是宇宙的生命的一部分。由于自我生命或宇宙生命的盲目冲动而演化出万物。因而在他们看来,生命是万物的内在本质,万物则是生命冲动的不同表现,而物质则不过是生命冲动之余的残迹,或燃灭了的余烬。因此生命哲学认为,对于宇宙本质的认识和把握不能依靠理性思维,而只能依赖于自我的灵感或直觉——一种神秘的内心体验。不言而喻,这是一种神秘主义和非理性主义的哲学。而流行于当今西方世界的人本主义各流派则都是它的后裔。诚然,这些流派的社会作用是各有不同的,对此必须具体分析,但是在哲学上都属于唯心主义与非理性主义,这是它们的共同之点。

在当今西方流行的人本主义各哲学流派中,比较特殊的是托马斯主义。新托马斯主义渊源于中世纪经院哲学——托马斯主义。作为封建主义意识形态的托马斯主义原是主张神本主义、反对人本主义的。但是它的后裔——新托马斯主义，为了替当今的垄断资本主义效劳、不得不改变其先辈的手法，把"神本主义"与"人本主义"这两种历史上对立的理论彼此调和起来；既主张神本主义，也主张人本主义。其理由是：人本是神所创造的，自我的"灵魂"本是神所赋予的，因而人本主义与神本主义是一致的。这样，他们就把人本主义从属于神本主义，从而成了一种神学的人本主义。

60年代以后，西方还出现了一种反人本主义的哲学流派——结构主义。结构主义是人本主义思潮的反动。它反对侈谈人、人性和人的自由意志，而主张研究社会的结构。它认为，一切社会事件和现象都不是由人，而是由它的内在的结构决定的。人在社会中是一种消极、被动、无所作为的力量，它在研究中是应该完全被抹去的。结构主义产生和流行的社会根源之一是当前自然科学的方法向社会科学领域中的渗透。现代自然科学的系统方法、结构方法和模型方法等等，正在颇为有成效地移植和应用于社会科学，而片面强调人的自由意志，抹杀客观社会的内在结构和固有规律性的人本主义的哲学观点和方法，却给人文科学和社会科学带来了混乱。这不能不引起广大人文科学家和社会科学家的不满。这就是自60年代以后，反人本主义思潮的结构主义在西方一度广泛流行的一个原因。但是，结构主义也有其严重的错误，那就是它不认为结构是客观事物所固有的东西，而把它说成是先验观念的产物；并且，它过分夸大结构的作用，完全抹杀人的主观能动性在社会历史中的作用和意义。这就使它陷入了唯心主义的先验论和形而上学的机械论的泥潭。这也就是结构主义昙花一现，而不能最终战胜人本主义的原因。

当前西方哲学界中另一种思潮是"西方马克思主义"。"西方马克思主义"是西方哲学与马克思主义革命理论的"结合"。当前西方流行着形形色色的"西方马克思主义"，如"存在主义的马克思主义，"弗洛伊德的马克思主义"（法兰克福学派），"现象学的马克思主义"，"新实证主义的马克思主义"和"结构主义的马克思主义"以至"基督教的马克思主义"等等。匈牙利的卢卡契，德国的柯尔什和意大利的葛兰西被公认为是"西方马克思主义"的先驱者或奠基人。因而"西方马克思主义"于第二次世界大战以前早已出现，但是它的流行则在第二次世界大战以后，并自60年代以后才形成一种"热潮"。

"西方马克思主义"所以在第二次世界大战后流行并形成"热潮"是有其客观的社会原因的。众所周知,第二次世界大战后,法西斯主义遭到历史的惩罚,人民的革命和进步力量大大发展。战后出现了许多社会主义国家,特别是新中国的成立,进一步改变了国际政治力量的对比,大大鼓舞了民族殖民地的解放和独立运动。帝国主义的殖民主义体系土崩瓦解,马克思主义深入人心。

战后的科学技术革命和社会生产的发展,也给西方的社会阶级结构带来变化。随着垄断资本主义的发展,西方中产阶级大量分化和破产。同时,由于劳动的智力化,大量过去中间阶层的知识分子沦落为雇佣劳动者。这些中间力量及其知识分子由于憎恨资本主义,憧憬社会主义;但对社会主义的现实和马克思主义的理论又缺乏正确的理解。这就是"西方马克思主义"流行的社会阶级原因。

当今"西方马克思主义"派别林立,学说各异。但是它们有着十分明显的共同特征:都主张马克思主义的"开放性",即认为马克思主义对于西方各哲学流派并不是"排它的",而是"开放的",即彼此可以相容的,他们认为,马克思主义"正确",但"不够完善","有片面性",必须用某种西方哲学流派的学说"补充"或"完善化"。

"西方马克思主义"的不同派别各自主张以不同的西方哲学流派的理论来"补充""发展"马克思主义。由于现代西方哲学各流派分属"人本主义"与"科学主义"(实证主义)两大思潮,因而它的各流派也可分为"人本主义的西方马克思主义"与"科学主义的西方马克思主义"两大类。属于前一类的有"存在主义的马克思主义""现象学的马克思主义"和法兰克福学派等;属于后一类的有"新实证主义的马克思主义"和"结构主义的马克思主义"等。

"西方马克思主义"在理论上的共同特点,是把马克思与恩格斯、列宁对立起来,肯定前者而否定或贬低后者。不仅如此,它们还把马克思分为青年和成年两个时期,并把二者对立起来。"人本主义的西方马克思主义"各流派肯定青年马克思而否定或贬低成年马克思。他们以马克思早年著作《1844年经济学——哲学手稿》为马克思的代表作。由于《1844年经济学——哲学手稿》中还保留着如"异化"等黑格尔哲学的术语与"人本主义"等费尔巴哈哲学的术语,他们据此把青年马克思人本主义(人道主义)化和黑格尔主义化,并与成年马克思相对立。有的说,成年马克思是对青年马克思的"背弃";有的说是"衰退";有的说二者虽然一致但不如青年马克思的思想"明朗",因而主张以人本主义、黑格尔主义理解马克思的后期著作。"科学主义的西方马克思主义"各流派则恰好相反,他们肯定成年马克思而否定或贬低青年马克思,认为成年马克思是"科学主义者""实证主义者",他的学说是反人本主义的,与黑格尔哲学没有任何继承性联系。因而他们认为,《1844年经济学——哲学手稿》只是表明了青年马克思与前人的哲学思想在"认识论上"还未能做"彻底的决裂"。

"西方马克思主义"否认物质第一性、意识第二性的唯物主义基本原则,坚持人本主义或实证主义的唯心主义。"西方马克思主义"歪曲辩证法,"人本主义的西方马克思主义"各流派认为,矛盾只存在于人们心理及其体现人们心理的社会生活中,而不存在于自然界,因为自然界本身是没有矛盾的。他们说:"辩证法只限制在社会历史的现实中",而恩格斯的《自然辩证法》是对马克思思想的"歪曲"和"背弃",是把辩证法"神秘主义化"。"科学主义"的"西方马克思主义"各流派,如"新实证主义的马克思主义"则把辩证法说成只是"一般科学实验的方法"。他们认为,肯定矛盾是"荒谬的",列宁关于"统一物分为两个部分"的学说是"不符合"马克思的思想的;辩证法只是科学实验和科学研究过程中"具体—抽象—具体"的循环的方法而已。"结构主义的马克思主义"者阿尔都塞,则把辩证法说成仅仅是整体重要于部分,以及必须注意各部分之间的联系的一种方法。

在认识论方面,"西方马克思主义"各流派都反对唯物主义的反映论。"人本主义的西方马克思主义"各流派认为,人通过实践既认识了现实,又创造了现实,因而主观与客观是"同一"的,不能有主观思想和客观现实之分;恩格斯和列宁肯定物质第一性、意识第二性,这就"否定"了人的"能动性","割裂"了主观与客观的"同一",因而是"形而上学"。葛兰西曾说:"向人类的外部去寻找现实和实在,这也是宗教地、形而上学地理解实在。……没有人,宇宙还有什么意义?""科学主义的西方马克思主义"各流派则以实证主义的不可知论,或康德的先验论反对马克思主义的反映论。如"结构主义的马克思主义"认为,人的认识中具有先验的

"结构"，因而"思想客体"并不反映"实在客体"；并认为关于真理的标准问题是一个"不真实"的"虚假"问题。

"西方马克思主义"各流派都不赞同或歪曲马克思主义的历史唯物主义。"人本主义的西方马克思主义"各流派，唯心主义的人本主义和抽象的人性论出发，认为不是社会存在而是人性决定社会历史的现实。因此他们认为，当前资本主义社会的症结不在其社会经济制度，而是人性的被压制；社会的革命归根到底不是社会制度的变革，而是心理的变革，即人性的解放。"科学主义的马克思主义"各流派则强调"科学性"，而否定人的"能动性"。如"结构主义的马克思主义"者阿尔都塞认为，不是社会存在决定社会意识，而是"先验"的主观"结构"决定社会和历史的现实，因而在他的心目中，社会历史的"主体"不是广大人民群众，而是"先验的结构"。

"西方马克思主义"各流派对于西方20世纪60年代末的新左派运动，都有过不同程度的影响。今天，它们对于西方的思想界仍有一定的影响。

值得一提的是最近几年来西方哲学界还出现了一种与"西方马克思主义"的新左派哲学相对立的新右派的哲学：新哲学和新右派哲学（新法西斯主义的哲学理论）。

"新哲学"出现于70年代后半期的法国，它的多数成员参加过60年代末的新左派运动。他们因"五月风暴"的失败而灰心失望，思想从"极左"转向极右，从拥护马克思主义和社会主义而转向反马克思主义和反社会主义。他们污蔑马克思主义是"人民的鸦片"，社会主义是"集中营"[1]。他们否认历史发展的规律性，叫嚷企图认识世界与改造世界"毫无意义"。他们对人类前途完全丧失信心，断言革命不过是统治者的更换："一个首脑被废除，另一个首脑代之而起。"[2] 他们的理论曾鼓噪一时，但因缺乏市场而迅速销声匿迹。

继"新哲学"之后而起的是"新右派哲学"。"新右派哲学"公开出现于1978年的法国，它是法国的新法西斯主义组织的理论。他们公开复兴尼采的超人哲学；提倡新纳粹主义。他们的理论之"新"，就"新"在用

---

[1] Bernard-Henri Levy, *La barbarie à visage humain*, France loisirs, 1977, p. 195.
[2] Ibid., p. 221.

现代自然科学为老法西斯主义理论做论证。他们曲解社会生物学和分子遗传学。分子遗传学是人们所熟悉的。社会生物学则是1975年由美国哈佛大学教授威尔逊所创立的一门新的学科。它肯定人的社会行为可以遗传。目前生物学界对它的科学性如何，评价不一。新右派哲学家们则以这些学科的理论为"依据"，公开宣扬种族主义与超人哲学，反对马克思主义与社会主义。他们断言"天才在基因中早已存在"，"超人"理应统治普通人。他们颠倒黑白，胡言"不平等主义"是"进步"的，"平等主义"是"反动的"；专制主义是"理所当然"的，民主主义则是"荒谬的"[1]；并断言雅利安人种优越于其他人种，欧洲人应该统治全世界；等等[2]。类似的理论不仅在法国，并且在西德等其他西方国家也有出现。

近年来新右派哲学在西方出现并非偶然。如前所述，西方的经济自60年代末以后陷入长期的不景气阶段，出现了前所未有的"停滞膨胀"，社会矛盾和社会危机重重。西方的垄断资本家及其统治集团力求摆脱，但又无法摆脱这种困境，乃乞求于右派力量。这就是新右派哲学公开出现的社会原因。从目前说来，新右派哲学在西方的影响是极微的；但是作为一种新的动向，却不予加以忽略。

以上分别阐述了当代西方哲学的三大思潮的演变概况。应该指出，这三大思潮及其各流派并不是彼此隔绝，而是互相影响的。"西方马克思主义"本身就是一种西方哲学与马克思主义理论相"融合"的产物；而人本主义思潮和科学主义思潮，近些年来，也互相对话，彼此吸收和补充，出现了某些互相妥协和"融合"的倾向。关于这些，限于篇幅就不在这里赘述了。

从以上所述中可以窥知当代西方哲学的形形色色。综上所述，可以看出，当代西方的科学哲学各流派，从本质上说它们都是主观经验主义的；但是有的却蕴含着不少合理的辩证法因素。社会哲学各流派，多属唯心主义的人本主义。它们有的公开反对马克思主义；有的"接近"马克思主义；有的则打着"马克思主义"的旗号篡改马克思主义。它们的理论都曲折地或歪曲地反映了当前西方的社会政治和科学技术的现状。我们应该认

---

[1] 路易·鲍威尔：《可敬的布伦罗克》（法文本），1976年版，第180页。
[2] 路易·鲍威尔：《事物是怎样变成这样的》（法文本），1978年版。

真地研究它们。对它们的分析和批判不仅有利于保卫马克思主义，并且有助于马克思主义自身的发展。在西方，也有真正的马克思主义，但我们通常所说的西方哲学，是特指西方资产阶级哲学，所以，真正的马克思主义哲学发展的概貌和线索，不在本文所讨论的范围之内。

美国奎因的逻辑实用主义述评

逻辑实用主义又称新实用主义，是流行于当前美国的重要哲学流派之一。它是从逻辑实证主义中演化出来的，是逻辑实证主义和实用主义合流的产儿。逻辑实证主义自20世纪50年代起开始衰退后，为了挽救其命运，奎因继莫里斯和布里奇曼等人之后，进一步把逻辑实证主义与实用主义结合起来，以后者"补充"前者的"不足"，从而创立了这个新流派。因此，奎因是这个流派的创始人，其他代表人物则还有哥德门（Nelson Goodman）等。奎因的观点可以代表这个流派的观点。

一

奎因（Willard van Orman Quine）是当代美国著名的逻辑学家和哲学家，早年在奥佛林大学学习数学，1930年毕业后继续在该校进修；后进哈佛大学，在怀德海门下研究数理逻辑；1932年获博士学位后，又去欧洲研究，并在布拉格结识了逻辑实证主义的大师卡尔纳普，后者给了他的思想以很大的影响。1936年他回美国，在哈佛大学任教，是哈佛大学皮尔士哲学讲座的教授。他的哲学方面的主要著作有《从逻辑观点看》（1953）、《语词和列象》（1960）、《逻辑哲学》（1969）等。

奎因的最著名的一篇文章是《经验主义的两个教条》。1951年发表于《哲学评论》杂志，后收集于《从逻辑观点看》一书中。这篇文章的发表在美国哲学界曾引起了强烈的反响。他认为逻辑实证主义的两个根本原则［1. 逻辑真理（分析真理）与经验真理（综合真理）绝对区分的原则；2. 经验实证的原则］应作为两个不必要的教条而予以抛弃，并应以实用主义观点补充其不足。他说："现代的经验主义受两个教条的约束：一是相信不依赖事实的分析真理和以事实为根据的综合真理之间存在着根本区别；另一是还原论，即相信每一个有意义的陈述都等值于某种以指称直接经验的名词为基础的逻辑构造"，因而放弃"这两个教条"，"而转向实用主义"。① 这篇文章的发表，从根本上动摇了逻辑实证主义的理论基础。它标志了逻辑实证主义这个流派的开始衰退，同时也标志了奎因的哲学思想，从逻辑实证主义向逻辑实用主义的转变。

（一）否定两种真理的严格区别

众所周知，逻辑实证主义坚持严格区分两种真理：逻辑真理（分析真理）和经验真理（综合真理）。他们认为：经验真理来自经验事实的归纳或综合，如"日出于东""摩擦生热"等，它们是或然的。而逻辑真理是同义反复或重言式命题，如"2+2=4""单身汉是没有结婚的男人"等，它们仅是两个彼此等值的逻辑符号的互换，与经验事实无关，是分析真理，因而是必然真理。卡尔纳普等传统的逻辑实证主义者都认为这两种真理的区分是绝对的，不能互相混淆；否则就会在逻辑上和科学上造成混乱。但是奎因反对这种见解。他认为没有纯粹的分析真理，也没有纯粹的综合真理；它们的区分是相对的，而不应是绝对的；严格区分这两种真理的见解是错误的。它不仅是现代经验主义，即逻辑实证主义的教条，而且也是传统经验主义的教条。因为历史上自休谟以来的经验主义都错误地坚持这种主张。

为什么这两种真理的区分是相对而不是绝对的呢？奎因的回答是：在科学理论中没有与经验事实绝对无关的纯粹的逻辑真理。他举例论证如下：

有下列两个命题：

(1)"单身汉是脾气古怪的男人"；

(2)"单身汉是没有结婚的男人"；

传统的逻辑实证主义者们认为，命题（1）是经验真理，因为它是从经验事实中归纳或综合出来的。它是或然真理，因为单身汉的脾气多数很古怪，但并非个个必然古怪。命题（2），即"单身汉是没有结婚的男人"

---

① Quine, *From a Logical Point of View*, Harvard University Press, 1964, p. 110.

是逻辑真理，因为"单身汉"，就是"没有结婚的男人"的同义词，如做同义词的替换，则它无异于说："没有结婚的男人是没有结婚的男人"；它是重言式命题，与经验事实无关，因而是必然真理。

奎因不同意传统逻辑实证主义的上述分析。他认为这里有一个问题，即为什么说"单身汉"与"没有结婚的男人"是同义词，它的根据在哪里？有人可能会说：这是词典的规定。词典中注明："单身汉就是没有结婚的男人"，它们是两个同义词。但是奎因继续追问：是谁做出了这种规定呢？词典不是"圣书"，它并不表现"天理"，"天理"是不存在的，它是词典编纂者写成的。那么词典编纂者做出这种规定的根据在哪里呢？他可能抄自另一本权威著作，然而权威者又是根据什么做出这种规定的呢？穷本追源，其最后只能归结到经验事实，即这是来自经验事实的归纳或综合。这样命题（2）就不再是单纯的同义反复，即不再是单纯的逻辑真理，而在本质上成为综合真理或经验真理了。他写道："例如把'单身汉'定义为'没有结婚的男人'。但是我们怎么知道'单身汉'就应被定义为'没有结婚的男人'呢？我们可能诉诸身旁的词典，但是能把词典编纂者的明确陈述奉为法律吗？显然这是本末倒置。词典编纂者是一位经验科学家，他的任务是把已经发生的事实记录下来；要是他把'单身汉'解释为'没有结婚的男人'，那是因为他相信在他著作之前人们已经流行着或在用法上已经存在着它们的同义关系了。"[①]

奎因的这种论证也可以改换成另一种方式表述，即逻辑实证主义认为"单身汉"与"没有结婚的男人"是同义词，因而命题（2）是同义词反复，它与经验事实无关，是逻辑真理。但是有人可以反驳：命题（2）根本不是一个真理。因为在西方流行同居，单身汉往往是"结了婚"的，只是他们没有按法律手续结了婚罢了。如此他们就得替"结婚"这一词下定义，说"结婚"应该是"按一定手续在政府机关登记，并举行一定仪式"的同义词。但是这样又必须为"政府机关"与"一定仪式"等等下定义。"……一个定义又必须要另一个定义来定义它。这样就陷入无穷回归的困境，除非最后把它归之于经验事实的归纳或综合。于是，它最后又变成经验真理或综合真理了。"

---

① Quine, *From a Logical Point of View*, Harvard University Press, 1964, p. 24.

奎因就这样最终推翻了逻辑实证主义关于两种真理绝对区分的教条，从而得出了如下相反的结论：

（1）科学的分析真理必须以综合真理为基础，两者是互相依存，不能绝对分割的；

（2）由于分析真理是建立于综合真理基础上的，因而不仅科学的综合真理不是必然而是或然的，就是分析真理，归根结底也非必然真理，而具有或然性；

（3）既然两种真理互相依存，都非必然而具有或然性，因而它们的区分也只是相对，而不是绝对的。

因此奎因写道："寻找由经验决定的综合陈述与在任何情况下都有效的分析陈述之间的分界线，那是十分愚蠢的。"①

应该承认，奎因的这个分析是深刻的。它在一定程度上道出了归纳与演绎这两种逻辑思维方式的相互联系的辩证关系。这在后面将有说明。但是由于他缺乏正确哲学思想的指导，他未能在这个问题上进而做出正确的结论，这在下面也将有论述。

（二）否定经验实证的原则

如前所述，经验证实的原则是逻辑实证主义的另一个根本原则。逻辑实证主义认为，任何命题，只有能被经验证实或证伪者方有意义，否则就没有意义；而传统的哲学命题，如经验之外是否有物质存在，以及物质与精神的关系等命题，就是这样一类毫无意义的"假"命题。根据经验实证的原则，应把它们拒斥于科学讨论之外，即在科学研究中根本就不应讨论它们的对象的客观性与物质性的问题。这样他们就变相地坚持了主观经验主义立场，从而构成了他们的理论特色。但是奎因却把这个原则看成是一个经验主义的教条，主张应抛弃它。

奎因原属逻辑实证主义成员，他也是拥护这个原则的，但自20世纪50年代以后，他就开始改变主张，宣称要抛弃这个原则了。这是因为自30年代维也纳小组开始建立这个原则时起，它就受到了各方面的批判，引起了各种争论。到50年代初，它已经被批判得千疮百孔，事实上已难以继续

---

① Quine, *From a Logical Point of View*, Harvard University Press, 1964, p. 42.

坚持下去了。

它大体遭到了来自下面几个方面的批判：

首先，来自自然科学家们的批判。逻辑实证主义自称是唯一的"科学哲学"，自认它是建立在现代自然科学，特别是现代物理学基础上，为现代科学提供方法论的。但是它的这个原则却与现代科学，特别是与现代物理学绝不相容。这是因为科学的任务在于发现规律，而规律却不能直接为感官所感受，特别是现代科学的研究领域已向宏观和微观这两个方面扩展和深入，现代物理学已深入物质结构的更深层次；而高速、微观的客体却不能为经验所直接验证。正如有些科学家所指出：如果根据逻辑实证主义的这个原则，那么现代物理学就将全部成为没有任何意义的废话了。

其次，来自其他哲学流派的批判，如批判理性主义者波普尔对它的批判。波普尔自20世纪30年代初，逻辑实证主义开始建立时期起，就对它的这个原则进行了抨击。他指出：没有纯粹的经验观察，任何观察都必须在一定的理论、观点的指导下进行，而在不同的理论、观点的指导下，对同一事实，可得出不同的观察结果。因而他认为任何科学命题都不能被经验所证实，而只能被它所证伪。因此他提出了一个相反的原则：经验证伪原则。

最后，也来自逻辑实证主义内部各不同意见的争论。逻辑实证主义的成员们一般都坚守这个原则，但如何理解和解释这个原则，却时有互相矛盾而最终无法解决的争论。这在后面将有述及。

总之，至50年代，逻辑实证主义的这个原则已陷入极度的困境而无法自解，只有抛弃这个原则才有出路。奎因敏锐地看到了这一点，他首先发难，主张抛弃这个累赘。

奎因称经验实证原则为"还原论"的原则。因为这个原则要求一切科学命题都必须能还原为经验命题，从而得以为经验所证实。他说："这在根本上是一种还原论；坚持每一个有意义的陈述都必须能还原为经验的陈述（真的或假的）。"[①]

奎因指出，这种还原论的见解早在洛克、休谟的经验主义理论中就已有萌芽了。休谟认为，每一个观念都必须能还原为经验，从而能受经验的

---

① Quine, *From a Logical Point of View*, Harvard University Press, 1964, p. 38.

检验。逻辑实证主义的经验实证原则不过是这个观点的语言学表述，即把"观念"改为"命题"或"陈述"。它认为每一个命题或陈述只有能还原为经验陈述，从而能为经验所检验者才有意义。其实这是错误的。因为单凭感性经验是无法证实一个命题的。因为感觉具有主观性和私人性。例如，正常人感觉一朵玫瑰花是红色的，色盲患者却感觉它是非红色的，而且单凭感觉经验无法鉴别正常人和色盲患者，因为这种鉴别必须由医生来进行，而医生本人是不是正常人又必须由另一位医生来鉴别，……如此就陷入了无穷回归的困境，等等。

奎因提出了一种新的见解以代替逻辑实证主义的经验实证原则。从而创立了逻辑实用主义。这种新见解的内容主要有二：（1）检验知识的意义的最小单位，不应该是一个观念（如洛克、休谟等所主张）；也不应是一个命题或句子（如逻辑实证主义所主张），而应该是整个科学理论系统。他说："现在我极力主张：即使以句子为单位，也是把单位划得过细了。具有经验意义的单位不应该是句子，而应该是科学的整体。"① （2）检验科学理论的真伪的准则，不应该是"经验的观察"，而应该是经验的实用性。即不在于它是否为观察所证实，而在于它在主观经验中是否有用，有用的就是真的，无用或有害的就是假的。这样它就以实证主义的原则替代了经验证实的原则，从而使逻辑实证主义实用主义化了。

下面分别阐明他的这两点见解。

（三）科学是一个相互联系的大网络

逻辑实证主义认为：科学是一个命题系统，它是许多能各自独立地被经验证实或证伪的"原子句子"（基本命题）的砖瓦所构成的大厦。奎因反对这种见解。他认为，诚然，科学是由物理、化学等等学科所组成的。每门学科又可分为许多原理和定律，每个原理和定律又可通过许多命题来表述。但它们是互相联系，互相影响的。科学是一个由许多互相联系，彼此影响的命题和原理所组成的经纬交错的大网络。这个网络的四周与经验事实直接接壤。处于网络边缘的是政治、历史、医学、工程学等具体科学和应用科学。它们与经验事实直接联系着，灵敏地随着经验事实的变化而

---

① Quine, *From a Logical Point of View*, Harvard University Press, 1964, p. 42.

迅速变化。处于这个网络内层的是物理、化学等理论科学，它们不与经验事实直接接壤，但通过科学的中介，受经验事实的间接影响。高度抽象的数学和逻辑则处于网络的中心，它们远离经验事实，一般不随经验事实的变化而变化。但是这种稳定性也是相对的，它们并不如逻辑实证主义所认为的那样：是与经验事实绝对无关的永恒真理，而是通过理论科学与应用科学的多层次中介与经验事实相联系的。当理论科学、应用科学因经验事实的变化而发生巨大变化时，数学和逻辑也会因而发生变化。如近些年来逻辑学中多值逻辑和模态逻辑的出现就是明显的例子。他写道："我们所谓知识（或信念）是一个统一的整体。从最偶然的地理和历史事件的知识，到最深刻的原子物理学规律；乃至最纯粹的数学和逻辑学规则；它们组成一个人造的大网络：这个网络的边缘与经验紧密接触……"①

（四）科学是预测未来的经验的工具

奎因同意逻辑实证主义的观点，认为科学是一个概念系统（或命题系统）；他也同意实用主义的观点，认为科学是应付环境的工具。总起来，他认为科学不仅是一个概念系统，而且最重要的是一个作为应付环境的工具的概念系统。他说："作为一个经验主义者，我继续把科学的概念系统看作根本上是以过去经验来预测未来的经验的工具。"②

奎因把科学归结为应付环境的工具，显然是受了实用主义的影响。如前所述，逻辑实证主义与实用主义，虽同属主观经验主义，但是在真理观上是互有差异的。逻辑实证主义把检验真理的标准归结为"经验"对单个命题的"证实"，认为任何命题，凡被经验证实的就是真的；反之就是假的。实用主义则把检验真理的标准归结为主观经验的实用性，认为任何理论，只要它在应付环境中是有用的就是真的；反之，就是假的。由于接受了实用主义的工具主义观点，奎因反对上述逻辑实证主义的真理观。

首先，他反对把检验真理的标准归结为经验的证实。他认为这是逻辑实证主义的教条，它只能使理论导致不可救药的混乱。只有抛弃这个标准，采用实用主义的标准，才能使经验主义理论从混乱中解脱出来。他

---

① Quine, *From a Logical Point of View*, Harvard University Press, 1964, p. 42.
② Ibid., p. 44.

说:"我认为探究一个概念系统作为实在的映象的绝对正确性,是没有意义的。我们评价概念系统的标准应该根本改变,应该不是同实在相符合的实在论标准,而是实用的标准。因为概念是语言,而概念和语言的目的在于通信和预测未来的有效性。"①

其次,他反对把检验真理的知识单位归结为单个命题。他认为,诚然,科学是一个命题系统或概念系统;但是它的许多命题和理论不是各自孤立,而是互相联系、不可分割的。人们不能以单个命题为单位各自检验它们的真伪性。当某一命题或理论与经验事实发生冲突时,人们就无法判定该命题(或理论)错了还是周围与它相联系的其他命题(或理论)错了。因为人们可以调整周围的命题和理论以保持它的真值。他说:"谈个别陈述的经验内容,就会使人误入歧途。""因为经验的意义的单位不是个别陈述,而是科学的整体。"他举例说:在文艺复兴时期,大量天文观察与托勒密的地心说不相一致,当时人们本来可以调整周围的理论,即以增加本轮以保持地心说的真值;而人们之所以放弃地心说,并不是由于地心说被证伪了,而仅是由于这样做比较方便和实用;又如,近几年来有些科学家主张用多值逻辑代替二值逻辑,"简化"量子力学,这也不是说二值逻辑被证伪了,而是因为这样做比较方便和实用而已。总之,他认为,任何一个孤立的命题或理论是无法被经验证实或证伪的。它们是真是伪,必须从科学的整体性和实用性方面去考虑。他写道:"任何情况下的任何陈述都可以被决定是真的,如果我们对系统中的其他部分做足够的调整的话。即使是一个很具体的陈述,如果它与经验事实不符,我们也可以以幻觉为理由而保护它。反过来,由于同样的原因,没有任何陈述是可以被看作绝对真理而不被修改的。有人甚至提出过修改逻辑的排中律以简化量子力学的办法。"②

奎因的这个观点,即科学是一个整体,它的个别命题或理论不能单独地被经验事实证实或证伪的观点,对后来西方的科学哲学,特别是对当今美、英等国流行的历史主义学派有直接的影响。后来人们称他的这个观点为"杜恒—奎因原则";因为早年马赫主义者杜恒也曾提出过类似的思想。

---

① Quine, *From a Logical Point of View*, Harvard University Press, 1964, p. 79.
② Ibid., p. 42.

奎因从上述实用主义的工具主义真理观出发，走上了相对主义道路。他否定真理的客观性和绝对性。他说"绝对真理是不存在的"①。他把科学理论简单地归结为一种"方便的假设"，认为所有的科学理论，都是方便的临时的假设。今天认为这样方便，就假设这是真理。明天认为那样方便，就假设那是真理。他写道："物理对象只是作为方便的中介物而被概念地引进的。它只是一种不可简约的假设。在认识论上它们就如同荷马史诗的诸神一样不存在。"② 因而他宣称在认识论上承认原子、分子、基本粒子等物理客体的存在，就像承认荷马史中的诸神的存在一样荒唐可笑。因为"从认识论方面来说，物理对象与诸神同处于神话的地位，它既不比后者更好一些，也不比后者更坏一些"③。他不仅认为物理对象是"神话"，而且认为全部科学对象都是"神话"。他写道："全部科学，包括数理的、自然的和人文的……都带有它的精制的神话虚构，它们是以规律的简单性为其目标的。"④

（五）恢复"形而上学"

众所周知，逻辑实证主义坚持经验证实的原则而排斥"形而上学"，逻辑实证主义认为，任何命题只有能被经验证实或证伪的才有意义，否则就没有意义。而传统的哲学问题，由于不能被经验证实或证伪，它们是没有意义，而应排斥于科学领域之外的。奎因也把传统哲学说成是"形而上学"，但是他不同意逻辑实证主义的上述观点，认为："形而上学"，无论是唯物主义与唯心主义，它们不是没有意义而是有意义的。这是因为：（一）科学家不可能没有任何本体论观点的指导，任何科学理论的研究都必然是在一定本体论观点的指导下进行的。用他的话说：任何科学理论都含有"本体论的承诺"。（二）检验理论是否有意义的标准不在于它是否能为经验所证实或证伪，而在于它在应付环境中有用还是无用，有用的就有意义，无用的就无意义。因此，任何"形而上学"理论，不论是唯物主义或唯心主义，也不论是伦理学或宗教神学，只要它们在应付环境中有用，

---

① Quine, *From a Logical Point of View*, Harvard University Press, 1964, p. 43.
② Ibid., p. 44.
③ Ibid..
④ Ibid., p. 45.

就有意义，否则就无意义。他举例说：人们都看到许多红的花朵，红的房屋和红的夕阳。有人认为共同的红的性质是客观实在的，而具体的花朵、房屋、夕阳是不实在的，这就是唯心主义；有人认为共同的红的性质是不实在的，而具体的花朵、房屋和夕阳是客观实在的，就是唯物主义；有人认为两者都是实在的，这就是二元论。这三种看法到底哪一种正确，就要看它们在对付经验（应付环境）中哪一种方便有用。如果唯心主义观点方便、有用，唯心主义就是真理；如果唯物主义或二元论观点方便、有用，唯物主义或二元论就是真理。他认为，在科学研究中，由于只需从经验材料出发，无须肯定经验之外还有物质存在，因而唯心主义是真理，唯物主义是谬误；在日常生活中，由于人们习惯于肯定物质世界的客观存在，因而唯物主义是真理，唯心主义就变成谬误了。他写道："在这里我们有两个互相竞争的概念系统，现象主义（按：即主观经验主义）与物理主义（按：指唯物主义）哪一个应当获胜？各有各的优点，各有其特殊风格的简单性。我认为每一个都值得发展。每一个都可以说是更为根本的，虽然在不同意义上。在认识论来说，现象主义是根本的，从物理上（即生活中）说来，物理主义是根本的。"①

不过奎因认为，他的逻辑实用主义是科学哲学，而科学哲学的任务在于为科学研究提供方法论。因而从这个意义上说，他坚信经验主义（实际上是主观经验主义），而反对唯物主义。他写道："从科学哲学的观点来看，物理对象是为了使我们关于经验之流的报道完整化和简单化而设定的东西；……从现象主义的观点来看，物理对象的概念系统仅是一个方便的假设，它比朴实的真理（按：即唯物主义的真理）较简单。"② 因而他认为他的逻辑实用主义是经验主义，而不是唯物主义的。这就完全暴露了他的主观经验主义的立场。

从上可见，奎因沿着英国实用主义哲学家莫里斯所指出的道路，继实用主义者刘易士和操作主义者布里奇曼等人之后，把逻辑实证主义进一步实用主义化了。他自己也承认这一点。他写道："卡尔纳普、刘易士等人在选择语言形式科学结构的问题上，采取了实用主义的立场；但是他们的

---

① Quine, *From a Logical Point of View*, Harvard University Press, 1964, p. 17.
② Ibid..

实用主义在分析和综合的想象的分界线上停止下来了。而我拒绝接受这条分界线，拥护一种更为彻底的实用主义。"[1] 也就是说他把逻辑实证主义与实用主义最终"结合"起来了。因此人们称他的理论为"逻辑实用主义"或"新实用主义"。

二

奎因的逻辑实用主义从整个理论体系上来说是错误的，是属于主观经验主义和实用主义的；但是在某些论述中也蕴含着合理的思想，应予以批判的肯定。

首先，奎因的逻辑实用主义抛弃了逻辑实证主义的"经验证实原则"是正确的，但是接受实用主义的"实用原则"则是错误的。西方的主观经验主义，在真理的标准问题上走了一个"之"字路。传统的主观经验主义认为真理的标准是主观经验的证实；实用主义把它改成主观经验的有用性；逻辑实证主义又把它改回为主观经验的证实，逻辑实用主义则又把它改回为主观经验的有用性。为什么会出现这样的曲折或摇摆不定呢？这是西方哲学在真理标准的问题上走投无路的表现。

如前所述，实用主义把真理的标准归结为有用性，这是与科学精神不相符合的。科学家不是以主观的有用性检验真理，而是以观察和实验的结果检验真理的。因而实用主义的真理标准虽然符合资产阶级的唯利是图的需要，但是却不符合科学精神。这就是逻辑实证主义一时战胜实用主义的原因。但是检验真理的标准是感觉经验吗？显然不是，这是因为：1. 经验所能及的只是现象，本质和规律是感觉经验不到的；而科学真理，它所反映的恰恰是本质和规律，因而它无法受感觉经验的检验。2. 感觉或经验具有主观性。它们可能有错觉。因此，逻辑实用主义又不得不抛弃逻辑实证主义的"经验证实原则"，而采用实用主义的"实用原则"了。现在，实用主义的真理观不仅为逻辑实用主义所采用，而且还为其他许多学派所采用，它又流行于西方了。

但是，实用主义的真理标准是正确的吗？显然不是，它是错误的。因

---

[1] Quine, *From a Logical Point of View*, Harvard University Press, 1964, p. 46.

为检验真理的标准既不是单纯的理性，也不是单纯的感觉经验或"感性经验"的有用性，而是实践，而且仅仅是实践。

为什么检验真理的标准只能是实践呢？列宁说："实践不仅有普遍性品格，并且有直接现实性品格。"感性经验具有直接现实性品格，它与客观现实直接相联系，但它不具有普遍性品格，它不能把握事物的内在联系和普遍规律。理性思维具有普遍性品格，能把握事物的内在联系和普遍规律。但是由于它的抽象性而失去客观现实的直接联系。实践既高于感性经验又高于理性思维，它在改造客观世界的过程中把两者辩证地结合起来。它补偿并纠正了两者的不足与错误；并且兼备了两者的优点。实践在改造客观世界过程中化主观认识为客观现实，以检验认识的真理性。实践能检验理论。当人们在实践中运用理论而获得成功时，理论就得到了证实。恩格斯说："一切哲学上的怪论的最令人信服的驳斥是实践，即实验和工业。既然我们自己能够制造出来某一自然过程，使它按照它的条件产生出来，并使它为我们的目的服务，从而证明我们对这一过程的理解是正确的，那么康德的不可捉摸的'自在之物'就完结了。"① 人们也能通过实践检验感性知觉。恩格斯说："当我们按照我们所感知的事物特性来利用这些事物的时候，我们能让我们的感性知觉的正确性受到确实可靠的检验。如果这些知觉是错误的，那我们关于这种事物可能有什么用途的判断必然也是错误的，而我们的尝试就必然失败。可是，如果我们达到了我们的目的，如果我们发现事物符合我们关于它的观念，并且产生我们所预期的目的，那么这就肯定地证明，在这一范围内我们关于事物及其特性的知觉是同存在于我们之外的现实相符合的。"② 人们的主观性所造成的错觉也是可以在实践中（如运用仪器）精确地验定并纠正的。反之脱离了实践，不论是感性知觉或理性认识都必然成为无法检验的东西了。

马克思主义认为理论或知识在改造客观的实践过程中获得成功就是真的，实用主义不是也认为知识在应付环境中"成功"或"有用"就是真的吗？两者不是有共同之处吗？不！两者是根本对立的。马克思主义所说的实践的"成功"，是按照客观规律改造客观世界的成功，它是科学的，即

---

① 《马克思恩格斯选集》第4卷，第22页。
② 《马克思恩格斯选集》第8卷，第386—387页。

既是唯物,又是辩证的;实用主义的所谓"成功"是否认规律,而行动的"成功"是"应付环境"的"成功",即根据个人的意愿盲目冒险行为的"成功",它是主观主义的、反科学的。但是实用主义的真理标准,由于有这种似是而非的特点,所以它在今天的西方得以"复苏"而流行。

其次,奎因的逻辑实用主义抛弃逻辑实证主义关于归纳真理与演绎真理的绝对区分的观点是正确的;但是他以实用主义的态度对待逻辑则是错误的。

马克思主义认为,归纳逻辑与演绎逻辑并非绝对对立而是辩证统一的,来自实践的归纳知识,必须经过演绎推理并在经受实践的检验后,才得以上升为科学的真理。因而既没有单纯的归纳真理,也没有单纯的演绎真理(逻辑真理),真理都来自改造客观世界的实践,以及建立在实践基础上的整个认识过程,其中既包括归纳推理过程,又包括演绎推理过程。因而逻辑实证主义关于严格区分(实际上是绝对区分)归纳真理和演绎真理的观点是形而上学的和形式主义的观点。奎因对逻辑实证主义的这种观点的批判是有一定的合理性的,也是比较深刻的。

但是,奎因以实用主义的态度对待逻辑法则则是错误的。如前所述,逻辑,无论是作为高级逻辑的辩证逻辑或作为低级逻辑的形式逻辑,它们的法则都是客观实在的关系的反映。列宁说:"逻辑的概念……反映着自在之物。""最普通的逻辑的'格'……最普通的关系。"[①] 这就是说,逻辑法则是第二性的,客观实在的普遍关系是第一性的,思维所以必须严格遵守逻辑法则,就在于它是客观的普遍关系的反映。奎因则相反,他采取实用主义的立场,认为逻辑法则的真理性,只在于它的有用性,而不在于它的客观性,它完全是以主观的需要决定的。今天人们认为这样有用,就采用这样的逻辑;明天认为那样有用,就采用那样的逻辑。这样,他就把逻辑主观主义化了。诚然,近些年来,人们先后创立了模态逻辑、多值逻辑、模糊逻辑等等大量新的形式逻辑分支,但是它们都从不同方面反映了客观现实的普遍关系,而决非主观任意的创造物。因而否认逻辑科学的客观性,对它采取实用主义的态度,就有使逻辑科学走上歧路的危险。

---

① 列宁:《哲学笔记》,第223、189页。

最后，奎因的逻辑实用主义反对逻辑实证主义关于科学是许多各自孤立的命题的集合的观点，主张科学理论的整体性的见解是正确的。它反映了现代科学整体化或一体化的趋向。它对当前西方的科学哲学，特别是科学哲学中的历史主义学派发生了重大的影响。它的这种作用应予以充分肯定。但是它以实用主义的观点解释科学的整体性则是错误的。它强调科学的整体性，强调科学理论之间的相互联系，但是却因而否认科学理论的内容的客观性，以及每个科学理论或科学学科的相对独立性。它认为科学并不反映客观现实，而只是一个应付环境的网络或工具。当科学理论与经验不一致时，修改科学理论的哪一部分，或者说，认为科学理论的哪一部分"错"了，是主观任意的事情，其唯一标准是人的主观"有用性"。人们如果认为这样"方便""有用"，就可以把这部分理论当作"真理"，那部分理论当作"谬误"，修改那部分理论；反之认为那样"方便""有用"，就可以把那一部分理论当作"真理"，这一部分理论当作"谬误"而修改这一部分理论。因为在它看来，任何理论都不是客观实在的反映，而只是为了"方便""有用"而主观任意虚构的假设，就像希腊神话中的诸神是虚构的东西，它们并不反映任何客观实在一样。这样，它就把整个科学主观主义化和实用主义化了。

马克思主义告诉我们，科学是客观实在的反映。客观世界是普遍联系相互制约的统一体，反映客观现实世界的科学理论也是一个普遍联系相互制约的整体。但是，它并不否认每一个科学理论的相对独立性。因为客观事物既是相互联系，又是彼此区别的。把任何事物从普遍联系中绝对地孤立起来考察，必然是错误的、形而上学的；但是因强调普遍联系而否定或抹杀它们的相对独立性，及其与其他事物的区别性，从而把它们归结为主观任意的东西，那就成了主观主义、相对主义和虚无主义了。奎因的逻辑实用主义在本质上就是一种主观主义和相对主义的哲学理论。

从以上对奎因的逻辑实用主义的评价中可以看出，现代西方的许多哲学流派，特别是科学哲学诸流派，从他们的理论体系上来说都是错误的，所以它们对于科学的发展是有害的，必须予以彻底的批判。但是对这种批判必须是分析的，切不能简单化。因为在他们某些具体的观点或论述中，也可能蕴含有某些合理的因素或片面的真理。对于这些应该予以批判地肯定。只有这样，才有利于彻底批倒唯心主义，丰富和发展马克思主义，并有利于科学事业的发展。

美国劳丹的"研究传统理论述评"

西方的科学哲学,在最近半个世纪内经历了一个从逻辑主义到历史主义的引人注目的转变。20世纪50年代以前,坚持以孤立的观点,分析的方法,静态地研究科学知识的逻辑结构为己任的逻辑实证主义在西方科学哲学界占统治地位。自50年代以后,新的科学技术革命的兴起给自然科学带来了突飞猛进的发展和一体化。社会化的新趋向。逻辑实证主义因不能适应新的历史条件而衰落,而历史主义学派应运而生。以库恩、费耶阿本德等人为代表的历史主义学派坚持整体性观点、社会历史分析的方法,以动态地研究科学发展模式(规律性)为己任而赢得了许多科学家与科学哲学家的赞扬和拥护。但是,由于他们的理论伴有浓厚的非理性主义与相对主义的因素,并且这些因素随着他们的理论的发展而日益显著,乃至20世纪60年代末70年代初遭到了许多较年轻一些的科学哲学家的指责和反对。他们纷纷起来批判并改造库恩、拉卡托斯等人的老历史主义学派的理论,继续坚持和发展老历史主义学派理论中的合理成分,批判、摒弃其非理性主义和相对主义的因素,被人们称为新历史主义学派。

美国新历史主义学派的著名代表人物是夏佩尔和劳丹。他俩的理论分别代表了美国新历史主义学派发展的两个不同方向。夏佩尔坚持以科学实在论的观点批判老历史主义学派的非理性主义与相对主义,从而把新历史主义学派的理论引向唯物主义;而劳丹则坚持以实用主义的观点"批判"老历史主义,因而其实质是变相地继续坚持非理性主义与相对主义。

反对科学实在论

劳丹(L. Laudan)是美国匹茨堡大学的哲学教授,他的主要著作有

《进步及其问题》等。他自称其科学哲学理论为"研究传统"（Research Traditions）的理论，这个理论是建立在反科学实在论的基础上的。科学实在论是一个具有明显唯物主义倾向的哲学流派。它肯定物质世界的客观存在，并坚持人对客观世界的客观认识。近些年来，这个流派在美国有所发展。它的主要代表人物有塞拉斯和普特南等。劳丹则坚决反对科学实在论。他在 1981 年 3 月刊载于美国《科学的哲学》杂志上标题为"对逼真实在论的反驳"的一文中，对塞拉斯、普特南等人的科学实在论进行了实用主义的反驳。他称塞拉斯、普特南等人的科学实在论为"逼真实在论"（Convergent Realism），并污蔑它是一种毫无科学根据的形而上学的"神话"。

劳丹是从实用主义立场出发批判科学实在论的。他的论点主要有二：

1. 塞拉斯、普特南等人的科学实在论认为，正确的科学理论的内容是表述外部世界的。正因为它们正确地表述了外部世界，所以它们在科学实践的应用中才得以成功。[①] 但是劳丹不同意这种观点，他反驳说：有许多被科学实在论者认为是并不表述外部世界的错误理论，在科学史上却可能是一度成功的。如天文学中的地心说，化学中的燃素说、亲和力说，物理学中的以太说等等。它们虽然都被科学实在论者看成是并不正确表述客观事实的错误理论，但是在科学发展的历史上却都曾一度成功地解释过许多经验现象。反之，有许多被科学实在论者公认为正确表述客观世界的科学理论，在其发展的一定阶段上，却可能是不成功的。如 18 世纪 20 年代的光的波动说，17、18 世纪的热分子论，以及 19 世纪末以前的胚胎理论等等，它们后来虽然都被公认为正确的理论，但是在早期却不能成功地解释许多经验现象。因此，他认为不如把唯物主义的真理符合论改成实用主义的有用真理论，即真理（正确理论）不是认识与客观实在相符合，而是在应用中有用。在应用中有效、有用，能解决问题的就是正确的科学理论，反之就是错误的理论；今天它在应用中有效、有用，能解决问题，今天它就是正确理论，明天它在实际应用中无效、无用，不能解决实际问题，明天它就变成了谬误。在他看来，如果以这种实用主义的真理观来解释上述现象，那么上述科学实在论所不能解释通的许多现象就都能解释得通了。他写道："许多实在论者是这样论述这个问题的：从许多成功的理论可以

---

① Hilary Putnam, *Mathematics, Matter and Method*, Cornell University Press, 1975, p. 69.

推论出客观世界是存在的。……其实科学并不是那么一定成功的；而且在很大的程度上是不成功的。……我认为不如坚持这样的观点为好，即一个理论之所以是'成功'的，仅仅因为它是有效的，或者说它是使用得很好的。"①

劳丹的这种解释显然是错误的。众所周知，地心说之所以在中世纪以前能正确地解释一些天文现象，从而获得一定的成功，这是由于它正确地反映了人们在地球表面上观察天体运行的现象，但是它歪曲地反映了地球绕太阳运行这一个本质性的事实。因而当人的认识进一步从事情的现象深入其本质时，它就被日心说所代替了。又如光的波动说之所以在19世纪初能获得成功，这是由于它正确地表述了光的波动性这一方面，虽然它忽略了光的微粒性这另一重要方面。因而上述劳丹所举的科学史事实并不能为实用主义的真理观提供任何证据，恰恰相反，而是证明了唯物主义反映论及其真理观的完全正确。

2. 科学实在论认为，前后相继的科学理论之间总是存在着历史继承关系，后来的理论总是继承和发展了先前理论的合理内容，科学的发展过程是一个不断逼近客观真理的过程。劳丹不同意这种观点。他反驳说：科学发展的历史事实并非总是如此。例如，科学史表明：后来的光的波动说并没有继承先前的光的微粒说的内容，而是完全摒弃了它的内容；后来的莱伊尔的均变说也没有继承先前的居维叶的"灾变说"的内容，而是完全摒弃了它的内容；等等。他写道：许多科学史的事实是"后来出现的理论并不能解释某些早先的理论，也并不经常保留早先理论的内容，而是往往把它们当作废物处理的"②。其实，十分明显，这也是劳丹对科学史的歪曲。一般来说，科学的发展过程体现了人类对客观世界的认识的深化过程。后来的科学理论，总是继承了先前科学理论的正确部分，清除其中错误部分，从而把真理推向前进的。如牛顿理论与爱因斯坦相对论的关系就是如此。但是劳丹上面所举的两个例子却有其特殊性，这是由于它们都是以一种片面真理代替另一种片面真理的例子。因而科学进一步发展的结果是：

① Larry Laudan, "A confutation of convergent realism", *Philosophy of Science* 48 (1), 1981, pp. 22 – 24.

② Ibid., p. 39.

这两种片面真理都在新的更全面的理论中得到辩证的综合。例如现代物理学中关于光的波－粒二象性的理论，就是上述光的波动理论与光的微粒理论的辩证综合。因此，这也表明了科学发展的历史事实并没有为劳丹的实用主义观点提供任何证据；恰恰相反，而是证明了辩证唯物主义反映论及其真理论的完全正确。

二 "研究传统"的理论

劳丹不仅反对科学实在论，同时也反对逻辑实证主义与波普证伪主义的逻辑主义理论。他认为，逻辑主义把科学的理论看成是许多能各自被经验证实或证伪的孤立命题的集合的观点，以及单纯对科学理论进行静态的逻辑分析的观点是错误的。他赞成库恩、拉卡斯等人的历史主义观点，认为老历史主义把科学理论看成是一个相互联系的有机整体，从而研究整体性理论（或称高层次理论，如库恩的"范式"、拉卡托斯的"研究纲领"等）与个别具体理论之间的关系，以及对科学发展进行动态的历史分析的观点是正确的。他积极地继承了这些观点，但同时认为老历史主义的理论也有明显的缺点和错误，那就是：

1. 他们宣扬非理性主义，否认科学是理性和进步的事业；

2. 他们制定的科学发展模式不能完全符合科学史的事实，必须进一步改进。

为了克服老历史主义理论的上述缺点和错误，劳丹提出了他的研究传统的理论。他在1977年出版的《进步及其问题》一书中系统地阐述了这种理论，他的这个阐述是从论述"经验问题"与"概念问题"开始的。

（一）经验问题与概念问题

劳丹由于重视以动态的观点研究科学发展的模式，他十分强调科学研究中的问题在科学发展中的作用。众所周知，证伪主义者波普也十分重视问题对科学发展的作用，他提出了"科学开始于问题"这个著名的命题。劳丹继承并发展了波普的这种观点。他反复强调："科学就是一种解决问题的活动，科学活动的根本目的在于解决问题。"他写道："任何理论的中心任务都在于解决一定的问题。"① 诚然，每一个科学家当其从事科学研究时总是各有自己的具体目的：如有的人为了解释与控制自然；有的人为了追求真理；有的人为了增加社会效用；有的人为了提高个人声望；等等。但是他们的共同目的都在于解决问题，则是毫无疑问的。

波普也重视问题，但是他只重视经验问题，认为理论只要一旦与经验不一致，即出现了经险问题，它就被经验证伪了。劳丹不同意波普的这种观点，认为这种看法太简单化了。他认为科学的问题可以分为两类：一类是经验问题，即理论与经验的不一致；另一类是概念问题，即理论与理论的不一致。他认为后一类问题比前一类问题更为重要，即对科学的发展更具有促进的作用。他写道："科学理论的发展及其争论通常不是以经验问题为转移，而是以概念问题为转移的。"② 但是，他的以前的科学哲学家们，包括波普在内都忽视了这类问题的研究。这并不是由于他们完全不知道科学史上每每有概念问题出现，而是由于他们对概念问题都抱有不予重视的偏见，总常常仅从经验问题方面，而不是从概念问题方面去考虑科学的进步问题。为了纠正过去科学哲学的这个缺陷，劳丹对概念问题做了比较详细的分析。

劳丹认为概念问题有两类：一类是内部概念问题，另一类是外部概念问题。内部概念问题是指理论内部出现的矛盾或基本概念的含混不清。外部概念问题是指某一理论与另一理论或另一种基本信条（本体论方面的信条或方法论方面的信条）相冲突。

劳丹认为，对于科学的发展来说，外部概念问题比内部概念问题更为重要。他进一步分析了外部概念问题，认为产生外部概念问题的主要原因有三：

1. 科学理论之间的矛盾。例如哥白尼学说提出后，它与当时的力学领域的理论（亚里士多德力学理论）发生冲突，后来伽利略解决了这一问题，从而大大推动了天文学与力学的发展。

2. 理论与当时占主导地位的方法论相矛盾（不一致）。例如18世纪在电学、热学、气体力学、化学和生理学中都出现了以感觉不到的"微妙流

---

① Larry Laudan, *Progress and Its Problems*, University of California Press, 1977, p. 70.
② Ian Hacking (ed.), *Scientific Revolutions*, Harvard University Press, 1981, p. 144.

体"为前提的假设或理论。这与当时占主导地位的归纳主义方法论相矛盾，从而动摇了归纳主义在科学哲学中的地位，预示了假设主义的出现。

3. 理论与当时占主导地位的本体论相矛盾。如20世纪的量子力学就因与人们关于因果、机遇、实在等观念的哲学信条相矛盾，而面临尖锐的概念问题，它预示了科学将有新的突破。

劳丹一反以往科学哲学中将经验问题视为基本问题的传统观点，认为大多数概念问题比经验问题更为重要，它们的解决对科学的发展将具有更为重要的促进作用。这种见解是正确的，这是符合科学史的事实的，应该予以充分的肯定。但是，应该指出的是，劳丹的这种论述是不全面的。由于坚持实用主义的立场，劳丹不了解，事实上也不可能了解，科学的各种问题或矛盾，不论是他说的经验问题还是概念问题，归根到底都是主观认识与客观实在的矛盾或问题，以及科学认识与社会实践的矛盾或问题。只有它们才是科学认识发展的真正动力。

（二）研究传统的本质

劳丹在上述经验问题与概念问题的论述的基础上提出了他的关于研究传统的理论；而关于研究传统的概念是他的整个科学哲学理论的核心概念。劳丹认为，在过去的科学哲学中，由于人们未能区分普遍性的理论体系与个别的具体理论之间的差别，因而未能提出具有历史上可靠性和哲学上充分性的科学进步理论。老历史主义者库恩和拉卡托斯等人的一大功绩就在于他们提出了科学理论中的这两种不同类型的理论的区别，并对普遍性理论体系（"范式""研究纲领"等等）的性质进行了开创性的研究，从而对现代科学哲学的发展做出了重要的贡献。他写道："'理论'一词至少涉及两种不同类型的东西。……一是特殊的学说（通常称'假设''公理''原理'之类）如麦克斯韦的电磁理论，爱因斯坦的光电效应理论……，另一是指更为一般、更不易受检验的各种学说或假说的组合，如原子论、进化论等等。……这两类之间的区别很大，不仅有普遍性与特殊性之别，而且它们的评价方式也不相同。我们必须认真对待这两类理论在认识与评价方面的区别，只有这样才可能有一种历史上可靠、哲学上充分的科学进步理论。……库恩和拉卡托斯在这方面做出了贡献。他们都已指出，不是特殊的理论，而是那些更为普遍的理论体系才是理解和评价科学进步的基本工具。"①

但是，劳丹认为，库恩和拉卡托斯的科学进步理论也有许多严重的缺陷。这主要有以下几点：

1. 未能看到概念问题在科学竞争和"范式"评价中的作用，因而他们都在不同程度上忽视了本体论和方法论在科学发展中的重要作用。

2. 未能真正解决一个"范式"（或称"研究纲领"）与子理论（即构成"范式"或"研究纲领"的具体理论）之间的关系这一决定性的问题。

3. 理论体系的结构过于僵硬，否认"范式"（或"研究纲领"）的核心部分有任何进步或发展的可能性。②

在上述批判的基础上，劳丹提出了自己的关于普遍性理论体系的见解。他称这种普遍性理论体系为"研究传统"，以表示它与库恩的"范式"、拉卡托斯的"研究纲领"的区别。

那么什么是劳丹所说的研究传统，研究传统又有一些什么特征呢？

劳丹指出，一般说来，研究传统具有下列一些共同特征：

1. 每个研究传统都下属有许多具体理论；

2. 每个研究传统都具有某些形而上学的本体论的信条和方法论的信条。这些信条使该研究传统作为一个整体性的体系而独立出来，并使之区别于其他研究传统；

3. 相对于具体理论来说，研究传统是比较稳定的，它往往要经历一个相当长的时间。③

总之，劳丹认为，一个研究传统就是一个为其具体理论的发展提供一系列指导原则的理论体系。它的这些指导原则，有的构成具体理论的本体论，有的构成具体理论的方法论，因而他为"研究传统"下定义说："所谓研究传统就是一组本体论上和方法论上的'该做'与'不该做'的规定。"④ 又说："一个研究传统就是一个关于该研究领域内的实体和过程的一般假设，以及在这一领域内用以研究问题和建构理论的方法论体系。"⑤

---

① Ian Hacking (ed.), *Scientific Revolutions*, Harvard University Press, 1981, pp. 71–72.
② Ibid., pp. 73–78.
③ Ibid., pp. 78–79.
④ Ibid., p. 80.
⑤ Ibid., p. 81.

劳丹列举了历史上曾经出现过的一系列科学领域的与非科学领域的研究传统："如哲学中的经验论和唯理论，神学中的唯意志论和宿命论，心理学中的行为主义和弗洛伊德主义，伦理学中的功利主义和直觉主义，经济学中的马克思主义和资本主义，生理学中的机械论和活力论，等等。"①

（三）研究传统与具体理论的关系

那么研究传统与具体理论的关系是怎样的呢？劳丹对此做了比较详细的分析。

劳丹认为，研究传统与具体理论之间没有一种"必然的逻辑"关系。这就是说，不能从研究传统中逻辑必然地推论出组成它的具体理论；反之，从具体理论也不能逻辑必然地推论出它们从属的研究传统。例如：19世纪的力学研究传统仅仅告诉我们热是一种运动形式，但不能由此而逻辑必然地推论出分子动力学理论或统计动力学理论；同样，从惠根斯的碰撞理论也不能逻辑必然地推导出该理论所从属的研究传统的基本假设。②

劳丹认为，这种必然推导关系所在两者之间不能成立，其原因是"有许多彼此不一致的具体理论都可以声称从属于同一研究传统；许多彼此不同的研究传统，从原则上来说都可以为某一个既定的具体理论提供基本前提"③。这类事例在科学史上是很多的。例如：同属于笛卡尔光学传统的科学家，有的认为光在密度大的介质中传播的速度快，有的认为反而慢；牛顿的光的周期性理论既被光的波动说所接受，也为光的微粒说所接受；等等。有时在一定条件下，具体理论还可以脱离原来所属的研究传统。例如伽利略的落体理论自17世纪50年代以后就脱离了它的原来的研究传统。麦克斯韦的电磁理论、巴斯德的疾病理论、普朗克的黑体辐射理论等等也都有类似的情况。再则，大多数具体理论都是在一定的历史背景下形成的。发现这些理论的科学家总是工作于某个研究传统之中，他们经常受该研究传统的熏染，从而使这些具体理论与该研究传统联系起来。"因此，将某个具体理论从其产生的历史背景中抽象出来，就难以发现它与所属研

---

① Ian Hacking (ed.), *Scientific Revolutions*, Harvard University Press, 1981, p. 78.
② Ibid., pp. 84–85.
③ Ibid., p. 85.

究传统之间的密切联系。"①

劳丹认为，研究传统与具体理论之间虽然没有逻辑的必然关系，但是却具有指导与被指导的关系。研究传统对具体理论具有重要的指导作用。这种指导作用有消极的和积极的两个方面。

首先，研究传统对其所属的具体理论具有消极的否定性作用。

劳丹指出，这种否定性作用的第一种表现是它限制（虽然不是完全的）具体理论所研究的范围与方向。"它规定了哪些问题的研究是合法的、可允许的，哪些问题的研究是不合法的，应予排斥的。"② 例如，在19世纪后半期，被看成是物理学中心问题之一的以太的性质问题，在狭义相对论出现后就被排斥了，因为狭义相对论的本体论根本否定以太存在的可能。

劳丹指出，研究传统对具体理论的否定性作用的另一种表现是：它决定了具体理论产生概念问题的范围。他指出："事实上具体理论所面临的大部分概念问题都是由于该理论与研究传统之间的不一致所引起的。"科学史上常常有这样的情况，某个具体理论的发展会导致采用与该理论所属的研究传统所不允许的假定作为前提，这种矛盾就会成为这一理论所面临的主要概念问题。例如，信奉笛卡尔研究传统的惠根斯在提出一种一般的运动理论之后，发现这一理论要在经验上能够成立，就必须以自然界中存在真空这一假定为前提。但是，这是与笛卡尔的研究传统否定真空存在的前提相矛盾的。这对于惠根斯说来就成为一个尖锐的概念问题。③

其次，研究传统对其所属的具体理论具有积极的肯定性作用，这也表现为两种形式：

1. 研究传统对具体理论具有积极的启发性作用。即"研究传统在建构具体科学理论的过程中能起关键性的启发作用"，"这并不意味具体理论可以从研究传统中直接演绎出来，而是说研究传统能为具体理论的建构提供重要的思路"。例如，19世纪初卡诺在建立其蒸汽机理论时信奉热素说的研究传统。按照这个研究传统，热被看成是一个物质，能够在宏观物体的各个部分之间运动。卡诺将输入和输出的蒸汽机温差类比为驱动水轮转动

---

① Ian Hacking (ed.), *Scientific Revolutions*, Harvard University Press, 1981, p. 86.
② Ibid., p. 87.
③ Ibid., p. 90.

的流水落差,从而得出了他的热机理论。显然,如果卡诺不把热想象为一种能够从一点流动到另一点而没有损失的守恒的物质的话,那么几乎可以肯定,他就不可能得出这个理论。而把热想象为这样一种物质,是卡诺本人信奉热素说的必然结果。

2. 研究传统对具体理论具有积极的辩护作用。任何具体理论的成立都依赖于许多有关自然界的基本假定。"这些假定一般不能在理论自身的内部得到辩护",而只是把它们视为理所当然的前提,而无须考虑它们能否成立。这些基本假设只能由研究传统来加以说明和辩护。例如,卡诺在建构其蒸汽机理论时,事先就假定了驱动活塞的过程中没有热的损失。他并没有为这个假设提供任何理论的说明,因为当时的热质的研究传统认为热是守恒的。①

(四) 研究传统的进化

众所周知,库恩和拉卡托斯把"范式"或"研究纲领"看成是僵硬的、不可改变的教条,从而否定了它们的进化。劳丹不同意这种观点,他肯定研究纲领的进化。他认为研究传统的进化具有两种基本形式:

研究传统进化的第一种形式是通过它的具体理论的进化而实现的。"这种进化导致研究传统框架内的具体理论的不断精致及其解决问题能力的不断提高。""在一个研究传统内,科学家一旦发现有更能解决问题的新的具体理论,他就立即放弃以前的旧的具体理论,因为他主要忠于研究传统而不是忠实于任何特定的具体理论。"②

研究传统进化的另一种重要形式是通过其核心部分——本体论部分和方法论部分的进化而实现的,劳丹指出:许多老历史主义学派的科学哲学家,如库恩、拉卡托斯等人,他们只肯定研究传统的前一种形式的进化——具体理论的进化;而否定这后一种形式的进化——核心部分的进化,即"范式"或"研究纲领"的进化。这是他们的理论的不足之处。他说:"考虑一下科学思想史上的许多重大研究传统,如亚里士多德研究传统、笛卡尔研究传统、牛顿研究传统、达尔文研究传统、弗洛伊德心理学

---

① Ian Hacking (ed.), *Scientific Revolutions*, Harvard University Press, 1981, p. 92.
② Ibid., p. 69.

研究传统等等，就会发现几乎不存在一套固定不变的贯穿于它们的整个历史发展过程的教条。""研究传统是可以部分地改变的。"在某种情况下当一个研究传统的支持者发现他们难以通过在该传统内修正理论来消除反常问题和概念问题，而若对研究传统的核心假设做一两点修正，就既可解决问题，又能保住原传统的大多数核心假设时，他们就会做出这种改变。例如某些亚里士多德的信徒曾放弃过关于运动不可能在虚空中进行的信条，某些笛卡尔的信徒曾放弃过物质与广延同一的信条，某些牛顿的信徒曾放弃过物质具有惯性和质量的信条，等等。"由于这种变化不同于抛弃旧研究传统创立新研究传统的变化"，它仍保持了该研究传统的重要部分，因而劳丹称它为"研究传统的自然进化"。[1]

（五）科学发展的模式

劳丹在其上述研究传统理论的基础上探讨了科学发展的模式问题。他既不同意归纳主义的积累型模式和证伪主义的否定型模式，也不同意库恩的积累（常态科学）与否定（科学革命）互相交替的模式。他认为库恩的模式与前人的模式相比较有其明显的优越性；但是也不是完全正确的。它主要有以下一些缺点或错误。

1. 科学史上不存在库恩所说的一种"范式"占至高无上的绝对统治地位的"常态科学"时期。历史的事实是：在任何时期都存在着两个或两个以上的研究传统的互相竞争。如光学领域内有微粒说传统与波动说传统之争；地质学领域内有水成说传统与火成说传统之争；等等。虽然在一个时期内总常常只有一个研究传统占优势地位。

2. "范式"或研究传统并不如库恩所认为那样是绝对地坚韧不变的，它与具体理论相比，虽然有相对的稳定性，但是如前所述，它也是可以进化的，等等。

综合以上，劳丹认为：科学的发展并不是"常态科学"与"科学革命"的界线分明的互相交替，而是"比较接近于竞争理论长期共存、概念争论此起彼伏的画面"[2]。

---

[1] Ian Hacking (ed.), *Scientific Revolutions*, Harvard University Press, 1981, pp. 96–98.

[2] Ibid., p. 152.

应该肯定，劳丹的关于研究传统的理论是库恩的"范式"理论与拉卡托斯的"研究纲领"理论的改造与发展。它的特点和优点是明确地肯定并强调了本体论和方法论对具体科学研究的指导作用。众所周知，自20世纪30年代以后，逻辑实证主义把本体论和方法论斥为"形而上学"而驱逐于科学哲学之外，从而使西方的科学哲学陷入死胡同。自50年代以后，逻辑实用主义者奎因不得不公开承认"形而上学"对科学哲学的合法性，从而开始了西方科学哲学的"形而上学的复兴"。但是无论奎因或后来的老历史主义者库恩、拉卡托斯等人，他们都没有详细地讨论过本体论和方法论（形而上学）对具体理论研究的作用和意义。劳丹明确把本体论与方法论（形而上学）纳入研究传统，并把它看成是整个研究传统的核心，从而比较充分地肯定并研究了这方面的作用与意义，因而尽管他的这种理论的基础是实用主义的，但是仍应肯定它的这方面的优点。

三 科学的合理性与进步性

劳丹的科学哲学还讨论了科学的合理性（合乎理性）和进步性（不断前进）的问题。

（一）科学的合理性

科学是不是理性的事业，这在当前西方科学哲学中是一个争论得十分激烈的问题。早在19世纪下半期以前，西方的大多数哲学家，不论是归纳主义者还是演绎主义者都毫不动摇地坚信科学是理性的事业。他们把理性与逻辑等同起来，把科学理论的发现与科学理论的证明等同起来，认为包括科学理论的发现与科学理论的证明在内的整个科学认识过程就是一个逻辑的过程（归纳主义者认为是一个归纳逻辑的过程，演绎主义者认为是一个演绎逻辑的过程），因而也是一个理性的过程。但是，自19世纪下半期以后，科学认识深入到微观领域。微观客体的结构及其变化规律的知识既不能从"先天公理"中演绎出来，也不能从经验材料的重复中归纳出来；而只能通过假设的提出，以及逻辑的推论与实验的检验才得以实现。这样，就造成了归纳主义、演绎主义的逐渐衰落，和假设主义的相继兴起。

假设主义把科学理论的发现与科学理论的证明（或辩护）区分开来，认为理论的发现，即假设的提出是灵感或直觉猜测的结果，它是非逻辑的，因而也是非理性的。假设主义的早期代表是惠威尔，而当代的著名假设主义者则是波普。波普在理论的发现问题上是一个非理性主义者，在理论的证明和评价问题上则是一个理性主义者。20 世纪 60 年代以后，历史主义者库恩发展了波普的上述观点，他同意波普关于理论的发现是非理性的观点，但不同意波普关于理论的选择和评价是理性的观点。他认为后者也是非理性的。因为科学家选择和接受哪一种理论（"范式"）不是依据逻辑或理性，而是依据非理性（"心理"）的信念。后来另一个历史主义者费耶阿本德进一步发展了库恩的这种非理性主义思想，公然否认科学的合理性，从而造成了非理性主义在西方科学哲学中的泛滥。如前所述，新历史主义者夏佩尔和劳丹等人为了捍卫科学的尊严，纷纷起来反对老历史主义的非理性主义，论证科学的合理性。但是，他们对于"理性"一词的理解是各不相同的：有的把理性等同于逻辑，认为理性思维的过程就是逻辑思维的过程；有的认为理性不等于逻辑；有的认为理性思维既包括严格的逻辑推理过程，更包括复杂的创造性思维过程。劳丹则对"理性"一词做了实用主义的曲解。他认为，20 世纪哲学中的一个最困难的问题就是理性的性质问题。至今科学哲学家们对此争论不休。但是如果用他的实用主义的观点去理解，那么它就不难解决了。他认为要弄清科学的性质，首先必须弄清科学的目的。他认为凡是有助于实现科学的目的的，它就是合乎理性的，而科学的根本目的，如前所述，就是解决问题，因而只要是对于解决问题有效、有用的一切思想活动，都应被看成是合乎理性的活动。他写道："科学的最普遍目的就是解决问题。作为一种认识活动的科学的理性就是能解决最大量的经验问题和概念问题。"[1] 又说："理性的选择就是增强理论的解决问题的效率的选择。"[2]

劳丹在关于科学合理性的问题上不仅批判了库恩等老历史主义学派的非理性主义观点，而且还批判了唯物主义的理性观。唯物主义认为理性就是认识客观世界本质及其规律的思维活动，它的任务在于寻求客观真理。

---

[1] Ian Hacking (ed.), *Scientific Revolutions*, Harvard University Press, 1981, p. 124.

[2] Ibid., p. 125.

劳丹认为这种把理性与客观真理联系起来的观点是错误的。他说：历史上自巴门尼德以来，许多哲学家都把科学看成是探求真理的事业，但是都"没有成功"，这是因为根本找不到一条可以制定理论的"真理性"或"逼真性"的客观标准。因此，如果坚持这种观点，科学就成为非理性的了。相反，如果坚持上述实用主义观点，认为理性与客观真理无关，而只与解决问题有关，即凡是能解决问题的一切活动都是理性活动，那么科学自然也就成为理性的事业了。他写道："'逼近真理'的概念不论在语义学层次上，还是在认识论层次上都有众所周知的困难。如果把'逼近真理'看成是科学的中心目的，那么就难以令人相信科学是一种理性的活动了。"①"我坚决主张这样一种理性观。即无须用真实性或逼真性来判别理性与非理性。"②

劳丹的上述实用主义的理性观是错误的。如前所述，理性是认识客观世界本质及其规律的思维活动，它具有自己的规律，即逻辑；不仅有低级的形式逻辑，而且还有高级的辩证逻辑。因而，科学的理性思维，不仅是严格的形式逻辑思维，而且是更有创造性的辩证逻辑思维。它是客观实在在主观认识中的能动反映。西方的一些科学哲学家把理性简单地等同于形式逻辑思维，这当然是错误的。因为如前所述，形式逻辑思维固然是理性思维中的一个必要部分，然而创造性的辩证逻辑思维才是理性思维的更重要部分。例如，理论的发现就不是低级的形式逻辑思维所能实现，而必须有赖于创造性的辩证思维才能得以完成的。诚然，一切理性思维活动对于解决科学问题来说都是有用的，但是它们之所以是有用或有效，仅是由于它们正确地反映了客观世界的内容。否认理性思维的认识客观世界的作用，而空谈其解决问题的有效性，必然会陷入主观主义。

（二）科学的进步性

关于科学的进步性问题也是劳丹的科学哲学中的一个重要内容。众所周知，现代科学在突飞猛进地发展着。但是"科学是不是进步的"，这却是现代西方科学哲学讨论的一个热题。历史上的归纳主义者都承认科学的

---

① Ian Hacking (ed.), *Scientific Revolutions*, Harvard University Press, 1981, p. 144.
② Ibid., p. 125.

进步性，认为科学的发展过程是一个新理论不断发现而累积的过程。证伪主义者普波也承认科学的进步性，但是他把科学的发展说成是新理论对旧理论的不断否定。老历史主义科学哲学家大多否认这种进步性。如库恩，他虽然在表面上吸收了上述两家的学说之长，把科学的量变与质变结合起来，为科学的发展制定出一个量的积累与质的否定不断交替的模式，从而使人们耳目一新。然而他的理论的实质却是否定科学进步性的。因为他否认科学的发展是人类认识客观世界的深化，而把它说成是一种主观心理上的信念的更替。库恩否认科学进步性的根据是理论（"范式"）的不可比性。库恩认为，理论渗透观察。同一个词（科学术语）所指的内容是可能不同的。牛顿力学的"质量""能量"等概念的内容与相对论的"质量""能量"等概念的内容是根本不一样的。我们接受一种理论（"范式"），就是接受一种语言。没有中性的语言，不同理论（"范式"）的语言是不可比的。因而在他看来，谈不上哪一种理论比另一种理论进步。科学无进步可言。

库恩等老历史主义者的上述论点遭到了夏佩尔和劳丹等新历史主义者的批判。劳丹是从实用主义的立场出发批判库恩的这种理论的。他认为库恩的这种观点是错误的。其错误的症结在于它假设了只有当一种语言能翻译为另一种语言时，或存在着一种中性语言时，它们的比较才有可能。但是实际即使理论渗透观察，即使不同理论（"范式"）的术语有不同含义，也并不能排斥理论（"范式"）之间的可以比较。这是因为：

1. 即使没有中性的观察语言，人们仍然可以有意义地谈论关于"同一科学问题"的不同理论。这是因为科学研究的大多数问题是独立于各种理论，并为它们所共有的。例如古代以来的一切不同的光学理论都同样地要解决光何以直线传播，光遇到障碍何以会改变方向等共同的问题，因而人们可以通过比较各种不同理论对这些共同问题的解决能力来评价和判定它们的进步性。

2. 即使不同"范式"或研究传统的理论术语的含义不同，人们仍然可以通过它们内部的理论上的"一致性""连贯性""简单性"及其科学预见的能力来比较它们的进步性。

总之劳丹认为"范式"或研究传统的理论术语即使不可比较，也并不排除人们对它们的上述性质的可以比较。科学是通过不断提高理论的解决问题的能力及其内容的"一致性""连贯性""简单性"和预见性的程度而不断前进的。因而讨论科学的进步问题不仅是可能的,而且是很有意义的。他写道:"科学的目的是获得具有高度解决问题能力的理论。根据这一观点,科学的进步恰恰在于后来的理论比先前理论能解决更多的问题。"① 又说:"科学的进步在于解决愈来愈多的重要问题。"②

但是在科学史上却常常有科学家们接受了解决问题能力小的理论,而放弃了解决问题能力大的理论的情况。如在早期,日心说比地心说的解决问题的能力小,但是天文学家们却放弃了地心说,接受了日心说。其他如早期的机械论、19世纪上半期的原子论、早期的心理分析理论以及早期的量子力学与分子结构理论等也都有类似的情况。为了说明这种情况,劳丹提出了理论的"恰当性"与"进步性"这两个基本概念。

劳丹所说的理论的"恰当性",就是指理论的"实用性",也就是指理论的解决问题的能力。他们说的理论的"进步性",就是指理论的提高解决问题能力的速度。劳丹指出,过去的科学哲学家,如库恩,由于只考虑理论的恰当性,而忽视了理论的进步性,因而他就无法解释上述科学家为什么放弃解决问题能力大的理论,而接受解决问题能力小的理论的情况,从而把这归之为科学家的非理性的信念的转变,陷入了非理性主义。其实科学家在评价和选择理论时仍然是理性的,因为他们常常不仅要考虑到理论的恰当性(劳丹称此为"接受背景"),而且更要考虑到理论的进步性(劳丹称此为"追求背景")。如一个刚出现的新理论,即使在解决问题的能力方面不如旧理论,但是如果它能在一个较短的时间内迅速提高它的解决问题的能力,从而表现出强大的潜在生命力,那么科学家们就会宁愿抛弃上述旧理论,而追求这个富有生命力的新理论。如16世纪科学家们抛弃亚里士多德力学理论,追求伽利略的情况就是如此。因此他写道:"应该重视一个进步初速高的理论,即使它的解决问题的能力不如它的前驱理论或与它竞争的理论。"③

劳丹企图维护科学的进步性,这是正确的,应该予以肯定。他对库恩

---

① Ian Hacking (ed.), *Scientific Revolutions*, Harvard University Press, 1981, p. 146.
② Ibid., p. 126.
③ Ibid., p. 152.

的否定科学进步性的观点的批判，也是比较有力的。科学理论之间是可以比较的。一般来说，后继的理论在解决问题的能力等方面总比早先的理论要进步。但是劳丹在批判库恩上述观点的言论中却缺少一个最为根本的观点，这也是他极力反对的一个观点，那就是不同科学理论之所以可以比较，这不仅由于它们具有共同的问题，而更为根本的还在于它们研究的是同一个客观对象。理论是对客观世界的本质及其规律的反映。科学的发展是人类对客观物质世界的认识的深化。只是由于科学理论愈来愈深入地反映了客观世界的内容，它的解决问题的能力才得以不断提高，否认科学理论的发展是反映客观世界的深化，而空谈其解决问题能力的提高，其实质仍然是否认科学的进步性。而劳丹之所以在这根本点上坚持错误而不改，其根本原因还是实用主义思想在作祟。

通过上述对劳丹的科学哲学思想的分析，我们可以得出这样一个一般性的结论：现代西方的科学哲学是密切结合现代科学以及科学史的实际的，它们的理论中伴有不少合理的因素和值得重视的思想，应该予以肯定。但是，从总体上来说，它们的多数是错误的，我们必须给予马克思主义的分析和批判。

努力搞好哲学改革，更好地为改革服务

这次"哲学与改革"讨论会，在大家的共同努力下，圆满地结束了。

这次讨论会是在全国以城市为中心的经济体制改革蓬勃开展的形势下举行的。我们把这次讨论会放在无锡召开，就是为了能够更加深切地了解经济改革的具体实践，使理论与实际更紧密地结合起来。苏、锡、常是全国经济改革起步较快的地区，也是商品经济比较发达的地区，他们的实践经验、他们在改革中所遇到的问题，具有很大的代表性。在这次讨论会上，汤永安、郁谦同志做的报告，具体介绍了城市经济体制改革的发展情况，也提出了改革中所涉及的许多急待解决的理论问题。何良友同志还介绍了农村经济改革的情况。为了进一步加深对农村改革的感性认识，大会组织了参观活动。无锡县的长安乡、前洲乡和前洲乡的西塘村，玉祁乡的蓉南村的生动经验，都给大家很大的启发。另外，我们还听取了南大哲学系孙伯鍨同志对哲学改革提出的初步想法。

同志们在小组讨论和大会交流中，就"经济体制改革中提出的哲学问题"和"哲学的教学、科研、宣传的改革问题"发表了很好的意见。

在对经济体制改革做探讨中，许多同志从历史唯物主义关于生产关系一定要适合生产力性质的规律出发，论证了我国进行经济体制改革的必要性。社会主义社会中，生产关系与生产力，从根本上来说是相适应的。但是，也存在着某些不适应的方面。过去，我们没有正视这个问题。正是这些局部的不适应，阻碍了社会主义的发展，造成了僵化的经济体制。农村实行的承包责任制、企业的简政放权，就是重新依据生产关系一定要适合生产力性质的规律发展城乡经济。我国生产力有两大特点，一是水平低，二是不平衡。因此，各地的经济体制改革的突破点是不一样的，重点也是不同的。生产关系的形式也必然是多样的。因此，在改革中不能搞一个模式。理论研究要努力从实际出发，探讨改革的多样性。还有的同志从我国当前经济发展的现状出发，提出要对所有制进行研究。从无锡工业发展的情况来看，许多乡、村办工业超过县办工业，集体办的企业超过国营企业，这是为什么？国家所有制是不是公有制的最好的或最高级的形式？南斯拉夫理论界提出：国家所有制只是公有制的最初形式，低级形式。我国的经济改革决定也提出：所有权与经营权要适当分开。国家所有制也是一种经营形式，它的地位应当认真讨论。这是一个重大的理论问题，与历史唯物主义有关系。这次有的同志就国家的政府职能与经济职能的关系做了研究。所有这些都是对改革做出的哲学思考。另外，大家在讨论中，还就下列问题展开了讨论，比如：经济的增长速度与综合经济效益的关系问题；工资制度的改革问题；物价体系的改革问题；系统地运用经济杠杆的问题；怎样搞活大型企业的问题；对外开放的问题；等等。尽管对有些问题还没有得出明确的结论，但是探讨的课题已经有了。

哲学改革的问题，是大家很关心的，是争论比较热烈的。通过讨论，大家共同认为：原有的哲学体系（教科书），现在已经显得陈旧了，僵化了，非改革不可。

有的同志提出，原有的哲学体系，是沿袭了过去苏联的模式，特别是联共布党史的四章二节。这个体系有它的历史功绩，曾经在革命年代发挥过很大作用。但是，在社会主义革命胜利以后，情况不同了，特别是当前经济生活发生了巨大变化，应当突破原来的体系，依据新的实践，发展马克思主义哲学。

有的同志认为，要改革哲学，首先必须弄清楚哲学改革的内涵。哲学改革不能像20世纪初的物理学革命那样，从基础理论上加以改革。哲学的改革是指从教学、研究、宣传上加以改革。不是改革马克思主义哲学的基本理论，而是丰富和发展这些基本理论。马克思主义哲学的发展，离不开坚持一些基本原则，比如，理论与实践相结合的原则，史和论相结合的原则，对西方现代社会思潮也要采取分析批判的原则。

看来对马克思主义哲学应当分清几个层次：一是马克思、恩格斯哲学思想中的基本观点、基本方法；二是马恩、列宁等人依据这些观点和方法，在特定的历史时期所引出的某些具体结论；三是后人依据马恩的哲学思想，结合具体历史环境所形成的宣传体系。对于革命导师的某些具体结论，在新的历史条件下，也可以做某种修改，对于包含在马克思、恩格斯思想中的基本立场、观点、方法，则应当坚持。运用马恩的基本立场、观点、方法，去得出新的结论，去解释新的经济、政治和文化生活，去预示社会发展的趋势。也可以建造新的体系。

怎样进行哲学改革，大家认为不能搞一刀切，要分一些层次。综合性大学哲学系的教学与一般高校哲学公共课的教学，党校、部队院校与一般高校的哲学教学有着差别。无论在教学对象、培养目标上，还是在师资配备、课程设置上，都不完全相同。

比如，南大哲学系开设自然科学通论课，有的学校就不一定这样。

在讨论中，大家都强烈地感觉到：哲学的改革不是孤立的，必须有良好的环境。首先必须要有民主的气氛，要有学术讨论的自由。随着国家的经济体制改革、政治体制改革的深入发展，我们的学术自由会得到进一步保证。同时，哲学的改革也离不开历史学等社会科学的改革，这有赖于其他学科的努力。我们要做的工作是：尽可能地多了解，多学习一点经济学的知识，政治学的知识。没有这方面的必要知识，对改革进行理论概括就比较难。

同志们还提出了哲学改革中急需要解决的一些问题。比如，哲学与人生观、理想的关系；哲学与生活、工作的关系；哲学与党的路线、方针、政策的关系；哲学与自然科学的关系；对当代西方哲学思潮的评介。这些都要求我们努力去探索。

（原为江苏省哲学学会常务副会长夏基松在"哲学与改革"讨论会闭幕时的讲话，载于《江苏社科通讯》1985年7月）

夏佩尔科学哲学思想述评

新历史主义学派形成于20世纪60年代末，1969年的伊利诺会议是它的起点，1978年的内瓦达会议表示了它的成长。新历史主义学派像老历史主义学派一样，成员众多，学说多异，有夏佩尔的信息域理论。劳丹的研究传统理论。麦克斯韦的蓝图论、格丁的科学概念框架论，等等。但是继续坚持科学哲学与科学史相结合的历史主义优良传统，批判老历史主义学派的非理性主义错误，则是他们的共同特点，而夏佩尔和劳丹的科学哲学思想分别代表了新历史主义学派的两个不同方向。劳丹坚持以实用主义观点批判老历史主义学派的理论，其实质是继续坚持非理性主义与相对主义，夏佩尔则坚持以科学实在论的观点批判老历史主义学派的非理性主义与相对主义，把新历史主义的理论引向唯物主义，从而给西方科学哲学带来了生机。

一 科学哲学的基本原则——既反对绝对主义又反对相对主义

敦德莱·夏佩尔（Dundley Shapere）是美国科学哲学家，早年毕业于哈佛大学，获哲学博士学位，后在俄亥俄、芝加哥、伊利诺等大学任教，现任马里兰大学教授兼科学史与科学哲学委员会主任，主要著作有《自然科学哲学问题》（1965）、《伽利略哲学研究》（1974）、《理由与知识的探讨》（1984）等。夏佩尔的整个科学哲学思想是建立在批判逻辑实证主义与老历史主义的理论基础上的。他批判了逻辑实证主义的科学哲学思想，这主要有以下几点：

首先，夏佩尔同意老历史主义关于科学哲学的主要任务在于动态地、社会历史地研究科学知识发展的规律性，而反对逻辑实证主义把科学哲学的任务归结为对科学知识进行静态的逻辑结构分析的主张。他指出：逻辑实证主义试图以静态的纯逻辑分析，给出一切科学知识所共有的、抽象的、永恒不变的形式特征的企图是注定不能实现的。这是由于科学的内容是历史地变化的，其特征也是历史地变化的，甚至被许多人奉为万古不变的逻辑形式，其实也非永恒。

其次，夏佩尔反对逻辑实证主义关于严格区分"元科学术语"与"科学术语"的主张逻辑实证主义认为，具体科学的术语是随科学知识的发展而发展变化的。不同学科可以有不同的科学术语。而科学哲学研究的不是科学知识的具体内容，而是它们的普遍的、永恒不变的逻辑形式，因而它的术语，如"观察""实验""理论""证据""解释""证明"等，其含义是永恒不变的。科学哲学与各门科学的关系，正如元数学与数学的关系。元逻辑与逻辑的关系一样是元科学与科学的关系。夏佩尔坚决反对逻辑实证主义的这种主张。他认为，由于科学哲学主要不是抽象地研究科学知识的发展规律性，因而它的术语与具体科学的术语一样也是随科学知识内容的发展变化而发展变化的。如科学哲学中的"观察"一词，在不同历史时期有不同的含义。它在早期是指肉眼观察，在近代就包括了通过望远镜、显微镜等光学仪器的观察，在现代则更包括了通过现代化仪器的干扰而使微观客体变化的间接观察。他认为，不仅科学哲学的术语是不断变化的，就是它们的研究的科学的目的、方法以至科学思维的推理规则等等，也无不是随着科学知识内容的发展变化而发展变化的。根本不存在逻辑实证主义所认为的那种永恒不变的"元科学"。

最后，夏佩尔同意老历史主义关于"观察中渗透理论"的观点，反对逻辑实证主义关于严格区分"理论术语"与"观察术语"的主张。逻辑实证主义认为："观察术语"是经验事实的直接记录，它的意义是清楚明白的，不容改变的，而"理论术语"则是经验事实的逻辑结构，它只有还原为"经验术语"才能获得意义。库恩等老历史主义者不同意逻辑实证主义的这种观点，他们以大量心理学和科学史的事实表明：不存在中性的观察，观察中总是渗透或负荷着理论的。夏佩尔同意老历史主义的这种见解，认为由于观察中渗透着理论，人们无法严格做出"理论术语"与"观察术语"的区分。逻辑实证主义关于观察理论的二分法是错误的，他写道："通过分析我们完全承认：'观察'和'理论'的相互依赖，而不是把观察术语与理论术语或观察命题与理论命题看成是极端区别的类型。"

在批判逻辑实证主义的同时，夏佩尔也批判了老历史主义学派的理论，这主要有以下几点：

首先，夏佩尔批判了老历史主义关于严格区分高层次理论（"范式""研究纲领""高层次背景理论"等）与低层次理论的主张。他认为，老历史主义反对逻辑实证主义把科学体系看成是许多孤立命题的简单集合，并坚持理论与理论、理论与经验的相互联系的整体主义观点是正确的，但是他们的上述二分法是错误的。这是由于虽然在科学史上，在某一历史时期的某一科学领域内，科学家们持有一定程度上相似的指导因素，但是这并不构成库恩等人所说的僵硬的"范式"或"研究纲领"之类的东西。因为它们之间的区分并不是绝对的，而是相对的。例如：在同一经典力学传统中，不同的科学家（如牛顿与马赫）可以有不同的本体论承诺和方法论承诺，而在不同的传统（如经典力学传统与相对论传统）中，却可以有或多或少相同的指导性原则。这就是说："这个范式与另一个范式的不同表述之间的区别，科学革命与常规科学之间的区别，充其量不过是一个程度问题。"①

其次，夏佩尔批判了库恩、费耶阿本德等老历史主义者的理论（范式）"不可比性"的观点。库恩和费耶阿本德同时提出了不同理论之间不可比较的主张。库恩认为范式（理论）体现了人们的信念，范式的转变是信念的转变，先后范式之间是没有任何继承性联系，即它们之间是不可比较的。费耶阿本德则认为：经验观察的意义是由理论决定的，不同的理论有不同的经验，但它们是不可比较的。夏佩尔坚决反对这种主张，认为不同理论都是表述或指谓同一客观世界的，它们是可以比较的，否定理论的可比较性必然导致否定科学的进步性和合乎理性，从而陷入相对主义与非理性主义。

夏佩尔把上述对逻辑实证主义与老历史主义的批判归结为对绝对主义与相对主义的批判。夏佩尔认为，在哲学史上长期存在着两种彼此对立的错误哲学倾向，这就是绝对主义与相对主义，他历史地考察了这两种错误倾向。

首先，夏佩尔考察并批判了绝对主义。他经常称绝对主义为"预设主

---

① Dudley Shapere, "The structure of scientific revolutions", *Philosophical Studies* (73), 1964, p. 388.

义"（Pre-suppositionism）或"不可违背性论点"（the Inviolability Thesis）。他认为绝对主义或预设主义为科学（认识）预先设定某种永恒不变的先验原则，认为人的认识或科学知识虽不断发展，但这些先验原则却永不改变。西方早期的预设主义者是柏拉图。柏拉图预设了永恒不变的"理念"的存在，认为这种永恒不变的理念规定了人的认识。近代著名的预设主义则是康德。康德为人的认识预设了先验的直观形式和悟性范畴，认为它们规定了人类的科学认识，而自身不随科学知识的发展而做任何改变。夏佩尔还列举了哲学史上的下列四种绝对主义或预设主义的变种：一是本体论的预设主义，它们为科学研究预设了某些永恒不变的本体论原则，如自然的同一性原则、自然的简单性原则、自然的统一性原则，等等，认为科学知识在它们的指导下不断发展变化，而它们永不改变；二是方法论的预设主义，它为科学研究预先设定某些方法论原则，认为科学知识在这些方法论原则的指导下不断变化发展，而这些方法论原则永不改变；三是逻辑上的预设主义，它为科学知识预先设定某些永恒不变的推理规则（如演绎规则或归纳规则），认为科学认识必须遵循这些规则，而它们并不随认识的变化发展而改变；四是概念的预设主义，它为科学知识规定某些永恒不变的概念，认为这些概念不随科学知识的发展变化而变化。夏佩尔认为，逻辑实证主义就属于概念的预设主义，他们把"观察""理论""解释"等概念预设看作不变化的"元科学术语"，从而陷入了绝对主义。

其次，夏佩尔批判了相对主义。他认为相对主义是反对绝对主义而走向另一极端的表现。他们否认科学知识中有任何相对稳定的东西，从而否定了理论之间的质的区别性和可比较性。西方早期的相对主义是皮浪主义，近代的相对主义则是休谟等人的怀疑主义，而库恩与费耶阿本德的相对主义与它们有同宗关系。夏佩尔认为科学的发展是与绝对主义是不相容的，它一次又一次地打破了绝对主义的预设，然而"尽管反对的意见像雪崩似的淹没了这类观点的具体形式，但是它们的新形式却继续不断从以前的灰烬中诞生"[①]。这是由于起来反对它们的是相对主义，而相对主义是另一种不符合科学事实的理论，它们同样为科学家们所不齿。夏佩尔认为绝

---

① Thomas Nickles, *Scientific Discovery, Logic, and Rationality*, D. Reidel Publishing Company, 1980, p. 62.

对主义的动机是好的,"他们要证明科学的客观性和进步性,要求保留知识的可能性,避免相对主义的妖魔"①。但是事实证明这种方法是行不通的。相对主义揭示了人类认识的局限性,这是它的长处,但是它否定科学的客观性与进步性,陷入了另一方面的错误。因而正确的态度是既反对绝对主义,又不陷入相对主义。这就是真正的科学哲学所必须坚持的原则。他写道:现在放在我的面前的任务是:"在对知识的探求做出说明时,能否做到既不依靠任何形式的不违背性观点(绝对主义),又不陷入相对主义或怀疑主义。"②夏佩尔的整个科学哲学理论,包括下述的信息域理论就是建立在这个"既反对绝对主义,又避免陷于相对主义"的原则基础之上的。

近代以来的西方科学哲学在思想方法上具有明显的形而上学的片面性。它们不是坚持绝对主义,就是陷于相对主义,不能把真理的相对性与绝对性辩证地统一起来。夏佩尔看到了这个根本性错误,并以克服这个根本性错误为其科学哲学的理论出发点,这是正确的。但是,由于缺乏辩证法思想,他最终并没有实现这个任务。这从后面的论述中可以明显地看出来。

二 信息域理论——整体主义科学观

夏佩尔的科学哲学的核心是信息域理论。它是继承了老历史主义的整体主义观点和社会历史分析的方法,同时又批判了逻辑实证主义的理论——观察二分法与老历史主义关于高层次理论——低层次理论二分法的产物。他在《科学的理论及其信息域》一文中首先提出"信息域"这个概念。夏佩尔所说的"信息域"类似于我们所说的学科研究领域。但比"学科研究领域"一词具有更大的灵活性。它可以指电学、光学等学科的研究领域,也可以指比学科研究领域更广大的研究领域:如由电学、光学、高能物理、化学、天文学等学科知识的结合而构成的原子结构的信息域;它还可以指小于学科领域的某些较小的研究领域:如固体理论的信息域、稀

---

① Dudley Shapere, *Reason and the Search for Knowledge*, D. Reidel Publishing Company, 1984, p. 412.

② Ibid., p. 21.

土化学的信息域、板块构造的信息域、类星体射电源的信息域、RNA转移的信息域等，甚至更小的研究领域，如某个科学家个人独特的研究领域也可以称为"信息域"。

夏佩尔认为信息域不仅是指从观察得来的经验事实，而且还包括该学科中的理论观点、方法、原则和信念等等项目。它们都是互相联系，彼此渗透的，有机统一的。正是由于它们的相互联系和相互统一，才构成了"信息域"这个作为科学研究对象的有机整体，夏佩尔认为，作为科学研究对象的信息域，一般来说应具备以下四个特征：1. 构成信息的信息项是相互联系的，这种联系并非主观臆想，而是有充分科学根据的；2. 构成信息域的诸信息项之间存在着某些不一致问题；3. 这些问题一定是很重要的；4 当前的科学技术或研究方法已具备解决这些问题的条件。

夏佩尔认为，作为一个信息域，以上1、2两个特征是不可缺少的；3、4两个特征如果不能完全具备，而只具备其中的一项，那么也可勉强构成一个信息域。

夏佩尔指出：信息域不是固定不变，而是随科学技术的发展和科学知识的增长而不断变化的。它随着信息项的增加而不断重组、进化。这可以表现为以下几方面：

1. 信息域的中心问题的改变。这就是说，该信息域本身并没有变化，但是它的中心问题改变了。如在炼金术时期，化学学科的中心问题是如何改变物质特性，如何把其他的物质转变为黄金的问题，至18世纪以后，它的中心问题就改变了，改变成为研究物质的构成问题了。

2. 信息域的项目的增加和减少。一般来说，随着一个学科的发展，该信息域的项目总是不断地增加的；但是在特殊情况下，它的项目也可以减少，即有些项目可以被剔除。如在拉瓦然时期，化学的元素中包括光和无重量的热的物质——热素，后来被排除于化学元素之外了。

3. 信息域的重组。这可以有两种形式：一是信息域的合并，即由几个较小的信息域合并为一个较大的信息域，如电和能原来是两个不同的信息域，经富兰克林、法拉第和麦克斯韦的研究后，就合并成为一个信息域；二是信息域的分化，如从一个老学科中分化出许多个新学科等等。

综合上述，夏佩尔提出了一个科学发展的新模式。他认为：科学发展的过程就是一个信息域的中心问题不断改变，信息域的项目不断变化、扩大,以及信息域不断合并、分化而进化的过程。夏佩尔指出:一般来说,早在16世纪以前的古希腊罗马时期和中世纪时期,各门学科是作为一个整体被包容在自然哲学之中的。自16世纪以后各信息域随着科学技术的发展而先后从自然哲学中分化、独立出来,随着上述信息域的合并、分化、重组而不断进化。科学发展的总的趋向是信息域愈分愈细,但同时又有新的综合,从而出现了许多被称为新兴学科、边缘性学科等新的信息域,表现出现代科学的大发展和大繁荣。

上述夏佩尔的科学发展模式与库恩的科学发展模式相比较,显然有以下几点明显的区别:一是它不分"高层次理论"与"低层次理论",把两者统一于信息域中;二是它不分"常态科学"与"科学革命",把两者统一于信息域的重组和进化之中。

但是夏佩尔的信息域理论与库恩的范式理论的更为重要的区别,在于库恩的理论是主观主义、非理性主义与相对主义的,而他的理论是客观主义(科学实在论)、理性主义与进步主义的。

三 科学的合理性——理性主义科学观

"科学是不是理性的事业"这是当前西方科学哲学争论的一个热题。早在19世纪下半期以前,西方的大多数哲学家,不论是归纳主义者还是演绎主义者都毫不动摇地坚信科学是理性的事业,科学活动是理性的活动。他们把理性与逻辑等同起来,把科学理论的发现与科学理论的证明结合起来,认为包括科学理论的发现与科学理论证明在内的整个科学认识过程就是一个逻辑的过程,因而也是理性的过程。但自19世纪下半期,科学认识开始深入微观世界。微观客体的结构及其变化规律的知识既不可能从先天公理的演绎中得出,也不可能从经验材料的重复性中归纳出来,而只能通过假设—演绎—实验的过程得以实现。这样,就造成了归纳主义。演绎主义的逐渐衰落与假设主义的相继兴起。假设主义把科学理论的发现与科学理论的证明或辩护(Justification)区分开来;认为理论的发现,即假设的提出是灵感或直觉猜测的结果,它是非逻辑的,因而也是非理性的;而理论(假设)的证明或辩护则是逻辑的,因而是理性的。假设主义的早期代表是惠威尔,而当代著名的假设主义者则是波普。波普在理论的发现问题上是一个非理性主义者,而在理论的证明或辩护问题上则是一个理性主义者。20世纪60年代以后,老历史主义者库恩继承并发展了波普的上述观点。他把整个科学认识过程进一步非理性主义化,认为不仅科学理论的发现是非理性的,就是科学理论的证明或辩护也是非理性的。因为科学家选择和接受哪一种理论("范式")不是依据逻辑推理或理性,而是依据心理的信念,即非理性。费耶阿本德又进一步发展了库恩的上述非理性主义思想。公然否认科学活动的合理性,从而造成了非理性主义在西方科学哲学中的泛滥,以及反对非理性主义为己任的新历史主义学派的兴起。新历史主义反对老历史主义的非理性主义,肯定并论证科学的合理性。但是他们对于"理性"一词的理解是各不相同的。有的把理性约同于逻辑,认为理性思维的过程就是逻辑思维的过程;有的否认理性就是逻辑;有的认为理性思维既包括严格的逻辑推理过程,更包括复杂的创造性思维过程;劳丹则对理性思维做了实用主义的解释,认为一切凡能解决问题的认识活动都是理性的活动。夏佩尔反对劳丹的这种主张,他把"理性"一词做了自己的解释。

"理性"与"理由",夏佩尔认为所谓"理性"活动就是根据"理由"而进行"推理"的认识活动。"理性"(Rationality),"理由"(Reason)和"推理"(Reasoning)这三个概念是密切相关的。因而为了理解"理性"的含义,就要先理解"理由"的含义。那么什么是"理由"呢?也就是说一个论断在什么条件下才构成一个主题的理由呢?他认为,这必须具备下列三个条件:

1. 相关性(恰当性):该论断必须是与主题相关的,即有联系的,而且这种联系是恰当的。一个与主题没有任何联系,毫不相干的论断,无疑不能成为该主题的恰当的理由。他写道:"科学的发展在于逐渐识别其研究对象,识别哪些是与研究对象直接相关,哪些是无关的,抛弃某种被看作不相干的信念,采用某种我们认为是更加相关的新信念,完善我们想象和描述周围世界的方式,以更清楚更严格的方式揭示事物之间的相互联系。……"[①]

[①] Dudley Shapere, *Reason and the Search for Knowledge*, D. Reidel Publishing Company, 1984, p. 23.

2. 成功性：一个论断要成为一个主题的理由，除了它必须与该主题相关之外，还必须在解释或说明该主题方面有可靠的说服力，即成功性。夏佩尔认为：一个论断的"成功性"是可以变化的。例如在炼金术时期的一个"成功"的论断，在近代化学时期就变成"不成功"了。这就是说："成功的标准是属于我们信念的，它们可以以不同的方式发生变化，而无须我们假定一个超验的、不变的成功标准。"①

3. 无怀疑性：一个论断之所以能成为一个主题的理由，不仅它在说明或解释主题时是成功的，有说服力的，而且必须是令人信服，即无可怀疑的。一个无说服力而令人怀疑的理由，不能成为一个科学的理由。夏佩尔还提出，怀疑有两类：一类是科学的怀疑，即有具体科学根据的怀疑；另一类是哲学的怀疑，即怀疑主义的。没有任何具体科学根据的普遍性的哲学的怀疑，如怀疑自己当前是否正在做梦等。他认为这种普遍性的哲学怀疑在科学中是没有意义，不起任何作用的。

总之，夏佩尔认为，"相关性""成功性""无怀疑性"是一个论断成为一个主题的"理由"的三个必要条件。他写道："科学中的一个'理由'由这样的信念组成：1. 结果表明它是成功的；2. 对于它是无可怀疑的；3. 结果表明它与那个作为其'理由'的特殊领域是相关的。"而"理性"，他认为，就是一种依据一定的"理由"而进行推理的认识活动。

科学发展的合理性　夏佩尔认为，科学是理性的事业，科学的发展是合乎理性的。他从上述理性观出发对科学发展的合理性做了说明，并对库恩、费耶阿本德的非理性主义进行了驳斥。他指出：如上所述，科学发展的过程就是信息域不断扩大，中心问题不断转变和不断合并，分化的进化过程。这个过程不是非理性的，而是理性的。这是因为不论是信息域的中心问题的改变，或它的合并与分化，它们都是恰当的、成功的、无可怀疑的，即充满理由的。

夏佩尔进一步指出：肯定科学是理性的事业并不否认科学中夹杂着非理性因素，特别是在科学还没有发展的早期，心理的、宗教的、神秘主义的等外在的非理性因素，常常与科学知识混杂在一起，影响着科学知识。但是随着科学的发展，内在于科学的，即作为科学之本质的理性因素不断

---

① 夏佩尔：《科学变化的范围和限度》，科恩导编《逻辑、方法论和科学哲学》，第41页。

战胜并排除上述外在的非理性因素而发展，以至最终彻底清除非理性因素。他称此为科学发展的"理性内在化"过程。例如早在古希腊罗马和中世纪时期，科学知识和宗教神学思想常常是混杂在一起的。随着近代科学的发展，理性因素就逐渐战胜、清除非理性因素。如在17世纪末，牛顿还确信上帝以第一推动力干预物理世界的必要性，而至18世纪中叶，拉普拉斯就公开声言"不需要上帝这个假设"了。

科学发现的合理性 夏佩尔认为，不仅科学的发展是合乎理性的，就是科学的发现也是理性的活动。19世纪中叶以后，新出现的假设主义把科学理论的发现与它的证明分割开来，认为科学理论的证明是逻辑的，因而是理性的，而它的发现则是灵感的直觉的，即非逻辑的，因而也是非理性的。这样就否定了科学发现的合理性。此后，不论是逻辑实证主义，波普的证伪主义，还是老历史主义都坚持科学发现的非理性观，认为科学发现问题是一个心理学问题，而不是科学哲学研究的课题，从而把它逐出于科学哲学的研究范围之外。

夏佩尔坚决反对上述科学发现的非理性观，论证了科学发现的合理性，并认为它是科学哲学的重要课题，对它进行了详细的探讨，提出了许多有益的见解。

夏佩尔认为，逻辑实证主义、波普证伪主义和老历史主义坚持科学理论的发现是非逻辑的。这是正确的。因为它是一个复杂的、创造性思维过程，而不是一个逻辑的机械推理过程。但是因此而否认科学发现的合理性则是错误的。因为理性思维虽包含逻辑思维，但不等于逻辑思维，它仅是理性思维的一个组成部分。理性思维还包含其他形式的认识活动，这是一种复杂的推理活动。对于这类推理活动，即科学发现的推理活动，人们还缺乏研究，因而还知道得很少，但不能因而否定它们的存在。不过有一点还是可以肯定的，那就是它们是一种依据"理由"而进行的"推理"活动，而依据"理由"而进行的"推理"活动，依据夏佩尔的上述定义，就是一种理性的活动。

科学发现的基础 夏佩尔对科学发现的理性思维活动进行了开创性的研究。首先他研究了科学发现的基础问题。他反对传统经验主义，包括逻辑实证主义关于科学发现的基础是观察得来的经验事实的观点。他认为科学发现的基础不是单纯的经验事实，从单纯的经验事实，即一个个孤立的原子命题出发是永远不能"跳跃式"地得出普遍性的科学理论的。除非求助于灵感和直觉。他认为科学发现的基础不是经验而是信息域，这是因为只有把观察到的经验结果纳入信息域之内，构成信息域的一个组成部分时，才能发现它与其他背景知识，即其他经验和理论的不一致，从而形成问题和解决该问题的研究路线，以促使科学家去创造性思维，而发现新的理论。他以脉冲星的发现为例做了说明：1963 年人们发现狐狸座的某处有一个以非常规则和短促周期而重复地发射着无线电的讯号源，单凭这一孤立的事实当然不可能发现脉冲星，天文学家们将这一事实纳入当时天文学的信息域，即当时的宇宙背景知识之中，就立即感到这是一个令人费解的重要情况，从而通过研究发现了脉冲星。

夏佩尔指出：科学发现的基础之所以不是经验而是信息域，还在于有许多科学发现是信息域中的理论提出来的。例如根据广义相对论的引力理论和天体演化理论的推测，如果星体的质量超过一定限度，它在衰老后就会形成一种由中子组成的高密度的星体——中子星，后来通过天文观测，果然发现了这类中子星。

科学发现的基础之所以不是经验而是信息域，还在于有许多科学发现是通过信息域内的各种信息项之间的类比而得到的。例如人们发现光子在电磁相互作用中起作用，π 介子在强相互作用中起作用，因而通过类比的假设而发现玻色子在弱相互作用中起作用，等等。[①]

科学发现的几种推理模式。　为了进一步论证科学发现不是非理性的直觉的猜测，而是理性的推理活动，夏佩尔还提出并探讨了几种科学发现的推理模式，从而有力地论证了科学发现的合理性。夏佩尔认为，由于科学发现是创造性的思维活动，它的推理形式是多种多样的，不能把它们归结为一种或几种规范性的推理形式，否则就是把科学发现的思维活动简单化了。他写道："在科学的发展中没有任何东西可以恰当地称为'发现的逻辑'，因为不存在任何保证科学研究必然导致解决问题的合理的路线。"但是他认为，并不能因此而得出费耶阿本德所主张的"怎么都行"的"无政府主义方法论"的结论，以否定科学哲学对科学发现的方法论的研究。他根据科学史的事实，提出并研究了以下几种重要的有关科学发现的推理

---

① F. Suppe（ed.）, *The Structure of Scientific Theories*, University of Illinois Press, 1974, p. 530.

模式：

1. 结构的推理模式：这是一种发现事物内部结构的思维模式，可以分为周期型的与非周期型的两类。

（1）周期型的结构推理模式：这是一种因信息域内的某些信息项的周期性变化，而引起人们对事物结构的发现的推理模式。夏佩尔以化学元素周期表为例说明了这类模式。早在19世纪中叶，科学家们就看到如果把各种元素按原子量的大小顺序排列，并为那些尚未发现的元素留下空位，那么就会发现各元素的性质是周期性变化的。门捷列夫也据此而排列出一个元素周期表（这就是一个信息域）。这种有序的周期表本身就提出了一系列问题，并可据此做出一定的预见：为什么每八个元素构成一个周期？为什么同一周期内的元素的化学性质有规律性变化？为什么基本有序因素是不连续或"跳跃式"的，其值是一个基本值的整数倍，而不是连续地渐变的？等等。要解决这些问题就必须承认"元素（原子）不是最终的不可再分单位，而是有其更为基本的构成因素"。当时多数科学家都认为原子是最小的、不可再分的物质。然而这种周期性有序变化的元素之间的联系是如此的广泛、具体和精确，致使当时的化学家们抛弃这种"原子不可分"的观点，而相信元素还存在着内在的基本构成物。与此同时，化学以外的其他一些信息域，如光谱分析、统计力学等领域，也提供了一些与此有关的信息，从而更加强了科学家们探讨原子结构的信念。在以后一个时期里，化学家们致力于原子结构理论的探讨，较为科学地解释了元素周期性排列的原因，从而做出了原子结构的发现。

根据上述例子，夏佩尔概括出科学发现的周期型结构推理的几个条件：a. 确定某一信息域的信息项是有序排列的；b. 这个顺序是周期性的；c. 这个顺序是非连续的；d. 这种有序性和周期性是具有普遍性和精确性的；e. 其他一些有关的信息域也可能导致结构性解释的理论；f. 在其他一些有关信息域中，某些结构性理论曾做出了成功的解释或预见；g. 有理由假设该信息域有可能与这些信息域合并成为一个新的较大的信息域（原子结构的信息域）。

（2）非周期型的结构推理模式：如果一个信息域中的构成因素具有某种有序的，但不是周期性的联系，这种有序性可呈现出递增、递减、运动状态等式样的排列，那么对于这样的信息域可用非周期结构推理来做出发现。

　　夏佩尔以光谱分析为例做了说明。19世纪光谱学家已注意到不同的化学元素有不同的、稳定的光谱线，同一元素可以有几条谱线，各谱线有稳定的联系，这些现象形成一个信息域，它提出了一些彼此有联系的问题。这些问题启迪人们从原子结构内部去寻找答案。于是他们就运用"溯因推理"，即把光谱作为结论去猜测是什么前提必然导致这种结论的方法，结果把光谱看成是元素的某种特殊结构的外部效应。在运用溯因推理过程中，科学家们还运用了类比法把它们与声学现象相类比。当时声学已取得重大的研究成果，初步弄清了声音的性质和规律。物质在空气中以不同的振动方式产生不同的声音，而且同一种声音由于谐振而引起几种类似而又不完全相同的谐振波。谐振波与主振波的结合而发生复合声。科学家们由此得到启示，猜测各种元素的原子也有不同的振动，因而产生不同的外部效应——光谱。又由于同一种元素的原子振动可以产生几种谐振，因而同一元素可以有几条不同的谱线。这种猜测后来被证实，而且巴尔默于1885年发现了氢元素的四条谱线的相互联系，并以公式把它们表达出来。

　　2. 演化的推理模式：这是一种启发人们从时间纵（断面）上去研究事物的各构成因素的前后相互关系，即启发人们去寻求和发现该事物的演化过程的推理形式。夏佩尔以天体光谱分析为例对它做了说明。早在19世纪，光谱学家就提出了恒星光谱分类法，把光谱相近的那些恒星归为一类，又按光色相近的归为一类。后来发现这两种分类基本上是一致的，即同一种光色的恒星往往具有同一种光谱特征。光色与光谱有密切的对应关系。于是光谱学家按有限的几种光色，把许多恒星分成几大类。它们形成一个信息域，启发人们去探索这种对应关系。这种信息域有可能启示人们从时间上去探索恒星的演化关系。人们又同时运用类比法促使这个问题的解决。光谱学家发现：地球上的金属物质在从灼热到冷却的过程中，颜色从白、蓝逐渐变成红、暗红。这就表明物质在活力最强时往往呈白色、蓝色；而当活力减弱以至冷却时便呈红色、暗红色。于是他们想到，物质光色的有序变化体现了物质本身的活力衰变过程。它是一个说明演化顺序的时间系列。那么这种演化的时间系列能否"空间化"呢？即假定从白到暗红共有七种色光，于是就把同一金属分为七份，每份处于不同的热度，呈现不同的光，这样金属在冷却过程中在时间上先后出现的各种光色，就以

"空间化"形式同时呈现在我们的眼前了。

以上是地球上的金属所呈现的现象。当时英国天文学家哈金斯等人已证明各星球的化学物质与地球的化学物质大致相同,这就使得科学家能够将地球上金属冷却过程的光色变化与恒星光色相类比。类比使科学家想到:恒星的光色不同意味着恒星的活力大小和"年龄"的同。各组恒星按白、蓝到红、暗红的顺序排列,意味着恒星的从年轻到年老的"年龄"变化。发白光的是新星,发暗红光的是正在衰老的星体。与地面上金属冷却过程的"空间化"相似。他们将同一恒星演化的时间顺序"空间化"。天文学家福盖尔(Vogel)系统地确定了各类星的这种演化序列,从而发现了天体演化的规律性。

从上述科学发明的案例中,夏佩尔总结出两条演化准理的原则:a. 如果一个信息域是有序性的,而且这种顺序可以看成某个构成因素的递增或递减,那么就有理由推测这个顺序是个演化的结果,并有理由去探索这个答案;b. 如能找到适当的类比,上述推测就更有理由。这种类比作一种背景信息,来自其他相关的信息域。它们已确定类似的顺序是时间顺序。

科学发现的推理程序。夏佩尔还研究了科学发现的推理程序问题。他认为,对于不同的信息域可以采取不同的推理模式但这些不同的推理模式在一般情况下都要经过共同的推理程序,这种推理程序可以分为六个步骤:

1. 形成信息域:信息域是人们在日常生活、科学实验和生产过程中逐渐形成和发展的。夏佩尔以电为例做了说明:人们先后看到电的各种似乎很不相同的表现形式。如雷电、摩擦生电、触电致死等等。后来又偶然发现电流会使磁针转动,可见它与磁有关;还偶然发现电?入化学溶液能引起化学反应,所以又与化学有关;还发现磁场对光的偏振面有影响,从而推想电与光有联系;等等。所有这些属于热学、光学、化学、磁学、力学等不同领域的事实,尽管从表面看上去很不相同,但是却从不同的侧面提出了共同的问题,从而形成了"电"的信息域。它促使许多人共同研究这个尚未称为"电"的神秘的东西。

2. 明确中心问题:所谓问题,就是某些现象与人们原有的经验或理解(理论)不一致,人们往往把许多问题整理、归并为一个或几个中心问题,集中精力,研究和解决之。上述"电"的信息域开始也提出了许多各种各样的问题，后来经人们分析、综合，逐渐归并为几个较大的问题，最后得出一个中心问题：是否有某种高速度、高能量的不可见的带电微粒穿行于各种物体之中，从而造成上述各种现象。

3. 推测答案：中心问题找到以后，人们往往不自觉地运用"溯因推理"去推测答案。科学家把这些高速度、高能量的微粒作为"结论"（结果），而探究到底是什么"前堤"（原因）才必然导致这种结论（结果）。他们反复推测，认为前提（原因）不可能在原予外部，而必然在于原子的内部结构，于是形成了关于原子内部结构的各种假设。有人假设有些微粒在原子内绕着核心高速转动。当它飞出原子时使流行于各物之间。这种假设可以解释许多现象，后来得到实验的证实，于是形成了负电荷的"电子"概念。

4. 选定研究路线：人们相信答案在原子内部结构，于是就选择现有条件下可能达到的最佳研究路线。19世纪光谱学已取得很大成果，元素周期表的研究也已有重大突破，科学家就从这些领域入手，揭示原子的内部结构。19世纪末以后，放射性研究取得重大进展，人们又从这方面向原子内部进军。执行切实可行而又先进的研究路线是科学探索得以成功的保证。

5. 寻求类比：用"溯因推理"（并结合归纳，演绎）找到的假设虽然能说明信息域内的事实，但是还要取得类比的启发和支持以加深对假设的理解。类比法大体有两种：一种是指A物在某些特征、性能或规律方面与B物相似，这就启发科学家以A物的某种已经掌握的特征、性能或规律为指导去研究B物；另一种类比是A物与B物不仅总的情况相类似，而且A物的x个因素与B的x个因素也相似，于是推测A物剩下的某个因素相似于B物剩下的某个因素。

6. 事实检验：推测出假设并经过类比的支持后，形成假说。假说必须经过事实的检验而确立为理论。事实的检验又区分为直接的事实检验与间接的事实检验。如果能用新假设直接解释清楚信息域内外的有关事实，就通过了直接检验，如新理论不便直接检验，便可以从它推出另一个可以直接检验的理论以接受间接的检验。如得到事实的检验，那么这个发现就算完成了。

发现与证明的统一。夏佩尔通过上述讨论发现推理模式及其推理程序的研究得出了两个重要的结论：一是科学发现是理性的，这是为不仅科学发现的推理模式自始至终是理性的,即它的推理的每一步都是恰当的、成功的和无可怀疑的,也就是充满理由的;而且科学发现的整个程序也是理性的,它们也是恰当的、成功的和无可怀疑的,即充满理由的。另一个结论就是科学理论的发现与科学理论的证明是统一的。

如前所述,早期的归纳主义与演绎主义都把科学理论的发现与科学理论的证明看成是合一的。后来自假设主义者惠威尔等开始,才把两者形而上学地分割开来,断言前者是非逻辑、非理性的,后者才是逻辑的和理性的。夏佩尔反对这种主张,认为两者是统一而不可分割的。这不仅由于它们都是理性的,即都是充满"理由"的推理过程,而且还在于科学理论的发现包含了科学理论的证明。他指出:一个科学家提出一种假设,如果还没有得到证明,那么他仅是提出了一种有待证明的假设,而不能说是已经发现了这种科学理论,只有当这个假设得到证明即确证以后,他才算发现了这种理论。因而科学理论的发现过程即证明过程,两者犹如一个钱币的两面是不可分割的。夏佩尔的这种主张得到了许多人的赞许。美国科学哲学家尼克斯说:"夏佩尔的信息域理论开拓了科学证明的全新的方向。……其中之一就是这些原则(推理规则与推理棋式)自身具有证明和评价的功能,从而纠正了这样的观点:科学发现只有一个方面,即从可观察的材料上升到理论。"[①]又说:"他和我都相信,他的历史案例的讨论(推理原则等)支持这样的观点:在科学中发现和证明仅是一个硬币的两面。支持确证的强力因素也是支持发现的强力因素。在很大范围内,反之亦然。"[②]

夏佩尔坚持科学合理性是正确的。他对库恩、费耶阿本德等人的非理性主义的批判也是有力的。夏佩尔把"理性"定义为依据"理由"而"推理"的认识活动,而把"理由"归结为"相关性""成功性""无怀疑性"的统一,这种说法并没有错,但是还不够全面。它忽略了对理性思维的任务的规定,理性思维的任务在于反映客观实在的本质及其规律,它是认识客观世界的本质及其内在规律的思维活动,因而它要求反映客观实在,要求与客观实在的本质相一致。夏佩尔所说的理由的"相关性"和

[①] F. Suppe (ed.), *The Structure of Scientific Theories*, University of Illinois Press, 1974, p.573.
[②] Ibid., p.576.

"无怀疑性"，本质上就是认识与客观实在的一致性，而他所说的"成功性"，本质上就是实践证实了认识与客观实在的一致性。

夏佩尔对科学发现的合理性的论证也是正确的。科学研究的重要任务在于发现新理论，否定科学发现的合理性，实质上也就是根本上否定了科学的合理性。夏佩尔反对把科学发现的方法归结为一种或几种的形式逻辑或机械演算的方法是完全正确的。科学发现是一种创新性的思维活动，它具有相当的艰难性和复杂性，不是能够用一种或几种规范性的形式逻辑方法所能概括的。它是一个复杂的辩证思维过程，是意识的高度能动性的表现。它是包括了归纳法和演绎法，溯因法和假设法，类比法和减错法等各种方法的辩证统一和灵活应用。但是，不能因科学发现方法的多样性和灵活性而否定对它们的研究的必要性。因为只有对它们进行认真的研究才能化盲目性为自觉性，自觉、有效地应用这些方法。

夏佩尔坚持科学理论的发现与科学理论的证明的统一的观点是正确的。正如他所说：提出一个科学假设，还不是科学的发现，只有当这些假设在理论和实践上得到证实后，它才算是被发现了。把科学理论的发现与科学的理论的证明形而上学地割裂开来的观点，实质上就是一种把科学的理论归结为纯粹的假设的假设主义的观点。

上述几种科学发现的推理模式的研究是夏佩尔的重要贡献。这几种推理模式的提出不是单凭理性的抽象思维，而是总结了科学史上的几个著名科学发现案例的结果，因而具有很大的说服力。它有力地批判了各种否定科学发现合理性的非理性主义观点。

四　科学内容的客观性——科学实在性

科学实在论。夏佩尔不仅坚持科学的理性主义，而且坚持科学的实在论。"科学实在论"是种具有明显唯物主义倾向的哲学流派，它产生于20世纪60年代和70年代的美国，后逐渐流行于西方世界，其创始人是 W. 塞拉斯，其他代表人物有普特南等。夏佩尔在 W. 塞拉斯等人的影响下接受了科学实在论，但他不同意传统实在论（唯物主义）的观点，并称它为"绝对主义"或"预设主义"，因为传统实在论预先给人们的认识"设定"了一个外部世界。他认为这是错误的，因为：1. 它没有科学根据，而是建立在原始的直觉基础上的；2. 现代发生认识论告诉我们，初生婴儿并没有外部世界这种先验的观点，它是后天的。然而夏佩尔的科学实在论并不否认而是肯定外部世界的客观存在，不过他认为这不是一种先验的预设，而是后验的。科学认识的结果。他认为科学知识的"恰当性""成功性""无怀疑性"是证明认识对象客观存在的最好的"理由"或最有力的根据。正是它证明了并不断证明着认识对象的客观存在。他认为肯定外部世界存在并不是一种绝对主义或预设主义的形而上学原则，而是科学知识提供给人们的信念的总和，它不是不可动摇的、永恒不变的、先验的绝对真理，而是有待于今后科学发展的继续证明的。他写道："我们不得不做出这样的结论。我们相信存在着独立存在的世界只是等于我们的具体的基本信念的总和，我们相信对于任何这种信念总是可能产生怀疑的。"[①] 不言而喻，这是一种不坚定的唯物主义。诚然，有关外部世界客观存在的观点并不是人们先验的判断，而是自然科学长期发展所证明的。但是这种证明的总和可以提供一个具有绝对性的观点，即存在着一个独立于我们的客观世界。这是不可改变和无可怀疑的。虽然随着科学的发展我们关于这个世界的具体认识可以有所改变和发展。夏佩尔因反对绝对主义而不敢承认物质世界客观存在的绝对性，这表明他缺乏辩证法思想，不懂得真理的相对性与绝对性的辩证统一。

夏佩尔的科学实在论的缺点或错误还在于他否认物质世界的无限性及其无限可分性。夏佩尔断言科学知识的"恰当性""成功性""无怀疑性"只为人们提供认识对象客观存在的信念，即证明了认识对象的客观存在，但是却不能证明，同样也不能否认世界的无限性，以及物质客体的无限可分性等等有关无限的命题。因而任何关于肯定或否定世界无限性的理论都是一种绝对主义、预设主义或先验主义。他断言：根据宇宙大爆炸理论和黑洞理论的假设，物质世界产生于虚无，又复归于虚无并不是不可能的。不言而喻，这是对现代科学理论的曲解。因为上述理论即使成立，也只能说明宇宙的局部的可能产生和消灭，而不能说明整个无限宇宙的可能产生与消灭。

夏佩尔的科学实在论的另一个错误是反对 W. 塞拉斯的逼真实在论。

[①] 夏佩尔：《科学的发现、逻辑与理性》，第 88 页。

塞拉斯的科学实在论与夏佩尔的科学实在论基本相同,但有个重大区别,那就是塞拉斯认为科学知识的发展总是不断逼近客观真理的,人们称此为"逼真实在论",夏佩尔反对这种理论,他认为这是种绝对主义或预设主义,因为它预设了人种永恒不变的客观真理。夏佩尔反对永恒不变的绝对真理无疑是正确的,但他因而反对科学发展具有不断逼近客观真理的性质则是不正确的,这有陷入相对主义的危险。

真理论。夏佩尔在上述科学实在论的基础上提出了自己的真理论。为了建立他的科学实在论的真理论,夏佩尔对历史上的三种真理观进行了批判。

首先,夏佩尔批判了"传统实在论",即唯物主义的真理符合论。唯物主义在认识论上坚持反映论,认为认识是客观世界的反映,真理是认识与客观实在相符合。夏佩尔不同意这种观点。他认为这种观点是错误的。其理由是:1. 这种观点是建立在原始直觉的基础上的,它缺乏科学根据;2. 这种观点认为判断命题的真假标准不是命题本身,而是命题之外的客观实在或实践,但是命题只能用命题来证明,它不能用根本与它不同的东西来证明;否则就会导致怀疑主义。不过夏佩尔认为,真理符合论虽然是错误的,但有其合理的因素,那就是它承认真理是表述外部实在的。因为真理虽不是外部实在的反映,但却是外部实在的描述。

其次,夏佩尔批判了实用主义的工具主义真理观。夏佩尔认为,实用主义把真理说成是一种根据主观需要可以任意改变的工具的观点是错误的,它必然导致主观主义。但是它也有合理的因素那就是坚持真理的有用性,因为有用的虽然不一定是真理,但真理必然是有用的。

最后,夏佩尔批判了逻辑实证主义的真理一贯论。真理一贯论认为一个理论(命题系统)只要在逻辑上是一贯的,无矛盾的,它就是真理。夏佩尔认为这种观点是错误的。因为它不讲真理与外部实在的关系,只讲理论系统自身的逻辑一贯性,这必然导致否认真理的客观性,陷入相对主义。因为如果有两个彼此矛盾的理论系统,它们都具有逻辑一贯性,它们就都成为真理了。但是夏佩尔认为一贯论也有其合理因素,那就是肯定真理的逻辑一贯性。因为逻辑上一贯的理论虽并非一定是真理,但是真理却必然是逻辑一贯的。一个逻辑混乱、自相矛盾的理论是不可能成为真理的。

夏佩尔在批判上述三种真理论的同时，吸取了它们的合理因素，提出了自己的真理论。他认为"真理"必须具备三个要素或条件，那就是：1."相关性"。2."成功性"。3."无怀疑性"。实用主义的"有用真理论"体现了真理"成功性"，但缺少"相关性"和"无怀疑性"，传统实在论的"真理符合论"体现了真理的"无怀疑性"，但是却缺乏"相关性"和"成功性"，逻辑实证主义的"真理一贯论"体现了真理的"相关性"，但是却没有"成功性"和"无怀疑性"，因而它们都是片面的真理观。只有他的科学实在论的真理论吸取了三家之长，免除了三家之短，把三者的优点结合起来，把"真理"归结为"相关性""成功性""无怀疑性"这三个要素的结合；并进而认为由于真理具有上述三个要素，它在认识论上也相应具有三种功能：1.解释的功能。2.预见的功能。3.描述的功能。这才是唯一全面的、科学的真理观。他把下述几种真理论的关系列表如下：

真理论	可接受性条件（理由）	认识的功能
符合论	无怀疑性	描述性
有用论	成功性	预见性
一贯论	相关性	解释性

夏佩尔认为由于真理具有相关性、成功性和无怀疑性，因而真理是充满"理由"的和合乎"理性"的。

有人责问夏佩尔：他所说的"真理"虽然眼下没有人怀疑它但是今后仍有可能被人们怀疑。夏佩尔回答说：怀疑的可能性本身并不构成怀疑的具体理由。那种抽象的笛卡尔式的哲学的怀疑（即怀疑主义的怀疑）在科学中不起任何作用。人们不能根据这种毫无根据的怀疑而否定科学真理的存在。他说："太阳明天将升起，我的汽车在离开停车场那一会儿丢失了，恐龙在过去存在过，星系是稀疏的星体系统，牛顿力学，经典电磁论和量子力学告诉了我们许多应该相信的事情，等等（即使它们可能只在有限范围内才是正确的）——这些信念以及其他许多信念，虽然它们不能免受任何可能的怀疑，但是随便怀疑它们却是不合理的，因为它们具有大量成功的和无可怀疑的具体理由。"①

有人质问夏佩尔,既然他否定(或不能肯定)任何绝对因素,怎么又能承认真理呢?夏佩尔的回答是:他所讲的真理并不是那种永恒不变的,不依赖于人的认识的绝对的东西,他反对先验的、预设主义的绝对真理论,但并不否定人有可能获得符合于事物本身的存在方式的真理。如果一个理论被认为是十分成功的,它能解释我们所研究的各种对象(信息域中的所有的项目),为它们提供出统一的理由,经过几百年以后也没有被人们发现具体的可疑的理由,而且又没有别的与它相矛盾的成功的理论,那么我们就没有理由怀疑它是符合于"事物本身的存在方式的真理"②。

夏佩尔的真理论具有一定的合理性,他把几种传统的真理观和自己的观点巧妙地结合起来,把各种合理因素熔于一炉,这对我们有一定的启发性。但是它也有明显的缺点或不足之处,那就是:1. 他把成功性和有用性等价。这就赋予了"成功"以很广泛的含义,以致难以与实用主义的"有用性"划清界限。辩证唯物主义也讲成功,但它有明确的含义,那就是把认识世界与改造世界意义上的实践的成功,这种成功来自认识与客观实在相一致。实用主义所讲的成功,是满足于个人功利或私欲的成功,不划清这两种不同"成功"的界限,就会有陷入实用主义的危险。2. 作为实在论者,夏佩尔应该强调真理是认识与客观实在相一致,应该把这种一致性作为成功、有用和逻辑一贯的基础。但是他并没有这样做,而只是把它们做出表面的排列,认为它们可以互相补充,共同作为真理的特征,从而掩盖了真理的真正本质。

真理与"观察渗透理论"。夏佩尔还讨论了一个与真理密切相关的重要问题:真理与"观察渗透理论"的关系问题。众所周知,传统的经验主义是经验主义的基础,它们认为一个理论命题只有还原为经验命题才有意义,而经验命题的内容就是观察所得的经验事实,它们是绝对的、不可改变的。如我们观察到眼前这朵花是红的,它就是绝对的红的,它是一切有"红"的理论的绝对基础。后来老历史主义批判了这种观点,他们称此为

---

① Dudley Shapere, *Reason and the Search for Knowledge*, D. Reidel Publishing Company, 1984, p. 238.

② Ibid..

绝对主义，认为这种绝对主义的观点是错误的。因为观察负荷着理论，同一个经验事实，在不同理论或背景知识的指导下可以有不同的观察结果。这样他们就否认了作为理论基础的观察内容的客观性，因而也就否认了理论的真理性，陷入了相对主义。

夏佩尔既反对逻辑实证主义的绝对主义，又不同意老历史主义的相对主义。他企图对这个问题做出一种既非绝对主义又不致陷入相对主义的解释。他认为老历史主义关于"观察渗透理论""背景知识制约观察"的观点是正确的，不存在任何不受理论制约的绝对不变的中性观察。但是他们因此而否认作为理论基础的观察内容的客观性，以及与此相关的理论的真理性，宣扬相对主义则是错误的。他以太阳的中微子实验为例说明了这个问题。他把这个实验的背景理论知识分为三部分：1. 来源理论，2. 传递理论，3. 接收器理论。他所说的"来源理论"就是有关中微子来源于太阳内部方面的知识和理论，如太阳内部存在着一个高温、高压、高密度的核反应区，以及与此相关的核物理知识、光谱分析知识、天体演化知识、太阳的化学构成知识，等等。他所说的"传递理论"就是中微子从太阳内部传递到地球表面的有关知识或理论：如中微子与其他粒子相互作用的知识，以及与此相关的弱小相互作用的理论等等。他所说的"接收器理论"就是有关接收来自太阳内部的中微子仪器的知识和理论，如核反应理论，有关反应频率的实验的理论，宇宙射线物理学的理论以及如何检验仪器的知识和有关辐射衰变计数器的知识和理论等等。

夏佩尔指出：太阳中微子实验必须依据于所有这些背景理论知识，如果没有这些背景理论知识，观测太阳中心的中微子是完全不可能的。那么，这样就会产生一个严重的问题，这些背景知识是否歪曲了观察，它们是否使"观察结果"成为非客观的了呢？库恩和费耶阿本德对此都做了肯定的回答，夏佩尔则反对这种见解。他认为，背景知识并不如库恩、费耶阿本德所认为的那样会歪曲观察结果，恰恰相反，而是保证了观察内容的正确性。他写道："科学中背景信息的运用被某些哲学家称为观察的'理论负荷'。这就产生了许多复杂性：观察的这种负荷是不是等于歪曲了实验的结果？是不是这种歪曲意味着科学的检验不是客观的？"他说：人们产生这种怀疑是出于一种误解，即不懂得背景知识的严格科学性和客观性。事实上作为科学观察的背景理论知识并不是任意的，而是有严格限制的。它们是这个时期的最好的信息,它们受过最严密的检验,是当前最恰当、最成功并无可怀疑的理论。背景理论知识的"恰当性""成功性""无怀疑性"不仅保证了它自身的客观性和科学性,同时也保证了受其指导的观察内容的客观性和科学性。因此背景理论知识不是对观察结果的歪曲,恰恰相反,而是保证观察内容的客观性与科学性的必要条件。夏佩尔的这种论证是令人信服的,它有力地驳斥了老历史主义学派因"观察渗透理论"而得出的相对主义的错误结论。

"存在概念"、"理想化概念"与真理。夏佩尔还探讨了与真理密切相关的另一个重要问题:"存在概念"与"理想化概念"的问题。他所说的"存在概念"就是表述外部客体的概念,而"理想化概念"则并不表述外部客体,而仅是为了科学研究的方便而引用的概念。

首先,夏佩尔讨论了理想化概念的问题。他在《实证主义评论》一文中以相对论中的"刚体"概念与洛仑兹电子理论中的"电荷"概念为例,对此做了论述。他指出:根据"刚体"的经典定义,在刚体中任何两个部分(点)之间的距离是保持恒定的,如果一个力作用于物体的任何一点,为了保持任何两点之间的距离恒定,这个力必须在瞬间传达到该物体的其他所有各点。换言之,这个力必须以无限大的速度传递。但是根据狭义相对论这是不可能的,因为它们的速度不可能超过光速。因而"刚体"是不存在的。但是爱因斯坦在相对论中不仅使用"刚体"概念,并且在其1905年发表的那篇重要论文中,这个概念还起了十分重要的作用。爱因斯坦写道:"这里所发展的理论,像所有电动力学理论一样,是以刚体运动为基础的。因为任何这种理论的论断都必须涉及刚体(相关系统)、时钟和电动力学过程之间的联系。"这就是说,在相对论中"刚体"概念并不标志某种实际存在的实体,它只是便于探讨和表述问题的工具,因而它是个"理想化概念"。夏佩尔写道:"如果狭义相对论是正确的,那么就不可能存在经典意义上的刚体,经典的刚体概念,就其在相对论物理学中的运用说来,它只是一种'理想化',事实上物体完全不可能是那样的。"[1]

夏佩尔还讨论了"点电荷"这个理想化概念。他指出:在洛仑兹的电

---

[1] Achinstein (ed.), *The Legacy of Logical Positivism*, The Johns Hopkins University Press, 1969, p. 137.

子理论中,电子被看成是一个不占空间的几何点。但是按照洛仑兹的电子理论,粒子不可能是具有零半径的几何点,否则它就会具有无限大的能量和质量,显然这是不可能的,这仅是一个为了研究方便而引进的"理想化概念"。

其次,夏佩尔详细地讨论了"存在概念"的问题。夏佩尔指出:他们说的"存在概念"就是表述关于客观存在或不存在的概念,它涉及实体的特性、过程等等。它经常出现于这样的语境中:"……存在""…不存在""…可能存在""…可能不存在"等等。这就是说存在概念不仅表述现实中存在的实体,也可能表述现实中并不存在的实体(如"燃素"等),也可能表现现实中有可能存在,但并不必然存在的实体(如"夸克""亚夸克"等等)。

夏佩尔指出:理想化概念与存在概念的区分是相对的。它们在一定条件下是可以互相转化的。一个理想化概念在科学研究进一步深入的情况下可以转变为存在概念,反之亦然。他写道:"作为存在与不存在的实体,和那些被探求的(理想化)的方式之间的区别是以物理学的理由为根据,而不是以逻辑、形而上学或语言学的理由为根据的。"因而"今天根据最好的理由认为是实在的东西,以后有可能根据那个时期的最好理由而被认为是概念的工具,反过来也是如此"[①]。

夏佩尔指出:他所提出的存在概念与理想化概念的区分,很好地说明了传统实在论与工具主义的争论。传统实在论与工具主义各执一端,前者认为科学的所有术语都是存在术语,后者把所有科学术语都当作工具的(理想化的)术语。而按照他的观点,科学理论中既有存在术语又有作为工具的理想化术语。他写道:传统"实在论"和"工具主义"之间的争论忽略了这样一个事实。"实在论"和"工具主义"的概念、命题、理论是相互联系的,工具主义的确只有根据实在论才有可能被理解。——实在论和工具主义的观点在科学中是可以共同存在和运用于同工具。因此,只要它们的确能在科学理论中做出有利于说明或反映客观世界的解释,那么它们同样与客观实体存在着一定的联系。不过不是直接而是间接或简洁的联

[①] Dudley Shapere, *Reason and the Search for Knowledge*, D. Reidel Publishing Company, 1984, p. 114.

系。夏佩尔对存在概念与理想化概念的探讨基本上是合理的，因而也是有益的，缺点是他对理想化概念与客观实在的联系没有做出必要的强调。

五 科学理论的可比性——进步主义科学观

夏佩尔不仅坚持科学的整体性、合理性及其内容的客观性，而且还坚持科学事业的进步性，并坚决反对库恩等老历史主义者否定科学理论的可比性和进步性等相对主义思想。

夏佩尔从上述科学实在论出发，批判了库恩等人否定科学进步性的观点。他坚信科学是表述客观世界的，科学理论的进步体现于它们的恰当性、成功性与无怀疑性的不断提高。这表示出它们表述外部世界的深刻性、精确性和全面性的不断提高。他认为，诚然，随着科学理论的发展，无论科学的目的、方法、原则及其概念、术语等无不在变化中，不承认这一点就是绝对主义。但是不能因此而得出前后理论不可比较的相对主义结论。这是由于科学发展过程是一个合乎理性的，即充满"理由"的连续推理过程，而不是一个非理性的盲目的信念转变过程。因而在先后的理论之间存在着"推理链"的联结（the Chain of Reasoning Connection），它们是可以互相比较的。一般来说新理论比旧理论具有更充分的"理由"，即具有更高的恰当性、成功性和无怀疑性。因而它们比旧理论要更进步。

为了进一步论证科学理论的可比性，夏佩尔讨论了关于意义的问题。意义问题是近几十年来西方科学哲学讨论得很热烈的问题。自弗雷格、罗素、维特根斯坦以来，许多哲学家都致力于这个问题的讨论与研究，并提出许多不同的见解。夏佩尔认为逻辑实证主义与老历史主义虽然在意义问题上持不同见解，但它们在本质上都属于传统的意义理论。而库恩、费耶阿本德所得出的"理论不可比"的相对主义结论，在很大程度上是与这种传统意义理论相关的。为了批判库恩、费耶阿本德等人的"理论不可比"的观点，夏佩尔在《理由、指称与知识的探求》《意义与科学变化》《科学变化的特性》等文章中批判了逻辑实证主义与老历史主义的传统意义理论，同时也批判了克里普克和普特南等人的指称的意义理论，并根据自己的科学哲学观点，提出了一种新的意义理论。

夏佩尔指出：传统意义理论的特征是"选择"某些特征为某类事物下

定义，从而赋予这类事物的名称的意义，并以这些特征为准则来判定这类事物。如能满足上述准则的，就给予这类事物以该名称，反之则否。这就是说，先规定永恒不变的定义，然后根据这个不变的定义去识别事物，给予事物以名称。例如先给"碗"定义为"圆形状的，盛放食物的容器"，这就规定了"碗"这个名称的永恒不变的意义是：1."圆形状的"，2."盛放食物的"，3."容器"这三个特征的结合，然后以此去鉴别碗与非碗，凡能满足上述三个特征的就称之为"碗"，否则就称之为"非碗"。夏佩尔认为，传统意义理论的基本错误是在认识事物之前就规定了事物的名称的永恒不变的意义，人们可以以它为永恒不变的绝对标准来鉴别事物，而它就永远不能被人的认识发展所修改、补充和推翻。这样：1. 把名称的意义绝对化了，否认了它们的发展和变化；2. 把名称的意义孤立化了，只肯定它们之间的区别，而抹杀了它们之间的联系。夏佩尔认为，逻辑实证主义与老历史主义的意义理论都属于传统的意义理论。逻辑实证主义属于绝对主义，它断言元科学的术语。如"可观察性"这个术语的意义是永恒不变的，它适用于各种不同的科学理论。各种不同的科学理论由于都具有共同的"可观察性"，因而它们之间是可以比较的。老历史主义则属于相对主义，它否认永恒不变的元科学术语和科学术语，认为由于观察受理论的污染，相同的观察术语可以有不同的意义，因而理论之间是不可比的。从表面上看：一个是绝对主义；另一个是相对主义，两者是完全对立的。其实它们的错误的基础是共同的，即都只肯定不同概念术语之间的意义区别，而否定它们之间的相似性与联系。

　　夏佩尔还批判了克里普克与普特南的指称的意义理论。克里普克和普特南都是科学实在论者，他们的指称的意义理论是建立在承认外部世界存在这个前提之下的。这种理论认为，名称是有指称的，它们用以表征或指谓认识对象。它们的意义并不是先验地预设的，即不是定义于认识该事物之前，而是定义于认识该事物之后，是认识该事物的本质的结果。因此名称的意义并不是永恒不变，而是可以随认识的发展而修改、完善的。同一个名称的意义虽然前后改变了，但是由于它们的指称是共同的，即指谓同一个对象的同一本质，因而是可以互相比较的，库恩、费耶阿本德等老历史主义者否定理论（"范式"）之间的可比性是错误的。夏佩尔基本上同意克里普克和普特南的上述观点，但是批判了他们的另一个观点，那就是关于事物的本质永恒不变的观点。克里普克和普特南认为,名称是指谓客观事物的本质的,而事物的本质是不可改变的。因此名称的意义经过多次修正、变化后,如果正确地表述了事物的本质,那么这个名称的意义(定义)就不再改变了:"如果我们是对的,如果我们已经考查了某种物质的名称来称呼所有这类事物,而且仅仅称呼这类事物,无论在这个世界还是在任何可能的世界,它们都具有这种本质的特征。"[①] 夏佩尔反对克里普克和普特南的上述见解,认为这是一种绝对主义。

夏佩尔认为不应承认任何永恒不变的东西,就是事物的本质特征也是可以变化的。它是随科学技术的发展与认识自然的深化而改变的。如以金的本质特征为例,克里普克认为原子量79是金的永恒不变的本质特征,但是事实上并非必然如此,例如在量子力学中原子(元素)的基本特征就不是以原子量来表征的;又如人们对"电子"的本质特征的确定,从斯通尼、汤姆逊到费曼就发生过多次的改变,并今后还将继续改变。总之,夏佩尔认为,科学术语的意义是跟人对自然的认识相联系的。科学技术不断发展,人对自然的认识不断深入,科学术语的意义也必然会相应地发生变化。科学家永远不可能得出科学术语的最终定义,就像科学家永远不能穷竭事物的本质认识一样。那么能否因术语意义的不断改变而得出理论与理论之间或理论术语和理论术语之间就不可比较的相对主义结论呢?夏佩尔的回答是否定的。这是由于,他认为,科学术语的意义变化并不是任意的,而是跟我们关于自然科学的知识结合在一起的。它们的改变都是恰当的、成功的、无怀疑的,即充满具体理由的。正是这些理由形成了同一科学术语在不同阶段中使用的意义的"推理链的联结"。这种"推理链的联结"体现了科学术语(理论)之间的连续性和继承性,从而保证了它们之间的可比性。夏佩尔认为他的这种意义理论是一种既反对绝对主义,又反对相对主义的正确的意义理论。

夏佩尔的意义理论强调概念和术语的意义是随科学技术的发展而变化的。另一方面,他试图通过"理由"和"推理链的联结"来批判和解决库恩、费耶阿本德的理论不可比的观点。这基本上是正确的。但是其理论也

---

① Dudley Shapere, *Reason and the Search for Knowledge*, D. Reidel Publishing Company, 1984, pp. 43–44.

有不足之处。辩证唯物主义认为：科学术语的最终定义之所以是不存在的，不仅由于人对客观事物的本质的认识是一个不断完善和深化的过程，而且在于它所反映的客观事物的最终本质是不存在的。这是因为：1. 事物的本质是可以变化的；2. 事物的本质是多层次、多方面的。正如列宁所指出："人对事物、现象、过程等等的认识是从现象到本质从不甚深刻的本质到更深刻的本质的深化的无限过程。"[①]

综上所述，夏佩尔的科学哲学理论虽然有许多不足之处，但是他的许多基本观点是正确的、健康的。他坚持科学实在论和科学理性主义，批判逻辑实证主义与老历史主义的种种绝对主义、相对主义、形式主义和非理性主义，代表了现代西方科学哲学中的一种进步倾向，值得人们重视。他的许多见解和主张值得我们批判地肯定和吸取。

[①] 《列宁全集》第 38 卷，第 239 页。

充分发挥哲学在两个文明建设中的世界观方法论的职能

江苏省哲学学会第二次代表大会暨第二次年会经过三天紧张的会议，现在就要结束了，会议进行了以"哲学与改革"为主题的学术讨论，改选产生新的理事会，修改了会章，圆满地达到了预期的目的。新的理事会和常务理事会对今后学会的工作，做了初步的讨论和设想。我代表新的理事会和常务理事会向大会做个汇报，谈些自己的看法。

一 切实贯彻理论联系实际的原则，努力使哲学理论工作为社会主义现代化建设服务，为两个文明建设服务

马克思主义哲学是无产阶级的世界观和方法论，在新的历史时期，马克思主义哲学的理论工作者应当通过自己的研究和宣传，充分发挥哲学在社会主义现代化建设、在物质文明和精神文明建设中的世界观和方法论的职能。要做到这一点，就必须坚定不移地贯彻理论联系实际的原则。哲学的研究和宣传，一旦脱离社会主义建设的现实，就会陷入思辨哲学、经院哲学的困境，离开了生气勃勃的现实斗争，哲学就会无源之水、无本之木，也就会失去继续发展的动力。

哲学理论要和实际相联系并不是一件简单的事，要真正贯彻理论联系实际的原则必须付出巨大的努力。社会主义的现实，既包括经济生活、政治生活，也包括科学技术的革命。同时在更广泛的意义上还包括对现代西方的各种思潮的评论。因此要做到理论联系实际，就要力求运用马克思主义理论，深入地、实事求是地研究我国的经济体制改革，研究自然科学取得的新成就，研究中国传统的文化思想，研究人们精神生活的

变化，研究现代西方的各种哲学流派。在充分研究的基础上做出科学的概括和总结。

理论联系实际不能简单化。不能用理论去给现实做注释，不能满足于从马克思主义哲学中找出某些现成的结论去同某项政策做简单的对照。理论研究要为实践提供依据和方法，要指导人们更好地改造主观世界和客观世界。理论研究又要总结实践的经验，得出新的结论。当前我国正在进行的经济体制改革，总的方向、原则已经有了，具体的措施办法还望在试验中一步步建立起来。改革的实践提出了许多新问题，迫切要求在理论上给予科学的回答，亟须上升到理论的高度，予以科学的说明。

强调理论联系实际，并不是只要应用哲学的研究，不要基础理论研究。哲学基本理论的研究与具体的应用哲学的研究二者是不可偏废的。没有马克思主义哲学的基本理论研究，缺少坚实的理论基础，应用研究就不可能达到较高的水平。反过来，只有基本理论研究而没有应用哲学的研究，马克思主义哲学就失去了指导实践的现实意义。在我们全省的哲学工作者中，有部分同志是从事基本哲学理论的研究和教学工作的；有部分同志是从事哲学理论的宣传工作的。我们希望这两部分同志能够通力合作，协同作战，共同攻关。

在这里，我给广大会员同志们一个信息，由国家教委和全国有哲学博士生点的几个重点大学发起，在最近三年内将连续召开三次全国性的大型哲学研讨会，以进一步加强哲学理论研究与现实的联系，促使当前我国哲学研究工作的现代化，进一步提高我们的马克思主义哲学水平。

第一次大型研讨会，决定在我们江苏省召开，地点决定在苏州或无锡，会议讨论的题目是"我国社会主义现代化建设与马克思主义哲学的发展"。希望通过这次讨论能促进全国马克思主义哲学理论研究与当前我国的社会主义现代化建设现实的进一步结合。参加会议的原则是：以文定人参加会议。会议马上要发出通知，向全国征集论文。论文经过两级评审：一，由该地区有博士生、硕士生点的大学哲学系评审（我省是南大哲学系）二，由北京大会总筹备处请专家评审，录取的论文，作为全国优秀论文，邀请作者参加会议。

这次全国大型研讨会的题目与我们这次年会讨论的题目是完全一致的。因此，希望我们的广大会员能在这次年会的基础上，进一步加强研究以写出更多质量更高的有关这方面的论文，积极争取参加这次全国性会议，借这次全国性会议在江苏召开的东风，把我省的哲学研究工作的水平，更提高一步。

二 进一步贯彻百花齐放、百家争鸣的方针
——创造一种比较宽松的学术研究环境

理论研究是一项艰苦的创造性劳动，它要在反复的、缜密的调查研究的过程中，运用马克思主义的立场、观点、方法，解决我们面临的新问题，提出新见解、新对策，开拓新的途径。没有这种创造性的劳动，不管在实践上还是在理论上都不可能有突破、创新和发展。理论探索须有足够的勇气。因为新结论、新观点、新见解的提出，往往意味着冲破和否定那些过时的结论、观点和见解。这就必须会触动传统的过时的理论观念，因而不可避免地会引起种种议论甚至非难。要在哲学理论上有所创造，没有追求真理，孜孜不倦，百折不挠的大胆创新精神是不行的。

要鼓励大胆探索，发展马克思主义哲学，就必须切实贯彻百花齐放、百家争鸣的方针。今年是我国公开发表双百这一方针三十周年。在今天坚持正确地贯彻运用这个方针，就要求在哲学界，在整个学术界，形成自由的、切实的讨论问题的气氛，创造出一种比较宽松、比较和谐、比较融洽的良好环境。这是解除思想顾虑，鼓励人们大胆探索的必要条件。

在理论探索和讨论中，存在不同意见和分歧，是正常现象。对此应当在平等和谐的气氛中，通过充分说理、相互磋商研讨，逐步求得统一。对于某些理论上不正确的倾向，予以否定。违背马克思主义基本原理的言论，自然应该进行理论批评。批评时旗帜要鲜明，但是分寸要恰当。解决理论上的是非，要靠疏导、靠讨论、靠对话，不能靠扣帽子、打棍子、抓辫子，更不能搞任何运动和"大批判"。

理论研究和理论宣传还应内外有别。要贯彻"研究无禁区，宣传有纪律"的精神。但是无论是哲学理论研究，还是哲学理论宣传，都要在坚持四项基本原则的前提下，展开自由讨论，活跃思想，因为任何思想问题，只有靠自由讨论的方法来解决，而不应该，也不可能用粗暴压制的方法来解决。我们学会一定要为广大会员创造这种民主讨论和学术研究的生态环

境而努力。我相信，在这种民主讨论、百家争鸣的环境中，我们就所探索中出现的各种争议都纳入正常讨论的轨道，从而促成哲学理论工作的昌盛和繁荣。

三　正确处理坚持马克思主义理论和发展马克思主义理论的关系

当前世界上正在掀起新的科学技术革命的浪潮，自然科学有了突飞猛进的发展。我国也正在把经济体制的改革推向深入，社会生活发生了前所未有的变化。自然科学的发展，社会科学的进步必然要求马克思主义哲学进一步发展，以适应时代精神的要求。

要发展马克思主义哲学，首先要在新的历史条件下坚持马克思主义哲学。辩证唯物主义和历史唯物主义的基本原理是自然、社会、人类思维的最一般规律的概括与总结，它具有普遍性。因此对于马克思主义哲学的基本原理不能有任何动摇。我们应当在坚持马克思主义基本原理的基础上努力适应时代的要求，发展马克思主义哲学。

发展马克思主义哲学，就是要在新的历史时期，敢于冲破马克思主义经典作家某些已经过时的或者实践证明不正确的个别论断、个别原理。发展马克思主义哲学还包括对马克思主义原有体系中的范畴、命题，结合新的实践经验，给予新的说明，赋予新的内容。同时，发展马克思主义哲学还包括从自然科学的新成就中，从社会科学的新成就中，概括提炼出新的原理、新的结论。

在发展马克思主义哲学的过程中，我们的工作不可能一下子都是那么周全完善，往往在理论研究中会产生一些不完善，甚至不正确的东西。这些不正确、不完善的部分，我们可以通过讨论、通过实践的检验去完善。对探索中的问题，不要大惊小怪，批评要善意，磋商要诚心，既要有批评的自由，也要有反批评的自由，只有这样，全省的哲学理论研究工作才能在新的形势下有所创新。

四　提高与普及相结合，在专题研究富有成效地深入下去的同时开展哲学的普及工作

经济体制改革、科学技术革命以及西方哲学等等都给马克思主义哲学提出了一系列新的问题。对这些问题，我们不能采取过去简单化的做法：分别贴上唯物主义还是唯心主义，辩证法还是形而上学的标签。科学的态度是，把问题理出来，通过研究、讨论、磋商、争论，来逐步地把这些问题搞清楚，从哲学理论的高度给予说明。

当前哲学研究中的问题比较多。有关于本体论的，有关于辩证法的；有关于历史唯物主义的；有关于精神文明建设的；等等。有一些问题带有共同性，迫切性；有些问题要靠长期研究才能有所进展。

对于一些关系到全国全省当前的哲学理论问题，我们哲学学会将召开全省性的讨论会，每次会议围绕一至两个专题展开一些讨论。对于需要长期研究的一些专门问题，我们认为可召开一些专题讨论会。因此我们建议在省哲学学会下面，可以成立一些某一方面的研究会或研究小组，如辩证唯物主义研究会，唯物辩证法研究组，历史唯物主义研究会，西方哲学研究会，中国哲学史研究会等等。如果这样做，我们省哲学学会的研究活动就能多形式、多层次地开展起来。

在开展各项专题研究的同时，我们还要积极组织、动员广大会员开设普及哲学的讲座，写作普及哲学的书和文章，做到使我们的学术研究在普及基础上提高，并在提高指导下做到普及。我相信今后在江苏省委和江苏省社科联的领导和广大会员的努力下，我们省哲学学会的工作和活动将会得到进一步的发展和繁荣。

（原题为："正确处理坚持和发展的关系充分发挥哲学在两个文明建设中的世界观方法论的职能"，载于《江苏社会科学》1986年第6期）

赫歇尔和惠威尔的科学哲学思想初探

约翰·赫歇尔和威廉·惠威尔是假设主义的创始人和当代科学哲学的历史主义学派的先驱。因为他们是19世纪中期的科学哲学家,我国学术界对其研究甚少。本文在全面地介绍了他们假设主义哲学的基础上,分别对他们给当代西方科学哲学产生巨大影响的具体观点进行了深刻的分析。笔者认为:他们的假设主义理论是错误的,但不乏其合理性,赫歇尔把科学发现与证明割裂开来的观点曾对科学哲学的发展带来不良的影响;赫歇尔关于存在判决性实验的观点、否证与反驳对科学发展有积极作用的观点,以及惠威尔关于"理论渗透于观察"的思想,"科学哲学与科学史的研究相结合"的观点等,不仅对当代西方科学哲学的发展产生了积极的影响,而且可以为马克思主义的科学哲学批判地吸收。

赫歇尔和惠威尔是两位西方著名的科学哲学家,他们是假设主义的创始人,同时又是盛行于当前英美等国的科学哲学的历史主义学派的先驱者。他们的哲学思想对当今西方的科学哲学有重大影响。分析、研究他们的哲学思想对加深研究现代西方的科学哲学有重要意义。目前国内对这两位科学哲学家的哲学思想研究甚少,本文试图通过对他们的哲学思想的探讨和分析,引起大家对这两位著名科学哲学家的关注和对其哲学思想的深入研究。

一

约翰·赫歇尔(John Herche,1792—1871)是英国哲学家,著名物理学家、天文学家威廉·赫歇尔的儿子,早年求学于剑桥大学,后在该校从事科学研究工作,对晶体中双衍射的研究、光谱学和光化学实验,以及双星轨道的计算方法等方面的研究颇有成就。他的主要哲学著作有《试论自然哲学研究》(1830)、《科学问题通俗讲演》等。

赫歇尔在科学方法论上强调假设对科学发现的作用,为当前西方流行的假设主义的开拓者。关于假设在科学认识中的作用如何,早在古希腊、罗马时期,德谟克利特和亚里士多德等人就已经有过研究并加以肯定。此后探讨这个问题的也不乏其人。但是在西方对假设的作用做突出的强调和比较专门论述的,当首推约翰·赫歇尔。他并不否认归纳法在科学发现中的作用,而认为科学的发现有两条迥然不同的途径:一是归纳法;另一是假设法(或假设演绎法)。他十分强调甚至过分夸大假设法的作用,因而被认为是近代西方假设主义的先驱。

在探讨科学发现的问题上,赫歇尔首先提出了应把科学理论的发现与科学理论的证明分开的观点。在赫歇尔以前,无论是归纳主义者或演绎主义者都把科学理论的发现和科学理论的证明看作二而一的过程,他们认为归纳法或演绎法,既是发现真理的方法,又是证明真理的方法。运用归纳法或演绎法发现真理的过程,同时也就是证明真理的过程。因而他们认为这两个过程是统一而不可分的。赫歇尔反对这种传统的看法,认为它们是两个本质不同的过程,应该分别考察和论述它们。

首先,赫歇尔考察了科学理论的发现问题。他认为,归纳和假设法虽然都是科学发现的方法,但是它们是两种不同的方法。它们分别适用于不同的场合或领域。在赫歇尔看来,归纳法大致适用于观察和实验所能及的经验现象。它们是对(宏观的)经验现象的归纳。例如波义耳定律的发现就是通过研究气体的体积随压力变化而变化的经验事实,并从这些经验事实中概括和归纳出气体体积(V)与受到的压力(P)成反比的结论。

赫歇尔不仅肯定归纳法,并曾经具体地研究过归纳法而推出了与穆勒的"归纳五法"十分相似的"归纳九法"。那就是:排斥法、协调法、类推法、表格法、差异法、共变法等。由于它们的内容大致与穆勒的归纳五法相同,并没有什么新的贡献,因而在这里不再赘述。

但是赫歇尔更强调假设法对科学发现的作用。在他看来,科学发现如涉及"看不见的微粒"之类经验所不能及的问题,那就不能使用归纳法,但可以采取假设法。他认为安培成功地采用磁铁中存在环形电流的假设来解释磁铁的相互吸引和排斥而获得成功,就是这方面的一个很好的例子。

他指出假设法是一种科学猜测的方法。假设法的使用与归纳法的有规律可循不同，它全靠科学家自身的想象力和创造力，因而不可能对它进行逻辑分析，他的这种思想为后来的波普、库恩和费耶阿本德等科学哲学家所发展而成为一种非理性主义的科学哲学思潮。

赫歇尔在讨论了科学的发现后，进而讨论了科学理论的证明问题。他认为，当一种科学理论作为假设而提出来以后，就需要证明它。因而科学理论发现在先，证明在后，而它的证明的方法就是运用演绎法从这一般性假设中推论出具体的结论，然后用观察和实验检验这个结论而加以确证的方法。赫歇尔的这种坚持科学理论的发现与科学理论的证明分开的见解为后来的逻辑经验主义者赖依巴哈所阐发，并为当今许多科学哲学家所接受。只是到了最近才遭到夏佩尔等新历史主义学派的许多科学哲学家的反对，因而这一见解现在成了一个热烈争论的议题。

赫歇尔还具体地研究理论的确证问题。他认为有两类不同的科学理论的确证：一类是有意识的确证，即有计划、有目的地运用观察和实验以确证一个理论。如关于硬币和鸡毛在真空中有相同加速度的实验就是有意识、有计划地确证了自由落体定律；另一类是无意识的确证。如海王星和双星系统椭圆轨道的意外发现等等都是非计划、偶然地确证了牛顿定律。他认为科学哲学家对这两种不同的确证都应加以重视和研究。

赫歇尔还探讨了"判决性实验"的问题。"判决性实验"就是一种对接受一个理论与否能起决定性作用的实验。赫歇尔肯定存在"判决性实验"，并认为弗兰西斯·培根所建议的一种实验就是一个良好的，或者说是一个具有典范性的判决性实验。这个实验的目的在于确定物体下落时的加速度产生于地球的引力，还是产生于物体内部的某种机制。培根提出用比较在高海拔和坑道内以重力驱动的钟和以弹簧驱动的钟的走动情况来做出判决。他还认为帕斯卡设计过的一种实验也是一个判决性实验。该实验的目的在于判定水银在密闭管内上升是由于大气压所致，还是空气"厌恶真空"。这个实验比较了山脚下和山顶上水银柱的不同高度，从而驳斥了空气"厌恶真空"的假想。赫歇尔还认为傅科关于光在空气中的速度比在水中的速度更快的测定也是一个判决性实验。这一实验肯定了惠更斯的波动论，否定了牛顿的微粒论。然而许多人认为，最后一个实验并不是判决性的，因为现代物理学已经确证了光既是波又是微粒，它实际上具有波粒双重性质，是波和微粒的统一。赫歇尔所提出的关于是否存在判决性实验这个问题，后来遭到了历史主义学派的科学哲学家拉卡托斯等人的反驳。拉卡托斯就是以赫歇尔所举的最后那个例子来反驳他的。拉卡托斯说，历史上曾认为傅科的实验否定了牛顿的光的微粒说，肯定了惠更斯的光的波动论，其实不然。现代的实验证明了光是微粒与波的统一，这表明作为"最后裁判者"的"判决性实验"是不存在的。对于一个公认被实验否定的理论，科学家可以对它重做解释而使它"起死回生""卷土重来"。这个问题引起了西方科学哲学家的热烈争论。

赫歇尔还讨论并肯定了否证或反驳对科学发展的作用问题。他认为，一般的科学家和科学哲学家都只重视科学理论的证实的重要性。而忽视或否认、否证与反驳在科学发展中的作用。他认为这种观点是片面的、错误的。他认为科学理论的证实或确证固然对科学发展起重要作用，但是对它们的否证和反驳，也同样起不可忽视的作用，因为任何理论只有在各种反驳中才能不断完善和进步，也只有经受住各方面的反驳后，才能得到比较可靠的证实。赫歇尔的这个思想，后来为著名的英国科学哲学家波普所接受和发展。波普肯定并片面地夸大了否证与反驳的这种作用，从而提出了一种独特的"猜测与反驳"的科学方法论，并在此基础上建立了他的证伪主义的科学哲学学说。

二

赫歇尔的科学哲学思想为他的同时代的另一位科学哲学家惠威尔所接受和发展。

威廉·惠威尔（William Whewell，1794—1866）是英国近代科学家和哲学家。早年毕业于剑桥三一学院，后任该校物理学教授、道德哲学教授和副校长。他对潮汐问题做过深入的研究。主要著作有《归纳科学史》（1837）、《归纳科学哲学》（1837）等。人们常常把他的后一部著作的出版看成是西方科学哲学诞生的标志。

首先，惠威尔继承并发展了赫歇尔关于假设对科学发现具有重要作用的思想，并把它发展成为假设主义理论。这种理论在当今西方科学哲学领域占统治地位。惠威尔曾比较详细地探讨并研究了科学发现的问题。他认为，科学的发现是通过事实（经验）和观念（理论）的综合而实现的，一般说来，它要经历：（1）准备，（2）归纳（综合），（3）结局（检验或确证）三个步骤。这三个步骤在实际过程中不一定是界线分明的，它们有时可能相互交叉。

（1）准备：它包括两个方面的内容：一是收集事实，即通过观察和实验把各种有关的经验材料收集、积累起来；并化繁为简，即把复杂的经验事实，分解为许多简单的经验事实；二是澄清一些含混不清的观念和科学地阐明一些重要的概念。

（2）归纳：惠威尔这里所说的"归纳"，并不是通常所说的归纳，而具有综合的意思，那就是用一个概念或理论，把有关的许多事实综合或"捆绑在一起"，如开普勒用"数的平方""距离的立方""比例性"等概念把各个行星的公转周期和离太阳的距离等等这样一些事实"捆绑"或综合起来。

惠威尔断言："归纳"并非一个逻辑过程，而是一种用理论对事实做出综合的过程。"归纳是借助精确和合适的概念，用以描述事实的真正综合的过程的术语。"① 他认为这个过程并非如弗兰西斯·培根和约翰·穆勒等归纳主义者所认为的那样，是通过一些归纳规则或归纳程序来实现的，而是一个科学家充分发挥其创造性、洞察力和想象力的猜测过程，因此他极力反对培根的"三表法"和穆勒的"归纳五法"。他认为运用这种刻板、机械的方法是不可能有什么科学发现的。因而他所说的"归纳"，实际上具有假设或假设性的综合的意义。他说："科学的发现似乎在于形成若干尝试性的假设，以便从中选择正确的一种。但是合适的假设既不能通过规则来形成，更不能没有创造的才能。"② 又说："归纳不仅要把事实收集起来，而且必须从新的观点看它们。还必须引入一种新的精神因素。为了进行归纳，科学家需要一种特殊的精神素质和训练。"③ 他所说的"特殊的精神素质和训练"，就是敢于充分发挥想象力和创造力，大胆提出猜测性的假设，而不是谨小慎微，机械地按照逻辑规则办事的素质和训练。惠威尔

---

① William Whewell, *Novum Organon Renovatum*, John W. Parker, 1858, p. 30.
② Ibid., p. 57.
③ Ibid., p. 64.

认为：开普勒的椭圆轨道理论，就具有假设或假说的性质，因为他在这个理论最终获得成功以前，曾试用过许多蛋形轨道的假设来综合行星运行的事实。惠威尔在《新工具的更新》一书中还列举了许多科学史上的事例，来说明科学理论的发现往往是与天才的假设分不开的。①

惠威尔还断言：科学发现虽不能归纳为几条规则，如培根的"三表法"和勒穆的"归纳五法"所规定的那样，但是仍有若干应该遵循的原则。如：简单性原则、连续性原则和对称性原则等等。它们都是科学家在选择假设时经常考虑和遵守的。

（3）结局：惠威尔认为，科学家在综合出新的理论或假设后，必须进一步巩固和扩展这些理论或假设，即从这些理论或假设中演绎出同类的事实，以便对这些同类事实做出科学的解释；同时，更重要的还应该演绎出不同类的事实，以便对这类不同类的新事实做出科学的预见，并以观察和实验检验这些预见，以确证这些理论或假设。

惠威尔由于片面夸大假设在科学发现过程中的作用，并贬低或否定归纳法和演绎法等其他方法的作用，而被人们看成是西方近代假设主义的创始人。

惠威尔在科学哲学方面的另一个对后世有重大影响的思想是关于"理论渗透于观察"的思想。

惠威尔肯定科学是不断进步的，并认为科学的进步是通过事实与观念理论的不断综合而实现的。所谓"事实"，有广义和狭义两种理解：狭义的事实是指经验事实；广义的事实是指一切有待综合的孤立的经验和多种观念或理论。

惠威尔所称的"观念"也有广义的与狭义的两种理解：狭义的观念是指经验事实的综合；广义的观念则包括由多种观念综合而构成的科学原理或理论。

从以上的理解出发，惠威尔认为事实与观念或理论的区别是相对的。一个观念或理论从它是经验事实的综合来说，它是"观念"，但从它有待与其他观念进一步综合而言，则它又是"事实"。

惠威尔坚持观念（理论）渗透于事实（经验）的观点。因为他认为：

---

① William Whewell, *Novum Organon Renovatum*, John W. Parker, 1858, p. 71.

(1) 观念（理论）是理解经验的重要条件。例如人们总是在"时间""空间""原因""结果"等观念的指导下来理解经验事实的。譬如"一年有三百六十五天"这是一个事实，但是它包含着"时间""数""循环"等观念，没有这些观念的指导，就不可能理解"一年有三百六十五天"这个事实。

(2) 观念是表述经验事实的必要条件。这是因为每一个语词是一个观念或概念，而语言必须通过语词来表达。

总之，惠威尔认为理论渗透于经验之中，没有脱离任何观念、不受任何观念指导的纯粹的经验事实。理论与事实的区分，只是心理上相对的区分，而非绝对的区分。他写道："如果我们把理论看作从呈现给我们感官的现象中做有意识的推论，把事实看作从其中做无意识的推论，那么，事实和理论之间的这个可理解的、相对的区别是存在的。"惠威尔的这个思想已被当今西方的科学哲学家所普遍接受，汉森的"观察中渗透理论"的观点，以及费耶阿本德等的"理论污染观察"的观点，都是惠威尔的这个思想的继承和阐发。它们有力地驳斥了逻辑实证主义关于"中性观察"的观点，动摇了逻辑实证主义的理论基础。

惠威尔还探讨了科学进步的问题。他把科学的进步理解为一个不断增长经验事实和不断综合理论的过程。这个过程就是由许多事实综合为定律，由许多定律综合为理论，又由许多理论综合为理论体系。据此，惠威尔把科学的进步比喻为条条支流汇合成江河的过程。[1] 他以牛顿力学的理论为范例：牛顿力学汇合了开普勒定律、伽利略自由落体定律、潮汐理论以及其他各种理论与事实。由于把科学的进步看作一个纯量的积累过程，惠威尔否认科学的革命。他认为前后相继的理论彼此虽然可能不一致，但是科学的进步与其说是一系列革命，毋宁说是量的继续或进化。

惠威尔强调综合在科学进步中的重要作用，他认为每一个科学的综合都是科学的进步。任何一个理论，即使是由于错误的理由，只要它能把确有联系的事实综合起来，那么它对科学的进步说来，就做出了贡献。例如燃素说就是这样。

惠威尔不仅重视科学哲学的研究，而且重视科学史的研究。他强调科

---

[1] William Whewell, *The Philosophy of the Inductive Sciences*, John W. Parker, p. 47.

学哲学与科学史的研究相结合。他主张应努力把传统的科学史与科学哲学的关系的观点倒转过来。不是用科学史的实例来说明科学哲学,即把科学史当作科学哲学的例证库,而是从科学史中引出科学哲学的理论来。惠威尔还建议应通过考察各门具体科学的发展来寻找科学进步的模式等等。惠威尔的这种科学史与科学哲学相结合的思想来为库恩等人的历史主义学派所继承和发展。正由于此,人们把惠威尔推崇为历史主义学派的先驱。

由于受莱布尼茨的影响,惠威尔坚持两种真理论。他认为几何公理是必然真理,而自然科学的定律则不是,它们是偶然真理。这是由于它们来自经验事实,而再多的经验事实也不能证明一种必然关系。不过后来惠威尔修改了这个主张,认为自然科学中也有某些必然真理。如牛顿力学定律就是必然真理。那么这种必然性从何而来?他认为它们不是来自经验事实,因为在经验事实中没有必然性,只有偶然性;它们来自作为客观经验知识的先验必要条件的观念关系。这样他就在这个问题上站到康德的先验主义的立场上去了。

三

赫歇尔和惠威尔的上述一些观点和思想对当前西方的科学哲学理论都有重要的影响。对他们的这些观点和思想的评述,实质上也就是对现代西方正在流行的许多科学哲学观点和思想的评述。

首先,赫歇尔和惠威尔的假设主义的理论是错误的,但是其中蕴含着合理思想。科学发现是一个十分复杂的,并富有创造性的辩证的认识过程。它是观察与实验,归纳与演绎、分析与综合、抽象与具体、假设与想象、模拟与类比等等许多认识环节或过程的辩证统一,对其中任何环节的片面夸大与轻易否定都会造成理论的错误。应当肯定,假设在科学发现的过程中具有十分重要的作用,赫歇尔和惠威尔的许多肯定假设对科学发现的重要作用的论述都是合理的、正确的。恩格斯说得好:"只要自然科学在思维着,它的发展形式就是假设。"[①] 同时,还应该肯定,由于科学认识的日益深入微观世界的更深层次与宏观世界的更广领域,假设在科学认识

---

① 恩格斯:《自然辩证法》,人民出版社 1971 年版,第 218 页。

过程中的作用就愈来愈大并愈来愈明显了。这正是赫歇尔和惠威尔所提出的假设主义在当今西方科学哲学界被普遍接受，并广泛流行的原因。但是不能因而就认为假设主义是正确的了。正像归纳主义与演绎主义由于片面夸大归纳法或演绎法而陷入理论错误一样，惠威尔等人的假设主义由于片面夸大假设的作用而否定其他认识环节的作用而陷入理论上的错误，致使它无法合理解释科学假设产生的认识来源，从而陷入了非理性主义和神秘主义的灵感主义或直觉主义。

其次，赫歇尔把科学理论的发现与科学理论的证明分开的观点也是错误的。正如美国科学哲学家夏佩尔等人所认为的那样，科学理论的发现过程应该包含科学理论的证明过程。因为如同前面所指出：科学发现是一个复杂的辩证的认识过程。它既应包括科学理论的提出，也应包括科学理论的证明。科学家提出一种假设并不等于他已经发现了一种理论，只有当这个假设得到科学的进一步论证，并为实践的检验所证实时，才算完成了这个发现过程。赫歇尔的这个观点对后世西方科学哲学的发展产生了很大的危害，正是在他的这个错误观点的指导下，西方许多科学哲学家，如逻辑经验主义者赖欣巴哈以及老历史主义科学家库恩等人都把科学发现的研究排斥于科学哲学之外，而只研究科学理论的证明问题，从而妨碍了对科学发现这样一个头等重要的课题的哲学研究，无怪有人责怪赫歇尔（以及赖欣巴哈），认为他的这个观点坑害了整整一代西方科学哲学家。

赫歇尔所提出的关于是否存在判决性实验的问题，是一个十分复杂的理论问题。当今国内外对此都有争论。我们认为赫歇尔肯定判决性实验的存在是正确的。实验，只要是正确的科学实验它就能判决理论的真伪。因为一个理论的正确与否，归根到底，只能通过作为科学实践的实验来检验，拉卡托斯以上面所举的傅科关于光的实验为例来否定实验对理论的判决是不正确的，因为傅科的实验只是判决了惠更斯的光的波动说的正确性，而并不否定牛顿的光的微粒说的正确性，因此，我们不能以光的波粒二象性这个事实的发现来否定傅科实验的判决性，恰恰相反，它倒是确证了傅科实验的正确性。虽然这个实验所判定的只是相对的、部分的真理，即它只判决了光的波动性的理论的正确，而并不判决光的微粒性的理论的正确。不过，应该指出的是：实验对科学理论是否正确的判决是相对而非绝对的，是有条件而非无条件的。有些理论由于受历史条件与技术条件的限制，一时可能无法为实验所判决，但这不能作为根本否定实验的这种判决性的理由，因为科学实验在今天可能暂时不能判决这个理论，但是在今后却有可能决判这个理论，而且，归根到底，它只能等待实验的判决。列宁说得好："实践标准实质上绝不能完全地证实或驳倒人类的任何表象。这个标准是这样的'不确定'，以便不致使人的认识变成'绝对'，同时它又是这样的确定，以便同唯心主义和不可知论的一切变种进行无情的斗争。"① 诚然科学史上有过这样的情况：一个过时的理论，由于新的经验事实的补充或科学家的重新解释，而"卷土重来"，能化为进步的理论。"例如，早期的热运动理论看来似乎长期落后于热素说，但是自1905年布朗运动发现后，它就超过后者，并导致原子理论的发展。"② 但是这也不能成为否认实验对理论具有判决性的根据，因为热素说从来没有得到过科学实验的真正证实，而最终判决热素说错误和热运动理论正确的恰恰是有关布朗运动的观察和实验。我们认为：肯定实验对科学理论的判决性是重要的，否则科学理论势必失去最终检验的标准而陷入相对主义和虚无主义的泥潭。

赫歇尔关于肯定反驳和否证对科学发展的作用的观点是正确的、深刻的。科学理论像任何事物一样是在对立的斗争中前进的。真理愈辩愈明。科学理论只有在不断与各种反驳的争论中才能迅速发展自己，完善自己，特别是在科学认识日益深入物质结构更深层次的今天。旧科学理论常常迅速被新科学理论所取代。如果说在古典物理学时期科学的发展的主要形式是量的积累，那么现代物理学的发展往往采取了新理论否定的形式，这就是说，否证与反驳对科学发展的作用更突出、更明显了。同时，由于新、旧理论斗争的激化即各种理论之间的批评与竞争加剧，赫歇尔的这个观点就显得更加重要了。当然，对否证与反驳在科学发展中的作用的估计必须实事求是，任何片面的夸大都会导致谬误。波普的证伪主义理论的错误就在于片面地夸大了赫歇尔的这个观点。

特别应该肯定的是惠威尔的关于"理论渗透于观察"的思想，这个思

---

① 《列宁选集》第2卷，第142页。
② Imre Lakatos, *The Methodology of Scientific Research Programmes*, Cambridge University Press, 1978, p. 70.

想对于否定逻辑实证主义关于"中性观察"的理论,以及促进当前西方科学哲学的演变和发展都起了重要的作用。逻辑实证主义认为观察是中性的,不受理论影响的,这是错误的。应该承认感性认识(观察)与理论认识(理论)是两个性质不同的认识阶段。但是它们是辩证统一的。理论认识(理论)必须以感性认识(观察)为基础,而感性认识(观察)又必须以理论认识(理论)为指导。理论一旦产生之后,它就服务于观察。它对观察能起能动的指导作用。因而不受任何理论指导的"中性观察"是不存在的,科学的观察更是如此。但是,应该肯定,正确的科学理论对科学的观察起积极的指导作用,它能促进科学家做深入、全面的观察,并得出正确的观察结论,因而不分理论的正确与否,笼统地宣扬"理论污染观察"的观点是错误的。这会导致否认正确认识客观世界的可能性。以提倡"无政府主义认识论"著称的美国科学哲学家费耶阿本德就是从这个观点出发,而得出非理性主义与相对主义的错误结论的。

对当今西方的科学哲学影响最大的是惠威尔的关于"科学哲学与科学史的研究相结合"的观点。这是一个正确而深刻的观点。在西方科学哲学界长期占统治地位的逻辑实证主义强调科学哲学与形式逻辑的结合,而排斥哲学与科学史的结合,从而使西方科学哲学走上了日益形式化、静态化、贫乏化的死胡同。惠威尔的这种观点启示了历史主义学派对逻辑实证主义的反抗。科学哲学不应仅局限于静态的分析、研究科学语言的逻辑结构,而更应动态地分析,研究科学发现的辩证过程,以及科学发展的规律性;而把科学哲学的研究与科学史的研究结合起来,通过对客观的科学发展的历史事实的分析与研究,来总结和探讨科学发现的方法论以及科学发展的规律性等等重大的科学哲学问题,就必然有助于西方科学哲学健康发展。

(原文载于《南京大学学报:哲学·人文·社会科学》1987年第3期,第196—202页)

三百多年来西方科学发现大论战

从近代实证科学兴起的时候开始，西方哲学界就围绕科学方法论等问题进行着漫无休止的争论。这场争论已持续了 300 余年。大致说来，可分为三个时期：1. 自 16 世纪末至 19 世纪 30 年代是演绎主义与归纳主义争论的时期，争论的结果是归纳主义战胜演绎主义；2. 自 19 世纪 30 年代至 20 世纪 60 年代是归纳主义与假设主义争论的时期，争论的结果是假设主义战胜归纳主义；3. 自 20 世纪 60 年代至今是多元主义与假设主义争论的时期，这场争论现在仍在继续中，本文对这三个时期的争论做简要的论述，并提出自己的评论与看法。

一　演绎主义与归纳主义的争论

自 16 世纪末 17 世纪初西方近代自然科学产生起，在西方的科学哲学思想领域就出现了演绎主义与归纳主义的斗争，这是理性主义与经验主义的哲学斗争在科学方法论中的表现。归纳主义片面地强调归纳法，以实验科学为根据，断言知识来源于经验，一切科学真理都是从观察与实验所获得的经验事实的重复中归纳出来的。他们认为：归纳法是科学发现的唯一方法。与此相反，演绎主义则片面强调演绎法。它以数学、几何学为根据，断言一切科学知识都先天地蕴含于人类的理性中，科学真理，如几何真理一样，都是从几条先天的公理中演绎出来的，演绎法是科学发现的唯一方法。

归纳主义与演绎主义各执己见，互相攻击，归纳主义反对演绎主义，片面地否定或贬低演绎法在科学发现中的作用。其理由主要有二：（一）演绎推理的根本规律是同一律，即 A = A，它的本质是同义反复，不可能给人以任何新知识；（二）演绎推理的结论的正确性必须以其大前提的正确为保证，如果单纯依赖演绎法，则其大前提的正确性又必须以另一个大前提的正确性为保证，如此回归，必然陷入无穷后退的逻辑陷阱之中。

演绎主义则反对归纳主义，片面地否定或贬低归纳法在科学发现中的作用，其理由是：科学知识是确实无疑的普遍性知识，归纳法不能给人以这种知识。因为归纳法是从过去推知未来，从有限推知无限，从个别推知普遍的方法。然而过去经验的重复并不能保证今后经验的必然重复。例如过去欧洲人从世世代代看到白天鹅的经验中归纳出"凡天鹅皆白"的结论。后来因在澳大利亚发现黑天鹅而被否定了。诚然，局限于有限范围的完全归纳法可以给人以可靠的知识，如对全校学生逐个体检而得出全体学生身体健康的结论，然而这只是经验事实的单纯记录，而没有任何超前性和预见性，而科学知识必须是能给人以预见的知识。

归纳主义者在演绎主义者的上述攻击与责难面前束手无策。后来英国著名归纳主义者休谟为此对归纳法做了认真考察。他得出的结论是：归纳知识的必然性既不可能有逻辑根据，也不可能有事实根据，而仅是一种心理上的"信念"，即过去经验的多次重复而在人们的心理上造成的一种"想象""信念"，"想象"自然是不可靠的，但是它对于人类来说却是必需的。因为没有这种"信念"与"想象"就没有科学，人类在变化无常的大自然前面就会无所适从，从而无法生存与发展。但如果把庄严的科学技术，把整个人类的生存与发展建立在主观的"信念"与"想象"的基础上，那不仅显得太不可靠，而且太危险了。英国另一名著名哲学家，归纳主义者罗素道出了这种危险性。他说：因主人长期喂养而产生的每日能在食槽里吃到米的"信念"，对小鸡来说固然有利于它的生存与发展，然而这也有被主人抓住脖子宰掉的可怕的危险性。

归纳主义与演绎主义的理论虽然严重对立，但有一点却是共同的，那就是他们都极力主张科学思想的规范化和程序化，而反对科学思维的创造、想象作用，或意识的能动作用。如归纳主义的创始人培根企图把归纳法严格程序化，他的追随者虎克（Robert Hooke）则力图建立一种用于科学发现和归纳逻辑机器——"发现机器"（Engine of Discovery），而演绎主义者莱布尼茨则主张通过演绎逻辑的符号化与演算化，而建立一种科学发现的演绎逻辑的机器。但是科学发现的认识过程是一种极其复杂的创造性思维过程，否认意识的能动作用就是否定科学思维的创造性，这就使他们的理论一起进入死胡同。

19世纪末法国著名哲学家康德开始意识到归纳主义与演绎主义的上述共同缺点，为了强调主观的能动作用他提出了一种先验主义的哲学理论，企图弥补归纳主义与演绎主义的共同理论缺陷，以此来调和两者的矛盾，结束这场争论。康德的先验主义哲学是建立在他的知识三分法的基础上的。如前所述，康德以前的哲学家，不论是归纳主义者休谟或演绎主义笛卡尔等，都主张知识的两分法，即认为人类有两类知识——经验知识与逻辑知识。经验知识来自经验事实的归纳，它能给人以新知识，但是是不可靠的，逻辑知识来自演绎推理，它是必然的、绝对可靠的，但本质上是同义反复，不能给人以新知识，康德不同意这种见解，认为不论经验知识或逻辑知识都不是科学知识，因为科学知识应该既是新发现，又有必然性。因而在这两类知识之外，应该另有为科学知识所属的第三类知识。由于任何知识的形成都是一种判断，因而他提出了关于三类判断的理论。他认为：第一类判断是先天分析判断，即休谟、笛卡尔等所称的逻辑知识，它们的特点是：其谓词的内容原已包含在主词的内容之中；就是说，谓词的内容并不来自对新的经验事实的归纳，而来自对主词的内容的分析，或主词的内容的重复，因而它们都具有必然的正确性，但没有新内容。第二类是后天综合判断，亦即休谟、笛卡尔等所称的经验知识。它们的特点是：谓词的内容并不包含在主词的内容中。它来自经验事实的综合或归纳，因而它能给人以新知识。但不具有必然的可靠性。

康德认为：除了这两类判断外，另有一类为前人所忽视的十分重要的判断，那就是先天综合判断。这类判断的内容是综合的，从这方面说，它与第一类判断不同，而与第二类判断相似，然而它不是后天或然，而是先天必然的，从这方面说，它又与第二类判断不同，而与第一类判断相似。一切科学的判断，如（一）几何学的判断；（二）数学的判断；（三）牛顿力学的判断都属于这一类判断。

康德解释说，首先，几何学判断是先天综合判断。如几何学命题："两点之间以直线为最短"（直线是最短的线）就是一个先天综合判断。因为它的主词"直线"的概念所表述的是线的质，它并不包含"最短"这个谓词概念所表述的关于线的量的内容，所以它是综合判断，然而它与"天鹅都是白的"等等第二类判断不同，"天鹅都是白的"这类综合判断是或然的，不可靠的，而"两点之间以直线为最短"这类综合判断却是条公理，它在人类的理性中是清楚明白，无可怀疑的，因而它是先天综合判断。

其次，康德认为数学判断属先天综合判断。如"2+2=4"，主词2+2中并不包含"4"这个概念，因此，它是综合判断。但是它与上述几何学命题一样也是必然的、无可怀疑的，因而是先天综合判断。

最后，康德断言牛顿力学的判断也属先天综合判断。如牛顿力学的第二定律："f = ma"："f"（力）的概念中并不包含"ma"（质量与速度的乘积）的内容，因而它是综合判断。但是它与"天鹅是白的"这一类后天综合判断不同，而与上述几何学公理、数学命题相同，属先天（必然）综合判断。

从以上论述中可以清楚地看出，康德认为综合判断分为两类：一类是或然的、是理性可以怀疑的；另一类是必然的、是理性不可怀疑的。那么为什么前一种综合判断只具有或然性，而后一种综合判断却具有理性无可怀疑的必然性呢？他认为这种必然性不是来自经验事实，而是人的理性所固有的。他断言：在人的感性和理性中先天地具有几种认识的观念或框架，那就是时空观念、因果观念、必然性观念等等。在他看来经验事实中是没有任何时空关系、因果关系与必然关系的，而几何学、数学、牛顿力学所表述的时空关系、因果性、必然性、规律性等等都是人的感性和理性的先天综合能力或观念所赋予经验世界的，这就是康德的"人为自然立法"的著名理论。

康德强调意识（科学思维）的能动性与认识的能动性作用是正确的，但是他把这种能动作用先验主义化了。因而虽力图调和归纳主义与演绎主义的矛盾，而实质上却与演绎主义一起陷入了先验主义的泥潭。因而它虽曾盛行一时，然而却很快地被自然科学的进一步发展否定了。

首先，非欧氏几何的出现否定了康德先验主义的几何学根据。非欧氏几何的公理与欧氏几何的公理不同，甚至相反。如欧氏几何的公理之一是"两点之间以直线为最短"，而非欧氏几何的公理则是"两点之间以曲线为最短"。它否定了欧氏几何公理的先天必然性，从而也就否认了建立在欧氏几何基础上的康德的先验主义理论。

集合论的提出否定了康德先验主义理论的数学根据。集合论是微积分的理论基础，而无穷集合的一条公理是"部分等于全体"。在此以前人们都认为"全体大于部分"是一条人类理性无可怀疑的永恒的公理，但是无穷公理却否定了这种传统的看法。这是因为前一条公理，即"全体大于部分"只适用于有限数，而不适用于无限数。对于无限数来说部分与全体是相等的。如两个无穷大量相加仍是一个无穷大量。这表明康德先验主义理论的没有根据。

相对论的建立则否定了康德先验主义理论的力学根据。相对论表明牛顿力学定律并不是康德所认识的永恒、绝对真理，而是相对的、近似的相对论比它更接近真理。

总之，19世纪中叶以后自然科学的发展既否定了把知识先验化的理性主义的演绎主义理论，也否定了把主观能动作用先验化的康德哲学，从而表现为归纳主义的暂时性胜利。

二 假设主义与归纳主义的争论

19世纪中叶归纳主义战胜演绎主义后，归纳主义并未一统天下。就在归纳主义战胜演绎主义的同时，就出现了另一种新的理论思潮或新的科学方法论与归纳主义相抗衡，这就是假设主义。归纳主义与假设主义的争论约分三个阶段：

（一）假设主义在与归纳主义斗争中成长发展阶段

这个阶段的归纳主义代表人物是穆勒和约翰·梵（John Venn）等。他们继承了前期归纳主义者培根、休谟等人的思想，发展了归纳法（如穆勒提出了归纳五法），但是在归纳主义的理论方面则只是重复了前人——休谟等人的观点，并没有什么本质的创新。

假设主义理论的本质特征是以片面夸大假设法的作用来强调主观的能动作用或科学思维的创造性作用。他们的代表人物有赫歇尔、惠威尔和彭加莱等。

赫歇尔是英国的自然科学家、科学哲学家。他是天王星发现者威廉·赫歇尔的儿子，在证实威廉·赫歇尔的银河系假说方面做出过杰出的贡献，因而他对假设法在科学发现中的作用有过切身的体会。他突出地强调假设法的作用，并比较系统地提倡假设法，但是没有根本否定归纳法，因而是假设主义的先驱者。他认为，归纳法与假设法是科学发现的两种方法。但后者是科学发现的更重要、更根本的方法。因为归纳法只能归纳一些经验范围内的重复现象，而不能深入发现经验所不可及的更深、更广的领域（即今日所称的"微观世界"与"宏观世界"），这就需要假设法。他认为假设法是一种猜测和想象的方法，它不像归纳法那样有规则可循，而全凭科学家的非理性的、不可逻辑分析的灵感、直觉或想象力。这样他就把科学思维的创造作用或主观的能动作用直觉主义、非理性主义和神秘主义化了。因此他说："科学发现全凭运气，它是超越一切规则的，根本不存在什么能必然导致科学发现的格言。"[①] 由于当时的自然科学已从积累经验材料为主的分析阶段进入以理论研究为主的综合阶段。原子学说、分子学说已经建立，经验不可及的微粒说在光学、电学、磁学等领域已经开始流行，并为许多科学家所接受。因而他的这种方法论就得到当时不少自然科学家和哲学家的关注与重视。

从片面强调假设法的重要性的立场出发，赫歇尔还提出了一种把科学理论的发现与科学理论的证明（证实）分开的观点。原来，传统的归纳主义与演绎主义都认为：科学理论的发现科学理论的证明是同一的。赫歇尔则主张把科学理论（假设）的发现（提出）与科学理论（假设）的证明分开。他断言：发现科学理论与证明科学理论不仅是两个不同时间的过程，前者在先，后者在后，而且是两个不同质的过程，前者是非理性、非逻辑的，后者是理性、逻辑的——即从一般性的科学理论（假设）中运用理性思维演绎出具体的预见性的结论，然而用观察与实验来实现这种预见，以证明这种理论。这个观点为后来的假设主义者所接受，成为假设主义的普遍主张，并且还影响后来的逻辑实证主义。

英国另一名自然科学家科学哲学家惠威尔进一步发展了赫歇尔的学说，与后者不同的是他基本上否定归纳法，而把假设法夸大为科学发现的唯一方法。从而成为假设主义的创始人。在他看来，归纳法只能发现现象

[①] Thomas Nickles, *Scientific Discovery, Logic, and Rationality*, D. Reidel Publishing Company, 1978, p. 581.

的重复，不能发现事物的内在联系，而科学发现的任务在于发现内在联系。应该指出的是惠威尔并未否弃"归纳"这个概念的使用，而对它的含义做了扩大的解释，即把一切从个别上升到一般的过程都称为"归纳"，从而也把假设法说成是一种"归纳"。

法国著名物理学家、科学家彭加莱在假设主义的发展史上占有重要的地位。他把假设主义约定主义化。他认为科学理论都是假设，如日心说、地心说都是假设，燃素说、氧化说也只是假设，因为它们都不是客观事实的反映或表述，而只是把经验材料系统化、体系化而采用的一种手段。至于科学家采用哪一种假设，那就决定于科学家们的约定。哪一种假设方便、实用，就约定采用哪一种假设。

一般来说，典型的假设主义理论都坚持以下几点：（一）科学理论不是客观实在的反映，而只是解释与整理经验材料，使经验材料简明化、系统化的一种作业假；（二）科学假设提出是非理性的，不是长期逻辑思维的结果，而是来自科学家的神秘的直觉与灵感；（三）科学假设的选择与采用是任意的，它们决定于科学家们的方便的约定。应该肯定，假设主义强调主观能动作用，强调假设法在科学方法论中的重要意义都是正确的。它的错误是片面夸大了假设法的作用与意义，把主观能动作用或科学思维的创造作用唯心主义化、直觉主义化和神秘主义化了。然而强调主观能动作用，强调科学思维创造性的假设主义与归纳主义相比较，却更能适合于19世纪中叶以后自然科学发展的情景。如前所述，当时自然科学已从重视分析的阶段进入重视综合的阶段；原子学说、分子学说，各种各样的微粒说已普遍流行。自然科学的前沿已开始触及微观世界的大门。假设、猜测在科学发现中的作用愈来愈明显。回想一下门捷列夫根据周期表做出尚存在十几种新元素的假设，后来这些新元素一个个被相继发现的这种情景，就不难理解当时为什么假设主义能在与归纳主义激烈斗争中逐渐取得优势了。

（二）归纳主义向假设主义让步妥协阶段

自20世纪20年代起，归纳主义与假设主义的斗争就进入第二阶段。在这个阶段中，归纳主义的代表性流派是逻辑实证主义，而假设主义的代表性流派则是波普的批判理性主义。早在1938年以前，逻辑实证主义在科学方法论方面仍然坚持归纳法是科学发现的唯一方法。但是为了解决归纳问题（即过去重复怎么能保证今后必然重复的问题），他们提出了概率的归纳理论；认为归纳法虽然如休谟所指出那样不能给人以必然性知识，但是它却能给人以或然性知识；因为过去经验的重复虽然不能保证今后必然重复，然而它却说明了今后有可能重复，而且过去重复的次数愈多，今后重复的可能性，即概率就愈大。著名逻辑实证主义赖欣巴哈写道："概率陈述所表述的是重复事件的相对频率，是作为总量的一个百分数而计算的频率。概率陈述一方面是从过去观察到的频率推导出来的，另一方面并包括着未来将以同样的频率近似地发生这个假设。"① 他还认为：科学知识本来就不是必然知识而只是或然知识或概率知识，把科学知识说成是必然的绝对真理是19世纪以前流行的教条主义、绝对主义的观点，它们早已被相对论、量子力学等现代自然科学所否定了。由于否认科学知识的必然性而只承认它们的或然性，逻辑实证主义把科学理论说成是一种或然性的假设。赖欣巴哈说："如果我们听说明天下雨的概率是百分之八十，我们就假令明天会下雨，并据此而行动，……虽然所有这些关于将会发生的事情陈述只是被作为或然的，但是我们却当它们是真的，并据此而行动。那就是说：我们把它们当作假设的。"② 把科学理论归结为或然性假设原是假设主义的主张，现在坚持归纳主义的逻辑实证主义也这样主张，这表明现代归纳主义（逻辑实证主义）向假设主义的让步或妥协。不过这时他们在科学发现的方法问题上仍坚持归纳主义，即仍然认为归纳法是科学发现的唯一方法。

与逻辑实证主义的归纳主义理论相对立的是波普的假设主义。波普是奥裔英国哲学家，自称其哲学为批判理性主义或证伪主义，在科学发现方法论方面则坚持假设主义，是当时假设主义的主要代表人物。波普指出：逻辑实证主义的概率归纳主义理论与传统归纳主义的理论同样是错误的。归纳知识既不能告诉人们以必然性，也不能告诉人们以或然性。过去经验的重复既不能保证今后必然重复，也不能保证今后可能重复，更不能保证过去的频率一定能适用于未来。因为（一）过去重复的次数即使极多，也

---

① H. Reichenbach, *The Rise of Scientific Philosophy*, 1954, p. 236.
② Ibid., p. 241.

只能说明过去而不能保证未来，可能今后就不再重复了。如太阳过去每天从东方升起，重复了亿万次，一旦太阳系毁灭，它就不再重复了；小鸡过去每天早晨能吃到米，重复了几百次，一旦被宰杀就不再重复了；（二）从数学观点看：过去重复的次数再多，也只是个有限数，而未来是无限的一个有限数与无限数之比其概率是零。故此波普根本否定归纳法，认为归纳法不仅不是科学发现的方法，而且也不是科学的方法，科学无须归纳法，应该把归纳法赶出一切科学研究领域。

在彻底否定归纳法的基础上，波普提出了他的特有的假设主义——证伪主义的假设主义。波普与惠威尔等传统的假设主义者一样，断言科学理论不来自经验事实的归纳，而是科学家们凭神秘的灵感、直觉猜测的结果。他说：科学理论都是假设，都是对问题的猜测。问题就是矛盾或不一致，如理论与经验的不一致、理论内部的不一致、理论与理论的不一致、科学家们为了解决问题就凭直觉或灵感做出猜测或假设。这就是科学理论。由于科学理论不是来自经验事实的归纳，而是根据问题的猜测，因而与其说它们是真的，毋宁说它们是不正确的，它们是一定会被观察与实验所否定、证伪的。但是科学假设的被证伪不是坏事，而是好事，因为正是通过这种猜测、证伪，再猜测、再证伪……的循环往复，科学理论才得以不断清除错误而向前发展，从而逼近客观真理。由于他强调假设的被证伪，人称他的假设主义为证伪主义的假设主义。

在波普的证伪主义假设主义理论的责难面前，为了自圆其说，逻辑实证主义不得不部分地修改自己的理论，从而表现出它的进一步与假设主义妥协的倾向。这突出地表现在赖欣巴哈于1938年发表的《经验与预见》这一著作中。在该著作中赖欣巴哈接受了赫歇尔、惠威尔等假设主义者的主张，提出了把科学理论的发现与科学理论的确证分开的观点；认为应该把发现科学理论的范围与确证科学理论的范围严格地区分开来，并断言发现科学理论的方法是假设法，只是确证科学理论的方法才是归纳法，即用归纳法的重复性来确证假设的概率。这也就是说，归纳主义与假设主义的对立，自此，不再是科学发现问题上的对立（因两者都承认假设法是科学发现的方法），而只是证明科学理论问题上的对立（后者否定归纳法，而前者则认为归纳法是确证科学理论的方法）。这样，逻辑实证主义就在科学发现的问题上放弃归纳主义，投降于假设主义，从而缩小了他们的归纳主义的阵地，即把归纳主义局限于科学理论（假设）的确证这块狭小的阵地内，企图以此来逃避波普对他们的理论责难。后来逻辑实证主义的许多重要成员如卡尔纳普等都接受赖欣巴哈的这个主张，从而表现出逻辑实证主义在假设主义进攻前面的全面退却。

然而理论的进一步讨论表明，逻辑实证主义的这种逃避和退却是徒劳的。它并不能因而摆脱波普的上述理论指责。原因在于（一）归纳法的经验重复性既不能保证科学理论的发现的或然性，同样也不能保证科学理论的确证的或然性；（二）过去经验重复的有限数与未来的无限数相比而构成概率"0"的数学观点，既适用于科学理论的发现，同样也普遍地适用于科学理论的确证。为此，逻辑实证主义者们又不得不在理论上继续做出种种新的修改。如有些逻辑实证主义者采用了具体事件的概率的确证理论，即认为归纳法所构成的确证概率并不是科学理论（假设）的普遍性的概率，只是具体事件的概率。如过去太阳亿万次从东方升起的重复所构成的概率并不是今后太阳每日从东方升起的普遍概率，而只是明天或后天（即某一天）太阳是否从东方升起的概率。[①] 但是这样只是逃避了波普的上述责难的第二个问题，即逃避了有限数与无限数相比而构成的概率是"0"的问题；而不能逃避第一个问题，即过去经验的重复只能确证过去，并不能确证未来的问题。卡尔纳普则采用了主观概率的理论，认为归纳逻辑所构成的概率并不是关于客观经验事实的概率，而只是人们的主观的信任概率（creditprobability），是由于过去经验多次重复而在人们心理上构成的一种信念的程度——信任度。然而这样他又回到休谟的心理主义的立场，而面临了一百多年前休谟所面临的理论困境。

更严重的情况是1945年以后各种确证悖论的相继出现。这些悖论表明：逻辑实证主义的上述概率归纳的确证理论如果能够成立，那么在逻辑上就会出现种种无法解决的悖论。著名的确证悖论有乌鸦悖论、蓝绿悖论等。

乌鸦悖论又称确证悖论、亨普尔悖论。它为美国逻辑实证主义者亨普尔所提出；其内容是："一切乌鸦都是黑的"这个普遍、肯定性命题在逻辑上等值于"一切非黑的东西都不是乌鸦"这个普遍、否定性命题。如果

[①] 查尔莫斯：《科学究竟是什么》，商务印书馆1982年版，第27页。

根据逻辑实证主义的确证理论，通过这只乌鸦是黑的、那只乌鸦也是黑的这样一些个别、具体事例而确证了"一切乌鸦都是黑的"这样一个普遍、肯定性命题，那么通过这张纸是白的，那朵花是红的（它们都是非黑的东西，也不是乌鸦）这样一些个别具体事例也就确证了"一切非黑的东西都不是乌鸦"这个普遍、否定性命题。由于上述普遍、肯定性命题与普遍、否定性命题在逻辑上是等值的；确证了后一个普遍性命题也就确证了前一个普遍性命题，因而这张纸是白的，那朵花是红的这样一些个别具体事例也就确证了"一切乌鸦都是黑的"这个普遍命题，显然这种确证是不能令人同意的。[1]

绿蓝悖论又称"新归纳之谜"，为美国逻辑实用主义者古德曼所提出。这个"谜"并不新，而只是一百余年前穆勒所提出的归纳之谜的重复。穆勒曾问：为什么一个化学家根据一个事例就能做出一种新物质存在的结论，而大量的观察事实却不能证明"所有的乌鸦都是黑的"这个命题呢？在他看来这是一个归纳之谜。[2] 古德曼的"新归纳之谜"本质上与穆勒的归纳之谜没有两样。他举例说："通过一个铜片导电的事例就能确证所有的铜片都能导电这个假设；可是通过现在在这个房间里的一个人是某人的第三个儿子这一事实却不能证明所有这个房间里的人都是某人的第三个儿子这个假设。"由于古德曼在论述这个"新归纳之谜"时还用"绿宝石""绿蓝宝石"的例子，因而它又被称为"绿蓝悖论"。[3]

上述种种确证悖论的出现表明了逻辑实证主义的归纳确证理论的不能成立，从而使它们已经一退再退后的归纳主义的最后阵地也发生了动摇。不言而喻，这是导致逻辑实证主义20世纪60年代衰落的重要理论原因之一。

（三）假设主义基本战胜归纳主义阶段

20世纪60年代后逻辑实证主义在斗争中进一步衰落下去的原因除上述外，更主要的是它的理论不能适应于科技革命带来的新形势，特别是科

---

[1] Hempel, *Aspects of Scientific Explanation and Other Essays in the Philosophy of Science*, New York: Free Press, 1965, pp. 3-51.

[2] J. S. Mill, *A system of Logic*, 1919, p. 206.

[3] N. Goodman, *Fact, Fiction and Forecast*, Harvard University Press, 1954.

学一体化的新趋势。代替它而流行的是作为现代假设主义的历史主义学派。历史主义学派继波普的批判理性主义之后坚持假设主义，反对归纳主义。历史主义学派的代表人物有库恩、费耶阿本德等。他们的理论区别于传统假设主义的主要特征是：（一）整体主义，（二）彻底的非理性主义。

首先，现代假设主义的历史主义学派坚持整体主义观点，这是与当时科学一体化的新趋势相适应的。应该指出，传统的假设主义在理论上也有整体主义的倾向，特别是杜恒的假设主义理论。但是系统地坚持整体主义观点，并使整体主义理论体系化、结构化的则是库恩等人的历史主义学派。他们彻底地否定归纳主义关于科学理论是许多孤立的、各自能独立地被经验证实与证伪的命题、原理的集合的分析主义或原子主义的观点，而认为它们是相互联系，彼此依赖，不能分割的整体。这种整体具有内在的结构与层次性。在整个科学理论体系中占有十分重要地位的高层次理论，如托勒密天文学体系中的地心说、哥白尼天文学体系中的日心说，经典力学理论体系中的力学三定律与万有引力定律等，构成整个理论体系的内核或框架；许多附属于高层次理论的次要的、辅助性的低层次理论则构成整个理论体系的外围或保护带。从这种整体主义观点出发，他们否认各种科学命题、原理能各自孤立地被经验（观察与实验）证实或证伪。理由是每一个科学命题、原理都是与其他命题、原理相互联系，相互依赖着的。当一个科学定律、原理与经验事实不一致，遭到观察与实验的反驳时，这是此命题原理本身有错误，还是与此命题、原理紧密相连的周围其他命题、原理有错误是无法确定的。科学家们可以修改或放弃此理论以保护其他理论；也可以修改或放弃其他理论以保护此理论。在通常情况下，科学家们总是保护整个理论体系的重要的核心理论部分（库恩称为"范式"、拉卡托斯称为"硬核"）而修改周围次要的、辅助性理论部分，以保持整个理论的体系或框架的稳定性，从而保证科学整体的持续、稳定的发展，这就是"常态科学"时期，只有在特定的情况下，科学家们才共同修改其核心理论，从而出现整个理论体系或框架的根本性的更换，这就是"科学革命"的时期；而科学发展，他们认为，就是一个"常态科学"时期与"科学革命"时期不断交替的过程。

其次，库恩等人的历史主义坚持比较彻底的非理性主义。如前所述，早期的假设主义就具有明显的非理性主义因素，他们坚持科学发现的活动是非理性的活动，但是在科学哲学理论的其他方面，则仍坚持理性主义，如认为科学假设的证明是理性的，它是一个演绎逻辑和经验检验的过程；科学理论的选择也是理性的，科学家们总是通过理性和思考来判定采用哪一种科学理论（假设）。作为现代假设主义的历史主义学派在这方面比传统的假设主义走得更远。它们使假设主义进一步非理性主义化。如库恩常常把科学理论与宗教教义相类此，断言科学家对科学理论（假设）的态度像宗教徒对宗教教义的态度一样，是一种盲目的（非理性的）信仰或信念等等。

历史主义的非理性主义思想在费耶阿本德的理论中表现得特别明显。他自称其理论为"多元主义"，而实质上却是否定任何理性和方法论的"虚无主义"或"无政府主义"。他公开反对科学是理性的事业，并把科学理论与宗教迷信等量齐观。他提倡三种"无政府主义"：（一）科学方法论的"无政府主义"；主张在科学方法论方面"怎么都行"，宗教迷信的方法也行；反对一切科学方面的研究，断言一切科学方法论的研究都只会束缚科学家的自由思考，有碍于科学的发展。（二）科学理论的"无政府主义"；主张让一切理论或假设，包括宗教迷信、魔法巫术都能自由流行，平等地竞争。（三）意识形态方面的"无政府主义"；主张一切意识形态的平等地位断言既要反对中世纪的宗教压制科学的宗教沙文主义，也要反对现代科学技术压制宗教迷信的"科学沙文主义"；鼓吹在学校与社会中既要向人民群众讲授各种科学技术知识，也要向他们讲授包括巫术在内的各种宗教迷信和信仰主义学说。应该承认，费耶阿本德反对把科学方法简单地规范化的主张，有一定合理因素，但是他因而反对一切科学方法的研究，宣扬科学技术与宗教迷信等量齐观，从而不仅把科学思维的创造性进一步非理性主义化、神秘主义化，而且还把它虚无主义化了，这不言而喻是错误的。

总的来说归纳主义与假设主义经过上述三个阶段的争论的结果是假设主义基本上战胜归纳主义。

三　多元主义与假设主义的争论

以库恩为代表的历史主义学派的科学理论由于具有整体主义、动态地研究科学发展规律等合理思想，它受到了许多科学家和科学哲学家的关注和重视。但是他们的假设主义方法论中的非理性主义思想，特别是费耶阿本德哲学中的非理性主义、虚无主义的思想，却遭到了广大学者的不满与驳斥。有人甚至称之为"科学的耻辱"。于是60年代末70年代初，在英美的科学哲学界出现了一批比较年轻的科学哲学家。他们一方面继续坚持库恩等历史主义学派的整体主义与研究科学发展动态模式的合理思想，另一方面又反对他们的非理性主义思想。人称他们为新历史主义学派。新历史主义学派中的许多科学哲学家如夏佩尔、牛顿—施密斯起来反对库恩、费耶阿本德等老历史主义学派的非理性主义和假设主义科学方法论，提倡一种理性主义的多元主义科学方法论。他们认为：老历史主义学派的假设主义与历史上的归纳主义、演绎主义以及传统的假设主义一样，在科学方法论上只肯定一种科学发现的方法，而否认其他方法，都是具有片面性的一元主义，一元主义是错误的。科学发现是十分复杂的创造性思维活动，它不应只限于一种方法，而应该是多种方法的创造性的结合。这样他们就比较全面（辩证）、正确地肯定了科学发现过程中的主体能动作用或科学思维的创造作用，从而开始了多元主义与假设主义的斗争。

以夏佩尔等人为代表的新历史主义的多元主义科学方法论，在理论上有以下几个主要特征：

（一）科学实在论。西方科学哲学长期为英美的主观经验主义的统治，很少有人主张唯物主义。夏佩尔等为代表的新历史主义学派中的一些科学哲学家却坚持具有明显唯物主义倾向的科学实在论。他们肯定科学认识的对象——客观物质世界的存在，并认为科学理论不是单纯描述经验现象的工具和主观任意的约定性假设，而是关于客观实在的内容的表述。不过他们并没有彻底摆脱传统经验主义的影响，因而断言人的认识不能涉及经验之外；肯定"外部世界"的存在不是人的认识结果，而只是根据科学不断取得成就而做出的合理的假设性结论，因而称自己的理论为"科学实在论"。他们中有些人还认为随着科学技术的发展，科学理论所表述的内容就会愈来愈逼近客观真理，因而又称为"逼真实在论"。

（二）理性主义。夏佩尔、麦克劳林等新历史主义学派中的一些科学哲学家坚决反对老历史主义学派的非理性主义思想。他们声称：

"科学事业是理性的事业"，老历史主义学派中的库恩、费耶阿本德等人把科学事业非理性主义化是对科学的污蔑和耻辱。他们肯定科学发现是理性的活动；认为各种科学发现的方法，不论是归纳法、演绎法、假设法或其他方法都是理性的方法。历史上的科学哲学家，无论是归纳主义者、演绎主义者与假设主义者都把"理性"与"逻辑"（形式逻辑）等同起来，断言"理性的"就是"逻辑的"，只有严格地遵循逻辑规则的思维活动才是理性活动。如归纳主义认为由于归纳法是遵循逻辑推理的思维方法，因而归纳主义是理性主义的；演绎主义认为由于演绎法是遵循逻辑推理的方法，因而演绎主义是理性主义的，假设主义则认为由于假设法是非逻辑的（既非归纳逻辑，又非演绎逻辑）因而假设主义是非理性主义的。新历史主义学派中的许多人则坚持把"理性"与"逻辑"这两个概念区分开来。他们认为"理性"与"逻辑"两个内涵不同的概念。逻辑的固然是理性的，非逻辑的则未必是"非理性"的。如夏佩尔认为"理性""理由""推理"是三个内容密切联系着的概念。一切有理由的推理活动都是理性的活动，而并非仅仅依据形式逻辑的推理活动才是理性活动。因而不仅归纳法、演绎法是理性的方法，就是依赖于"直觉""灵感"的假设法也是理性的方法。因为科学家的"直觉""灵感""不是在真空中产生，而是在运用智慧尽力解决问题的背景下出现的"。它们虽没有严格地遵守形式逻辑的规则，但却是根据一定理由的理性的推理活动——"创造性推理活动"。

新历史主义学派中的一些科学哲学家如夏佩尔、尼克斯、古丁等人，还反对假设主义与现代归纳主义把科学发现与科学证明严格分割的观点。他们认为，这是两个密切联系而不可分割的统一的过程。因为"发现中既包含证明，证明中也包含发现"，它们互相渗透，就像"一个银币的两面是不可分割的一样"[1]。再说：科学发现是一个极为复杂的完整的认识过程。它既包括科学理论（假设）的提出（发现），也包括科学理论的证实。科学家仅仅提出一个假设，并不能说已完成发现；只有如此假设得到证实时，才算实现或初步实现了它的发现，因而如果把这两个发现过程的重要环节人为地分割开来，不仅会削弱科学发现的方法论意义，而且会

---

[1] Thomas Nickles, *Scientific Discovery, Logic, and Rationality*, D. Reidel Publishing Company, 1978, p. 10.

给非理性主义留下空隙。

假设主义与现代归纳主义由于把科学发现的认识活动归结为非理性的心理活动，都主张把科学发现问题的研究归之于心理学领域，从而把它排斥于科学哲学的研究领域之外。夏佩尔等人则坚决反对这种主张。他们认为，科学发现方法论的研究是科学哲学的极为重要的内容，排斥对它的研究，必然会削弱科学哲学的科学性，"使科学误入歧途"。① 由于强调科学发现方法论的研究，人称他们为"科学发现之友"。

夏佩尔等新历史主义学派的一些科学哲学家不仅在科学发现问题上坚持理性主义，反对非理性主义，而且在整个科学认识过程中坚持理性主义，反对非理性主义。他们认为，不仅科学发现的认识过程是理性的，而且整个科学认识过程在本质上也都是理性的；库恩、费耶阿本德等人把科学家对待科学理论的态度与宗教徒对待宗教教义的态度相混同的观点是对庄严的科学事业的严重歪曲。如夏佩尔认为：科学家评价、选择、接受哪一种科学理论并不如库恩等人所断言那样，是出于科学共同体的盲目的信念或信仰，而是出于理性的深思熟虑。下面几点是他们评价选择、接受科学理论时的理性思考的必要方面：

（一）无怀疑性：即反复考虑这种理论是否还有可怀疑的地方；（二）融贯性：这种理论与其他理论在逻辑上是否互相融洽，有否彼此矛盾之处；（三）成功性：它所导致的预言在实践中能否成功地实现。这些都是理性的认识活动，决非什么盲目的信仰或信念。然而他们（夏佩尔、麦克劳林等）并不因而就根本否认科学家个人的情绪、好恶等非理性因素对科学认识活动的影响，但认为这些都是次要的、非本质的因素，而科学认识的主要、本质的方面则无疑是理性的。

（三）比较彻底的历史主义。历史主义不仅是新历史主义学派的理论特征，而且也是老历史主义学派的理论特征，因而他们都主张科学哲学的研究与科学史研究相结合，强调科学哲学应该并且必需尊重、总结科学历史事实，以科学史的事实来检验科学哲学理论的正确性。但是库恩等人的老历史主义学派由于把科学发现问题的研究排斥于科学哲学的研究范围之

---

① Thomas Nickles, *Scientific Discovery, Logic, and Rationality*, D. Reidel Publishing Company, 1978, p. 12.

外，因而在这个重要问题上他们都坚持心理主义，而反对历史主义；夏佩尔等人的新历史主义学派则完全相反，他们十分重视科学史上有关科学发现的案例分析，即通过分析，观察某个科学家在某一个重大科学发现中的具体思考过程来研究科学发现的方法论问题，从而他们不仅肯定了归纳法、演绎法与假设法在科学发现中的作用，而且提出并研究一些过去经常为科学家们所采用并取得重大成就，然而却被科学哲学家们所忽视或否定的许多方法。如：溯因法、类比法、减错法等等。

溯因法是从某现象出发追溯或寻找该现象原因的一种科学发现的方法。早在古希腊时期，亚里士多德就考察过这种方法，后来皮尔士、汉森也对它做过研究，但未被引起普遍重视。新历史主义学派的许多科学哲学家重新研究并提倡这种方法。如西蒙通过许多案例分析表明，这是许多科学家在科学发现过程中经常采用而取得成效的方法。如勒威那和亚当斯等人因追求天王星的不规则运动（摄动）的原因而发现海王星就是采用了这种方法。他们把这种方法的推理过程公式化为下：

（一）"观察到意外事实 C"；

（二）"如果 A 为真，则 C 是理所当然的"；

（三）"因此有理由设想 A 是真的"。

类比法是人们早已熟知的另一种方法。许多逻辑学家曾对这种方法做过考察，但却被归纳主义、演绎主义与假设主义所轻视或忽视。但它却常常被科学家在科学发现过程中采用。如哈维把心脏类比作水泵而发现血液循环；卢瑟福把原子结构与太阳系结构做类比而提出原子行星模型。华生把 DNA 分子与具有类似化学性质的 TMV（烟草镶嵌病毒）分子相类比而有助于其发现 DNA 的双螺旋结构等等。诺恩则通过许多案例分析而证明在 19 世纪的热学、电学、磁学和光学等理论发展中，以及现代科学的发展中类比法都起过十分重要的作用。[1]

新历史主义学派的某些科学哲学家如蒙克等还研究了减错法。[2] 这是一种通过逐步修正而做出科学发现的方法，故又称"逐步逼近法"；科学

---

[1] Grmek, Cohen, Cimino (eds.), *On Scientific Discovery: The Erice Lectures* 1977, D. Reidel Publishing Company, 1981, pp. 115–136.

[2] Thomas Nickles, *Scientific Discovery, Logic, and Rationality*, D. Reidel Publishing Company, 1978.

史上有许多科学家曾采用过这种方法。如开普勒从第谷所遗留的大量天文观测资料出发,经过多次修正而发现行星运行定律等等,这种方法的推理过程可以图示化如下:

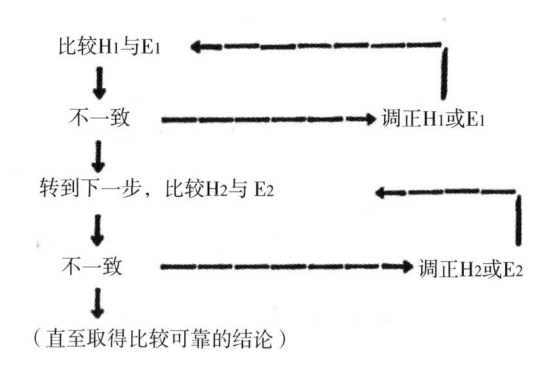

```
        比较H₁与E₁  ←————————┐
            ↓                │
          不一致  —————→ 调正H₁或E₁
            ↓
      转到下一步,比较H₂与E₂ ←——┐
            ↓                 │
          不一致  —————→ 调正H₂或E₂
        (直至取得比较可靠的结论)
```

新历史主义学派的一些科学哲学家对上述许多科学发现方法的研究,有力地证明了科学发现方法的多样性及相互依赖关系,从而有力地驳斥了老历史主义学派的一元主义的假设主义的片面性及其错误。他们把多元主义的科学方法论与科学实在论、理性主义与历史主义的观点结合起来,实质上,这就在一定程度上正确地肯定了科学思维的创造性与主体的能动性,并为西方科学哲学的研究拨正了方向。多元主义与假设主义的斗争仍在继续中。多元主义的科学方法论正在通过这场论战而进步成长、发展。

四 我们的评论

上述三百多年来西方科学哲学中关于科学方法论的争论及其经过不是偶然的,它是符合于西方社会历史的发展与人类认识发展的规律的。

正如西方多元主义科学哲学家们所指出的那样,由于科学发现是一个十分复杂的创造性认识过程,它的方法是多样性的辩证结合。归纳主义、演绎主义与假设主义所分别强调的归纳法、演绎法与假设法是科学发现的多种方法中的三种极为重要的方法,这三种方法也不是各自孤立而是相互联系,彼此依赖,辩证统一的。

一般来说,归纳法是从个别上升到一般的方法。它的主要特征是:(一)从具体的经验事实出发;(二)着重注意经验事实的重复现象。由于科学发现的任务在于从经验事实出发，透过现象以把握事物的内在本质、一般或规律，而本质、一般、规律寓存于具体的经验事物之中，它们所具有的普遍性是通过经验现象的重复性表现的，因而具有上述两个特征的归纳法是科学发现的一种重要的方法。不过由于（一）经验现象的重复只是规律性的一种现象性表现，而非规律自身。如太阳每天从东方升起的重复性只是力学规律现象性表现，而非力学规律自身，因而要把握事物的内在规律，就不能仅依赖只关注表面现象的归纳法，还必须采用其他方法，特别是假设法。（二）经验现象的重复性既可能是事物内在本质（必然）联系的表现，也可能是事物外在的非本质（偶然）联系的表现。例如白色与天鹅的联系的重复性对于天鹅的外部形态来说是非本质（偶然）联系的表现，而对于某一类天鹅的内部遗传物质（DNA）的结构来说则是本质（必然）联系的表现；而单凭关注经验现象重复性的归纳法就无法区分这两种性质根本不同的经验重复性。要区分这两种重复性以便进而排除事物的非本质联系，把握其内在的本质联系与规律，就必须与其他方法，特别是假设法结合起来。

历史上的归纳主义者早已或多或少地意识到归纳法的这种局限性，但是他们未能采用正确办法来克服或弥补这种局限性。如早期的归纳主义者培根和穆勒等人企图以改进归纳自身的具体步骤或程序，来克服归纳法自身所无法克服的这种固有的局限性，其结果自然不可能成功。后期归纳主义者（逻辑实证主义者）则走了另一条道路。他们起初把归纳知识（科学知识）的必然重复性改为或然重复性，然而这样做非但不能区别上述两种经验的重复性：表现为规律性联系的经验重复性与表现为非规律性联系的经验重复性，反而进而混淆了这两种重复性。后来他们又把以发现科学理论（规律）为己任的归纳法改为以检验科学理论为己任的方法，但是如前所述，这非但不能解开"旧归纳之谜"，反而产生了"新归纳之谜"，使他们的理论陷入了种种无法解决的悖论之中。

然而我们也不能因而全面地否定归纳主义，应该看到它是有一定历史功绩的。那就是：（一）它强调科学发现必须重视经验事实，必须从积累具体的经验材料出发；（二）它强调从关注经验现象的重复性着手，以便进而把握事物的内在的普遍规律性。

由于归纳法是把注意力集中于经验现象重复的一种方法，科学的认识要从个别上升到一般从现象深入到本质,单靠归纳法是远远不够的。它还需依赖于其他的方法,特别是假设法。严格地来说,运用假设是实现认识从现象到本质,从第一本质到第二本质飞跃的不可或缺的环节。由于现象与本质是事物的不同深度的两个层次,这两个层次既彼此联系,可以沟通,又有质的区别性相隔。现象表现本质,但这种表现是零星的、曲折的、隐蔽的,有时甚至是颠倒的。单凭关注于经验现象重复性的归纳法以及关于思维形式关系的演绎法都无法实现认识的这种质的升华或飞跃。只有充分发挥主观能动作用与科学思维创造性,其中包括运用具有猜测与想象功能的假设法才能实现这种质的飞跃。然而由于实现这种飞跃必须依赖于假设法的猜测与想象,它们不是一次性完成,而是可错的,既可能正确,也可能不正确。因而要使假设法科学化,就必须做到以下几点:

(一)必须是有充分根据的猜测,而不是无根据的猜测。科学的假设或猜测的这种根据是多方面的,经验事实或经验材料则是其中的极为重要的方面,而通过把握经验重复性来寻找客观的普遍规律性的归纳法则更是它十分需要的根据。历史上有许多假设主义,特别是波普的假设主义力图把假设法与归纳法绝对地对立起来,片面地抬高假设法,排斥归纳法,所以在理论上都遭到失败。正如许多西方科学哲学家所指出:[1] 波普虽然极力批判并否弃"以过去的重复保证今后重复的归纳"原则,然而他自己的证伪主义理论却就是建立在这个归纳原则的基础上的。波普的证伪主义理论认为:一个理论一旦被经验证伪了今后就必然重复地被经验证伪,而这就是归纳原则的应用。因而波普在科学发现问题上公开拒斥了归纳原则,而在其证明理论时又悄悄地引进了这个原则,这说明了他的反纳法的彻底失败。其实,任何一个科学理论(假设)的提出都必然是以承认归纳原则(重复性原则)为前提的。任何一个假设或理论的提出,如果只肯令其当时有效而今后就无效(不再重复地有效)了,那么它就不可能有任何预见性,它也就失去其科学理论的价值了。因为科学理论的预见性就是建立在归纳原则所肯定的重复性的基础上的。而这种重复性实质上就是客观规律的普遍性的具体表现。

(二)必须是深思熟虑的猜测,而不是轻率武断的猜测。科学假设的

---

[1] Paul A. Schlipp (ed.), *The philosophy of Karl Popper*, Open Court, 1974, pp. 241–273.

提出绝不是一时的心血来潮或胡思乱想，而是一个反复思考，深思熟虑的辩证思维的过程。辩证思维虽不等同于形式思维，但并不排斥，而是包括形式思维。应该强调：假设法必须与演绎推理结合起来。现代西方科学哲学家们所热衷研究的溯因法，从某种意义上说就是一种假设法与演绎推理结合起来的典型性的科学发现思维方式。诚然，现代西方许多假设主义者否认溯因法是假设法以外的另一种方法。他们认为溯因法本身就是一种假设法。应该承认这是有一定理由的。因为任何从个别上升到一般的认识方法都必须包含假设法，因为只有假设法才能实现这种认识的飞跃。其实，归纳法也包含假设法，或者说必须依赖于假设法。因为科学的归纳法不能仅停留在经验重复的有限的、局部的范围，而必须做出从局部到全体，从有限到无限，从过去到未来的外推，而这种外推就只有假设性。同样，溯因法（类比法、减错法等也都是这样）做出一种科学发现的方法，像归纳法一样也包含一定的假设性。但是它决不单纯是一种假设主义者所认为的那种假设法。因为它不是与理性思维绝对地对立，恰恰相反，而是紧紧依赖于理性思维，其中包括形式逻辑思维（演绎逻辑思维）的。因为如前所述，溯因法是一种从结果追溯到原因的逆推理——因溯性演绎推理。假设主义者们之所以把假设法与理性思维对立起来，从而把它非理性主义化，其主要"根据"是科学家提出假设（做出科学发现）时常常依赖于灵感与直觉。其实灵感与直觉并非与理性思维绝对相对立的，恰恰相反，而是依赖于理性思维的。不仅必须依赖于理性的辩证思维，而且也依赖于理性的形式逻辑思维。因为如前所述，灵感与直觉都只是长期理性思维（包括形式逻辑思维）所积累而引起的质的飞跃，是理性的创造性思维的一个组成部分。正由于此，科学家们的灵感与直觉的产生总是有以下几点为条件的：（一）具有足够丰富的科学知识与理论修养；（二）掌握足够充分的有关资料；（三）经过较长时期的苦思冥想。否则要做出重大的科学发现是不能想象的。柴可夫斯基说得好："灵感是这样一位客人，他不爱拜会懒汉，而只属于那些勤奋、博学与反复思考问题而使思想情绪达到饱和状态的人。"

总之，假设主义强调假设法的重要性是完全正确的。假设法是科学发现的一种极为重要的方法。没有假设法，科学认识中没有猜测和想象，认识根本不可能从现象到本质，从较浅本质到较深本质的飞跃，就不可能有科学发现。随着现代科学向更遥远的宇观领域与更深邃的微观层次开展与推进，科学理论的抽象性愈来愈提高，假设法在科学发现的认识过程中的作用也就愈来愈显得明显和重要了。然而假设主义者把假设法与其他方法绝对地对立起来，因强调假设法而贬低或排斥归纳法、演绎法等其他方法的作用与意义则是错误的。排斥归纳法，就排斥了假设法的经验事实的基础，就使猜测与想象成了无源之水，无本之木的神秘主义的顿悟；排斥演绎法，特别是排斥理性思维，则排斥了假设法的理性基础，从而陷入了非理性主义的泥潭。

历史上的演绎主义也跟历史上的归纳主义与假设主义一样犯了片面性的错误。正如前面所指出，演绎法是科学发现的认识过程所必需的、重要的方法。因为科学发现是一个多种方法的辩证结合创造性认识过程，它远远超越了演绎逻辑的形式推理，但是并不绝对排斥形式推理，恰恰相反，它是科学发现的创造性思维的基础。背弃作为思维形式规则的演绎推理，就会陷入思想混乱，就会妨碍科学发现。即使是上述的灵感与直觉，也只是包括逻辑思维在内的理性思维的凝结与升华。演绎推理在科学发现中的重要作用，还在于它是使科学假设成为科学理论，从而完成科学发现的一个重要的、不可缺少的环节。正如西方某些新历史主义科学哲学家所指出：科学假设的提出并不是科学发现的完成，只有当科学假设经受实践的检验与证实时，它才算完成或初步完成了。而一个具有普遍性的科学假设要受到实践的检验与证实，就必须运用演绎法，即从它们的一般性理论中演绎出某些具体的预言性的结论，并在实践中实现了这种预言。因而演绎主义强调演绎法在科学发现中的重要性与必要性是完全正确的。问题在于他们强调得过分了，以至于排斥其他方法，特别是归纳法，这就使演绎法失去了与经验事实的联系，从而成为一种空洞的重言式（同义反复）的形式游戏，根本无法担负起科学发现的重大任务。

综上可见，归纳主义、演绎主义与假设主义都是有它们的合理之处的，问题是犯了片面性的、形而上学的错误，从而得出了错误的，有的甚至是近于荒唐的结论。

还应该指出：从16世纪末17世纪初以来，随着近代自然科学的产生与发展，归纳主义与假设主义的相继出现与相互斗争，都是有社会历史原因的。自17世纪至19世纪中叶归纳主义与演绎主义的兴起与流行，除为了与提倡迷信和盲从，反对理性和经验的宗教哲学进行斗争所必需外，还有其自然科学方面的原因，归纳主义的兴起是：（一）正如恩格斯所指出的，当时的自然科学正处于积累材料的时期，对经验材料进行分类与分析的方法是当时自然科学研究的主要方法；（二）强调对经验事实的观察与实验为当时正在兴起的实验科学所必需。而演绎主义兴起的自然科学原因则是当时初等数学与欧氏几何学的发展与基本完成。

19世纪中叶至20世纪中叶假设主义兴起并战胜归纳主义而迅速发展的自然科学原因是：当时自然科学的发展已从重视分析的阶段进入重视综合的阶段。寻找自然界的内在整体性联系已成为科学研究的必需，而科学认识不断向远离直接经验的宏观领域与微观领域的开拓与深入更加深了它对假设法的依赖性。

然而不论是假设主义、归纳主义与演绎主义毕竟都是片面性的学说。它们与科学发现史以及科学发现的现状不相符合。而20世纪50年代开始发生的现代科学技术革命进一步加剧了现代科学的大分化与大综合的趋向。边缘性学科、横断性学科、综合性学科等新兴学科的大量出现与兴起，要求有更多的新颖的科学研究方法与它们相适应；系统的方法、结构的方法、模型的方法等等各种崭新的科学方法的提出与采用，在促进科学发展的过程中起了十分明显的作用。全面的观点、系统的观点、整体的观点逐渐为新一代的西方科学家与科学哲学家所接受。他们要求否弃假设主义等各种一元主义的科学方法论的片面性，从而多元主义的科学发现的方法论乃应运而生。可以预期，它必将随着现代科学技术的进一步发展而发展，并最终战胜假设主义，获得新的繁荣。

总之，通过上述三百余年来西方科学发现方法论的大争论的经过的考察，可以看出：在科学哲学中提倡辩证唯物主义，克服片面性和形而上学观点的重要性。本文的结论是：加强马克思主义辩证唯物主义观点对于科学哲学的研究具有十分重要的意义。然而马克思主义哲学自身也应紧随时代与科学的发展而发展。它应从现代科学与现代科学哲学的成就中，包括现代西方科学哲学的成就中不断吸取营养，以发展自己。只有这样，才能防止自身成为脱离时代，脱离现代科学成果的空洞的教条。

人与自然：当代中西方哲学对话的逻辑起点

随着人类进入 21 世纪，科学技术正以其前所未有的深度和广度改变着世界的面貌，人类在享受科技进步带来的便利之时，也越来越多地面临道德领域的挑战，如克隆技术和基因技术的诞生是自然科学领域的重大突破，但以克隆人和定向改造遗传基因为攻关方向的科学研究，则可能使人类面临改变自身从而丧失自然本性的危险；科学技术通过对资源的广泛开发利用，在极大地提高人们物质生活水平的同时，又使人类的生存环境急剧恶化。中国已成为全球化中的一员了。实践中的困境需要人文社会科学理论上的解答，需要人文社会科学提供社会前行的方向，哲学处于这一理论结构中的最高层面。西方哲学和中国哲学（包括中国化了的马克思主义哲学）应该进行对话，进行交流和合作，谋求共同发展，以共同回应以上两种困境。这已成为越来越多的关注人类前途命运的有识之士的共识。

一 当代西方哲学视野中的"人"

20 世纪 60 年代以后，随着现代科学技术的发展，改善人类的生存与生命素质的医学科学、医疗技术以及生命科学技术取得了巨大的进步。试管婴儿、转基因动物、克隆动物等实验的成功，遗传密码的不断破译等，将越来越影响人的自身的发展，这在西方学术界、理论界甚至在政治领域引发了旷日持久的争论。比较典型的争论包括器官移植问题、安乐死问题、人工堕胎问题、人工生殖问题。2003 年底，邪教组织雷达教派的科学家在美国宣布了克隆婴儿的出世，则在全世界引起了轩然大波。

从上面已经论述的情况出发，美国哲学家弗兰西斯·福山（Francis Fukuyama）提出了一种"后人类"和"后人本主义"的见解。他于 2002

年出版一部名为"我们的后人类的未来：生物工程革命的结果"的专著，在西方世界引起了轰动。在这一专著中，他首先讨论了有关生物工程发展与"后人类"的问题。由于当代生命科学技术的发展，人类的行为和活动会因这种技术的发展而得到改变，如神经药物普罗再克（Prozac）和利特林（Ritalin）的运用，会使人忘却生命的自然痛苦和烦恼，可以使神经麻木的人变得生动活泼，使性格内向的人变得外向起来。有些药物则可以控制人的自然情绪、智力、情感、记忆力等。克隆技术、基因工程技术的发展，人类利用这些科学技术设计、控制自己的"人种"的变化必将成为现实。到那时，长寿的结果将降低更长寿命对人的吸引力。有钱人在生育小孩时可以使用人工技术来选择他自己所喜欢的基因，可以使小孩的性别、智力、容貌、性格等具有不同于正常自然人的基因，[1] 对个人而言，自己本性和未来早已为前人的设计所决定，如果这样，他对自己的行为还要负道德责任吗？因而具有可预测性。总之，由于生物技术和生命科学的革命有可能完成过去未能做到的社会工程，人性将极度改变。人类将开始一个新的历史。这是"后人类"的历史。与现在的人类社会相比，到了那时，政治、经济、伦理学原则将会有根本性变化。自然人必将由人们自己设计、制造出来的"非自然人"所代替，人类将为"后人类"所代替。人本主义将由"后人本主义"所替代。

福山主张自然主义的"人性"论。在他看来，人性指由基因而非环境因素所决定的普遍行为和特征的总和，是人之所以为人的依据。人的权利、道德判断或价值均要立基于这一基础之上。他认为，一旦生物科技改变了人性，则立足于人性的一切权利与道德将必须全面改写。对福山而言，"道德秩序来自内在的人性本身，而不是由文化加之于人性。"所谓复杂的天性指"X因素"（Factor X）整体，包括"道德抉择、理性、语言、社会性、感知、情绪、意识或构成人类尊严的任何其他性质。"[2] 正是这样一些因素，使得人成为"万物之灵"。福山受尼采"超人"观点的影响，也受到了舍勒等思想家的影响，认为最崇高与最可敬的人类特质，往往与

---

[1] Francis Fukuyama, *Our Posthuman Future. Consequences of the Biotechnology*, Picador, 2003, p. 206.

[2] Ibid., p. 171.

痛苦、灾难与死亡等息息相关。少了"人性之恶",也就无所谓"同情、悲悯、勇气、英雄气概、团结或性格力量"。基因科技被用来降低或消除人类苦难,而这样一来,人天生基因中那些可提升生命意义和价值的因素,展示人生的深刻面的悲剧性格却因基本人性的改变而将消失。为此,福山向世人发出警告:是人类的固有本性使人类得以延续至今,并体现人的价值与尊贵,同时也客观地塑造了人类的政治制度。然而,当前生物技术尤其是基因工程的发展将彻底改变人类的固有本性;随之而来的是人类价值和尊严的迷失,民主和人权的抛弃以及制度与秩序的否定。人类将被自己创造出来的生物技术推向可怕的"后人类未来"。

二 当代西方哲学视野中的"自然"

同样,20世纪60年代以后,由于高新科技的发展和生态环境的破坏,空气污染、气候恶化、土地沙漠化、食品毒化和动植物种类的灭绝等等,人类生存面临严重危机。面对此情此景,西方哲学家也做出了自己的反思。海德格尔就是其中的一位。海德格尔在其前期哲学中强调此在(人)在存在者中的重要性,认为一切存在者依此在而存在。他的后期哲学则超越了主体和客体的二元对立,在他看来,人不过是天—地—人—神四重性结构中的一元,人应该由发号施令的统治者变成谦逊地倾听天言的守护者。

"反人类中心主义"(Anti-Anthropocentrism)或称为"自然中心主义"(Physiocentrism)也是这一时代的产物。这一学派的代表人物是法籍美国哲学家利奥波特(Aldo Leopold)和施韦茨(A. Schwetzer)等。他们从传统的先验论的"人权论"或"公平的正义论"的观点出发并把它扩大应用于整个自然界,强调"一切生命的神圣性"原则,并据此反对"人类中心主义"或"人类沙文主义"(Human Chauvinism)。他们认为:过去的哲学家或伦理学家单纯从人的生命意义、价值与尊严出发,否认或忽视自然界的生存与价值,从而把人与自然界绝对地对立起来,强调"知识就是力量",强调"人类对自然的征服",自封人类为自然界的主人,而自然界则成了他们任意摆布的奴仆,从而陷入了人类中心主义,并终于走到了"人类毁灭"的边缘。他们认为应该把生命的意义与价值扩展到人类之外的整个生物圈，以至整个自然界，建立起一种反人类中心主义的生态伦理学，以挽救人类生存危机，这是当前迫不及待的任务。责任伦理学家乔纳斯（H. Jonas）则以一种"内在目的论"来论证这种反人类中心主义观点，他认为：自然界具有普遍的内在目的性，人的主观目的性就是自然界的这种固有的内在目的性进化的结果，因此，人不仅应该慈爱自己的"小同类"——人类，而且还应该慈爱自己的"大同类"——生物圈以至整个自然界。他写道："目的性是自然的一种普遍现象，如果实依赖于树干、树根而成长。因此一切自然物都具有非主观形式的内在目的性或是某种与之相类似的东西。"[①] 另一个目的论生态伦理学家卡拉汉则说："看来我们可能不得不接受一种古老的中世纪观点，那就是自然界是按某种目的而安排的。……人只是这个自然界的一部分，因而自然界的一切存在物是与人一样也都充满价值，它们都必须受到人类的尊重。"[②]

建设性后现代主义者格里芬（D. R. Griffin）与生态后现代主义者施普赖特耐克（Charlene Spretnak）则以怀特海的过程哲学的观点论证这种反人类中心主义的理论。他们从有神论或泛心论（泛经验论）出发，强调"物质"与"能量"或"精神"的同一性，认为自然界中的一切存在物或过程，不论是动物、植物以及其他一切自然物都具有"能量"或"精神"的生命过程。因而人并不高于一切自然物，他们只有爱护自然物的义务或责任，而没有残害、滥用或毁坏灭绝它们的权利。爱护自然界中的一切成员，以维护自然界的平衡与和谐是后现代主义的生态伦理学的根本性原则。

三 当代中国哲学视野中的"人"与"自然"

当代中国哲学必定是传统哲学的"扬弃"。中国哲学，尤其是先秦时代的哲学，在对人的理解上有其独特的贡献，孔子说"人而不仁，如礼何？""克己复礼为仁"，孔子强调"爱人"，主张"己所不欲，勿施于人"。强调对于理想人格的虔诚修养和执着追求，强调人的社会性。另一

[①] H. Jonas, *The Imperative of Responsibility*, Chicago: University of Chicago Press, 1985, p.139.
[②] 库尔特·拜尔茨：《基因伦理学》，马怀琪译，华夏出版社2000年版，第165页。

个儒家代表人物荀子则强调人的自然性,他认为"人者,其天地之德,阴阳之交,鬼神之会,五行之秀气也"(戴胜、戴德《礼记·礼运》)。汉代董仲舒则更加强调人的自然性,"天地之性人为贵,明于天性,知贵于物"(班固:《汉书·董仲舒传》)。随着西学东渐,这种对人的自然性和社会性的推崇的传统儒学受到了巨大冲击,产生于20世纪20年代初的新儒学在一定程度上振兴了传统的儒家思想,并在一定程度上与西方哲学进行了对话。但在面对科学技术对人的影响问题上,这一学派尚未能或未及从哲学层面上系统地对人进行进一步的反思。

马克思主义哲学认为人具有两重性:自然性和社会性。"生命的生产——无论是自己生命的生产(通过劳动)或者他人生命的生产(通过生育)立即表现为双重关系:一方面是自然关系,另一方面是社会关系。"[①]不过,他认为人的社会属性是人的第一属性,"人是社会关系的总和",社会性才是人的本质。人的自然性从属于人的社会性。人一旦离开了社会,失去与其他社会成员的相互关系,就失去了其存在的意义,人的真正价值是人的社会实现。因此,人是一种社会性动物,他的需要和自我实现与社会紧密相关。人只有通过自己的实践活动把彼此的需要、目的互相调和起来,才能实现自己的本质。马克思关于人的本质的论述无疑是深刻的。但现在需要进一步思考的是,具有社会性的科学技术已威胁到了人的自然性,甚至可能改变人的自然性,在这一背景之下,我们该如何协调人的自然性与社会性之间的关系,这也是摆在当今马克思主义哲学工作者面前的重大课题。

道家不同于儒家,它强调重视自然。老子提出天地起源的问题:"道""先天地生"。在他看来,"故道大,天大,地大,人亦大。域中有四大,而人居其一焉。"(老子:《老子》第二十五章)从老子的哲学中可以看到,他把人与自然同等并列。荀子则重天人之分,重宰制自然。"明于天人之分则可谓至人矣。""大天而思之,孰与物畜而制之,从天而颂之,孰与制天命而用之?"(荀子:《荀子·天论》)荀子比较强调发挥人的主体性。明末清初的王船山则主张人生应"以人道率天道",相信人能"官天府地,裁成万物"(王夫之:《思问录》内篇)。从总体上看,中国传统哲

[①] 《马克思恩格斯全集》第3卷,第24、48页。

学有强调"天人合一"的倾向。值得指出的是，在中国哲学的天人合一观念中较多强调人与自然的和谐，似乎较少关于主体发行自然的强调。

马克思主义哲学中对"自然"这一问题有着丰富的论述。其中有一点是比较重要的，那就是要从实践的角度来理解人生活于其中的自然，在马克思看来，"被抽象地孤立地理解的、被固定为与人分离的自然界，对人来说也是无"[①]。人类"正是通过对对象世界的改造，人才实际上确证自己是类的存在物"[②]。人的主体性首先要在改造征服自然世界过程中得到确立和体现。因此，我们周围的感性世界，即自然界不过是"工业和社会状况的产物，是历史的产物"[③]，亦即实践的产物。在这里，马克思并不是要否定自在的自然，而是强调只有通过实践，自在的自然才能转化为人的自然。从这个意义上说，马克思的这一思想具有一定的人本主义意义。他曾在《1844年经济学哲学手稿》中说："这种共产主义，作为完成了的自然主义，等于人本主义，而作为完成了的人本主义，等于自然主义。"[④] 无疑，马克思主义哲学已充分地认识到人与自然的密切关系。在新的历史背景下，马克思主义哲学如何进一步发扬光大，如何去关注这日益恶化的环境状况？这也是当今哲学工作者所不能回避的问题之一。当今世界的全球化运动是不可阻挡的。经济的全球化和国际化的趋势得到进一步加强，人类已进入相互联系、相互依赖的"地球村"时代，面临着许多共同的问题。而人的问题与自然的问题具有根本性和普遍性，当代中西方哲学都曾在这两个问题上有各自的理论，这两者理应成为当今彼此对话的逻辑起点。

---

① 《马克思恩格斯全集》第42卷，人民出版社1979年版，第178页。
② [德] 马克思：《1844年经济学哲学手稿》，人民出版社1985年版。
③ 《马克思恩格斯全集》第3卷，第24页。
④ [德] 马克思：《1844年经济学哲学手稿》，人民出版社1985年版，第72页。

谈中西哲学的差异性与融通性

哲学是世界观与人生观的统一。人与自然是哲学的两个最基本的范畴。人与自然以及两者的辩证关系问题是一切哲学的核心问题。中西哲学是中西方民族在各自不同的社会历史发展条件下，对这个核心问题的不同回答。因此它们的内容既具有重大差异性，又存在明显相通性。比较研究这种差别性与融通性是当前学术界十分重视的一个课题。一些中西方学者对此已做出贡献。有一种影响颇广的见解：西方哲学偏重研究自然，中国传统哲学偏重研究人或人的生命。[①] 这种见解颇有启发性，已得到不少人的不同程度的肯定或赞许。不过如果做进一步考察，则可以发现，中西哲学不论在自然的研究或人的研究方面，都还存在着一些重大差别。这些差别，不仅影响着中西传统哲学与传统文化的长期发展，而且还影响着当今国际社会形势的变化与发展，应该受到人们的重视。

首先，在研究人的方面：中西哲学都重视研究人，但是研究的偏重点是各有不同的。西方哲学偏重研究个人或自我，偏重研究个人的权益与对自由的追求和维护，偏重研究自我的生命价值与对自我的本真状态的探索；而中国的传统哲学，特别是作为中国传统哲学主干的儒家哲学，偏重研究的则是个人与他人的关系。

应该肯定，西方哲学也是关心、重视研究"他人"的，不过在他们那里的"他人"，不是与自我具有同等独立地位的异质于自我的他人，而是依附于自我的或者说是从自我的内心体验中推演出来的"他人"。德国著名哲学家莱维纳斯（Emmanuel Levinas, 1906—1995）称此为"同质于自我的他人"或"从属于自我的他人""他我"。他指出：这种同质于自我

[①] 牟宗三：《中西哲学会通十四讲》，上海古籍出版社1997年版，第11页。

的"他人"理论,早在古希腊时期巴门尼德的"同一哲学"中就已经初见端倪了。他的"存在是一""一外无他"的理论,就是这种理论的开端。后来笛卡尔的"自我"理论、德国古典哲学家康德的"先验统觉"理论、谢林的"同一"理论以及黑格尔的"绝对观念"理论,[①] 无不是这种理论的继承与发展。当今盛行于西方的人本主义思潮则是这种理论的延续。比如:尼采的意志主义、柏格森的生命哲学等都常谈论"他人"或"他人的意志","他人的生命",然而它们都不是独立"自我"之外的他人的意志。他人的生命,而只是"自我""自我意志""自我生命"的"扩大"或"膨胀"。胡塞尔的现象学更强调"现象"是"自我意识的现象"。在晚年他虽提出了"主体间性"的"生活世界"理论;然而,他的"生活世界"中的"他人",仍然是"同化于自我"的"他人"而已。海德格尔存在主义哲学也不例外。他虽大谈"此在"与"他人"的"共同在世",然而真正谈论的却是"此在",而"他人"则是"此在"的"本真状态"的遮蔽。因而他认为只有彻底排除掉"他人","此在"才能成为"本真"的"此在"。莱维纳斯正确指出:在海德格尔的存在主义哲学中是根本不容许有"异质性他者"以及有关"异质性他者"的伦理学存在的;只有把"全能的上帝"引入存在主义哲学,才能从"上帝慈爱众人"的宗教信条中推论出"异质性他者",以及有关"异质性他者"的伦理学来。因此,他称他的"肯定上帝存在"的宗教伦理学为高于存在主义本体论的"第一哲学"。[②] 应该肯定,西方哲学中的许多流派是十分重视关于人与人关系的伦理学的。但是,不论是边沁等的功利主义伦理学还是康德等的先验理性(良心)主义伦理学,它们都把人与人之间的普遍性的伦理原则建立在个人的功利主义或自我的良心主义的基础上。在那里"异质性他者"或"社会性的他者"都没有应有的地位。应该指出:近几十年来强调"异质性他者"的后现代主义或后结构主义理论在西方正在兴起,然而,它们的理论并不彻底,而且也不是西方哲学的主流。

中国传统哲学,尤其是作为中国传统哲学的主流或主干的儒家哲学是

[①] E. Levinas, *Totality and Infinity*, trans. by A. Lings, Pittsburgh: Duquesne University Press, 1969, p. 104.

[②] Richard A. Cohen, *Face to Face with Levinas*, New York: University of New York Press, 1986, p. 30.

十分重视研究人的,但是它们研究的偏重点不是个人而是个人与他人的关系。儒家哲学的核心思想是"仁"。"仁学"是"人学",是"人与人的关系"之学。"仁者爱人"、"己所不欲勿施于人"、"己欲立而立人,己欲达而达人"以及"老吾老以及人之老,幼吾幼以及人之幼"、"杀身成仁"等等,这些都是说自我的存在必须以他人的存在为前提。他人的社会存在是个人的一切言行的出发点。只有承认、重视、关怀他人,处理好个人与他人关系,才能有个人的幸福和自我的生存价值。因此这不是一种从个人利益出发的个人主义或功利主义的伦理学,也不是一种从自我先验理性出发的自我的良心主义伦理学;而是一种强调个人与他人社会关系的社会责任主义伦理学。中国传统哲学的内容丰富多彩、百花齐放,后来儒家哲学的某些新流派对孔子的"仁学"做了许多各自不同的理解和阐发,而依附于中国传统哲学的中国佛教哲学还把"他者"("他人""他物")说成是自我意识("末那识")的"执着"。然而作为儒学创始人的孔子的正宗"仁学"或"人学",其本质则是社会责任主义的。而这才是中国传统哲学与中国传统文化的精华和核心部分。应该指出的是,这几十年来,由于社会进入信息化时代,人与人之间的关系高度复杂化,与此相应,生命伦理学、生态伦理学、信息伦理学等现代科技伦理学相继出现,边沁等的功利主义伦理学、康德等的先验主义伦理学已不再能与新的社会形势相适应,于是强调社会责任的责任主义伦理学在西方开始逐渐受人们关注;[①] 而这早在2500余年前,孔子就已经提倡了。

其次,在研究自然方面:中西哲学都重视研究自然以及人与自然的关系,然而它们研究的偏重点也是有区别的。西方哲学强调研究人对自然的利用或征服,忽视研究自然对人的制约或反作用。尤其是西方的经验主义——科学主义哲学,偏重强调人与自然的对立,强调科学技术对自然的改造;把人看作自然的主宰,而把自然看作任人摆布的奴仆;强调"知识就是力量";强调人对自然的彻底人工化。而中国传统哲学,特别是道家哲学则不同,它们强调的不是人与自然的对立,而是人与自然的统一;强调人与自然的依存性;强调两者的和谐相处、平衡发展。然而它相对地忽视人对自然的改造,以至主张"无为而治",这是它的消极面。

[①] 夏基松:《现代西方哲学》,上海人民出版社2006年版,第547页。

从上可见，中国传统哲学在研究人的方面强调处理个人与他人的关系，强调个人与他人的团结合作、和平友好、共同幸福。在对自然的研究方面则强调爱护自然、顺应自然；强调人与自然和谐相处。这是一种崇尚团结合作、和平共处、互利双赢的友谊精神。它是中国传统哲学及其文化的核心与精华。它为维护中华多民族国家的团结、巩固与繁荣，以及维护世界和平方面都起了积极的作用。西方哲学在研究人的方面强调个人的权益与自由的维护，强调自我生命价值的追求，强调发奋图强、自强不息；在研究人与自然的关系方面，它强调人对自然的征服，强调科学技术对自然的开发与索取。这是一种崇尚自我奋斗、坚强不屈、开拓上进的进取精神，它是西方传统哲学及其文化的核心和精华，它对西方乃至全世界的社会发展与物质文明进步都起了积极的作用。不言而喻，这两种伟大的传统精神不是彼此对立、彼此排斥，而是相互包容、相互辅补，即相互融通的。人类的发展需要每一个人的自我奋斗，没有每一个人的自我奋斗，就没有社会的发展；同样，社会的安定与进步需要人与人的团结合作，没有这种团结合作，社会也不会有安定与进步。反之，如果把这两种伟大精神片面化地对立起来，夸大一方而否定另一方，则它们就会蜕变成错误思想，成为传统哲学文化中的糟粕。比如，歪曲"团结友好精神"，忽视、无视必要的原则坚持和原则斗争，那么，"团结精神"就会蜕变成为"顺从主义""妥协主义"。在旧中国历史上曾起过负面作用的封建旧礼教、旧意识就是中国封建统治者对中国传统文化精神的蓄意扭曲；而提倡"西学东传""学习西方文化"等等新的文化运动则对振兴中华起过重要的积极作用。又如片面强调本人、本社群、本国、本民族利益而忽视、无视他人、他社群、他国、他民族利益，就会把个人奋斗的进取精神蜕变成绝对个人主义、侵略主义。近代西方的殖民主义、大国沙文主义思想，就是西方殖民统治者对西方优秀传统哲学文化思想的蓄意扭曲，它给全世界殖民地、半殖民地人民带来长期的落后、痛苦与灾难。而当今流行的霸权主义、干涉主义、自然资源掠夺主义，也复如此。它给世界人民带来的则是更甚于过去的民族仇恨，更频繁的地区战争，以及更严重的生态危机与人类生存危机。应该承认，某些霸权主义、干涉主义、单边主义者，它们有时也是"关心""考虑""他人""他社群""他国""他民族"利益的。但是他们心目中的"他人""他社群""他国""他民族"，不是"异质"而是

"同质"的"他人""他社群""他国""他民族";这也就是说,它们是有意或无意地从本人、本社群、本国、本民族的利害立场、观点态度、文化传统、思维模式等等来"关心""考虑""他人""他社群""他国""他民族"的。它常常想当然地以"越俎代庖"的方式去帮助"他人""他社群""他国""他民族"的事务,以至出现如以军事输出"民主",以武力移植"人权"等等反常的现象。其结果非但不能缓和或解决矛盾、问题与仇恨;反而是加深矛盾、问题与仇恨。自然资源掠夺主义者也复类似。他们也清楚地知道当前生态危机的严重性,但是出于本国、本集团的利益,往往措施不力甚至不惜把灾祸转嫁于他人。

当今人类已进入全球化时代。全球化已把全世界每一角落的人民的前途与命运紧紧地捆绑在一起。人类正处于或共同繁荣或彻底毁灭的十字路口。全面发扬全世界各民族的优秀哲学与文化传统,其中包括中西优秀哲学文化传统,在当今尤其是发扬团结友爱、互利双赢的优秀传统精神,对于争取人类未来的社会文化的全面发展与"和谐世界"的实现有很重要的意义。"和谐世界"的实现需要全世界人民的长期的各方面的努力,其中包括政治、外交以至军事方面的努力,发扬全人类的团结友爱、互助合作精神无疑是其中的一个重要而不可或缺的方面。

综上可见,中西哲学的差异性与融通性问题,不仅是一个理论问题,还是一个颇有现实意义的重要问题。

论后现代主义哲学的时代特征

一 两大思潮的对立与趋近

近些年流行于西方的后现代主义哲学反映了西方特定的时代特征,是现代西方哲学有序性发展的时代产物。

现代西方哲学的科学主义思潮来源于近代英国经验主义思潮。它是休谟不可知论的直接继承和发展,最早表现为孔德等的实证主义哲学。实证主义的主要特征是坚持"拒斥形而上学"的实证主义原则,把一切知识局限于经验范围,拒绝讨论经验以外的问题;力图把自然科学,特别是物理学的方法推广应用于一切哲学和人文学科领域,推行知识的科学主义。马赫主义是实证主义的下一代。它的主要特征是:在继承实证主义的基本观点的同时,不同程度吸收了柏拉图主义承认"共相"存在的观点,以此企图证明数学与伦理等抽象观念的实在性。美国的实用主义可列入科学主义范围,它具有明显的经验主义性质,但因强调人的行为的实用性又具有人本主义性质,因而后来成了两大思潮合流的"催化剂"。

现代西方哲学的人本主义思潮渊源于近代欧洲大陆的理性主义。康德强调人的主体性的先验论批判哲学是欧洲大陆理性主义发展的一个重要转折。费希特等人则把这种强调主体性的客观理性主义转向主观的非理性主义。人本主义思潮则是这种非理性主义在新的历史条件下的继承和发展。叔本华、尼采的意志主义是这种人本主义的最早表现。狄尔泰等人的生命哲学是它的后继者,它们把哲学对象归结为(人的)"意志"或"生命"等,故称为"人本主义",反对或贬低观察、实验与逻辑的自然科学方法,提倡内心体验或直觉的非理性方法，故称为"非理性主义"。它们与科学主义形成严重对立。科学主义斥责它们是"没有经验内容的形而上学"（空话），它们则斥责科学主义为不具有"解决人生价值意义"的琐碎的"实用性言论"，从而彼此否定，拒绝对话，互不交流，如隔大山。

20世纪初以后，这两大思潮的发展从严重对立转向逐渐接近。"语言学转向"，即哲学研究的重点或基础从认识论转向语言哲学是两者彼此接近的重要原因。强调科学语言的科学主义与强调内心语言的人本主义在这里找到了结合点。"语言学转向"在自然科学方面的原因是科学研究的群体化和大科学化。20世纪以前西方流行的是"小科学"。科学家们分散在不同狭隘领域，各自孤立地研究自然。在此基础上建立的哲学认识论是个体认识论，其基本模式是笛卡尔的"主体—客体"二元对立的个体认识论模式。20世纪以后，相应社会生产大发展，科学研究进入群体性阶段，"大科学"出现。"大科学"就是广大科学家集团（科学共同体）群体性攻关，研究自然的科学，如美国的曼哈顿核武器开发的研究，后来各国的氢弹、核导弹、宇宙飞船、人造卫星、行星探测、星际航行等等计划的研究，以及近年来国际广泛合作的人类基因组的研究等等。它们的兴起与发展否定了笛卡尔的主体—客体二元对立的个体认识论模式，促进了关心科学家集团之间的成果交流的语言哲学的发展。"语言学转向"的社会人文方面的原因则是20世纪后各种社会政治情况的复杂化：世界经济危机周期性爆发，各种战争频繁发生，生态危机全球化等等。它们都需要通过协商谈判等语言交流的手段加以解决。

科学主义思潮方面的语言学转向开始于20世纪初著名哲学家、逻辑学家弗雷格和罗素的哲学学说。其目的在于进一步贯彻科学主义，把人类一切知识自然科学化或数理逻辑化。他们主张建立一种数理逻辑化的人工语言代替一切人文科学语言与哲学语言，以消除传统哲学与人文学科中的逻辑混乱与语义分歧，从而消除一切哲学争论。响应弗雷格和罗素上述号召的第一个哲学流派是逻辑实证主义。它的中心理论是"经验证实的意义理论"，它的基本原则是"经验证实原则"。这个原则规定：一切语句或命题必须能被经验证实或证伪的才是有意义的科学语句或命题；否则就是没有意义的伪语句或伪命题，应被拒斥于科学之外。在他们看来，只要坚持这种意义理论或原则，就不再会出现因无法判定其真伪而争论不休的问题了。这种主张似乎合理、可行。然而深入研究却发现了致命性问题。证伪主义者波普指出：一切科学命题是普遍有效的全称命题，它们是不能被经验证实的。如果坚持上述经验证实原则，那么一切具有普遍意义的科学命题都成了无意义的伪命题而必须拒斥于科学之外，从而也就否弃整个科学了。逻辑实用主义分析学派哲学家奎因指出：任何科学理论都不是单个命题的集合，而是由许多命题的结合而成的整体性系统。它们可以通过内部的不断调整而逃避任何经验的证伪。社会历史分析学派哲学家汉森则指出：经验观察要受理论指导（污染）。同一个经验观察在不同理论的解释下，既可以证实同时也可以证伪同一个科学语句或命题，等等。在这些责难下，理想语言分析学派建立理想语言的"理想"终于成为幻想而彻底破灭了。

理想语言分析学派的失败导致另外几类分析哲学的兴起：一是实用主义分析哲学。奎因是它的代表。他认为，科学语句的意义并非固定不变，而是随科学系统的整体性变化而改变的。至于应该如何调整科学的理论系统以决定某个科学语句的意义，则要看它们对人的行为的实用性或方便性如何，而由科学家共同体协商选择决定。这就使传统的科学主义的分析哲学理论倾向于相对主义和人本主义。二是社会历史分析学派哲学。库恩是它的代表人物。他认为科学理论是一个由许多命题、定律、原理有机构成的统一系统，其中一些最基本的理论、观点和方法构成了这个系统的核心部分，他称之为"范式"。范式是整个理论的基础。如地心说是托勒密天文学说的基础，日心说是哥白尼天文学的基础等等。范式是不能被经验证伪的。因为科学家可以修改或调整理论的其他部分以保护范式而使整个理论系统不受经验的反驳。而历史上出现理论兴衰和交替的原因不是理论被经验证伪或证实，而是由于社会历史条件变化所引起的科学共同体心理上的信念变化。他还认为，他的这种范式理论与欧陆人本主义者伽达默尔的语义可变论的解释学观点是一致的，并预言这种一致性必将导致英美语言哲学与欧陆解释学的合流。三是日常语言分析哲学。它的创始人是维特根斯坦。他认为根治"哲学病"的办法不是建立人工语言，而是研究并正确使用日常语言规则。他认为语言的意义与语言的外部无关，它全由语言内部的使用规则决定。这就像不同的游戏由不同的游戏规则决定一样。因此他提出了一个口号："不问意义，只问用途"。他的后继者奥斯汀等发展了他的这种观点，建立了"言语行为理论"，认为语言的意义是不确定的，是由人的语言行为决定的。这是一种明显具有实用主义倾向的行为主义意义理论。

总之，科学主义的分析哲学运动到了20世纪60年代，已明显表现出向人本主义靠拢的趋向了。

欧陆人本主义哲学思潮的语言学转向主要表现于解释学（哲学解释学）的兴起与发展中。"解释学"是一种人本主义的语言哲学。如果说科学主义的语言哲学重视科学语言，强调科学语言的外在经验性，那么人本主义的语言哲学重视的是人文语言，强调文学艺术语言的内在体验性。解释学所说的"理解"与"解释"，就是通过文本（广义的语言）对人的内心思想与体验的理解与解释，或者说是对人的行为的内在意义的理解和解释。"解释学"又称为"现象学"，这是就其方法论而言的，因为它是一种主张排除一切外部世界知识，从而对"现象"（自我意识。此在等）做直观呈现式的内在体验的方法论的解释学。解释学或现象学的发展有几个阶段：早期流行的是胡塞尔建立的先验自我意识现象学，它把"现象"归结为"自我意识"，具有明显的"唯我论"倾向，因此严格来说，它只是"自我独白"，而不是彼此语言交流的解释学。后来海德格尔抛弃他的先验自我意识论，继承和发展了他后期的"生活世界"理论，建立了以"此在—在世"为现象的核心内容的生存主义（存在主义）本体论。海德格尔在这里所说的"此在—在世"，通俗地说，就是"自我"与"他人""共同在世"，不过不是"在世"于外在世界，而是"在世"于"共同体验"中。因此，他的解释学就有了彼此语言交流的群体性"解释学"的性质。后来海德格尔的学生伽达默尔进而阐发了海德格尔的生存主义本体论的解释学思想，建立了"系统哲学解释学"，他的这种"系统哲学解释学"理论的重要内容是：（1）强调"理解"的"此在性"，即强调对文本（广义语言）的意义的理解不是对语言的外在物的理解，而是对"此在—在世"的现象的体验性理解，（2）强调"理解的历史性"，即强调对文本意义的理解不是固定不变，而是随解释者的理解的"视域"（所处社会、历史、文化条件等）变化而变化的。因此，它与逻辑实证主义的语言意义绝对不变论或绝对确定论不同，而是一种语言意义的相对确定论。

伴随伽达默尔的"系统哲学解释学"而兴起的还有利科的"现象学的

解释学"，哈贝马斯的"批判的解释学"以及阿佩尔的"先验解释学"等等。它们共同的特征是：自觉地把欧陆的解释学与英美的语言分析哲学在不同程度上结合起来。如利科认为"文本"具有表层意义与深层意义，英美日常语言哲学研究的是文本表层的日常生活方面的意义，而欧陆解释学研究的则是文本深层的关于人的内心世界方面的意义，因而两者不是彼此排斥，而是相互补充的，等等。因此到20世纪60年代，两大思潮都出现了彼此靠近倾向，导致了两者的合流。

二 两大思潮的合流，后现代哲学的兴起

两大思潮的合流出现于20世纪60—70年代的"后工业社会"或"后信息化社会"时期，社会生活的信息化是促进这种合流的重要力量。合流后的哲学被称为"后现代主义哲学"。直接从人本主义思潮中孕育出来的后现代主义哲学是"后结构主义"，从科学主义思潮中脱胎出来的则是"新实用主义的后哲学"与"建设性后现代主义"等，前者广泛流行于欧美，而后者只局限于美国，且影响较小。下面讲的"后现代主义哲学"主要是指后结构主义哲学。

后结构主义哲学的理论先驱是结构主义。结构主义流行于20世纪60年代以前，现已逐渐衰落。它认为人的内心潜藏着先验的语言结构，它无意识地制约着人的语言行为。语言的意义不是外在的，而是由其先验的语言结构决定的。这种结构是稳定的，因而语言的意义也是稳定的，可以彼此理解、互相交流的。后结构主义哲学继承了结构主义关于先验语言结构对人的语言行为的无意识制约的观点，而否定了它的结构相对不变的思想，认为语言结构在不断变化中；因而语言的意义也非固定不变，而是不断变化的。这是一种语言意义绝对不确定主义。因而现代西方语言哲学从早期逻辑实证的语意绝对确定主义，经伽达默尔等的语言相对确定主义到后结构主义的语意（绝对）不确定主义是一个方向性的大逆转。属于这种后结构主义的语言意义不确定主义理论的主要有德里达（Jacques Derrida）的解构主义、巴尔特（Roland Barthes）的文本主义、福柯（Michel Foucault）的后尼采主义权力理论、利奥塔（Jean Francois Lyotard）和德勒泽（Gilles Deleuze）的反对一元中心主义的异质多元主义以及鲍德里亚（Jean

Baudrillard）的超真实论等等。

1. 解构主义

后结构主义的语意不确定主义哲学的理论基础是解构主义。它在德里达的解构理论中得到了充分的阐发。这种理论的核心是"反逻各斯中心主义"或"反在场形而上学"，也就是一种反笛卡尔"主体—客体"二元对立认识论模式的理论。德里达认为：传统形而上学理论都是建立在"客体—主体""存在—非存在""在场—非在场""真理—谬误"等二元对立的体系结构的基础上的。"存在""在场""客体""真理"等这一方永远占主要地位，而"非存在""非在场""谬误"等另一方则永远屈居于次要地位，不可改变。德里达认为这是一种传统的形而上学教条，其实它们的对立是相对的、变化不定的。他称这种变化不定为"分延"，即"彼此区分"又"互相牵连"的意思。他认为语言意义的差别关系就是这样一种变化不定的"分延"关系。它们随语言的内在结构的不断变化而永不确定地变化，一切无不在"解构"中。只有"异"，没有"同"；只有"不确定"，没有"确定"。因而他说："语言就是一种意义永不确定的任意性游戏"。① 人称它是"游戏主义的语言理论"。

2. 文本主义

后结构主义的这种语意不确定主义理论，又称"文本主义"或"文本主义的解释学"。这在巴尔特的理论那里得到了详细的论述。巴尔特原是一个结构主义者，后受德里达等人的影响而皈依解构主义，成为一个著名的后结构主义者或文本主义者。他认为语言是一种纯粹游戏性活动。文本（广泛的语言，包括书本语言等等）的意义随读者的不同理解而任意变化。他主张把"作品"与"文本"严格区分开来。"作品"是单数的，"文本"是复数的。同一个作品因读者的不同理解，可以有多种多样的"文本"。他写道："作品"是用来阅读的，而"文本"是用来游戏的。因此，"文本是利用指称做任意游戏的乐园"②。从上述观点出发，巴尔特把文本分为

---

① J. Derrida, *Writing and Difference*, London: Routledge, 1978, p. 292.
② V. Eco, *Travels in Hyperreality*, San Diego: Harcourt Brace Jovanovich, 1986, p. 2.

两类:"作者文本"与"读者文本"。他强调:"作者文本"是传统的写作文本,它要求读者完全以屈服的态度,消极地按照作者愿意僵死地阅读,压制读者的想象,使之成为文本的奴隶;"读者文本"则是真正富有艺术价值的文本,它赋予读者以充分主动性、任意性和创造性,鼓励读者毫无约束地尽情游戏,充分享受创造的乐趣。读者可以对文本做随意的颠覆、解体、切割与重组,从而在颠覆、切割中寻找文本的"断裂"、"缝隙"、"边缘"与"空白",在碎片的拼凑与重组中创造文本的新意,获取愉悦的感受[①]。他的口号是"作者死了","读者诞生了",并说"作者是该死"的,"没有作者的死,就没有读者的生"。他的一个追随者伊科甚至说,"为了不成为障碍,作者最好在作品完成后就立即死去"。

巴尔特还强调"文本间性"。他认为不仅一个作品可以有不同文本,而且各种文本之间也不是彼此无关,而是互相纠缠,彼此激发的,读者可以把各种不同文本任意拼凑,互相组合,致使文本的意义更加飘移不定,从而使之无限增殖。故此,他把文本比喻为无限扩张并永远变化不定的"大网络",而他称这种理论为游戏主义的"文本网络学"。

3. 反一元中心主义

后结构主义者们在上述不确定主义语言哲学基础上建立了自己的"反对一元中心主义",提倡"异质多元主义"的政治、社会、文化哲学理论。他们反对现代主义(传统资本主义理论)的一元中心主义,反对把千差万别、丰富多彩的政治、社会、文化、道德等观念、理论僵硬地塞进一个"原则"、一种"真理"、一个"正义",而实际上是一个"权力"之中。著名后现代主义者利奥塔指出:资本主义的一元中心主义理论是建立在早期资产阶级启蒙时期的"自由""民主""平等"等"元叙事"(基本原则)基础上的。它们在"贸易自由""等价交换""契约民主"等虚假口号的掩盖下,实行其"钱权等值"的一元权力中心主义的统治。他们宣扬上述"自由""平等""民主"等元叙事如同自然科学定律那样是"不可改变的永恒真理",和一切社会进步、人民幸福的基础。但是,这种教条已遭到多方面的否定:(1) 20 世纪以来爱因斯坦的相对论、海森堡测不准

[①] V. Eco, *The Name of Rose*, San Diego: Harcourt Brace Jovanovich, 1983, p. 7.

原理等等不确定性自然科学知识的发现，否定了这种"元叙事"的自然科学根据；（2）后现代主义的不确定主义语言哲学的流行，否定了这种"元叙事"的哲学根据；（3）社会贫富差距急剧扩大，政治矛盾激烈，经济危机频发等等当前大量社会事实都否定了这种"元叙事"的事实根据等等。他说："后现代就是怀疑各种元叙事的时代。"① 因此，后现代主义对于被现代主义奉为圭臬的西方早期资本主义的"自由""民主""人权"等元叙事都做了怀疑与否定。

另一名著名后现代主义者福柯对资本主义社会的一元中心主义的权力统治做了更为深刻的论述。他指出资本主义社会是权力中心社会，权力不仅统治一切，决定一切，而且生产一切，创造一切。它创造一切社会现象。不仅创造各种"政治斗争""战争""屠杀""贪污""腐化"等等宏观社会现象，而且创造"监禁""癫狂""性变态""精神病"等等边缘性的、不为常人所关注的微观社会现象。它创造知识。他说："权力就是知识"，"没有权力就没有知识"，一切人文科学知识是权力创造的，它压制并统治人民的思想；一切自然科学知识也是权力创造的。它同样起着统治人民的权力作用。他还说："权力不仅创造一切知识，而且创造一切真理"。权力总是与真理联系在一起，"真理只是权力的一种形式"，"谁拥有话语权，谁就有了真理"，别人只好跟着他说话，谁失去了权力，谁就失去了"真理"，真理就变成了谬误，"真理只不过是权力意志的话语"，等等。② 总之，他认为，在权力一元中心主义现代社会中，"民主""自由""人权"仅仅是掩饰性口号，而权力就像"天罗地网"（无形大网络），它潜在地、无微不至并无所不在地统治和支配着广大人民大众的精神、物质生活的方方面面。

后现代主义者德勒泽则把资本主义的一元性权力统治说成是一种"社会管理机器"。他说：历史上存在过三种社会管理机器：一是原始社会的野蛮的管理机器，二是封建社会的专制管理机器，三是资本主义的"现代文明"的管理机器。前两种管理机器是对人的欲望的压制，而资本主义管理机器则是对"人欲"的"大解放"。它以巧妙的"契约自由"形式进行前所未有

---

① J. Lyotard, *The Postmodern Condition*, Manchester: Manchester University Press, 1984, p. 29.

② M. Foucault, *Intellectuals and Power*, New York: Ithaca, 1977, p. 194.

的，更深刻、更广泛、更细致、更隐蔽的再管理和再压制。它以高度"精巧化""现代化""科技化"的手段，使人性的扭曲与异化达到前所未有的程度。他还说，资本主义社会是一个病态社会，正常人由于适应这个病态社会的各种行为规范而成了"非正常人"（病态人）。

值得一提的还有鲍德里亚的"超真实"理论。他提出：在当前高度信息化的"后现代"社会中，不仅人们的心理受到压制和扭曲，而且一切现实也因符号化、抽象化而失去真实。他把这种抽象化、符号化的"不真实"称为"超真实"（Hyperreality）。他说：首先是在后现代社会中一切商品化了。不仅是一切物的商品化，而且是一切人的商品化：文化商品化、学术商品化、艺术商品化、道德商品化、思想感情商品化、爱情与友谊商品化等等，一切都成了与金钱等价、可以随时交换的符号。其次是消费的广告化。铺天盖地的传媒的广告制造、支配、控制着人的消费。消费者失去理性与自由，为追求名牌，显示身份，夸耀财富等等而疯狂地消费，成了广告商任意摆布和牵动的玩偶。最后是社会生活的网络化、购物网络化、社会交往网络化、娱乐网络化、谈情说爱网络化、犯罪网络化等等，人们生活在不真实的或虚拟的网络世界中。鲍德里亚认为：一切商品化、广告化、网络化，最后统统都是符号化。他说："符号"不是"原象"的表征或再现，而是原象的记号化、抽象化、空洞化、超真实（不真实）化。[①] 铺天盖地的广告宣传、令人眼花缭乱的信息传媒、千万亿次/秒高效能计算机的符号转换，它们把一切真实统统都抽象、扭曲成变幻不定、模糊不清、失去了原意的"幻影"或"噪声"。他称此为"内爆炸"。他认为高度工业化的"现代性"社会是"外爆炸"社会，大量商品爆炸式激增。而信息化、符号化的"后现代"社会则是"内爆炸"社会。它像是一个庞大无比的"黑洞"，无休止地生产出大量符号群，彼此瞬息万变地转换不定，吞噬了一切真实的意义，成为一大团"超真实"，也就是"不真实"的"混沌"。他说后现代人就是这样一群不停地"转换"在这个"不安全""不稳定""极可怕"的黑洞里而不自觉的符号群。他写道：

---

① J. Baudrillard, *Simulacrum and Simulation*, trans. by Sheila Faria Glaser, Michigan: University of Michigan Press, 1983, p. 6.

"内爆炸给人们带来真实的消失殆尽"。① 他还认为,正是这种符号化的不真实性造成了例如美国追捕"9·11"恐怖分子事件等等的极度困难。有人认为他的这种理论具有过度激进的否定性,因而称他是一个"知识恐怖主义者"。

4. 异质多元主义

利奥塔、德勒泽等后结构主义者们在反对现代主义的一元中心主义的同时,提倡与之对立的"异质多元主义"。他们认为"同一"就是"封闭""僵化""扼杀",而"异质多元"才是"开放""平等""繁荣",他们提倡"异质标准"与"容忍原则":认为对不同民族、不同文化、不同传统、不同理论、不同观点应采取不同评价标准与宽容态度,以宽广的气度,容忍、尊重、支持、发扬一切不同见解,特别对一切边缘力量、弱势群体的理论与见解。德勒泽还把现代主义的一元中心主义比喻为:冰天雪地里的一枝孤梅,它冷冷清清,抑杀生机,而把异质多元主义比喻为生气勃勃的茎根植物,它们在广阔原野里迅速繁衍生殖,开满鲜花,迎来无限春光。后结构主义的这种"持异反同""抑强扶弱"的理论,虽有一定片面性,但在霸权主义流行的当今,却具有一定的时代针对性意义。

在西方,人们对后现代主义,特别是后结构主义哲学理论的评价极不一致或者说极不确定。有人说它是"颓废的虚无主义",有人说它是"促进时代转变的进步力量",有人说它是"既具有消极性,又具有时代启发性的中间理论",还有人认为"它是在西方五月风暴失败和苏联解体后某些左翼知识分子对马克思主义革命理论消沉,而对资本主义社会弊害仇恨依旧的情绪反映",等等。对于后结构主义现状的评估也同样很不一致或不确定。有人说它"已进入坟墓",有人说它"正方兴未艾",有人则说"它开始退潮,但余波未尽",等等,真是"仁者见仁,智者见智"。它们各有不同的理由。但有一点是共同的,那就是这些评论的不确定性正好表明了它们从不同角度对后结构主义关于"不同人对同一文本有不同理解"的不确定主义观点的支持。

---

① Ibid., p. 23.

三 后现代主义文化运动

后现代主义哲学作为一种非主流哲学在西方正统哲学学术界影响并不甚大，但在西方文化领域却引起了不小波浪。后现代主义文学、后现代主义艺术、后现代主义历史理论、后殖民批判理论以及后现代女权主义理论等应运而生，形成了一股声势相当浩大的后现代主义文化运动。哈桑（Ihab Hassan）等的后现代主义文学理论、詹克斯（Charles Jenks）等的后现代主义建筑理论、格林布拉特（Stephen Greenblate）等的新历史主义理论等等，都是把文学、艺术、建筑、历史等理论文本主义化。他们认为，不论文学文本、艺术文本、建筑文本、历史文本，其意义都是相对的、不确定的，因人的不同兴趣、爱好、理解而变化的。它们只具有"休闲性"或"游戏性"意义，而不具有任何严肃的社会意义。赛义德等的后殖民批判理论则是把反殖民文化斗争"话语革命化"，主张以解构文本理解上的二元对立，以解构西方殖民主义者的文化霸权。而赖利（Denise Riley）等的后现代主义女权主义则反对早期资产阶级传统的"男女平等"的"宏大叙事"，而认为妇女解放运动的目的不是仅争取男女权利平等，而是从观念、职业、服饰等方面消解性别上的二元对立，以实现妇女的"真正解放"，等等。特别是后现代主义音乐（如摇滚音乐等）、舞蹈（如街头舞蹈等）、时装服饰（如中性时装服饰）等等，它们的影响更是广泛，几乎已成为一种不可阻挡的社会时尚和时代潮流而风行全球。为什么？原因是多方面的。但有一点可以肯定，那就是文化哲学是密切关联广大人民大众生活的时代晴雨表。它不仅反映了当今西方广大中间阶级与人民大众的社会经济生活前途的不确定性，以及对资本主义旧传统、旧规范的厌弃，而且还集中反映了当代西方"后工业社会"的社会交往关系的符号化、虚拟化，经济生活的风险化，人民大众社会地位的不稳定化，道德传统的失序化，生态危机的全球化以及人类未来前途的不明朗化等当代社会的时代特征。

从以上论述中可见，后现代主义哲学的流行虽然是对两大思潮的合流与扬弃，但在实质上更多的却是科学主义融入人本主义而衰落。这是为什么？它有待深入分析。但有两点可以肯定：一是自然科学方面的。20世纪初以后，科学研究从宏观世界深入微观领域；自然科学微观知识的相对性、可变性与不确定性愈来愈明显。二是社会方面的。科学技术原是既能用于社会物质建设，又能用以破坏人类文化的双刃剑，关键在于它为谁所用。在资本主义早期，"科学"跟"民主"、"自由"跟"人权"一起是资产阶级用以反对封建主义、推进社会进步的响亮口号。科学主义思潮就是这种信念的延续。但是到了资本主义晚期，特别是20世纪60年代以后，现代科学技术的发展有可能毁灭全人类的负面作用愈来愈明现。于是"不只是要科学，更应关心人"的反科学主义的人本主义口号乃应运而兴起。

哲学是"时代的精粹"。"现代西方哲学向何处去"问题的背后是"西方社会向何处去"？"人类向何处去"？和平乎，战争乎？共同繁荣乎，一同毁灭乎？这正等待人类自己抉择。人类正陷入迷茫中。现代西方哲学也陷入迷茫中。后现代主义哲学就是这种迷茫的不确定主义时代特征的表现。不过，现代西方的不确定主义哲学必将被未来相对确定主义的哲学理论所代替，因为灵慧理智的人类绝不会甘愿与地球一起毁灭，对抗的历史逻辑必将被否定，其哲学必将随着团结、和平、充满信心的全球正义社会的实现而转变内容，达到空前繁荣。

从伦理学反思新自由主义

在当代西方伦理学领域,传统个人主义价值观仍占据基础地位。然而,随着西方社会的后工业化发展,社群主义伦理学派应运而生,对西方传统个人主义伦理学提出了挑战,其局面颇为引人注目。

西方社群主义伦理学的兴起,是对以新自由主义面目出现的个人主义伦理学的批判性反应,其代表人物有加拿大哲学家查尔斯·泰勒和美国哲学家阿拉斯代尔·麦金泰尔、迈克尔·桑德尔、迈克尔·沃尔策等。围绕伦理学与社会政治理论的前提和重要原则等问题,社群主义伦理学与个人主义伦理学展开了激烈论战。二者的分歧主要体现在以下三个方面。

个人决定社群还是相反。社群主义与个人主义的一个根本分歧在于它们对个人与社群关系的不同立场。个人主义强调个人决定社群,认为只有个体的人才具有天赋的权利、利益、意志和意图,而社群只是个体随意、自发和自由的组合。因此,它否认作为整体的社群利益和意志。社群主义则相反,它认为个人主义的权利和功利概念是理论上的虚构,而社群才是真正的伦理实体,是个体自我及其认同的构成性要素,因为个体的个性、人格、意识等都是在社会的文化传统、道德规范、意识形态等熏陶下形成的;如果离开社群,个人就不可能获得规定性。当然,社群主义从未否认过个人的自主性。自由和创造性,但认为其始终受到特定历史阶段社会整体状况的制约。

个人权利是先天的还是后天的。个人主义坚持个人权利是天赋的,天经地义的,神圣不可侵犯。它的一个基本信条是:只要不伤及社会和他人利益,个人就无须向社会负责;只有对社会和他人利益造成伤害时,个人才会受到惩罚。因此,国家和社会的首要责任就在于捍卫个人的天赋权利。而社群主义认为,人权观念是后天的,无法脱离社会历史情境而被先天规定。正如查尔斯·泰勒在批评自由主义时所说,自由主义将个人选择生活方式的自由置于核心地位,但人不可能在社会之外具备从这种选择中发展自身的能力;也就是说,人们必须在社会中被赋予这种自由选择的能力。在社群主义看来,自由主义"原子式"的个体权利概念一旦离开了它所归属的社群,就既不可能被规定也不可能被理解。

个人利益先于社会利益还是相反。个人主义强调个人利益至上原则——"我"优先于"我们",反对因社会利益而损及个人利益。与之相反,社群主义强调社群及其历史和文化传统是个人生存的前提。如果个人利益优先于社群利益,那么,可能出现的状况是,在社群利益受到损害时,个人利益也不可避免地会受到损害。很多时候,社会利益的损害,例如生态环境的污染。网络空间的破坏等,甚至会导致个人利益受到更多、更大的损害。在批评自由主义的基本假定时,社群主义主张放弃个人主义的"原子主义"前提。迈克尔·桑德尔认为,"我"天然地就不是一个自由主义者所假定的"无牵无挂的自我"。因此,伦理学和政治学不应以个人主义为基石,而应以良序的社群为基础。

总的来说,社群主义伦理学认为,西方当代个人主义—新自由主义的价值偏好、理论假定和论证,已经无法提供充分的协调机制来应对诸多全球性和整体性(即社群)层面的危机。个人主义—新自由主义的困境在于,它将个人的价值和自由分离化、绝对化、抽象化了。如果说个体所构成的社群是一个动力系统,那么,个人主义—新自由主义只看到了这个系统中凸显的节点,而忽略了各节点彼此联系、相互影响的互动关系。这种对社会、历史和文化环境的弱视或无视,正是社群主义强烈反对的。西方社群主义伦理学的这些观点,对于我们从哲学和伦理学的层面认识新自由主义有一定的启示和借鉴价值。

哲学是生活的时代晴雨表

夏基松和夫人住在小和山。尽管已经到了颐养天年的岁数,但夏基松却依旧笔耕不辍——每天早早起床,去山上溜达一圈后,回屋继续投入研究,就是他退休后的晚年生活。夏基松说,当今社会瞬息变化,现代西方哲学理论推陈出新,他也得与时俱进。他经常会去美国住上一阵,为了能接触最新的哲学思潮。前不久学生来看他,聊起新兴的哲学流派,夏基松又萌发了重著《现代西方哲学》的念头。"我正在编写的新版,会突出现代西方哲学的新情况、新成就、新趋势,更加通俗易懂,让非专业但对哲学感兴趣的人,都能看得懂。"夏基松说。

(以下记者简称"记",夏基松简称"夏")

事物都有两面性

记:都说大学里金融系的男生最受欢迎,哲学系的男生最不受待见,您读书那会儿是这样吗?

夏:那时我还算是受欢迎的那类。我本科读的是政治经济学,主修国际法。

记:那后来您怎么会转向研究西方哲学?

夏:毕业后我留校任教,被选派到人民大学马列主义研究班,研究了两年马克思主义哲学。1954年,我回校后开始负责恢复哲学系的工作。那时主要分中国哲学史和现代西方哲学两个方向,研究西方哲学要读大量原著,我大学里主修国际法,英语基础还不错,之后进修马克思主义哲学时又是俄语授课,有语言功底,年轻人的思想又开放,学校就决定让我来研究西方哲学。

记：当时西方哲学的研究现状怎样？

夏：一片空白。当时西方哲学史的授课内容，只限于从古希腊、罗马哲学到德国古典哲学，现代西方哲学部分，被视为是反马克思主义的资产阶级哲学，成为禁区。

记："文化大革命"期间，您也因此受到批斗？

夏：那时候我被套上了"走资派""反动学术权威"的帽子。但事物是有两面性的。此前，学校刚成立了"英美文化研究中心"，购进一大批现代西方哲学书籍，当时学校里一片混乱，课也停了，正好空出大把时间，我就躲在里面看书。所以，我很多现代西方哲学理论，其实是那时候开始积累的。

记：现代西方哲学研究是什么时候解禁的？

夏：真正解禁是在改革开放之后。1980年春天，当时西方哲学的学术界还是万马齐喑，但我还是鼓足勇气，一口气写了十几篇论述现代西方哲学的文章，以连载的形式发表在《光明日报》上，引起了全社会的关注。当时，国家也有意识地开展现代西方哲学研究，教育部委托我办了两期全国现代西方哲学教育培训班，还委托我编写《现代西方哲学教程》，作为新中国成立后第一部现代西方哲学的高校教材。在那时，现代西方流行的几十个哲学流派，近百位哲学家的学术思想，才得以全面深入、系统地论述。

很多化学问题的解答，都要用到自然辩证法

记：讲授哲学理论是不是特别枯燥？

夏：不会，相反地，学生都很爱听我的课。大学里，哲学是必修课，学生来自各个专业，教师不能讲外行话，所以化学、物理、天文、地理都要"略懂"。讲课时我把哲学融入专业，比如很多化学问题的解答，都要用到自然辩证法。

记：师母就是教化学的，您就是这样让你们产生"交集"的？

夏：哈哈，她倒没上过我的课，但对科学哲学有研究。那时候我们住在同一栋单身宿舍，经常交流。她帮着我搞研究，很多人误以为她是我的学生，其实我们是同事。在这方面，她是我的研究的终生合作者，我们还

合著了《西方科学哲学》等书。

记：听说您上课从不带课本，也不用讲义？

夏：对，只带些卡片，列几条理论要点，我就可以连讲三四节课。

记：是不是哲学研究让您练就了超强的逻辑思维能力，所以能出口成章？

夏：其实课前我做过充分准备。不过和传统的备课方式不一样，我就是坐在角落里想，先得自己想明白了，才能说给学生听。

中性服装是受到后现代主义哲学影响

记：课本上说，哲学是认识世界、改造世界的总的学问。听起来好像离现实生活很远？

夏：现代西方哲学与现代西方现实关系紧密。举个例子，现在流行中性服装，也就是男女混装，就是受到后现代主义哲学理论的影响。后现代主义的女权主义强调，妇女解放运动的目的，不是争取男女权利平等，而是从观念、职业、服饰等方面，消解性别上的二元对立，以实现妇女的真正解放。

记：所以现代西方社会的各种新兴现象，在一定程度上都是受现代西方哲学思想的影响？

夏：从一定意义上可以这么说。哲学是密切关联大众生活的时代晴雨表。现在西方盛行的后现代主义哲学，在西方文化领域掀起轩然大波，渗透到对文学、艺术、建筑等领域，在中国也有一定影响。现在很多不规则建筑，比如"鸟巢"、央视"大裤衩"，还有我们的着装——以前要求穿着整齐，现在裤子上有破洞、头发乱糟糟的，才叫时尚——这些都是受西方后现代主义哲学的影响。但是这也存在争议，不能绝对地评价好或者坏，至少它代表了一种多元文化。

记：西方哲学和中国传统哲学，哪个影响更大？

夏：在研究人的方面，中国传统哲学强调处理个人与他人的关系，强调个人与他人的和平友好、团结合作、共同幸福。在对自然的研究方面，则强调爱护自然，顺应自然，强调人与自然的和谐相处。这是一种崇尚团结合作、和平共处、互利互赢的友谊精神。而西方哲学在研究的方面，强调个人的权益与自由的维护，强调自我生命价值的追求，强调发奋图强、自强不息。在研究人与自然的关系方面，它强调人对自然的征服，强调科学技术对自然的开发与索取。这是一种崇尚自我奋斗、开拓上进的进取精神。西方哲学和中国传统哲学不是彼此对立、彼此排斥，而是相互依容、相互辅补，相互融通的。

记：现代哲学面临的最大问题是什么？

夏：当今人类已经进入全球化时代。全球化把世界每一个角落的人民的前途与命运紧紧捆绑在一起。人类正处于共同繁荣或彻底毁灭的十字路口。哲学是时代的精粹，现代哲学向何处去的问题背后，是社会向何处去、人类向何处去？和平还是战争，共同繁荣还是一同毁灭，正在等人类自己抉择。因此，在当今发扬团结友爱、互利共赢的中国传统文化哲学的精神，尤有重要意义。

（原文载于《钱江晚报》2012年12月28日）

建设社会主义现代化强国离不开哲学社会科学

我是怀着忐忑不安的心情走上领奖台的。获得大会颁发的一等奖，我从心底里感到受之有愧。近几年来，我虽然做了一些工作，取得了一点成绩，但是与四化建设对我们哲学社会科学工作者提出的新要求相比，还有很大的距离；与全省广大哲学社会科学工作者所做出的贡献相比，实在是微不足道的。党和人民却给了我这样大的荣誉，领导和同志们给了我鼓励，对此，我谨表示衷心的感谢。

我们正处在一个伟大的历史发展时期，为把我国建设成一个具有高度物质文明和精神文明的社会主义现代化强国，我们不仅需要一支强大的自然科学和技术队伍，而且需要一支强大的哲学、社会科学理论队伍和管理队伍。在社会主义现代化建设中，自然科学固然是十分重要的，它直接关系到我们四个现代化的成败。但是，哲学社会科学也同样具有不容忽视的地位和作用。哲学社会科学的研究，不仅能够提高人的智力，改善人的素质，在精神生产方面起到重要作用，而且在物质生产方面，它能够揭示社会经济发展规律，改善生产和管理水平，是物质生产活动不可缺少的环节。同时，哲学社会科学工作者应该为四化建设、改革工作提出合理的、科学的方案，做好党的事业的参谋。总之，哲学社会科学的研究与我们正在进行的四化建设有着十分密切的关系。在过去一段时间内，曾经有过重视自然科学而忽视哲学社会科学的倾向。现在这种状况已经引起各界人士的充分重视，正在得到扭转。

在近几年的工作实践中，我深深感到，哲学社会科学的研究必须毫不动摇地坚持四项基本原则；同时也要继续清除"左"的思想余毒，坚持"百花齐放、百家争鸣"的双百方针。没有一种真正的学术探讨的空气，哲学社会科学的研究无法得到深入的发展。

目前世界上新技术革命迅速兴起，它对哲学社会科学的地位和作用、哲学社会科学的研究方式、研究内容以及研究手段，都将产生巨大的影响；社会科学出现了数学化、综合化、应用研究突出、未来研究蓬勃兴起的趋向；自然科学与社会科学的相互渗透，各个学科之间的相互渗透日益加强；在国内，正在深入进行的四化建设和改革工作，为哲学社会科学的研究开辟了无限广阔的天地，对哲学社会科学的研究以及社会实践的密切结合等各个方面都提出了新的要求、新的问题。研究和解决这些问题，是我们哲学社会科学工作者义不容辞的义务。我们正面临着艰巨而光荣的任务。

十一届三中全会以来，我们既有四项基本原则，又有"双百"方针，哲学社会科学工作的春天已经来临了！我决心同全省广大哲学社会科学工作者一道，面向世界、面向未来、面向现代化，向新的科学领域奋力进取，攀登新的科学高峰，用更加丰硕的科研成果来装点哲学社会科学的春天！

（原标题为"获奖代表夏基松同志的讲话"，载于《江苏社会科学》1985年3月）

普通语义学

语义哲学是当前西方资产阶级的重要哲学思潮。它可分为学院语义学派和普通语义学派。学院语义学派是从逻辑实证主义演变而成的，而普通语义学派则直接来源于对语言学的歪曲。第二次世界大战后，普通语义学曾在美国和其他西方国家盛行一时，今天在西方的哲学界和语言学界仍有一定的影响。波兰美国哲学家、逻辑学家柯日布斯基等是这个流派的创始人，其他重要代表人物有切斯、早川一荣等。《等等》杂志是这个流派的专门刊物。它的代表性著作有《柯日布斯基的科学与健全思想》、切斯的《词的暴政》、早川一荣的《行动和思想中的语言》等。

普通语义学派认为，人的思想根本不能反映现实。他们的主要根据是：（一）认识必先根据感觉，但感觉是因人而异的：对同一物，不同的人可有不同感觉，因而它只是"感官接受外部世界的符号"，（二）认识必须运用抽象思维，而抽象思维的本性是对经验事物（感觉）的背离和歪曲。关于这一点，他们的论据是很多的。柯日布斯基提出了"二十一个命题"概括起来是：1. 经验事物是普遍联系的，而抽象概念是各自孤立的；2. 经验事物是变动不居的，而抽象概念是静止不变的；3. 经验事物是丰富具体的，而抽象概念是干瘪贫乏的；4. 经验事物是千差万别的，而抽象概念是普遍同一的等等。切斯则提出了认识的"五级抽象"：感官给对象以符号（感觉）是第一级抽象，理性给符号以名称是第二级抽象，把各种名称任意联结成为判断是第三级抽象，把各种判断任意联结成为推理是第四级抽象，从一连串推理中任意得出结论是第五级抽象，等等。总之，思维的抽象不是认识事物的深入，而是对事实的背离。因而他们的最终结论是："名称不是事物，事物是没有名称并不可言说的。"

那么语词的意义是从哪里来的呢？他们的回答是人们任意捏造的。早川一荣说:"我们是人,我们就有绝对的自由来任心所欲地为自己的观念制造、拟定并强行给予任何意义。"在他们看来,一些抽象名词,特别是那些有关哲学和社会科学方面的基本概念都是人们凭空捏造,因而是没有意义的。如切斯说:"现实中并没有与'正义''民主''法西斯主义''资本主义'相当的东西,……它们都是语言在我们头脑中捏造出来的,并通过语言才使它们实物化了。"因而他说:"即使你使用最高倍的显微镜,也不能发现它们。"他并且反问道:"不信吗?请你给资本主义照个相试试。"

普通语义学派认为资本主义社会的许多矛盾和弊端,都是人们滥用语言的结果。他们说"经济危机"是不存在的,只是由于"人们随便地制造了这个名称",从而引起了人们的"心理恐惧""失业不是事物,而只是一个词,你根本无法证明它是否实际存在""激进分子仇恨资本主义是多余的,因为根本不存在这种'洪水猛兽',他们所仇恨的是莫须有的东西";等等。

那么怎样根除社会的种种矛盾和弊端呢?他们回答:不是社会制度的变革,而是语言的变革。而要做到这一点,就必须广泛宣传他们的"普通语义学"。切斯说:"如果能大力普及语义学知识,使人人都认识到语言传达可能造成的误解,那么像法西斯主义与共产主义之间的战争之类灾祸就不会再发生了。"因此,柯日布斯基称他的语义学是唯一"安定神经系统的科学"。切斯则把普通语义学的出现,视为继产业革命后的又一场大革命。

为了实现语言改革,柯日布斯基提出了使用五种"警告符号"的建议。这五种"警告符号"是:(一)在每个名词后面标上"指数符号",如黑人$_1$、黑人$_2$、黑人$_8$,以示同类事物之间的千差万别;(二)在每个名词后面标上"时间"符号,如英国1840、英国1841、英国1842,以示各个事物的不断变化;(三)在相关名词之间标上"连接"符号,如"身—心"、"时间—空间",以示事物之间的互相联系;(四)在抽象名词两旁标上"引号",如"资本主义""社会主义",以示它们的词意因人而异;(五)在每个陈述句后面标上"等等"字样,如"这花是红的等等""那桌是方的等等",以示事物性质的无穷而不可言尽。普通语义学派把它们的专门刊物取名为《等等》,其原因就在于此。柯日布斯基认为,语言只要实现了这种改革,那么社会的种种矛盾和弊害就可能立即消失。

西方马克思主义

当前欧美流行着形形色色的"西方马克思主义",如存在主义的马克思主义、弗洛伊德的马克思主义(法兰克福学派)、现象学的马克思主义、新实证主义的马克思主义、结构主义的马克思主义,以至基督教的马克思主义等等。匈牙利的卢卡契、德国的柯尔什和意大利的葛兰西被公认是"西方马克思主义"的先驱者或奠基人。它的各流派正式出现于第二次世界大战后,于60年代开始流行,70年代形成"西方马克思主义"的"热潮"。

"西方马克思主义"派别林立,学说各异,但是有着十分明显的共同特征:它们除流行于西方外,都主张马克思主义的"开放性",即认为马克思主义对于西方各哲学流派并不是"排它的",而是"开放的",彼此可以相容。他们认为马克思主义"正确",但"不够完善","有片面性",必须用某种西方哲学流派的学说加以"补充"或"完善化"。

"西方马克思主义"的不同派别各自主张以不同的西方哲学流派"补充""发展"马克思主义。由于现代西方哲学各流派分属"人本主义"与"科学主义"(实证主义)两大思潮,因而它的各流派也可分为"人本主义的西方马克思主义"与"科学主义的西方马克思主义"两大类。属于前一类的有存在主义的马克思主义、法兰克福学派等;属于后一类的有新实证主义的马克思主义和结构主义的马克思主义等。

"西方马克思主义"的另一个共同特点,是把马克思与恩格斯、列宁对立起来,肯定前者而否定或贬低后者。不仅如此,它们还把马克思分为青年和成年两个时期,并把二者对立起来。"人本主义的西方马克思主义"各流派肯定青年马克思而否定或贬低成年马克思。他们以马克思早年著作《1844年经济学哲学手稿》为马克思的代表作。由于《1877年经济学哲学手稿》中还保留着如"异化"等黑格尔哲学的术语与"人本主义"等费尔巴哈哲学的术语,他们据此把青年马克思人本主义——人道主义化和黑格尔主义化,并与成年马克思相对立;有的说,成年马克思是对青年马克思的"背弃",有的说是"衰退",有的说二者虽然一致但不如青年马克思的思想"明朗",因而主张以人本主义、黑格尔主义理解马克思后期的著作。"科学主义的西方马克思主义"各流派则恰好相反,他们肯定成年马克思而否定或贬低青年马克思,认为成年马克思是"科学主义者""实证主义者",他的学说是反人本主义的,与黑格尔哲学没有任何继承性联系。因而他们认为,《1844年经济学哲学手稿》只表明了青年马克思与前人的哲学思想,在"认识论上"还未能做"彻底的决裂"。

"人本主义的西方马克思主义"各流派认为,矛盾只存在于人们心理以及体现人们心理的社会生活中,而不存在于自然界,因为自然界本身是没有矛盾的。他们说:"辩证法只限制在社会历史的现实中",而恩格斯的《自然辩证法》是对马克思思想的"歪曲"和"背升",是把辩证法"神秘主义化"。"科学主义的西方马克思主义"各流派,如新实证主义的马克思主义则把辩证法说成只是"一般科学实验的方法"。他们认为,肯定矛盾是"荒谬的",列宁关于"统一物分为两个部分"的学说是"不符合"马克思思想的;辩证法只是科学实验和科学研究过程中"具体—抽象—具体"的循环的方法而已。结构主义的马克思主义者亚尔都塞,则把辩证法说成仅仅是整体重要于部分,以及必须注意各部分之间的联系的一种方法。

在认识论方面,"西方马克思主义"各流派都反对唯物主义的反映论。"人本主义的西方马克思主义"各流派认为,人通过实践既认识了现实,又创造了现实,因而主观与客观是"同一"的,不能有主观思想与客观现实之分,恩格斯和列宁肯定客观第一性,意识第二性,这就"否定"了人的"能动性","割裂"了主观与客观的"同一",因而是"形而上学"。葛兰西曾说:"向人类的外部去寻找现实和实在,这也是宗教地、形而上学地理解实在。……没有人,宇宙还有什么意义?""科学主义的西方马克思主义"各流派则以实证主义的不可知论,或康德的先验论,反对马列主义的反映论。如结构主义的马克思主义认为,人的认识中具有先验的"结构",因而"思想客体"并不反映"实在客体";并认为真理的标准问题是一个"不真实"的"虚假"问题。

"西方马克思主义"各流派都不赞同马克思主义的历史唯物主义。"人本主义的西方马克思三主义"各流派，从唯心主义的人本主义和抽象的人性论出发，认为不是社会存在而是人性决定社会历史的现实。因此他们认为，当前资本主义社会的症结不在其社会经济制度，而是人性的被压制，社会的革命归根到底不是社会制度的变革，而是心理的变革，即人性的解放。"科学主义的西方马克思主义"各流派则强调"科学性"，而否定人的"能动性"。如结构主义的马克思主义者亚尔都塞认为，不是社会存在决定社会意识，而是"先验"的主观"结构"决定社会和历史的现实，因而在他的心目中，社会历史的"主体"不是广大人民群众，而是"先验的结构"。

"西方马克思主义"各流派，对于西方20世纪60年代末的新左派运动，都有过不同程度的影响。今天，它们对于西方的思想界仍有一定的影响。

现代西方哲学流派介绍之六

《光明日报》1980年6月26日第4版

法兰克福学派

法兰克福学派产生于20世纪30年代，发源于德国法兰克福市的法兰克福大学，第二次世界大战初转移到美国，并在那里开始流行，战后在西德复兴，60年代末70年代初，随着西方"新左派"运动的发展，广泛流行于资本主义世界。它的创始人是德国的霍克海默尔，主要成员有阿多尔诺、弗罗姆、马尔库斯、哈贝马斯、施密特、韦默尔、奥菲等人。其代表性著作有阿多尔诺的《否定的辩证法》，马尔库斯的《理性与革命》《爱欲与文明》，哈贝马斯的《"意识形态"是技术和科学》等。

法兰克福学派内部有左翼和右翼之分，其主张互有差异，但基本论点是相同的。大体说来，包括唯心主义的人本主义、主观"辩证法"以及它的"社会批判理论"。

法兰克福学派的基本哲学观点是唯心主义的人本主义。它的一些重要成员的人本主义思想是与弗洛伊德主义密切联系的。弗洛伊德主义是心理学中的一种学说，它认为，人天生有一种纯粹与物质无关的"下意识"，即欲望的冲动，其核心是性欲的冲动，它受着后天的道德、宗教等社会意识的约束；而每个人的自我意识，就是对这种欲望冲动与社会意识冲突的调节，并认为，一切社会文明都是对欲望冲动的抑制，它是产生各种社会弊害的根源。法兰克福学派的一些成员认为，马克思主义对社会现象的分析有"片面性"：过分强调了人的经济与政治因素，忽略了人的心理因素——欲望冲动的满足，因而主张必须用弗洛伊德主义来"补充""发展"马克思主义，使马克思主义人本主义化。为此有人称这种理论为"弗洛伊德主义的马克思主义"。

法兰克福学派宣扬主观"辩证法"。它认为，辩证法不存在于自然界，因为自然界里没有矛盾，它只是一种纯粹心理的东西，即个人内心欲望冲动与社会意识相冲突的产物。这个学派还把任何肯定都说成是对辩证法的背叛，坚持一种"否定一切"的"绝对否定论"。

法兰克福学派的"社会批判理论"的主要内容是：革命主要不是生产关系或社会制度的变革，而是"心理的变革"；人的解放，归根到底不是经济和政治的解放，而是"人性的解放"，即欲望冲动的解放。因此他们所追求的理想社会——"社会主义"，是"自由和自发性"的社会，即能无约束地寻求和最完全地满足爱欲和快感的社会。

他们认为，阻碍这种理想社会实现的是抑制个人欲望冲动的"社会意识"，并把社会文化和科学技术也包括在"社会意识"之中，说"文化……本质上是对幸福的压制"，"科学技术……是对人的统治"等等。他们对于当前资本主义社会的许多弊病做了揭发和批判：个人的自由、创造性和天性受到了严重的摧残和压制，人变成了"机器"，人与人的关系变成了"机械的"关系等等。但是他们把这些灾难和罪恶，归源于社会文化和科学技术的进步。

他们认为，马克思关于阶级和阶级斗争的理论，在"古典的自由资本主义"时期是正确的，现在则已经过时了，因为在当今的"发达工业社会"或"晚期资本主义社会"里，由于资本的高度积聚和集中，企业领导权已完全从企业主转移到经理人员手中，资本家已被排挤出关键性领导之外坐享利润，他们与工人之间只在收入上有量的差别，而且这种差别正在随着工人物质福利的改善而迅速消失，因此，今天划分阶级的经济基础已不复存在，建立在这个基础上的阶级和阶级斗争的理论，也因而失去了意义。

他们认为，一切社会弊害的根源不在于经济和政治制度，而在于人的心理结构，因此，社会革命归根到底是"心理的革命"，他们认为，宣传"社会批判理论"，发扬人性中的爱欲，这才是改变人与人之间互相仇恨和彼此奴役的心理结构，以实现"社会主义"的必由之路。

法兰克福学派还认为，马克思关于无产阶级是社会主义革命的领导力量的理论，是建立在"古典资本主义"社会的无产阶级贫困化这个事实基础上的，对于今天的"发达工业社会"已经不适用了。今天工人阶级已不再是贫困化，而是"富裕"化，他们"坐汽车""住大厦"，过着"豪华舒适"的生活，已经与资本主义社会"融合"为一体了，他们已不再是资本主义社会的否定力量，而是它的"肯定力量"，因而不再是革命动力，更谈不上是革命的领导力量了。他们认为，知识分子，特别是青年知识分子，由于酷爱人性的解放，酷爱"自由"，本能地具有"反心理压制"的批判精神，因而才是理想的革命领导力量。

法兰克福学派的理论对于20世纪60年代末蓬勃一时的"新左派"运动曾经起过较大的影响。最近几年来，随着"新左派"运动的沉寂和内部派别的斗争与分化。法兰克福学派开始有衰退迹象。但是它对西方世界的各方面仍具有一定影响，仍然是一个极具影响力的西方社会哲学流派。

现代西方哲学流派介绍之七
《光明日报》1980年7月3日第4版

新托马斯主义

新托马斯主义是当前影响颇大、流行甚广的西方天主教哲学。19世纪末,罗马教皇利奥十三发布《诏书》,宣布中世纪"圣徒"托马斯是天主教的最高哲学权威,号召"重建托马斯主义",此后,新托马斯主义开始产生;最初流行于法国、意大利、西班牙等天主教势力较大的国家,后来逐渐扩散;如今广泛流行于美国和西方其他各国。它的代表人物有比利时的梅尔西埃,法国的马利坦、吉尔松,奥地利的维特尔,瑞士的鲍亨斯基和美国的柯林斯等人。其主要代表作有马利坦的《哲学导论》和鲍亨斯基的《苏俄的辩证唯物主义》等。

作为天主教官方哲学的新托马斯主义,直言不讳地承认论证基督教神学是它的根本任务。它认为,永恒、无限、最高的精神——上帝,是世界的本原。物质是一种"非存在"的"可能性",即一种"渴望"存在而并不存在的"贪欲",是万能的上帝赋予它各种精神性的形式,才使它从"可能性"转变成"现实性",形成万物。

新托马斯主义认为,万物依据上帝所赋予的形式的高低,构成无机物、植物、动物、人类、天使等一系列等级森严的阶梯。纯粹的形式,即绝对完满的上帝,是这个阶梯的顶峰。万物匍匐于上帝之下,而"倾向"上帝;上帝高居于万物之上,而"分有"万物。整个宇宙的秩序与和谐,是上帝的意志和智慧的体现。

新托马斯主义认为,世界分为经验世界和超验世界两个部分。物质的自然界是人们可以感受的经验世界,上帝及其所属的精神世界是人们无法直接感受的超验世界。经验世界是现象,超验世界是本质。两者是互相区别的,又是互相沟通的。

新托马斯主义认为,上帝所创造的物质经验世界是处在人们意识之外，可以为人们的理性所认识的客观实在。据此，它自诩是"实在论"者和"理性主义"者并对否认客观世界可以认识的新实证主义和否定理性能认识世界的存在主义持"批判"的态度。但是它认为上帝的超验世界是理性所不能直接认识的，要认识它，有赖于"神的启示"，即通过某种神秘的"直觉"以达到自我与上帝相沟通，灵魂与上帝互融合；而要做到这一点，则全赖于虔诚的信仰。故此，他们认为：信仰高于理性，理性服从信仰。

与两重世界论相对应，新托马斯主义主张双重真理论。他们把真理分为两类：理性真理与超理性的信仰真理。他们认为理性真理是低级真理，信仰真理是高级真理，前者是"与物的本性相符合"，后者是"与神的启示相符合"，而上帝，则是最高的"存在真理"自身。

新托马斯主义认为，由于经验世界与超验世界是互相沟通的，经验世界是超验上帝的创造物，它体现了上帝的意志和智慧，因此，关于物质世界的自然科学的理性真理，与关于超验上帝的宗教教义的信仰真理，是互相一致的，通过自然科学对物质世界的研究，可以论证上帝的存在。马利坦说："理性的明智不是掩盖，而是揭示上帝的仁爱和明智。"但是他们认为，宗教与科学、理性真理与信仰真理毕竟是有主仆高低之别的，因此，当自然科学知识与宗教教义有不一致时，自然科学应放弃理性真理，无条件地服从宗教教义的信仰真理，而决不应有丝毫背叛。马利坦说："神学认为不对的，哲学就不能认为对"，"哲学是神学的工具"，而"科学是哲学的工具"。

为了"论证"自然科学与基督教教义的"一致性"，新托马斯主义竭力歪曲现代自然科学的新成就。例如：他们曲解达尔文的进化论和现代天文学中的"宇宙大爆炸"假说，以论证基督教的"创世说"。就是说，"调和"自然科学与宗教，而不是赤裸裸地反科学，这是新托马斯主义明显地区别于中世纪托马斯主义的地方。

新托马斯主义宣扬神学唯心主义的社会历史观。他们认为：人类社会历史的现实是上帝意旨的表现。"私有财产制度属于神的永恒的自然法"，它是神圣不可侵犯的。社会贫富的悬殊是上帝考验各人品德的故意安排。资本主义罪恶的根源，不在于资本主义社会制度，而在于人心的堕落。

新托马斯主义还宣扬"以神为中心的人道主义"伦理观。他们认为：

伦理学的最高准则是对上帝的无限忠诚和对它的"神圣秩序"的绝对服从；上帝赋予人的天性是爱而不是恨。马利坦说："圣托马斯教导我们：美德在于慈善，我们每一个人都必须尽力追求美德和爱"，又说："人在上帝面前一律平等"，"世俗秩序生活的首要是慈善和互相兄弟般的爱"。西德的法尔克说："资本家要以良心公道地对待工人，工人要以良心禁做不利于资本家的事情。"

新托马斯主义公开指责辩证唯物主义"重视物质，牺牲崇高的精神"，认为马克思的阶级斗争理论是对"神圣秩序"的"破坏"；等等。近些年来，一些新托马斯主义者表现出某些"接近"马克思主义的姿态，但是为宗教神学服务仍然是他们的宗旨。

现代西方哲学流派介绍之八
《光明日报》1980年7月10日第4版

结构主义

结构主义是当代风行于欧美的重要哲学流派之一。它正式出现于第二次世界大战后的法国，20世纪60年代迅速取代存在主义，成为法国最时髦的哲学流派，并广泛流行于西欧、北美及西方其他各国。瑞士语言学家索绪尔是它的先驱者，法国的莱维－施特劳斯、福科、拉康和瑞士的皮亚瑞等人是这个流派的主要代表人物。它的代表性著作有莱维·施特劳斯的《野蛮人的思想》、福科的《词与物》和皮亚瑞的《结构主义》等。严格来说，结构主义并不是一个统一的流派，而是一种以结构主义的方法论联系起来的哲学思潮。

结构主义哲学思想的核心是"结构"的概念。结构主义认为，人的理性有一种先天的构造能力，它在无意识中支配着人的行为，一切由人类行为构成的社会现象，表面上看来似乎杂乱无章，其实内蕴着一定的"结构"，这种结构支配并决定着一切社会现象的性质和变化。因此，他们认为，是主观的先验理性结构决定事物的性质和变化。结构主义的这种观点最初发源于语言学，瑞士语言学家索绪尔的思想中有它的萌芽，美国语言学家乔姆斯基对它做了比较全面的表述。乔姆斯基认为，不同的民族语言各有其不同的语法结构，这是语言的"表层结构"；所有的民族语言又有共同的逻辑句法结构。这是语言的"深层结构"；具有同一的"深层结构"是不同民族语言之所以能互相翻译的原因所在；把某一种民族语言所特有的"表层结构"转换成共同的"深层结构"，再转换成另一种民族语言的"表层结构"，这就是语言翻译的"转换"过程。而人类所共有的语言的"深层结构"，是先验地存在于人的理性——语言能力之中的。他认为，每一个人的言语活动，都受着这种先验"结构"的支配而不自觉。后来，莱维·施特劳斯把这种观点移植于人类学，福科把它移植于文化史，拉康把它移植于精神分析，巴特把它移植于文学艺术，等等；于是一个不仅流行于社会科学与人文科学，而且还广泛影响数学、物理学等自然科学领域的庞大哲学思潮终于形成。

结构主义从上述结构理论出发，在方法论上一般强调如下几点：

结构主义强调整体性的研究，反对独立的局部性的研究。结构主义认为，任何现象都是由许多部分（元素）构成的，各部分又不是各自孤立，而是互相联系的，总体的结构规定着各个部分之间的联系和性质，而各个部分如离开整体的联系就没有自身的独立的性质。这正如每一个词只有在语言的上下文的联结（语境）看作中才能判定它的真正意义一样。因此，结构主义认为，考察事物必须从整体性出发，应着重考察整体的联结，以及各部分互相联系所构成的复杂网络，反对把整体分解为各个部分而独立加以研究的分析方法。

结构主义强调认识事物内部的结构，反对单纯地研究外部现象。它认为，现象看来杂乱无章，其实受其内部结构的统一支配和规定，因此，研究事物不能像新实证主义者那样满足于表面现象的罗列和描述，而应透过现象深入事物内部，寻找并把握其内在的"结构"，只有从事物的内在结构出发，才能对事物的各个方面做出正确的理解和说明。在结构主义者看来，由于"结构"先验地存在于人的主观理性中，因而它是不可具体察见的，而只能运用理性的推理才能认识。莱维—施特劳斯说："不应该排除人们有认识结构的可能性"，正如人们在言谈中一贯地应用着语言规则和语法规则（即结构）而不自觉，但精通了语言学后就能意识到它一样。

结构主义强调静态（同时性）的研究，忽视或反对历史（历时性）的研究。它认为，事物的性质是由其内部结构决定的，而事物内部的结构是"闭封"、"自足"和"不变"的，它不受外部现象的任何影响，而规定着外部现象的一切性质和变化。因此，结构主义主张静态地从事物各方面的相互联系的"横断面"中去寻找事物的内在"结构"。莱维-施特劳斯说："一种模式的结构能在最不同的时间和空间内重复地表现出来。"它是在时间之外，没有历史的。

结构主义强调不以人的意志为转移的"结构"的"客观"作用，而忽视或否定人的主观能动作用。它认为，一切社会现象的性质和变化，都早已为先验的结构所"命定"，人的一切行为都受着"结构"的支配，他们只能体现"结构"的作用,而不能改变"结构"的作用,因此,社会历史的"主体"不是人,而是先验的"结构"。莱维·施特劳斯说:"必须抛弃主体(人)这个令人讨厌的宠儿,它占据哲学舞台的时间已经太久了。"(指存在主义对"自我"的宣扬)福科说:"人是可以把它抹掉的,就像抹掉沙滩上的痕迹一样。"

法国哲学家阿尔图塞等人,主张把结构主义与马克思主义"结合"起来,他们认为,结构主义与马克思主义是"一致的",有的人还认为:"马克思是一个不知道自己是结构主义者的结构主义者"。他们主张用结构主义的观点理解、解释马克思的著作,并用它来进一步建立"马克思主义"的"哲学体系"。据此。人们将他们的理论称为"结构主义的马克思主义"。

现代西方哲学流派介绍之九

《光明日报》1980 年 7 月 17 日第 4 版

存在主义

人本主义是当前西方的重要哲学思潮，存在主义则是这个思潮中的一个重要流派。存在主义出现于20世纪20年代的德国，第二次世界大战后在法国流行，后迅速扩散到美国和其他西方各国，并成为当前时髦的哲学流派之一。它不仅对哲学界有重大影响，而且对文艺界和其他思想界都有一定的影响。19世纪丹麦哲学家基尔克戈尔是这个流派的先驱者，德国哲学家海德格尔和雅斯贝尔斯是它的创始人。其他重要代表人物有法国的萨特尔、马宫尔、卡缪，美国的蒂利希、怀尔德等。一般把存在主义分为有神论与无神论两类。属于前者的有雅斯贝尔斯和马塞尔等，属于后者的有海德格尔和萨特尔等。这个流派的代表作有海德格尔的《存在与时间》，萨特尔的《存在与虚无》《辩证理性批判》等。存在主义还经常以文艺的形式宣传其哲学思想。

存在主义认为哲学的基本问题是"存在"问题：认为过去的哲学家都未能发现这个问题，因而这是它的"新发现"和"新贡献"。什么是"存在"呢？他们认为，"存在"超越于各种性质之外，因而是不可言说的。海德格尔说："存在的性质超出任何可能具有的内容而又可能归类的规定性之外。"尽管如此，他们还是对"存在"做了种种论述。雅斯贝尔斯说："存在就是自存"；海德格尔说：事情本身就是"我自己的存在"；等等。他们所说的"存在"，实质上就是个人的"自我精神"或"自我意识"。存在主义责怪历来的哲学都从"世界"入手探究哲学的"真谛"，从而忘记了哲学的根本任务是研究"人"，而唯有它才是真正关于"人的哲学"。

存在主义对世界的看法是："整个宇宙和全部历史是个人的主观精神的产物"（雅斯贝尔斯），"世界就是人，人的深处就是世界"（萨特尔），"不管我走到哪里，我的世界总是同我在一起"（怀尔德）；等等。

"存在先于本质",是存在主义的重要观点。在存在主义看来,人的本质不是"诸生产关系的总和",而是与客观社会物质条件绝对无关的。因为"自我精神"是一种纯粹的"主观性",它是没有任何规定性而绝对自由的。它以自己的自由行动创造自己的本质,因而每个人终于成为一个什么样的人,如剥削者或被剥削者等,都是他自己的行为决定的,应由自己负责。

存在主义认为,个人的自我精神是瞬息万变而无任何质的稳定性的,它的过去已成泡影,当前刹那即灭,而未来又渺不可知,因面它是一种不可捉摸的"虚无"。海德格尔说:"实存就是意味着沉入虚无",正是这种"虚无"给人生带来了孤独、畏惧和烦恼。但他们认为,人们由于沉湎于日常世俗生活中,不与"自我"接触,因而并不意识到"自我",而只有当经历苦难和折磨时,才会感到"自我"的存在。海德格尔说:"剧烈苦闷的经验把我们暴露给我们自己,使我们看到自己显露在这世界上,孤独无依,没有救助,没有躲避,我们不知道为什么被扔进这个世界。"

那么应该如何对待人生的苦难呢?不同派别的存在主义对此持不同的态度。马塞尔等人认为:只有顺从"超越"的上帝才能获得拯救的安全感;海德格尔则认为:应该面对苦难,不畏死亡,"死亡并不可怕","它能使自己从普通人中解放出来",并宣称"学习哲学就是学习死亡"。

存在主义宣扬非理性主义。他们认为,科学所研究的物质世界是非"存在"的现象世界,作为世界本质的"自我精神"或"大全"是不能为理性思维所认识的。雅斯贝尔斯说:"一切样式的大全,当它们被作为研究的对象时,它们就消沉自毁了。"只有哲学而非科学才能探悉世界的本质——"自我精神",因为哲学依赖于非理性——神秘的自我心理体验。雅斯贝尔斯说:真正的哲学思维是"从本质观察现实,即通过内心活动以把握现实的",又说:"我是通过我自己而经验到它的"。在存在主义看来,人们只有处于孤寂、畏惧、烦恼,以至面临死亡的边缘时,才能得到这种体验。

存在主义否认历史的规律性,并认为社会是自我的异化力量。在社会集体中,个人自由遭受压制,自我受到奴役;随着社会组织的完善和科学技术的日益发展,这种奴役和压制将更加强。怀尔德说:"现在随着大规模技术的出现,人类历史可能面临终结。"

存在主义否认人的行为有任何客观的道德准则。在他们看来，每个人应当自由地规定自己的行动，社会舆论对于各人爱好的指责毫无意义。

存在主义者一般都反对社会主义，但萨特尔自称是"马克思主义者"，他说：马克思主义与存在主义有许多"相同"之处，只是马克思主义忽略了"人的主观性"，因而应以"存在主义""补充"之。据此，有人称他的哲学为"存在主义的马克思主义"。

现代西方哲学流派介绍之十

《光明日报》1980年7月24日第4版

塞拉斯的自然主义

"自然主义"原是个含义不清的概念。西方许多有唯物主义倾向的流派自称是自然主义,一些唯心主义流派也自我标榜为自然主义。第二次世界大战后,美国的自然主义流派中唯物主义的力量明显加强,塞拉斯的自然主义就是其中的代表。

塞拉斯是美国著名的哲学家,早年属批判实在论派,后来逐渐转向唯物主义,自称是"自然主义"者,20世纪40年代后,他的唯物主义思想又有进一步发展,并自称其哲学为"新唯物主义"。他在这方面的代表作有《哲学的原则、前景和问题》等。

塞拉斯竭力赞扬西方自伊奥尼亚学派以来的德谟克利特、卢克莱修、霍布斯、卡巴尼斯、狄德罗的唯物主义哲学传统;肯定费尔巴哈"砸碎了唯心主义坚冰的封冻";赞扬马克思、恩格斯和列宁"努力使本体论的唯物主义和通常所称的唯物主义一元论获得复兴";并自认是这个唯物主义传统的继承者。

塞拉斯认为,"自然界是不依赖于人的感官和大脑的客观存在",是"处于空间和时间中的因果关系的体系"。他承认哲学的物质概念是客观现实世界的反映;他批判不承认客观物质世界,把哲学基本问题说成是"形而上学"(玄学)的新实证主义观点,指出它与贝克莱主义同出一辙;并对把世界的本质归结为自我精神的存在主义等观点做了批判。

塞拉斯肯定马克思和恩格斯关于"变化是事物的本质"的观点,承认他们对于否认物质运动的"机械论"和"形而上学"的批判"是无可非议的"。他还明确指出:"对于我这个彻底的自然主义者来说物理体系是终极的,摩尔根和亚历山大所设想的'超物理'的'推动'是没有根据的;在我看来,自然界具有内在的动力。"

他肯定物质世界从低级到高级的发展方向，反对把高级运动简单地归结为低级运动的"还原论"，他说："我们还必须十分认真地注意进化与新奇，不要把高级的归结为低级的。"他肯定人脑是物质发展的产场，而意识是人脑的属性，指出："我认为意识是发生于大脑之中的某种过程的属性"，是人脑的一种"机能活动"。由此，他批判了种种把意识说成是世界本原的唯心主义观点，批判了把意识简单地等同于物质的"庸俗唯物主义"的荒谬性。

但是，塞拉斯的发展观是进化论的，他自称是"进化的自然主义者"，因而反对辩证法。他认为自然界是与矛盾不相容的，他否定"量变质变""否定之否定"规体，认为现实世界不存在这类普遍规律，"它们对于科学没有帮助"。他把马克思主义的辩证法等同于黑格尔的辩证法，说"马克思和恩格斯是单纯地从黑格尔的唯心主义出发的"，他们"过分地按黑格尔的正题、反题和合题这一进程思考问题"，因而他对马克思主义的辩证法感到困惑不解。他说："我断定辩证唯物主义将与科学密切合作，但是对于如何评价那些大部分来自黑格尔的辩证法原则的意义，则感到十分苦恼。"

在认识论方面，塞拉斯对马克思主义的反映论做了肯定的评价。他说：认识是客观实在的"反映"和"摹本"，"恩格斯和列宁认为认识是外界事物的反映的看法是完全正确的"。

塞拉斯强调感性认识的重要意义，认为感觉是认识的"来源"和"基础"，并反复强调感觉来源于"外部世界"的唯物主义观点。他说："尽管世界的存在不依赖于人的感官和大脑，但人们都借助于感觉反映外部世界"，"感觉是由被感知事物从外部控制的"，它"提供了事物的信息"。他批判了把感觉歪曲为"认识的终极"的新实证主义，并以巴甫格夫的"刺激—反应"的学说解释感觉，企图把感性认识建立在现代科学的基础上。

塞拉斯也肯定理性认识的意义。认为认识必须从感性阶段上升到理性阶段。他批判了否认理性能认识世界本质的存在主义的非理性主义，同时也批判了否认理性认识来源于感性经验的先验论，并指出它们"通过迂回的道路"，最终必然"倒向上帝"。

塞拉斯坚持真理是主观与客观相符合的唯物主义观点，认为"应该强调思想和真理（符合）论的客观意义"。但是塞拉斯不能辩证地理解整个认识过程，在感性认识与理性认识的关系问题上，他忽视了理性思维对感性认识的能动作用，因而有把二者的关系简单化的倾向。

在社会历史观方面，塞拉斯认为："历史唯物主义及其对社会经济的强调和阶级斗争的信念，是与辩证唯物主义不相一致的。"因而他主张"自由主义"、"民主主义"和"渐进主义"，他说："合理的进化始终比对生活过程的破坏要好些，比革命要好些。"并标榜自己的这种主张是"自然主义的人道主义"。

现代西方哲学流派介绍之十一
《光明日报》1980年7月31日第4版

附录：夏基松教授主要著作和论文

一、专著

《波普哲学述评》，黑龙江人民出版社1982年版。
《当代西方哲学》，黑龙江人民出版社1983年版。
《唯物论史话》，江苏人民出版社1983年版。
《现代西方哲学教程》，上海人民出版社1985年版。
《现代西方社会思潮》（夏基松主编），南京大学出版社1986年版。
《西方数学哲学》（夏基松、郑毓信著），人民出版社1986年版。
《现代西方哲学纲要》（夏基松、褚平著），江苏人民出版社1986年版。
《存在主义哲学评述》（夏基松、段小光著），江苏人民出版社1987年版。
《西方科学哲学》（夏基松、沈斐凤编著），南京大学出版社1987年版。
《现代西方哲学辞典》（夏基松、张继武主编），安徽人民出版社1987年版。
《现代西方哲学流派评述》（夏基松、戴文麟编著），上海人民出版社1988年版。
《历史主义科学哲学》（夏基松、沈斐凤著），高等教育出版社1995年版。
《现代西方哲学教程新编》，高等教育出版社1998年版。
《现代西方哲学》，上海人民出版社2006年版。
《简明现代西方哲学》，上海人民出版社2015年版。

二、论文

《孔子思想的历史渊源和阶级实质》，《孔子哲学讨论集》，中华书局 1962 年。

《物质可以穷尽的形而上学观点的破产：关于物质是否无限可分的争论》，《人民日报》1965 年 9 月 12 日。

《当前流行的西方马克思主义之一——法兰克福学派》，《哲学研究》1980 年第 4 期。

《普通语义学》，《光明日报》1980 年 6 月 12 日第 4 版。

《西方马克思主义》，《光明日报》1980 年 6 月 26 日第 4 版。

《新托马斯主义》，《光明日报》1980 年 7 月 3 日第 4 版。

《结构主义》，《光明日报》1980 年 7 月 3 日第 4 版。

《存在主义》，《光明日报》1980 年 7 月 24 日第 4 版。

《塞拉斯的自然主义》，《光明日报》1980 年 7 月 31 日第 4 版。

《当代西方哲学概述》，《南京大学学报：哲学·人文科学》1982 年第 3 期。

《美国奎因的逻辑实用主义述评》，《南京大学学报：哲学·人文科学》1983 年第 3 期。

《美国劳丹的"研究传统"理论述评》，《南京大学学报：哲学·人文科学》1985 年第 1 期。

《夏佩尔科学哲学思想述评》，《南京大学学报：哲学·人文科学》1986 年第 1 期。

《赫歇尔和惠威尔的科学哲学思想初探》，《南京大学学报：哲学·人文科学》1987 年第 3 期。

《三百多年来西方科学发现大论战》（沈斐凤/夏基松），《南京大学学报：哲学·人文科学》1990 年第 1 期。

《人与自然：当代中西方哲学对话的逻辑起点》，《社会科学战线》2004 年第 3 期。

《谈中西哲学的差异性与融通性》，《社会科学战线》2008 年第 4 期。

《论后现代主义哲学的时代特征》，《社会科学战线》2013 年第 1 期。

《从伦理学反思新自由主义》，《人民日报》2015 年 11 月 2 日第 15 版。